ליקוטי מוהר"ן

LIKUTEY MOHARÁN

ליקוטי מוהר"ן
LIKUTEY MOHARÁN
Volumen 2 (Lecciones 7-16)

Por el
Rabí Najmán de Breslov

Traducción al Inglés del
texto original en Hebreo
y Edición
Moshé Mykoff

Notas
Jaim Kramer

Traducción al Español
Guillermo Beilinson

Publicado por
BRESLOV RESEARCH INSTITUTE
Jerusalem/New York

ISBN 978-1-928822-26-4
Copyright © 2008 Breslov Research Institute

all rights reserved

Ninguna parte de esta publicación podrá ser traducida, reproducida o archivada en ningún sistema o transmitida de ninguna forma y de ninguna manera, electrónica, mecánica, fotocopiada o grabada o de cualquier otra manera, sin el consentimiento previo, por escrito, del editor.

Segunda edición

Título del original:
Likutey Moharan

Para más información:
Breslov Research Institute
POB 5370
Jerusalem, Israel.

Breslov Research Institute
POB 587
Monsey, NY 10952-0587
Estados Unidos.

Breslov Research Institute
c\o G.Beilinson
calle 493 bis # 2548
Gonnet (1897)
Argentina.
e-mail: Abei2ar@Yahoo.com.ar

Diseño de cubierta: Shimon Bar
Revisión del original: Sarah Efrati

Para la Elevación del Alma

de mi Padre

Aarón ben Biniamin z"l

y para mi Madre

Berta bat Pola

•

Prefacio del Editor

"Bueno es alabar a Dios y cantar a Tu Exaltado Nombre" (Salmos 92:2).

El Rabí Natán escribe en su Introducción al *Likutey Moharán*: "Es superfluo hablar de la profundidad de este libro, pues todo aquél que desee mirarlo de manera honesta comprenderá por sí mismo su grandeza. Cada lección habla sobre las características del hombre, de cómo desarrollar los buenos atributos y mantenerse lejos de los malos. Habla de la Torá, de la plegaria y demás mitzvot; y de cómo cada individuo puede alcanzar niveles extremadamente elevados". El *Parparaot LeJojmá*, en su Introducción, dirige al lector hacia otro ámbito dentro de éste: cómo cada uno puede lograr, a partir de su posición aparentemente insignificante en este mundo, niveles que ni siquiera los ángeles pueden alcanzar. Muchos otros Tzadikim han alabado el *Likutey Moharán* de manera similar.

Por lo tanto, muy agradecidos estamos a Dios por permitirnos continuar con la traducción de este tesoro, que es el *magnum opus* del Rebe Najmán.

* * *

Nuestro agradecimiento a Moshé Mykoff por la excelente traducción del texto del *Likutey Moharán* y especialmente por ordenar sus notas. A Ozer Bergman por su revisión y sugerencias. Al Rabí Najmán Burstein, al Rabí Moshé Kramer y al Rabí Iaacov Meir Shechter quienes ayudaron a aclarar los pasajes más difíciles del texto.

Las lecciones del Rebe Najmán se fundan sobre cinco temas principales: Torá, plegaria, la interacción entre la Torá y la plegaria, *rúaj* (espíritu) y el Tzadik. Todos estos son conceptos e ideales que pueden ser alcanzados por el hombre si se aboca a ello. Todas las mitzvot que realizamos, todas las buenas acciones que llevamos a cabo, nos ayudan a alcanzar los grandes niveles a los cuales nos inspira el Rebe. Sea la voluntad del Todopoderoso que pongamos vida y espíritu en nuestra Torá, nuestras plegarias y mitzvot, unidos al Tzadik, para que podamos merecer contemplar la llegada del Mashíaj, el retorno de los exiliados y la reconstrucción del Santo Templo, pronto y en nuestros días, Amén.

Jaim Kramer
Adar II 5749

Introducción del Traductor al Inglés

En lugar de un prefacio más tradicional del traductor, se le pide al lector que considere lo siguiente:

Luego de la primera edición del *Likutey Moharán*, el Rebe Najmán habló de los grandes beneficios que traía el estudio de sus enseñanzas, y en especial para aquéllos merecedores de desarrollar alguna idea basada en sus lecciones. Cuando un seguidor del Rebe le hizo conocer una de estas interpretaciones propias, el Rebe sonrió y le dijo, "Puedes doblar mi libro de la manera que quieras, mientras no te alejes ni un ápice del *Shuljan Aruj*" (Tradición oral; cf. *Sabiduría y Enseñanzas del Rabí Najmán de Breslov* 267).

"Uno no debe nunca enorgullecerse de sus capacidades intelectuales o de sus buenas acciones, pues todas nos llegan a través del Tzadik de la generación. La persona es al Tzadik lo que una pluma es a las manos del escriba" (*El Libro de los Atributos, Orgullo* A15).

La traducción de cualquiera de las enseñanzas del Rebe Najmán y, en particular, de su *Likutey Moharán*, no puede ser otra cosa que "doblar" sus palabras. Traducir estos complejos discursos al inglés implica una cierta dosis de interpretación e inevitablemente un cierto grado de distorsión. Es por tanto mi esperanza que nada de lo que aparezca aquí lleve a que alguien se aleje incluso del mínimo principio de la ley judía. Y, mientras que las deficiencias que de seguro aparecen en esta traducción son mías, todo el crédito le pertenece absolutamente al Tzadik.

Moshé Mykoff
Adar I, 5749/1995

Nuevamente, y al finalizar la traducción de este segundo volumen del Likutey Moharán, quisiera hacer mías las palabras de Moshé Mykoff y agregar mi esperanza de que en mi caso pueda perdonarse mi osadía al traducir estos textos, llevado por mi amor y agradecimiento al Rebe Najmán.

Guillermo Beilinson
Sivan, 5768/2008

INDICE

Lección 7 2
Lección 8 34
Lección 9 86
Lección 10 120
Lección 11 168
Lección 12 212
Lección 13 256
Lección 14 304
Lección 15 354
Lección 16 384

Apéndice: Diagramas 393

ליקוטי מוהר"ן

LIKUTEY MOHARÁN

ליקוטי מוהר"ן סימן ז'

לְשׁוֹן רַבֵּנוּ, זִכְרוֹנוֹ לִבְרָכָה

וְאֵלֶּה הַמִּשְׁפָּטִים אֲשֶׁר תָּשִׂים לִפְנֵיהֶם (שמות כא):

אָמְרוּ חֲכָמֵינוּ, זִכְרוֹנָם לִבְרָכָה: הֻשְׁווּ אִשָּׁה לְאִישׁ (קדושין לה: בבא קמא טו.). וְאִיתָא בַּמְּכִילְתָּא: 'יָכוֹל יִהְיוּ הַתַּלְמִידִים לוֹמְדִין וְאֵינָם מְבִינִים – תַּלְמוּד לוֹמַר: "אֲשֶׁר תָּשִׂים לִפְנֵיהֶם" – עָרְכֵם לִפְנֵיהֶם כְּשֻׁלְחָן עָרוּךְ'.

א דַּע, כִּי עִקַּר הַגָּלוּת אֵינוֹ אֶלָּא בִּשְׁבִיל חֶסְרוֹן אֱמוּנָה, כְּמוֹ שֶׁכָּתוּב (שיר-השירים ד): "תָּבוֹאִי, תָּשׁוּרִי מֵרֹאשׁ אֲמָנָה"; וֶאֱמוּנָה הוּא בְּחִינַת תְּפִלָּה, כְּמוֹ שֶׁכָּתוּב (שמות י"ז): "וַיְהִי יָדָיו אֱמוּנָה", וְתַרְגּוּמוֹ: 'פְּרִישָׁן בִּצְלוֹ'.

2. ÆMuNá, fe. Enseñaron nuestros Sabios: Jerusalén sólo fue destruida cuando ya no quedaba ningún hombre de fe (*Shabat* 119b). De manera similar enseña el Midrash: En mérito a su fe, los judíos serán redimidos del exilio (*Tanjuma, BeShalaj* 10).

En hebreo, *emuná* comienza con la letra *alef* (א). La *alef* puede pronunciarse como una "e" o como una "a", dependiendo del punto vocal. Para subrayar la conexión entre *emuná* (אמונה) y *amaná* (אמנה) se ha utilizado la combinación antigua Æ.

3. AMaNá. Amaná es el nombre de una montaña desde la cual se divisa la Tierra de Israel. Enseña el Talmud que en el futuro, con el retorno de los exiliados, los judíos llegarán a esta montaña y comenzarán a cantar (*Ierushalmi, Sheviit* 6:1). Comenta Rashi sobre este versículo: Amaná: "Cuando los judíos retornen de su exilio, comprenderán que fue sólo su fe en Dios lo que hizo que merecieran una recompensa tan grande".

4. extendidas en plegaria. Cuando Ioshúa salió a la batalla contra Amalek, Moshé ascendió a la cima de una colina junto con Aarón y con Jur. Moshé se volvió hacia Dios y extendió las manos en plegaria. Mientras tenía las manos elevadas, los judíos triunfaban en el combate. Cuando las bajaba, Amalek triunfaba. De modo que Aarón y Jur sostuvieron las manos de Moshé *emuná* (firmes) hasta que se puso el sol y los judíos salieron victoriosos (Éxodo 17). Pregunta el Talmud (*Rosh HaShaná* 29a): ¿Eran las manos de Moshé las responsables de ganar o perder la batalla? No. Pero, cuando los judíos levantaban los ojos en súplicas al Cielo, la batalla se volvía a su favor. De aquí la conexión entre *emuná* y plegaria.

LIKUTEY MOHARÁN #7[1]

"VeEile HaMishpatim **(Y éstas son las leyes) que pondrás delante de ellos".**

(Éxodo 21:1)

Enseñan nuestros Sabios: [Las palabras "delante de ellos" nos enseñan que con respecto a todas las leyes de la Torá], la mujer se equipara al hombre (Kidushin 35a). **Comenta la** *Mejilta* (21:1): **"Es posible que los alumnos estudien pero no comprendan. [El versículo] enseña por lo tanto: "que pondrás delante de ellos" - disponlo delante de ellos como una mesa servida.**

¡Debes saber! El motivo esencial del exilio es la falta de *ÆMuNá* (fe);[2] como está escrito (Cantar de los Cantares 4:8), "Ven, mira desde la cumbre de AMaNá".[3] Y *emuná* es sinónimo de plegaria; como en (Éxodo 17:12), "Sus manos estaban *emuná*", que Onkelos traduce como, "[Sus manos] estaban extendidas en plegaria".[4]

---

1. Likutey Moharán 7. El Rebe Najmán tuvo una visión en la cual su bisabuelo, el Baal Shem Tov, se le presentó y le dijo, "Cuando la gente estropea las cosas en la Tierra de Israel, baja al exilio. Esto se encuentra aludido en el versículo (Génesis 49:24), 'Y de allí el Pastor, la Roca de Israel'". El Rebe Najmán explicó esta visión en esta lección y nuevamente en la Lección #9. Ambas enseñanzas fueron dadas durante el invierno del año 5563 (1802-03). Ver *Tzadik* #129; *Until The Mashiach*, p.93.

Esta lección comienza con el primer versículo de la porción de la Torá *Mishpatim* (Leyes). El Rebe Najmán cita un pasaje Talmúdico y la *Mejilta,* cada uno de los cuales explica lo que enseñan las palabras "que pondrás delante de ellos". El pasaje Talmúdico en *Kidushin* (también en *Bava Kama* 15a) se centra en la implicación de la palabra "ellos", que es plural. Por otro lado, la *Mejilta* explica la directiva misma: "que pondrás delante de ellos". El Rebe Najmán une ambas explicaciones y las entreteje en su lección.

Esta lección es *leshón Rabeinu zal*. Toda lección designada como tal fue o bien: a) copiada palabra por palabra de los manuscritos del Rebe Najmán que el Rabí Natán tenía en su posesión, o bien b) dictada directamente por el Rebe Najmán al Rabí Natán. Las lecciones restantes (excluidas las pocas que fueron asentadas por escrito por algunos de los otros seguidores) fueron registradas por el Rabí Natán después de escuchar la enseñanza de boca del Rebe mismo. Primero preparaba la versión escrita y luego se la presentaba al Rebe Najmán para su aprobación.

וְזֶה בְּחִינַת נִסִּים לְמַעְלָה מֵהַטֶּבַע, כִּי הַתְּפִלָּה לְמַעְלָה מֵהַטֶּבַע, כִּי הַטֶּבַע מְחַיֵּב כֵּן, וְהַתְּפִלָּה מְשַׁנָּה הַטֶּבַע, וְזֶה דְּבַר נֵס, וְלָזֶה צָרִיךְ אֱמוּנָה, שֶׁיַּאֲמִין שֶׁיֵּשׁ מְחַדֵּשׁ וּבְיָדוֹ לְחַדֵּשׁ דָּבָר כִּרְצוֹנוֹ.

וְעִקַּר אֱמוּנָה, בְּחִינַת תְּפִלָּה, בְּחִינַת נִסִּים, אֵינוֹ אֶלָּא בְּאֶרֶץ-יִשְׂרָאֵל, כְּמוֹ שֶׁכָּתוּב (תהלים ל״ז): "שְׁכָן אֶרֶץ וּרְעֵה אֱמוּנָה". וְשָׁם עִקַּר עֲלִיּוֹת הַתְּפִלּוֹת, כְּמוֹ שֶׁכָּתוּב (בראשית כ״ח): "וְזֶה שַׁעַר הַשָּׁמָיִם".

וּבִשְׁבִיל זֶה, כְּשֶׁפָּגַם אַבְרָהָם "בַּמָּה אֵדַע" (שם ט״ו), וּבָזֶה פָּגַם בִּירֻשַּׁת אֶרֶץ, שֶׁהִיא בְּחִינַת אֱמוּנָה, בְּחִינַת תְּפִלָּה, הָיָה גָּלוּת מִצְרַיִם. וְדַוְקָא יַעֲקֹב וּבָנָיו יָרְדוּ מִצְרַיִם, כִּי הֵם בְּחִינַת שְׁנֵים-עָשָׂר נֻסְחָאוֹת הַתְּפִלָּה.

וְהוֹרִיד אוֹתָם בַּגָּלוּת. וּמִצְרַיִם הוּא הִפּוּךְ הַנִּסִּים, כְּמוֹ שֶׁכָּתוּב (שמות י״ד): "וּמִצְרַיִם נָסִים לִקְרָאתוֹ", שֶׁאֵין שָׁם מְקוֹם הַנִּסִּים,

"tantos como las estrellas en los cielos" (Génesis 15:5,6). Y Abraham creyó. Sin embargo, cuando se le informó que iba a heredar la Tierra, cuestionó a Dios. Esto fue considerado como un defecto en su fe. Dios dijo entonces (Génesis 15:13), "Sabe con seguridad que tus descendientes serán extranjeros en una tierra ajena durante 400 años".

9. en Egipto. El exilio comenzó con el nacimiento de Itzjak, pues él era el descendiente de Abraham. Itzjak no poseyó la tierra en la cual vivió. Pero el verdadero descenso a Egipto tuvo lugar 190 años más tarde (cuando Iaacov tenía 130 años de edad). Los Hijos de Israel permanecieron allí 210 años.

10. Iaacov. Siendo su padre, Iaacov era la raíz de las doce tribus. Esto explica por qué se lo incluyó, aunque no se lo numeró entre ellos. En la Lección #9 (*Likutey Moharán* 9:4) el Rebe Najmán explica que uno debe unir sus plegarias al Tzadik de la generación, porque él sabe cómo elevar cada plegaria hacia su portal adecuado. Ése era Iaacov. Él conocía la "fuente" de cada tribu, es decir, el lugar apropiado para las plegarias que ellos ofrecían.

11. doce versiones de la plegaria. El *Zohar* (*loc. cit.*) explica que cada una de las tribus judías tenía su propio y único sendero a través del cual sus plegarias entraban al cielo. En la Kabalá, esto puede derivarse del nombre más sagrado de Dios, el Tetragrámaton: *IHVH* (יהוה). Una palabra de cuatro letras puede ser permutada de 24 maneras diferentes, a no ser que alguna de las letras esté duplicada. Así, el nombre *IHVH* (con sólo tres letras diferentes) puede ser reordenado de doce maneras distintas, y cada tribu corresponde a una permutación diferente. Éstas son las doce versiones posibles de la plegaria. Ver *Likutey Moharán* II, 73 para una explicación más completa y para entender cómo cada persona puede alcanzar *su* sendero correcto.

12. huían hacia él. Huir implica poner distancia entre uno y otro. Sin embargo, aquí los egipcios

La [plegaria] corresponde a los milagros, que son sobrenaturales. Pues la plegaria es sobrenatural. Porque el curso natural de los eventos indica una cosa y la plegaria puede cambiar el curso de la naturaleza. Esto es un milagro. Y para esto uno necesita la fe. Es decir, la persona debe creer que existe un *Mejadesh* (un Originador) en Cuyas manos está el poder de renovar de acuerdo con Su voluntad.[5]

La esencia de la fe, de la plegaria y de los milagros, sólo se encuentra en la Tierra de Israel; como está escrito (Salmos 37:3), "Habita en la Tierra y cultiva la *emuná*".[6] Allí se produce la elevación de las plegarias; como en (Génesis 28:17), "Éste es el portal del cielo".[7]

Debido a esto, cuando Abraham cometió un error al decir (Génesis 15:8), "¿Cómo sabré [que la he de heredar]?",[8] dañando así su herencia de la Tierra que corresponde a la fe y a la plegaria, <él causó> el exilio en Egipto.[9] Y específicamente fueron "Iaacov[10] y sus [doce] hijos quienes descendieron a Egipto" (Ioshúa 24:4; ver Génesis 46), porque ellos representan las "doce versiones de la plegaria" (Zohar III, 170a).[11]

Y [Dios] los exilió <a Egipto, pues> la Tierra de Egipto es la antítesis de [la Tierra de Israel, el lugar de los] *NiSiM* (milagros). Como está escrito (Éxodo 14:27), "Y los egipcios *NaSiM* (huían) hacia él".[12]

---

5. Su voluntad. "Los milagros realizados por Elisha se debieron a la plegaria" (*Meguilá* 27a). El Rebe Najmán apunta a la necesidad de creer en Dios. Con la fe, aceptando que Dios supervisa todo y que puede alterar el curso de la naturaleza de acuerdo con Su voluntad, la persona puede orarle a Él con todo su corazón y lograr milagros mediante sus plegarias. Así era Elisha. Su fe era perfecta y de acuerdo con ello realizó milagros mediante sus plegarias (*Mei HaNajal*).

6. emuná. El versículo comienza diciendo, "Ten fe en Dios... entonces merecerás habitar en la Tierra...". A partir de esto el Rebe Najmán enseña que esta tierra, la Tierra de Israel, sólo puede ser poseída mediante la fe. Escribe Rashi comentando sobre un versículo similar, "Estarás seguro en tu Tierra" (Levítico 25:18): "El exilio es un castigo por no haber guardado el año sabático". Esto también indica que sólo podemos habitar con seguridad en la Tierra cuando nuestra fe es plena. En verdad, ¡qué expresión más grande de fe en Dios para una sociedad agraria que dejar la tierra sin trabajar durante todo el año sabático!

7. el portal del cielo. Este versículo del sueño de Iaacov sobre la escalera que ascendía a los cielos alude al Santo de los Santos en el Templo. Es desde allí que ascienden a Dios todas las plegarias del pueblo judío. Se nos ha enseñado que la Tierra de Israel posee diez niveles de santidad (*Keilim* 1:6-9), cada uno de los cuales obtiene su grado de santidad del nivel superior. Enseña el Talmud (*Berajot* 28b, 30a): Al orar, la persona debe dirigir su rostro hacia el Santo de los Santos. Sin embargo, si se encuentra en la diáspora, debe dirigir su rostro hacia la Tierra de Israel. Esto muestra la relación directa de la Tierra de Israel con la plegaria.

8. he de heredar. Antes de esto, Dios le había dicho a Abraham que sería bendecido con hijos,

וְאֵין שָׁם מְקוֹם הַתְּפִלָּה, כְּמוֹ שֶׁכָּתוּב (שם ט): "וְהָיָה כְּצֵאתִי אֶת הָעִיר אֶפְרֹשׂ אֶת כַּפָּי".

וְכָל הַגָּלֻיּוֹת מְכֻנִּים בְּשֵׁם מִצְרַיִם, עַל שֵׁם שֶׁהֵם מְצֵרִים לְיִשְׂרָאֵל. וּכְשֶׁפּוֹגְמִין בָּאֱמוּנָה, בִּתְפִלָּה, בְּאֶרֶץ־יִשְׂרָאֵל, הוּא יוֹרֵד לְגָלוּת.

וְזֶה שֶׁאָמְרוּ חֲכָמֵינוּ, זִכְרוֹנָם לִבְרָכָה (סנהדרין צז.): 'אֵין מָשִׁיחַ בֶּן־דָּוִד בָּא, אֶלָּא עַד שֶׁתִּכְלֶה פְּרוּטָה מִן הַכִּיס'; הַיְנוּ, שֶׁיִּכְלוּ הָאֶפִּיקוֹרְסִים שֶׁאֵין לָהֶם אֱמוּנָה בְּנִסִּים, וּמְכַסִּים כָּל הַנִּסִּים בְּדֶרֶךְ הַטֶּבַע. כִּי עִקַּר הַנִּסִּים בְּאֶרֶץ־יִשְׂרָאֵל, כִּי (תענית י.) 'אֶרֶץ־יִשְׂרָאֵל שׁוֹתָה תְּחִלָּה', וּשְׁתִיָּתָהּ מֵהַתְּהוֹמוֹת, שֶׁהֵם לְשׁוֹן: "וַתֵּהֹם כָּל הָעִיר" (רות א), שֶׁעַל דָּבָר נִסִּי תְּמֵהִין הָעוֹלָם.

וְזֶה (תהלים מ"ב): "תְּהוֹם אֶל תְּהוֹם קוֹרֵא", כִּי יֵשׁ נִסִּין עִלָּאִין, שֶׁהוּא בְּחִינַת תְּהוֹם עִלָּאָה; וְיֵשׁ נִסִּים תַּתָּאִין, שֶׁהֵם בְּחִינַת תְּהוֹמָא תַּתָּאָה.

valor. La explicación del Rebe Najmán es que "se acabarán los ateos que explican los milagros como fenómenos naturales". Ver también *Likutey Moharán* I, 23.

15. fenómenos naturales. En hebreo esto es *HaTeVá* (הטבע), que tiene el valor numérico de 86, al igual que el nombre de Dios *ELoHIM* (אלהים, ver Apéndice: Tabla de Guematria). Porque la verdad es que Dios se encuentra en la naturaleza, aunque de manera oculta. Es por esto que a veces la gente se siente intimidada o abrumada por la naturaleza que, en su esencia, es sólo una manifestación más de la Divinidad en nuestro mundo.

16. bebe primero. Como en el versículo (Job 5:10), "El que da lluvia sobre la Tierra y envía agua sobre las *jutzot* (Diáspora)" (*Taanit, loc. cit.*). La tierra de Israel recibe primero no sólo en orden secuencial, sino también en calidad.

17. tehomot, las profundidades. Esto se refiere a las "aguas superiores" de las cuales recibe lluvia la Tierra de Israel (*Taanit* 10a). Es interesante notar que extensas secciones del tratado *Taanit* están dedicadas a las leyes del ayuno y de la plegaria cuando hay falta de lluvias, Dios no lo permita. La lluvia, tal cual la explican nuestros Sabios, es un milagro de Dios y es comparada al nacimiento (otro milagro aceptado comúnmente como "natural") y a la resurrección de los muertos.

18. asombra a todos. El significado directo del texto es que todos en la ciudad estaban asombrados por lo que le sucedió a Naomi. Ella, su marido Elimelej y sus dos hijos partieron de la Tierra Santa como una familia adinerada. Pero ahora Naomi estaba volviendo a su patria como una viuda empobrecida y una madre desconsolada. El Rebe Najmán incorpora esto dentro de la lección, explicando que todos se asombraron cuando Naomi volvió con Ruth a la Tierra de Israel, la tierra de los milagros (*Mei HaNajal*).

19. tehom superior…inferior. Los "milagros superiores" pueden comprenderse como milagros

Porque [Egipto] no es el lugar de los milagros. Tampoco es el lugar de la plegaria, [motivo por el cual Moshé dijo,] "Cuando salga *fuera* de la ciudad extenderé mis manos [en plegaria]" (Éxodo 9:29).[13]

[Enseñan nuestros Sabios:] "Todos los exilios son denominados *MiTZRaiM* (Egipto), porque ellos *MeTZeRiM* (les causan angustia y sufrimiento) a los judíos" (Bereshit Rabah 16:4). Así, cuando uno daña la fe/<los milagros>/la plegaria/la Tierra de Israel, desciende <a las profundidades> del exilio.

Éste es el significado de lo que enseñaron nuestros Sabios (Sanedrín 97a): "Mashíaj, el hijo de David, no vendrá hasta que *tijlé prutá min hakis* (se haya acabado el [último] centavo en el bolsillo)".[14] Es decir, se acaben los ateos que no tienen fe en los milagros y que los explican como fenómenos naturales.[15] Y la quintaesencia de los milagros tiene lugar en la Tierra de Israel, pues "La Tierra de Israel bebe primero" (Taanit 10a)[16] - su bebida proviene de las *tehomot* (las profundidades),[17] que connota [lo milagroso y lo asombroso como está indicado en] (Ruth 1:19), "Toda la ciudad estaba *TeHoM* (asombrada)". Porque algo que es milagroso asombra a todos.[18]

Y esto es (Salmos 42:8), "Un abismo llama a otro abismo". Pues hay "milagros superiores" que corresponden al *tehom* superior, y hay "milagros inferiores" que corresponden al *tehom* inferior (Shmot Rabah 5:9).[19]

---

nasim (estaban huyendo) hacia él, es decir, hacia el agua. Como explica Rashi (*loc. cit.*), ello se debía a la gran confusión que cayó sobre el ejército egipcio. Esto en sí mismo fue un milagro. Y, como se mencionó anteriormente, Israel es la tierra de los *nisim* (milagros). El lugar de la santidad, el sitio del Santo Templo, y es sinónimo de fe. Egipto, por otro lado, representa todo lo contrario a la santidad. Es el lugar de la impureza y de la idolatría. Para quebrar estas falsas creencias, Dios realizó los milagros de las Diez Plagas y del Mar Rojo. Pues Egipto es la antítesis misma de la tierra de los milagros (*Mei HaNajal*). Comparar esto con *Likutey Moharán* I, 9:5 y las notas que acompañan.

13. mis manos en plegaria. Como explica Rashi (*loc. cit.*), Egipto estaba plagado de idolatría y por tanto era inapropiado para la plegaria. Así es que Moshé enfatizó que iba a "salir" para orar. Nuevamente vemos la conexión entre la fe, la plegaria, los milagros (este versículo aparece en conexión con la plaga milagrosa del granizo) y la Tierra de Israel. Esto está en contraste con las otras tierras, en especial con Egipto. En verdad, como explica el Rebe Najmán, la plegaria misma estuvo en el exilio en Egipto. Los judíos eran incapaces de abrir la boca para hablar con Dios (*Sabiduría y Enseñanzas del Rabí Najmán de Breslov* #68).

14. el último centavo. El Talmud (*loc. cit.*) comenta acerca de las dificultades que les sobrevendrán a los judíos antes de la llegada del Mashíaj. El significado simple de "se haya acabado el último centavo en el bolsillo" es que la inflación hará que el dinero pierda todo su

וּמַלְאָךְ שֶׁכָּלוּל מִכָּל הַנִּסִּים, מִשְּׁנֵי הַתְּהוֹמוֹת, דָּמְיָא לְעֶגְלָא (תענית כה:), שֶׁהוּא בְּחִינַת עֲגוּלִים, בְּחִינַת אֱמוּנָה, כְּמוֹ שֶׁכָּתוּב (תהלים פ"ט): "וֶאֱמוּנָתְךָ סְבִיבוֹתֶיךָ"; וּפְרִיטָא שְׂפָוָתֵהּ, שֶׁהוּא בְּחִינַת תְּפִלָּה, כְּמוֹ שֶׁכָּתוּב (שם נ"א): "אֲדֹנָי שְׂפָתַי תִּפְתָּח", וְהוּא כְּלָלוּת הַנִּסִּים.

וְזֶה פֵּרוּשׁ: 'עַד שֶׁתִּכְלֶה פְּרוּטָה מִן הַכִּיס'; כִּי יֵשׁ בְּנֵי־אָדָם הַמְכַסִּים כְּלָלִיּוּת הַנִּסִּים, הַכְּלוּלִים בַּמַּלְאָךְ דִּפְרִיטָא שְׂפָוָתֵהּ, מְכַסִּים בְּדֶרֶךְ הַטֶּבַע. וּכְשֶׁתִּכְלֶה זֹאת וְתִתְרַבֶּה אֱמוּנָה בָּעוֹלָם, אָז יָבוֹא מָשִׁיחַ, כִּי עִקַּר הַגְּאֻלָּה תָּלוּי בָּזֶה, כְּמוֹ שֶׁכָּתוּב: "תְּבוּאַי, תָּשׁוּרִי מֵרֹאשׁ אֲמָנָה".

ב אֲבָל אִי אֶפְשָׁר לָבוֹא לֶאֱמוּנָה אֶלָּא עַל־יְדֵי אֱמֶת, כַּמּוּבָא בַּזֹּהַר (בלק קצח:): "וְהָיָה צֶדֶק אֵזוֹר מָתְנָיו וֶאֱמוּנָה" וְכוּ' (ישעיהו

24. Amaná. Como se mencionó anteriormente en las notas 2 y 3, "En mérito a su fe, los judíos serán redimidos del exilio", y "Cuando los judíos retornen de su exilio, comprenderán que fue sólo el poder de su fe lo que trajo la redención". Ésta es la fe que llevaron consigo cuando salieron de Egipto y se volvieron una nación, y es la fe que siempre han llevado consigo hasta el día de hoy.

Resumen: La esencia de la fe, que corresponde a la plegaria y a los milagros, se encuentra en la Tierra de Israel. Su antítesis es Egipto, el exilio, que tipifica un daño en la fe y en los milagros. La redención, la venida de Mashíaj, depende de la fe.

25. la verdad. Explica el Rabí Natán: Esencialmente, la fe se aplica a aquellas áreas en donde la persona carece de comprensión, pues si uno comprende mediante la lógica, ¿qué necesidad tiene de la fe? La cuestión es, si uno no comprende, ¿cómo puede saber en qué tener fe? Por esta razón, la fe depende de la verdad. Si la persona realmente busca la verdad, la verdad real, forzosamente llegará a creer en Dios, en los verdaderos Tzadikim y en la Torá, aunque no pueda comprender lógicamente por qué debe hacerlo (*Consejo, Verdad y Fe* 4). Sin embargo, el Rebe Najmán advierte que uno debe unir su fe con el intelecto pues, de otra manera, puede ser un tonto y creer en cualquier cosa, incluso en aquello que está prohibido (*Parparaot LeJojmá*). Ver también *Maim* (incluido en el libro *Cuatro Lecciones del Rabí Najmán de Breslov*, Breslov Research Institute).

26. cinturón...para sus lomos. Tanto el cinturón como el ceñidor rodean el cuerpo, al igual que la fe que, en sí misma, se asemeja a un círculo. El Rebe Najmán vuelve a este punto al final de la lección, donde se menciona el concepto de *makifin* (intelecto circundante). La cuestión aquí es, ¿cómo es posible que este rodear al cuerpo se aplique tanto a la justicia como a la fe?

{"Yo vi el Ángel de la Lluvia. Parecía un *egla* (toro) y *prita sifvatei* (sus labios estaban abiertos). Se encontraba entre *tehom* (abismo) y *tehom*" (*Taanit* 25b).}

El ángel que abarca a todos los milagros, a ambos *tehom*, "tiene el aspecto de un EGLa (un toro)."[20] Esto corresponde a *IGuLim* (círculos), que es un aspecto de fe; como está escrito (Salmos 89:9), "Tu fe Te rodea".[21] Y, "cuyos labios estaban abiertos", alude a la plegaria; como en (Salmos 51:17), "Señor, abre mis labios".[22] Así, [el ángel] abarca todos los milagros.[23]

Éste es el significado de, "Hasta que *TiJLé PRuTá MiN haKiS*". Porque hay gente que encubre todos los milagros que están comprendidos en el ángel "cuyos labios estaban *PRiTá*". Ellos *meJaSim* (encubren) [todos los milagros] con explicaciones naturales. Cuando esto *TiJLé* (se haya acabado), y haya abundante fe en el mundo, entonces vendrá Mashíaj. Porque la redención depende esencialmente de esta [abundante fe]; como está escrito, "Ven, mira desde la cumbre de Amaná".[24]

2. Pero es imposible llegar a la fe si no es a través de la verdad.[25] Como expresa el *Zohar* (III, 198b): "'Y la justicia será un cinturón para sus caderas y la fe, un ceñidor para sus lomos' (Isaías 11:5).[26] ¿Cuál es

---

abiertos, las cosas *asombrosas* que todos pueden percibir como algo claramente fuera de lo común. Por otra parte, los "milagros inferiores" son milagros ocultos que se presentan como situaciones *naturales*.

20. EGLa, un toro. El Maharsha explica que Taurus, el toro, es la constelación de Iar, el mes en que dejan de caer las lluvias en la Tierra de Israel. Es por esta razón que el ángel encargado de distribuir la lluvia se presenta como un toro. El Midrash (*Bereshit Rabah* 10:7) enseña que cada hoja de hierba tiene una estrella y un ángel que se encargan de ella. Más aún, el ángel encargado de la constelación estelar tiene la apariencia de la constelación que controla. En este caso, se presenta como el toro. (Comparar esta interpretación del pasaje Talmúdico con aquélla que ofrece el Rebe Najmán antes de la conclusión de la Lección #9).

21. IGuLim...Te rodea. La fe se asemeja a un círculo. Un círculo es una línea continua sin salientes. No tiene un borde del cual uno pueda aferrarse. De la misma manera, la fe se aplica sólo en los casos en los cuales uno no puede comprender, es decir, no hay manera de aferrarlo con la lógica (*Parparaot LeJojmá*).

22. abre mis labios. Éstas son las palabras introductorias de la *Amidá* (Las Dieciocho Bendiciones), el punto central de cada una de las tres plegarias diarias.

23. todos los milagros. La plegaria de nuestros labios, junto con la fe en Dios, genera milagros. Éste fue el caso de Moshé, quien oró por cada uno de los milagros realizados por Dios, y de Elisha, como se explicó arriba (n.5). Nuestros Sabios hacen otra conexión más entre la fe y la lluvia, diciendo: Las lluvias sólo caen en mérito a aquellos que tienen fe (*Taanit* 8a).

י"א) – הַיְנוּ צֶדֶק, הַיְנוּ אֱמוּנָה. וְאָמְרוּ שָׁם: 'אֱמוּנָה אִתְקְרִיאַת, כַּד אִתְחַבַּר בַּהּ אֱמֶת.'

ג   וְאִי־אֶפְשָׁר לָבוֹא לֶאֱמֶת אֶלָּא עַל־יְדֵי הִתְקָרְבוּת לְצַדִּיקִים וְיֵלֵךְ בְּדֶרֶךְ עֲצָתָם; וְעַל־יְדֵי שֶׁמְּקַבֵּל מֵהֶם עֲצָתָם, נֶחְקָק בּוֹ אֱמֶת; כְּמוֹ שֶׁכָּתוּב (תהלים נ"א): "הֵן אֱמֶת חָפַצְתָּ" – כְּשֶׁאַתָּה חָפֵץ אֱמֶת; "בַּטֻּחוֹת וּבְסָתֻם חָכְמָה תוֹדִיעֵנִי"; כִּי הָעֵצוֹת שֶׁמְּקַבֵּל מֵהֶן הוּא בְּחִינַת נִשּׂוּאִין וְזִוּוּג.

וּכְשֶׁמְּקַבְּלִין עֵצוֹת מֵרְשָׁעִים, הוּא בְּחִינַת נִשּׂוּאִין בַּקְּלִפָּה. "הַנָּחָשׁ הִשִּׁיאַנִי" (בראשית ג) – לְשׁוֹן נִשּׂוּאִין, עֲצוֹת הַנָּחָשׁ שֶׁקִּבְּלָה הוּא בְּחִינַת נִשּׂוּאִין, וְעַל־יְדֵי נִשּׂוּאִין הֵטִיל בָּהּ זֻהֲמָא. וּבְמַעֲמַד הַר־סִינַי פָּסְקָה זֻהֲמָתָן (שבת קמו. עין רש"י שם), כִּי שָׁם קִבְּלוּ תַּרְיַ"ג עִטִּין דִּקְדֻשָּׁה (זהר יתרו פ"ב:), וְהָיְתָה לָהֶם נִשּׂוּאִין בִּקְדֻשָּׁה.

וְלָמָּה נִקְרָא עֵצָה בִּבְחִינַת נִשּׂוּאִין? כִּי (ברכות סא.) 'הַכְּלָיוֹת

31. este veneno desapareció.... Enseña el Talmud (*loc. cit.*) que de hecho la serpiente cohabitó con Java, envenenándola a ella y por consiguiente a toda la humanidad, a todos sus descendientes. Pero cuando el pueblo judío estuvo en el Monte Sinaí y recibió directamente de Dios la Torá -los 613 "consejos" puros- se limpió de este veneno.

32. matrimonio de santidad. La Torá nos dice (Éxodo 19:17) que "Moshé sacó al pueblo fuera del campamento rumbo a la Presencia Divina y ellos se detuvieron paralizados a los pies de la montaña". Rashi comenta citando la *Mejilta*: "Esto nos dice que la Presencia Divina salió a su encuentro tal como el novio sale a recibir a la novia".

33. los riñones aconsejan. ¿Dónde se enseña que los riñones aconsejan? El versículo afirma, "Bendeciré a Dios, Que me aconseja; incluso de noche me amonestan mis riñones" (Salmos 16:7; ver *Rashi*). El Talmud (*loc. cit.*) hace una lista de 13 partes internas del cuerpo (la lengua, los pulmones, la tráquea, el bazo, etcétera), de las cuales los riñones son los únicos que están duplicados. Comenta el Maharsha que esta duplicidad alude a la libertad de elección del hombre, a su capacidad de elegir lo correcto de lo incorrecto. Se indica además que la función principal de los riñones, el procesar y purificar la sangre "envenenada" del cuerpo, se lleva a cabo durante la noche. Esto se encuentra aludido en "...incluso de noche me amonestan mis riñones" (*Jidushei HaGaonim* sobre el *Ein Iaacov, loc. cit.*).

Enseña el Midrash: Abraham no tenía maestro, ¿cómo es entonces que estudiaba la Torá? La respuesta es que Dios hacía que sus dos riñones actuasen como dos maestros, y ellos le enseñaron Torá y sabiduría, como en [el versículo citado arriba], "Bendeciré... mis riñones..." (*Bereshit Rabah* 61:1).

entonces la diferencia entre la justicia y la fe?". La respuesta dada es, [la justicia] es llamada fe cuando está unida con la verdad.[27]

3. {"**He aquí, Tú quieres la verdad en lo íntimo; en lo recóndito hazme conocer la sabiduría**" (Salmos 51:8).}

Pero es imposible alcanzar la verdad si no es apegándose a los Tzadikim y siguiendo sus consejos. La persona que acepta sus consejos tiene la verdad grabada profundamente dentro de sí. Como está escrito, "He aquí, Tú quieres la verdad" -cuando la verdad es lo que tú deseas[28]- "en lo íntimo; en lo recóndito hazme conocer la sabiduría". Porque el consejo recibido [de los Tzadikim] es un aspecto del matrimonio y de la unión <de santidad>.[29]

Pero cuando uno acepta el consejo de los malvados, esto corresponde a un matrimonio <y unión> con la *klipá* (las "cáscaras"). [Como cuando Java dijo en el Jardín del Edén] (Génesis 3:13), "La Serpiente *me aconsejó*" - esto es un eufemismo para el matrimonio.[30] Su aceptación del consejo de la Serpiente se asemeja a un matrimonio. Mediante <este> matrimonio la Serpiente la envenenó [a ella y a todos sus descendientes]. Sin embargo, este veneno desapareció con la revelación en el monte Sinaí" (*Shabat* 146a).[31] Porque allí ellos recibieron los seiscientos trece consejos de santidad (*Zohar* II, 82b), <un matrimonio de santidad>.[32]

¿Y por qué se dice que el consejo corresponde al matrimonio? Esto es porque, "los riñones aconsejan" (*Berajot* 61a),[33] y los riñones son

---

27. La justicia es llamada fe... El *Zohar* (*loc. cit.*) explica que tanto *tzedek* (justicia) como *emuná* (fe) son formas del juicio. En la terminología de la Kabalá, ambas se relacionan con el principio femenino de *Maljut*. La diferencia entre ellas es que *tzedek* hace referencia a un decreto severo, cuando el castigo se aplica con rigor. Sin embargo, cuando *emet* (verdad), el principio masculino de *Tiferet* (ver n.57), se une con *tzedek*, se transforma en fe.

Resumen: La esencia de la fe, que corresponde a la plegaria y a los milagros, se encuentra en la Tierra de Israel. Su antítesis es Egipto, el exilio, que tipifica un daño en la fe y en los milagros. La redención, la venida de Mashíaj, depende de la fe (§1). La fe se alcanza a través de la verdad. Cuando la justicia se complementa con la verdad, ella se transforma en fe (§2).

28. Tú...lo que tú deseas. En el versículo, el rey David está hablándole a Dios. Sin embargo, el Rebe Najmán lo aplica al deseo de la persona por la verdad; cambiando así la letra *T* mayúscula por una minúscula.

29. matrimonio y unión de santidad. Esto será explicado más adelante en la lección.

30. para el matrimonio. La palabra hebrea que significa "me aconsejó", *HiShiANI*, es similar a la palabra que significa "se casó conmigo", *HiSiANI* (ver *Rashi, Shabat* 146a, *v.i. kesheba*).

יוֹעֲצוֹת׳, וּכְלָיוֹת הֵם כְּלֵי הַהוֹלָדָה, כְּלֵי הַזֶּרַע. נִמְצָא, כְּשֶׁמְּקַבְּלִין עֵצָה מֵאָדָם, כְּאִלּוּ מְקַבְּלִין מִמֶּנּוּ זֶרַע; וְהַכֹּל לְפִי אָדָם, אִם רָשָׁע אוֹ צַדִּיק.

וּבִשְׁבִיל זֶה הַתּוֹרָה מַתִּישׁ כֹּחַ (סנהדרין כו:) וְנִקְרָאת 'תּוּשִׁיָּה', כִּי הֵם תַּרְיָ"ג עֵטִין, כְּמוֹ שֶׁכָּתוּב (משלי ח): "לִי עֵצָה וְתוּשִׁיָּה". וְעֵצוֹת הֵם בִּמְקוֹם נִשּׂוּאִין, בְּחִינַת זִוּוּג הַמַּתִּישׁ כֹּחַ.

וַעֲצַת הַצַּדִּיק הוּא כֻּלּוֹ זֶרַע אֱמֶת. וְזֶה פֵּרוּשׁ (ירמיה ב): "וְאָנֹכִי נְטַעְתִּיךְ שׂוֹרֵק" – בְּחִינַת הַגְּאֻלָּה, כְּמוֹ שֶׁכָּתוּב (זכריה י): "אֶשְׁרְקָה לָהֶם וַאֲקַבְּצֵם", וְעַל-יְדֵי מָה? עַל-יְדֵי: "כֻּלּוֹ זֶרַע אֱמֶת" (שם בירמיה סיום הפסוק "ואנכי נטעתיך" הנ״ל) – עַל-יְדֵי עֲצַת הַצַּדִּיקִים תָּבוֹא לֶאֱמֶת. וְעַל-יְדֵי-זֶה נִקְרֵאת אֱמוּנָה, כַּד אִתְחַבַּר בַּהּ אֱמֶת, וְעַל-יְדֵי-זֶה תָּבוֹא הַגְּאֻלָּה כַּנַּ"ל, כִּי הוּא מְקַבֵּל טִפֵּי הַשֵּׂכֶל שֶׁל הַצַּדִּיק עַל-יְדֵי עֵצָה שֶׁמְּקַבֵּל מִמֶּנּוּ.

וְזֶה: "הֵן אֱמֶת חָפַצְתָּ בַטֻּחוֹת" – בַּכְּלָיוֹת; "חָכְמָה תוֹדִיעֵנִי" –

---

y mujer. Así, para recibir consejo, uno debe llegar a amar al Tzadik y a desear estar junto a él. El Rebe Najmán nos dice (ver *Tzadik* #471) que el "amor del Tzadik a sus seguidores es muy grande", pese al continuo desgaste y esfuerzo que debe hacer por ellos (*Ibid.*, #94). Como quedará más claro al final de la lección, la "simiente enteramente verdadera" del consejo emana de un nivel muy elevado (la *sefirá* superior de *Jojmá* etc., el cerebro). Al Tzadik no le resulta fácil hacerlo descender a un nivel en el que esté accesible (las *sefirot* inferiores de *Netzaj* y *Hod*, los riñones). Esto en sí mismo *socava la fuerza* del Tzadik que busca llevar a la gente hacia el arrepentimiento.

37. los reuniré. Con respecto a la palabra *sorek* (שורק) que tiene el valor numérico de 606 (ver Apéndice: Tabla de Guematria), Rashi cita un Midrash que enseña: El significado de "Yo te había plantado un *sorek*" es que Dios les dijo a los judíos, "Yo les he dado otras 606 mitzvot además de las 7 leyes de Noaj" que son universales. Estas 613 mitzvot, a las cuales el *Zohar* llama *etzot*, son los "consejos" mencionados en la lección.

38. que acepta de él. El consejo del Tzadik es puro, una absoluta verdad. Cuando la persona acepta el consejo del Tzadik, incluso sin comprender el razonamiento que lo sustenta (una expresión de fe), hace que la verdad quede grabada en ella. Esto la llevará hacia el sendero correcto. Como hemos visto, el deseo de esta persona por la verdad construye su fe, y esto hace que sea dirigida de la manera correcta. En última instancia, ello también traerá la redención (*Parparaot LeJojmá*). Esto se une con el comienzo de la lección, conectando la fe con la verdad y la aceptación del consejo del Tzadik.

órganos de la reproducción, productores de esperma *(Zohar* III, 235a).³⁴ Podemos por lo tanto concluir que aceptar el consejo de una persona, es como estar recibiendo simiente de ella. Y, [el tipo de "unión"] dependerá enteramente del tipo de persona <que dé el consejo>: malvada o recta.

Y por eso: "La Torá *maTiSH* (socava) la fuerza de la persona" *(Sanedrín* 26b).³⁵ También es llamada *TuSHiá* (consejo), porque hay seiscientos trece "consejos"; como en (Proverbios 8:14), "Míos son el consejo y el entendimiento". Es así que el consejo se asemeja al matrimonio, y es sinónimo de la unión matrimonial, que también socava la fuerza de la persona.³⁶

{"Yo te había plantado un *sorek* (una viña), una simiente enteramente verdadera" (Jeremías 2:21).}

El consejo del Tzadik es "una simiente enteramente verdadera". Éste es el significado de, "Yo te había plantado una viña": *SoReK* alude a la redención; como está escrito (Zacarías 10:8), "*eShRiKá* (les silbaré) y los reuniré".³⁷ ¿Cómo se logrará esto? [Ellos serán reunidos] mediante la "simiente enteramente verdadera" - el consejo de los Tzadikim, que lleva a la verdad. Pues mediante este [consejo, la justicia] se vuelve fe, porque está unida a la verdad. Y esto, [la fe y la verdad,] traerá la redención. Porque entonces, uno recibe las gotas del intelecto del Tzadik a través del consejo que acepta de él.³⁸

Éste es el significado de, "He aquí, Tú quieres la verdad, [entonces] en lo íntimo" -en los riñones- "...hazme conocer la sabiduría". Hazme

---

34. órganos de la reproducción... Aquí el Rebe Najmán explica la conexión entre el acto de recibir consejo y la unión marital. Ambos comparten el objetivo en común de "dar nacimiento a", o producir algo nuevo. Ver nota 73.

35. socava la fuerza. La Torá socava la fuerza debido a que disminuye el poder de la inclinación al mal que intenta llevar a la persona hacia el pecado. Diversos comentaristas hacen notar que esto ocurre sólo en el comienzo, cuando la persona se adentra por primera vez en el estudio de la Torá. Más tarde, al aumentar la dedicación, su fuerza aumenta a un nivel mucho mayor que el que tenía antes de comenzar.

36. también socava la fuerza. "Si todo el cuerpo no siente la eyaculación, entonces no se considera simiente" *(Nidá* 43a). Maimónides explica que la simiente se forma a partir de todo el cuerpo, siendo así la "fuerza" de todo el cuerpo. Por lo tanto, el uso inapropiado de las capacidades reproductivas da como resultado una disminución de la fuerza de la persona *(Iad HaJazaká, Hiljot Deot* 4:19; *Shuljan Aruj, Oraj Jaim* 240:14).

También podemos inferir a partir de esta comparación entre el consejo y la unión marital que la persona debe esforzarse en crear una relación íntima con el Tzadik, similar a la de marido

שֶׁאֶזְכֶּה לְקַבֵּל טִפֵּי הַמֹּחַ, טִפֵּי הַשֵּׂכֶל, עַל-יְדֵי עֵצָה שֶׁאֲקַבֵּל מֵהֶם; וְאָז אֶזְכֶּה לֶאֱמֶת, כִּי הַטִּפֵּי הַשֵּׂכֶל נִקְרָא "כֻּלּוֹ זֶרַע אֱמֶת".

ד וְדַע, שֶׁעַל-יְדֵי מִצְוַת צִיצִית הָאָדָם נִצּוֹל מֵעֲצַת הַנָּחָשׁ, מִנִּשּׂוּאִין שֶׁל רָשָׁע, מִבְּחִינַת נִאוּף, כִּי צִיצִית שְׁמִירָה לְנִאוּף, כַּמּוּבָא בַּתִּקּוּנִים (תקון יח): "וַיִּקַּח שֵׁם וָיֶפֶת אֶת הַשִּׂמְלָה וַיָּשִׂימוּ עַל שְׁכֶם שְׁנֵיהֶם" (בראשית ט) - זֶה בְּחִינַת צִיצִית. "וְעֶרְוַת אֲבִיהֶם לֹא רָאוּ" - כִּי צִיצִית מְכַסֶּה עַל עֶרְיָין. אֲבָל חָם, דְּהוּא יֵצֶר הָרָע, דִּמְחַמֵּם גּוּפֵהּ דְּבַר-נָשׁ בַּעֲבֵרָה, הוּא אָרוּר, כְּמוֹ שֶׁכָּתוּב (שם): "אָרוּר כְּנָעַן", כְּמוֹ שֶׁכָּתוּב (שם ג): "אָרוּר אַתָּה מִכָּל הַבְּהֵמָה". וְהַשִּׂמְלָה הַיְנוּ צִיצִית, הוּא שְׁמִירָה מֵעֲצַת הַנָּחָשׁ, מִזֻּהֲמַת הַנָּחָשׁ.

41. cubren la desnudez. La mitzvá de los *tzitzit* requiere colocar los flecos en todas las prendas que tengan cuatro esquinas. Esto es para hacerle recordar a la persona todas las otras mitzvot de la Torá, como se explica en el texto (§4 más abajo). La vestimenta con *tzitzit* cubre el cuerpo y protege por lo tanto de la exposición al pecado. Si Noaj hubiera estado cubierto con los *tzitzit*, habría sido protegido de la inmoralidad de su hijo.

42. meJaMem...pecado. En hebreo la palabra *jam* (חם) significa caliente y es la raíz de *meJaMem* (מחמם). Éste es el motivo por el cual el Rebe Najmán nos dice que Jam es la personificación de la inclinación al mal. Incita al cuerpo a buscar los placeres físicos y lo lleva a pecar.

43. Canaán. Debido a que Canaán inició esta acción (n.40) fue él quien recibió la maldición. Rashi (Génesis 10:13-14) hace notar que este descendiente de Jam continuó con el comportamiento ilícito de su padre.

44. todos los animales. El Rebe Najmán cita este versículo sobre la maldición de la Serpiente, asemejándola a la maldición hecha a Jam (Canaán). Se dice que ambos encarnan la inclinación al mal. Esto se une efectivamente con el concepto de "consejo de los malvados" tratado más arriba en la lección. La Serpiente y Jam (Canaán) "aconsejaron" promoviendo actos sexuales ilícitos y ambos fueron inmediatamente condenados por ello. Enseñan nuestros Sabios: La Serpiente fue maldecida con un período de gestación de siete años (*Bejorot* 8b). Tal como su "simiente" tarda mucho en aparecer, de la misma manera la verdadera naturaleza de su consejo puede apreciarse recién mucho más tarde.

45. el veneno de la Serpiente. Debido a que los *tzitzit* protegen de la inmoralidad, automáticamente protegen contra el veneno de la Serpiente, que es inmoralidad y sexualidad ilícita.

digno de merecer recibir las gotas de la mente, las gotas del intelecto [de los Tzadikim], mediante el consejo que acepte de ellos. Entonces mereceré la verdad, pues las gotas del intelecto son llamadas "una simiente enteramente verdadera".[39]

4. {"Shem y Iafet tomaron el manto y lo colocaron sobre sus hombros, anduvieron hacia atrás y cubrieron la desnudez de su padre. Vueltos los rostros no vieron la desnudez de su padre" (Génesis 9:23).}

¡Debes saber! Mediante la mitzvá de los *tzitzit,* la persona es protegida del consejo de la Serpiente, de un "matrimonio de maldad", de la inmoralidad. Los *tzitzit* protegen contra la inmoralidad, como dice el *Tikuney Zohar* (#18): [Vemos (Génesis 9:23) que los dos hijos de Noaj] "Shem y Iafet tomaron el manto y lo colocaron sobre sus hombros" - ésta es una referencia a los *tzitzit;* "y no vieron la desnudez de su padre"[40] - porque los *tzitzit* cubren la desnudez.[41] Pero JaM [su tercer hijo] -"la personificación de la mala inclinación, porque él *meJaMem* (calienta) el cuerpo de la persona y la lleva al pecado"[42]- es maldecido. "Como está escrito (Ibid., 9:25), 'Maldito es Canaán'[43]; y como en (Ibid., 3:14), 'Maldita eres tú [la Serpiente] más que todos los animales'".[44] Es así que la prenda, los *tzitzit,* es una protección ante el consejo de la Serpiente, el veneno de la Serpiente.[45]

---

39. gotas del intelecto...simiente enteramente verdadera. El *Zohar Jadash* (15a) afirma que toda la simiente se origina en la mente. Cuanto más puro sea el pensamiento de la pareja en la unión marital, más receptivo a la santidad será el niño que conciban. Éste es el motivo por el cual se la llama "gotas del intelecto".

Resumen: La esencia de la fe, que corresponde a la plegaria y a los milagros, se encuentra en la Tierra de Israel. Su antítesis es Egipto, el exilio, que tipifica un daño en la fe y en los milagros. La redención, la venida de Mashíaj, depende de la fe (§1). La fe se alcanza a través de la verdad. Cuando la justicia se complementa con la verdad, ella se transforma en fe (§2). La verdad sólo es posible mediante la unión con los Tzadikim y el cumplimiento de sus consejos. Aceptar su consejo es una forma de unión santa, mientras que recibir consejos de los malvados es una forma de envenenamiento. A través del consejo del Tzadik -su "simiente enteramente verdadera"- viene la fe y, en última instancia, la redención (§3).

40. la desnudez de su padre. Luego del diluvio, Noaj plantó una viña y bebió del vino hecho con sus uvas. Borracho, se quedó dormido desnudo. Canaán le informó eso a su padre Jam. Jam sodomizó y luego castró a Noaj para impedir que tuviese más hijos. Esto destruyó la posibilidad de que Noaj tuviese más descendientes, es decir, la "verdadera simiente" que el Tzadik, Noaj, podría haber producido (Génesis 9:18-27 de acuerdo con Rashi y los *Midrashim*).

וְזֶה בְּחִינַת (שם מ"ט): "בֵּן פֹּרָת עֲלֵי עָיִן" – בִּשְׁבִיל צִיצִית, לְשׁוֹן (שיר־השירים ב): "מֵצִיץ מִן הַחֲרַכִּים", עַל־יְדֵי־זֶה זָכָה לְבֶן פֹּרָת, שֶׁנִּשְׁמַר מִנִּשּׂוּאִין שֶׁל נָחָשׁ, מִזִּוּוּג שֶׁל הַסִּטְרָא־אָחֳרָא, וְזָכָה לְזִוּוּגָא דִקְדֻשָּׁה.

וְזֶה: "פֹּרָת", לְשׁוֹן זִוּוּג, לְשׁוֹן: "פְּרוּ וּרְבוּ". וְעִקַּר הַנִּאוּף תָּלוּי בָּעֵינַיִם, כְּמוֹ שֶׁאָמְרוּ (סוטה ט): 'שִׁמְשׁוֹן הָלַךְ אַחַר עֵינָיו', וּכְמוֹ שֶׁכָּתוּב (במדבר ט"ו): "וְלֹא תָתוּרוּ אַחֲרֵי לְבַבְכֶם וְאַחֲרֵי עֵינֵיכֶם".

וּשְׁמִירַת צִיצִית, שֶׁהוּא בְּחִינַת עֵינַיִם, הוּא שְׁמִירָה מֵעֲצַת הַנָּחָשׁ, וְיָכוֹל לְקַבֵּל הָעֵצוֹת מִצַּדִּיק, שֶׁהוּא כֻּלּהּ זֶרַע אֱמֶת.

50. tras sus corazones ni tras sus ojos. La conclusión de este versículo dice, "...que los llevan a desviarse". Enseña el Talmud (*Berajot* 12b): "Tras sus corazones" se refiere a la idolatría; "tras sus ojos" se refiere a la inmoralidad. Esto se conecta adecuadamente con los temas tratados anteriormente en la lección. La idolatría, como hemos visto, es una falta de fe y la causa del exilio. Por otro lado, se nos ha enseñado que la inmoralidad se presenta como un obstáculo para aceptar el consejo del Tzadik y nos impide por lo tanto acercarnos a la verdad y a la fe completa. No es casual que el versículo forme parte del precepto de usar los *tzitzit,* informándonos por lo tanto que llevar los *tzitzit* protege a la persona de ser desviada tras estos malos rasgos.

Esta sección de la Torá (Números 15:37-41) es el tercer párrafo del *Shemá* conocido también como "El Éxodo de Egipto", la primera redención del pueblo judío. Como ha indicado el Rebe Najmán, la verdad es una clave esencial para la redención -la "simiente enteramente verdadera" y el "consejo puro" del Tzadik- lo que también está conectado con los *tzitzit*.

51. ...simiente enteramente verdadera. Por lo tanto, no es suficiente con que la persona se aleje del consejo de los malvados y de la inmoralidad. Uno debe también tratar seriamente de alcanzar la verdad, sacrificándose si es necesario, con la finalidad de recibir todos sus consejos del Tzadik. Esto, a su vez, traerá una fe completa, sinónimo de la capacidad de orar apropiadamente, de generar milagros y de merecer la santidad de la Tierra de Israel.

Resumen: La esencia de la fe, que corresponde a la plegaria y a los milagros, se encuentra en la Tierra de Israel. Su antítesis es Egipto, el exilio, que tipifica un daño en la fe y en los milagros. La redención, la venida de Mashíaj, depende de la fe (§1). La fe se alcanza a través de la verdad. Cuando la justicia se complementa con la verdad, se transforma en fe (§2). La verdad sólo es posible mediante la unión con los Tzadikim y el cumplimiento de sus consejos. Aceptar su consejo es una forma de unión santa, mientras que recibir consejos de los malvados es una forma de envenenamiento. A través del consejo del Tzadik -su "simiente enteramente verdadera"- viene la fe y, en última instancia, la redención (§3). En particular, la mitzvá de los *tzitzit* protege del envenenamiento de los malvados, es decir de la inmoralidad. Ello protege los ojos, de manera que uno merece una unión de santidad (§4).

Esto corresponde a [la bendición de Iaacov a Iosef] (Génesis 49:22): "*Ben porat alei ain*" (Una rama fructífera junto a la fuente). Debido a los *TZITZit*, que tienen la connotación de (Cantar de los Cantares 2:9) "él *meTZITZ* (atisba) por las rendijas",⁴⁶ él [Iosef] mereció ser una rama fructífera. Porque estaba protegido del "matrimonio" de la Serpiente, de una unión <de maldad>, y mereció [en cambio] una unión de santidad.⁴⁷

Y esto es "*PoRat*" - una referencia a la unión; similar a (Génesis 1:28), "*PRú urevú*" (sean fecundos y multiplíquense). [Y "*alei AIN*",] porque la inmoralidad proviene principalmente de los *ÆINaim* (los ojos);⁴⁸ como enseñan nuestros sabios: "Shimshon se extravió detrás de sus ojos" (Sotá 9b).⁴⁹ También está escrito (Números 15:39), "No irán tras sus corazones ni tras sus ojos".⁵⁰

Así, los *tzitzit* -de los ojos <de santidad>- son una protección ante el consejo de la Serpiente. La persona es entonces capaz de recibir el consejo del Tzadik, un consejo que es "una simiente enteramente verdadera".⁵¹

---

46. ...por las rendijas. Esto demuestra cómo los *TZITZit* corresponden a "mirar". La implicación es que los *tzitzit* proveen, si así pudiera decirse, el "punto de vista" apropiado; esta manera de mirar las cosas es necesaria para dispensar el verdadero consejo. Iosef, el Tzadik, tenía este punto de vista. Fue esto lo que lo protegió y mediante ello mereció la "rama fructífera" de la bendición de Iaacov. Ver notas siguientes.

47. unión de santidad. Potifar era el amo de Iosef. Cuando su esposa trató de seducir a Iosef, éste se negó y fue posteriormente encarcelado durante doce años. Más tarde, luego de que llegó a ser el virrey de Egipto, tomó por esposa a la hija de Potifar (Génesis 39:12 y sig., 41:45). Rashi explica (*Ibid.*, 39:2) que los astrólogos de la esposa de Potifar le informaron que estaba destinada a tener descendencia de Iosef [el Tzadik], pero que no estaba claro si esto sería a través de ella o a través de su hija. Aunque su comportamiento seductor tenía un motivo positivo, sin embargo ello era el "consejo de la Serpiente", una "unión de maldad", porque era la esposa de otro hombre. Por otro lado, su hija no estaba casada y era apta para una "unión de santidad".

48. ÆINaim, los ojos. Literalmente, la palabra *ain* significa ojo. También significa una fuente, como en la bendición de Iaacov. Aquí vemos nuevamente una conexión entre los *tzitzit*, los ojos y la protección ante la inmoralidad; aunque esta vez, en virtud de evitar mirar. Para ser "una rama fructífera", con "simiente verdadera", es decir, "verdadero consejo", es necesario elevarse por sobre los deseos inmorales de los ojos.

49. de sus ojos. Enseñaron nuestros Sabios: Shimshon se extravió tras sus ojos al tomar a una mujer filistea (*Sotá* 9b, 10a). De manera apropiada, el castigo por su "matrimonio de maldad" llegó cuando los filisteos le quitaron los ojos (Jueces 14-16). Comentarios posteriores en el Talmud revelan que los padres del Shimshon le habían *aconsejado* no realizar tal unión, pero que él se sintió obligado a seguir su propio consejo.

ה　　וְזֶה פֵּרוּשׁ:

אָמַר רַבָּה בַּר בַּר־חָנָה: אָמַר לִי הַהוּא טַיָּעָא, תָּא אַחֲוִי לָךְ טוּרָא דְסִינַי. אֲזַלִי וַחֲזַאי דְּהַדְרָן לֵהּ עַקְרַבֵּי וְקָיְמִין כִּי חַמְרֵי חִוָּרְתָא. וְשָׁמַעְתִּי בַּת־קוֹל שֶׁאוֹמֶרֶת: אוֹי לִי שֶׁנִּשְׁבַּעְתִּי; וְעַכְשָׁו שֶׁנִּשְׁבַּעְתִּי, מִי מֵפֵר לִי.

רַשְׁבַּ"ם: שֶׁנִּשְׁבַּעְתִּי – מִן הַגָּלוּת, כִּדְכְתִיב קְרָאֵי טוּבֵי בַּנְּבִיאִים:

תָּא וְאַחֲוִי לָךְ טוּרָא דְסִינַי, שֶׁהוּא בְּחִינַת עֵצוֹת, כִּי שָׁם קִבְּלוּ תַּרְיַ"ג עֵטִין.

חֲזַאי דְּהַדְרָן לֵהּ עַקְרַבָּא, הַיְנוּ שֶׁיֵּשׁ עֲצַת נָחָשׁ, עֲצַת רְשָׁעִים, שֶׁעַל־יְדֵיהֶם אֵין יְכוֹלִים לְקַבֵּל עֲצַת צַדִּיקִים, זֶרַע אֱמֶת.

וְקָיְמוּ כִּי חַמְרֵי חִוַּרְתָּא – זֶה בְּחִינַת צִיצִית, שֶׁהוּא שְׁמִירָה מֵעֲצַת הַנָּחָשׁ, מִנִּאוּף.

כְּמוֹ שֶׁאָמְרוּ חֲכָמֵינוּ, זִכְרוֹנָם לִבְרָכָה (מנחות מג:): 'אֵיזֶה עָנְשׁוֹ גָּדוֹל, שֶׁל לָבָן אוֹ שֶׁל תְּכֵלֶת? וְאָמְרוּ: מָשָׁל לְאֶחָד, שֶׁצִּוָּה לְהָבִיא לוֹ חוֹתָם שֶׁל זָהָב, הַיְנוּ תְּכֵלֶת, וְחוֹתָם שֶׁל טִיט, הַיְנוּ לָבָן'. וְזֶה: "חַמְרֵי" – לְשׁוֹן חֹמֶר וָטִיט; "חִוָּרָא" – הַיְנוּ לָבָן, כִּי עַכְשָׁו זֶה עִקַּר הַצִּיצִית.

(*Tikuney Zohar,* Introducción). Los enormes escorpiones que rodeaban el Monte Sinaí son una alusión a aquellas cosas que impiden que la persona alcance la fuente del consejo bueno y verdadero.

54. altos...mulas blancas...inmoralidad. Los escorpiones eran altos como mulas. En otras palabras, el consejo de los malvados parece ser un consejo verdadero. Esto se debe a que (Eclesiastés 7:14) "Dios hizo uno paralelo al otro", para que el hombre tenga libre albedrío y pueda elegir entre la santidad y la inmoralidad. (Ver *Maim* en el libro Cuatro *Lecciones del Rabí Najmán de Breslov,* Breslov Research Institute).

55. blanco...de los tzitzit. Los flecos de color *tejelet* (celeste) representan la fe y la verdad. El color celeste se asemeja a la fe pues "se parece al mar y el mar se parece al cielo, el cielo se parece al zafiro y el zafiro se parece al Trono Celestial" (*Menajot* 43b). Ahora bien, el Trono está asociado con *Maljut* (Reinado) que, tal como enseña la Kabalá, corresponde a la fe. Los flecos blancos se asemejan a la verdad en el hecho de que, a diferencia de los flecos coloreados

5. Ésta es la explicación:

Contó Raba bar bar Janá: Este mercader me dijo, "Ven, te mostraré el monte Sinaí". Fuimos y vimos que estaba rodeado de escorpiones tan altos como *jamrei jivarta* (mulas blancas). Oí una voz Celestial que decía, "¡Ay de Mí que hice un juramento! Pero ahora que he tomado un juramento, ¿quién Me lo puede anular?" (*Bava Batra* 74a).

Rashbam:
[**mercader** - un comerciante Ishmaelita]; **he tomado un juramento** - sobre el exilio [de los judíos], tal como está indicado en numerosos versículos de los Profetas.

Ven, te mostraré el monte Sinaí - Ésta es una alusión al consejo, pues allí [en el monte Sinaí] los judíos recibieron los seiscientos trece consejos.⁵²

vimos que estaba rodeado de escorpiones - Es decir, el consejo de la Serpiente, el consejo de los malvados. Ellos hacen que sea imposible recibir el consejo, la "simiente verdadera", de los Tzadikim.⁵³

tan altos como jamrei jivarta (mulas blancas) - Esto alude a los *tzitzit*, que protegen del consejo de la Serpiente, de la inmoralidad.⁵⁴

> {Enseñó el Rabí Meir: No tener los flecos blancos en los *tzitzit* conlleva un castigo mayor que el no tener *tejelet* (flecos de color celeste). Esto es similar a un rey que les dio una orden a dos de sus sirvientes: uno debía traerle un sello hecho de arcilla; el otro, un sello hecho de oro. Los dos transgredieron la orden y no le llevaron el sello. ¿Cuál de las dos transgresiones fue peor? Podemos decir que el siervo que no trajo el sello de arcilla merece un castigo mayor, pues la arcilla es mucho más fácil de obtener (*Menajot* 43b; *Rashi*, ad. loc).}

Como enseñaron nuestros Sabios: ¿Quién merece un castigo mayor? Ellos explicaron: se asemeja a alguien que ordenó que le trajesen un sello de oro - los flecos azules, y un sello de arcilla - los flecos blancos. [Interpreta esto] como sigue: *JaMRei* - se refiere a *JoMeR vetit* (arcilla y limo); *jivarta* - es blanco, dado que hoy en día éste es el principal [requerimiento de los] *tzitzit*.⁵⁵

---

52. Monte Sinaí...613 consejos. El mercader (Tzadik) lo llevó al Monte Sinaí, pues allí es donde fueron dados los "consejos puros" (Torá). Y es de la Torá que el Tzadik obtiene este consejo.

53. escorpiones...Tzadikim. Satán es "la Serpiente", y su "esposa", Lilit, es un escorpión

וְשָׁמַעְתִּי בַּת־קוֹל שֶׁאוֹמֶרֶת, אוֹי לִי שֶׁנִּשְׁבַּעְתִּי. פֵּרֵשׁ רַבֵּנוּ שְׁמוּאֵל: עַל הַגָּלוּת, הַיְנוּ, עַל־יְדֵי צִיצִית יְכוֹלִין לָבוֹא לַעֲצַת צַדִּיקִים, לִבְחִינַת אֱמֶת; וְעַל־יְדֵי אֱמֶת בָּאִים לֶאֱמוּנָה כַּנַּ"ל; וְעַל־יְדֵי אֱמוּנָה בָּא הַגְּאֻלָּה כַּנַּ"ל. וְזֶה שֶׁשָּׁמַע חֲרָטַת הַשֵּׁם יִתְבָּרַךְ עַל הַגָּלוּת, כִּי הַצִּיצִית שֶׁהֵם 'חַמְרֵי חִוָּרָא' גָּרַם כָּל זֶה.

וְזֶה פֵּרוּשׁ:

וְאֵלֶּה – כָּל מָקוֹם שֶׁנֶּאֱמַר "וְאֵלֶּה" מוֹסִיף; זֶה בְּחִינַת יוֹסֵף, בְּחִינַת שְׁמִירַת הַבְּרִית, בְּחִינַת צִיצִית.

הַמִּשְׁפָּטִים – זֶה בְּחִינַת "כֻּלּוֹ זֶרַע אֱמֶת", כְּמוֹ שֶׁכָּתוּב (תהלים י"ט): "מִשְׁפְּטֵי ה' אֱמֶת", שֶׁזּוֹכֶה לַעֲצַת צַדִּיקִים, לִבְחִינַת אֱמֶת.

אֲשֶׁר תָּשִׂים לִפְנֵיהֶם – זֶה בְּחִינוֹת 'כַּד אִתְחַבַּר בַּהּ אֱמֶת'.

וְזֶה בְּחִינַת הֻשְׁווּ אִשָּׁה לְאִישׁ, כִּי זֶה אִישׁ וְאִשָּׁה הֵם בְּחִינַת הִתְחַבְּרוּת אֱמֶת וֶאֱמוּנָה, וּבָזֶה תָּלוּי הַגְּאֻלָּה כַּנַּ"ל.

---

valor numérico es seis, también alude al Tzadik/Iosef, tal como enseña la Kabalá, que Tzadik corresponde a *Iesod*, que es la sexta *sefirá* de la persona *Zeir Anpin* (el principio masculino; ver Apéndice: Las Personas Divinas; Los Siete Pastores Superiores).

58. Pacto. Iosef es llamado "el tzadik" porque cuidó el Pacto, manteniendo su pureza sexual, al no sucumbir a los avances de la esposa de Potifar (*Zohar* II, 23a). Ver también *Likutey Moharán* I, 2:2.

59. Tzitzit. Ver el comienzo de la sección 4: La mitzvá de los *tzitzit* tiene el poder de proteger a la persona del consejo de la Serpiente, de un "matrimonio de maldad", de la inmoralidad.

60. la mujer se equipara al hombre. El Rebe Najmán muestra ahora cómo las dos explicaciones de "delante de ellos" (ver n.1) se unen como parte del tejido unificado de su lección. Comienza con la primera explicación: "Delante de ellos" nos enseña que la mujer se equipara al hombre. Como hemos visto (n.27), tanto *tzedek* (justicia) como *emuná* (fe) son formas del juicio; ambos corresponden al principio femenino. Ahora que la cualidad severa de la justicia ha sido atemperada con la verdad, la "simiente verdadera", el consejo del Tzadik, ella se ha vuelto fe. La verdad (*Tiferet*) y la fe (*Maljut*), el hombre y la mujer, son así iguales.

61. verdad y fe. Enseña el Talmud (*Menajot* 110a) sobre el versículo (Isaías 43:6), "Trae a Mis hijos de lejos y a Mis hijas desde los confines de la tierra": "Hijos" alude a aquéllos cuyas mentes están claras; "hijas", a aquéllos que les falta claridad mental. La claridad mental corresponde a la verdad, a una comprensión clara. La falta de claridad corresponde a la fe, que

Oí una voz Celestial que decía, ¡Ay de Mí que hice un juramento! - El Rashbam explica esto [como el juramento que tomó Dios] concerniente al exilio. Pues mediante los *tzitzit* uno puede llegar al consejo de los Tzadikim, a la verdad. Y con la verdad la persona puede alcanzar la fe, que, a su vez, trae la redención. Es por esto que [Raba bar bar Janá] oyó a Dios arrepintiéndose del exilio: Los *tzitzit* -los *jamrei jivarta*- eran la causa de todo esto.

6. Ésta es la explicación [del versículo de apertura]:
{"*VeEile* (Y éstas son) las leyes que pondrás delante de ellos".}

VeEile - Cada vez que se utiliza el término *veEile* (y éstas), viene a agregar.[56] Esto alude a: Iosef,[57] guardar el Pacto,[58] y los *tzitzit*.[59]

son las leyes - Esto corresponde a "una simiente enteramente verdadera"; como en (Salmos 19:9), "Las leyes de Dios son *verdad*". Uno merece recibir el consejo de los Tzadikim – el aspecto de verdad.

que pondrás delante de ellos - Esto es cuando [la justicia] está unida con la verdad.

Y esto es: **la mujer se equipara al hombre.**[60] Pues <el aspecto de> "hombre" y "mujer" alude a la unión de verdad y fe,[61] y de esto depende la redención.

---

que se producen a través de un proceso de teñido, los flecos blancos son naturales. Esta verdad es el consejo dado por los Tzadikim, la "simiente verdadera" y las gotas blancas de la mente (ver n.72 y *Likutey Moharán* I, 5).

Así, cuando los judíos habitaban en la Tierra de Israel y el Santo Templo estaba en pie (ver §1, arriba), abundaba el *tejelet* y existía una unión entre el celeste y el blanco, entre la fe y la verdad. Esto le permitió al pueblo judío superar el "consejo de los malvados" y unirse a los Tzadikim (al *Sanedrín*, la Corte Suprema Rabínica, los líderes aceptados de su tiempo). Pero cuando, debido a su falta de fe, los judíos salieron al exilio, desapareció el *jilazón* (molusco del cual se extrae el *tejelet*). Lo único que quedó, y lo único que hoy tenemos, son los flecos blancos, la verdad. Consecuentemente, sin la fe predominante de antaño, nuestra única esperanza de superar el "consejo de los malvados" depende de cuánto aceptemos el "blanco", es decir, el consejo de los Tzadikim. En verdad, como ha mostrado el Rebe Najmán, hacerlo así llevará también hacia la verdadera fe, la que traerá a su vez la redención y el retorno del *jilazón* (*BeIbei HaNajal*).

56. veEile...agregar. Cada vez que se utiliza el término *veEile* [*ve* (y), *eile* (éstas)], viene a añadir algo a aquello que se dijo antes (*Bereshit Rabah* 30:3).

57. Iosef. "[Raquel] le puso de nombre al niño *iOSeF*, diciendo, 'Que Dios me agregue otro hijo'" (Génesis 30:24); el verbo *lehOSiF* significa "agregar". La letra *vav* (en *veEile*), cuyo

וְזֶה: יָכוֹל שֶׁיִּהְיוּ הַתַּלְמִידִים לוֹמְדִים וְאֵין מְבִינִים – תַּלְמוּד לוֹמַר וְכוּ', עָרְכֶם לִפְנֵיהֶם כְּשֻׁלְחָן עָרוּךְ, זֶה בְּחִינַת הַגְּאֻלָּה, שֶׁלֶּעָתִיד יִתְגַּלּוּ כָּל הַחָכְמוֹת כְּשֻׁלְחָן עָרוּךְ, כְּמוֹ שֶׁכָּתוּב (ישעיהו י"א): "וּמָלְאָה הָאָרֶץ דֵּעָה".

(עַד כָּאן לְשׁוֹן רַבֵּנוּ, זִכְרוֹנוֹ לִבְרָכָה)

(הַשְׁמָטוֹת הַשַּׁיָּכִים לְהַתּוֹרָה הַזֹּאת):

הַתְּפִלָּה הוּא בְּחִינַת אֱמוּנָה, וְהוּא בְּחִינַת הַנִּסִּים, כִּי נֵס לְמַעְלָה מִטֶּבַע, וְלָזֶה צָרִיךְ אֱמוּנָה כַּנַּ"ל, עַיֵּן שָׁם. וּבִשְׁבִיל זֶה, הַתְּפִלָּה מְסֻגָּל לְזִכָּרוֹן, כִּי תְּפִלָּה הוּא בְּחִינַת אֱמוּנָה כַּנַּ"ל. וְשִׁכְחָה הוּא עִנְיָן, שֶׁהָיָה לְפָנֵינוּ דְּבַר-מָה וְנִשְׁכַּח וְעָבַר מֵאִתָּנוּ. (וְהִיא דֶּרֶךְ הַהַנְהָגָה עַל-פִּי מַעֲרֶכֶת הַמַּזָּלוֹת, שֶׁמִּתְנַהֵג כְּסֵדֶר יוֹם אַחַר יוֹם, וְהוּא הִפּוּךְ הָאֱמוּנָה. מַה שֶּׁאֵין כֵּן אִם מַאֲמִין שֶׁיֵּשׁ מְחַדֵּשׁ הַכֹּל בִּרְצוֹנוֹ בְּכָל יוֹם תָּמִיד, וְהוּא מְחַיֶּה וּמְקַיֵּם הַכֹּל תָּמִיד, וְהוּא לְמַעְלָה מֵהַזְּמַן, אֵין כָּאן שִׁכְחָה, וְדוּ"ק).

el recipiente expanda el contexto de la enseñanza original para incluir otras circunstancias [diversas y oportunas] (*Parparaot LeJojmá*). (Hasta este punto la lección es *leshón Rabeinu zal*, ver n.1 arriba).

64. no forma más parte de nosotros. Es muy importante que aceptemos y recordemos todas las enseñanzas de la Torá y el consejo de los verdaderos Tzadikim. Pero, luego de siglos de exilio y de persecuciones, el "poder del olvido" ha crecido de manera inmensa, como en, "En los días por venir, todo será olvidado" (Eclesiastés 2:16). El resultado es que, incluso mientras estudiamos nos falla nuestra capacidad de recordar, a veces de manera instantánea, y al punto en que poco tiempo después todo es olvidado. Debido a esto es imperativo que sigamos la enseñanza de esta lección: colocarnos los *tzitzit* y, al cubrirnos con ellos, orar para poder merecer recibir y recordar el consejo de los verdaderos Tzadikim para que podamos ponerlos en práctica. Al hacerlo alcanzaremos la verdad y la fe, la plegaria y los milagros, todo lo cual suplanta los dictados de la naturaleza y del tiempo. En el nivel más allá del tiempo, [así como no hay antes ni después,] no hay olvido. Entonces recordaremos todos los consejos verdaderos que recibimos y toda la Torá que aprendimos. Esto coincide con el capítulo de la Torá sobre los *tzitzit* (ver n.50) en el cual dice el versículo (Números 15:39), "mirarás [los *tzitzit*] y recordarás todas las mitzvot..." (*Mei HaNajal*).

65. no existe el olvido. Esto se debe a que mediante la plegaria uno está unido a Dios, Que se encuentra por sobre el tiempo, de modo que nada está en el pasado. No hay antes ni después; sólo el presente, en el cual no hay olvido, como se explicó en la nota anterior.

Y esto es: **"Es posible que los alumnos estudien pero no comprendan. [El versículo] enseña por lo tanto: 'que pondrás delante de ellos' - disponlo delante de ellos como una mesa servida"** - Esto es una referencia a la redención. Porque en el futuro, todas las sabidurías serán reveladas[62] "como una mesa servida"; como en (Isaías 11:9), "Y la tierra estará llena de conocimiento...".[63]

7. (Extractos correspondientes a esta lección.)

La plegaria es sinónimo de fe, que a su vez es sinónimo de milagros. Esto se debe a que un milagro es sobrenatural, es algo para lo cual uno necesita tener fe. {Ver [sección 1] arriba.} Debido a esto, la plegaria es beneficiosa para la memoria, porque, como se mencionó, corresponde a la fe. Pero el olvido implica haber tenido algo en la mente que, al desaparecer de la memoria, no forma más parte de nosotros.[64] {Esto puede asemejarse a [considerar como predeterminados] los movimientos de las constelaciones que siguen un patrón prescrito día tras día. Y esto es lo opuesto a la fe. Por otro lado, si la persona cree que existe Uno que diariamente renueva la Creación de acuerdo con Su voluntad, Quien perpetuamente sustenta y mantiene todo, y Quien se encuentra por sobre [las limitaciones del] tiempo, entonces no existe el olvido.[65]}

---

se aplica cuando la mente no puede comprender con claridad. Éste es el motivo por el cual el hombre y la mujer se asemejan respectivamente a la verdad y a la fe.

62. las sabidurías serán reveladas. El *Zohar* (III, 23a) enseña que en la época de la llegada del Mashíaj, Dios revelará todas las grandes sabidurías, como en, "Y la tierra estará llena de conocimiento...". Estarán a su disposición para que el hombre tome de ellas a voluntad.

63. llena de conocimiento. ¿Cómo puede un alumno recibir y aceptar el consejo de su maestro cuando no comprende su razonamiento? Más aún, incluso si lo acepta, ¿de qué le servirá si le falta la comprensión necesaria para aplicar este consejo a otras situaciones similares? Sin embargo, hay que comprender que cuando el alumno acepta la enseñanza de su maestro, pese a su incapacidad de comprenderla, esto es un acto de fe. Mediante esta fe, el alumno se transforma en un recipiente para acoger en la forma más pura posible la "verdadera simiente", el consejo del Tzadik. Esto le permitirá finalmente alcanzar una percepción y una comprensión más elevadas, un conocimiento más profundo del consejo del Tzadik, lo que a su vez lo llevará a un nivel mucho más grande de fe. Entonces, con este nivel más elevado de fe, recibe un nivel más elevado de "verdadera simiente", y así en más.

Anteriormente (ver §4), el Rebe Najmán explicó que el consejo del Tzadik puede asemejarse a la bendición de "sean fecundos y multiplíquense". Al aceptar este consejo el alumno crece mental y espiritualmente, al punto en que llega a comprender las palabras del Tzadik desde una perspectiva más amplia y así puede aplicarlas a situaciones diferentes. La implicación de "sean fecundos y multiplíquense", es que el verdadero consejo permite que

וּמֵעַתָּה תִּרְאֶה נִפְלָאוֹת בְּדִבְרֵי רַבּוֹתֵינוּ, זִכְרוֹנָם לִבְרָכָה (שבת קד.): 'מֵ"ם וְסָמֵ"ךְ שֶׁבַּלּוּחוֹת בְּנֵס הָיוּ עוֹמְדִין'; כִּי **מַס הוּא בְּחִינַת** הַשִּׁכְחָה, וְעַל זֶה אָמְרוּ רַבּוֹתֵינוּ, זִכְרוֹנָם לִבְרָכָה (חגיגה ט:): 'אֵין דּוֹמֶה הַשּׁוֹנֶה פִּרְקוֹ מֵאָה פְּעָמִים לְמֵאָה פְּעָמִים וְאֶחָד'. כִּי **מַס** בְּגִימַטְרִיָּא **מֵאָה**, וְעַד מֵאָה שׁוֹלֵט הַשַּׂר שֶׁל שִׁכְחָה. וְזֶה שֶׁהִמְתִּיקוּ חֲזַ"ל: מֵ"ם וְסָמֵ"ךְ, הַיְנוּ מַס שֶׁהוּא בְּחִינַת הַשִּׁכְחָה, בְּנֵס הָיוּ עוֹמְדִין, כִּי נֵס הוּא הֵפֶךְ הַשִּׁכְחָה, כִּי נִסִּים הֵם בְּחִינַת הַתְּפִלָּה, בְּחִינַת אֱמוּנָה, שֶׁהִיא הֵפֶךְ הַשִּׁכְחָה, כַּנַּ"ל.

וְדַע וְכוּ' כִּי צִיצִית שְׁמִירָה לְנִאוּף וְכוּ', עַל שְׁכֶם שְׁנֵיהֶם זֶה בְּחִינַת צִיצִית וְכוּ'. וְזֶה (בראשית ל"ז): "הֲלֹא אַחֶיךָ רֹעִים בִּשְׁכֶם", הַיְנוּ בְּחִינַת צִיצִית כַּנַּ"ל, שֶׁהִיא שְׁמִירָה לְנִאוּף, וְהוּא בְּחִינַת שְׁמִירַת הַבְּרִית, שֶׁהִיא בְּחִינַת יוֹסֵף. עַל כֵּן אָמַר יַעֲקֹב לְיוֹסֵף: "הֲלוֹא אַחֶיךָ רֹעִים בִּשְׁכֶם", שֶׁהוּא בְּחִינָה שֶׁלְּךָ; "לְכָה וְאֶשְׁלָחֲךָ אֲלֵיהֶם".

70. lo opuesto al olvido. En resumen: se ha demostrado que la fe, la plegaria, los milagros, la Tierra de Israel, la redención y la memoria están todos interconectados. Todo esto puede alcanzarse mediante la verdad, recibiendo la "simiente enteramente verdadera", el consejo de los Tzadikim. El Rebe Najmán ha mostrado también que este consejo tiene el poder de negar los efectos de la idolatría, de los fenómenos naturales, del exilio y del olvido, todo lo cual surge del *Samaj-Mem*, el consejo de los malvados y de la Serpiente.

71. Shejem...a ellos. Shejem (también Nablus) es el nombre de una ciudad de la Tierra de Israel. Está ubicada en el territorio tribal de Efraím, el hijo de Iosef, y allí está enterrado Iosef. La palabra *shejem* también significa "hombro". La conexión entre estos dos significados es la siguiente: Shem y Iafet, como signo de su recato, colocaron la vestimenta sobre sus hombros para no ver la desnudez de su padre. Esto era simbólico de guardar el Pacto, sinónimo del Tzadik, de Iosef y de Shejem mismo. Es por esto que Iaacov le comunicó a Iosef que sus hermanos estaban en Shejem, la cualidad de Iosef, y entonces le dijo, "Ven, que te enviaré a ellos".

Esto puede comprenderse mejor a la luz del comentario que ofrece el *Zohar* (*Zohar Jadash* p.36a): Al llegar Iosef adonde estaban sus hermanos, éstos lo vendieron como esclavo. Fue llevado a Egipto y estuvo separado de su padre durante un lapso de 22 años. Diez hermanos estuvieron implicados en esta venta y cada uno tuvo que expiar individualmente los 22 años del sufrimiento de Iaacov. De este modo, el total del exilio debería haber sido de 220 años, si no fuera que la muerte misma es considerada un castigo. Cada uno de los diez hermanos murió durante la esclavitud en Egipto, de modo que el exilio del pueblo judío se redujo a 210 años (como en n.9). Antes de este episodio, la Torá relata que Iosef les había contado

Ahora podemos apreciar lo maravilloso de las palabras de nuestros Sabios: "Las [letras] *mem y samaj* que estaban en las Tablas se mantenían en su lugar gracias a un milagro" (Shabat 104a).[66] *Mem-samaj* alude al "olvido". Enseñaron nuestros Sabios con respecto a esto: "No hay comparación entre alguien que repasa su lección cien veces y alguien que la repasa ciento y una veces" (Jaguigá 9b).[67] Pues *mem-samaj* tiene el equivalente numérico de cien,[68] [aludiendo al hecho de que] durante las primeras cien veces reina el Ángel del Olvido.[69] Esto es lo que dijeron nuestros Sabios de manera tan ingeniosa: "Las [letras] *mem y samaj*" -los "cien" del olvido- "se mantenían en su lugar gracias a un milagro": los milagros son lo opuesto al olvido. Pues, como se mencionó antes, los milagros son sinónimo de plegaria y de fe, siendo [la fe] lo opuesto al olvido.[70]

¡Debes saber!... los *tzitzit* protegen de la inmoralidad... sobre sus *shejem* (hombros)... una referencia a los *tzitzit*. [Ver sección 4, arriba.] Esto es (Génesis 37:13), "Tus hermanos están pastoreando en Shejem" - una alusión a los *tzitzit* que protegen de la inmoralidad. [Los *tzitzit*] corresponden a guardar el Pacto, que a su vez se aplica a Iosef. Por lo tanto Iaacov le dijo a Iosef, "Tus hermanos están pastoreando en Shejem". [En otras palabras: *Shejem*] - éste es tu aspecto. "Ven, que te enviaré a ellos".[71]

---

66. mantenían...milagro. Las letras de los Diez Mandamientos estaban grabadas en las Tablas de lado a lado. Dado que las letras finales *mem* (ם) y *samaj* (ס) son huecas en el centro, ¿cómo podían quedarse en su lugar? El Talmud responde que se mantenían en su lugar debido a un milagro (*Shabat, loc. cit.*).

67. ciento y una veces. "Verás la diferencia entre el Tzadik y el malvado, aquél que sirve a Dios y aquél que no Lo sirve" (Malaji 3:18). Nuestros Sabios (*Jaguigá* 9b) cuestionan la aparente redundancia en el versículo. Su respuesta es que la segunda mitad del versículo no está hablando de un malvado, sino de dos niveles diferentes de tzadikim, aquél "que sirve" y aquél que, hablando relativamente, se sabe que "no ha servido". El Tzadik que sirve a Dios repasa sus estudios 101 veces. El Tzadik que no Lo sirve los repasa 100 veces. Aquí el Rebe Najmán muestra que sólo la persona que puede elevarse al nivel de "memoria" se considera que ha servido a Dios.

La diferencia numérica entre *zajor* (recordar, 227 = זכר) y *shajaj* (olvidar, 328 = שכח) es 101 (*Rabí Eljanan Spector*).

68. cien. La *mem* tiene el valor numérico de 40, y la *samaj* equivale a 60.

69. Ángel del Olvido. *Samaj-Mem* es un acróstico del nombre del ángel *SaMael* (cuyo nombre se nos advierte que no debemos mencionar). También se lo conoce como el *Samaj-Mem*, Satán, o la Serpiente, y es el Ángel del Olvido que trata de hacer que la persona olvide a Dios.

וְזֶה פֵּרוּשׁ: "וְאָנֹכִי נְטַעְתִּיךְ שׂוֹרֵק" וְכוּ', כִּי הוּא מְקַבֵּל טִפֵּי הַשֵּׂכֶל שֶׁל הַצַּדִּיק עַל־יְדֵי עֵצָה שֶׁמְּקַבֵּל מִמֶּנּוּ. וְזֶה שׁוֹרֵק הוּא בְּחִינַת שׁוּרֵק, שֶׁהוּא תְּלַת טִפִּין, כְּמוֹ שֶׁכָּתוּב בַּזֹּהַר (ובתקונים, תקון נ"ו), וְהוּא תְּלַת מֹחִין. כִּי הוּא עִנְיָן אֶחָד, כִּי הַטִּפָּה בָּאָה מֵהַמֹּחַ וּמַגִּיעָה לְהַכְּלָיוֹת, שֶׁהֵן כְּלֵי הַהוֹלָדָה, שֶׁמְּבַשְּׁלִין הַזֶּרַע. כֵּן הַשֵּׂכֶל נוֹלָד גַּם כֵּן בַּמֹּחַ וּמַגִּיעַ עַד הַכְּלָיוֹת הַיּוֹעֲצוֹת.

וּתְלַת מֹחִין, הוּא בְּחִינַת (ישעיהו ו): "הַשְׁמֵן לֵב וְכוּ' וְאָזְנָיו וְכוּ' וְעֵינָיו וְכוּ', פֶּן יִרְאֶה בְעֵינָיו וּבְאָזְנָיו יִשְׁמָע וּלְבָבוֹ יָבִין וָשָׁב וְכוּ'", כְּלוֹמַר, שֶׁאֵינוֹ רוֹצֶה לְדַבֵּק עַצְמוֹ לַצַּדִּיקִים פֶּן יִרְאֶה וְכוּ'.

אֲבָל כְּשֶׁמְּדַבֵּק עַצְמוֹ לַצַּדִּיקִים וּמְקַבֵּל מֵהֶם עֵצָה, אֲזַי הוּא בְּחִינַת כְּלָיוֹת יוֹעֲצוֹת, שֶׁהֵם כְּלֵי הַהוֹלָדָה, שֶׁמְּקַבֵּל הַטִּפָּה מֹחַ הַמִּתְחַלֶּקֶת לִתְלַת טִפִּין, תְּלַת מֹחִין כַּנַּ"ל; וְאָז יִרְאֶה בְעֵינָיו וּבְאָזְנָיו יִשְׁמַע וּלְבָבוֹ יָבִין וְכוּ', שֶׁהֵם בְּחִינַת הַשְּׁלֹשָׁה מֹחִין - וָשָׁב וְרָפָא לוֹ. וְזֶהוּ: "וְאָנֹכִי נְטַעְתִּיךְ שׂוֹרֵק כֻּלֹּה זֶרַע אֱמֶת", וְהָבֵן.

וְזֶה פֵּרוּשׁ: **אָמַר רַבָּה בַּר בַּר־חָנָה וְכוּ'**, וְזֶה רָמַז גַּם כֵּן בְּפֶתַח

---

un niño y aquellas en la concepción de ideas. Al concebir un hijo, la "gota" emana del cerebro y desciende hacia los órganos de la reproducción que "preparan" la simiente. En el proceso de concebir nuevas ideas, las gotas del intelecto se forman en la mente, desde donde descienden hacia los riñones "que aconsejan".

74. Ojos...oídos...corazón...Comprende esto. El *Parparaot LeJojmá* explica cómo estos tres órganos aluden a la verdad, a la fe y a un conocimiento profundo, tal cual se trató a lo largo de la lección y en las notas 38 y 63 más arriba. Cuando la persona recibe el consejo del Tzadik, la verdad le queda grabada. Hasta cierto grado su intelecto puede en verdad percibir esta verdad. En un sentido, la *ve*. Debido a la conexión entre la comprensión intelectual y el ojo de la mente, puede decirse por lo tanto que "verá con los ojos". La fe, por su parte, se relaciona con los oídos. Cuando la persona cree en algo que *oye* de otros, pero que ella misma no comprende, eso es fe. Aunque pueda faltarle la capacidad de comprender intelectualmente lo que se le ha dicho, lo escucha como algo digno de ser creído. Ésta es la implicación del *Shemá* -"Escucha Israel"- y puede decirse por tanto que "oirá con los oídos". Finalmente, con la verdad y con la fe la persona llega a una comprensión más completa, a un conocimiento y a una sabiduría más profunda, lo que sólo les será revelado a todos en la época de la redención. A un nivel personal, al recibir el consejo del Tzadik experimentará la redención debido al profundo conocimiento en su corazón, de modo que puede decirse que "entenderá con su corazón".

Éste es el significado de: **"Yo te había plantado un sorek, una simiente enteramente verdadera"...Porque entonces, uno recibe las gotas del intelecto del Tzadik a través del consejo que acepta de él.** "*SoReK*" alude a *ShuRuK* (ֻ), que el *Zohar* (Tikuney Zohar #56) llama "las tres gotas". Conceptualmente, éstos son también los "tres *mojín*" (cerebros).[72] Porque la gota emana del cerebro y desciende hacia los riñones, el órgano del sistema de reproducción que prepara la simiente. De manera similar, el intelecto también se forma en la mente, de donde desciende hacia los riñones, "que aconsejan".[73]

Y los tres *mojín* corresponden a (Isaías 6:10), "Embota el corazón de este pueblo, haz pesados sus oídos y cierra sus ojos; no sea que vean con sus ojos, oigan con sus oídos, y entiendan con su corazón, se arrepientan y sean sanados". [El profeta] dice esto de la persona que se niega a unirse a los Tzadikim, "*no sea* que vean... y se arrepientan".

Pero cuando la persona se une a los Tzadikim y acepta su consejo, éste es el concepto de "los riñones aconsejan", porque ellos son órganos de reproducción. Uno recibe la gota/cerebro que es separada en "tres gotas" - tres cerebros. Y entonces, "*Sí* verá con sus ojos, oirá con sus oídos y entenderá con su corazón" - [estos tres] correspondiendo a los tres cerebros - de modo que "él se arrepentirá y será sanado". Esto es por lo tanto, "Yo te había plantado un *sorek*, una simiente *enteramente verdadera*". Comprende esto.[74]

Ésta es la explicación: **Contó Raba bar bar Janá, etc.:** [La

---

a sus hermanos sus sueños [proféticos]. Sin embargo, los hermanos no quisieron aceptar el "consejo" de Iosef [el Tzadik]. Ahora bien, cuando Iaacov envió a Iosef a Shejem, le estaba sugiriendo que quizás ellos estaban dispuestos a recibir su consejo, siendo que "Shejem" es la cualidad de Iosef. Si los hermanos hubieran aceptado a Iosef, el descenso de la familia a Egipto, aunque igualmente necesario (ver *La Hagadá de Breslov*), habría tenido lugar aunque bajo circunstancias totalmente diferentes.

72. Shuruk...mojín...cerebros. Físicamente, el cerebro está dividido en tres partes principales: el cerebro, el cerebelo y el bulbo raquídeo. En la terminología Kabalista, el cuerpo se alinea con las diez *sefirot* separadas en dos categorías: los mojín (las tres *sefirot* de Sabiduría, Comprensión y Conocimiento) y el *guf* (el cuerpo de las siete *sefirot* inferiores). Los tres puntos que conforman el punto vocal denominado *shuruk* (ֻ) aluden a los tres cerebros y corresponden a las "tres gotas", la simiente que emana del cerebro.

73. intelecto...los riñones que aconsejan. Por extensión, los *klei holadá* (órganos reproductivos) pueden ser comprendidos como "partes del cuerpo que *dan nacimiento* a nuevas ideas". El Rebe Najmán se centra por lo tanto en la correlación entre las primeras etapas en la concepción de

דְּבָרָיו: אָמַר לִי הַהוּא טַיָּעָא, וּפֵרֵשׁ רַבֵּנוּ שְׁמוּאֵל: בְּכָל מָקוֹם סוֹחֵר יִשְׁמָעֵאל; כִּי יִשְׁמָעֵאל הוּא בְּחִינַת הַתְּפִלָּה, כְּמוֹ שֶׁכָּתוּב (בראשית ט"ז): "כִּי שָׁמַע ה' אֶל עָנְיֵךְ", וְתַרְגּוּמוֹ: 'אֲרֵי קַבִּיל ה' יָת צְלוֹתִיךְ'.

וְהוּא בְּחִינַת אֱמוּנָה כַּנַּ"ל. וְזֶהוּ סוֹחֵר, מִלְּשׁוֹן סָחוֹר סָחוֹר (בְּחִינַת מַקִּיפִים), שֶׁהוּא בְּחִינַת אֱמוּנָה כַּנַּ"ל, "וֶאֱמוּנָתְךָ סְבִיבוֹתֶיךָ" (תהלים פ"ט).

וְזֶהוּ (רות ג'): "וּפָרַשְׂתָּ כְנָפֶךָ עַל אֲמָתְךָ", כִּי צִיצִית דִּקְדֻשָּׁה, שֶׁהֵם כַּנְפֵי מִצְוָה, הוּא שְׁמִירַת הַבְּרִית וְהוּא בְּחִינַת זִוּוּג דִּקְדֻשָּׁה.

וְזֶהוּ שֶׁשָּׁאַל חַגַּי הַנָּבִיא (חגי ב): "הֵן יִשָּׂא אִישׁ בְּשַׂר-קֹדֶשׁ בִּכְנַף

hombres judíos al orar, es una mitzvá llevar otra prenda de cuatro esquinas todo el tiempo. Esta prenda más pequeña, a la cual se le agregan los flecos en cada esquina, es llamada coloquialmente "*arba kanfot*". Como se mencionó más arriba (n.41), la mitzvá de colocar los *tzitzit* en toda vestimenta que tenga cuatro esquinas está conectada al concepto del recato. Al cubrir el cuerpo, lo protegemos de la exposición al pecado.

A un nivel, cuando Ruth le dijo a Boaz, "Extiende tu manto sobre tu sierva", le estaba diciendo que la cubriese a ella, su sierva, con la vestimenta de la mitzvá. A otro nivel, Ruth le estaba advirtiendo a Boaz que se protegiese del pecado. La palabra hebrea que significa "sierva", *amá*, también se utiliza como una referencia al órgano de la reproducción, el *brit*. Ella le estaba diciendo que se comportase de manera recatada cubriendo, si así pudiera decirse, el *amá* con la vestimenta de la mitzvá. Ésta, en esencia, es la conexión con guardar el Pacto que señala el Rebe Najmán (ver n.71).

78. unión de santidad. Enseñaron nuestros Sabios: Ella se llamaba Ruth (רות) porque un día se diría de su descendiente, el rey David, que él *ravá* (רוה, sació) a Dios con canciones y plegarias de alabanza (*Berajot* 7b). De acuerdo con esto, Ruth es sinónimo de plegaria. Boaz, al cual hace referencia la cita en el texto, estaba siendo sujeto a la prueba de "guardar el Pacto", una prueba de moralidad más grande aún que la de Iosef (ver *Sanedrín* 19b). También él es llamado Tzadik (*Likutey Moharán* I, 11; *Tikuney Zohar* #31). Mediante esto podemos comprender que la plegaria (Ruth) estaba pidiendo que el Tzadik (Boaz) extendiera sobre ella los *tzitzit* (su manto), el consejo verdadero. Esto era para generar una unión de santidad entre la plegaria y la verdad (entre Ruth y Boaz). Así, el versículo "extiende tu manto sobre tu sierva" concluye, "...porque tú eres un redentor". Esto indica que a través del matrimonio de Ruth con Boaz, de la plegaria con la verdad, llegará la redención (a través del redentor, el hijo de David). Ver *Parparaot LeJojmá* y *Mei HaNajal*.

El nombre *RUTh* (רות) tiene el mismo valor numérico que la palabra *SOReK* (ver arriba n.37), e indica también las 606 mitzvot adicionales que ella aceptó al convertirse, y que Dios les dio a los judíos como "consejos" para traer la redención.

conexión con la plegaria] también está aludida en las primeras palabras de Raba bar bar Janá, "Este mercader me dijo". El Rashbam explica que esto es siempre una alusión a un *sojer Ishmael* (un comerciante Ishmaelita). Pues *iSHMAel* connota plegaria; como está escrito (Génesis 16:11), "[Le pondrás por nombre Ishmael] porque *SHaMa HaShem* (Dios ha escuchado) tu aflicción", y Onkelos traduce esto, "Pues Dios ha aceptado tus plegarias".

[La plegaria] también es sinónimo de fe. Esto está [aludido en la palabra] *SoJeR,* que connota *SeJoR SeJoR* (alrededor y alrededor) {correspondiente al concepto de *makifin*.⁷⁵} Y esto corresponde a la fe; como en, "Tu fe Te rodea".⁷⁶

Éste es también el significado de (Ruth 3:9), "Extiende, por lo tanto, *KeNaFeja* (tu vestimenta) sobre tu sierva". Porque los sagrados *tzitzit,* las *KaNFei mitzvá* (las esquinas de la prenda [que son parte de] la mitzvá), corresponden a guardar el Pacto⁷⁷ y a una unión de santidad.⁷⁸

Y ésta es la explicación de lo que preguntó el profeta Jagai (2:12),

---

75. makifin. El intelecto del hombre trabaja a dos niveles, *pnimi* (interno e íntimo) y makif (externo y circundante). El *pnimi* se relaciona con el conocimiento que la persona ya ha comprendido e incorporado. El *makif* se relaciona con el conocimiento más profundo que aún intenta comprender, y que está "rodeándola", si así pudiera decirse. Esta conexión entre los *makifin* y la fe, que también rodea a la persona, indica que el conocimiento circundante, es decir, las grandes sabidurías que serán reveladas en la época de la llegada del Mashíaj (ver n.62), se alcanzarán mediante la verdad y la fe, como se explicó arriba.

76. ...Te rodea. La interpretación de la afirmación de Raba bar bar Janá sería entonces: "Este mercader" -un (comerciante) *iSHMAelita,* es decir, la plegaria- "me dijo". Él dijo, "Ven, te mostraré el Monte Sinaí" - no es posible lograr la plegaria a no ser que uno reciba un consejo verdadero.

El *Parparaot LeJojmá* agrega la siguiente idea, basada en la costumbre ashkenazí:

- Recitamos las plegarias de la mañana [en sí, una forma de unión con Dios] cubiertos con un *talit* que tiene *tzitzit*.

- Al colocarse el *talit* uno está obligado a envolverse con él, *keatifat Ishmaelim* (como un árabe se pondría su kafía).

- No se comienza a usar el *talit* grande hasta que uno esté casado. En el Talmud, el matrimonio se denomina *kidushin,* de la misma raíz que la palabra *kedushá* (santidad). Basándonos en nuestra lección, esto puede comprenderse como una referencia a la "unión de santidad" creada cuando uno acepta el consejo del Tzadik (secciones 3 y 4 de la lección).

- Esto también concuerda con la costumbre (de acuerdo con el *Rokeaj*) de que es necesario usar un *talit* para la *jupá* (toldo nupcial), porque es simbólico de la "unión de santidad" creada a través de los *tzitzit,* el consejo del Tzadik.

77. KaNFei mitzvá...guardar el Pacto. Aparte del *talit,* el manto de plegaria que utilizan los

בִּגְדוֹ וְנָגַע בִּכְנָפוֹ אֶל הַלֶּחֶם", כִּי פְּגַם הַבְּרִית – הֶעְדֵּר הַלֶּחֶם, כְּמוֹ
שֶׁכָּתוּב (משלי ו): "בְּעַד אִשָּׁה זוֹנָה עַד כִּכַּר לָחֶם", וְהָבֵן.
"וַתֵּשֶׁב בְּאֵיתָן קַשְׁתּוֹ וְכוּ', מִשָּׁם רוֹעֶה אֶבֶן יִשְׂרָאֵל" (בראשית מ"ט)
– אֲבָהָן וּבְנִין, בְּחִינַת הַתְּפִלָּה יַעֲקֹב וּבָנָיו.

סְגֻלָּה לְחוֹלֶה – לְהִסְתַּכֵּל עַל הַצִּיצִית. וְהַסּוֹד בַּפָּסוּק (שם מ"ח):
"הִנֵּה בִּנְךָ יוֹסֵף בָּא אֵלֶיךָ". כִּי כָּל אֵלּוּ הַתֵּבוֹת מְרַמְּזִין עַל הַצִּיצִית,
דְּהַיְנוּ מִנְיַן הַחוּטִין וְהַחֲלִיוֹת וְהַקְּשָׁרִים, (כמבאר ב"פרי-עץ-חיים" בשער
הציצית, פרק ד', בהג"ה, עין שם).

de Egipto gracias al verdadero consejo que dio. Y así fue como fue puesto a cargo del sustento de toda su generación.

Sin embargo, si la persona piensa que no fue Dios, sino sus propios esfuerzos y el desarrollo de los eventos naturales los que le permitieron acceder al sustento, entonces ha aceptado el consejo no santo de la Serpiente. Mediante esta unión envenenada, este daño del Pacto, su vestimenta y, por tanto, su pan, se han vuelto impuros. El Rebe Najmán enseña que esta falta de fe, la negación de los milagros, es lo que lleva a la persona al exilio tras un poco de pan.

81. Iaacov y sus hijos. Ésta es la continuación de la bendición que Iaacov le dio a Iosef. Ver sección 4 arriba, donde el Rebe Najmán trata la primera parte de la bendición. Allí vemos que la "rama fructífera" alude al consejo del Tzadik, y *alei ain,* los ojos, alude a los *tzitzit*. Aquí tenemos la continuación de la bendición. "Su arco se mantuvo firme" alude a guardar el Pacto, como enseña el *Zohar* (I, 71b): "Su arco", éste es Iosef, porque el arco hace referencia al signo de la circuncisión y Iosef guardó su pureza sexual. Y "el *even*" alude a Iaacov y a sus hijos, las doce versiones de la plegaria mencionadas anteriormente. (La ortografía de even como æven se basa en el principio explicado en la nota 2, arriba).

En la visión del Rebe Najmán, éste fue el versículo que citó el Baal Shem Tov para mostrar que cuando la gente estropea las cosas en la Tierra de Israel, desciende al exilio.

82. mirar los tzitzit. Todo aquél que sea cuidadoso en el cumplimiento de la mitzvá de los *tzitzit* merecerá ver la *Shejiná* (la Presencia Divina) (*Menajot* 43b). También enseñaron nuestros Sabios: La *Shejiná* se encuentra junto a la cabecera de la cama de la persona enferma y sostiene a aquél que no se encuentra bien (*Nedarim* 40a). De acuerdo con esto, el Rebe Najmán enseña que aquél que no se siente bien debe mirar cuidadosamente los tzitzit (*Mei HaNajal*).

83. hilos, vueltas y nudos... Esta explicación se encuentra en el *Pri Etz Jaim, Shaar HaTzitzit* 4, nota 4. El versículo dice, "*Hine binja Iosef ba eleija*" (Mira, tu hijo Iosef viene hacia ti). La explicación es como sigue:

- En cada una de las esquinas, un fleco de los *tzitzit* es enrollado alrededor de los otros (en grupos de 7, 8, 11 y 13 vueltas) un total de 39 veces, haciendo un total de 156. Las letras del nombre *IOSeF* (80=ף 60=ס 6=ו 10=י) también suman 156.

"Si uno lleva carne consagrada en la esquina de su manto, y [esta carne en] la vestimenta llega a estar en contacto con pan...".[79] Pues profanar el Pacto disminuye el pan de la persona; como está escrito (Proverbios 6:26), "Pues debido a una ramera, el hombre es llevado a [buscar] un pedazo de pan". Comprende esto.[80]

"Su arco se mantuvo firme... de allí el Pastor, *æven* (la Roca) de Israel" (Génesis 49:24). [Onkelos trata la palabra "*ÆVeN*" como un término compuesto] *AVan uVeNin* (padre e hijos); correspondiente a la plegaria – a Iaacov y sus hijos.[81]

8. Es una *segulá* (un remedio especial) para la persona enferma mirar los *tzitzit*.[82] Éste es el significado oculto del versículo (Génesis 48:2), "Mira, tu hijo Iosef viene hacia ti". Pues estas palabras aluden a los *tzitzit*, es decir, a la suma de flecos, vueltas y nudos, tal cual se explica en el *Pri Etz Jaim*.[83]

---

79. contacto con pan. Durante la reconstrucción del Segundo Templo, Jagai, profeta y miembro de la Gran Asamblea, les hizo ciertas preguntas a los *cohanim* (sacerdotes) para comprobar su familiaridad con las leyes de la pureza y de la impureza. De acuerdo con el *Jojmat Shlomo* (sobre *Pesajim* 16b) la pregunta citada en el texto concierne a la ley de la carne consagrada que se encuentra en la esquina de un manto que ha quedado impuro a través del contacto con un reptil (que es impuro). Esta carne tocó después un trozo de pan o sopa, etc. ¿Qué efectos tiene esta impureza indirecta, cuando el último objeto llega a estar en contacto con la comida consagrada?

80. Comprende esto. El Rebe Najmán interpreta esta pregunta como una referencia velada a "guardar el Pacto", es decir, a la pureza sexual. Así: "carne consagrada" alude al signo del Pacto, la mitzvá de la circuncisión. La "esquina de su manto" hace referencia a los *tzitzit*, que protegen de la inmoralidad. Sin embargo, esta "vestimenta", (los *tzitzit* protectores) se ha impurificado a través del contacto con un reptil (un comportamiento inmoral). Entonces, cuando está en contacto con la carne (el Pacto), la carne también se vuelve impura. Todo esto alude a la profanación de la pureza sexual, al daño del Pacto "por medio de una ramera". Ahora bien, "[esta carne en] la vestimenta llega a estar en contacto con pan", volviéndolo también impuro. Esto indica que su pan, su sustento, también ha sido dañado. Por lo tanto, nunca tendrá suficientes ingresos y, tal como concluye el versículo citado en el texto, "...el hombre es llevado a [buscar] un pedazo de pan".

En las notas 6 y 14 más arriba, hemos visto una indicación parcial de la relación que la verdad y la fe tienen con el sustento. La conexión aquí es que al buscar la verdad, la persona llega a una fe completa: fe en que Dios provee y que todas sus necesidades serán cubiertas. Esto se debe a que la persona ha recibido del Tzadik -Iosef, los *tzitzit*- un consejo verdadero y, como resultado, *su propia* vestimenta se ha mantenido pura. Y en verdad, debido a esta fe ocurrirán milagros (ver la conexión en §1) que la proveerán de todo lo que necesite. Esto, en verdad, es lo que le sucedió a Iosef. Debido a que era el Tzadik que guardó el Pacto, Iosef fue hecho virrey

וְזֶהוּ: "הִנֵּה בִנְךָ יוֹסֵף בָּא אֵלֶיךָ", דְּהַיְנוּ בְּחִינַת צִיצִית כַּנַּ"ל, עַל־יְדֵי־זֶה "וַיִּתְחַזֵּק יִשְׂרָאֵל".

- Cada fleco de los *tzitzit* está conformado por (un mínimo de) 2 hebras de modo que los 8 flecos suman 16 hebras por esquina. Esto, multiplicado por las 4 esquinas, da un total de 64. Las palabras *ba eleija* (20=ך 10=י 30=ל 1=א ,1=א 2=ב) también suman 64.

84. se fortaleció. Israel, que es Iaacov, estaba enfermo por ese entonces. Recibió la visita de Iosef quien, como hemos visto, corresponde a los *tzitzit*. Israel lo miró y se fortaleció (*Mei HaNajal*).

Así [el versículo dice], "Mira, tu hijo Iosef viene hacia ti" -[Iosef] corresponde a los *tzitzit*- y debido a esto, "Israel se fortaleció".[84]

- Cada uno de los flecos de las cuatro esquinas debe tener un largo total de 15 *gudlen* (aproximadamente 35cm.) haciendo un total de 60. Esto es equivalente a la palabra *hine* (5=ה 5=ה 50=נ).

- Hay 5 nudos en cada una de las cuatro esquinas, dando un total de 20 nudos. Las 13 vueltas en cada una de las 4 esquinas dan un total de 52. Juntos dan una suma total de 72. La palabra *binja* (20=ך 50=נ 2=ב) también suma 72.

ליקוטי מוהר"ן סימן ח'

רָאִיתִי וְהִנֵּה מְנוֹרַת זָהָב כֻּלָּהּ וְגֻלָּהּ עַל רֹאשָׁהּ וְכוּ' (זכריה ד', והוא הפטרת שבת חנכה).

א הִנֵּה יָקָר גְּנוּחֵי וְנָחֵ (שֶׁקּוֹרִין קְרֶעכְץ) מֵאִישׁ יִשְׂרְאֵלִי, כִּי הוּא שְׁלֵמוּת הַחֶסְרוֹנוֹת. כִּי עַל־יְדֵי בְּחִינַת הַנְּשִׁימָה, שֶׁהוּא הָרוּחַ חַיִּים, נִבְרָא הָעוֹלָם, כְּמוֹ שֶׁכָּתוּב (תהלים ל"ג): "וּבְרוּחַ פִּיו כָּל צְבָאָם". וְחִדּוּשׁ הָעוֹלָם יִהְיֶה גַּם־כֵּן בִּבְחִינַת הָרוּחַ, כְּמוֹ שֶׁכָּתוּב (שם ק"ד): "תְּשַׁלַּח רוּחֲךָ יִבָּרֵאוּן וּתְחַדֵּשׁ פְּנֵי אֲדָמָה". וְהוּא גַּם כֵּן חִיּוּת הָאָדָם, כִּי חִיּוּת הָאָדָם הוּא הַנְּשִׁימָה, כְּמוֹ שֶׁכָּתוּב (בראשית ב): "וַיִּפַּח בְּאַפָּיו נִשְׁמַת חַיִּים", וּכְתִיב (שם ז):

---

deficiencias materiales de cualquier tipo. *Shleimut* puede ser traducido como completo, perfecto, realizado; la idea es algo que se ha hecho pleno. La plenitud ha reemplazado a la carencia.

4. renovación del mundo. El mundo fue creado para existir durante 7000 años, 6000 años en el estado en el cual lo conocemos seguidos por 1000 años de vacío, correspondientes al Shabat (*Sanedrín* 97a). Luego del séptimo milenio, se creará un mundo completamente nuevo, un mundo espiritual en el cual la recompensa por nuestras acciones será inmediata. En la literatura rabínica existen diferentes puntos de vista acerca de este tema del *jidush haolam* (renovación del mundo).

5. por medio del rúaj. "El mundo fue creado en aras de los Tzadikim" (*Bereshit Rabah* 2:7). Esto nos revela cuán valioso es el suspirar. Dios previó que el mundo tendría Tzadikim que se volverían a Él con plegarias y suspiros, y fue debido a esto que creó el mundo. De la misma manera, la renovación del mundo se producirá a través de las plegarias y de los suspiros de los Tzadikim (*Mei HaNajal*). Además, dado que el alma del hombre es una "porción Divina", al prolongar nuestro aliento en este mundo producimos una "prolongación del aliento" en los mundos superiores, trayendo plenitud en lugar de la carencia (*Biur HaLikutim*).

6. renovarás…la tierra. El versículo que precede a éste dice lo siguiente: "Ocultas Tu rostro, ellos se estremecen; *tosef rujam* (les quitas su aliento), expiran y vuelven a la tierra". El *Zohar* agrega lo siguiente: "…se estremecen" -ésta es la enfermedad; "tierra"- simboliza la muerte; "Tu aliento…" - la Resurrección; "renovarás…la tierra" - esto es *jidush haolam*.

7. …aliento de vida. Hay tres niveles fundamentales en el alma humana: *Nefesh*, *Rúaj* y *Neshamá* (ver Apéndice: Niveles de Existencia). *NeSHiMá* (aliento), la fuerza vital del hombre,

LIKUTEY MOHARÁN 8[1]

"*Raíti ve hine menorat zahav* (Miré y he aquí un candelabro de oro) y un tazón en su parte superior".

(Zacarías 4:2)

Mira cuán valiosos son el suspiro y el gemido (el *krejtz*) del judío.[2] Ello produce plenitud [en lugar] de la carencia.[3] El mundo fue creado mediante el aliento, que es el *rúaj*-de-vida. Como está escrito (Salmos 33:6), "...y por el *rúaj* de Su boca, [fueron creadas] todas sus huestes". El *jidush haolam* (la renovación del mundo)[4] también tendrá lugar por medio del *rúaj*;[5] como en (Ibid., 104:30), "Tú enviarás Tu *rúaj* - ellos serán creados; Tú renovarás la faz de la tierra".[6]

Este [*rúaj*] es también la fuerza vital del ser humano. Esto se debe a que el aliento del hombre es su fuerza de vida. Como está escrito (Génesis 2:7), "Él insufló en su nariz *nishmat jaim* (el aliento de vida),"[7]

---

1. Likutey Moharán 8. Esta lección fue dada en Breslov el día 30 de Kislev del año 5563 (25 de diciembre de 1802). Éste era el Shabat Jánuca, y el versículo de apertura, que proviene del Libro de Zacarías, aparece en la lectura de la *haftará* recitada ese día. Con esta lección, el Rebe Najmán produjo la caída de un notorio pecador de Nemirov. Este hombre había estado persiguiendo a los seguidores del Rebe Najmán y a esto se refirió el Rebe en su discurso. "Si les preguntan qué lograron viniendo aquí", les aconsejó el Rebe Najmán a los jasidim que partían, "díganles ¡*rúaj*!" (*Tzadik* #130).

Dado que este *rúaj* tiene al menos tres significados diferentes pero interconectados, lo dejamos sin traducir.

- "...y por el *rúaj* de Su boca, [fueron creadas] todas sus huestes".
- "Y el *rúaj* de Dios se cernía sobre la superficie de las aguas".
- "El *rúaj* del Norte que soplaba sobre el arpa del rey David".

Estas tres citas aparecen en nuestro texto y cada una necesita de una traducción diferente para *rúaj* (aliento, espíritu y viento, respectivamente). Y cada una se relaciona directamente con el *rúaj*-de-vida, el concepto predominante en la lección del Rebe Najmán.

2. del judío. Si la persona Le ora a Dios por sus necesidades, suspirando profundamente, una y otra vez, debido a sus carencias e insuficiencias [tanto espirituales como materiales], estas deficiencias son eliminadas (*Mei HaNajal*).

3. plenitud en lugar de la carencia. Nuestro texto dice *shleimut hajesronot*. Tal como son utilizados en este contexto, ninguno de estos términos es fácil de traducir. *Hajesronot* implica aquello que le falta a la persona. Es un estado de carencia, debido a insuficiencias espirituales o

"כֹּל אֲשֶׁר נִשְׁמַת רוּחַ חַיִּים בְּאַפָּיו". וּכְמוֹ שֶׁאָמְרוּ חֲכָמִים: 'אִם תֶּחְסַר הַנְּשִׁימָה – תֶּחְסַר הַחַיִּים'.

נִמְצָא, כִּי עִקַּר חִיּוּת כָּל הַדְּבָרִים הוּא בִּבְחִינַת רוּחַ; וּכְשֶׁיֵּשׁ חִסָּרוֹן בְּאֵיזֶה דָבָר, עִקַּר הַחִסָּרוֹן הוּא בִּבְחִינַת הַחִיּוּת שֶׁל אוֹתוֹ הַדָּבָר, שֶׁהוּא בְּחִינַת הָרוּחַ-חַיִּים שֶׁל אוֹתוֹ הַדָּבָר, לַאֲשֶׁר הָרוּחַ הוּא הַמְקַיֵּם הַדָּבָר.

וְהָאֲנָחָה הוּא אֲרִיכַת הַנְּשִׁימָה, וְהוּא בִּבְחִינַת "אֶרֶךְ אַפַּיִם", דְּהַיְנוּ מַאֲרִיךְ רוּחֵהּ. וְעַל כֵּן כְּשֶׁמִּתְאַנֵּחַ עַל הַחִסָּרוֹן וּמַאֲרִיךְ רוּחֵהּ, הוּא מַמְשִׁיךְ רוּחַ-הַחַיִּים לְהַחִסָּרוֹן, כִּי עִקַּר הַחִסָּרוֹן הוּא הִסְתַּלְּקוּת הָרוּחַ-חַיִּים כַּנַּ"ל, וְעַל כֵּן עַל-יְדֵי הָאֲנָחָה מַשְׁלִים הַחִסָּרוֹן.

ב   אַךְ מֵאַיִן מְקַבְּלִין הָרוּחַ-חַיִּים? דַּע, שֶׁעִקַּר הָרוּחַ-חַיִּים מְקַבְּלִין מֵהַצַּדִּיק וְהָרַב שֶׁבַּדּוֹר, כִּי עִקַּר רוּחַ-הַחַיִּים הוּא בַּתּוֹרָה, כְּמוֹ שֶׁכָּתוּב (שם א): "וְרוּחַ אֱלֹקִים מְרַחֶפֶת עַל פְּנֵי הַמָּיִם" – הוּא

10. erej apaim...rúaj prolongado...la carencia. Aquí el Rebe Najmán introduce un punto importante de la lección: el origen del *rúaj* para los rectos y para los malvados. En la sección 4 explicará esto en el contexto de la enseñanza Talmúdica de que Dios prolonga Su *rúaj*, siendo "lento para la ira tanto con el justo como con el pecador" (*Eruvin* 22a).

Resumen: La fuerza vital esencial de todo, es decir, aquello que le da su existencia, es el *rúaj*/aliento. Suspirar, la prolongación del aliento/paciencia, le trae vida a todo aquello que falta (§1).

11. la esencia del rúaj-de-vida. La esencia mencionada aquí es el *rúaj* tomado del lado de la santidad, en oposición al *rúaj seará*, su contraparte proveniente del lado del mal, tal cual se explica en la sección siguiente.

12. Tzadik/rav. El Rebe Najmán utiliza el término *rav* (rabino), contrastándolo con el *rav* de la *klipá*, el "rabino" del Otro Lado que el Rebe introduce en la sección 3. La idea presentada aquí es que debido a que todo el *rúaj* proviene de la Torá, se requiere de los niveles más elevados del conocimiento de la Torá para alcanzar los objetivos mencionados en esta lección. Por lo tanto se utiliza el término *rav*, porque es el título de aquél que ha alcanzado tal conocimiento. (Es raro que el Rebe Najmán utilice el título *rav*/rabino en sus lecciones; ver *Likutey Moharán* I, 111; *Parparaot LeJojmá, loc. cit.*).

13. aguas...Torá. Existen muchas referencias tanto en las Escrituras como en el Talmud que comparan la Torá con el agua. Como enseñó el Rabí Akiva en su famosa parábola (*Berajot* 61b): "Así como el pez no puede sobrevivir sin agua, el pueblo judío no puede sobrevivir sin Torá".

y (*Ibid.*, 7:22), "Todo lo que tenía en sus narices *nishmat* (un aliento de) *rúaj*-de-vida".[8] Con respecto a esto dicen los sabios: "Si falta el aliento, falta la vida" (*Maasé Tuviá, Bait Jadash* 2; cf. *Zohar* II, 24b).[9]

Vemos entonces que lo principal de la fuerza de vida de todo es su *rúaj*. Siempre que hay una carencia, ésta se encuentra esencialmente en la fuerza de vida, que corresponde al *rúaj*-de-vida de esa cosa. Esto se debe a que es el *rúaj* el que le da la existencia a esa cosa.

Y suspirar es la prolongación del aliento. Corresponde a *erej apaim* (paciencia), es decir, un *rúaj* prolongado. Por tanto, cuando la persona suspira debido a la carencia, y prolonga su *rúaj*, lleva el *rúaj*-de-vida hacia aquello que le falta. Porque la carencia es en esencia una partida del *rúaj*-de-vida. Por lo tanto, a través del suspiro, se completa la carencia.[10]

2. La pregunta es, ¿de dónde toma uno el *rúaj*-de-vida? ¡Debes saber! La esencia del *rúaj*-de-vida[11] se recibe del Tzadik/*rav*[12] de la generación. Esto se debe a que la esencia del *rúaj*-de-vida puede encontrarse en la Torá; como en (Génesis 1:2), "Y el *rúaj* de Dios se cernía sobre la superficie de las aguas" - ésta es la Torá (*Tikuney Zohar* #36).[13] Y los Tzadikim están

---

tiene la misma raíz que *NeSHaMá*, el más elevado de estos niveles. La *Neshamá* le fue dada al hombre para que se eleve por sobre lo físico y pueda aspirar a las alturas espirituales. El mismo respirar debe acercarlo a Dios. El *Zohar Jadash* (22b) comenta: El hombre fue creado con una *nishmat jaim*, pero debido a sus acciones descendió al más bajo de los niveles, *nefesh jaiá* (Génesis 2:7). Mediante este versículo, el Rebe Najmán enseña que al suspirar y prolongar el aliento, su fuerza de vida, con la intención de servir a Dios, el hombre puede retornar a esta posición elevada. Esto lo acerca al nivel de "Él insufló en su nariz el aliento de vida". Mientras Dios "insufle" vida en el hombre, permitiéndole retener el alma, el hombre puede tomar de este aliento para elevarse por sobre el mundo material.

8. nishmat…rúaj-de-vida. A través de la nariz uno trae el *rúaj*-de-vida hacia su *Neshamá*. El Ari enseña que la respiración a través de la nariz corresponde al elemento del aire y a la letra *vav* del santo nombre de Dios *IHVH* (*Etz Jaim, Shaar* 4 c.1). La conexión entre estos conceptos se volverá más clara a medida que el Rebe Najmán desarrolle la lección (ver adelante, n.39).

9. falta el aliento…. Esto se refiere a los malvados, acerca de los cuales está escrito (Proverbios 13:25), "El vientre de los malvados padecerá necesidad". Rashi comenta que los malvados nunca están satisfechos.

Hasta este punto, el Rebe Najmán se ha centrado en el aspecto positivo del *rúaj*. Ahora cita el epigrama, "Si falta el aliento, falta la vida". Esto enseña que no hay punto medio. En la sección que sigue, el Rebe mostrará que el *rúaj* proviene del Tzadik. Así, si la persona se dice a sí misma, "No deseo el *rúaj*-de-vida del Tzadik, puedo arreglármelas sola", el Rebe Najmán responde, "De algún lugar debes tomar el *rúaj*. Si no es del *rav* de *kedushá* (santidad), entonces lo deberás tomar del *rav* de la *klipá* (cáscaras). Porque, 'Si falta el aliento, falta la vida'".

הַתּוֹרָה, וְהַצַּדִּיקִים דְּבֵקִים בַּתּוֹרָה, וְעַל כֵּן עִקַּר הָרוּחַ-חַיִּים הוּא אֶצְלָם.

וּכְשֶׁהוּא מְקֻשָּׁר לְהַצַּדִּיק וְהָרַב שֶׁבַּדּוֹר, כְּשֶׁהוּא מִתְאַנֵּחַ וּמַאֲרִיךְ רוּחֲהּ, מַמְשִׁיךְ רוּחַ-הַחַיִּים מֵהַצַּדִּיק שֶׁבַּדּוֹר, שֶׁהוּא דָּבוּק בְּהַתּוֹרָה אֲשֶׁר שָׁם הָרוּחַ.

וְזֶהוּ שֶׁנִּקְרָא הַצַּדִּיק (במדבר כ״ז): "אִישׁ אֲשֶׁר רוּחַ בּוֹ" – 'שֶׁיּוֹדֵעַ לַהֲלֹךְ נֶגֶד רוּחוֹ שֶׁל כָּל אֶחָד וְאֶחָד' (כמו שפרש רש״י שם). כִּי הַצַּדִּיק מַמְשִׁיךְ וּמַשְׁלִים הָרוּחַ-חַיִּים שֶׁל כָּל אֶחָד וְאֶחָד כַּנַּ״ל.

וְזֶה בְּחִינַת (ברכות ג:): 'רוּחַ צְפוֹנִית הַמְנַשֶּׁבֶת בַּכִּנּוֹר שֶׁל דָּוִד' – כִּי כִּנּוֹר שֶׁל דָּוִד הָיָה שֶׁל חָמֵשׁ נִימִין, כְּנֶגֶד חֲמִשָּׁה חֻמְשֵׁי תוֹרָה; וְרוּחַ צָפוֹן שֶׁהָיְתָה מְנַשֶּׁבֶת בּוֹ הוּא בְּחִינַת "וְרוּחַ אֱלֹקִים מְרַחֶפֶת עַל פְּנֵי הַמָּיִם" הַנַּ״ל, כִּי רוּחַ צָפוֹן הוּא בְּחִינַת הָרוּחַ הַצָּפוּן בְּלִבּוֹ שֶׁל אָדָם, שֶׁהוּא בְּחִינַת הָרוּחַ-חַיִּים.

כִּי צָפוֹן חָסֵר (בבא בתרא כה:), וְהַחִסָּרוֹן הוּא בַּלֵּב, כְּמוֹ שֶׁכָּתוּב

17. Cinco Libros de la Torá. Éste es el Pentateuco. El Libro de los Salmos, las plegarias y súplicas del rey David, también consta de cinco libros, correspondientes a los Cinco Libros de la Torá. Ya hemos visto que el suspiro es un aspecto de la plegaria y que la Torá atrae su fuerza vital de esta plegaria. Aquí vemos nuevamente la conexión entre la Torá y la plegaria; conexión que será ampliada en la sección 6 más adelante. (El santo Ari explica que mientras que las mitzvot en general, tales como sentarse dentro de la *suká* o colocarse los *tefilín*, se relacionan con el aspecto "externo" de cada Mundo, la plegaria y el estudio de la Torá se relacionan con el aspecto "interno". Cuando se aplica a los diferentes niveles del alma, el cumplimiento de las mitzvot en general corresponde al *Nefesh*, mientras que la plegaria y la Torá corresponden al *Rúaj*; cf. *Etz Jaim, Heijal Nukva deZeir Anpin* 40,2).

18. espíritu oculto...rúaj-de-vida. Ahora comenzamos a ver el desarrollo del tema de la lección. "Así como los rostros de las personas son diferentes, de la misma manera sus pensamientos son totalmente diferentes" (cf. *Sanedrín* 38a). Cada persona tiene sus propios pensamientos ocultos en el corazón. Como se explicó, el corazón es el lugar del *rúaj*-de-vida y cada individuo debe ocuparse de desarrollar su corazón de acuerdo con sus propias capacidades, para poder recibir lo máximo posible de esta fuerza vital. Esto se logra a través de la Torá y de la plegaria, que son la morada del *rúaj*. Pero eso no es todo. La persona debe también unirse al Tzadik, quien es el conducto apropiado para el *rúaj*-de-vida. Sólo él sabe cómo "tratar con", cómo proveer el *rúaj* apropiado para cada individuo. Debido a esto, él es capaz de acercar a cada persona a su raíz trascendental (ver n.15).

19. Tzafón carece. [En el hemisferio norte] el sol atraviesa el cielo del este al oeste por el lado

unidos a la Torá,¹⁴ motivo por el cual la esencia del *rúaj*-de-vida se encuentra en ellos.

Cuando la persona que está unida al Tzadik/*rav* de la generación suspira y prolonga su *rúaj,* atrae el *rúaj*-de-vida del Tzadik de la generación. Pues [el Tzadik] está unido a la Torá, que es donde se encuentra el *rúaj*.

Es por esto que el Tzadik es llamado, "Un hombre en quien hay *rúaj*" (Números 27:18): quien sabe cómo tratar con el *rúaj* de cada individuo (*Rashi, loc. cit.*). Porque el Tzadik atrae y completa el *rúaj*-de-vida de cada una de las personas, como se explicó más arriba.¹⁵

Y esto corresponde a: "El *rúaj tzefonit* (el viento del Norte) que soplaba sobre el arpa del rey David" (*Berajot* 3b).¹⁶ El arpa del rey David tenía cinco cuerdas, que corresponden a los Cinco Libros de la Torá (*Zohar* III, 32a).¹⁷ El "*rúaj* del Norte" que soplaba sobre ella alude al "*rúaj* de Dios [que] se cernía sobre la superficie de las aguas". Este *rúaj TZeFoNit* corresponde al *rúaj haTZaFuN* (espíritu oculto) en el corazón del hombre (cf. *Tikuney Zohar* #69), siendo éste el *rúaj*-de-vida.¹⁸

Enseñaron nuestros Sabios: "*Tzafon* carece" (*Bava Batra* 25b).¹⁹ Y la

---

14. los Tzadikim están unidos a la Torá. El Tzadik es aquél cuyo solo deseo en la vida es elevarse hacia su raíz trascendental. Esta raíz es el "espíritu de Dios", es decir, el *nishmat jaim* (aliento de vida), que "se cernía sobre la superficie de las aguas", es decir, la Torá. El Tzadik se pasa la vida tratando de ascender a estas alturas espirituales y consecuentemente termina totalmente unificado y siendo uno con la Torá. Por lo tanto, traer el *rúaj*-de-vida del Tzadik es exactamente lo mismo que traerlo de la Torá.

15. ...de las personas. Cada Tzadik o rabino debe conocer su "rebaño" y dirigir a cada miembro de acuerdo con sus necesidades individuales. El Tzadik debe ser capaz de llegar a todos los judíos y darle a cada uno *su* fuerza vital. En ese sentido, él es el "Moshé Rabeinu" de su generación, o de su comunidad, o de su congregación. Antes de fallecer, Moshé Le rogó a Dios que designase como su sucesor a un líder que fuera sensible a los diferentes pensamientos y sentimientos, al "corazón único", de cada individuo. Sobre esta base fue elegido Ioshúa, porque él sabía "cómo tratar con el *rúaj* de cada individuo". Él era capaz de darle a cada uno el *rúaj*-de-vida necesario para su supervivencia. En efecto, cuando Moshé designó oficialmente a Ioshúa, lo hizo recordándole que la paciencia, *erej apaim*, era de suprema importancia al tratar con el pueblo judío (*Rashi*, Números 27:19).

16. el arpa del rey David. Enseña el Talmud (*Berajot* 3b): El rey David tenía un arpa que colgaba por encima de su cama. A medianoche, un *rúaj* proveniente del Norte soplaba sobre las cuerdas haciéndolas sonar. El rey David se despertaba y estudiaba Torá hasta la madrugada. A la mañana, los Sabios se presentaban ante él y decían, "Rey David, el pueblo judío tiene necesidades". Él respondía, "Salgan y luchen con el enemigo" (ver n.22).

(תהלים ל"ז): "וְיִתֶּן לְךָ מִשְׁאֲלֹת לִבֶּךָ"; "יְמַלֵּא ה' כָּל מִשְׁאֲלוֹתֶיךָ" (שם כ). וְעִקַּר הָרוּחַ־חַיִּים הוּא בַּלֵּב, וּכְמוֹ שֶׁכָּתוּב בְּתִקּוּנֵי־זֹהַר (תקון יג): 'כֻּלְּהוּ שַׁיְפִין מִתְנַהֲגִין בָּתַר לִבָּא כְּמַלְכָּא' כוּ', כְּמָא דְאַתְּ אָמַר (יחזקאל א): "אֶל אֲשֶׁר יִהְיֶה שָּׁמָּה הָרוּחַ לָלֶכֶת" כוּ'. כִּי הָרוּחַ הוּא בַּלֵּב, וְהַחִסָּרוֹן הוּא הִסְתַּלְּקוּת הָרוּחַ שֶׁמְּקוֹמוֹ בַּלֵּב, וְעַל כֵּן נִרְגָּשׁ הַחִסָּרוֹן בַּלֵּב. וְעַל כֵּן כְּשֶׁנִּתְמַלֵּא הַחִסָּרוֹן שֶׁהוּא בִּבְחִינַת הָרוּחַ כַּנַּ"ל – נֶאֱמַר: "וְיִתֶּן לְךָ מִשְׁאֲלֹת לִבֶּךָ, יְמַלֵּא ה'" וְכוּ', הַיְנוּ כַּנַּ"ל. וְעַל כֵּן יִשְׂרָאֵל, שֶׁהֵם מְקַבְּלִין הָרוּחַ־חַיִּים מֵהַתּוֹרָה, נִקְרָאִים עַל שֵׁם צָפוֹן, כְּמוֹ שֶׁכָּתוּב (תהלים פ"ג): "עַל עַמְּךָ יַעֲרִימוּ סוֹד וְיִתְיָעֲצוּ עַל צְפוּנֶיךָ".

ג אַךְ רְשָׁעִים "הַדּוֹבְרִים עַל צַדִּיק עָתָק בְּגַאֲוָה וָבוּז", מֵאַיִן מְקַבְּלִין הֵם הָרוּחַ לְהַשְׁלִים הַחִסָּרוֹן? אַךְ דַּע שֶׁיֵּשׁ רַב דִּקְלִפָּה

Sin embargo, eso no significa que todos tomen el *rúaj* de igual manera. El judío, en virtud de estar cerca de la Torá, la fuente de este *rúaj*, tiene un acceso más directo. Precisamente debido a esto, el judío encuentra oposición por parte de aquéllos que están lejos de la fuente y envidian su posición. Así, "Entran en consejo contra Tus ocultos", contra aquéllos que están unidos a la Fuente de toda vida.

Ahora podemos apreciar la conexión con el arpa del rey David y el viento Norte. Cada noche, a medianoche, el viento del Norte, el *rúaj* que reside en todo corazón humano, despertaba al rey David, pidiéndole que colmara las necesidades y carencias de su pueblo. Mediante el sonido del arpa (el concepto de la canción y de la plegaria) y el estudio de la Torá, él le traía el *rúaj*-de-vida a todo el pueblo judío. A la mañana, los Sabios venían a pedirle que se ocupase de las necesidades de su pueblo. Habiendo pasado la noche en Torá y plegaria, el rey David era capaz de proveer plenitud en lugar de sus carencias. (Su consejo de que se dedicaran a la batalla con el enemigo se aclarará en el texto siguiente). El *Biur HaLikutim*, en un extenso comentario sobre esta lección, hace una constante referencia al rey David. Muestra cómo el objetivo de la rectificación sólo será completado por el Mashíaj, que es sinónimo del mismo rey David.

Resumen: La fuerza vital esencial de todo, es decir, aquello que le da su existencia, es el *rúaj*/ aliento. Suspirar, la prolongación del aliento/paciencia, le trae vida a todo aquello que falta (§1). Este *rúaj*-de-vida se recibe del Tzadik/*rav* de la generación, porque él está unido a la Torá, la fuente del *rúaj*. Cuando aquél que está unido al Tzadik suspira, atrae el *rúaj* del corazón para completar la carencia en el corazón (§2).

23. malvados...colmar la carencia. No sólo están lejos de la Torá, sino que también están en contra del Tzadik que posee el *rúaj*. Esto da nacimiento a la pregunta, "¿De dónde reciben ellos el *rúaj*?".

carencia está en el corazón; como está escrito (Salmos 37:4), "Él te dará aquello que pide tu corazón", y (Ibid., 20:6), "Dios cumplirá con todos tus pedidos". Y la esencia del *rúaj*-de-vida está ubicada en el corazón. Como encontramos en el *Tikuney Zohar* (#13): "Todos los órganos del cuerpo están dirigidos por el corazón, que es como un rey,[20] mientras que las arterias son como soldados; como en (Ezequiel 1:20), 'Adonde fuera que el *rúaj* deseaba ir...'".[21]

Pues el *rúaj* está en el corazón, y la carencia surge debido a la partida del *rúaj*, cuyo sitio está en el corazón. Es por esto que la falta se siente [precisamente] en el corazón. Por lo tanto, cuando la carencia -el *rúaj* [que falta]- se llena, se dice, "Él te dará aquello que pide tu corazón", y "Dios cumplirá con todos tus pedidos". Así, los judíos, que reciben el *rúaj*-de-vida de la Torá, son llamados *tzafun*; como en (Salmos 83:4), "Ellos confabulan contra Tu pueblo, y entran en consejo contra Tus *tzefuneja* (Tus ocultos)".[22]

3. Pero ¿qué sucede con los malvados "quienes hablan del Tzadik con arrogancia, soberbia y desprecio"? (Salmos 31:19). ¿De dónde reciben ellos el *rúaj* para colmar la carencia?[23] Pero ¡debes saber! Existe un *RaV* [del

---

sur del firmamento, de modo que incluso en los largos días del verano se pone en el noroeste no llegando nunca al norte propiamente dicho. Por lo tanto, el "norte carece", pues nunca recibe plenamente la luz del sol. El *rúaj tzafón*, como hemos visto, es el aspecto del corazón de la persona. El Rebe Najmán conecta esto con el *rúaj hatzafún*, los pensamientos ocultos en el corazón del hombre, indicando que allí yace la raíz de su carencia.

20. como un rey. Continúa el *Tikuney Zohar*: El *rúaj* en el corazón es el "viento del Norte" que sopla sobre el arpa de cinco cuerdas del rey David. Agrega el *Kisei HaMelej*: Este *rúaj* trae vida a todo el cuerpo. Debido a que el corazón gobierna sobre el cuerpo, éste irá adonde lo lleven los deseos del corazón. Por lo tanto, la persona que desea el bien, que desea completar la carencia en su corazón, debe traer sobre sí el *nishmat jaim* (aliento de vida). Éste es el gran valor del *krejtz* (suspiro y queja) del judío, como se mencionó al comienzo.

21. deseaba ir.... Este versículo se refiere a la *Mercavá*, la visión de la Carroza vista por el profeta Iejezquel (Ezequiel, capítulo 1). "Adonde fuera que el *rúaj*" -es decir, la voluntad de Dios- "deseaba ir, allí iba el *rúaj* [de los ángeles]". En verdad, vemos que la visión de Iejezquel comienza cuando ve un "viento del Norte" acompañado de nubes y fuego, etc. (ver §3 más adelante). Al mantenerse firme, mereció ver la Carroza con su *rúaj*-de-vida. Con respecto a nuestro texto, esto establece el punto de que el corazón, el lugar del *rúaj*, gobierna al cuerpo. Al canalizar el corazón en la dirección apropiada, uno merece recibir un *rúaj* de los niveles más elevados.

22. ...Tus ocultos. Cada ser viviente, sin excepción, debe tener *rúaj*-de-vida para poder existir.

וְהוּא בְּחִינַת עֵשָׂו, כְּמוֹ שֶׁכָּתוּב בְּעֵשָׂו (בראשית ל"ג): "יֶשׁ לִי רָב";
וְהוּא בְּחִינַת אַלּוּפֵי עֵשָׂו, וּכְמוֹ שֶׁתִּרְגְּמוֹ אוּנְקְלוֹס: "רַבְרְבֵי עֵשָׂו" - בְּחִינַת הָרַב דִּקְלִפָּה.

וּמֵהֶם מְקַבְּלִין הָרְשָׁעִים הָרוּחַ, וְהוּא בְּחִינַת רוּחַ הַטֻּמְאָה, בְּחִינַת רוּחַ סְעָרָה, כְּמוֹ שֶׁכָּתוּב (שם כ"ז): "הֵן עֵשָׂו אָחִי אִישׁ שָׂעִיר". וְעַל כֵּן הָרוּחַ שֶׁלָּהֶם גָּדוֹל וְתַקִּיף לְפִי שָׁעָה כְּמוֹ רוּחַ-סְעָרָה שֶׁהוּא גָּדוֹל בְּשַׁעְתּוֹ.

וְעַל כֵּן: "כָּל צוֹרְרָיו יָפִיחַ בָּהֶם" (תהלים י) - "יָפִיחַ" דַּיְקָא, שֶׁמִּתְגַּבֵּר עֲלֵיהֶם עַל-יְדֵי בְּחִינַת רוּחַ פִּיו, שֶׁהוּא גָּדוֹל בְּשַׁעְתּוֹ, אַךְ שֶׁאֵין לוֹ קִיּוּם כְּלָל וְלַסּוֹף כָּלֶה וְנֶאֱבָד, וּמְסָעֵר גּוּפָהּ וְנִשְׁמָתָהּ.

וּכְמוֹ שֶׁכָּתוּב (דברים ז): "וּמְשַׁלֵּם לְשֹׂנְאָיו אֶל פָּנָיו לְהַאֲבִידוֹ"; 'וּמְשַׁלֵּם' - לְשׁוֹן שְׁלֵמוּת הַחִסָּרוֹן שֶׁנִּמְשָׁךְ לוֹ, דְּהַיְנוּ בְּחִינַת אֲרִיכַת הָרוּחַ. וְזֶהוּ: 'אֶל פָּנָיו', כִּי פָּנָיו הוּא בְּחִינַת הָרוּחַ, כְּמוֹ שֶׁכָּתוּב (ישעיהו ג): "הַכָּרַת פְּנֵיהֶם עָנְתָה בָּם" - זֶה הַחֹטֶם (יבמות

---

decide por sí misma, hace que el *rúaj* de la Torá, la raíz de su fuerza vital, sea transferida desde el Tzadik/*rav* de *kedushá* al *rav* de la *klipá* (*Parparaot LeJojmá*).

25. Yo tengo RaV. Al responder al ofrecimiento de Iaacov, Esaú simuló no tener necesidad de él, pues ya tenía *mucho*. A partir de la interpretación del Rebe Najmán aprendemos que, en verdad, Esaú admitió sentir una carencia; aunque quería más, no lo tomaría de Iaacov. Sin embargo, Iaacov respondió, "Yo tengo *suficiente*" (Génesis 33:11), indicando que él ya tenía plenitud y no le faltaba nada.

26. alufei…RaVrevei…cáscaras. La palabra hebrea *aluf* también tiene las connotaciones de "miles" y de "eruditos". Hasta la edad de trece años, tanto Esaú como Iaacov estudiaron Torá. Sin embargo, a diferencia de su hermano, Esaú utilizó su conocimiento de Torá para engañar a aquéllos que lo rodeaban (ver *Rashi*, Génesis 25:27; *Likutey Moharán* I, 1). Esto explica la traducción de Onkelos de *alufei* como *ravrevei*, el *rav* de las cáscaras. El *Biur HaLikutim* hace notar que hay una lista de trece jefes tribales de Esaú presentados en Génesis (36:15-19). Él dice que son un paralelo de los Trece Atributos de Misericordia tratados en la sección siguiente de la lección.

Aquí el Rebe Najmán se centra en uno de los mayores peligros que enfrenta el pueblo judío: los falsos líderes. Ellos se presentan como eruditos y sabios, conocedores y capaces de aconsejar a sus inocentes "rebaños". En rigor de verdad, engañan a cientos de miles. Ver *Tzadik* #109, #212, #455, #537. El Rebe Najmán comentó cierta vez, "Tengo temor de los falsos líderes debido a la terrible destrucción que son capaces de producir" (*Avenea Barzel*, p.44, n.64).

lado] de la *klipá* (las "cáscaras").²⁴ Él corresponde a Esaú; como está escrito en relación a Esaú (Génesis 33:9), "Yo tengo *RaV* (mucho)".²⁵ Esto también corresponde a (Génesis 36:40), "...*alufei* (los jefes de las tribus de) Esaú", que Onkelos traduce como "*RaVrevei* Esaú" - quien es el *RaV* de las cáscaras.²⁶

Los malvados reciben el *rúaj* de él. Y él corresponde al *rúaj* impuro, un *rúaj SeARá* (un viento tormentoso); como en (Génesis 27:11), "Pero mi hermano Esaú es un *ish SAiR* (hombre velludo)". Esto explica por qué el *rúaj* de ellos es temporalmente fuerte y poderoso, como un viento tormentoso que sopla con fuerza mientras dura.

Es así que encontramos, "Él sopla y derriba a todos sus enemigos" (Salmos 10:5) - específicamente *sopla*. El malvado los domina a través del *rúaj* de su boca, que es poderoso mientras dura. Pero no tiene permanencia, y finalmente se acaba y desaparece; su cuerpo y su alma quedan agotados (cf. *Tikuney Zohar* #18).

{"Pero a Sus enemigos que Lo odian Él *meshalem* (les da la recompensa) en su misma cara [en este mundo] para destruirlos [en el próximo]" (Deuteronomio 7:10).}

También está escrito, "Pero a Sus enemigos que Lo odian Él *meshalem* en su misma cara para destruirlos". La palabra "*meSHaLeM*" denota la *SHLeiMuT* (la plenitud [en lugar]) de la carencia que él recibe; es decir, el aspecto de un *rúaj* prolongado. Éste también es el significado de "en su misma cara". El rostro corresponde a *rúaj*; como enseñan nuestros Sabios: "Su expresión facial atestigua en contra de ellos" (Isaías

---

24. klipá, cáscaras. Este término, que aparece muy seguido en las escritos kabalistas y jasídicos, significa literalmente cáscara o vaina. Toma su nombre del hecho de que las fuerzas del mal, el Otro Lado, cubren el bien, el Lado de Santidad, con capas o cáscaras, haciendo que la santidad sea menos accesible. El *rav* de la *klipá* representa así la fuerza del mal, la raíz de lo no santo: Esaú.

"Dios hizo a uno frente al otro" (Eclesiastés 7:14). "Si uno lo merece, la Torá es un elixir de vida; de lo contrario, es una poción de muerte" (*Ioma* 72b). El estudio de la Torá, especialmente los Códigos de la Ley (explicado en §6), se asemeja a una espada de doble filo. Son muchos los detalles de que consta el proceso de tomar decisiones legales; decisiones concernientes a factores que determinan lo permitido o lo prohibido, lo puro o lo impuro, lo kosher o lo no kosher. Si uno adquiere la capacidad de llevar a cabo tales determinaciones, entonces la Torá se transforma en su elixir de vida. Si, por el contrario, no adquiere estas capacidades, entonces debe evitar emitir decisiones legales. Más bien, debe unirse al Tzadik/*rav* de la generación, quien lo aconsejará en forma correcta. De esta manera, la Torá también será un elixir de vida para él. Sin embargo, la posibilidad de tomar una decisión errónea es el origen del *rúaj* para el *rav* de las cáscaras. Cuando la persona que es incapaz de tomar la determinación correcta

קכ.), שֶׁהוּא בְּחִינַת הָרוּחַ, כְּמוֹ שֶׁכָּתוּב: "וַיִּפַּח בְּאַפָּיו נִשְׁמַת חַיִּים", "כֹּל אֲשֶׁר נִשְׁמַת רוּחַ חַיִּים בְּאַפָּיו". אַךְ הוּא לְהַאֲבִידוֹ, כִּי אַף שֶׁהוּא גָּדוֹל לְפִי שָׁעָה – לַסּוֹף נֶאֱבָד כַּנַּ"ל.

וְזֶהוּ בְּחִינַת (ירושלמי תענית פ"ב ה"א): אֶרֶךְ אַפַּיִם לָרְשָׁעִים. כִּי הָרוּחַ הַנְּשִׁימָה הוּא בִּבְחִינַת אֶרֶךְ אַפַּיִם; וְהַיְנוּ מַאֲרִיךְ אַפָּהּ וְגָבֵי דִילֵהּ, כִּי אַף שֶׁלְּפִי שָׁעָה הָרוּחַ גָּדוֹל וְתַקִּיף, בְּחִינַת מַאֲרִיךְ אַפָּהּ, אַךְ לַסּוֹף גָּבֵי דִילֵהּ כַּנַּ"ל.

וְעַל כֵּן נִקְרָאִים יִשְׂרָאֵל (ישעיהו נ"ד) "עֲנִיָּה סֹעֲרָה", כִּי הֵם עַכְשָׁו תַּחַת מֶמְשֶׁלֶת עֵשָׂו אִישׁ שָׂעִיר, בְּחִינַת רוּחַ־סְעָרָה הַנַּ"ל. אַךְ הַדָּבוּק בְּצַדִּיקִים מְקַבֵּל הָרוּחַ־חַיִּים, שְׁלֵמוּת הַחִסָּרוֹן, מֵהַצַּדִּיק וְהָרַב דִּקְדֻשָּׁה.

ד וְעַל כֵּן "וְאִישׁ חָכָם יְכַפְּרֶנָּה" (משלי ט"ז), כִּי הַחִסָּרוֹן הוּא מֵחֲמַת עֲווֹנוֹת, כְּמוֹ שֶׁאָמְרוּ חֲכָמֵינוּ, זִכְרוֹנָם לִבְרָכָה (שבת נה.): 'אֵין מִיתָה בְּלֹא חֵטְא וְאֵין יִסּוּרִים בְּלֹא עָוֹן', כְּמוֹ שֶׁכָּתוּב (תהלים פ"ט): "וּפָקַדְתִּי בְשֵׁבֶט פִּשְׁעָם וּבִנְגָעִים עֲוֹנָם". וְעַל כֵּן הַצַּדִּיק, הַמַּמְשִׁיךְ רוּחַ הַחַיִּים וּמַשְׁלִים הַחִסָּרוֹן, מְכַפֵּר הֶעָוֹן. וְהוּא מִגְדַּל רַחֲמָנוּת וַחֲנִינוּת מֵהַבּוֹרֵא יִתְבָּרַךְ שְׁמוֹ, שֶׁצִּמְצֵם עַצְמוֹ לִהְיוֹת הָרוּחַ־חַיִּים

permite suponer que quizás su sendero sea el apropiado o deseable. Así, los malvados reciben la paciencia de Dios por uno de dos motivos: darles el tiempo necesario para arrepentirse, que es lo que Dios realmente quiere; o, recompensarlos en este mundo por el bien que han hecho, de modo que en el futuro, en el tiempo del *jidush* (renovación) del mundo, Dios se cobrará el pago por sus pecados.

29. rav de kedushá. Resumen: La fuerza vital esencial de todo, es decir, aquello que le da su existencia, es el *rúaj*/aliento. Suspirar, la prolongación del aliento/paciencia, le trae vida a todo aquello que falta (§1). Este *rúaj*-de-vida se recibe del Tzadik/*rav* de la generación, porque él está unido a la Torá, la fuente del *rúaj*. Cuando aquél que está unido al Tzadik suspira, atrae el *rúaj* del corazón para completar la carencia en el corazón (§2). Por el contrario, los malvados reciben el *rúaj* del *rav* del Otro Lado. El suyo es un *rúaj* impuro, que es temporalmente poderoso pero que finalmente será destruido. Esto resulta en una carencia, como opuesto a la plenitud recibida a través del *rav* de santidad (§3).

30. ...expiación del pecado. El *rúaj* está en la Torá. Al pecar, transgrediendo la Torá, uno daña su *rúaj* y consecuentemente experimenta sentimientos de deficiencia y falta. Sin embargo,

3:9) - esto se refiere a la nariz (Ievamot 120a).²⁷ [La nariz] corresponde al *rúaj*; como en, "Él insufló en su nariz el aliento de vida" y "Todo lo que tenía en sus narices un aliento del *rúaj*-de-vida". Pero [Su intención] es "para destruirlos". Porque aunque por el momento es poderoso, al final [el enemigo de Dios] será destruido.

Esto corresponde a: "*Erej apaim* (paciencia) para con el malvado" (Ierushalmi, Taanit 2:5).²⁸ Porque el *rúaj*, el aliento, es un aspecto de *erej apaim*. Y esto es: [Dios] es paciente con el pecador, pero [en última instancia], Se cobra de él (Bereshit Rabah 67:4). Aunque por el momento el *rúaj* [del malvado] es fuerte y poderoso debido a que "Él es paciente", sin embargo, finalmente Él "Se cobra lo que Le debe".

Es por esto que los judíos son llamados, "afligida y *SoARá* (combatida)" (Isaías 54:11). Porque ellos se encuentran bajo el gobierno de "Esaú *ish SaiR*" - el *rúaj SAaRá*. Pero aquél que está unido a los Tzadikim recibe el *rúaj*-de-vida, la plenitud [en lugar] de la carencia, del Tzadik/*rav* de *kedushá* (santidad).²⁹

4. {"**La ira del Rey es como mensajeros de muerte, pero un hombre sabio la podrá pacificar**" (Proverbios 16:14).}

"Pero un hombre sabio la podrá pacificar". La carencia [que siente la persona] surge de sus pecados. Enseñan nuestros Sabios: No hay muerte sin [antes] transgresión; ni sufrimiento sin pecado; como en (Salmos 89:33), "Yo castigaré su transgresión con la vara, y su pecado con plagas" (Shabat 55a). Por lo tanto, el Tzadik que trae el *rúaj*-de-vida y provee plenitud [en lugar] de la carencia es capaz de lograr la expiación del pecado.³⁰ Esto surge de la gran misericordia y compasión del Creador,

---

27. la nariz. La ley Talmúdica citada aquí concierne al testimonio con respecto a un cadáver que se halló sin nariz. Sin la nariz, no puede establecerse definitivamente la identidad del muerto. En nuestro contexto, la nariz "atestigua" acerca del *rav* con el que se identifica la persona, el tzadik/*rav* o el *rav* de las cáscaras. Su *rúaj*, su fuerza de vida, revela su verdadera unión; por consiguiente, la arrogancia, por ejemplo, es una indicación de un viento tormentoso proveniente del Otro Lado.

28. erej apaim para con el malvado. En la sección 1, el Rebe Najmán introduce el concepto de *erej apaim* como la raíz del *rúaj* prolongado de los justos. Aquí vemos que los malvados también tienen un *rúaj* prolongado. Esto parece contradictorio. Sin embargo, es importante comprender que esta paradoja es precisamente la fuente de nuestra "libertad de elección"; presentándonos la posibilidad de elegir lo correcto de lo incorrecto. Si sólo los rectos recibieran el *erej apaim* de Dios, Su paciencia, sería absolutamente obvio cuál es el camino correcto que se debe seguir. El hecho de que los malvados vivan generalmente "una buena vida" nos

אֵצֶל הַצַּדִּיקִים, דְּהַיְנוּ שֶׁהֵם יְקַבְּלוּ הָרוּחַ־חַיִּים מֵהַתּוֹרָה, וְהֵם מַמְשִׁיכִין רוּחַ הַחַיִּים אֶל הַחֶסְרוֹנוֹת וּבָזֶה מְכַפְּרִין הָעֲווֹנוֹת. וְזֶהוּ בְּחִינַת שְׁלֹשׁ־עֶשְׂרֵה מִדּוֹת (שמות ל"ד): "ה' ה' אֵל רַחוּם וְחַנּוּן אֶרֶךְ אַפַּיִם". 'אֶרֶךְ אַפַּיִם' – הוּא בְּחִינַת הָרוּחַ, שֶׁהוּא מַאֲרִיךְ רוּחֵהּ, בְּחִינַת אֲנָחָה עַל הַחִסָּרוֹן.

וְהַיְנוּ "וְרַב חֶסֶד וֶאֱמֶת", כְּמוֹ שֶׁאָמַרְנוּ, שֶׁמְּקַבְּלִין הָרוּחַ־חַיִּים מֵהַצַּדִּיק רַב דִּקְדֻשָּׁה, שֶׁהוּא "רַב חֶסֶד", הֵפֶךְ עֵשָׂו רַב דִּקְלִפָּה, שֶׁהוּא אַדְמוֹנִי, תֹּקֶף הַדִּין. וְהַיְנוּ "וֶאֱמֶת", כִּי הַצַּדִּיק מְקַבֵּל הָרוּחַ־חַיִּים מֵהַתּוֹרָה, שֶׁנִּקְרֵאת (מלאכי ב): "תּוֹרַת אֱמֶת הָיְתָה בְּפִיהוּ".

וְהַיְנוּ "נֹצֵר חֶסֶד לָאֲלָפִים"; 'לָאֲלָפִים' – זֶה בְּחִינַת אַלּוּפֵי עֵשָׂו, רַבְרְבֵי עֵשָׂו שֶׁהֵם רַב דִּקְלִפָּה. וְזֶהוּ: "נֹצֵר חֶסֶד" – שֶׁהַחֶסֶד, בְּחִינַת הָרַב דִּקְדֻשָּׁה, נוֹצֵר וּמַמְתִּיק בְּחִינַת אַלּוּפֵי עֵשָׂו, רַבְרְבֵי עֵשָׂו.

---

de Dios se mantiene sin mancha. Como la Fuente absoluta de todo (ver más adelante, n.39), el *IHVH* se encuentra por encima de la creación. Esto permite que los Tzadikim, quienes toman su *rúaj* de la Fuente, traigan este *rúaj* a la persona que ha pecado dañando su *rúaj*. Esto efectúa, a su vez, el perdón por sus pecados (*Mei HaNajal*).

33. Omnipotente. Existen diferentes opiniones en cuanto a cuáles son las palabras que componen los Trece Atributos. De acuerdo con la Kabalá, el primer atributo es *El*, Omnipotente. El *Zohar* (III, 30b) afirma que *El* corresponde a la "luz de la Sabiduría Superior". Ésta es la plegaria, la génesis de la sabiduría, como se explica más adelante en la sección 7. La plegaria es, de esta manera, el primer paso para lograr una conexión con la Fuente.

34. Misericordioso y Compasivo. Esto se alinea con lo que aparece anteriormente en la sección con respecto a que la expiación "surge de la gran misericordia y compasión del Creador, bendito sea Su Nombre". Él permitió que Su *rúaj* se contrajera en la Torá, de donde los Tzadikim toman el *rúaj*. Enseñaron nuestros Sabios con respecto a estos dos Atributos: Dios es misericordioso incluso con el que no merece Su Misericordia; Él es compasivo incluso con aquél que no merece Su compasión (*Berajot* 7a). El *Iun Iaacov* explica que esto incluye no sólo al pecador, sino incluso a aquéllos que son totalmente malvados. Incluso a ellos se les puede mostrar esta misericordia.

35. rojo…juicio estricto. El *Zohar* (III, 51a) enseña que el color blanco denota *Jesed* (bondad)/*jasadim* (benevolencias), mientras que el rojo denota *Guevurá* (fuerza)/*guevurot* (severidades). La Torá nos dice que cuando Rivka dio a luz, "El primero salió rojo, velludo como una manta de pelo" (Génesis 25:25). Éste era Esaú, la encarnación del juicio estricto.

bendito sea Su Nombre. Pues Él Se contrae para ser el *rúaj*-de-vida de los Tzadikim, es decir, para que ellos reciban el *rúaj*-de-vida de la Torá y lo lleven allí donde hay carencia; y con esto expían los pecados.

{"**Adonai, Adonai, Omnipotente, Misericordioso y Compasivo;** *erej apaim* **(paciente), con** *rav jesed* **(inmensa bondad) y verdad; Él** *notzer jesed* **(tiene [en cuenta] los actos de bondad)** *lealafim* **(por miles [de generaciones]), perdonando el pecado, la rebelión y el error. Limpiando el pecado..."** (Éxodo 34:6).}

[La expiación del pecado] corresponde a los Trece Atributos de Misericordia:[31] "Adonai, Adonai,[32] Omnipotente,[33] Misericordioso y Compasivo;[34] *erej apaim* (paciente)...". "*Erej apaim*" es sinónimo de *rúaj*, en el hecho de que [Dios] prolonga Su aliento - suspirando por la carencia [del hombre].

Éste es el significado de "con *rav jesed*". Como hemos dicho, la persona recibe el *rúaj*-de-vida del Tzadik/*rav* de santidad. Él es *RaV jesed*; la antítesis de Esaú, el *RaV* de las cáscaras, quien es "rojo" [del lado del] juicio estricto.[35] Y esto es "y verdad": pues el Tzadik recibe el *rúaj*-de-vida de la Torá que es llamada, "La Torá de verdad estaba en su boca" (Malaji 2:6).

Y éste es el significado de, "Él tiene [en cuenta] los actos de bondad *lealafim*". [La palabra] "*leALaFim*" alude a *ALuFei* (los jefes tribales) de Esaú. Ellos son el *RaVrevei* Esaú - el *RaV* de las cáscaras. Y "*notzer jesed*": *jesed* se refiere al *rav* de santidad. Él "tiene" [control] y mitiga a los jefes tribales de Esaú, *ravrevei* Esaú.

---

debido a que el gran Tzadik recibe el *rúaj* de su fuente, él puede hacerlo descender a la persona que pecó y así deshacer la carencia. Y de ese modo, puede generar el perdón del pecado, porque ya no hay ninguna falta ni daño en el *rúaj* de la Torá. Comparar esto con *Likutey Moharán* I, 4:7 y notas.

31. Trece Atributos de Misericordia. Los Trece Atributos son sinónimo de plegaria y corresponden a las trece reglas exegéticas en la *Baraita* del Rabí Ishmael (Liturgia de la Mañana). Ésta es una conexión adicional entre la Torá y la plegaria, uno de los temas fundamentales de esta lección (*Mei HaNajal*). El Rebe Najmán une los Trece Atributos, presentándolos como un proceso, paso a paso, para restaurar el *rúaj*-de-vida del pecador.

32. Adonai, Adonai. Enseñaron nuestros Sabios: Él era *IHVH* (Adonai) antes de que uno pecara, Él es *IHVH* (Adonai) incluso luego de que uno ha pecado (*Rosh HaShaná* 17b). En la próxima sección, el Rebe Najmán explica que la raíz de todos los rasgos de carácter se encuentra en los cuatro elementos, correspondientes al *IHVH*, el nombre inefable de cuatro letras. De modo que el nombre de Dios se repite para enseñar lo siguiente: Antes de pecar el *IHVH* es perfecto y sin mancha. En caso de que uno pueda pensar que luego del pecado el *IHVH* se ha manchado, Dios no lo permita, se nos dice que "Él es *IHVH* incluso luego de que uno ha pecado", el nombre

וְעַל כֵּן "נֹשֵׂא עָוֹן וָפֶשַׁע", כִּי עַל־יְדֵי רוּחַ הַחַיִּים, שְׁלֵמוּת הַחֶסְרוֹן, שֶׁמַּמְשִׁיכִין מֵהַצַּדִּיק עַל־יְדֵי אֲנָחָה, עַל־יְדֵי־זֶה נִתְכַּפְּרִין הָעֲווֹנוֹת, שֶׁזֶּהוּ בְּחִינַת "וְאִישׁ חָכָם יְכַפְּרֶנָּה" כַּנַּ"ל. וְזֶהוּ "נֹשֵׂא עָוֹן וָפֶשַׁע", כַּנַּ"ל.

ה וְהִנֵּה, כְּשֶׁמִּתְאַנֵּחַ מַמְשִׁיךְ רוּחַ הַחַיִּים אֶל הַחֶסְרוֹן, שֶׁמִּתְאַנֵּחַ עָלָיו וּמַשְׁלִים אוֹתוֹ. אַךְ לְהִתְגָּרוֹת בָּרְשָׁעִים אִי אֶפְשָׁר, כִּי כְּשֶׁמִּתְגָּרֶה בָּרָשָׁע, וְהוּא מִתְאַנֵּחַ וּמַמְשִׁיךְ הָרוּחַ מֵהָרַב שֶׁלּוֹ דִּקְלִפָּה, וְהָרוּחַ שֶׁלּוֹ גָּדוֹל בְּשַׁעְתּוֹ, וְעַל כֵּן "כָּל צוֹרְרָיו יָפִיחַ בָּהֶם", כַּנַּ"ל, וְיוּכַל לְהַזִּיק לוֹ, חַס וְשָׁלוֹם.

וְעַל כֵּן לָאו כָּל אָדָם יָכוֹל לְהִתְגָּרוֹת בָּרְשָׁעִים, אִם לֹא מִי שֶׁהוּא צַדִּיק גָּמוּר. וְצַדִּיק גָּמוּר הוּא, כְּשֶׁהוּא בִּבְחִינַת (משלי י"ב): "לֹא יְאֻנֶּה לַצַּדִּיק כָּל אָוֶן", דְּהַיְנוּ שֶׁכְּבָר גֵּרַשׁ וּבִטֵּל כָּל הָרַע שֶׁלּוֹ, עַד שֶׁבָּטוּחַ שֶׁלֹּא יְאָרַע לוֹ שׁוּם מִכְשׁוֹל עֲבֵרָה:

וְהָעִנְיָן - כִּי יֵשׁ אַרְבָּעָה יְסוֹדוֹת: אֵשׁ, רוּחַ, מַיִם, עָפָר; וּלְמַעְלָה

(§1). Este *rúaj*-de-vida se recibe del Tzadik/*rav* de la generación, porque él está unido a la Torá, la fuente del *rúaj*. Cuando aquél que está unido al Tzadik suspira, atrae el *rúaj* del corazón para completar la carencia en el corazón (§2). Por el contrario, los malvados reciben el *rúaj* del *rav* del Otro Lado. El suyo es un *rúaj* impuro, que es temporalmente poderoso pero que finalmente será destruido. Esto resulta en una carencia, como opuesto a la plenitud recibida a través del *rav* de santidad (§3). Toda carencia proviene del pecado. El Tzadik que trae *rúaj* para colmar la carencia tiene por lo tanto el poder de expiar el pecado. En esto se asemeja al Santo, bendito sea, pues la expiación se relaciona con los Trece Atributos de Misericordia de Dios (§4).

37. provocar a los malvados. Hemos visto que la persona debe tomar el *rúaj* del Tzadik/*rav* para traer plenitud en lugar de la carencia. Pero el *rav* de las cáscaras también tiene un *rúaj*, y ese *rúaj* interfiere con los intentos de la persona por sustentarse a través del Tzadik/*rav*. Frente a este obstáculo, uno puede sentirse tentado a tratar de eliminarlo, utilizando la fuerza. Por ende, el Rebe Najmán advierte en contra de este enfoque. No todos son capaces de enfrentar en batalla a sus enemigos tal como hizo el rey David (ver arriba, n.22).

38. el Tzadik perfecto. Enseñaron nuestros Sabios: Cuando Moshé Le pidió a Dios que le revelase Sus Atributos de Misericordia, Le preguntó, "¿Por qué un Tzadik recibe el bien mientras que otro Tzadik debe sufrir?". Dios le respondió, "El Tzadik que recibe el bien es un Tzadik perfecto" (*Berajot* 7a). Sólo el Tzadik perfecto puede revelar los Trece Atributos, por lo que sólo él puede entrar con éxito en el conducto del malvado, tal como se explicará.

Por lo tanto, [Dios] "perdona el pecado y la rebelión". Porque como resultado del suspirar para traer el *rúaj*-de-vida de los Tzadikim y así proveer plenitud [en lugar] de carencia, se expían los pecados. Éste es el significado de "...pero un hombre sabio la podrá pacificar"; esto es, "perdonando el pecado y la rebelión".[36]

5. Ahora bien, al suspirar, la persona trae el *rúaj*-de-vida hacia la carencia por la cual está suspirando, lo que la hace plena. Pero uno no debe intentar provocar a los malvados.[37] Cuando la persona provoca a un malvado, éste suspira y trae *rúaj* de su *rav* de las *klipot*, siendo entonces capaz de hacerle daño, dado que momentáneamente su *rúaj* es poderoso, de modo que "sopla y derriba a todos sus enemigos" - Dios no lo permita.

Por lo tanto, no todos pueden oponerse a los malvados. Sólo el Tzadik perfecto[38] puede hacerlo. El Tzadik perfecto es alguien que está al nivel de (Proverbios 12:21), "Ningún pecado le sucederá al Tzadik". En otras palabras, él ya ha expelido y eliminado todo lo malo que pudiera haber habido en él. Está seguro de que no será arrastrado al pecado, de manera alguna.

Este tema [de eliminar el mal] es como sigue: Hay cuatro elementos

---

36. sabio...perdonando.... Aunque no se lo menciona en forma directa, el Atributo número trece, "perdonando el pecado", se encuentra aludido en la próxima sección. Allí, el Rebe Najmán deja en claro que sólo el Tzadik que está completamente "limpio de pecado" puede entrar en el canal del malvado (*Mei HaNajal; Biur HaLikutim*).

Los Trece Atributos le fueron revelados a Moisés luego del pecado del Becerro de Oro. Las *klipot* y las fuerzas del mal eran muy poderosas en ese momento, capaces de llevar el *rúaj* hacia un objeto inanimado, es decir, un becerro de metal fundido. Éste cobró vida y ellos lo adoraron (ver *Rashi*, Éxodo 32:5). El becerro mismo estaba hecho de oro, tal como "El oro viene del Norte" (Job 37:22). Esto hace referencia al *rúaj* del Norte que está oculto en el corazón. La "multitud mezclada" (*alufei* Esaú) quería destruir la santidad del *rúaj*-de-vida. En esencia, el pecado del Becerro de Oro fue un intento por hacer descender este *rúaj*, forzándolo hacia el dominio del *rav* de las cáscaras (*Likutey Halajot, HaOsé Shaliaj Ligvot Jovo* 3:26). El *Mei HaNajal* agrega que es por esto que Moshé quebró las Tablas del Testimonio. Estas Tablas contenían la Torá, la fuente del *rúaj*-de-vida. Su intención era demostrar claramente la gravedad de ese pecado. Incluso así, Moshé ascendió al cielo para orar y pedirle a Dios que perdonase su pecado. Él no sólo logró evocar un nuevo *rúaj*, también se le dio nuevamente la Torá, el *rúaj*-de-vida, para todos los judíos. Todo esto estaba aludido en los Trece Atributos, que le fueron revelados sólo luego de haber obtenido el perdón por sus pecados.

Resumen: La fuerza vital esencial de todo, es decir, aquello que le da su existencia, es el *rúaj*/aliento. Suspirar, la prolongación del aliento/paciencia, le trae vida a todo aquello que falta

בְּשָׁרְשָׁם הֵם אַרְבַּע אוֹתִיּוֹת הֲוָיָ"ה, וּלְמַטָּה הֵם מְעֹרָבִים טוֹב וָרָע. וְהַצַּדִּיק גָּמוּר שֶׁהִבְדִּיל וְהִפְרִישׁ הָרָע מִן הַטּוֹב לְגַמְרֵי, עַד שֶׁלֹּא נִשְׁאַר לוֹ שׁוּם רַע מֵאֶחָד מֵאַרְבָּעָה יְסוֹדוֹת הַנַּ"ל, שֶׁהֵם כְּלָל הַמִּדּוֹת כַּיָּדוּעַ, וּכְשֶׁהוּא בִּבְחִינָה זוֹ מֻתָּר לְהִתְגָּרוֹת בָּרְשָׁעִים:

וְהָעִנְיָן – כִּי כָל רָשָׁע, הַהֶכְרֵחַ שֶׁיִּהְיֶה לוֹ צִנּוֹר שֶׁיְּקַבֵּל דֶּרֶךְ שָׁם הָרוּחַ שֶׁלּוֹ לְהַשְׁלִים הַחֶסָּרוֹן, וְהַצִּנּוֹר הוּא – דֶּרֶךְ הַמִּדָּה רָעָה מֵאַרְבָּעָה יְסוֹדוֹת שֶׁהַמְשִׁיךְ וְהִגְבִּיר – הוּא הַדֶּרֶךְ וְהַצִּנּוֹר שֶׁמְּקַבֵּל דֶּרֶךְ שָׁם הָרוּחַ־חַיִּים שֶׁלּוֹ לְהַשְׁלִים חֶסְרוֹנוֹ. וּכְשֶׁהַצַּדִּיק רוֹצֶה לְהַשְׁפִּילוֹ, הוּא מֻכְרָח לֵירֵד לְהַמִּדָּה רָעָה הַהִיא שֶׁהִגְבִּיר עָלָיו הָרָשָׁע, לְהַכְנִיעָהּ וּלְקַלְקֵל הַצִּנּוֹר הַהוּא שֶׁל הָרָשָׁע, שֶׁמְּקַבֵּל מִשָּׁם הַחִיּוּת שֶׁלּוֹ.

וְעַל כֵּן מֻכְרָח שֶׁיִּהְיֶה זֶה הַצַּדִּיק צַדִּיק גָּמוּר, שֶׁאֵין בּוֹ שׁוּם רָע, לְמַעַן לֹא יִהְיֶה כֹּחַ לְהָרוּחַ־סְעָרָה, שֶׁהוּא הָרוּחַ־חַיִּים שֶׁל הָרָשָׁע, לִשְׁלֹט וּלְהַזִּיק, חַס וְשָׁלוֹם, לְהַצַּדִּיק בְּעֵת שֶׁיּוֹרֵד לְהַמִּדָּה רָעָה שֶׁל הָרָשָׁע לְקַלְקְלָהּ, כִּי אֵין לְהָרַע שׁוּם תְּפִיסָה וַאֲחִיזָה בְּהַצַּדִּיק גָּמוּר, וְאֵין לוֹ מָקוֹם לֶאֱחֹז בּוֹ.

(וְגַם מֵהַמִּדָּה רָעָה בְּעַצְמָהּ שֶׁיּוֹרֵד לְהַכְנִיעָהּ אֵין לוֹ שׁוּם תְּפִיסָה, חַס וְשָׁלוֹם, רַק מַה שֶּׁיּוֹרֵד לְתוֹכָהּ הוּא לְהַכְנִיעָהּ וּלְהַשְׁפִּילָהּ, בִּבְחִינַת (בראשית י"ג): "וַיַּעַל אַבְרָם מִמִּצְרַיִם").

40. provocar a los malvados.... Al estar unido a la Fuente misma, al *IHVH*, el Tzadik trasciende el origen del *rúaj* del malvado. Esto explica por qué el Tzadik perfecto no es afectado por el *rúaj* del malvado. Sus seguidores, en la medida en que estén verdaderamente unidos a él, también disfrutan de esta protección (ver arriba, n.44).

41. rasgo negativo. Los rasgos negativos fundamentales son cuatro: la arrogancia (fuego), la pereza y el habla vana (aire), las malas pasiones (agua) y la melancolía (tierra) (*Mishnat Jasidim, Mesejta HaHarkavá*). Ver *Likutey Moharán* I, 4:8.

42. Abraham ascendió.... "Abraham descendió a Egipto" (Génesis 12:10). Su descenso a Egipto fue para subyugar y anular la maldad de la tierra. Luego de lograrlo, ascendió desde allí, completo y sin carencias.

fundamentales [en la creación]: fuego, aire, agua y tierra. Arriba, en su raíz trascendente, ellos corresponden a las cuatro letras [del santo nombre de Dios], IHVH (cf. *Tikuney Zohar* #22). Pero, abajo [en nuestro mundo], ellos son una mezcla de bien y mal.[39] Pero el Tzadik perfecto ha distinguido y separado completamente el mal del bien. Él no tiene ni siquiera un residuo del mal de ninguno de estos cuatro elementos que abarcan todos los rasgos, como es sabido. De modo que cuando él, [el Tzadik], está en este nivel, puede provocar a los malvados. <Y aquéllos que están unidos a él también pueden provocarlos>.[40]

El tema es así: Todo malvado debe tener un conducto a través del cual pueda recibir su *rúaj* y tener plenitud [en lugar] de carencia. El conducto y camino a través del cual recibe el necesario *rúaj*-de-vida para colmar su carencia es el rasgo negativo particular, proveniente de los cuatro elementos, que él ha atraído [sobre sí] y [a partir del cual se ha] fortalecido. Cuando el Tzadik quiere humillar al malvado, debe descender hacia ese rasgo negativo[41] con el cual se ha fortalecido el malvado. Así es como puede dominar y destruir el conducto <a través> del cual el malvado recibe su <rúaj>.

Es por esto que el Tzadik debe ser un Tzadik perfecto, sin ningún mal, en absoluto; para que el viento tormentoso del malvado, que también es su *rúaj*-de-vida, no pueda, Dios no lo permita, dominar y dañar al Tzadik cuando éste desciende hacia el rasgo negativo con la finalidad de destruirlo. Pues el mal no tiene asidero ni control sobre el Tzadik perfecto. Él no tiene nada de lo cual [el mal] pueda asirse

{Incluso el rasgo negativo al cual desciende el Tzadik con la finalidad de destruirlo no tiene asidero en él. Su entrada tiene como único propósito el humillarlo y derrotarlo; como en (Génesis 13:1), "Y Abraham ascendió de Egipto".}[42]

---

39. bien y mal. Toda la creación está incluida en estos cuatro elementos. El hombre mismo está hecho de estos cuatro elementos. El *rúaj*-de-vida también lleva el aspecto de cuatro, como en (Ezequiel 37:9), "De las cuatro *rujot* (direcciones/vientos) viene el *rúaj*[-de-vida]" (explicado en §8). Tal como cita el Rebe Najmán a partir del *Tikuney Zohar*, los cuatro elementos corresponden a las cuatro letras IHVH, la Fuente -los bloques esenciales- de la creación. Al extenderse por la creación, el IHVH se envuelve en grados cada vez mayores de corporeidad, permitiendo el desarrollo del bien y la existencia potencial del mal. Una falta de claridad en la ley de la Torá transforma este mal potencial en algo real. Esto sucede cada vez que la ley no se aclara en forma apropiada: el mismo poder de la Torá se utiliza para crear leyes incorrectas y mentiras, es decir, el *rúaj seará*. Es por esto que abajo, en este mundo, hay una "mezcla de bien y mal" (*Parparaot LeJojmá*).

וְזֶהוּ (תהלים קמ"ז): **מַשְׁפִּיל רְשָׁעִים עֲדֵי אָרֶץ** – רָאשֵׁי־תֵבוֹת: **אֵשׁ, רוּחַ, מַיִם, עָפָר**, שֶׁהֵם כָּל הָאַרְבָּעָה יְסוֹדוֹת, שֶׁהֵם כְּלָל כָּל הַמִּדּוֹת, שֶׁצְּרִיכִין לְבָרְרָם בְּבֵרוּר גָּמוּר, עַד שֶׁלֹּא יִהְיֶה בּוֹ שׁוּם אֲחִיזָה מִשּׁוּם רַע שֶׁבְּשׁוּם מִדָּה מֵהָאַרְבָּעָה יְסוֹדוֹת הַנַּ"ל, וַאֲזַי הוּא צַדִּיק גָּמוּר כַּנַּ"ל. וְאָז דַּיְקָא, כְּשֶׁמַּבְדִּיל הָרַע מֵאַרְבָּעָה יְסוֹדוֹת – אֵשׁ, רוּחַ, מַיִם, עָפָר – אֲזַי הוּא **מַשְׁפִּיל רְשָׁעִים עֲדֵי אָרֶץ** כַּנַּ"ל.

מַה שֶּׁאֵין כֵּן צַדִּיק שֶׁאֵינוֹ גָמוּר, אַף שֶׁאֵין לוֹ שׁוּם עֲבֵרָה, אַף־עַל־פִּי־כֵן עֲדַיִן לֹא הִבְדִּיל הָרַע לְגַמְרֵי וְהָרַע עֲדַיִן בְּכֹחַ, וְעַל כֵּן אָסוּר לוֹ לְהִתְגָּרוֹת בָּרְשָׁעִים, כִּי יֵשׁ מָקוֹם לָהָרַע לֶאֱחֹז בּוֹ, וְיוּכַל לְהַזִּיק לוֹ, חַס וְשָׁלוֹם, הָאֲרִיכוּת־רוּחַ שֶׁל הָרָשָׁע, שֶׁהוּא גָּדוֹל בִּשְׁעָתוֹ בִּבְחִינַת רוּחַ־סְעָרָה כַּנַּ"ל.

וְזֶהוּ שֶׁאָמְרוּ רַבּוֹתֵינוּ, זִכְרוֹנָם לִבְרָכָה (ברכות ז:): וְהַכְּתִיב: "אַל תִּתְחַר בַּמְּרֵעִים"? (תהלים ל"ז) 'מִי שֶׁלִּבּוֹ נוֹקְפוֹ אוֹמֵר כֵּן'; פֵּרַשׁ רַשִׁ"י: 'הַיִּרְאָ מֵעֲבֵרוֹת שֶׁבְּיָדוֹ' – 'שֶׁבְּיָדוֹ' דַּיְקָא. זֶהוּ שֶׁאָמַרְנוּ, כִּי בֶּאֱמֶת אֵין לוֹ שׁוּם עֲבֵרָה, רַק שֶׁהוּא יָרֵא עֲדַיִן מֵעֲבֵרוֹת שֶׁבְּיָדוֹ וְכֹחוֹ לַעֲשׂוֹת, כִּי הָרַע עֲדַיִן בְּכֹחַ, כִּי לֹא זָכָה עֲדַיִן לִבְחִינַת לֹא יְאֻנֶּה לַצַּדִּיק כָּל אָוֶן, וְאֵינוֹ בָּטוּחַ עֲדַיִן שֶׁלֹּא יֶאֱרַע לוֹ מִכְשׁוֹל עֲבֵרָה, חַס וְשָׁלוֹם, וְעַל כֵּן אָסוּר לוֹ לְהִתְגָּרוֹת בָּרְשָׁעִים כַּנַּ"ל.

וְזֶהוּ: "תַּחֲרִישׁ כְּבַלַּע רָשָׁע צַדִּיק מִמֶּנּוּ" (חבקוק א), וְאָמְרוּ רַבּוֹתֵינוּ, זִכְרוֹנָם לִבְרָכָה (בבא מציעא עא*): 'צַדִּיק מִמֶּנּוּ בּוֹלֵעַ' – 'בּוֹלֵעַ' דַּיְקָא, כִּי הוּא בּוֹלֵעַ אוֹתוֹ מַמָּשׁ בַּאֲרִיכַת הָרוּחַ שֶׁלּוֹ, שֶׁהוּא גָּדוֹל בִּשְׁעָתוֹ; אֲבָל צַדִּיק גָּמוּר אֵינוֹ בּוֹלֵעַ, כִּי אֵין לִבּוֹ נוֹקְפוֹ מֵחֲשַׁשׁ מִכְשׁוֹל עֲבֵרָה כַּנַּ"ל, כִּי כְּבָר בִּטֵּל הָרַע לְגַמְרֵי מִכָּל הַמִּדּוֹת וְהַתַּאֲווֹת שֶׁל כָּל הָאַרְבָּעָה יְסוֹדוֹת.

---

43. **poder de llevar a cabo.** Pues el corazón está *tzafún*, el lugar del *rúaj* está oculto. Es este potencial oculto para pecar lo que hace que la persona sea devorada por el viento tormentoso del malvado.

{*"Mashpil reshaim adei aretz"* (**Él arroja por tierra a los malvados**) (Salmos 147:6).}

Ésta es la explicación de "*Mashpil Reshaim Adei Aretz*", cuyas iniciales [son también las iniciales de]: *Esh, Rúaj, Maim, Afar* (fuego, aire, agua, tierra). Estos cuatro elementos abarcan todas las cualidades y rasgos. La persona tiene que purificarse totalmente de estos [rasgos] para que ninguno de los males que se encuentran en los rasgos de los cuatro elementos pueda asirse a ella. En ese punto, como hemos dicho, es un Tzadik perfecto. Y sólo entonces, habiéndose separado del mal proveniente de los cuatro elementos -fuego, aire, agua, tierra- puede entonces "arrojar por tierra a los malvados".

No es así en el caso del Tzadik que no es perfecto. Aunque no es culpable de ningún pecado, todavía no se ha separado totalmente del mal. El mal aún tiene poder y, por lo tanto, le está prohibido oponerse a los malvados. Pues el mal tiene dónde asirse de él. El *rúaj* prolongado del malvado, que es poderoso en ese momento, como un viento tormentoso, puede dañarlo, Dios no lo permita.

Como enseñaron nuestros Sabios: [Si uno pregunta,] "¿No está escrito (Salmos 37:1), 'No entres en conflicto con los malvados'? [Respóndele] 'Esto lo dice alguien que tiene el corazón preocupado'" (*Berajot* 7b). Rashi explica: "Es alguien que teme debido a los pecados que tiene en la mano". Precisamente "en la mano", porque, como hemos dicho, en realidad no es culpable de pecado alguno. Lo que sucede es que aún teme por los pecados que tiene en las manos, [es decir, que tiene en las manos] y que tiene poder de llevar a cabo.[43] De modo que, potencialmente, el mal aún existe. Todavía no ha merecido el nivel de "ningún pecado le sucederá al Tzadik"; aún no puede estar seguro de que no será arrastrado hacia el pecado. Por lo tanto, está prohibido que provoque a los malvados.

Y éste es el significado de (Habakuk 1:13), "¿Por qué Te restringes y guardas silencio mientras el malvado devora a un Tzadik más grande que él?". Enseñan nuestros Sabios (*Berajot, ibid.*): "Él devora a un Tzadik más grande que él, [pero no a un Tzadik perfecto])". "Devora", precisamente, porque el malvado literalmente lo devora prolongando su *rúaj*, que es poderoso en su momento. Pero el Tzadik perfecto no es devorado. Esto se debe a que *su* corazón no está ansioso, preocupado por el hecho de que, de alguna manera, pueda ser arrastrado hacia el pecado. Él ya ha eliminado totalmente el mal de todos los rasgos y deseos de cada uno de los cuatro elementos.

וְעַל כֵּן זֶה הַצַּדִּיק גָּמוּר וְכָל הַנִּלְוִים אֵלָיו מֻתָּרִים לְהִתְגָּרוֹת בָּרְשָׁעִים, כִּי זֶה הַצַּדִּיק יָכוֹל לֵירֵד לְתוֹךְ כָּל הַצִּנּוֹרוֹת שֶׁל כָּל הַמִּדּוֹת רָעוֹת שֶׁלָּהֶם, שֶׁהִגְבִּירוּ עַל עַצְמָם וּלְשַׁבְּרָם וּלְבַטְּלָם, וְעַל־יְדֵי־זֶה הוּא מַשְׁפִּיל רְשָׁעִים עֲדֵי אָרֶץ, כַּנַּ"ל.

ו **וְלָבוֹא** לָזֶה – לְהַפְרִישׁ וּלְהַבְדִּיל וּלְבַטֵּל הָרָע מֵהַטּוֹב – הוּא עַל־יְדֵי תּוֹרָה וּתְפִלָּה, וְלִמּוּד הַתּוֹרָה יִהְיֶה לָלוּן לְעָמְקָהּ שֶׁל הֲלָכָה, הַיְנוּ לִלְמֹד פּוֹסְקִים. כִּי יֵשׁ בְּהַתּוֹרָה אֲחִיזַת הַטּוֹב וְהָרַע, שֶׁנֶּאֱחָזִין מִבְּחִינַת אִסּוּר וְהֶתֵּר, טָמֵא וְטָהוֹר, כָּשֵׁר וּפָסוּל, שֶׁיֵּשׁ בְּהַתּוֹרָה; וְכָל זְמַן שֶׁאֵינוֹ מְבָרֵר הַהֲלָכָה הוּא מְעֹרָב טוֹב וָרָע.

וְעַל כֵּן אֵינוֹ יָכוֹל לְהַפְרִישׁ וּלְבַטֵּל הָרַע מֵהַטּוֹב, וְהוּא בִּבְחִינַת (משלי י"א): "וְדֹרֵשׁ רָעָה תְבוֹאֶנּוּ"; עַד אֲשֶׁר הוּא מְעַיֵּן וּמְבָרֵר הַפְּסַק־הֲלָכָה וּמְבָרֵר הָאָסוּר וְהַמֻּתָּר וְכוּ', דְּהַיְנוּ עַל־יְדֵי לִמּוּד פּוֹסְקִים, אֲזַי מַפְרִישׁ הַטּוֹב מֵהָרָע. אַךְ לִזְכּוֹת לָזֶה הַשֵּׂכֶל, שֶׁיּוּכַל לָלוּן לְעָמְקָהּ שֶׁל הֲלָכָה, הוּא עַל־יְדֵי תְפִלָּה, כִּי מִשָּׁם נִמְשָׁךְ הַשֵּׂכֶל.

debe evitar provocar a los malvados, cuyo suspiro trae el *rúaj* del *rav* de las cáscaras y así hacen pecar a aquél que los provoca. Sólo el Tzadik perfecto, aquél que ha eliminado todo mal, tiene el poder de contrarrestar la fuerza temporal de los malvados, en virtud de haber separado el bien del mal en los cuatro elementos que engloban todos los rasgos (§5).

45. profundidades de la ley…Codificadores. Se nos dice que antes de ir a la batalla contra la ciudad de Ai, Ioshúa pasó la noche "investigando en las profundidades", estudiando la Torá (Ioshúa 8). Entonces, en virtud de haber traído el *rúaj* de la Torá y de haber separado el bien del mal, fue capaz de entrar en batalla contra los malvados y vencerlos. En la sección 2 más arriba, el Rebe Najmán menciona al "Tzadik que sabe cómo tratar con el *rúaj* de cada uno". Ése era Ioshúa.

46. busca…le sucederá a él. Aquél que no aclara los Códigos se encuentra en la categoría de "busca el mal". Es incapaz de distinguir el bien del mal, lo correcto de lo incorrecto. Por lo tanto, debido a que no puede reconocer el mal, no puede tratar de destruir el conducto del malvado, para evitar que él mismo sea destruido. De igual manera, no puede atraer el *rúaj* necesario para traer plenitud en lugar de la carencia (*Mei HaNajal*).

Por lo tanto, se permite que este Tzadik perfecto -y todos aquellos unidos a él- provoque a los malvados. Porque él es capaz de descender hacia los canales de todos los rasgos negativos con los cuales se han fortalecido. Él puede quebrarlos y eliminarlos, y así "arrojar por tierra a los malvados", como se mencionó anteriormente.[44]

6. Para lograr esto, para ser capaz de distinguir el mal del bien, separarlo y eliminarlo, uno debe dedicarse a la Torá y a la plegaria. Este estudio de la Torá debe llevarse a cabo investigando las profundidades de la ley (*Meguilá* 4b), es decir, estudiando los Codificadores.[45] Pues el bien y el mal tienen un soporte en la Torá. Estos se fundan en los aspectos de prohibido y permitido, impuro y puro, kosher y no kosher, como aparece en la Torá. Mientras uno no haya aclarado la ley, tiene [dentro de sí] una mezcla de bien y de mal.

Es por esto que la persona no puede separar y eliminar el mal del bien. Porque se encuentra en el aspecto de (Proverbios 11:27), "Al que busca el mal, éste le sucederá a él".[46] Recién cuando profundice y aclare la ley en la práctica, y determine <lo permitido, lo kosher y lo puro> -es decir, estudiando los Codificadores- podrá separar <el mal del bien> (cf. *Tikuney Zohar* #50 p.98b). Sin embargo, ser digno del intelecto necesario para "investigar en las profundidades de la ley" sólo viene a través de la plegaria, porque de allí proviene el intelecto.

---

44. y todos aquéllos unidos a él...anteriormente. En Samuel 2 (23:8-23) encontramos un listado de los guerreros del rey David, los cuales sobresalían por su capacidad de tomar la iniciativa en la batalla. Esto apoya la afirmación del Rebe de que incluso los seguidores del Tzadik/*rav* pueden "provocar" a los malvados.

Resumen: La fuerza vital esencial de todo, es decir, aquello que le da su existencia, es el *rúaj*/aliento. Suspirar, la prolongación del aliento/paciencia, le trae vida a todo aquello que falta (§1). Este *rúaj*-de-vida se recibe del Tzadik/*rav* de la generación, porque él está unido a la Torá, la fuente del *rúaj*. Cuando aquél que está unido al Tzadik suspira, atrae el *rúaj* del corazón para completar la carencia en el corazón (§2). Por el contrario, los malvados reciben el *rúaj* del *rav* del Otro Lado. El suyo es un *rúaj* impuro, que es temporalmente poderoso pero que finalmente será destruido. Esto resulta en una carencia, como opuesto a la plenitud recibida a través del *rav* de santidad (§3). Toda carencia proviene del pecado. El Tzadik que trae *rúaj* para colmar la carencia tiene por lo tanto el poder de expiar el pecado. En esto se asemeja al Santo, bendito sea, pues la expiación se relaciona con los Trece Atributos de Misericordia de Dios (§4). La persona

ז‎ וְהָעִנְיָן, כְּמוֹ שֶׁכָּתוּב בְּתִקּוּנֵי־זֹהַר (תקון י״ד, כט:): 'גַּן - דָּא אוֹרַיְתָא', כִּי הַתּוֹרָה נִקְרֵאת גַּן, וְנִשְׁמוֹת יִשְׂרָאֵל הַמְעַיְּנִים וּמְבִינִים בְּהַתּוֹרָה הֵם בְּחִינַת עֲשָׂבִין וּדְשָׁאִין דְּאִתְרַבִּיאוּ בַּגָּן. וּמֵאַיִן הֵם גְּדֵלִים? הוּא מִמַּעְיָן, דָּא חָכְמָה, כְּמוֹ שֶׁכָּתוּב (שיר־השירים ד): "מַעְיַן גַּנִּים".

וּמֵהֵיכָן מְקַבְּלִין הַחָכְמָה וְהַשֵּׂכֶל שֶׁהוּא בְּחִינַת הַמַּעְיָן? הוּא מֵהַתְּפִלָּה, כְּמוֹ שֶׁכָּתוּב (יואל ד): "וּמַעְיָן מִבֵּית ה' יֵצֵא" - הוּא הַתְּפִלָּה, כְּמוֹ שֶׁכָּתוּב (ישעיהו נ״ו): "כִּי בֵיתִי בֵּית תְּפִלָּה".

וְהוּא בְּחִינַת מֵבִיא מִכֹּחַ אֶל הַפֹּעַל. כִּי תְּפִלָּה הוּא בְּחִינַת חִדּוּשׁ הָעוֹלָם, כִּי תְּפִלָּה הוּא שֶׁמַּאֲמִין שֶׁיֵּשׁ מְחַדֵּשׁ אֲשֶׁר בְּיָדוֹ לַעֲשׂוֹת כִּרְצוֹנוֹ לְשַׁנּוֹת הַטֶּבַע, וְהוּא בְּחִינוֹת בְּרִיאָה בְּכֹחַ, כְּמוֹ שֶׁכָּתוּב (תהלים ק״ד): "כֻּלָּם בְּחָכְמָה עָשִׂיתָ", שֶׁהוּא בְּחִינַת הַתְּפִלָּה שֶׁמִּשָּׁם יוֹצֵא מַעְיַן הַחָכְמָה כַּנַּ״ל.

וְהַתּוֹרָה הִיא בְּחִינַת בְּרִיאָה בְּפֹעַל, כְּמוֹ שֶׁכָּתוּב (משלי ח): "וָאֶהְיֶה אֶצְלוֹ אָמוֹן" - אָמָן, לְשׁוֹן פּוֹעֵל, כִּי בְּהַתּוֹרָה נִבְרָא הָעוֹלָם. וּכְשֶׁמִּתְפַּלֵּל עַל אֵיזֶה דָבָר, הוּא בְּחִינַת חִדּוּשׁ הָעוֹלָם וְהוּא בְּחִינַת בְּרִיאָה בְּכֹחַ, וְהוּא בְּחִינַת הִתְעוֹרְרוּת הַחָכְמָה שֶׁהוּא בַּתְּפִלָּה, כַּנִּזְכָּר

ha regado el jardín, este jardín, es decir la Torá, se transforma en "una fuente de jardines".

Las palabras que siguen en el versículo (*loc. cit.*) son "un pozo de aguas fluentes". Sobre esto enseña el Midrash (*Shir HaShirim Rabah* 4:15): Dice el Rabí Iojanan, "La palabra *pozo* aparece 48 veces en la Torá. Esto corresponde a las 48 Maneras a través de las cuales se adquiere la Torá" (cf. *Avot* 6:5).

50. Mi casa...plegaria. Debido a que la Casa de Dios es una casa de plegaria y la fuente fluye desde allí, se desprende que el origen de la fuente es la plegaria misma.

51. plegaria...fuente de sabiduría. La plegaria corresponde a "renovar el mundo", una nueva creación. Así, la plegaria da lugar a la Fuente, a la sabiduría, con la cual se trae la "renovación", la creación misma.

52. creado con la Torá. El Midrash (*Bereshit Rabah* 1:1) atribuye este versículo a la Torá, que nos dice que ella es el arquitecto (אומן) de Dios, incluyendo, tal como lo hace, el plano de la creación. Como enseña el *Zohar* (II, 161a): Dios miró cada una de las palabras [de la Torá] y a partir de ellas creó las diferentes partes del mundo. Así la Torá corresponde a la creación en concreto.

7. Este tema [de Torá y plegaria] es como sigue: Afirma el *Tikuney Zohar* (#13, p. 29b; #14, 30a): *"Gan* (el jardín) es la Torá".⁴⁷ La Torá es llamada "jardín". Las almas judías que *MeAINim* (profundizan) y comprenden la Torá son las diversas clases de hierbas que crecen en el jardín.⁴⁸ ¿Qué es lo que las hace crecer? [Ellas toman] de la *MaAIaN* (fuente), que es *Jojmá* (sabiduría), como en (Cantar de los Cantares 4:15), "Una fuente de jardines...".⁴⁹

¿De dónde reciben ellas la sabiduría y el intelecto, [es decir, de dónde reciben] esta fuente? Ella proviene de la plegaria, como está escrito (Joel 4:18), "Una fuente brotará de la casa de Dios". Y esta ["casa de Dios]" es la plegaria, como en (Isaías 56:7), "Pues Mi casa es una casa de plegaria".⁵⁰

[La plegaria] es el medio para concretar lo que se encuentra en potencia. La plegaria es el aspecto de "renovar el mundo". Esto es porque <la plegaria corresponde a la fe,> porque la persona tiene fe en que existe un *Mejadesh* (Originador) capaz de cambiar la naturaleza de acuerdo con Su voluntad. De modo que [la plegaria] corresponde a la creación en potencia, como en (Salmos 104:24), "Todo lo has hecho con sabiduría". Esto alude a la plegaria, de donde brota la fuente de sabiduría.⁵¹

Y la Torá corresponde a la creación concreta, como en (Proverbios 8:30), "Yo fui Su *amon* (pupilo)". <No leas *AMoN* sino> *UMaN* (arquitecto), que connota [la creación] concreta, pues el mundo fue creado con la Torá.⁵²

Por consiguiente, cuando la persona ora por algo, eso es un aspecto de renovar el mundo y es sinónimo de la creación en potencia. También corresponde a un despertar de la sabiduría, que se encuentra en la

---

47. Gan...Torá. La Torá (el Pentateuco) está dividida en 53 porciones que se leen semanalmente en el transcurso del año. *GaN* (גן) tiene el valor numérico de 53 (ver Apéndice: Tabla de Guematria).

48. hierbas que crecen.... Cf. *Eruvin* 54a, que la gente se asemeja a las hierbas del campo. Más precisamente, el *Tikuney Zohar* (#14, p.30) dice que las hierbas del jardín son los estudiosos de la Torá. Así, el Rebe Najmán las llama "las almas judías que profundizan y comprenden la Torá". Pues la Torá las nutre espiritualmente.

49. fuente de jardines. Éste es el lenguaje del *Tikuney Zohar* (*ibid.*): ¿Qué es lo que riega el jardín y hace que crezcan los árboles y las hierbas? Es la "fuente de jardines", que es la sabiduría. Ver la nota 53 que, en verdad, la fuente misma es la sabiduría. Cuando esta sabiduría

לְעֵיל: "וּמֵעַיִן מִבֵּית ה' יֵצֵא", זֶה הַתְּפִלָּה, כִּי שָׁם נִתְעוֹרֵר הַחָכְמָה כַּנַּ"ל, וּמִשָּׁם נִמְשָׁךְ הַמַּעְיָן הוּא הַחָכְמָה אֶל הַתּוֹרָה, וְשָׁם יוֹצֵא אֶל הַפֹּעַל, כְּמוֹ שֶׁכָּתוּב (משלי ב): "מִפִּיו דַּעַת וּתְבוּנָה", כִּי בְּהַתּוֹרָה הוּא הִתְגַּלּוּת הַחָכְמָה, וְעַל־יְדֵי־זֶה נַעֲשֶׂה מַעְיָן גַּנִּים, שֶׁהַמַּעְיָן מַשְׁקֶה הַגַּן, וְעַל־יְדֵי־זֶה אִתְרַבְיָאוּ עֲשָׂבִין וּדְשָׁאִין כַּנַּ"ל.

וְזֶהוּ שֶׁאָמְרוּ רַבּוֹתֵינוּ, זִכְרוֹנָם לִבְרָכָה (ברכות לב:): 'הַמַּעֲיִן בִּתְפִלָּתוֹ בָּא לִידֵי כְּאֵב לֵב' וְכוּ', שֶׁנֶּאֱמַר (משלי י"ג): "תּוֹחֶלֶת מְמֻשָּׁכָה מַחֲלָה לֵב". מַאי תַּקַּנְתֵּהּ? יַעֲסֹק בַּתּוֹרָה, שֶׁנֶּאֱמַר: (שָׁם) "וְעֵץ חַיִּים תַּאֲוָה בָאָה".

זֶהוּ שֶׁאָמַרְנוּ, כִּי בְּהַתְּפִלָּה עֲדַיִן הוּא בְּכֹחַ וְאֵינוֹ יוֹצֵא אֶל הַפֹּעַל, עַד שֶׁבָּא אֶל הַתּוֹרָה, שֶׁהִיא בְּחִינַת בְּרִיאָה בְּפֹעַל, וַאֲזַי נַעֲשֶׂה בַּקָּשָׁתוֹ, עַל־יְדֵי שֶׁיּוֹצֵא מִכֹּחַ אֶל הַפֹּעַל.

וְהַיְנוּ דִכְתִיב: "וְנָהָר יֹצֵא מֵעֵדֶן לְהַשְׁקוֹת אֶת הַגָּן, וּמִשָּׁם יִפָּרֵד וְהָיָה לְאַרְבָּעָה רָאשִׁים".

"עֵדֶן" - הוּא בְּחִינַת הַתְּפִלָּה, כִּי עֵדֶן "עַיִן לֹא רָאָתָה", כְּמוֹ שֶׁאָמְרוּ רַבּוֹתֵינוּ, זִכְרוֹנָם לִבְרָכָה (ברכות לד:), שֶׁזֶּהוּ בְּחִינַת תְּפִלָּה

54. MeAIeN…dolor al corazón. Esto se refiere a la persona que ora y contempla profundamente, es decir, anhela que sus plegarias sean respondidas de inmediato. Ver nota 56.

55. Torá…Árbol de Vida…. Este versículo aparece como parte de un capítulo en Proverbios que comienza, "Hijo mío, no olvides Mi Torá…". "Se colma el deseo" es la creación concreta, en contraste con lo potencial de las plegarias, de "la esperanza prolongada". Un versículo posterior del mismo capítulo dice claramente de la Torá que "es un Árbol de Vida para todos aquéllos que se aferran a ella".

56. de lo potencial a lo concreto. Este pasaje Talmúdico puede comprenderse del modo siguiente: La persona que se adentra en sus plegarias lo hace porque siente una carencia y por lo tanto quiere terminar con esta deficiencia. Sin embargo, el hecho mismo de que espera una respuesta indica que no tiene fe en haber creado un orden "nuevo" a través de su plegaria. Éste es el dolor de su corazón, sentir la carencia en su corazón, porque allí es donde reside el *rúaj* proveniente de la Torá. Pues no ha tenido éxito en traer el *rúaj*, la Torá, a través de sus plegarias. ¿Cuál es su cura? ¡El estudio de la Torá!, una renovación del *rúaj* para eliminar la deficiencia. Esto trae plenitud en lugar de la carencia. Entonces puede orar y sus plegarias renovarán la creación, dándole aquello que anhela (ver *Mei HaNajal*).

plegaria. Como se mencionó previamente, "Una fuente brotará de la casa de Dios": ésta es la plegaria, porque allí es donde se despierta la sabiduría. Desde allí la fuente, la sabiduría, es llevada hacia la Torá. Y allí [en la Torá] pasa <del estado potencial [al estado]> concreto, como en (Proverbios 2:6), "[Pues Dios da sabiduría]: de Su boca proviene el conocimiento y la comprensión". <La Torá es> la revelación de la sabiduría, y a través de esto se hace la "fuente de jardines".[53] La fuente riega el jardín y hace que crezcan las hierbas.

{"La esperanza prolongada hace doler el corazón; pero con el Árbol de Vida se colma el deseo" (Proverbios 13:12).}

Éste es el significado de lo que enseñaron nuestros Sabios: Al que *MeAIeN* (profundiza) en sus plegarias le duele el corazón. Como está escrito, "La esperanza prolongada trae dolor al corazón...." (*Berajot* 32b).[54] ¿Cuál es su cura? Que se dedique el estudio de la Torá, como está escrito, "...pero con el Árbol de Vida se satisface el deseo".[55]

Como hemos dicho, [mientras aquello que la persona desea] se encuentra en su plegaria, aún está en potencia. Sólo se concretiza cuando llega a la Torá, que es un aspecto de la creación concreta. Entonces se produce aquello que pide, habiendo pasado de lo potencial a lo concreto.[56]

Esto es como está escrito, "Un río salía del Edén para regar el jardín. Y de allí se separaba y formaba cuatro brazos" (Génesis 2:10).

"Edén" corresponde a la plegaria. Como enseñaron nuestros sabios (*Berajot* 34b): Edén - "Ningún ojo lo ha visto" (Isaías 64:3). Y ["ningún ojo lo ha visto"] se aplica a la plegaria, que trasciende a la naturaleza. Porque

---

53. se hace la fuente de jardines. El *Tikuney Zohar* citado más arriba (n.49) indica que la "fuente de jardines" es la sabiduría. Esto parece contradecir lo dicho por el Rebe Najmán con respecto a que la fuente misma es la sabiduría. Sin embargo, vemos más tarde en el *Tikuney Zohar* (#52, p.87b): Así como los árboles no pueden crecer sin agua, de la misma manera el pueblo judío no puede sobrevivir sin la fuente de la Torá.... En relación con las *Sefirot*, la fuente es *Jojmá* (Sabiduría, la segunda emanación Divina). Cuando *Keter* (la emanación Divina más elevada, una referencia a Dios Mismo), el Arquitecto asombroso, quiso plantar el Árbol en el Jardín, vio que no había ninguna fuente de agua. ¿Qué hizo? Dijo, "Primero haré surgir una fuente y entonces plantaré, para que el Árbol pueda crecer". Es por esto que es llamada la "fuente de jardines": al comienzo se la conoce como una "fuente", y más tarde, la llamamos "jardines". Así, la "fuente de jardines", el jardín regado, se produce cuando allí se revela la sabiduría que fluye de la plegaria hacia la Torá. Ésta es la concreción de la creación mencionada anteriormente. Con ella, se riega el jardín y las hierbas, es decir las almas judías, se nutren y crecen.

שֶׁהוּא לְמַעְלָה מִן הַטֶּבַע, כִּי עַל־יְדֵי תְּפִלָּה מְשַׁנֶּה הַטֶּבַע כַּנַּ"ל [שֶׁזֶּהוּ בְּחִינַת עֵדֶן "עַיִן לֹא רָאָתָה", כִּי לְמַעְלָה מֵהַטֶּבַע אֵין לָנוּ שׁוּם תְּפִיסָא].

וְהַיְנוּ: "וְנָהָר יֹצֵא מֵעֵדֶן" - הַיְנוּ מֵהַתְּפִלָּה, כַּנַּ"ל: "וּמֵעַיִן מִבֵּית ה' יֵצֵא"; "לְהַשְׁקוֹת אֶת הַגָּן" - הוּא הַתּוֹרָה כַּנַּ"ל, "מַעְיַן גַּנִּים". וְכַאֲשֶׁר נִמְשָׁךְ מַעְיַן הַחָכְמָה מֵהַתְּפִלָּה אֶל הַגָּן שֶׁהוּא הַתּוֹרָה, אֲזַי אִתְרַבִּיאוּ עֲשָׂבִין וּדְשָׁאִין - נִשְׁמוֹת יִשְׂרָאֵל, כְּלוֹמַר שֶׁגְּדֵלִים בַּגָּן וּמְבִינִים וּמַשְׂכִּילִים בַּתּוֹרָה, וַאֲזַי זוֹכֶה לָלוּן בְּעָמְקָהּ שֶׁל הֲלָכָה לְבָרֵר הַדִּין, הָאָסוּר וְהַמֻּתָּר, הַטָּהוֹר וְכוּ', וּבָזֶה מַפְרִישׁ הַטּוֹב מֵהָרַע כַּנַּ"ל.

וְזֶהוּ: "וּמִשָּׁם יִפָּרֵד", כִּי עַל־יְדֵי־זֶה נִפְרָד הָרַע מֵהָאַרְבָּעָה יְסוֹדוֹת וְלֹא נִשְׁאַר רַק הַטּוֹב, וַאֲזַי: "וְהָיָה לְאַרְבָּעָה רָאשִׁים" - הֵם אַרְבַּע אוֹתִיּוֹת הֲוָיָ"ה, שֶׁהֵם שֹׁרֶשׁ הַטּוֹב שֶׁל הָאַרְבָּעָה יְסוֹדוֹת כַּנַּ"ל.

letras del nombre de Dios, están conectadas con la vestimenta de cuatro esquinas y sus cuatro *tzitzit*.

Resumen: La fuerza vital esencial de todo, es decir, aquello que le da su existencia, es el *rúaj*/aliento. Suspirar, la prolongación del aliento/paciencia, le trae vida a todo aquello que falta (§1). Este *rúaj*-de-vida se recibe del Tzadik/rav de la generación, porque él está unido a la Torá, la fuente del *rúaj*. Cuando aquél que está unido al Tzadik suspira, atrae el *rúaj* del corazón para completar la carencia en el corazón (§2). Por el contrario, los malvados reciben el *rúaj* del *rav* del Otro Lado. El suyo es un *rúaj* impuro, que es temporalmente poderoso pero que finalmente será destruido. Esto resulta en una carencia, como opuesto a la plenitud recibida a través del *rav* de santidad (§3). Toda carencia proviene del pecado. El Tzadik que trae *rúaj* para colmar la carencia tiene por lo tanto el poder de expiar el pecado. En esto se asemeja al Santo, bendito sea, pues la expiación se relaciona con los Trece Atributos de Misericordia de Dios (§4). La persona debe evitar provocar a los malvados, cuyo suspiro trae el *rúaj* del *rav* de las cáscaras y así hacen pecar a aquél que los provoca. Sólo el Tzadik perfecto, aquél que ha eliminado todo mal, tiene el poder de contrarrestar la fuerza temporal de los malvados, en virtud de haber separado el bien del mal en los cuatro elementos que engloban todos los rasgos (§5). Para separar el bien del mal uno debe dedicarse al estudio de la Torá, es decir, la clarificación de la ley en la práctica, y a la plegaria, es decir, traer sabiduría e intelecto (§6). Mediante la plegaria/la creación potencial y la Torá/la creación concreta, las almas judías obtienen la inteligencia para separar el bien del mal (§7).

la naturaleza puede ser modificada a través de la plegaria. {Edén es "ningún ojo lo ha visto" porque no podemos comprender aquello que trasciende a la naturaleza.}

Y esto es: "Un río salía del Edén", es decir, de la plegaria, como se mencionó más arriba, "Una fuente brotará de la casa de Dios". "... para regar el jardín", esto es la Torá, como se mencionó, la "fuente de jardines".

Y cuando la fuente de sabiduría proveniente de la plegaria es llevada hacia el jardín -la Torá- hace entonces que crezcan las hierbas, las almas judías. En otras palabras, [las almas judías] crecen en el jardín, obteniendo comprensión e inteligencia de la Torá. Entonces merecen "investigar las profundidades de la ley", para determinar la ley <correcta>: <lo permitido, lo kosher y lo puro frente a lo impuro, lo no kosher y lo prohibido>. Al hacerlo, separan el bien del mal.

Éste es el significado de, "...y de allí se separaba". Al [aclarar la ley] el mal se separa de los cuatro elementos. Sólo el bien permanece. Entonces, "...formaba cuatro brazos". Éstas son las cuatro letras *IHVH*, que son la raíz del bien que se encuentra en los cuatro elementos, como se dijo anteriormente.[57]

---

57. cuatro elementos, como se dijo anteriormente. El Rabí Natán en su *Likutey Halajot* (*HaOsé Shaliaj Ligvot Jovó* 3:29) interpreta la descripción bíblica de la creación del hombre a la luz de esta lección. "...ninguna hierba había brotado... no había hecho llover... no había hombre... insufló vida en él... Gan en Edén... Árbol de Vida... Árbol del Conocimiento... un río salía... para trabajar y guardarlo... no comerás del Árbol del Conocimiento..." (Génesis 2:2-17). Dios creó al hombre, le insufló el *rúaj*-de-vida y le encargó que lo mantuviese puro. Fue puesto en el Jardín del Edén - es decir, se le encomendó la tarea de orar y de traer sabiduría a la Torá. De ese modo atraería el *rúaj* de la Torá hacia él mismo. Esto se lograría dedicándose a "trabajar y a guardar" el Jardín, es decir, llegar a las decisiones apropiadas estudiando los Códigos de la Ley. Estos Códigos aluden al Árbol del Conocimiento, y su estudio implica separar el bien del mal y destruir el conducto de los malvados. Es por esto que no hubo lluvias y el Jardín no se regó hasta que se creó el hombre. Fue necesario que hubiera un ser que, a través de sus plegarias, pudiera despertar la sabiduría, la Fuente, con la cual regar apropiadamente el Jardín. Ése era el hombre. Y, tal como indica el Rabí Natán, todavía sigue siendo la misión del hombre el hecho de "ser creado". Es decir, el hombre está encargado de "renovarse a sí mismo", tal como está encargado de la "renovación del mundo". ¿Cómo se logra esto? Se logra a través de la persona que siempre ora con la finalidad de recibir una clara comprensión de la Torá y separar así el bien del mal, atrayendo el *rúaj*-de-vida sobre sí misma.

El Rebe Najmán muestra seguidamente cómo los "cuatro brazos", es decir, las cuatro

ח   וְזֶהוּ בְּחִינוֹת אַרְבַּע צִיצִית, כִּי אַרְבַּע צִיצִית הֵם בְּחִינַת הָרוּחַ-חַיִּים, וּכְמוֹ שֶׁכָּתוּב (יחזקאל ל"ז): "כֹּה אָמַר ה' מֵאַרְבַּע רוּחוֹת בֹּאִי הָרוּחַ", שֶׁעַל-יְדֵי-זֶה מַכְנִיעִין הָרוּחַ-סְעָרָה, שֶׁהוּא הָרוּחַ שֶׁל הַמִּתְנַגְּדִים הַחוֹלְקִים עַל הַצַּדִּיקִים אֲמִתִּיִּים.

שֶׁמַּמְשִׁיכִין אֲרִיכַת הָרוּחַ שֶׁלָּהֶם מֵהָרַב דִּקְלִפָּה, שֶׁהוּא בְּחִינַת עֵשָׂו אִישׁ שָׂעִיר כַּנַּ"ל. וְעַל-כֵּן צִיצִית הוּא לְשׁוֹן שֵׂעָר, כְּמוֹ שֶׁכָּתוּב (שם ח): "וַיִּקָּחֵנִי בְּצִיצִית רֹאשִׁי". כִּי עַל-יָדָם נִכְנָע עֵשָׂו אִישׁ שָׂעִיר, בְּחִינַת רוּחַ-סְעָרָה כַּנַּ"ל.

וְזֶה בְּחִינַת טַלִּית לָבָן שֶׁנִּתְעַטֵּף הַקָּדוֹשׁ-בָּרוּךְ-הוּא וְסִדֵּר שְׁלֹשׁ-עֶשְׂרֵה מִדּוֹת (כמו שאמרו רבותינו, זכרונם לברכה, ראש השנה י"ז:), כִּי הַשְּׁלֹשׁ-עֶשְׂרֵה מִדּוֹת הֵן בְּחִינוֹת הָרוּחַ-חַיִּים דִּקְדֻשָּׁה כַּנַּ"ל. וְזֶהוּ בְּחִינַת טַלִּית, שֶׁהוּא אַרְבַּע כְּנָפוֹת, בְּחִינוֹת הָרוּחַ מֵאַרְבַּע רוּחוֹת כַּנַּ"ל. וְהַיְנוּ טַלִּית לָבָן - הֵפֶךְ בְּחִינוֹת רוּחַ דִּקְלִפָּה, בְּחִינַת עֵשָׂו, שֶׁהוּא "אַדְמוֹנִי כֻּלּוֹ כְּאַדֶּרֶת שֵׂעָר" (בראשית כ"ה), וּפֵרֵשׁ רַשִׁ"י: 'כְּטַלִּית' - כְּטַלִּית דַּיְקָא, בְּחִינַת טַלִּית דִּקְלִפָּה, שֶׁהוּא בְּחִינַת טַלִּית אָדוֹם, שֶׁמִּשָּׁם נִמְשָׁךְ הָרוּחַ שֶׁל הָרְשָׁעִים כַּנַּ"ל.

וְעַל-יְדֵי טַלִּית דִּקְדֻשָּׁה, שֶׁהוּא בְּחִינַת טַלִּית לָבָן, מַכְנִיעִין אוֹתוֹ, כִּי מִשָּׁם נִמְשָׁךְ הָרוּחַ-חַיִּים דִּקְדֻשָּׁה, שֶׁהוּא בְּחִינַת שְׁלֹשׁ-עֶשְׂרֵה מִדּוֹת שֶׁל רַחֲמִים כַּנַּ"ל. וְעַל כֵּן נִתְעַטֵּף הַקָּדוֹשׁ-בָּרוּךְ-הוּא בְּטַלִּית לָבָן דַּיְקָא וְסִדֵּר לִפְנֵי מֹשֶׁה שְׁלֹשׁ-עֶשְׂרֵה מִדּוֹת שֶׁל רַחֲמִים, הַיְנוּ כַּנַּ"ל, כִּי עַל-יְדֵי טַלִּית דִּקְדֻשָּׁה, שֶׁהוּא בִּבְחִינוֹת מַקִּיף, שֶׁהוּא בְּחִינַת הָרוּחַ-חַיִּים, בְּחִינוֹת (קהלת א): "סוֹבֵב סֹבֵב הוֹלֵךְ הָרוּחַ", נִכְנָע טַלִּית דִּקְלִפָּה, בְּחִינַת הָרוּחַ דִּקְלִפָּה.

59. makif, circundante. Al colocarse el *talit* antes de orar, uno se *makif* (envuelve) en él. El Rebe Najmán también utiliza el término *makif* para indicar un nivel de pensamiento que "rodea" (se encuentra por sobre) la persona y al cual ella aún no ha alcanzado ni llegado a comprender. Este *makif* es la plegaria, que, en virtud de su raíz trascendente, es más elevada aún que la sabiduría. Y que alcanza por lo tanto al nivel del *IHVH*, la Fuente misma de toda vida.

60. se anula...klipá. Enseñaron nuestros Sabios que la mitzvá de los *tzitzit* es equivalente a los

8. Esto corresponde a los cuatro *tzitzit* (flecos de las esquinas). Los cuatro *tzitzit* corresponden al *rúaj*-de-vida, como en (Ezequiel 37:9), "Así dice Dios: De las cuatro direcciones viene el *rúaj*". Es mediante [los *tzitzit*] que se anula el *rúaj seará*, es decir, el *rúaj* de los opositores que se enfrentan a los verdaderos Tzadikim.

[Los opositores] toman su *rúaj* prolongado del *rav* de la *klipá*, que corresponde a "Esaú es un *ish sair* (hombre velludo)". Es por esto que los *tzitzit* son sinónimo de *SeAR* (cabello), como en (Ezequiel 8:3), "Y Él me tomo de un *tzitzit* (mechón) de mi cabeza". Porque mediante [los *tzitzit*], se elimina a Esaú *ish SAiR*, es decir el *rúaj SeARá*.

Y éste es el concepto del *talit* blanco (manto de plegaria) con el que se cubrió Dios cuando expuso los Trece Atributos [delante de Moshé] (ver *Rosh HaShaná* 17b). Pues los Trece Atributos corresponden al *rúaj*-de-vida santo; y el *talit* con sus cuatro esquinas alude al *rúaj* proveniente de los cuatro rincones [de la tierra]. Éste es "el *talit* blanco", que es la antítesis del *rúaj* de la *klipá*, correspondiente a Esaú, quien es "rojo, velludo como una manta de pelo" (Génesis 25:25). Rashi explica: "[El pelo lo cubría] como un *talit*". Precisamente "como un *talit*", el *talit* de la *klipá*, que es una vestimenta roja.[58] Pues de allí proviene el *rúaj* de los malvados.

Pero mediante el *talit* de santidad, el *talit* blanco, se anula [el hombre malvado]. Esto se debe a que de allí proviene el *rúaj*-de-vida santo, es decir, los Trece Atributos de Misericordia. Por lo tanto, Dios se cubrió precisamente con un *talit* blanco cuando dispuso delante de Moshé los Trece Atributos de Misericordia. Porque mediante el *talit* de santidad, correspondiente al *makif* (circundante)[59] y al *rúaj*-de-vida, como en (Eclesiastés 1:6), "El *rúaj* gira y gira", se anula el *talit* de la *klipá*, el *rúaj* de la *klipá*.[60]

---

58. talit blanco...vestimenta roja. Como se explicó en la nota 35 más arriba, el blanco denota *jasadim* (benevolencias), mientras que el rojo es *guevurot* (severidades). El Tzadik/*rav* de *Jesed* busca atraer el *rúaj*-de-vida sin importar los pecados que la persona haya podido cometer. Por el contrario, el *rav* de las cáscaras trae el *rúaj seará*. Este viento tormentoso se presenta fuerte en su momento, y parece ser un "poderoso" estilo de vida. Sin embargo, como afirmó el Rebe Najmán anteriormente (§3), nada quedará de aquellos que siguen este sendero.

Enseña el Talmud *Ierushalmi* (*Nedarim* 3:8): En el futuro, Esaú se cubrirá con un *talit* e intentará unirse a los Tzadikim en el Gan Edén. Pero Dios lo arrastrará afuera. Esaú supondrá que su *talit* puede hacerlo digno, ¡nada menos que un *rav*! Supondrá que él también puede compartir el *Gan* (Torá) *Edén* (plegaria), como el Rebe Najmán enseñó arriba (ver §7). Así, afirma el *Ierushalmi* que Dios Mismo sacará a Esaú, porque él no es digno. Su *talit* rojo es el del malvado, del lado del juicio estricto, y él es el *rav* de la *klipá*.

וְזֶהוּ (איוב ל"ח): "לֶאֱחֹז בְּכַנְפוֹת הָאָרֶץ וְיִנָּעֲרוּ רְשָׁעִים מִמֶּנָּה" – כִּי עַל־יְדֵי הָאַרְבַּע כְּנָפוֹת, שֶׁהֵם בְּחִינַת הָרוּחַ־חַיִּים דִּקְדֻשָּׁה, שֶׁהֵם בְּחִינַת הָאַרְבַּע רָאשִׁים הַנַּ"ל, עַל־יָדָם וְיִנָּעֲרוּ רְשָׁעִים, בְּחִינַת מַשְׁפִּיל רְשָׁעִים עֲדֵי אָרֶץ, רָאשֵׁי־תֵבוֹת: אֵ'שׁ, ר'וּחַ, מַ'יִם, עָ'פָר, כַּנַּ"ל.

וְזֶה פֵּרוּשׁ: אָמַר רַבָּה בַּר בַּר־חָנָא: אֲמַר לִי הַהוּא טַיָּעָא, תָּא וְאַחְוֵי לָךְ מֵתֵי מִדְבָּר. אֲזַלִי וַחֲזִיתִינְהוּ, וְדָמוּ כְּמַאן דִּמְבַסְּמוּ. וְגָנוּ אַפַּרְקִיד, וַהֲוָה זְקִיפָא בִּרְכָּא דְּחַד מִנַּיְהוּ, וְעָיֵיל טַיָּעָא תּוּתָהּ בִּרְכָּא, כִּי רָכִיב גַּמְלָא וּזְקִיפָא רֻמְחָא וְלָא נְגַע בָּהּ. פְּסַקִי חֲדָא קַרְנָא דִּתְכֶלְתָּא דְּחַד מִנַּיְהוּ וְלָא הֲוֵי מִסְתַּגֵּי לָן. אֲמַר לִי: דִּלְמָא שָׁקַלְתְּ מִידֵי מִנַּיְהוּ? דִּגְמִירֵי, דְּמַאן דְּשָׁקִיל מִידֵי מִנַּיְהוּ לָא מִסְתַּגֵּי לֵהּ. אֲזַלִי אַהֲדַרְתַּהּ, וְהֲדַר מִסְתַּגֵּי לָן.

רַשְׁבַּ"ם:

טַיָּעָא – סוֹחֵר יִשְׁמְעֵאל: אֲזָלִי וַחֲזִיתִינְהוּ וְדָמוּ כְּמַאן דִּמְבַסְּמוּ – שֶׁהָיוּ שׁוֹכְבִין בְּפָנִים צְהֻבּוֹת כִּשְׁתוּיֵי יַיִן: אַפַּרְקִיד – פְּנֵיהֶם לְמַעְלָה: וְעָיֵיל טַיָּעָא תּוּתָהּ בִּרְכֵּהּ – כְּלוֹמַר, רָאִיתִי שֶׁטַּיָּעָא הָיָה הוֹלֵךְ תַּחַת בִּרְכֵּי הַמֵּת, רָכוּב עַל הַגָּמָל וְרֻמְחוֹ בְּיָדוֹ, וְלֹא נָגַע בָּהּ בְּבִרְכֵּהּ: שַׁקְלָא חֲדָא קַרְנָא – כְּנַף הַטַּלִּית לְהַרְאוֹתוֹ לַחֲכָמִים, לִלְמֹד מִמֶּנּוּ דִּין צִיצִית, אִי כְּבֵית־שַׁמַּאי אִי כְּבֵית־הִלֵּל, כְּדִלְקַמָּן: וְלָא הֲוֵי קָא מִסְתַּגֵּי לָן – בְּהֵמוֹת שֶׁהָיִינוּ רוֹכְבִין לֹא הָיוּ יְכוֹלִין לַהֲלֹךְ.

תָּא וְאַחְוֵי לָךְ מֵתֵי מִדְבָּר – הַיְנוּ שֶׁהֶרְאָה לוֹ הָרְשָׁעִים שֶׁאֵינָם דְּבֵקִים בַּצַּדִּיקִים, וְהֵם נִקְרָאִין מֵתֵי מִדְבָּר, כִּי מִדְבָּר לֹא הָיְתָה רוּחַ צְפוֹנִית מְנַשֶּׁבֶת בּוֹ (יבמות עב.) – הַיְנוּ בְּחִינַת רוּחַ הַחַיִּים

62. no están unidos a los Tzadikim. Esto se refiere a aquéllos que fueron redimidos de Egipto y que murieron en el desierto. Raba bar bar Janá estuvo allí unos 1500 años después y encontró sus cadáveres intactos. Esta Generación del Desierto tuvo como *rav* y líder nada menos que al mismo Moshé Rabeinu. Aun así no mostraron una fe completa, ni en Moshé ni en la promesa de Dios de que serían llevados a la Tierra de Israel. Ellos dijeron (Números 14:4), "Hagámonos un nuevo líder…". Explica Rashi: "un nuevo líder" alude a la idolatría. Al separarse del líder correcto, de Moshé Rabeinu, automáticamente se unieron al *rav* de las cáscaras, del cual tomaron entonces su *rúaj*.

Esto es (Job 38:13), "Para que eche mano a las esquinas de la tierra y sean sacudidos de ella los malvados". Las cuatro esquinas corresponden al *rúaj*-de-vida santo y a los "cuatro brazos". Mediante ellas "son sacudidos los malvados", que corresponde a "*Mashpil Reshaim Adei Aretz*" (Él arroja por tierra a los malvados)", las letras iniciales de: *Esh, Rúaj, Maim, Afar*, como se indicó más arriba.

Contó Raba bar bar Janá: Este mercader me dijo, "Ven, te mostraré a los muertos [de la Generación] del Desierto. Fui y los vi. Parecían borrachos, yaciendo acostados. Uno de ellos tenía la rodilla levantada y el mercader pasó bajo ella montado en un *gamal* (camello). Tenía su *romaj* (lanza) levantada, pero aun así no la podía tocar. Yo corté una esquina de los *tzitzit* de uno de ellos. [Luego de esto], no nos fue posible partir. El mercader me preguntó, "¿Acaso tomaste algo de ellos? Tenemos una tradición: Todo aquél que tome algo de ellos no puede partir". Por lo tanto retorné y devolví [la esquina del *tzitzit*]. Entonces pudimos partir (*Bava Batra* 73b).

Rashbam:

mercader - un comerciante ishmaelita; **Fui y los vi. Parecían borrachos** - yacían allí, con los rostros colorados, como aquéllos que beben demasiado vino; **yaciendo acostados** - boca arriba; **el mercader pasó bajo ella** – es decir, yo vi que el mercader pasó bajo la rodilla de la persona muerta. Estaba montado en un camello y tenía una lanza en la mano, y aun así no podía tocar la rodilla; **yo corté una esquina** - la esquina del *talit*, para mostrársela a los Sabios y ellos pudieran comprobar en ella si la ley de los *tzitzit* se rige según la Escuela de Shamai o a la Escuela de Hilel;[61] **no nos fue posible partir** - los animales sobre los que montábamos no podían caminar.

Ven, te mostraré a los muertos del Desierto - En otras palabras, le mostró a los malvados que no están unidos a los Tzadikim.[62] Se los llama "los muertos del desierto", porque el "*rúaj tzefonit* (viento del Norte)

---

613 preceptos de la Torá. Esto puede comprenderse al relacionar los *tzitzit* con el *rúaj*-de-vida. En este contexto, los *tzitzit* también tienen el poder de traer plenitud en lugar de la carencia, de anular el *rúaj* de las cáscaras, y de separar el bien del mal en los cuatro elementos. Por lo tanto, al colocarse el *talit* es aconsejable suspirar profundamente debido a todas nuestras deficiencias, porque esto ciertamente traerá plenitud en lugar de la carencia (*Mei HaNajal*).

61. Shamai…Hilel. Este debate en el Talmud (*Menajot* 41b) concierne a qué cantidad de flecos son necesarios para los *tzitzit*, cuán lejos deben ubicarse con respecto a la esquina de la vestimenta, etc. Ver más abajo, nota 99.

דְּקְדֻשָּׁה, שֶׁהִיא בְּחִינַת רוּחַ צְפוֹנִית שֶׁהָיְתָה מְנַשֶּׁבֶת בַּכִּנּוֹר שֶׁל
דָּוִד כַּנַּ"ל. וְהָרְשָׁעִים הַלָּלוּ, שֶׁאֵינָם דְּבֵקִים בַּצַּדִּיקִים, וְאֵין לָהֶם
הָרוּחַ דִּקְדֻשָּׁה, וְהֵם בְּחַיֵּיהֶם קְרוּאִים מֵתִים; וְהֶרְאָה לוֹ מֵהֵיכָן
מַגִּיעַ לָהֶם שְׁלֵמוּת הַחִסָּרוֹן. וְזֶהוּ שֶׁהֶרְאָה לוֹ.

דַּהֲווּ דָּמוּ כִּמְבַסְּמֵי – פֵּרֵשׁ רַבֵּנוּ שְׁמוּאֵל, כְּשִׁתּוּיֵי יַיִן, בְּחִינַת
עֵשָׂו אַדְמוֹנִי, שֶׁהוּא הָרַב דִּקְלִפָּה, אֲשֶׁר מִשָּׁם מְקַבְּלִין הָרְשָׁעִים
הָרוּחַ-חַיִּים שֶׁלָּהֶם לְהַשְׁלִים הַחִסָּרוֹן. וְזֶהוּ:

וְגַנּוּ אַפַּרְקִיד – פֵּרֵשׁ רַבֵּנוּ שְׁמוּאֵל, פְּנֵיהֶם לְמַעְלָה – פְּנֵיהֶם זֶה
בְּחִינַת הָרוּחַ כַּנַּ"ל: הַכָּרַת פְּנֵיהֶם וְכוּ'; וְהַיְנוּ לְמַעְלָה, כִּי הָרוּחַ
שֶׁלָּהֶם גָּדוֹל לְפִי שָׁעָה עַד אֲשֶׁר עוֹלָה הַצְלָחָתָם לְמַעְלָה כַּנַּ"ל,
בְּחִינַת כָּל צוֹרְרָרָיו יָפִיחַ בָּהֶם כַּנַּ"ל.

וַהֲוָה גְּבַהּ בִּרְכֵּהּ דְּחַד מִנַּיְיהוּ – זֶה מוֹרֶה עַל גֹּדֶל הַהַצְלָחָה שֶׁל
הָרְשָׁעִים, כִּי הֶעְדֵּר הַהַצְלָחָה נִקְרָא "בִּרְכַּיִם כּוֹשְׁלוֹת" (ישעיהו
נ"ה): 'וְגָבַהּ בִּרְכֵּהּ' הַיְנוּ רוּם הַהַצְלָחָה.

וְעָיֵל טַיְעָא תּוּתֵהּ בִּרְכֵּהּ – הַיְנוּ הַצַּדִּיק שֶׁנִּקְרָא טַיְעָא, כְּמוֹ
שֶׁפֵּרֵשׁ רַבֵּנוּ שְׁמוּאֵל בְּכָל מָקוֹם: 'סוֹחֵר יִשְׁמָעֵאל', וְסוֹחֵר הוּא
בְּחִינַת הָרוּחַ, כְּמוֹ שֶׁכָּתוּב (קהלת א): "סוֹבֵב סֹבֵב הוֹלֵךְ הָרוּחַ",
וְהַיְנוּ הַצַּדִּיק שֶׁמְּקַבֵּל הָרוּחַ מֵהַקְּדֻשָּׁה. וְזֶהוּ: 'סוֹחֵר יִשְׁמָעֵאל'

65. en contra de ellos. Ver más arriba, sección 3; "Pero a los que Lo odian Él *meshalem* en su misma cara" -proporcionándoles *rúaj*- pero esto tiene una vida corta, pues la intención de Dios es "para destruirlos". Así, aunque por el momento el *rúaj* del malvado es fuerte y poderoso, un verdadero viento tormentoso pues "Dios prolonga Su rostro", sin embargo, al final Dios "Se cobra de ellos".

66. La rodilla levantada…. La palabra *BeReJ* (rodilla, ברך) proviene de la misma raíz que *BeRaJá* (bendición, ברכה). Esto puede comprenderse en el sentido de que la capacidad del hombre para mantenerse sobre sus pies se asemeja a una rodilla fuerte e inquebrantable. Y enseñaron nuestros Sabios: Aquel que es [bendecido] con bienes puede mantenerse sobre sus propios pies (*Sanedrín* 110a).

67. El viento gira…. Onkelos traduce "gira y gira" como *sejor, sejor*. De este modo, el Rebe Najmán conecta el *rúaj*, que anda *SeJoR*, con el *SoJeR* (mercader), es decir, el Tzadik. Él proviene del lado de la santidad en contraste con la "levantada" fortuna de los malvados.

no soplaba en el desierto" (*Iebamot* 72a)⁶³, es decir, el aspecto del *rúaj*-de-vida santo, correspondiente al *rúaj tzefonit* que soplaba sobre el arpa del rey David. Pero a estos malvados que no se unen a los Tzadikim y que no tienen el *rúaj* de santidad, "aunque vivos, se los considera muertos" (*Berajot* 18b). El [mercader] le mostró de dónde [los malvados] toman plenitud [en lugar] de su carencia. Esto es lo que le mostró:

Parecían borrachos - Rashbam explica que eran como aquellos que beben demasiado vino. Esto corresponde a Esaú el "rojo", quien es el *rav* de la *klipá*.⁶⁴ De allí los malvados reciben el *rúaj*-de-vida para colmar aquello que les falta. Así:

yaciendo acostados - Rashbam explica que sus rostros estaban dirigidos hacia arriba. **Sus rostros** corresponde a *rúaj*, como en, "Su expresión facial atestigua en contra de ellos".⁶⁵ Éste es el significado de **boca arriba**: por el momento, su *rúaj* es poderoso, de modo que su fortuna está en ascenso, como en "Él sopla, liquidando a todos sus enemigos".

Uno de ellos tenía la rodilla levantada - Esto alude a la abundante buena fortuna de los malvados. La falta de buena fortuna es llamada "rodilla débil" (Isaías 35:3); mientras que **la rodilla levantada** indica el realce de la buena fortuna.⁶⁶

y el mercader pasó bajo ella - Es decir, el Tzadik, que es llamado "mercader". Como explica Rashbam, ["mercader"] siempre hace referencia a un *sojer* (comerciante) ishmaelita. La palabra *sojer* corresponde al *rúaj*, como en (Eclesiastés 1:6), "El viento gira y gira".⁶⁷ Esto se refiere al Tzadik, que recibe el *rúaj*<-de-vida de santidad>. Y esto es "un comerciante *iShMAelita*", similar a (Génesis 16:11), "[Le

---

63. el viento Norte no soplaba.... "Debido a que el viento del Norte no soplaba en el desierto, los judíos no pudieron circuncidar a sus hijos" (*Iebamot, loc. cit.*; *Kidushin* 37b). Ésta es otra referencia más a la necesidad de estar unidos al Tzadik. Él es el verdadero "guardián del Pacto" y puede traer el *rúaj*-de-vida a sus seguidores. Ver *Likutey Moharán* I, 7; y más adelante, nota 71.

64. borrachos...rav de la klipá. La persona que está borracha, aunque sea capaz de actuar y de conversar en forma apropiada, aún no está en completo control de su intelecto. Lo mismo ocurre con el *rav* de las cáscaras. Aunque pueda aparentar estar en control y ser un erudito, no posee el verdadero conocimiento de la Torá. Aquello que sí conoce, aquello que le permitió ganar prominencia y ser llamado *rav*, es superficial en el mejor de los casos.

- עַל שֵׁם (בראשית ט"ז): "כִּי שָׁמַע ה' אֶל עָנְיֵךְ", כִּי הַצַּדִּיק שׁוֹמֵעַ כָּל הָאֲנָחוֹת שֶׁל הַדְּבֵקִים בּוֹ, כִּי מִמֶּנּוּ תּוֹצָאוֹת חַיִּים לְכָל אֶחָד, כִּי הוּא אִישׁ אֲשֶׁר רוּחַ בּוֹ כַּנַּ"ל.

כִּי רָכִיב גַּמְלָא – בְּחִינַת (משלי י"א): "גּוֹמֵל נַפְשׁוֹ אִישׁ חָסֶד" – זֶה בְּחִינַת רַב חֶסֶד כַּנַּ"ל.

וּזְקִיף רֻמְחָא – רוֹמַח הוּא בְּחִינַת רוּחַ מ"ם, בְּחִינַת "וְרוּחַ אֱלֹקִים מְרַחֶפֶת עַל־פְּנֵי הַמָּיִם", הַיְנוּ הַתּוֹרָה שֶׁנִּתְּנָה לְמ' יוֹם, שֶׁשָּׁם הָרוּחַ־חַיִּים כַּנַּ"ל; כְּלוֹמַר, שֶׁהַצַּדִּיק הָיָה לוֹ בְּחִינַת הָרוּחַ שֶׁמְּקַבֵּל מֵהַתּוֹרָה כַּנַּ"ל, וְעִם כָּל זֶה נָחִית תְּחוֹת בִּרְכֵּהּ, תַּחַת הַצְלָחַת הָרָשָׁע, בְּחִינַת "כְּבַלַּע רָשָׁע צַדִּיק מִמֶּנּוּ".

וְקָא פָּסְקֵי קַרְנָא דִתְכֶלְתָּא דְחַד מִנַּיְהוּ – הַיְנוּ שֶׁפָּסַק וְשָׁבַר הַמִּדָּה רָעָה מֵאֶחָד מֵאַרְבַּע יְסוֹדוֹת שֶׁהִגְבִּיר וְהִמְשִׁיךְ הָרָשָׁע עַל עַצְמוֹ, שֶׁהוּא הַצִּנּוֹר שֶׁלּוֹ כַּנַּ"ל. וְזֶהוּ: 'וְקָא פָּסְקֵי קַרְנָא דִתְכֶלְתָּא' וְכוּ', הַיְנוּ שֶׁפָּסַק אַחַת מִן הַצִּיצִית שֶׁלָּהֶם, שֶׁזֶּה בְּחִינַת מַה שֶּׁפָּסַק וְשָׁבַר הַמִּדָּה רָעָה שֶׁלָּהֶם שֶׁהוּא הַצִּנּוֹר שֶׁלָּהֶם, כִּי כָּל הַמִּדּוֹת רָעוֹת נִמְשָׁכִין מֵאַרְבָּעָה יְסוֹדוֹת, שֶׁשָּׁרְשָׁם אַרְבַּע צִיצִית כַּנַּ"ל.

וְלָא מִסְתַּגֵּי לָן – כְּלוֹמַר, שֶׁאַף־עַל־פִּי־כֵן לֹא עָלְתָה לוֹ לְהַשְׁפִּיל אֶת הָרָשָׁע וְלָצֵאת מִתַּחַת בִּרְכָּיו, אַף־עַל־פִּי שֶׁפָּסַק וְשָׁבַר הַמִּדָּה רָעָה שֶׁל הָרָשָׁע שֶׁנִּמְשֶׁכֶת מֵאַרְבָּעָה יְסוֹדוֹת שֶׁשָּׁרְשָׁם אַרְבַּע צִיצִית

(מ) al *RúaJ* (רוח) creando entonces una *RoMaJ* (lanza, רומח)", con la cual mató a Zimri (*Zohar* III, 237a). De esta manera, Pinjas se dispuso para la batalla preparando un arma: el arma de la plegaria y de la Torá (cf. *Likutey Moharán* I, 2:1,2).

71. Mem, cuarenta días. En la sección 9 más adelante, el Rebe Najmán nos dice que *rúaj* corresponde a la *iud* con su valor numérico de 10. Cuatro *rujot* (cuatro direcciones o vientos) son equivalentes a la letra *mem* (מ) con su valor de 40. La *mem* alude a la Torá que le fue dada a Moshé cuando ascendió al cielo durante 40 días y 40 noches (Éxodo 24:18).

72. cuatro tzitzit. Ver más arriba, en esta sección: Los cuatro tributarios y las cuatro letras del nombre de Dios corresponden a los cuatro *tzitzit,...* como en, "De las cuatro direcciones (esquinas) viene el *rúaj*". Mediante los *tzitzit...* es posible "sacudir a los malvados"... correspondientes a las primeras letras de los cuatro elementos.

pondrás de nombre Ishmael], porque *ShaMA HaShem*, (Dios ha oído) tu aflicción". Porque el Tzadik escucha todos los suspiros de aquellos unidos a él. De él sale la vida hacia cada uno, porque él es "un hombre en quien hay *rúaj*".[68]

montado en un *GaMaL* (camello) - Como en (Proverbios 11:17), "*GoMeL nafshó* (le hace bien a su alma), *ish jesed* (el hombre de bondad)", éste es el aspecto de *rav jesed*, como se mencionó anteriormente.[69]

Tenía su romaj (lanza) levantada - *RoMaJ* corresponde a *RúaJ Mem*[70], "el *rúaj* de Dios se cernía sobre la superficie de las aguas". Ésta es la Torá, que fue dada en un período de *Mem* (cuarenta) días[71] y que es la fuente del *rúaj*-de-vida. En otras palabras, este Tzadik tenía el *rúaj* que se recibe de la Torá. Aun así, estaba bajo la rodilla, bajo la buena fortuna del hombre malvado, como en, "El malvado devora a un Tzadik más grande que él".

Yo corté una esquina de los tzitzit de uno de ellos - En otras palabras, él separó y quebró el rasgo malo en uno de los cuatro elementos que el malvado había fortalecido y tomado sobre sí. Éste era su canal del mal. **Yo corté una esquina de los tzitzit**: él separó uno de sus *tzitzit*. Éste es el aspecto de separar y quebrar sus malos rasgos, sus canales. Porque todos los rasgos negativos surgen de los cuatro elementos, la raíz de los cuales, como hemos dicho, son los cuatro *tzitzit*.[72]

no nos fue posible partir - Es decir, aunque [él separó el *tzitzit*] no fue capaz de anular al malvado y de emerger de debajo de su rodilla. Aunque había separado y quebrado el rasgo negativo del malvado, que es tomado de los cuatro elementos, cuya raíz está en los *tzitzit* -así él

---

68. hombre…rúaj. El Rebe Najmán dijo cierta vez, "Le pedí a Dios que me permitiera ser más sensible para poder sentir el dolor y el sufrimiento de otro judío. Ahora siento ese dolor más aún que la persona misma" (*Sabiduría y Enseñanzas del Rabí Najmán de Breslov* #118). Cierta vez que el nieto del Rebe Najmán estaba enfermo, el Rebe dijo, "Puedo sentir cada uno de sus gemidos en mi corazón" (*Ibid.*, #189).

69. anteriormente. Ver sección 4: La persona recibe el *rúaj*-de-vida del Tzadik/*rav* de la generación. Él es *rav jesed*. Así, este mercader/tzadik estaba cabalgando sobre un *gamal*, aludiendo al hecho de que era un hombre de *Jesed* (bondad) que *gomel* (hace el bien) para su alma.

70. RúaJ MeM. La letra *mem* tiene el valor numérico de 40. Cuando Pinjas fue poseído por el *rúaj* (espíritu) de celo (Números 25), tomó la *mem* - correspondiente a las cuatro *rujot* (ver nota siguiente), para que le diese la fuerza necesaria para aniquilar el mal. "Le agregó esta *Mem*

כַּנַּ"ל, שֶׁזֶּהוּ בְּחִינַת 'וְקָא פָּסְקֵי קַרְנָא דִּתְכֶלְתָּא דְּחַד מִנַּיְהוּ' כַּנַּ"ל, אַף־עַל־פִּי־כֵן לֹא הָיָה יָכוֹל לְהַשְׁפִּילוֹ וְלָצֵאת מִתַּחַת בִּרְכָּיו, בְּחִינַת 'וְלָא מִסְתַּגֵּי לָן', שֶׁפֵּרוּשׁוֹ שֶׁלֹּא הָיוּ יְכוֹלִין לָצֵאת מִשָּׁם, הַיְנוּ כַּנַּ"ל.

אָמַר לִי: דִּלְמָא שָׁקְלִית מִידֵי מִנַּיְהוּ? – הַיְנוּ, שֶׁמָּא יֵשׁ לְךָ אֶחָד מֵאַרְבַּע יְסוֹדוֹת שֶׁלֹּא תִּקַּנְתָּ בִּשְׁלֵמוּת לְהַפְרִיד מִמֶּנּוּ הָרַע לְגַמְרֵי, וְעַל כֵּן לֹא מִסְתַּגֵּי לָן; כַּמְבֹאָר לְעֵיל, שֶׁכָּל זְמַן שֶׁנִּשְׁאָר בּוֹ אֵיזֶה אֲחִיזָה בְּעָלְמָא מֵהָרַע שֶׁל אֵיזֶה מִדָּה, אֵינוֹ יָכוֹל לְהַכְנִיעַ אֶת הָרָשָׁע. וְזֶהוּ: 'דִּלְמָא שָׁקְלִית מִידֵי מִנַּיְהוּ' – שֶׁמָּא לָקַחְתָּ קְצָת מֵהֶם, הַיְנוּ, שֶׁמָּא יֵשׁ בְּךָ עֲדַיִן אֵיזֶה אֲחִיזָה מֵאֵיזֶה מִדָּה רָעָה שֶׁל הָרְשָׁעִים, שֶׁלָּקַחְתָּ לְעַצְמְךָ אֵיזֶה מִדָּה וְתַאֲוָה שֶׁלָּהֶם, וְעַל כֵּן 'לָא מִסְתַּגֵּי לָן' – וְעַל כֵּן אֵין אָנוּ יְכוֹלִין לָצֵאת מֵהֶם כַּנַּ"ל.

דְּגַמְרֵי, דְּמַאן דְּשָׁקִיל מִידֵי מִנַּיְהוּ לָא מִסְתַּגֵּי לֵהּ – הַיְנוּ כַּנַּ"ל, שֶׁיֵּשׁ לָנוּ קַבָּלָה, שֶׁכָּל מִי שֶׁלּוֹקֵחַ לְעַצְמוֹ אֵיזֶה דְּבַר תַּאֲוָה וּמִדָּה רָעָה שֶׁל הָרְשָׁעִים, הַיְנוּ שֶׁיֵּשׁ בּוֹ עֲדַיִן אֵיזֶה אֲחִיזָה מֵהַמִּדּוֹת רָעוֹת שֶׁלָּהֶן, אֵינוֹ יָכוֹל לָצֵאת מֵהֶם וּלְהַכְנִיעָם כַּנַּ"ל.

אֲזַלִי אֲהַדַּרְתֵּהּ – הַיְנוּ שֶׁהֶחֱזַרְתִּי מַה שֶּׁהָיָה אֶצְלִי אֵיזֶה מְעַט אֲחִיזַת הָרַע מֵהַמִּדּוֹת רָעוֹת שֶׁלָּהֶם, הֶחֱזַרְתִּי וְהִפְרַשְׁתִּי מִמֶּנִּי.

וְהַדַר מִסְתַּגֵּי לָן – שֶׁאָז עָלְתָה בְּיָדֵינוּ לָצֵאת מִתַּחַת בִּרְכָּיו לְהַכְנִיעוֹ וּלְהַשְׁפִּילוֹ; כַּמְבֹאָר לְעֵיל, שֶׁצַּדִּיק גָּמוּר שֶׁמַּפְרִישׁ מֵעַצְמוֹ כָּל אֲחִיזַת הָרַע שֶׁלָּהֶם לְגַמְרֵי, הוּא יָכוֹל לָצֵאת מֵהֶם וּלְהַכְנִיעָם וּלְהַשְׁפִּילָם, בִּבְחִינַת "מַשְׁפִּיל רְשָׁעִים עֲדֵי אָרֶץ" כַּנַּ"ל.

וְזֶהוּ:

רָאִיתִי וְהִנֵּה מְנוֹרַת זָהָב – הִיא הַתּוֹרָה, הַנֶּחֱמָדִים מִזָּהָב.

---

73. se explicó anteriormente. Ver sección 5: De otra manera, el viento tormentoso del malvado sería capaz de derrotar y de dañar al Tzadik que no es perfecto cuando éste desciende al rasgo negativo para destruirlo.

74. más deseable que el oro. Cuando el deseo por la Torá es mayor que el deseo de riquezas, la

cortó una esquina de los tzitzit de uno de ellos - aun así, fue incapaz de anularlo y de salir de debajo de su rodilla. Esto corresponde a, **no nos fue posible partir**: no pudimos partir de allí, como se dijo más arriba.

El mercader me preguntó, ¿Acaso tomaste algo de ellos? - En otras palabras, quizás aún tienes <un rasgo malo de uno de> los cuatro elementos que todavía debes rectificar por completo, separando totalmente el mal. Es por esto que **no nos fue posible partir.** Como se explicó anteriormente,[73] mientras el mal de algún rasgo tenga algún asidero en él, no puede vencer al malvado. Así: **¿Acaso tomaste algo de ellos?** ¿Acaso aún tienes un mínimo apego a algún rasgo negativo del malvado? ¿Has tomado para ti algún rasgo negativo o deseo de ellos? Por lo tanto, **no nos fue posible partir**. Es por esto que no nos era posible alejarnos de ellos, como se dijo arriba.

Tenemos una tradición: Todo aquél que tome algo de ellos no puede partir - Esto es, tenemos una tradición que todo aquel que toma para sí mismo cualquier deseo o rasgo negativo de los malvados, en otras palabras, sus rasgos malos aún tienen un asidero en él, no puede dejarlos ni anularlos.

Por lo tanto retorné y devolví la esquina del tzitzit - Esto es, devolví lo poco de sus malos rasgos que yo tenía. Volví y lo separé de mí.

Entonces pudimos partir - Entonces pudimos emerger de debajo de su rodilla para anularlo y humillarlo. Como se explicó, el Tzadik perfecto elimina de sí mismo por completo todo apego al mal de ellos. Él es capaz de separarse de ellos; puede anular y humillar [a los malvados], como en, "Él arroja por tierra a los malvados".

Ésta es la explicación [del versículo inicial]:

"Miré y he aquí un candelabro de oro y un tazón en su parte superior. {Y sobre él siete lámparas y siete tubos para cada una de las siete lámparas que están en su parte superior. Y dos olivos junto a él, uno a la derecha del tazón y otro a su izquierda. Y le dije al ángel que hablaba conmigo, diciendo: '¿Qué cosas son éstas?...'. Entonces el ángel que hablaba conmigo me respondió: 'Ésta es la palabra que dice Dios a Zerubabel: No con esfuerzo, ni con poder, sino con Mi rúaj, dice el Señor de los Ejércitos. ¿Quién eres tú, oh gran montaña? ¡Ante Zerubabel te convertirás en planicie!'}".

Miré y he aquí un candelabro de oro - Ésta es la Torá que es "más deseable que el oro" (Salmos 19:11).[74]

וְגֻלָּה עַל רֹאשָׁהּ – פֵּרֵשׁ רַשִׁ"י: 'מַעְיָן', הוּא הַמַּעְיָן הַיּוֹצֵא מִבֵּית ה', הוּא הַתְּפִלָּה.

וְשִׁבְעָה נֵרֹתֶיהָ – הֵם הַנְּשָׁמוֹת דְּאִתְרְבִיאוּ בַּגָּן, הַנֶּחֱלָקִים לְשֶׁבַע כִּתּוֹת

שִׁבְעָה וְשִׁבְעָה מוּצָקוֹת – הֵם מ"ט אוֹרוֹת, שֶׁהוּא אוֹר הַגָּנוּז לֶעָתִיד (כמו שפרש רש"י שם), בְּחִינַת עֶדֶן עַיִן לֹא רָאָתָה, שֶׁהוּא בְּחִינַת הַתְּפִלָּה כַּנַּ"ל.

וּשְׁנַיִם זֵיתִים עָלֶיהָ – פֵּרֵשׁ רַשִׁ"י: 'שְׁנֵי אִילָנוֹת', הַיְנוּ אִילָנָא דְחַיֵּי וְאִילָנָא דְמוֹתָא, הַיְנוּ טוֹב וָרָע כַּנַּ"ל. וְזֶהוּ:

אֶחָד מִיָּמִין וְאֶחָד מִשְּׂמֹאל – כַּנַּ"ל. "וּמִשָּׁם יִפָּרֵד", שֶׁנִּפְרָד הָרָע מֵהַטּוֹב, זֶה לְיָמִין וְזֶה לִשְׂמֹאל.

וָאֹמַר אֶל הַמַּלְאָךְ מָה אֵלֶּה. וַיַּעַן וְכוּ' לֹא בְחַיִל וְלֹא בְכֹחַ כִּי אִם בְּרוּחִי – הַיְנוּ בְּחִינַת הָרוּחַ־חַיִּים הַנַּ"ל, בְּחִינַת "כֹּה אָמַר ה' מֵאַרְבַּע רוּחוֹת בֹּאִי הָרוּחַ" וְכוּ' כַּנַּ"ל.

כִּי עַל-יְדֵי תּוֹרָה וּתְפִלָּה, שֶׁעַל-יְדֵי-זֶה מְבָרְרִין הַטּוֹב מִן הָרָע כַּנַּ"ל, שֶׁזֶּה בְּחִינַת כָּל מַרְאֵה הַמְּנוֹרָה כַּנַּ"ל, עַל-יְדֵי-זֶה זוֹכֶה לְרוּחַ הַחַיִּים וְנִשְׁלָם כָּל הַחֶסְרוֹנוֹת כַּנַּ"ל.

77. el bien y el mal. Esto es una alusión al Árbol del Conocimiento que, con su potencial tanto para el bien como por el mal, es la raíz de la libertad de elección del hombre.

78. derecha…izquierda. "El corazón de los rectos está a la derecha y el corazón de los malvados, a la izquierda" (Eclesiastés 10:2). El Midrash (*Bamidbar Rabah* 22:9) enseña: La "derecha" es la buena inclinación; la "izquierda" es la mala inclinación. Más aún, comenta el Midrash: La "derecha" se refiere a los Tzadikim que ponen su corazón [*su rúaj*] en la Torá, mientras que la "izquierda" se refiere a los malvados que ponen su corazón [*su rúaj*] en hacer fortunas.

79. Mi rúaj…. Todos (los rectos y los malvados) toman del *rúaj*-de-vida. Sin embargo, en su raíz, el *rúaj* aún se encuentra en potencia y todavía no ha sido claramente definido entre la derecha y la izquierda. El ángel responde por lo tanto, "No por la fuerza…", no por la fuerza de la riqueza y el poder de la izquierda; "Sino por Mi *rúaj*", mediante la Torá y la plegaria, que es el *rúaj* a la derecha.

y un tazón en su parte superior - Rashi explica: "Ésta es una *MaAIaN* (fuente)". Es la fuente que fluye desde "La casa de Dios", que es la plegaria.

siete lámparas - Éstas son las almas que crecen en el jardín. Éstas se dividen en siete categorías.[75]

y siete tubos para cada una de las siete lámparas - Éstas son las cuarenta y nueve luces: La Luz [de la Creación] oculta para el Futuro (cf. *Rashi, loc. cit.*).[76] Esto corresponde a "Edén-Ningún ojo lo ha visto", el aspecto de plegaria, como se explicó.

Y dos olivos junto a él - Rashi explica: "Éstos eran dos árboles". Esto alude al Árbol de Vida y al árbol de muerte; es decir, el bien y el mal.[77] Así:

un [árbol] a la derecha y otro a su izquierda - Como arriba. Y, "de allí se separaba " -el mal fue separado del bien- éste a la derecha y aquél a la izquierda.[78]

Y le dije al ángel que hablaba conmigo, diciendo: '¿Qué cosas son éstas?...'. Entonces el ángel que hablaba conmigo me respondió: 'Ésta es la palabra que dice Dios a Zerubabel: No con la fuerza, ni con poder, sino con Mi *rúaj*' - Es decir, el *rúaj*-de-vida, como en, "Así dice Dios: De las cuatro direcciones viene el *rúaj*".[79]

Esto se debe a que mediante la Torá y la plegaria, por medio de las cuales el bien es separado del mal -siendo ésta la visión del candelabro- uno merece el *rúaj*-de-vida y provee plenitud [en lugar] de la carencia.

Torá misma eleva a la persona por sobre todos los bajos deseos y quiebra el conducto del cual provienen tales deseos.

75. almas…siete categorías. El alma se asemeja a una lámpara, como en (Proverbios 20:27), "El alma del hombre es una lámpara de Dios". El *Midrash Shojer Tov* (#11) enseña que hay siete grupos de Tzadikim en el Mundo que Viene, cada uno con su propio nivel, y un número igual de niveles para los malvados en *Guehinom*.

76. cuarenta y nueve luces…. "…y la luz del sol será siete veces mayor" (Isaías 30:26). En la época de la Redención, la luz del sol brillará siete veces más fuerte que en el presente. Esto hace referencia a la Luz de la Creación, que fue creada el primer día y ocultada subsecuentemente. Esta Luz les está reservada exclusivamente a los Tzadikim (*Jaguigá* 12a), y se mantiene en la Torá (*Maharsha loc. cit.*). Edén es la plegaria, el origen de todo. El Tzadik/*rav* tiene el poder de llevar Edén hacia el Gan, la Torá.

(וְזֶהוּ: "לֹא בְחַיִל וְלֹא בְכֹחַ כִּי אִם בְּרוּחִי אָמַר ה' צְבָאוֹת. מִי אַתָּה הַר הַגָּדוֹל לִפְנֵי זְרֻבָּבֶל לְמִישֹׁר" וְכוּ' – כִּי זְרֻבָּבֶל הָיָה אָז הַצַּדִּיק-הַדּוֹר, וְעָמְדוּ כְּנֶגְדּוֹ כַּמָּה רְשָׁעִים לְבַטְּלוֹ מֵעֲבוֹדָתוֹ, כַּמְבֹאָר בִּפְסוּקִים רַבִּים. וְעַל זֶה נֶאֱמַר שָׁם: "לֹא בְחַיִל וְלֹא בְכֹחַ כִּי אִם בְּרוּחִי" וְכוּ', שֶׁעַל-יְדֵי בְּחִינַת הַמְשָׁכַת הָרוּחַ-חַיִּים הַנַּ"ל שֶׁמַּמְשִׁיךְ הַצַּדִּיק הַגָּמוּר וְכוּ' כַּנַּ"ל, עַל-יְדֵי-זֶה יַכְנִיעַ וְיַפִּיל כָּל הַשּׂוֹנְאִים, בְּחִינַת "מִי אַתָּה הַר הַגָּדוֹל לִפְנֵי זְרֻבָּבֶל לְמִישֹׁר", שֶׁכָּל הַמּוֹנְעִים הָעוֹמְדִים לְפָנָיו כְּהַר, כֻּלָּם יִתְבַּטְּלוּ עַל-יְדֵי בְּחִינַת הָרוּחַ-חַיִּים הַנַּ"ל, כַּנַּ"ל).

ט וְהִנֵּה מְבֹאָר לְמַעְלָה, כִּי הָרוּחַ-חַיִּים הוּא בְּהַתּוֹרָה, בְּחִינַת "וְרוּחַ אֱלֹקִים מְרַחֶפֶת עַל-פְּנֵי הַמָּיִם" כַּנַּ"ל. וְעַל כֵּן בְּמִצְרַיִם, שֶׁהָיָה קֹדֶם קַבָּלַת הַתּוֹרָה, וְלֹא הָיָה לָהֶם מֵהֵיכָן לְקַבֵּל הָרוּחַ-חַיִּים, נֶאֱמַר בָּהֶם (שמות ו): "מִקֹּצֶר רוּחַ", כִּי לֹא הָיָה לָהֶם מֵאַיִן לְקַבֵּל הָרוּחַ-חַיִּים שֶׁהוּא בְּחִינַת אֶרֶךְ אַפַּיִם, מַאֲרִיךְ רוּחֵהּ כַּנַּ"ל, וְעַל כֵּן נֶאֱמַר בָּהֶם 'מִקֹּצֶר רוּחַ', שֶׁהוּא הֵפֶךְ אֶרֶךְ אַפַּיִם, שֶׁהוּא בְּחִינַת הָרוּחַ-חַיִּים שֶׁמַּמְשִׁיכִין עַל-יְדֵי אֲנָחָה לְהַשְׁלִים הַחֶסְרוֹן כַּנַּ"ל, כִּי הָרוּחַ הוּא שְׁלֵמוּת הַחֶסְרוֹן כַּנַּ"ל, בְּחִינַת "וְיִתֶּן לְךָ מִשְׁאֲלֹת לִבֶּךָ".

del Otro Lado. El suyo es un *rúaj* impuro, que es temporalmente poderoso pero que finalmente será destruido. Esto resulta en una carencia, como opuesto a la plenitud recibida a través del *rav* de santidad (§3). Toda carencia proviene del pecado. El Tzadik que trae *rúaj* para colmar la carencia tiene por lo tanto el poder de expiar el pecado. En esto se asemeja al Santo, bendito sea, pues la expiación se relaciona con los Trece Atributos de Misericordia de Dios (§4). La persona debe evitar provocar a los malvados, cuyo suspiro trae el *rúaj* del *rav* de las cáscaras y así hacen pecar a aquél que los provoca. Sólo el Tzadik perfecto, aquél que ha eliminado todo mal, tiene el poder de contrarrestar la fuerza temporal de los malvados, en virtud de haber separado el bien del mal en los cuatro elementos que engloban todos los rasgos (§5). Para separar el bien del mal uno debe dedicarse al estudio de la Torá, es decir, la clarificación de la ley en la práctica, y a la plegaria, es decir, traer sabiduría e intelecto (§6). Mediante la plegaria/la creación potencial y la Torá/la creación concreta, las almas judías obtienen la inteligencia para separar el bien del mal (§7). Los cuatro *tzitzit*, los cuatro rincones del mundo, corresponden al *rúaj*-de-vida que derrota a los oponentes del Tzadik y al *rúaj* del Otro Lado (§8).

81. erej apaim, un *rúaj* prolongado.... El papel que juega *erej apaim* (la paciencia) en traer el

{Esto es: **No con esfuerzo, ni con poder, sino con Mi rúaj, dice el Señor de los Ejércitos. ¿Quién eres tú, oh gran montaña? ¡Ante Zerubabel te convertirás en planicie!** - Zerubabel era entonces el Tzadik de la generación. Enfrentó la oposición de una cantidad de personas malvadas que querían impedirle servir a Dios. Esto está explicado en varios versículos. Con respecto a esto está escrito: **No con esfuerzo, ni con poder, sino con Mi rúaj.** Como hemos visto, a través del *rúaj*-de-vida que trae el Tzadik perfecto, todos los enemigos son anulados y humillados. Así, **¿Quién eres tú, oh gran montaña? ¡Ante Zerubabel te convertirás en llanura!** Todos esos opositores que se erguían delante de él como una montaña serán eliminados por el *rúaj*-de-vida.}[80]

9. {"**Yo soy el Señor, tu Dios, Quien te hizo subir de la tierra de Egipto; abre tu boca vaamalehu (Yo la colmaré)**" (Salmos 81:11).}

Se ha explicado que el *rúaj*-de-vida está en la Torá, correspondiente a, "Y el *rúaj* de Dios se cernía sobre la superficie de las aguas". Por lo tanto, [cuando los judíos estaban] en Egipto, que fue antes de que se les diera la Torá, no tenían de dónde recibir el *rúaj*-de-vida. Acerca de ellos dice el versículo (Éxodo 6:9), "[Más ellos no escucharon a Moshé] porque su *rúaj* era corto". Esto se debía a que no tenían de dónde tomar el *rúaj*-de-vida, que es el aspecto de *erej apaim* (paciencia), un *rúaj* prolongado. Por lo tanto se dice de ellos que "su *rúaj* era corto". Ésta es la antítesis de la paciencia, que es el *rúaj*-de-vida traído a través del suspiro, para proveer plenitud [en lugar] de la carencia, como se dijo arriba. Porque *rúaj* es plenitud [en lugar] de la carencia, correspondiente a, "Él te dará aquello que falta en tu corazón".[81]

---

80. serán eliminados.... Zerubabel encabezó el retorno a la Tierra Santa luego del exilio en Babilonia (Jagai 1; Nejemia *passim*). Sus constantes intentos por reconstruir el Santo Templo se vieron continuamente frustrados por los malvados de su época. Ellos pagaban "fuertes sumas" a las autoridades para detener la reconstrucción. Así, el ángel profetizó: "No por la fuerza... sino por Mi *rúaj*". Es decir, Zerubabel tendría éxito en completar el Templo, la Casa de Plegaria [el Santo de los Santos es la Fuente (ver *Biur HaLikutim*)], y por lo tanto traería plenitud en lugar de la carencia. También puede entenderse que el ángel le estaba diciendo a Zerubabel que su éxito no dependía de la poderosa riqueza ni de la fuerza, sino sólo de la plegaria. Sólo la plegaria le permitiría superar a sus oponentes y anular sus poderosas fortunas.

Resumen: La fuerza vital esencial de todo, es decir, aquello que le da su existencia, es el *rúaj*/ aliento. Suspirar, la prolongación del aliento/paciencia, le trae vida a todo aquello que falta (§1). Este *rúaj*-de-vida se recibe del Tzadik/*rav* de la generación, porque él está unido a la Torá, la fuente del *rúaj*. Cuando aquél que está unido al Tzadik suspira, atrae el *rúaj* del corazón para completar la carencia en el corazón (§2). Por el contrario, los malvados reciben el *rúaj* del *rav*

וְזֶהוּ בְּחִינַת: "הַרְחֶב פִּיךָ וַאֲמַלְאֵהוּ" – שֶׁנִּתְמַלֵּא הַחִסָּרוֹן. וְזֶהוּ בְּחִינַת מְלָאפוּם – מְלֹא פּוּם.

וְהָעִנְיָן, כִּי מְלָאפוּם הוּא יוּד וָאו, וְהוּא בְּחִינַת יוּ"ד מִינֵי דְפִיקִין, כְּנֶגֶד יוּ"ד הַדִּבְּרוֹת. וְהַדֹּפֶק הוּא עַל-יְדֵי הָרוּחַ, כַּיָּדוּעַ. וְעַל כֵּן הֵם עֲשָׂרָה מִינֵי דְפִיקִין, כְּנֶגֶד עֲשֶׂרֶת הַדִּבְּרוֹת, כִּי הָרוּחַ שֶׁהוּא הַדֹּפֶק הוּא בְּהַתּוֹרָה כַּנַּ"ל, **וְהַוָּאו** הוּא בְּחִינַת הַמְשָׁכַת הָרוּחַ.

וְהַיְנוּ מְלָאפוּם – מְלֹא פּוּם כִּי עַל-יְדֵי הַמְשָׁכַת הָרוּחַ נִשְׁלָם הַחִסָּרוֹן, שֶׁזֶּהוּ בְּחִינַת "הַרְחֶב פִּיךָ וַאֲמַלְאֵהוּ" – שֶׁנִּתְמַלֵּא הַחִסָּרוֹן כַּנַּ"ל, שֶׁזֶּהוּ בְּחִינַת מְלָאפוּם – מְלֹא פּוּם כַּנַּ"ל.

וְזֶהוּ שֶׁדִּקְדֵּק: (תהלים פ"א): "אָנֹכִי ה' אֱלֹקֶיךָ הַמַּעַלְךָ מֵאֶרֶץ מִצְרָיִם", וְקִבְּלוּ הַתּוֹרָה אֲשֶׁר שָׁם הָרוּחַ, וַאֲזַי דַּיְקָא "הַרְחֶב פִּיךָ וַאֲמַלְאֵהוּ", בְּחִינַת מְלָאפוּם כַּנַּ"ל, בְּחִינַת שְׁלֵמוּת הַחִסָּרוֹן.

---

dos conductos de los cuales proviene la vitalidad, uno del lado de la santidad y el otro del lado de las cáscaras. Así como es necesario inhalar aire constantemente para poder vivir, de la misma manera es necesario recibir constantemente de alguno de estos conductos para continuar viviendo. Explica el Rebe que la ganancia que se obtiene al estar unido al conducto de la santidad y traer vida desde su fuente en la santa Torá sobrepasa en mucho todo el beneficio material temporal que se obtiene al estar unido al conducto del mal (ver *Likutey Moharán* I, 109 para una explicación más completa).

85. vav...traer el rúaj. La letra *vav* tiene la forma de una *iud* alargada. Dado que la *iud* representa el *rúaj*, la *vav* indica por lo tanto un traer y prolongar el *rúaj*. También es el traer y el fluir del río del Edén (plegaria) hacia el Jardín (Torá) (ver arriba, §7).

En base al versículo "Un río fluye del Edén para regar el Jardín", la Kabalá prescribe una manera muy específica en que el escriba debe escribir el santo nombre de Dios. Esto implica un "traer" de la primera letra -la *iud*, representando a *Jojmá* y al *rúaj*- hacia la letra siguiente, la *hei*. Luego de haber escrito la *iud* (י), el escriba debe comenzar la *hei* (ה) haciendo otra *iud* para luego arrastrarla y alargarla formando el techo de la *hei*. Esto se repite cuando, luego de escribir la tercera letra, la *vav* (ו), una segunda *vav* es alargada y transformada en la *hei* final del *IHVH*.

86. boca llena. Esto se une con el comienzo de la lección (§1) donde dice, "...y por el *rúaj* de Su boca, [fueron creadas] todas sus huestes". El *rúaj* proviene, si así pudiera decirse, de la boca de Dios. Es Su *rúaj* que llena aquello que tiene una carencia, como en, "Abre tu boca y *Yo* la colmaré".

87. la Torá...en lugar de la carencia. Como continúa diciendo el Rebe Najmán, la concreción y la realización de la plenitud en lugar de la carencia sólo pudo ser alcanzada luego de que

Y esto es: "Abre tu boca *vaamalehu*" - la carencia es colmada. Esto alude a [la puntuación vocal hebrea] *MeLaPUM*[82]: *MeLo PUM* (una boca llena).

El tema es como sigue: El *melapum* es *iud vav*.[83] [La *iud*] corresponde a los *iud* (diez) tipos de pulsos, paralelos a los *iud* Mandamientos (Zohar III, 257a). Se sabe que el pulso proviene del *rúaj*. Es por esto que hay diez tipos de pulsos, paralelos a los Diez Mandamientos; porque el *rúaj*, que corresponde al pulso, está en la Torá.[84] Y la *vav* es el aspecto de traer el *rúaj*.[85]

Éste es el *melapum-melo pum*. Al traer el *rúaj* hay plenitud [en lugar] de la carencia. Como está escrito, "Abre tu boca y Yo la colmaré" - aquello que faltaba ahora está colmado, correspondiente a *melapum*: una boca llena.[86]

Y es por esto que [el versículo] especifica: "Yo soy el Señor, tu Dios, Quien te hizo subir de la tierra de Egipto" - ellos recibieron la Torá, en la cual está el *rúaj*; y entonces concluye, "...abre tu boca *vaaMaLEhu*". Éste es el mencionado *MeLApum*, el aspecto de plenitud [en lugar] de la carencia.[87]

---

rúaj para generar plenitud en lugar de la carencia ha sido tratado más arriba en la lección. Ver arriba, secciones 1 y 4.

82. MeLaPUM. Ésta es la novena vocal hebrea y corresponde a la *sefirá* de Iesod (Fundamento), también conocida como "Tzadik". El Rebe Najmán continúa incorporando esto dentro del contexto de la lección.

En hebreo, las vocales están representadas por puntos y guiones. Hay trece puntos en el sistema de vocales: *tzere* (2 puntos), *segol* (3 puntos), *shevá* (2 puntos), *jolem* (1 punto), *jirik* (1 punto), *shuruk* (3 puntos), *melapum* (1 punto). Estos corresponden a los Trece Atributos de Misericordia (*Etz Jaim, Heijal HaNekudim, Shaar Drushei Nekudot* 1). Así, el punto de *melapum* denota el último Atributo, *venaké* (limpiando el pecado). Esto alude al Tzadik perfecto. Él está "limpio" de todo pecado y puede entrar en los conductos de los malvados.

83. iud vav. El *melapum* es un punto en el centro de la letra *vav* (ו). El punto se asemeja a la letra *iud*, que tiene un valor numérico de 10.

84. en la Torá. La palabra hebrea que significa "pulso", *DoFeK*, es similar a la palabra *DaFaK* (golpear o pulsar). Éste es el significado del versículo (Cantar de los Cantares 5:2), "La voz de mi amado golpea". A veces, el corazón anhela y pulsa por la santidad, la Torá, y otras veces se aleja de la Torá y de aquello que es santo. Todo esto depende por completo de los deseos de la persona. Por lo tanto, el Rebe Najmán nos dice que es muy importante anhelar y suspirar por la santidad de la cual uno carece. Esto en sí mismo tiene el poder de traer santidad y plenitud en lugar de la carencia. Y de manera inversa, al suspirar y desear el mal, la persona trae ese mal hacia sí misma (ver *Likutey Moharán* I, 60). El Rebe Najmán enseñó también que existen

כִּי דַּיְקָא אַחַר יְצִיאַת מִצְרַיִם, בְּחִינַת "הַמַּעַלְךָ מֵאֶרֶץ מִצְרָיִם", שֶׁאָז נִתְבַּטֵּל בְּחִינַת מִקֹּצֶר רוּחַ הַנַ"ל, כִּי קִבְּלוּ הַתּוֹרָה שֶׁשָּׁם הָרוּחַ־חַיִּים כַּנַ"ל, עַל כֵּן אָז דַּיְקָא: "הַרְחֶב פִּיךָ וַאֲמַלְאֵהוּ", בְּחִינַת שְׁלֵמוּת הַחִסָּרוֹן, בְּחִינַת מְלֹא פֻם, בְּחִינַת "יְמַלֵּא ה' כָּל מִשְׁאֲלוֹתֶיךָ" כַּנַ"ל.

וְעַל כֵּן נִזְכָּר יְצִיאַת מִצְרַיִם בְּפָרָשַׁת צִיצִית, כִּי צִיצִית בְּחִינַת הָרוּחַ־חַיִּים, בְּחִינַת מֵאַרְבַּע רוּחוֹת וְכוּ' כַּנַ"ל.

גַּם דִּבֶּר אָז מֵעִנְיַן שְׁתֵּים־עֶשְׂרֵה שָׁעוֹת הַיּוֹם וּשְׁתֵּים־עֶשְׂרֵה שָׁעוֹת הַלַּיְלָה, שֶׁיֵּשׁ בָּהֶם שְׁנֵים־עָשָׂר צֵרוּפֵי הֲוָיָ"ה, בְּכָל שָׁעָה יֵשׁ צֵרוּף אַחֵר, וְכָל שָׁעָה נֶחֱלֶקֶת לְתַתְרָ"ף חֲלָקִים, וְכָל חֵלֶק וָחֵלֶק מִתַּתְרָ"ף חֲלָקִים יֵשׁ בּוֹ גַּם כֵּן צֵרוּף הַשֵּׁם, וְכָל זֶה הוּא בְּחִינַת רוּחַ הַחַיִּים שֶׁבַּדֹּפֶק. וְלֹא זָכִיתִי לִשְׁמֹעַ בֵּאוּר עִנְיָן זֶה הֵיטֵב. גַּם שָׁכַחְתִּי קְצָת מִזֶּה, וְהַמַּשְׂכִּילִים יָבִינוּ.

90. doce...IHVH. Una palabra de cuatro letras puede ser permutada de 24 maneras diferentes salvo que una de sus letras esté duplicada, en cuyo caso puede formar sólo 12 combinaciones diferentes. El Tetragrámaton, el nombre inefable de Dios *IHVH*, tiene así 12 permutaciones diferentes y 24 en total. Éstas corresponden a las 24 horas del día (12) y de la noche (12).

91. 1.080 partes. Enseñaron nuestros Sabios que una hora está compuesta por 1.080 partes. Este número, al ser dividido por 60 minutos, da como resultado 18 partes por minuto. Cuando cada uno de éstos es dividido nuevamente en 60 segundos, cada parte es igual a 0,3 de segundo. La hora ha sido dividida en 1.080 partes porque 1.080 tiene como factor: 2, 3, 4, 5, 6, 8, 9, 10. Estas divisiones son necesarias para calcular las revoluciones del sol, de la luna, de los signos del zodíaco, etc., permitiendo mediciones exactas para los cambios de estación y las festividades (*Iad HaJazaká, Hiljot Kidush HaJodesh* 6:2; ver *ibid.* #4, capítulo 6-19 para ejemplos).

92. una permutación.... Las *Kavanot*, las meditaciones Kabalistas, se basan en las diferentes permutaciones de los nombres de Dios. Uno de los métodos de permutación combina un nombre dado con un determinado punto vocal, particularmente tal como éste se aplica a las diez *sefirot* (emanaciones Divinas). Así, por ejemplo, el santo nombre *IHVH* tal como se aplica a la *sefirá* de *Iesod*, adopta el punto vocal de *melapum* (יֻהֻוֻּהֻ).

93. En el pulso. Esto se debe a que la vida/*rúaj*, y por lo tanto cada respiración de la persona, emana del *IHVH*/la Fuente de toda vida (*Parparaot LeJojmá*). Así, el pasaje anterior del *Reshit Jojmá* concluye que el hombre respira 1.080 veces por hora y cada respiración toma de su propia y específica permutación del santo nombre de Dios.

94. comprenderán. Ahora podemos comprender que es el *IHVH* el que provee plenitud en

Fue específicamente *después* de dejar Egipto -correspondiente a "Quien te hizo subir de la tierra de Egipto"- que el *rúaj* ya no fue más "corto", porque ellos habían recibido la Torá en la cual está el *rúaj*-de-vida. Entonces, y sólo entonces, "abre tu boca y Yo la colmaré", el aspecto de plenitud [en lugar] de la carencia, es decir, una boca llena, como en, "Dios *colmará* todo aquello que ustedes pidan".[88]

Es por esto que la redención de Egipto es mencionada en el Capítulo de los *Tzitzit*.[89] Porque los *tzitzit* corresponden al *rúaj*-de-vida, como en "De las cuatro direcciones viene el *rúaj*".

Cuando [el Rebe Najmán dio esta lección] también habló de las doce horas del día y las doce horas de la noche. Ellas se correlacionan con las doce permutaciones de *IHVH*,[90] cada hora con una diferente permutación. Más aún, cada hora se divide en 1.080 partes,[91] y cada una de las 1.080 partes también tiene una permutación del Nombre.[92] Todo esto corresponde al *rúaj*-de-vida que está en el pulso.[93] Sin embargo, yo [Rabí Natán] no tuve el mérito de escuchar claramente la explicación. También he olvidado algunos detalles. Aquéllos con sabiduría [en estos temas] comprenderán.[94]

---

los judíos partieran de Egipto y recibieran la Torá. Aun así, esto estuvo en potencia mucho tiempo antes. Cuando Moshé retornó a Egipto para redimir al pueblo judío, ya contaba con la promesa de Dios de que los judíos recibirían la Torá (Éxodo 3:12). Así, Moshé sabía que incluso mientras estaban en Egipto, los judíos ya eran capaces de traer su *rúaj* de la Torá, aunque a un nivel seminal. Fue este *rúaj* de la Torá "potencial" lo que les permitió superar el poderoso *rúaj* del faraón que los había mantenido en la esclavitud. Pues aquéllos que escucharon las palabras de Moshé (no todos los judíos fueron redimidos) tomaron en verdad su *rúaj* de la Torá. Todo esto está implícito en el versículo citado aquí: "Yo soy el Señor, tu Dios" - éstas son también las palabras con las cuales comienzan los Diez Mandamientos, aludiendo a la promesa de Dios de que Él les daría la Torá; "Quien te hizo subir de la tierra de Egipto": el Éxodo; "Abre tu boca y Yo la colmaré": colmando la carencia con plenitud.

88. colmará...aquello que ustedes pidan. Egipto era la tierra de las "poderosas fortunas" donde incluso el ganado estaba adornado con oro y piedras preciosas (*Mejilta, BeShalaj*). Dijo el faraón, "¿Quién es Dios que yo deba escucharlo?" (Éxodo 5:2). Él presumía de ser un dios y se escudaba en la gran riqueza de Egipto. Su *rúaj*, su espíritu, era poderoso pero sólo por el momento. Cuando los judíos dejaron Egipto, no sólo quebraron su poderosa fuerza, sino que también se llevaron un gran botín. Dios hizo que Moshé les dijera a los judíos, "que cada hombre pida... que cada mujer pida...". Con esto, "despojaron a Egipto de toda su gran fortuna" (Éxodo 3:22, 11:2).

89. Capítulo de los tzitzit. Esta lectura (Números 15:37-41) es el tercer párrafo del *Shemá*, también conocido como "El Éxodo de Egipto".

"רֶכֶב אֱלֹקִים רִבֹּתַיִם אַלְפֵי שִׁנְאָן" (תהלים ס"ח).

'אַלְפֵי' – בְּחִינַת אַלּוּפֵי עֵשָׂו, וְעַל־יְדֵי 'רֶכֶב אֱלֹקִים רִבֹּתַיִם' – בְּחִינַת קַבָּלַת הַתּוֹרָה, שֶׁמִּשָּׁם מְקַבְּלִין הָרוּחַ־חַיִּים הָרַבָּנִים דִּקְדֻשָּׁה – עַל־יְדֵי־זֶה 'אַלְפֵי שִׁנְאָן', כְּמוֹ שֶׁדָּרְשׁוּ חֲכָמֵינוּ, זִכְרוֹנָם לִבְרָכָה (עבודה זרה ג:): 'אַל תִּקְרֵי שִׁנְאָן אֶלָּא שֶׁאֵינָן', הַיְנוּ שֶׁעַל־יְדֵי קַבָּלַת הַתּוֹרָה, שֶׁשָּׁם הָרוּחַ דְּהָרַב דִּקְדֻשָּׁה, עַל־יְדֵי־זֶה נִתְבַּטְּלִין וְנִכְנָעִין אַלּוּפֵי עֵשָׂו, רַבְרְבֵי עֵשָׂו, שֶׁהֵם בְּחִינַת הָרַב דִּקְלִפָּה, בִּבְחִינַת 'אַלְפֵי שֶׁאֵינָן', שֶׁאַלּוּפֵי עֵשָׂו, רַבְרְבֵי עֵשָׂו, נִתְבַּטְּלִין וְאֵינָן.

"מִכְּנַף הָאָרֶץ זְמִרֹת שָׁמַעְנוּ צְבִי לַצַּדִּיק וָאֹמַר רָזִי־לִי רָזִי־לִי אוֹי לִי, בֹּגְדִים בָּגָדוּ וּבֶגֶד בּוֹגְדִים בָּגָדוּ" (ישעיהו כ"ד).

"מִכְּנַף הָאָרֶץ" – זֶה בְּחִינַת כַּנְפֵי הַצִּיצִית, שֶׁשָּׁם הָרוּחַ־חַיִּים, שֶׁהוּא בְּחִינַת כִּנּוֹר שֶׁל דָּוִד שֶׁהָיָה מְנַגֵּן עַל־יְדֵי הָרוּחַ צְפוֹנִית וְכוּ' כַּנַּ"ל, כִּי הַנְּגִינָה וְהַזְּמִירוֹת נִמְשָׁכִין מֵהָרוּחַ־חַיִּים שֶׁבְּכַנְפֵי רָאָה כַּיָּדוּעַ. וְזֶהוּ: "זְמִרֹת שָׁמַעְנוּ", בְּחִינַת הַנִּגּוּן שֶׁל כִּנּוֹר שֶׁל דָּוִד, שֶׁהוּא בְּחִינַת הָרוּחַ־חַיִּים, שֶׁהוּא בְּחִינַת כַּנְפֵי הַצִּיצִית, בְּחִינַת מִכְּנַף הָאָרֶץ כַּנַּ"ל. וְעַל־יְדֵי־זֶה מַכְנִיעִין הָרְשָׁעִים, בִּבְחִינַת "לֶאֱחֹז בְּכַנְפוֹת הָאָרֶץ וְיִנָּעֲרוּ רְשָׁעִים מִמֶּנָּה".

וְזֶהוּ: "צְבִי לַצַּדִּיק", פֵּרֵשׁ רַשִׁ"י: 'עָתִיד לִהְיוֹת מַצָּב וּתְקוּמָה לַצַּדִּיקִים' – הַיְנוּ כַּנַּ"ל, כִּי עַל־יְדֵי הָרוּחַ־חַיִּים הַנַּ"ל מִתְגַּבְּרִין הַצַּדִּיקִים עַל הָרְשָׁעִים כַּנַּ"ל.

95. ...entrega de la Torá. El versículo citado aquí proviene del Salmo 68, que describe la entrega de la Torá en el Monte Sinaí. Ver también el comentario de Rashi sobre este salmo.

96. son derrotados y no existen. "Cuando uno se eleva, el otro cae" (*Rashi*, Génesis 25:23). La persona que intenta sumergirse en la Torá, en la santidad, obtiene el *rúaj* necesario para anular a los *ravrevei* Esaú. Sin embargo, si no busca la santidad, es automáticamente derrotada por el *rav* de las cáscaras.

97. como hemos visto.... Arriba, sección 5: Por lo tanto, se permite que el Tzadik perfecto, y todos aquéllos que están unidos a él, provoquen a los malvados. Porque él es capaz de descender hacia los conductos de los malos rasgos con los cuales ellos se han fortalecido. Él puede quebrarlos y eliminarlos, y por lo tanto "arrojar por tierra a los malvados".

10. "Las carrozas de Dios son dos veces diez mil, *alfei shinan* (miles de miles)" (Salmos 68:18).

ALFeI alude a *ALuFeI* Esaú. Como resultado de "Las carrozas de Dios son dos veces diez mil", correspondiente a la entrega de la Torá,[95] de la cual reciben el *rúaj*-de-vida los rabinos de santidad - "*alfei shinan*". Como enseñaron nuestros Sabios: No leas *ShiNaN*, sino *SheEiNaN* (no existen) (*Avoda Zara* 3b). Es decir, mediante la entrega de la Torá, que contiene el santo *rúaj* de los rabinos de santidad, se anulan y derrotan los jefes tribales de Esaú/*ravrevei* Esaú - el aspecto del *rav* de la *klipá*. Ésta es la implicación de *alfei shinan*: los *alufei* Esaú/*revrevai* Esaú son derrotados y *einan* (no existen).[96]

11. "Desde el *knaf* (esquina) de la tierra oímos canciones, *tzvi latzadik* (gloria al justo). Mas yo dije: '¡Un secreto para mí! ¡Un secreto para mí! ¡Ay de mí!'. Los traidores han traicionado, y *begued bogdim bagadu* (aquéllos que traicionaron a los traidores han traicionado). [Espanto y hoyo y lazo contra ti, ¡oh habitante de la tierra!]'" (Isaías 24:16,17).

"Desde el *KNaF* (esquina) de la tierra" corresponde a *KaNFei* (esquinas de los) *tzitzit*, en los cuales hay *rúaj*-de-vida, el aspecto del arpa del rey David, que era hecha sonar por el *rúaj* del Norte, como se explicó. Esto se debe a que la melodía y la canción provienen del *rúaj*-de-vida en el *KaNFei rea* (pulmones). Y éste es el significado de "oímos canciones", que corresponde a la canción del arpa del rey David, el *rúaj*-de-vida. También corresponde a las esquinas de los *tzitzit*, como en, "Desde la esquina de la tierra". Y mediante esto los malvados son anulados, como en, "Para que eche mano a las esquinas de la tierra y sean sacudidos de ella los malvados".

Y esto es "*tZVi latzadik*". Explica Rashi: "Habrá una *matZaV* (posición firme) y resistencia para los Tzadikim". Como hemos visto, a través del *rúaj*-de-vida los Tzadikim se sobreponen a los malvados.[97]

---

lugar de la carencia. El Rebe Najmán nos ha dicho que esto sólo se logra cuando los conductos de los malvados han sido completamente destruidos. Hemos visto que para destruir al malvado, es necesario haber separado totalmente el mal del bien en los cuatro elementos/rasgos cuya Fuente es el *IHVH*. Las doce permutaciones del nombre de Dios, correspondientes a las doce horas del día o de la noche, son el *rúaj*-de-vida del pulso, la fuerza vital, que el Tzadik hace descender entonces. Con este *rúaj* el Tzadik entra en los conductos de los malvados y los destruye. Entonces, y sólo entonces, puede el Tzadik traer todo el *rúaj*-de-vida directamente desde el *IHVH* y generar plenitud en lugar de la carencia (*Mei HaNajal*).

וְזֶהוּ: "וַאֹמַר רָזִי־לִי" וְכוּ' אוֹי לִי - פֵּרֵשׁ רַשִׁ"י, 'שֶׁנִּגְלוּ לִי שְׁנֵי רָזִים: רַז פֻּרְעָנִיּוּת וְרַז יְשׁוּעָה, וַהֲרֵי תִּרְחַק הַיְשׁוּעָה עַד' וְכוּ' - הַיְנוּ כַּנַּ"ל, כִּי הָרוּחַ שֶׁל הָרָשָׁע גָּדוֹל בִּשְׁעָתוֹ, בִּבְחִינַת רוּחַ־סְעָרָה, שֶׁמִּשָּׁם כָּל הַצָּרוֹת וַאֲרִיכַת הַגָּלוּת שֶׁל יִשְׂרָאֵל.

וְזֶהוּ: "בֹּגְדִים בָּגָדוּ וּבֶגֶד בּוֹגְדִים בָּגָדוּ" - כִּי יְנִיקַת הַבּוֹגְדִים וְהָרְשָׁעִים הוּא מִבְּחִינַת פְּגַם הַבְּגָדִים, דְּהַיְנוּ פְּגַם הַצִּיצִית, שֶׁהֵם בְּכַנְפֵי הַבֶּגֶד, דְּהַיְנוּ מִפְּגַם הָאַרְבָּעָה יְסוֹדוֹת, שֶׁאֲחִיזָתָן וְשָׁרְשָׁם הָעֶלְיוֹן הוּא בְּחִינַת אַרְבַּע צִיצִית כַּנַּ"ל.

אֲבָל סוֹף כָּל סוֹף: "פַּחַד וָפַחַת וָפָח עָלֶיךָ יוֹשֵׁב הָאָרֶץ" וְכוּ' - כִּי כָל הָרְשָׁעִים יִכָּרְעוּ וְיִפֹּלוּ, כִּי לַסּוֹף כָּלֶה וְנֶאֱבָד וְכוּ' כַּנַּ"ל, כִּי הַצַּדִּיקִים גְּמוּרִים מַכְנִיעִין אוֹתָם וּמַשְׁפִּילִים רְשָׁעִים עֲדֵי אָרֶץ עַל־יְדֵי הָרוּחַ־חַיִּים שֶׁלָּהֶם, שֶׁהוּא בְּחִינַת צִיצִית, בְּחִינַת "מִכְּנַף הָאָרֶץ זְמִרֹת שָׁמַעְנוּ" כַּנַּ"ל.

כִּנּוֹר שֶׁל חָמֵשׁ נִימִין - בְּחִינַת הַתּוֹרָה; וְכֵן כָּתוּב בַּזֹּהַר (צו לב.):
'וְתוֹפְשֵׂי הַתּוֹרָה - אִלֵּין דְּתָפְשִׂין בְּכִנּוֹרָא'.

de Guematria). El mismo resultado se logra multiplicando el santo nombre *IHVH* (26) por los 13 Atributos. En otras palabras, Iaacov y Iosef juntos representan los Trece Atributos de Misericordia traídos desde la Fuente de todo. Por eso tienen el poder de derrotar a Esaú, el *rav* de las cáscaras (*Biur HaLikutim*). Ver arriba, nota 26.

99. cuatro tzitzit. Esto se relaciona con Raba bar bar Janá. Al cortar la esquina de la prenda él esperaba aclarar ciertas leyes relacionadas con los *tzitzit*, tales como cuántos hilos eran necesarios para los *tzitzit*, cuán lejos de la esquina de la vestimenta debían ser ubicados los flecos, etc. (arriba, n.61). Ahora bien, aunque había tomado la esquina/el rasgo en un intento por derrotarlo fue incapaz debido a la disputa entre los Tzadikim/las escuelas de Shamai y de Hilel; no pudo diferenciar entre el "bien" y el "mal" y llegar así a la correcta decisión de Torá. Por eso también fue incapaz de traer el *rúaj*-de-vida apropiado para él. Enseña el Talmud que, aunque los discípulos de Shamai y de Hilel fueron los eruditos y maestros más grandes de su época, no dominaban sus estudios tal como lo habían hecho las generaciones precedentes (*Sotá* 47b). En base a lo que hemos visto en esta lección, podemos concluir que por sí mismos no tenían el poder de entrar en los conductos para destruir a los malvados.

100. cinco cuerdas. Esto se relaciona con la sección 2, donde el Rebe Najmán mencionó inicialmente el arpa del rey David.

"Mas yo dije: '¡Un secreto para mí! ¡Un secreto para mí! ¡Ay de mí!'". Explica Rashi: "Me fueron revelados dos secretos: el secreto del sufrimiento y el secreto de la salvación. Sin embargo, la salvación permanece distante, hasta que...". Pues el *rúaj* de los malvados es poderoso mientras dura, tal como el *rúaj seara* del cual proviene todo el sufrimiento y el largo exilio de los judíos.

Y así, "¡Los traidores han traicionado, y *begued bogdim bagadu*". Los traidores y los malvados se nutren de una imperfección en los *BeGaDim* (vestimentas) - es decir, una imperfección en los *tzitzit*,[98] que están en las esquinas de la vestimenta - lo que es un daño en los cuatro elementos, cuya unión y raíz trascendente corresponde a los cuatro *tzitzit*.[99]

Pero al final, "Espanto y hoyo y lazo contra ti, ¡oh habitante de la tierra!". Todos los malvados serán anulados y humillados, porque finalmente serán destruidos y desaparecerán. Los Tzadikim perfectos anulan y "arrojan por tierra a los malvados" mediante su *rúaj*-de-vida/los *tzitzit*, correspondiente a, "Desde la esquina de la tierra oímos canciones".

El arpa del rey David tenía cinco cuerdas.[100] Ellas representaban los Cinco Libros de la Torá. El *Zohar* (III, 32a) enseña de manera similar: Aquéllos que comprenden la Torá son como tañedores de arpas.

---

98. BeGaDim...tzitzit. Las palabras del profeta se refieren al saqueo de Jerusalén durante su destrucción y luego de ella. Los *bogdim* eran los traidores, los malvados que saquearon la ciudad. La frase "*begued bogdim*" alude así a los malvados cuyo poder proviene de haber dañado sus vestimentas (*begued*)/los *tzitzit* con el pecado (cf. *Likutey Moharán* I, 29 y n.121).

Comenta el *Mei HaNajal*: Iosef, el Tzadik, es la personificación de la *sefirá* de *Iesod* (ver Apéndice: Los Siete Pastores Superiores). Cuando la esposa de Potifar quiso retenerlo él abandonó su *begued* (vestimenta) y huyó (Génesis 39:12). Al subyugar estos rasgos negativos, fue recompensado más tarde siendo vestido con *bigdei shesh* (vestimentas de lino fino) (*Ibid.*, 41:42). Rashi comenta (*Ibid.*, 37:1): "Cuando Iaacov vio todos los *alufei* Esaú sintió miedo. '¿Cómo es posible que uno pueda vencer a todos éstos?' dijo.... Sin embargo, una chispa saldrá de Iosef [el Tzadik] que los destruirá a todos". Pues el Tzadik tiene "vestimentas limpias", es decir, está completamente limpio de todos los rasgos negativos, y es capaz por lo tanto de traer el *rúaj* necesario para eliminar la carencia. Esto lo vemos claramente en Iosef, el Tzadik. Fue hecho virrey de Egipto y trajo vida al mundo, al proveer cereales durante la hambruna (*Ibid.*, 42:6).

Iaacov se consoló sabiendo que junto con Iosef, él podría derrotar a Esaú. El valor numérico de Iaacov, 182, y el de Iosef, 156, suman en conjunto 338 (ver Apéndice: Tabla

חָמֵשׁ אֲנִי אִית לָרֵאָה (חלין מ"ז.) - כִּי רוּחַ הַחַיִּים הוּא בְּהֶרְאָה, וּמִשָּׁם הַמְשָׁכַת הָרוּחַ שֶׁל הָאֲנָחָה, כַּיָּדוּעַ בְּחוּשׁ, וְעַל־כֵּן אִית לָהּ חָמֵשׁ אֲנִי לָרֵאָה, כְּנֶגֶד חֲמִשָּׁה־חֻמְשֵׁי־תּוֹרָה. ה' נִימִין דְּכִנּוֹר דְּדָוִד, שֶׁשָּׁם הָרוּחַ־חַיִּים כַּנַּ"ל: (עיין בתקונים, תקון י: כנפי מצוה, אנון ה' קשרין לקבל שמע וכו', דאנון לקבל ה' נימין דכנור דדוד וכו', עין שם. גם עין בהשמטות הזהר):

con la sabiduría.

    Es posible encontrar otra conexión más con la lección del Rebe Najmán a partir de lo siguiente: Los 5 nudos y las 13 vueltas de cada fleco suman en total 18, y debido a que los *tzitzit* tienen flecos en cada una de sus 4 esquinas, la suma total es de 72. Esto alude al concepto de *Jesed* (חסד), que también suma 72. Se dice que las cinco palabras del *Shemá* aluden a los cinco *partzufim* (cinco personas arquetípicas; ver Apéndice: Las Personas Divinas), que están unidos en la palabra final, *ejad*. Así, al cumplir con la mitzvá de los *tzitzit*, los judíos generan esta unificación Arriba. Esto, a su vez, hace descender un influjo de *jesed* al mundo (*Or Israel, Tikuney Zohar, Ibid.*). En términos de esta lección, el valor de 13 de *ejad* corresponde a los Trece Atributos de Misericordia/el *rúaj*-de-vida. De estos Trece Atributos, el atributo de *rav jesed* es la fuente del *rúaj* (ver el texto, §4), y tiene por lo tanto el poder de derrotar a los malvados y de despertar el reconocimiento de que *IHVH* es Uno.

"Hay cinco lóbulos en los pulmones" (*Julín* 47a). Esto se debe a que el *rúaj*-de-vida reside en los pulmones, y es desde allí que proviene el *rúaj* del suspiro, como es sabido. Así, los pulmones tienen cinco lóbulos, paralelos a los Cinco Libros de la Torá, las cinco cuerdas del arpa del rey David en la cual hay *rúaj*-de-vida. (Ver *Tikuney Zohar* #10: "Las esquinas de la mitzvá tienen cinco nudos, correspondientes a las palabras *Shemá Israel, IHVH Eloheinu IHVH*, que corresponden a las cinco cuerdas del arpa del rey David...").[101]

---

101. Las esquinas de la mitzvá tienen cinco nudos.... Enseña el *Tikuney Zohar* (*loc. cit.* p.25b): Cada fleco de los *tzitzit* consiste de ocho hilos atados mediante cinco nudos. Estos cinco nudos corresponden a las cinco cuerdas del arpa -canciones/plegaria- y a los Cinco Libros de la Torá. También se alinean con las cinco palabras "*Shemá Israel, IHVH Eloheinu IHVH* (Escucha Israel, Dios, nuestro Señor, Dios...)" (Deuteronomio 6:4). Este versículo concluye con la palabra *ejad* ("es Uno", אחד), cuyo valor numérico es 13, correspondiente a las 13 vueltas de cada fleco de los *tzitzit*. De esta manera, los *tzitzit* aluden al *Shemá Israel*, el credo judío que expresa nuestra fe en la unidad de Dios y en que todo emana de Su santo nombre *IHVH*.

Enseña el *Zohar* (III, 301a): Los 32 hilos de los *tzitzit* son comparados con los 32 Senderos de Sabiduría. Esto se une con nuestra lección en el hecho de que *maaian* (fuente) es *jojmá* (sabiduría).

Jojmá tiene 32 senderos (*Sefer Ietzirá* 1:1). Así, los *tzitzit* están directamente relacionados

ליקוטי מוהר"ן סימן ט'

לְשׁוֹן רַבֵּנוּ, זִכְרוֹנוֹ לִבְרָכָה

תְּהֹמֹת יְכַסְיֻמוּ, יָרְדוּ בִמְצוֹלֹת כְּמוֹ אָבֶן (שמות ט"ו).

א כִּי עִקַּר הַחִיּוּת מְקַבְּלִין מֵהַתְּפִלָּה, כְּמוֹ שֶׁכָּתוּב (תהלים מ"ב): "תְּפִלָּה לְאֵל חַיָּי". וּבִשְׁבִיל זֶה צָרִיךְ לְהִתְפַּלֵּל בְּכָל כֹּחוֹ, כִּי כְּשֶׁמִּתְפַּלֵּל בְּכָל כֹּחוֹ וּמַכְנִיס כֹּחוֹ בְּאוֹתִיּוֹת הַתְּפִלָּה, אֲזַי נִתְחַדֵּשׁ כֹּחוֹ שָׁם, בִּבְחִינַת (איכה ג): "חֲדָשִׁים לַבְּקָרִים (רַבָּה אֱמוּנָתֶךָ") וְכוּ'. כִּי אֱמוּנָה הִיא תְּפִלָּה, כְּמוֹ שֶׁכָּתוּב (שמות י"ז): "וַיְהִי יָדָיו אֱמוּנָה", תַּרְגּוּמוֹ: 'פְּרִישָׁן בִּצְלוֹ'.

4. se renuevan cada mañana…Tu fe. Cada noche, al irse a dormir, la persona Le devuelve su alma a Dios. En este sentido, dormir corresponde a la muerte, como enseñaron nuestros Sabios: Dormir es una sesentava parte de la muerte. A la mañana, al despertar, se le retorna su alma renovada (ver *Berajot* 57b). Enseña el Midrash que con este acto Dios nos demuestra Su fidelidad. Éste es el modelo de cómo Él nos devolverá nuestras almas en el momento de la Resurrección (*Eija Rabah* 3:8). El Rebe Najmán nos dice que cada día nuestras almas reciben esta fuerza vital renovada y fresca. ¿Por qué? Debido a la fe, que es la plegaria. Por lo tanto el versículo "Plegaria al Dios de mi vida" también puede comprenderse de acuerdo con su traducción más homilética: "¡La plegaria a Dios es mi vida!". El Midrash citado arriba concluye: Del hecho de que nos das renovada [esperanza] en el exilio, sabemos que nos redimirás. La conexión se hará más clara con el desarrollo de la lección.

5. manos estaban emuná. Cuando Ioshúa fue a la batalla contra Amalek, Moshé ascendió a la cima de una colina junto con Aarón y Jur. Moshé se volvió hacia Dios y extendió las manos en plegaria. Mientras tenía las manos elevadas, los judíos triunfaban en el combate. Cuando las manos descendían, triunfaba Amalek. Por lo tanto, Aarón y Jur sostuvieron las manos de Moshé *emuná* (con firmeza) hasta que se puso el sol y los judíos salieron victoriosos (Éxodo 17). El Talmud pregunta (*Rosh HaShaná* 29a): ¿Acaso eran las manos de Moshé las que ganaban o perdían la batalla? No. Pero, cuando los judíos levantaban los ojos al Cielo en súplica, la batalla se volcaba a su favor. De ahí la conexión entre *emuná* y plegaria.

6. extendidas en plegaria. Por lo tanto, mediante la plegaria -la fe- con energía, se renueva la fuerza de la persona (*Mei HaNajal*). Hasta aquí, se nos han presentados tres conceptos interrelacionados: fuerza vital, fe y plegaria.

Resumen: La persona debe orar con toda su energía y concentración. De esta manera, su fuerza se renueva en las letras de la plegaria, que son la fuente de toda la vitalidad (§1).

LIKUTEY MOHARÁN 9[1]

"Tehomot Iejasiumu **(Los abismos los cubrieron); ellos se hundieron en las profundidades como una roca"**.

(Éxodo 15:5)

La esencia de la fuerza vital proviene de la plegaria, como está escrito (Salmos 42:9), "Plegaria al Dios de mi vida".[2] Es por esto que la persona debe orar con todas sus fuerzas.[3] Cuando la persona ora con toda su fuerza y concentra su energía en las letras que componen las plegarias, su energía se renueva allí. Esto corresponde a (Lamentaciones 3:23), "Ellas se renuevan cada mañana; grande es Tu *emuná* (fe)".[4] Pues la fe es plegaria, como en (Éxodo 17:2), "Y sus manos estaban *emuná*",[5] que Onkelos traduce como: "[sus manos] estaban extendidas en plegaria".[6]

---

1. Likutey Moharán 9. El Rebe Najmán dio esta lección en el Shabat Shirá, 13 de Shevat de 5563 (5 de febrero de 1803) (ver *Tzadik* #129; *Until The Mashiach*, p.93). Esta enseñanza y la Lección 7 comparten temas similares: la plegaria, el exilio, le fe y la verdad. Sin embargo, en la lección anterior el Rebe Najmán se centra en la fe y en la verdad que emanan del consejo del Tzadik y aquí se centra en buscar la verdad en la plegaria. (Al estudiar esta lección es aconsejable repasar las notas al pie de la Lección 7, particularmente las correspondientes a la última sección).

Toda esta lección es *leshón Rabeinu zal*. Ver nota 1 a la Lección 7 donde se explica esta terminología.

2. al Dios de mi vida. Reb Naftalí tuvo un sueño en el cual se le acercó un alma pidiéndole que repitiera una de las lecciones del Rebe Najmán. Él recordó el último discurso y comenzó a recitar las palabras con las que comenzaba, "La esencia... Dios de mi vida". Al escuchar estas palabras, el alma se emocionó y ascendió al cielo. Cuando Reb Naftalí le contó este sueño al Rebe Najmán, el Rebe exclamó: "¡No es de extrañar! ¿Acaso piensas que la manera como se oye mi lección en este mundo es la manera como se escucha en los mundos de Arriba? Allí la comprenden de una manera totalmente diferente".

3. con todas sus fuerzas. Esto puede comprenderse de varias maneras:
- una total concentración en las palabras que se están diciendo
- pronunciar las palabras de manera audible, con toda nuestra fuerza
- tratar de hacerlo pese a todas las circunstancias difíciles

En verdad, y en la medida de lo posible, orar con todas nuestras energías puede implicar las tres opciones juntas.

ב וְדַע, שֶׁיֵּשׁ שְׁנֵים־עָשָׂר שְׁבָטִים, כְּנֶגֶד שְׁנֵים־עָשָׂר מַזָּלוֹת (תקון יח, ובתקון כא), וְכָל שֵׁבֶט וָשֵׁבֶט יֵשׁ לוֹ נֻסְחָא מְיֻחֶדֶת וְיֵשׁ לוֹ שַׁעַר מְיֻחָד לִכָּנֵס דֶּרֶךְ שָׁם תְּפִלָּתוֹ, וְכָל שֵׁבֶט מְעוֹרֵר בִּתְפִלָּתוֹ כֹּחַ מַזָּלוֹ שֶׁבִּשְׁנֵים־עָשָׂר מַזָּלוֹת; וְהַמַּזָּל מֵאִיר לְמַטָּה וּמְגַדֵּל הַצֶּמַח וּשְׁאָר דְּבָרָיו הַצְּרִיכִים אֵלָיו.

וְזֶה פֵּרוּשׁ (במדבר כ"ד): "דָּרַךְ כּוֹכָב מִיַּעֲקֹב וְקָם שֵׁבֶט מִיִּשְׂרָאֵל"."וְקָם" - זֶה בְּחִינַת עֲמִידָה, בְּחִינַת תְּפִלָּה. כְּשֶׁשֵּׁבֶט מִיִּשְׂרָאֵל עוֹמֵד לְהִתְפַּלֵּל, עַל־יְדֵי־זֶה מְעוֹרֵר כּוֹכָב, וְהַכּוֹכָב הוּא דּוֹרֵךְ וּמַכֶּה הַדְּבָרִים שֶׁיִּגְדְּלוּ, כְּמוֹ שֶׁאָמְרוּ חֲכָמֵינוּ, זִכְרוֹנָם לִבְרָכָה (בראשית־רבה, פרשה י): 'אֵין לְךָ עֵשֶׂב מִלְּמַטָּה שֶׁאֵין לוֹ כּוֹכָב וּמַלְאָךְ מִלְמַעְלָה, שֶׁמַּכֶּה אוֹתוֹ וְאוֹמֵר לוֹ: גְּדַל!'.

וְזֶה שֶׁאָמְרוּ חֲכָמֵינוּ, זִכְרוֹנָם לִבְרָכָה (פסחים קיח.): 'קָשִׁין מְזוֹנוֹתָיו כִּקְרִיעַת יַם־סוּף וְקָשֶׁה זִוּוּגוֹ [כִּקְרִיעַת יַם־סוּף]' וְכוּ' (סוטה ב). כִּי הַיַּם־סוּף נִקְרַע לִשְׁנֵים־עָשָׂר קְרָעִים, כְּנֶגֶד שְׁנֵים־עָשָׂר שְׁבָטִים

---

gobierna todo. Así, cuando las plegarias son aceptadas, la persona tiene el poder de controlar los dictados de la naturaleza (como la apertura del Mar Rojo, ver n.11, 12) (*Mei HaNajal*).

11. apertura del Mar Rojo. Luego de indicar cómo la plegaria puede controlar las fuerzas de la naturaleza, el Rebe Najmán muestra ahora su influencia sobre las "fuerzas" que gobiernan el sustento de la persona y los temas relacionados con el matrimonio. En verdad el hombre tiene muy poco control sobre estas áreas importantes de su vida, pues no puede gobernar los factores económicos ni controlar con quién está destinado a encontrarse. Aun así, también aquí la plegaria puede dar resultado (*Mei HaNajal*). La enseñanza Talmúdica: "Proveer de sustento a una persona es tan difícil…" y "Proveerle a una persona su pareja matrimonial es tan difícil…", indica que ambos temas personales se encuentran en el ámbito de lo milagroso y, por lo tanto, más allá de nuestro control. Es por esto que nuestros Sabios los asemejan al milagro que Dios llevó a cabo cuando abrió el Mar Rojo. Aun así, a través de la plegaria es posible "prevalecer" sobre Dios para que actúe a nuestro favor y nos realice milagros. Sin embargo, para alcanzar esto, nuestra plegaria debe ser pura (como se explicará en §§2-4).

12. doce caminos…doce tribus. Con los egipcios detrás, "el pueblo judío [las doce tribus] clamó a Dios" (Éxodo 14:10). Su plegaria alteró la naturaleza y cada tribu recibió su propio sendero a través del cual pudo cruzar el Mar Rojo. Así, la apertura del mar fue un resultado directo de la plegaria (*Mei HaNajal*). Enseña el Midrash que durante la Creación, Dios estipuló con el Mar Rojo que éste debía abrirse para los judíos cuando ellos llegaran para cruzarlo en su camino hacia la Tierra Santa. Aun así, el Mar Rojo se negó a abrirse hasta que Dios Mismo

2. ¡Y debes saber! Hay doce tribus [en Israel], correspondientes a las doce constelaciones (Tikuney Zohar #18, #21). Cada tribu tiene su propia versión individual [de las plegarias], y su propio portal a través del cual entran sus plegarias.[7] Y a través de sus plegarias, cada tribu despierta el poder de su constelación entre las doce constelaciones.[8] Entonces esta constelación ilumina hacia abajo, haciendo que crezca la vegetación, al igual que otras cosas que dependen de ella.

Éste es el significado de (Números 24:17), "Una estrella sale de Iaacov, y se levanta una tribu de Israel". "Se levanta", <porque *Amidá* es plegaria> (*Berajot* 6b).[9] Cuando una tribu de Israel se levanta para orar, despierta con esto una estrella, la cual sale y golpea las cosas para hacerlas crecer. Como enseñaron nuestros Sabios: No hay hoja de hierba abajo que no tenga Arriba una estrella y un ángel, que la golpea y le dice, "¡Crece!" (*Bereshit Rabah* 10:7).[10]

Enseñaron nuestros Sabios: Proveer de sustento <a una persona> es tan difícil como la apertura del Mar Rojo (*Pesajim* 118a); y <también>: Proveerle a una persona su pareja matrimonial es tan difícil como la apertura del Mar Rojo (*Sotá* 2a).[11]

El Mar Rojo se dividió en doce caminos, paralelos a las doce tribus (*Pirkei deRabí Eliezer* 42).[12] Mediante sus plegarias, los Hijos de Israel

---

7. su propio portal...entran. El *Zohar* (III, 170a) explica que cada una de las doce tribus tiene su propio y único sendero a través del cual sus plegarias entran al cielo. Esto se deriva del Tetragrámaton, el santo nombre de Dios *IHVH*. Hay doce permutaciones diferentes de este nombre (ver *Likutey Moharán* 7, n.11), y cada tribu tiene su propio y único portal correspondiente a una de las combinaciones posibles.

El *Zohar* (II, 251a) también nos dice que ésta es la razón por la cual se acostumbra que haya 12 ventanas en la sinagoga. Así como en la "sinagoga" de Arriba hay 12 portales a través de los cuales entran las plegarias, de la misma manera, en nuestras sinagogas debe haber doce aperturas a través de las cuales asciendan las plegarias.

8. despierta el poder.... Las fuerzas de la naturaleza se unen para fomentar la formación y el crecimiento de todas las creaciones físicas tal cual las conocemos. Debido a que la plegaria es capaz de trascender la naturaleza y anular las influencias del zodíaco (ver §5), tiene el poder de controlar el curso de la naturaleza.

9. Amidá es plegaria. Esto se refiere a las *Shmone Esre* (Dieciocho Bendiciones), que se recitan de pie. En el Talmud, la *Amidá* se llama simplemente *Tefilá*, Plegaria.

10. Crece. Cada creación física, incluso una hoja de hierba, está gobernada por una estrella, que a su vez es gobernada por un ángel. Sin embargo, todos dependen de la plegaria, de la cual toman su energía y vitalidad. Esto se debe a que sólo la plegaria llega hasta Dios, Quien crea y

(פרקי דרבי אליעזר, מב; עיין תקון כ"א נט.), וּבְנֵי־יִשְׂרָאֵל בִּתְפִלָּתָם גּוֹרְמִים זִוּוּגָא דְקֻדְשָׁא־בְּרִיךְ־הוּא וּשְׁכִינְתֵּהּ, כְּמוֹ שֶׁכָּתוּב (תהלים ס"ח): "סֹלּוּ לָרֹכֵב עֲרָבוֹת" - 'רוֹכֵב', דָּא קֻדְשָׁא־בְּרִיךְ־הוּא, 'עֲרָבוֹת,' דָּא שְׁכִינְתֵּהּ, שֶׁנִּתְעָרֵב בָּהּ כָּל הַגְּוָנִין; וּלְפִי הַזִּוּוּג שֶׁגּוֹרֵם בִּתְפִלָּתוֹ, כֵּן זוֹכֶה לְזוּוּגוֹ; וְהַתְּפִלָּה הֵם שְׁתֵּים־עֶשְׂרֵה נְסָחָאוֹת, לְפִיכָךְ הַזִּוּוּג כִּקְרִיעַת יַם־סוּף שֶׁהֵם שְׁנֵים־עָשָׂר.

וְגַם יִשְׂרָאֵל מְפַרְנְסִים לַאֲבִיהֶם שֶׁבַּשָּׁמַיִם בִּתְפִלָּתָם, כְּמוֹ שֶׁכָּתוּב (שם ק"ה): "וַיַּעֲמִידֶהָ לְיַעֲקֹב לְחֹק", 'וְחֹק לִשְׁנָא דִמְזוֹנָא הוּא' (ביצה ט"ז), 'וְאֵין עֲמִידָה אֶלָּא תְּפִלָּה' (ברכות ו:).

וְזֶה פֵּרוּשׁ (תהלים צ"ט): "שָׁמְרוּ עֵדֹתָיו וְחֹק נָתַן לָמוֹ" - 'עֵדוּת' זֶה תְּפִלָּה, כְּמוֹ שֶׁכָּתוּב (שם קכ"ב): "שִׁבְטֵי יָהּ עֵדוּת לְהוֹדוֹת לְשֵׁם ה'". גַּם אָמְרוּ חֲכָמֵינוּ, זִכְרוֹנָם לִבְרָכָה (שבועות ל.): 'אֵין עֵדוּת אֶלָּא בַּעֲמִידָה'; וַעֲמִידָה זֶה תְּפִלָּה, שֶׁאָנוּ מְעִידִין עַל אַחְדּוּתוֹ. וּכְפִי שֶׁמְּפַרְנֵס לְאָבִיו שֶׁבַּשָּׁמַיִם בִּתְפִלָּתוֹ, כֵּן נוֹתְנִין לוֹ פַּרְנָסָתוֹ.

los socios en los negocios y demás relaciones, incluso la conexión de la persona con objetos inanimados y con su entorno, todo entra dentro de la categoría de *zivuguim*. Esto presenta una perspectiva mucho más amplia sobre la idea de que "de acuerdo con la unión divina que la persona produce mediante sus plegarias, de la misma manera se le otorga su *zivug*". El *Mei HaNajal* escribe: 'El Rebe Najmán está enseñando que la manera en la cual la persona ofrece sus plegarias, determina en forma directa el tipo de *zivug* (unificación) que produce en el cielo. Y esto, a su vez, es lo que la hace digna de encontrar su propio *zivug*'. Esto no sólo debe comprenderse en relación con encontrar la pareja matrimonial. Igualmente importante es el papel que juega la plegaria en la construcción y en la preservación de una relación duradera.

16. no es otra cosa que la plegaria. El versículo se leería así: "Al ponerse de pie en plegaria, Iaacov proveyó de sustento". Dios nos pide, si así pudiera decirse, que Lo sirvamos (para nuestro beneficio). Con este servicio, por así decir, Le proveemos de sustento. Ver nota siguiente.

17. testimonio de Su unidad. "Ellos guardaron Sus testimonios" indica que guardaron los mandamientos (*EiDoTav*) de Dios. El propósito de Dios al crear el mundo fue revelarse a Sí Mismo. Al guardar Sus mandamientos, que el Rebe Najmán conecta aquí con la plegaria, los judíos dan testimonio (*EiDuT*) de Su unidad, ayudando así a cumplir con este propósito. En ese sentido, ellos "sustentan a Dios".

18. sustento. Así como la persona que ora produce una unificación Arriba y de esta manera obtiene su propio *zivug*, de la misma forma, al "sustentar a Dios" a través de sus plegarias la persona también recibe la recompensa de su propio sustento (*Mei HaNajal*).

produjeron una unión <superior>, <una unificación> entre el Santo, bendito sea y Su *Shejiná* (Presencia Divina),[13] como está escrito (Salmos 68:5), "Alaben [es decir, oren] a Aquél que cabalga sobre las *aravot* (los cielos más elevados)". "Aquél que cabalga" es el Santo, bendito sea; "*ARaVot*" se refiere a la *Shejiná*, en la que todos los colores superiores están *nitAReV* (entremezclados).[14] De acuerdo con la unión divina que la persona produce mediante sus plegarias, de la misma manera se le otorga su pareja matrimonial <y su sustento>.[15] Y, debido a que hay doce versiones diferentes de <las plegarias>, encontrar la pareja matrimonial se compara por lo tanto con la apertura del Mar Rojo, que <también> fue [dividido] en doce.

Además, con sus plegarias, el pueblo judío provee sustento para su Padre en el cielo. Como está escrito (Salmos 105:10), "*vaiAMiDea* (Él lo estableció) como un *jok* (estatuto) para Iaacov". La palabra *jok* denota sustento (*Beitza* 16a), y *AMiDá* no es otra cosa que la plegaria.[16]

Éste es el significado de (Salmos 99:7), "Ellos guardaron Sus testimonios y Él les dio un *jok*". La palabra "testimonio" se refiere a la plegaria, como en (Salmos 122:4), "...las tribus de Dios, un testimonio para Israel, para alabar [es decir, para orar] al nombre de Dios". Además, enseñaron nuestros Sabios: Sólo se puede dar testimonio estando de pie (*Shavuot* 30a), y estar de pie es la plegaria: nosotros damos testimonio de Su unidad.[17]

Y en la medida en que la persona sustenta con sus plegarias a su Padre en el cielo, de la misma manera, a su vez, se le da su sustento.[18]

---

intervino de manera directa (*Shemot Rabah* 21:6). Y esto luego de que las doce tribus Le oraron con todas sus fuerzas.

13. unión superior.... A lo largo de las enseñanzas del *Zohar* y de los escritos del santo Ari vemos que todo lo bueno que hace el judío en este mundo produce una unificación en los mundos de Arriba. Ver *Los Cuentos del Rabí Najmán*, Segunda Introducción, para una explicación detallada de esto. Ver también *ibid.*, Cuento #1.

14. ARaVot...entremezclados. Enseña el *Zohar* (II, 165a) que *aravot* (ערבות) es el firmamento oculto. Se extiende hacia el norte y hacia el Sur (ver n.22) y es una síntesis de fuego y de agua, es decir, una mezcla (התערבות) de todas las variaciones de color. Debido a que el alma judía es una "porción Divina", estos diversos colores superiores corresponden a las doce tribus.

15. pareja matrimonial y sustento. La palabra *zivug* significa "aparear" o "unir", y se aplica tanto a una unión física como espiritual. Aunque la palabra se refiere particularmente a las parejas matrimoniales, también conlleva una connotación mucho más amplia. La amistad,

וְזֶה: 'קָשִׁין מְזוֹנוֹתָיו כִּקְרִיעַת יַם-סוּף', הַיְנוּ מְזוֹנוֹת נִתְחַלֵּק לִשְׁנֵים-עָשָׂר שְׁבִילִים, לְפִי שְׁתֵּים-עֶשְׂרֵה שִׁבְטֵי יָהּ.
וְצָרִיךְ לָזֶה זְכוּת גָּדוֹל, שֶׁיִּזְכֶּה אָדָם לְהַעֲלוֹת תְּפִלָּתוֹ דֶּרֶךְ שַׁעַר הַשַּׁיָּךְ לְשִׁבְטוֹ. וְזֶה שֶׁאָמַר אַבָּא בִנְיָמִין (ברכות ה:): 'כָּל יָמַי הָיִיתִי מִצְטַעֵר עַל שְׁנֵי דְבָרִים: עַל תְּפִלָּתִי שֶׁתְּהֵא סְמוּךְ לְמִטָּתִי' – הַיְנוּ כַּנַּ"ל, שֶׁיִּתְפַּלֵּל דֶּרֶךְ שַׁעַר הַמִּטָּה שֶׁלּוֹ, כִּי יֵשׁ שְׁנֵים-עָשָׂר מַטּוֹת, וְכָל אֶחָד יֵשׁ לוֹ שַׁעַר מְיֻחָד, וְהִתְפַּלֵּל עַל שֶׁלֹּא תִּתְרַחֵק תְּפִלָּתוֹ מִמַּטָּה שֶׁלּוֹ.

וְזֶה לְשׁוֹן מַטָּה, כִּי מַטָּה לְשׁוֹן זִוּוּג, כְּמַאֲמָר הַסָּמוּךְ: עַל מִטָּתִי שֶׁתְּהֵא נְתוּנָה וְכוּ', וּמִטָּה הוּא בְּחִינַת זִוּוּג.

גַּם מַטָּה הִיא בְּחִינַת פַּרְנָסָה, כְּמוֹ שֶׁכָּתוּב (ויקרא כ"ו): "בְּשִׁבְרִי לָכֶם מַטֵּה לֶחֶם", כִּי שְׁנֵים-עָשָׂר מַטּוֹת גּוֹרְמִין זִוּוּג וּמְפַרְנְסִין כַּנַּ"ל: 'קָשֶׁה זִוּוּגָן וְקָשִׁין מְזוֹנוֹתָיו' וְכוּ'.

גַּם הִתְפַּלֵּל עַל שִׁבְטוֹ, שֶׁיִּזְכּוּ לִשְׁנֵי שֻׁלְחָנוֹת. וְזֶהוּ: 'וְעַל מִטָּתִי שֶׁתְּהֵא נְתוּנָה בֵּין צָפוֹן לְדָרוֹם', וְאָמְרוּ חֲכָמֵינוּ, זִכְרוֹנָם לִבְרָכָה (בבא בתרא כה:): 'הָרוֹצֶה לְהַחְכִּים וְכוּ', הָרוֹצֶה לְהַעֲשִׁיר' וְכוּ'.

Najmán mismo dijo que cuando se levantaba a la mañana oraba y Le entregaba a Dios todas las actividades de su día (*Sabiduría y Enseñanzas del Rabí Najmán de Breslov* #2).

21. ...pareja matrimonial...sustento.... El Rebe Najmán construye sobre la conexión entre las palabras *mitáh* y *matéh*. Por lo tanto el pedido de Aba Biniamin para que su plegaria estuviese cerca de su cama tiene un doble significado. Por un lado quería que su plegaria ascendiera a través del portal de su tribu y además quería producir las unificaciones apropiadas y necesarias para proveerlo del sustento y de su *zivug*. Esto indica que cuando las plegarias de la persona entran a través del portal apropiado, ellas "proveen" Arriba, si así pudiera decirse. Las plegarias tienen entonces el poder de dirigir aquellas fuerzas de la naturaleza dispuestas a trabajar en su beneficio. Sin embargo, si las plegarias no ascienden a través del portal apropiado, entonces no "proveen" Arriba y consecuentemente la persona no será apropiadamente mantenida aquí abajo.

22. Sur...Norte. El Pan de la Proposición simboliza la prosperidad. Estaba ubicado en el Santo Templo, encima de la Mesa, hacia el norte de la entrada del Santo de los Santos. La Menorá simboliza sabiduría y estaba ubicada hacia el sur de la entrada del Santo de los Santos. Así, enseñaron nuestros Sabios que la persona que quiera riquezas y prosperidad debe orar favoreciendo el norte; la persona que quiera sabiduría debe favorecer el sur. Aba Biniamin tenía la esperanza de que la plegaria de su tribu entrase en el portal apropiado (correspondiente a la

Así [enseñaron los Sabios]: ...el sustento <de la persona> es tan difícil como la apertura del Mar Rojo. En otras palabras, el sustento está dividido en doce senderos, de acuerdo con las doce [versiones de la plegaria de las] tribus de Dios.

{Dijo Aba Biniamin, "Todos mis días me ocupé de dos cosas: de mi plegaria, que estuviera cerca de mi *mitáh* (cama); y de mi *mitáh*, que estuviera colocada entre el Norte y el Sur" (*Berajot* 5b).}

Es necesario un considerable mérito por parte de la persona para ser capaz de enviar su plegaria a través del portal apropiado a su tribu.[19] Esto es lo que dijo Aba Biniamin: "Todos mis días me ocupé de dos cosas: de mi plegaria, que estuviera cerca de mi *MiTáH* (cama)...".[20] En otras palabras, él quería orar a través del portal de su *MaTéH* (tribu). Porque hay doce tribus y cada una tiene su propio portal. Él oraba para que su plegaria no fuera separada de su tribu.

De aquí la palabra *matéh*, porque "*matéh*" alude a la unión marital. Esto está indicado en la segunda [parte de su] afirmación: "...y de mi *mitáh* (cama), que debía estar colocada entre el Norte y el Sur", donde *mitáh* corresponde a la unión marital.

Más aún, *matéh* corresponde al sustento, como está escrito (Levítico 26:26), "Cuando les haya quebrado el *MaTéH* (vara) de pan". Porque las doce *MaTot* (tribus) generan una unión <superior> [del Santo, bendito sea y de la *Shejiná*] y proveen sustento <para su Padre en el cielo>, como se dijo más arriba: "...su pareja matrimonial es tan difícil... su sustento es tan difícil...".[21]

[Aba Biniamin] también oró para merecer las "dos mesas" [de sabiduría y de prosperidad]. Éste es el significado de, "que mi cama estuviera colocada entre el Norte y el Sur". Porque enseñaron nuestros Sabios: Aquél que quiere ser sabio debe mirar hacia el Sur, y aquél que quiere volverse rico debe mirar el Norte (*Bava Batra* 25b).[22]

---

19. portal apropiado a su tribu. Ver *Likutey Moharán* II, 73, donde el Rebe Najmán enseña que mediante el recitado de los Salmos la persona puede llegar al sendero correcto.

20. cerca de mi mitáh. Rashi explica literalmente que Aba Biniamin se tomaba el cuidado de orar apenas se levantaba de la cama a la mañana, antes de dedicarse a cualquiera de sus actividades diarias. Esto concuerda directamente con nuestro texto. El Rebe Najmán ha demostrado que cada una de las necesidades de la persona se ve beneficiada por la plegaria. El éxito en todas las áreas, así sea en lo personal, en lo económico, etcétera, está gobernado por la plegaria. Ésta es la implicancia de lo que dijo Aba Biniamin. Antes de dedicarse siquiera a la actividad más simple, él Le oraba a Dios para que su empresa fuera exitosa (ver n.23). El Rebe

וְיַעֲקֹב, שֶׁהוּא כָּלוּל כָּל הַשְּׁנֵים-עָשָׂר שְׁבָטִים, וְהָיָה יוֹדֵעַ כָּל מַטֶּה וּמַטֶּה בְּשָׁרְשׁוֹ - בִּשְׁבִיל זֶה כָּתִיב בֵּהּ (בראשית מ״ט): "וַיֶּאֱסֹף יַעֲקֹב רַגְלָיו אֶל הַמִּטָּה". 'רַגְלָיו' - זֶה בְּחִינַת תְּפִלָּה, כְּמוֹ שֶׁכָּתוּב (תהלים פ״ה): "צֶדֶק לְפָנָיו יְהַלֵּךְ", הַיְנוּ, שֶׁהָיָה מְאַסֵּף כָּל הַתְּפִלּוֹת, כָּל אַחַת לְשָׁרְשָׁהּ.

גַּם הָיָה כֹּחַ בְּיָדוֹ לִתֵּן חֵלֶק מֵחֶלְקֵי עוֹלָם לְיוֹסֵף, כְּמוֹ שֶׁכָּתוּב (בראשית מ״ח): "וַאֲנִי נָתַתִּי לְךָ שְׁכֶם אַחַד עַל אַחֶיךָ" וְכוּ', כִּי עַל-יְדֵי תְּפִלָּתוֹ הָיָה מַשְׁפִּיעַ חִיּוּת לְכָל שְׁלֹשָׁה חֶלְקֵי עוֹלָם, שֶׁהֵם - עוֹלָם הַשָּׁפָל וְעוֹלָם הַכּוֹכָבִים וְעוֹלָם הַמַּלְאָכִים. וְזֶה: **שְׁכֶ״ם** - **שָׁ**פָל, **כּ**וֹכָב, **מ**ַלְאָךְ, כִּי כָּל זֶה זָכָה עַל-יְדֵי תְּפִלָּתוֹ, כְּמוֹ שֶׁכָּתוּב (שם): "אֲשֶׁר לָקַחְתִּי מִיַּד וְכוּ' בְּתַפְלָּתִי וּבְקַשְׁתִּי".

ג **אֲבָל** כְּשֶׁאָדָם עוֹמֵד לְהִתְפַּלֵּל, אֲזַי בָּאִים מַחֲשָׁבוֹת זָרוֹת וּקְלִפּוֹת וּמְסַבְּבִין אוֹתוֹ, וְנִשְׁאָר בַּחֹשֶׁךְ וְאֵין יָכוֹל לְהִתְפַּלֵּל, כְּמוֹ

---

26. vitalidad. Como hemos visto en la sección 1: La esencia de la fuerza vital proviene de la plegaria.

27. partes del universo. Ver la nota 10, donde se indica que las hierbas (el mundo inferior) son gobernadas por una estrella (el mundo de las estrellas) que, a su vez, es gobernada por un ángel (el mundo de los ángeles).

28. con mi plegaria y con mi súplica. La palabra hebrea *beKaSHTi* (con mi arco) también puede leerse *baKaSHaTi* (mi súplica). Esto enseña que la plegaria era el arma que utilizaba Iaacov para conquistar a sus enemigos, y este poder se lo transfirió a Iosef (cf. *Likutey Moharán* I, 2:1).

Resumen: La persona debe orar con toda su energía y concentración. De esta manera, su fuerza se renueva en las letras de la plegaria, que son la fuente de toda la vitalidad (§1). Cada una de las doce tribus del pueblo judío tenía una diferente versión de la plegaria y un portal correspondiente a través del cual pasaban sus plegarias. Estos doce senderos también corresponden a las doce constelaciones, por medio de las cuales se canaliza el sustento hacia cada tribu en particular. Es así que, a través de la plegaria, se provee de un influjo vital a todas las partes del universo (§2).

29. para orar. Si la plegaria es la fuerza vital que le da al hombre aquello que él desea, entonces, "¿por qué no es posible simplemente orar y esperar ser respondido en nuestras necesidades?". Sobre esto se centra el Rebe Najmán en la sección 3.

30. pensamientos externos y klipot.... La plegaria encuentra dos "fuerzas opositoras" diferentes: los pensamientos externos y las klipot. Los pensamientos externos implican todo

Y Iaacov, en quien estaban encarnadas las doce tribus, conocía cada una de las tribus en su raíz. Por eso está escrito sobre él (Génesis 49:33), "Y Iaacov recogió sus pies sobre la *mitáh*". "Sus pies" corresponde a la plegaria, como está escrito (Salmos 85:14), "La rectitud *irá* delante de él".[23] En otras palabras, [Iaacov recogiendo sus pies alude a] su juntar todas las plegarias, <cada una con su raíz>.[24]

[Iaacov] también tenía el poder de dar una porción de <las tres porciones> del mundo a Iosef, como está escrito (Génesis 48:22), "Y yo te he dado una *shejem* (porción) por sobre tus hermanos".[25] Pues a través de sus plegarias, él enviaba un influjo de vitalidad[26] hacia las tres partes del universo:[27] el mundo inferior, el mundo de las estrellas y el mundo de los ángeles. Esto está [indicado en la palabra] *SheJeM*: *Shafel* (inferior), *Kojav* (estrella) y *Malaj* (ángel). Todo esto lo logró [Iaacov] a través de su plegaria, tal como continúa el versículo, "...[la porción] que tomé de la mano de los Emoritas con mi espada y con mi arco", <que Onkelos traduce:> "con mi plegaria y con mi súplica".[28]

3. Pero cuando la persona se pone de pie para orar,[29] es acosada por pensamientos externos y la rodean *klipot* (cáscaras) <por todos lados>.[30]

---

entrada del Santo de los Santos, el lugar hacia el cual se dirigen todas las plegarias), que incluye tanto el Norte como el Sur. Éste es el significado de la enseñanza del *Zohar* citada más arriba (ver también n.14) que la *Shejiná* es *aravot*, el firmamento oculto que se extiende de norte a sur. El *Ikara deShabata* sobre esta lección agrega que el Pan de la Proposición consistía de doce hogazas, correspondientes a las doce tribus de Israel.

23. ...delante de él. Enseña el Talmud (*Berajot* 14a) sobre el versículo, "La rectitud irá delante él, y la pondrá en el camino de sus pasos": "La rectitud irá delante de él" - antes de hacer algo, primero uno debe orar (rectitud); y sólo entonces - "la pondrá en el camino de sus pasos" - ocuparse de sus necesidades. Ver nota 20.

24. a su raíz. Iaacov era el padre, la raíz, de las doce tribus. Esto explica por qué estaba incluido entre ellas aunque no era una de ellas. Más adelante en la lección (§4), el Rebe Najmán explica que uno debe unir sus plegarias al Tzadik de la generación, porque él sabe cómo elevar cada plegaria a su portal apropiado. Ése era Iaacov. Él conocía la "fuente" de cada tribu, es decir, el lugar correcto para las plegarias que ofrecían.

25. Iosef...por sobre.... Una vez que la tribu de Levi fue seleccionada para el sacerdocio y el servicio en el Templo, sólo quedaban once tribus para el pueblo en general. La tribu de Iosef fue dividida entonces en dos, Efraím y Menashé, restaurando el número a doce. De este modo Iosef recibió "una porción *extra*". Esto le dio a su tribu un portal de plegaria *extra* y un mayor control, a través de sus plegarias, de aquellas "fuerzas" que afectan la vida (ver n.11). Los levitas, debido a su servicio sagrado, corresponden al Tzadik de la generación, pues el Templo es el lugar hacia donde se dirigen todas las plegarias.

שֶׁכָּתוּב (איכה ג): "סַכֹּתָה בֶעָנָן לָךְ מֵעֲבוֹר תְּפִלָּה".

וּכְתִיב (תהלים י״ב): "סָבִיב רְשָׁעִים יִתְהַלָּכוּן", שֶׁהָרְשָׁעִים, הַיְנוּ הַקְּלִפּוֹת, מְסַבְּבִין אוֹתוֹ. 'כְּרֻם זֻלֻּת' – הַיְנוּ בִּשְׁעַת הַתְּפִלָּה, 'שֶׁהִיא עוֹמֶדֶת בְּרוּמוֹ שֶׁל עוֹלָם' (ברכות ו:).

וְדַע, שֶׁיֵּשׁ פְּתָחִים הַרְבֵּה בַּחשֶׁךְ הַזֶּה לָצֵאת מִשָּׁם, כְּמוֹ שֶׁאָמְרוּ חֲכָמֵינוּ, זִכְרוֹנָם לִבְרָכָה (יומא לח:): 'הַבָּא לִטַּמֵּא, פּוֹתְחִין לוֹ – יֵשׁ לוֹ פְּתָחִים הַרְבֵּה'; נִמְצָא, שֶׁיֵּשׁ פְּתָחִים הַרְבֵּה בַּחשֶׁךְ גַּם לָצֵאת מִשָּׁם. אֲבָל הָאָדָם הוּא עִוֵּר וְאֵין יוֹדֵעַ לִמְצֹא הַפֶּתַח.

וְדַע, שֶׁעַל־יְדֵי אֱמֶת זוֹכֶה לִמְצֹא הַפֶּתַח, כִּי עִקַּר אוֹר הַמֵּאִיר הוּא הַקָּדוֹשׁ־בָּרוּךְ־הוּא, כְּמוֹ שֶׁכָּתוּב (תהלים כ״ז): "ה' אוֹרִי וְיִשְׁעִי"; וְעַל־יְדֵי שֶׁקֶר הוּא מְסַלֵּק אֶת הַקָּדוֹשׁ־בָּרוּךְ־הוּא, כְּמוֹ שֶׁכָּתוּב (שמות כ): "לֹא תִשָּׂא אֶת שֵׁם ה' לַשָּׁוְא", כִּי עַל־יְדֵי שָׁוְא מְסַלֵּק אֶת הַקָּדוֹשׁ־בָּרוּךְ־הוּא, כִּי "דֹּבֵר שְׁקָרִים לֹא יִכּוֹן לְנֶגֶד עֵינָיו".

34. en la cima misma del universo. El versículo enseña que los malvados tienen una gran fuerza, mientras que aquello que debería ser exaltado se encuentra despreciado. Rashi (loc. cit.) explica que esto se refiere a la plegaria que, como hemos visto, puede alcanzar los niveles más elevados y controlar todas las "fuerzas" que afectan la vida de la persona (ver n.11, 25). Aun así, la plegaria es "degradada por los hombres". La gente llega al punto en que ni siquiera desea orar. En verdad, la persona puede pasarse horas y días deseando orar, pero cuando llega el momento se siente incapaz de abrir la boca. Si es así, "¿por qué el deseo?". La respuesta es que la persona puede sentir, incluso ahora, la grandeza de la plegaria. Entonces, ¿por qué no ora? No puede hacerlo debido a la oscuridad, a las "fuerzas opositoras", que frustran todos sus intentos.

35. aperturas para él. La misericordia de Dios es muy grande. Cuando la persona se encuentra lejos de la santidad y abrumada por la "inundación" de valores vacíos, si tan sólo pide la ayuda de Dios en verdad la recibirá. Y no sólo eso. Incluso si llega a impurificarse y parecería que esto hace que Dios se aleje de ella, aun así se le otorgan muchas aperturas a través de las cuales puede salir de la oscuridad (Shabat 104a, Tosafot v.i. is degarsi).

36. está ciega y no sabe cómo encontrar la apertura. Esto también se refiere a las dudas y a los cuestionamientos que nublan la capacidad de la persona para percibir el sendero correcto, la apertura.

37. mi luz y mi ayuda. Desde el momento en que la persona ve la luz, la apertura, ya está encaminada hacia la ayuda y la salvación.

38. ante Mis ojos. Comentando sobre este versículo, el Talmud enseña que la gente que miente y habla con falsedad nunca merecerá ver la Presencia Divina (*Sotá* 42a). Aunque nuestros

Queda en la oscuridad, incapaz de orar,[31] como está escrito (Lamentaciones 3:44), "Te has cubierto con una nube para que no pase la plegaria".[32]

{**"Por todos lados andan los malvados, cuando lo exaltado es degradado por los hombres"** (Salmos 12:9).}

Está escrito, "Por todos lados andan los malvados...". "Los malvados", es decir, las *klipot*, rodean a la persona.[33] "Cuando lo exaltado es degradado", es decir, al [estar de pie] en la plegaria, pues [la plegaria] se levanta en la cima misma del universo (Berajot 6b).[34]

¡Pero debes saber! La oscuridad misma contiene muchas aperturas por las cuales es posible salir. Como enseñaron nuestros Sabios: Cuando alguien viene a impurificarse se le abre (Ioma 38b) - hay muchas aperturas para él.[35] Vemos que incluso en la oscuridad hay muchas aperturas a través de las cuales se puede salir. El problema es que la persona [atrapada en la oscuridad] está ciega y no sabe cómo encontrar la apertura.[36]

¡Y debes saber! Mediante la verdad la persona merece encontrar la apertura. Porque la esencia de la luz que ilumina [las aperturas] es Dios, como está escrito (Salmos 27:1), "Dios es mi luz y mi ayuda".[37] Pero mediante la mentira, la persona rechaza a Dios, como en (Éxodo 20:7), "No tomes el nombre de Dios en falso". Mediante la mentira uno se aleja de Dios, pues (Salmos 101:7), "El que habla mentiras no quedará ante Mis ojos".[38]

---

lo que es ajeno a aquello por lo cual la persona está orando y concentrándose en ese momento. De esta manera, así se vea asaltada súbitamente por recuerdos del pasado o por ansiedades del futuro, o si mientras está orando por algo santo piensa en otro deseo igualmente santo, en cualquier caso, su plegaria ha sido nublada por un pensamiento ajeno y externo. Las klipot que perturban la plegaria de la persona e interfieren con ella pueden provenir de dentro de la mente de la persona, como pensamientos malos e inmorales, o pueden oponerse a su plegaria desde afuera, como en el caso de gente malvada que interfiere a propósito en alguien que está orando (Rabí Eliahu Jaim Rosen).

31. oscuridad, incapaz de orar. Esta incapacidad de orar suele llevar a la persona al punto en que ya no desea más hacerlo. Esta "oscuridad" es mentira y, al igual que una nube, da la impresión de que no puede ser penetrada. Es lo opuesto de la verdad, que es "luz", como pronto explicará el Rebe Najmán.

32. una nube para que no pase la plegaria. Esto alude a la "fuerza opositora" de los pensamientos externos que nublan la mente de la persona y le hacen olvidar el motivo por el cual estaba orando.

33. rodean a la persona. Esto alude a las klipot, las "fuerzas opositoras" que rodean a la persona, perturbando sus plegarias e interfiriendo en ellas.

אֲבָל עַל־יְדֵי אֱמֶת, הַקָּדוֹשׁ־בָּרוּךְ־הוּא שׁוֹכֵן עִמּוֹ, כְּמוֹ שֶׁכָּתוּב (תהלים קמ"ה): "קָרוֹב ה' לְכָל קוֹרְאָיו לְכֹל" וְכוּ'; וּכְשֶׁהַקָּדוֹשׁ־בָּרוּךְ־הוּא עִמּוֹ, הוּא מֵאִיר לוֹ אֵיךְ לֵיצֵא מֵהַחשֶׁךְ הַמּוֹנֵעַ אוֹתוֹ בִּתְפִלָּתוֹ, כְּמוֹ שֶׁכָּתוּב: "ה' אוֹרִי".

וְזֶה פֵּרוּשׁ: (בראשית ו) "צֹהַר תַּעֲשֶׂה לַתֵּבָה", פֵּרֵשׁ רַשִׁ"י: יֵשׁ אוֹמְרִים חַלּוֹן, וְיֵשׁ אוֹמְרִים אֶבֶן טוֹב'; וְהַחִלּוּק שֶׁבֵּין חַלּוֹן לְאֶבֶן טוֹב – כִּי הַחַלּוֹן אֵין לוֹ אוֹר בְּעַצְמוֹ, אֶלָּא דֶּרֶךְ שָׁם נִכְנָס הָאוֹר, אֲבָל כְּשֶׁאֵין אוֹר, אֵין מֵאִיר; אֲבָל אֶבֶן טוֹב, אֲפִלּוּ כְּשֶׁאֵין אוֹר מִבַּחוּץ הוּא מֵאִיר בְּעַצְמוֹ. כֵּן יֵשׁ בְּנֵי־אָדָם שֶׁדִּבּוּרָם הוּא חַלּוֹן, וְאֵין כֹּחַ לְהָאִיר לָהֶם בְּעַצְמָם; וְזֶה: יֵשׁ אוֹמְרִים, וַאֲמִירָתָם נַעֲשָׂה חַלּוֹן; וְיֵשׁ שֶׁאֲמִירָתָם נַעֲשָׂה אֶבֶן טוֹב וּמֵאִיר.

apropiada para poder así concretar su potencial de ayuda. Hay también otros pensamientos que son totalmente innecesarios e incluso dañinos para la persona y que deben ser eliminados por completo. En ese sentido, las "fuerzas opositoras" corresponden a la lluvia y a las aguas del diluvio. Si la persona ora en forma apropiada, las lluvias son una bendición; de lo contrario, se ve abrumada por ellas. Cuando sucede esto, cuando su mente queda completamente "inundada" y sumergida por estas fuerzas, la única solución es entrar con toda la energía y poder de concentración en las palabras de la plegaria, en el arca. Debe recitar las palabras con gran verdad. Cuanto más grande sea esta verdad, más profundamente entrará en el arca y será protegido por ella. La verdad le permitirá entonces superar las "fuerzas opositoras" y orar en forma apropiada.

La explicación de cómo las instrucciones de Dios a Noé se relacionan con cada individuo incluso hoy en día será ahora el foco de la lección del Rebe Najmán. Aquí aclara el concepto del arca, mientras que el significado de las lluvias será explicado al final de la lección.

40. ventana...piedra preciosa.... La mayoría de la gente tiene momentos de fortaleza y momentos de debilidad. Aquél cuya vida es una sucesión de subidas y bajadas se asemeja a una ventana. Es capaz de orar apropiadamente y con entusiasmo, pero sólo durante un tiempo. Más tarde, su decisión flaquea y necesita un despertar, un empuje de los demás. Si está abierto a este estímulo, es como una ventana en la cual brilla la "luz". Sin embargo, existen aquellos raros individuos que han alcanzado un nivel en el que ya no necesitan más atravesar esta constante lucha por mantener su momento de fortaleza y de entusiasmo. Su "luz" brilla constantemente, no sólo para ellos mismos, sino también para los demás. Este individuo es comparado a una piedra preciosa que brilla por sí misma. Con seguridad sabe cuál es su tribu/fuente, y sus plegarias se elevan a Dios/la Fuente de la verdad. Es por eso que el Rebe Najmán continúa diciendo (§4) que debemos unir nuestras plegarias al Tzadik. Porque incluso si nuestras oraciones no son ofrecidas con una verdad completa, las del Tzadik sí lo son, de modo que él puede elevar a su fuente incluso nuestras plegarias. Para una explicación más completa de este concepto ver

Pero, mediante la verdad, Dios habita en [la persona], como en (Salmos 145:18), "Dios está cerca de todos aquéllos que Lo llaman, de todos aquéllos que Lo llaman en verdad". Y cuando Dios está con la persona, Él la ilumina en lo referente a cómo salir de la oscuridad que la perturba cuando está orando, como en, "Dios es mi luz".

{"**Dios le dijo al Noaj: 'Hazte una *tevá* (arca)... haz una luz para el arca, *tejaléná* (acabada) a un *amáh* (un codo) *milemalá* (de arriba); y pon la apertura del arca *betzidá* (en su costado); le harás primero, segundo y tercer piso'"** (Génesis 6:14-17).}

Ésta es la explicación de, "Haz una luz para el arca".[39] Rashi explica: "Algunos dicen una ventana, y algunos dicen una piedra preciosa". La diferencia entre una ventana y una piedra preciosa es que la ventana no tiene luz propia. Simplemente es [un medio] para que entre la luz. Pero cuando no hay luz, la ventana no da luz. Sin embargo, con la piedra preciosa, aunque no haya luz afuera, la piedra preciosa brilla por sí misma. De la misma manera, hay gente cuyas palabras son [como] una ventana, incapaces de darles luz por sí mismas. Esto es [lo que Rashi quiere decir con] "algunos dicen". Su "decir" se vuelve una ventana. Pero hay algunos cuyo "decir" se vuelve una piedra preciosa y [sus palabras] irradian.[40]

Sabios se refieren a no estar ante los ojos de Dios en el Mundo que Viene, el Rebe Najmán explica que este principio también es válido en este mundo. Cuando la persona dice mentiras, se le daña la vista y ya no es capaz de discernir la verdad, la "luz" de Dios. Para una explicación más completa de este concepto, ver *Maim*, en el libro *Cuatro Lecciones del Rabí Najmán de Breslov*.

39. Haz una luz para el arca. Además de "arca", *tevá* también significa "palabra". Basándose en esto, el Rebe Najmán enseña que debemos hacer que las palabras de nuestras plegarias brillen como una luz. (Las dimensiones del arca de Noé eran 300 x 50 x 30 codos. Esto es un paralelo de la palabra hebrea que designa el habla/lengua, *LaSHóN*, 50 = ל = 30 ש = 300 נ. Así, la misma construcción del arca alude directamente a la plegaria (*Rabí Iaacov Meir Shechter*).

Comenta el *Parparaot LeJojmá*: Estas instrucciones le fueron dadas a Noé. Él debía construir un arca que lo protegiera de las aguas del diluvio. Rashi (Génesis 7:12) explica que el diluvio comenzó como una lluvia normal, como una bendición. De haberse arrepentido, los hombres habrían sobrevivido. Pero no hicieron caso de esta advertencia y las lluvias se volvieron violentas, pasando de una suave lluvia a una fuerza destructiva sin paralelo en los anales de la humanidad. Sólo Noé y aquéllos que estaban con él en el arca lograron sobrevivir. El Rebe Najmán nos dice que el arca alude a las palabras de nuestras plegarias; las aguas del diluvio son las "fuerzas opositoras", los pensamientos externos y *klipot* que abruman a la persona.

En verdad, algunos de estos pensamientos y perturbaciones son parte integral del servicio a Dios. La persona los necesita, pero primero debe aclararlos y colocarlos en su perspectiva

וְדַע, שֶׁהַכֹּל לְפִי גֹדֶל הָאֱמֶת, כִּי עִקַּר הָאוֹר הוּא הַקָּדוֹשׁ־בָּרוּךְ־הוּא, וְהַקָּדוֹשׁ־בָּרוּךְ־הוּא הוּא עֶצֶם הָאֱמֶת, וְעִקַּר הִשְׁתּוֹקְקוּת שֶׁל הַשֵּׁם יִתְבָּרַךְ אֵינוֹ אֶלָּא אֶל הָאֱמֶת.

וְזֶה: "וְאֶל אַמָּה תְּכַלֶּנָּה מִלְמַעְלָה", לְשׁוֹן (שמואל־ב י"ג): "וַתְּכַל נֶפֶשׁ דָּוִד". **אַמָּה – הִיא ה'** מוֹצָאוֹת, הַכְּלוּלִים **מֵאֵשׁ וּמַיִם**, הַיְנוּ שֶׁתִּרְאֶה שֶׁיֵּצְאוּ הַדִּבּוּרִים מִפִּיךָ בֶּאֱמֶת, וְאָז יִשְׁתּוֹקֵק הַקָּדוֹשׁ־בָּרוּךְ־הוּא מִלְמַעְלָה לִשְׁכֹּן אֶצְלְךָ; וּכְשֶׁיִּשְׁכֹּן אֶצְלְךָ, הוּא יָאִיר לְךָ.

וְזֶה: **אַמָּה תְּכַלֶּנָּה מִלְמַעְלָה – רָאשֵׁי־תֵבוֹת אֱמֶת**, כִּי עַל־יְדֵי אֱמֶת הַקָּדוֹשׁ־בָּרוּךְ־הוּא חוֹמֵד מִלְמַעְלָה לִשְׁכֹּן עִם הָאָדָם, כְּמוֹ שֶׁכָּתוּב: "קָרוֹב ה' לְכָל קוֹרְאָיו" וְכוּ'.

וְאָז: "וּפֶתַח הַתֵּבָה בְּצִדָּהּ תָּשִׂים", הַיְנוּ הַתֵּבָה הַיּוֹצֵאת בֶּאֱמֶת, הִיא תָּשִׂים לְךָ פֶּתַח בַּחֹשֶׁךְ שֶׁאַתָּה נִצּוֹד בּוֹ. וְזֶה: "בְּצִדָּהּ" – הַיְנוּ הַקְּלִפָּה הַצַּד צַיִד, כְּמוֹ שֶׁכָּתוּב (בראשית כ"ה): "כִּי צַיִד בְּפִיו".

כִּי מִתְּחִלָּה לֹא הָיָה יָכוֹל לְדַבֵּר מֵחֲמַת הַחֹשֶׁךְ הַסּוֹבֵב אוֹתוֹ, וְעַל־יְדֵי שֶׁיּוֹצֵא מִתּוֹךְ הַחֹשֶׁךְ וּמִתְפַּלֵּל הֵיטֵב, עַל־יְדֵי־זֶה הוּא מְתַקֵּן

43. **Æmet, verdad.** En hebreo, *emet* comienza con la letra *alef* (א). Dependiendo del punto vocal, la *alef* puede pronunciarse como una "e", como una "a", etc. Para subrayar la conexión entre *emet* (אמת) y *amáh* (אמה), se ha utilizado la antigua letra "Æ".

44. **...atrapado.** En base a la interpretación del Rebe Najmán, el versículo se lee de la siguiente manera: **Haz una luz para el arca** - Pon verdad en las palabras de tu plegaria; **termínala un codo arriba** - Y esta verdad, en la calidez y fluidez de tu habla, hará que tus palabras sean deseadas Arriba; **y pon la apertura del arca en su costado** - Entonces tus plegarias harán una apertura para ti en la oscuridad en la cual te encuentras atrapado. Y, como el Rebe explica seguidamente, **le harás primero, segundo y tercer piso** - De modo que ahora tus plegarias pueden traer sustento a los tres niveles de la creación.

45. **orar apropiadamente.** Agrega el *Mei HaNajal*: A partir de esto es posible comprender los diferentes "tempos" de nuestra plegaria. A veces la persona siente que tiene muy poco deseo de orar. Esto se debe a las "fuerzas opositoras" que la rodean. Trata de orar en forma apropiada, sólo para terminar perdiéndose en otros pensamientos o distracciones. Entonces recuerda e intenta recitar sus palabras con concentración y dedicación. Esto puede repetirse una y otra vez. Finalmente, y debido a su deseo y esfuerzo, repuntan la energía y el entusiasmo y comienza a decir las plegarias con gran fervor. En ese momento sus plegarias se recitan con un nivel de verdad. Esta persona, quienquiera que sea y fuera cual fuese el nivel espiritual que haya alcanzado, provee entonces de vida y sustento a todos los niveles de la creación.

¡Y debes saber! Todo depende del grado de verdad [que tenga la persona]. Pues lo primordial de la luz es Dios, y Dios es la esencia de la verdad. El anhelo fundamental de Dios es sólo la verdad.

"...*tejalená* (acabada) a un *amáh* (un codo) *milemalá* (de arriba)". [La palabra *TeJaLená*] tiene la misma connotación que "Y el alma de David *TeJaL* (anhelaba)" (cf. Samuel 2, 13:39). [Y las letras de la palabra] *AMáH* aluden a las *Hei* (5) articulantes,⁴¹ que consisten de *Esh* (fuego) y *Maim* (agua).⁴²

En otras palabras: fíjate que las palabras salgan de tu boca con verdad. Entonces, desde Arriba, Dios anhelará morar contigo. Y cuando Él more contigo, Él brillará para ti. Así, las letras iniciales de "*Amáh Tejalena Milemalá*" deletrean *Æmet* (verdad).⁴³ Porque es a través de la verdad que, desde Arriba, Dios desea morar con el hombre, como en, "Dios está cerca de todos aquéllos que Lo llaman, de todos aquéllos que Lo llaman en verdad".

Y entonces, "...pon la apertura de la *tevá* (arca) *beTZiDá* (en su costado)". Esto es, ["la *tevá*" corresponde a] la *tevá* (palabra) que emerge en verdad. Esta [palabra verdadera] te hará una apertura en la oscuridad en la cual estás atrapado.⁴⁴ Y esto es "*beTZiDá*", es decir, la *klipá* que *TZaD TZaiD* (atrapa la presa), como está escrito [de Esaú], "él atrapaba con su boca" (Génesis 25:28).

Al comienzo, [la persona que está orando] no puede siquiera hablar debido a la oscuridad que la rodea. Pero, al emerger de la oscuridad y orar apropiadamente,⁴⁵ rectifica "el primero, segundo y tercer piso", es

---

Tzohar (en el libro *Cuatro Lecciones del Rabí Najmán de Breslov*), que cubre esta enseñanza y la Lección #112, conjuntamente con ideas provenientes del *Likutey Halajot*.

41. articulantes. El *Sefer Ietzirá* (2:3) enseña que las letras del alfabeto hebreo se dividen en cinco grupos de acuerdo con las cinco diferentes partes de la boca utilizadas en su pronunciación. Ellas son: la garganta (אחהע), el paladar (גיכק), la lengua (דטלנת), los dientes (זסשרץ), y los labios (בומפ).

42. fuego y agua. Las letras sagradas del alfabeto hebreo tienen numerosos significados y alusiones en muchos y diferentes niveles. Aparte de sus formas, sonidos y valores numéricos, sus nombres y posiciones dentro de una palabra también conllevan un significado. En toda palabra, la letra inicial es generalmente la principal y la más importante. Aquí el Rebe Najmán nos dice que la *alef* (א) y la *mem* (מ) de la palabra *AMáh* (אמה) implican *Esh* (אש) y *Maim* (מים). El fuego y el agua representan esas cualidades del cuerpo, calor y humedad, que producen el habla. También revelan la manera en la que la persona debe tratar de orar: con *calidez* y con palabras que *fluyan* libremente.

"תַּחְתִּיִּם שְׁנִיִּם וּשְׁלִישִׁים", הַיְנוּ עוֹלָם הַשָּׁפָל וְעוֹלָם הַגַּלְגַּלִים וְעוֹלָם הַשֵּׂכֶל.

(אַךְ אִי אֶפְשָׁר לְהִתְפַּלֵּל, רַק כְּשֶׁלּוֹמֵד תּוֹרָה, כִּי 'לֹא עַם־הָאָרֶץ חָסִיד' (אבות ב); וּכְתִיב (משלי כ״ח): "מֵסִיר אָזְנוֹ מִשְּׁמֹעַ תּוֹרָה גַּם תְּפִלָּתוֹ תּוֹעֵבָה" – כְּתַב יַד הַחֲבֵרִים).

ד **וְצָרִיךְ** כָּל אָדָם לְקַשֵּׁר אֶת תְּפִלָּתוֹ לְצַדִּיק הַדּוֹר. וְהַצַּדִּיק יוֹדֵעַ לְכַוֵּן הַשְּׁעָרִים וּלְהַעֲלוֹת כָּל תְּפִלָּה וּתְפִלָּה לַשַּׁעַר הַשַּׁיָּךְ. כִּי כָּל צַדִּיק וְצַדִּיק הוּא בְּחִינַת מֹשֶׁה־מָשִׁיחַ, כְּמוֹ שֶׁאָמְרוּ 'מֹשֶׁה,

aplica a aquél que es ignorante pero que sin embargo trata de comprender la Torá. Esa persona está tratando de buscar la verdad, y la encontrará en su propio nivel.

Resumen: La persona debe orar con toda su energía y concentración. De esta manera, su fuerza se renueva en las letras de la plegaria, que son la fuente de toda la vitalidad (§1). Cada una de las doce tribus del pueblo judío tenía una diferente versión de la plegaria y un portal correspondiente a través del cual pasaban sus plegarias. Estos doce senderos también corresponden a las doce constelaciones, por medio de las cuales se canaliza el sustento hacia cada tribu en particular. Es así que, a través de la plegaria, se provee de un influjo vital a todas las partes del universo (§2). Pero las *klipot* (cáscaras) rodean a la persona en la oscuridad y le impiden orar. La única manera de salir es a través de la verdad/Torá. Entonces Dios hace brillar Su Luz para mostrarle el camino de salida de la oscuridad y de la mentira (éste es el significado interno de las instrucciones de Dios a Noé concernientes a la construcción del arca) (§3).

49. Tzadikim de la generación. En toda área que requiera de un conocimiento especial, lo adecuado es recurrir a un experto. Si la persona tiene que presentarse en el juzgado para resolver un pleito, buscará un abogado que esté familiarizado con la ley y con los procedimientos legales para que la ayude a ganar el caso. Lo mismo sucede cuando nos ponemos a orar delante de Dios. Necesitamos unir nuestras plegarias al Tzadik, para que él presente nuestro caso Arriba. Esto lo hacemos de manera general al estudiar las enseñanzas del Tzadik referidas a la plegaria y al seguir sus consejos cuando oramos. A instancias del Rebe Najmán, los jasidim de Breslov hacen un pedido especial, antes de orar, de que sus plegarias se unan a los Tzadikim: "Me uno en mi plegaria a todos los Tzadikim de esta generación" (cf. *Sabiduría y Enseñanzas del Rabí Najmán de Breslov* #296).

50. portal apropiado. Ver arriba, nota 24, que Iaacov era la raíz de las doce tribus. En este sentido, él es sinónimo del Tzadik/fuente de la plegaria de la generación. Explica el Rabí Natán (*Likutey Halajot, ibid.*) que las plegarias del pueblo judío en su totalidad se asemejan a una "ventana", en comparación a las plegarias del Tzadik, que son consideradas una "piedra preciosa". El Tzadik verdadero tiene el poder de irradiar la verdad hacia todos y cada uno y así elevar cada plegaria hacia su portal apropiado.

decir, el mundo más bajo, el mundo de las estrellas y el mundo del intelecto.⁴⁶

{Sin embargo, es imposible orar sin estudiar la Torá.⁴⁷ Porque un ignorante no puede ser piadoso (*Avot* 2:6). Y, como está escrito (Proverbios 28:9), "Cuando la persona aparta su oído de escuchar Torá, su plegaria también es una abominación".⁴⁸}

4. Y cada persona debe unir sus plegarias a los <Tzadikim> de la generación.⁴⁹ <Porque el> Tzadik conoce cómo correlacionar los portales [con las plegarias] y elevar cada plegaria a su portal apropiado.⁵⁰ Pues cada Tzadik es un aspecto de Moshé-Mashíaj. Como <dirían los

---

El Rebe Najmán enfatizó particularmente la importancia de aplaudir mientras se está orando (ver *Likutey Moharán* I, 44; *Tzadik* #204). Aun así, están aquellos a los que les resulta difícil concentrarse cuando el vecino está aplaudiendo. Sin embargo, se dice en nombre del Rabí Eliahu Jaim Rosen que cuando uno oye que alguien está aplaudiendo esto debe hacerle recordar que debe concentrarse en sus plegarias.

46. mundo del intelecto. Más arriba (fin de §2) esto fue descrito como el mundo de los ángeles. La explicación simple es que los ángeles, debido a que son almas sin cuerpos, corresponden al intelecto puro. A un nivel más profundo, encontramos en el Talmud dos referencias separadas (*Shabat* 53b y *Bava Kama* 2b) al hecho de que el hombre tiene *mazal*. En *Shabat*, Rashi explica que *mazal* indica un ángel guardián; en *Bava Kama* Rashi interpreta *mazal* como el intelecto del hombre. Cuando la persona comienza a seguir la senda de la verdad, puede asemejarse a un niño que está aprendiendo a caminar. Debe tener un "ángel guardián", es decir, un apoyo desde Arriba. Sin embargo, luego de andar en este sendero durante un tiempo, uno gana la fuerza que da la verdad y puede así seguir su propio intelecto.

47. Torá. Este párrafo no aparece en el manuscrito original del Rebe Najmán, sino que fue registrado por uno de sus seguidores y agregado más tarde al texto (*Parparaot LeJojmá*). Aunque el Rebe Najmán aún no ha mencionado a la Torá en la lección, más tarde hará referencia a ella en su comentario sobre la historia de Raba bar bar Janá. Explica el Rabí Natán que la Torá es verdad, la encarnación total de la Verdad. Indica que antes de recitar la plegaria de la *Amidá* leemos primero el *Shemá*, que aparece en la Torá. (Esto se refiere a las plegarias de la mañana y de la noche. La *Amidá* de la tarde también está precedida por una sección de la Torá, es decir, *Ashrei*, Salmos 145). Esto se debe a que antes de orar debemos unirnos a la verdad, para que nuestras palabras brillen como una "luz". Podemos comprender entonces que al mencionar la necesidad de la verdad, el Rebe ha introducido de hecho el concepto de Torá (*Likutey Halajot, Hiljot Daianim* 3:9).

48. un ignorante no puede ser piadoso...abominación. La persona que no estudia Torá no puede estar unida a la verdad, pues la Torá es verdad. El resultado es que sus plegarias no pueden ser ofrecidas de manera apropiada ni pueden proveer sustento. Sin embargo, esto no se

שַׁפִּיר קָאָמַרְתְּ׳, וּכְתִיב (בראשית מ״ט): "עַד כִּי יָבֹא שִׁילֹה" - ׳דָא מֹשֶׁה׳ (זהר בראשית כה:).

וּמָשִׁיחַ הוּא כָּלוּל כָּל הַתְּפִלּוֹת, וּבִשְׁבִיל זֶה יִהְיֶה מָשִׁיחַ ׳מוֹרַח וְדָאִין׳ (כמו שאמרו רבותינו, זכרונם לברכה סנהדרין צג:), כִּי הַתְּפִלּוֹת הֵם בְּחִינַת חֹטֶם, כְּמוֹ שֶׁכָּתוּב (ישעיהו מ״ח): "וּתְהִלָּתִי אֶחֱטָם לָךְ".

וְזֶה פֵּרוּשׁ:

אָמַר רַבָּה בַּר בַּר־חָנָא: זִמְנָא חֲדָא הֲוֵי קָאָזְלִינָן בְּמַדְבְּרָא, וְאִתְלַוִי בַּהֲדַן הַהוּא טַיָּעָא, דַּהֲוָה שָׁקִיל עַפְרָא וּמוֹרַח לֵהּ. וְאָמַר: הָא אָרְחָא לְדוּכְתָּא פְּלָן וְהָא אָרְחָא לְדוּכְתָּא פְּלָן. אָמְרִינָן לֵהּ: כַּמָּה מְרַחֲקִינָן מִמַּיָּא? וְאָמַר לָן: הָבוּ לִי עַפְרָא. יָהֲבִינָן לֵהּ. אָמַר לָן: תְּמַנְיָא פַּרְסֵי. תָּנֵינָן וְיָהֲבִינָן לֵהּ, אָמַר לָן: דִּמְרַחֲקִינָן תְּלָתָא פַּרְסֵי. אֲפָכִית לֵהּ וְלָא יָכְלִית לֵהּ.

רַשְׁבַּ״ם:

טַיָּעָא - סוֹחֵר יִשְׁמְעֵאל: וְהָפְכִינוּ - הַאי עַפְרָא בְּהַאי עַפְרָא, לְנַסּוֹתוֹ אִם יִהְיֶה בָּקִי כָּל כָּךְ.

---

53. Mashíaj...todas las plegarias. El nombre *MaShiaJ* se asemeja a la palabra *MaSiaJ*, que significa habla y plegaria. En verdad, "la plegaria es el arma básica del Mashíaj" (ver *Likutey Moharán* I, 2, donde esto se explica en gran detalle junto con sus conexiones con el poder del olfato/la nariz).

54. poder del olfato. "[El Mashíaj] respirará del temor a Dios; no juzgará por la vista ni por aquello que oye" (Isaías 11:3). El Talmud (*loc. cit.*) explica que Mashíaj tendrá el poder de juzgar mediante su sentido del olfato.

55. nariz...ira de ti. *Ejtom* significa literalmente "taparé Mi nariz" para impedir que salga el humo de la ira (ver *Rashi, loc. cit.*). Así como la vida de la persona está en su nariz, dado que no puede vivir sin respirar, de la misma manera la vida espiritual está en la plegaria. La fuerza de Mashíaj estará en la plegaria, simbolizada por la nariz. Así, nuestra tan esperada redención, a la cual el Rebe Najmán se refiere al final de la lección, depende de nuestras plegarias y del hecho de que éstas estén unidas a los Tzadikim.

Sabios>, "Moshé, tú lo has dicho bien" (Shabat 101b).[51] Como está escrito (Génesis 49:10), "Hasta que llegue Shiló [es decir, Mashíaj]", éste es Moshé (Zohar I, 25b). <Ambos tienen el mismo valor numérico>.[52]

Y Mashíaj <está compuesto de> todas las plegarias.[53] Es por esto que [los Sabios dijeron que] el Mashíaj juzgará a través del poder del olfato (Sanedrín 93b).[54] Pues <la plegaria> corresponde al JoTeM (la nariz), como en (Isaías 48:9), "Por Mi alabanza [es decir, plegaria], eJToM (reprimiré Mi ira) de ti".[55]

Ésta es la explicación:

Contó Raba bar bar Janá: Cierta vez estábamos viajando por el desierto acompañados de un mercader. Él tomaba tierra, la olía y decía, "Éste es el camino hacia tal y tal lugar, y éste es el camino hacia otro lugar". Le preguntamos, "¿Cuán lejos estamos del agua?". Él nos dijo, "Traigan un poco de tierra". Se la llevamos y él dijo, "Ocho *parsei*". [Más tarde] *taneinon* (nuevamente le) trajimos un poco más. Él dijo que estábamos a tres *parsei*. Yo cambié una por otra, pero aun así no lo pude engañar (Bava Batra 73b).

Rashbam:

mercader - es un sojer (comerciante) Ishmaelita;
cambié una por otra - las muestras de tierra, para ver si realmente era un experto.

---

51. Moshé, tú lo has dicho bien. Así es como los Sabios más importantes del Talmud se saludaban unos a otros. Ellos se referían al otro llamándolo Moshé, implicando que "Tú eres a tu generación lo que Moshé fue a la suya" (Rashi, loc. cit.).

52. Shiló…Moshé…. Rashi comenta, citando a Onkelos, que Shiló se refiere a Mashíaj. SHiLó (שילה) y MoSHé (משה) comparten el mismo valor numérico de 345 (ver Apéndice: Tabla de Guematria). Luego de comenzar la lección tratando sobre el significado de la plegaria del individuo, el Rebe Najmán se vuelca ahora hacia otra dimensión: la plegaria en su totalidad, las plegarias de todo el pueblo judío. Todos los judíos deben orar. Pero aun así, como individuos, sus plegarias sólo logran lo mínimo suficiente. Sin embargo, al unir la plegaria al Tzadik, aquél que engloba todos los senderos de la plegaria, nuestras propias palabras pueden ascender a través del portal correcto y alcanzar su lugar apropiado junto con todas las plegarias del pueblo judío. Esto está simbolizado en el relato de la Torá referido a la construcción del Tabernáculo sagrado. Todos los judíos trajeron sus propias donaciones y contribuyeron con su parte del trabajo, pero Moshé, el Tzadik de la generación, fue el único capaz de ensamblar apropiadamente el Tabernáculo (ver *Likutey Moharán* I, 2:6). Lo mismo sucederá con Mashíaj, motivo por el cual también nos referimos a Moshé como el Mashíaj.

זִמְנָא חֲדָא אִתְלַוִּין בַּהֲדָן הַהוּא טַיָּעָא, סוֹחֵר יִשְׁמָעֵאל - זֶה בְּחִינַת צַדִּיק הַדּוֹר, שֶׁהוּא כָּלוּל כָּל הַתְּפִלּוֹת כְּמָשִׁיחַ. וּתְפִלּוֹת זֶה בְּחִינַת סוֹחֵר יִשְׁמָעֵאל, כְּמוֹ שֶׁכָּתוּב (בראשית ט"ז): "כִּי שָׁמַע ה' אֶל עָנְיֵךְ", וְתַרְגּוּמוֹ: 'קַבִּיל ה' צְלוֹתֵיךְ'. וְזֶה סוֹחֵר, כִּי סָבִיב - תַּרְגּוּמוֹ סְחוֹר. וְזֶה בְּחִינַת אֱמוּנָה, כְּמוֹ שֶׁכָּתוּב (תהלים פ"ט): "וֶאֱמוּנָתְךָ סְבִיבוֹתֶיךָ".

וְאִתְלַוִּין בַּהֲדָן הַהוּא טַיָּעָא - שֶׁקִּשַּׁרְנוּ אֶת עַצְמֵנוּ עִם צַדִּיק הַדּוֹר, שֶׁהוּא בְּחִינַת מָשִׁיחַ, כְּלָלִיּוּת הַתְּפִלָּה.

וְשָׁקֵיל עַפְרָא וּמוֹרָח וְאָמַר: הָא לְדוּכְתָּא פְּלָן וְהָא לְדוּכְתָּא פְּלָן. עַפְרָא - זֶה בְּחִינַת תְּפִלָּה, כְּמוֹ שֶׁכָּתוּב (ישעיהו מ"א): "יִתֵּן כֶּעָפָר חַרְבּוֹ", וְחֶרֶב זֶה בְּחִינַת תְּפִלָּה, כְּמוֹ שֶׁכָּתוּב: "בְּחַרְבִּי וּבְקַשְׁתִּי". וּמוֹרָח - כִּי יֵשׁ לוֹ כֹּחַ הַזֶּה לְהָרִיחַ, עַל-יְדֵי שֶׁהוּא כָּלוּל כָּל הַתְּפִלּוֹת, וּכְתִיב: "וַתְּהִלָּתִי אֶחֱטָם לָךְ".

וְאָמַר: הָא לְדוּכְתָּא פְּלָן - שֶׁהָיָה יוֹדֵעַ שַׁעֲרֵי תְפִלּוֹת, וְהָיָה יוֹדֵעַ כָּל תְּפִלָּה הַשַּׁיָּךְ לְשִׁבְטוֹ.

וְאָמְרִינַן לֵהּ: כַּמָּה מְרַחֲקִינַן מִמַּיָּא? וְאָמַר לָן: הָבוּ לִי עַפְרָא. יְהַבִינַן לֵהּ. אָמַר לָן: תְּמַנְיָא פַּרְסֵי. תָּנֵינָא וְיָהֲבִינַן לֵהּ, אָמַר לָן: תְּלָתָא פַּרְסֵי. אֲפֵכִית וְלֹא יְכֵלִית לֵהּ - הַיְנוּ:

אָמְרִינַן לֵהּ: כַּמָּה אֲנַן מְרַחֲקִינַן מִמַּיָּא - מִבְּחִינַת (איכה ב): "שִׁפְכִי לִבֵּךְ כַּמַּיִם נֹכַח פְּנֵי ה'".

(*Bereshit Rabah* 43:3). Debido a que la plegaria de Abraham era pura, fue capaz de utilizar esta tierra, que alude a la plegaria, para salvar a Lot. Precisamente de los descendientes de Lot (a través de Moab, Ruth y el rey David) descenderá Mashíaj, la fuente de la plegaria (*Mei HaNajal*). La explicación de espada y arco como plegaria ha sido desarrollada más arriba (fin de §2 y n.28).

58. derrama tu corazón.... Esto se refiere a la plegaria desde el fondo del corazón, con una concentración total. Muchas son las necesidades de la persona, de modo que incluso al ponerse a orar uno tiende a olvidar muchas de las cosas que hubiera querido pedir. Sin embargo, cuando la persona alcanza la verdad, se da cuenta de que puede abrirse a la luz de Dios -Dios quien es

Cierta vez estábamos viajando...acompañados de un mercader - Este "*sojer*" (comerciante) Ishmaelita" corresponde al Tzadik de la generación. Él incluye todas las plegarias, como Mashíaj. Y la plegaria corresponde a un comerciante *iSHMAelita*, como está escrito (Génesis 16:11), "[Le pondrás de nombre Ishmael,] pues Dios ShaMA (ha escuchado) tu aflicción". Onkelos traduce esto como: "Dios ha aceptado tus plegarias". Y éste es el motivo [por el cual es llamado] SoJeR: SaJoR es la palabra aramea que significa "rodear", que corresponde a la fe, <a la plegaria>, como en (Salmos 89:9), "Tu fe Te rodea".[56]

acompañados por un mercader - Nos unimos al Tzadik de la generación, porque él es el aspecto de Mashíaj, la encarnación de la plegaria.

Él tomaba tierra, la olía y decía, "Éste es el camino hacia tal y tal lugar, y éste es el camino hacia otro lugar" - "Tierra" corresponde a la plegaria, como está escrito (Isaías 41:2), "Su espada los hará como la tierra". La espada es la plegaria, como en, "...con mi espada y con mi arco".[57] Él huele [la tierra], porque [el Tzadik] tiene este poder del olfato debido a que él incluye todas las plegarias. Y está escrito, "Por Mi alabanza [es decir, plegaria], *eJToM* de ti", [y *JoTeM* es la nariz].

y decía, "Éste es el camino hacia tal y tal lugar" - Él conocía los portales de las plegarias, y sabía a qué tribu le correspondía cada plegaria.

Le preguntamos, "¿Cuán lejos estamos del agua?" - Es decir, [cuán lejos estamos] de (Lamentaciones 2:19), "Derrama tu corazón como agua delante de Dios".[58]

---

56. Te rodea. La fe se asemeja a un círculo. Un círculo es una línea continua sin salientes. No tiene lugar al cual uno pueda aferrarse. De la misma manera, la fe se aplica sólo donde uno no puede comprender, donde no hay manera de aferrarse mediante la lógica (*Parparaot LeJojmá*). Este "mercader" o comerciante es el Tzadik, cuya plegaria es completa debido a que su fe es perfecta (cf. *Likutey Moharán* I, 7: final y n.76). Cuando la persona está rodeada por la fe, cuando su fe es tan fuerte que comprende que Dios está en todas partes y que está con ella en todo momento, entonces ya no se ve más afectada por las "fuerzas opositoras" que la rodean por todos lados.

57. espada...como la tierra.... El Midrash explica este versículo en conexión con Abraham, cuando persiguió a los cuatro reyes para salvar a su sobrino Lot (Génesis 14). Cuando Abraham tomaba tierra y la arrojaba hacia sus enemigos, ésta se transformaba en espadas y flechas

אָמַר לָן, תְּמַנְיָא בְּחִינוֹת, הַיְנוּ לִמּוּד הַתּוֹרָה, שֶׁהוּא חֲמִשָּׁה חֻמְשֵׁי תּוֹרָה, וְשָׁלֹשׁ תְּפִלּוֹת.

תָּנֵינַן וְיָהֲבִינַן לֵהּ – תָּנֵינַן, לְשׁוֹן לִמּוּד, וְאַחַר הַלִּמּוּד, יָהֲבִינַן לֵהּ לְהָרִיחַ, כַּמָּה מְרַחֲקִינַן מִזֹּאת הַבְּחִינָה שֶׁל מַיִם.

וְאָמַר לָן, תְּלָתָא פַּרְסֵי – הַיְנוּ שְׁלֹשָׁה בְּחִינוֹת תְּפִלּוֹת. וְהֶרְאָה לָנוּ סִימָן עַל זֶה, שֶׁעֲדַיִן לֹא הִגַּעְנוּ לְמַדְרֵגָה זֹאת שֶׁנִּתְפַּלֵּל כָּל כָּךְ בְּכַוָּנָה עַד שֶׁנִּשְׁפֹּךְ לִבֵּנוּ לְפָנָיו כַּמַּיִם. וְהָא רְאָיָה.

אֲפֵכִית – כְּמוֹ שֶׁכָּתוּב (תהלים פ״ט): "אַף תָּשִׁיב צוּר חַרְבּוֹ וְלֹא הֲקֵמוֹתוֹ בַּמִּלְחָמָה", כִּי כָּל הַתְּפִלּוֹת הֵם בְּחִינַת חֶרֶב אֵצֶל מָשִׁיחַ; וְאִם הָיוּ הַתְּפִלּוֹת בַּבְּחִינָה הַנַּ״ל, בְּוַדַּאי לֹא הָיָה מֵשִׁיב צוּר חַרְבּוֹ, וְזֶה סִימָן שֶׁעֲדַיִן לֹא הִגַּעְנוּ לְמַדְרֵגַת "שִׁפְכִי כַמַּיִם לִבֵּךְ נֹכַח פְּנֵי ה׳".

plegarias y en todas sus necesidades. Éste es el nivel de la "piedra preciosa". 2) *Minja* puede ser comparada a un tiempo *intermedio*, a la tarde, cuando la persona está rodeada de problemas y de distracciones pero que, hasta un cierto grado, aún puede centrarse en sus plegarias y en sus necesidades. Éste es el nivel de la "ventana". 3) *Maariv* puede compararse a un tiempo en que todo está *oscuro*, como de noche, cuando la persona siente que ella y sus plegarias están siendo abrumadas por "fuerzas" y dificultades que parecen ser insuperables. En los tres casos, uno debe forzarse a orar con toda la energía y con el mayor grado de concentración posible. Esto le traerá vida a cada uno de estos niveles. Por eso Raba bar bar Janá le preguntó al mercader, "¿Cuán lejos estamos de la plegaria?". Y él le respondió, "Tres parsei" - ¡tres niveles!

63. aún no habíamos alcanzado.... Debido a que estamos en el exilio, nuestras plegarias están "embotadas", sin poder alcanzar aún su lugar apropiado (*Mei HaNajal*).

Resumen: La persona debe orar con toda su energía y concentración. De esta manera, su fuerza se renueva en las letras de la plegaria, que son la fuente de toda la vitalidad (§1). Cada una de las doce tribus del pueblo judío tenía una diferente versión de la plegaria y un portal correspondiente a través del cual pasaban sus plegarias. Estos doce senderos también corresponden a las doce constelaciones, por medio de las cuales se canaliza el sustento hacia cada tribu en particular. Es así que, a través de la plegaria, se provee de un influjo vital a todas las partes del universo (§2). Pero las *klipot* (cáscaras) rodean a la persona en la oscuridad y le impiden orar. La única manera de salir es a través de la verdad/Torá. Entonces Dios hace brillar Su Luz para mostrarle el camino de salida de la oscuridad y de la mentira (éste es el significado interno de las instrucciones de Dios a Noé concernientes a la construcción del arca) (§3). Cada persona debe unir sus plegarias al Tzadik de la generación. El Tzadik, quien es Moshé/Mashíaj, eleva la plegaria hacia su portal apropiado (§4).

él dijo, Ocho [aspectos] - Esto alude al estudio de la Torá [y a la plegaria]: los Cinco Libros de la Torá[59] y las tres plegarias diarias.[60]

taneinon **(nuevamente le) trajimos un poco más** - "*Taneinon*" denota estudio.[61] Así, luego de estudiar Torá le trajimos nuevamente tierra para que oliera, [para que nos dijese] cuán lejos estábamos de este aspecto de "agua", [es decir, del nivel en que la plegaria fluye como agua].

Él dijo, Tres parsei - Es decir, las tres <plegarias>.[62] Entonces nos demostró que aún no habíamos alcanzado el nivel en el cual podríamos orar con tal concentración como para derramar nuestros corazones como agua delante de Él. La prueba era:

Yo cambié una por otra - Como está escrito (Salmos 89:44), "Has embotado el filo de su espada; y no le has hecho estar firme en la batalla". Porque todas las plegarias son una espada para Mashíaj, y si las plegarias hubieran sido tal como se describen arriba, [es decir, ofrecidas con verdadera devoción,] Dios ciertamente no habría "embotado el filo de su espada". Ésta era la señal de que aún no habíamos alcanzado el nivel de "Derrama tu corazón como agua delante de Dios".[63]

Ein Sof (el Infinito)- de modo que sus palabras fluyen libremente y merece orar desde el fondo de su corazón por todas sus necesidades espirituales y físicas, sin excepción.

59. Cinco Libros de la Torá. Ya hemos visto que, para poder orar de forma apropiada, la persona debe unirse a la verdad absoluta, a la Torá. Esto requiere que se dedique a estudiar en aras de la verdad y de manera sincera. Más aún, es necesario también unirse a la verdad en otros momentos, incluso cuando no se está dedicado al estudio de la Torá ni a la plegaria. Esto incluye las relaciones diarias con la gente, en los negocios, etc. Es necesario tener sumo cuidado y no dejar que salga de los labios algo falso, ni siquiera de manera accidental o inadvertida. Al unirse a la verdad durante todo el día, es posible atraer a uno mismo la Luz infinita de Dios. Esto, a su vez, despierta la compasión de Dios, de modo que todas las plegarias y todos los pedidos obtienen respuesta desde Arriba.

60. tres plegarias diarias. Estas son: *Shajarit* (a la mañana), *Minja* (a la tarde) y *Maariv* (a la noche). Así, las ocho parsei aluden a estas tres plegarias conjuntamente con los Cinco Libros de la Torá.

61. Taneinon denota estudio. En arameo, la palabra *taná* significa "repasar" o "repetir". Por lo tanto connota "estudiar".

62. tres plegarias. Esto se refiere simplemente a las tres plegarias diarias. También puede comprenderse del modo siguiente: 1) *Shajarit* puede compararse a un tiempo en que todo *brilla* de manera luminosa, como la mañana, cuando la persona puede concentrarse claramente en sus

ה **וּתְפִלָּה** הוּא בְּחִינַת נִסִּים, שֶׁהוּא אֵין דֶּרֶךְ הַטֶּבַע; כִּי לִפְעָמִים הַטֶּבַע מְחַיֵּב אֵיזוֹ דָּבָר, וְהַתְּפִלָּה מְהַפֶּכֶת אֶת הַטֶּבַע. וְעִקַּר הַנִּסִּים, הַיְנוּ עִקַּר הַתְּפִלָּה, אֵינוֹ אֶלָּא בְּאֶרֶץ־יִשְׂרָאֵל, כְּמוֹ שֶׁכָּתוּב (תהלים ל"ז): "שְׁכָן אֶרֶץ וּרְעֵה אֱמוּנָה", וֶאֱמוּנָה זֶה תְּפִלָּה, כְּמוֹ שֶׁכָּתוּב (שמות י"ז): "וַיְהִי יָדָיו אֱמוּנָה" כְּתַרְגּוּמוֹ.

וּבִשְׁבִיל זֶה הִיא גְּבוֹהַּ מִכָּל הָאֲרָצוֹת (זבחים נד:), עַל שֵׁם שֶׁעִקַּר הַנִּסִּים שָׁם הֵם, וּכְתִיב (ישעיהו ס"ב): "הָרִימוּ נֵס". וּבִשְׁבִיל זֶה נִקְרֵאת אֶרֶץ כְּנַעַן; כְּנַעַן - לְשׁוֹן סוֹחֵר, בְּחִינַת אֱמוּנָה, כְּמוֹ שֶׁכָּתוּב: "וֶאֱמוּנָתְךָ סְבִיבוֹתֶיךָ".

וְזֶה שֶׁאָמְרוּ חֲכָמֵינוּ, זִכְרוֹנָם לִבְרָכָה (תענית י.): אֶרֶץ־יִשְׂרָאֵל שׁוֹתָה תְּחִלָּה. וְהַגְּשָׁמִים בָּאִים מִתְּהוֹמוֹת, כְּמוֹ שֶׁכָּתוּב (תהלים מ"ב): "תְּהוֹם אֶל תְּהוֹם קוֹרֵא"; וּתְהוֹם לְשׁוֹן נֵס, כְּמוֹ שֶׁכָּתוּב (רות א): "וַתֵּהֹם כָּל הָעִיר", כִּי עַל נֵס, הַיְנוּ עַל דְּבַר חִדּוּשׁ, מַתְמִיהִין.

וְזֶה שֶׁאָמְרוּ חֲכָמֵינוּ, זִכְרוֹנָם לִבְרָכָה (תענית כה:): 'קוֹל הַתּוֹר נִשְׁמַע בְּאַרְצֵנוּ' לְעִנְיָן גְּשָׁמִים, כִּי עִקַּר הַגְּשָׁמִים נִשְׁמַע בְּאֶרֶץ־יִשְׂרָאֵל, כִּי שָׁם הַתְּהוֹמוֹת, הַיְנוּ הַנִּסִּים, הַיְנוּ אֱמוּנָה, תְּפִלָּה.

68. Te rodea. Canaán, además de ser el primer nombre de la Tierra de Israel, también se traduce como *sojer* (un mercader) (cf. Hosea 12:8, *Rashi, v.i. Canaán beiadó*). Hemos visto arriba que "mercader" corresponde tanto a la plegaria como a la fe, las cualidades inherentes a la Tierra de Israel (ver n.56).

69. bebe primero. Como está escrito (Job 5:10), "Quien da lluvia a la Tierra [de Israel], y envía agua sobre las *jutzot* (tierras externas)" (*Taanit, loc. cit.*).

70. tehom, abismo. Esto se refiere a las "aguas superiores" de las cuales recibe su lluvia la Tierra de Israel (*Taanit* 10a). (Ver también *Likutey Moharán* I, 7, n.17).

71. la gente se asombra. Todos se asombraron cuando Naomi retornó con Ruth a la Tierra de Israel, la tierra de los milagros (*Mei HaNajal*; cf. *Likutey Moharán* I, 7, n.18).

72. Tierra...las lluvias. Pues las lluvias caen primero sobre la Tierra de Israel, el lugar de las "aguas profundas"/milagros/fe/plegaria. Así como la voz de la paloma se escucha en la Tierra, de la misma manera allí se escucha la quintaesencia de las lluvias. Con esto, el Rebe ha mostrado que la lluvia es un milagro en sí misma, un milagro por el cual se debe orar y que no debe ser visto como parte del curso normal de la naturaleza.

5. Y la plegaria corresponde a los milagros, porque [también] es <sobrenatural>.[64] A veces, el orden natural implica una cosa, mientras que la plegaria supera el curso de la naturaleza. Y lo esencial de los milagros, es decir, lo esencial de la plegaria, sólo se encuentra en la Tierra de Israel, como en (Salmos 37:3), "Habita en la Tierra y cultiva la fe". Y la fe es plegaria, como está escrito, "Y sus manos estaban *emuná* (fe)", que Onkelos traduce como: ["sus manos estaban extendidas en plegaria".][65]

Es por este motivo que [la Tierra de Israel] se encuentra más elevada que todas las otras tierras (*Zevajim* 54b)[66] - porque la esencia de los *NiSiM* (milagros) ocurre allí. Y está escrito (Isaías 62:10), "Levanta [en alto] un *NeS* (una señal)".[67] Esto también explica por qué [la Tierra de Israel] es llamada la Tierra de Canaán. Canaán connota un *sojer* (comerciante), que corresponde a la fe, como en, "Tu fe Te rodea".[68]

Así, enseñaron nuestros Sabios: La Tierra de Israel bebe primero (*Taanit* 10a).[69] [Esto hace referencia a] las lluvias, que provienen del *tehom* (del abismo),[70] como está escrito (Salmos 42:8), "Un abismo llama a otro abismo". *TeHoM* connota lo milagroso [y asombroso], como en (Ruth 1:19), "y toda la ciudad estaba *TeHoM* (asombrada)". Porque la gente se asombra de un milagro, de algo nuevo y original.[71]

Es por esto que los Sabios dijeron también que "la voz de la paloma se oye en nuestra tierra" (Cantar de los Cantares 2:12) se refiere a las lluvias (cf. *Taanit* 25b). Porque es en la Tierra de Israel -el lugar de los abismos/ milagros/fe/plegaria- que "se oye" la quintaesencia de las lluvias.[72]

---

64. sobrenatural. Mediante la plegaria, la persona tiene control sobre el mundo de los ángeles y sobre aquello que se encuentra debajo de éste, es decir, la naturaleza. Esto ya se explicó más arriba, ver notas 9 y 10.

65. emuná...en plegaria. El versículo en Salmos comienza, "Confía en Dios...". Es esta confianza y fe en Dios la que hará que tú "habites en la Tierra [de Israel]". Y la fe, como nos dice el Rebe Najmán, corresponde a la plegaria (ver n.5 arriba). La interrelación que existe entre la fe, la plegaria, los milagros y la Tierra de Israel (a la cual se referirá el Rebe Najmán seguidamente) aparece explicada en forma más extensa en la Lección 7, sección 1 y notas.

66. más elevada que todas las otras tierras. "Vive el Señor que hizo *subir* a los hijos de Israel de... todas las tierras... a su propia Tierra" (Jeremías 16:15). De aquí aprendemos que la Tierra de Israel es más elevada que todas las otras tierras (*Zevajim, loc. cit.*, Rashi, v.i. *veEretz Israel*).

67. Levanta una señal. La palabra hebrea *nes* puede traducirse como señal, bandera o milagro, e indica "elevar". Debido a que la Tierra de Israel es la tierra de los milagros, está elevada. Esto también implica que uno debe elevar los milagros, es decir, sacarlos a la luz y no cubrirlos, explicándolos como si fueran fenómenos naturales.

וְזֶה לְעֻמַּת זֶה עָשָׂה אֱלֹקִים – וּמִצְרַיִם הוּא הֵפֶךְ אֶרֶץ־יִשְׂרָאֵל, זֶה לְעֻמַּת זֶה, כְּמוֹ שֶׁכָּתוּב (שמות י"ד): "וּמִצְרַיִם נֹסִים לִקְרָאתוֹ", שֶׁמִּצְרַיִם לְעֻמַּת אֶרֶץ־יִשְׂרָאֵל, לְעֻמַּת הַנִּסִים. וּבִשְׁבִיל זֶה אֵין מָקוֹם תְּפִלָּה בְּמִצְרַיִם, כְּמוֹ שֶׁכָּתוּב (שם ט): "וְהָיָה כְּצֵאתִי אֶת הָעִיר אֶפְרֹשׂ כַּפַּי".

בִּשְׁבִיל זֶה, כְּשֶׁפָּגַם אַבְרָהָם בְּאֶרֶץ־יִשְׂרָאֵל, בְּשָׁעָה שֶׁהִבְטִיחַ לוֹ הַקָּדוֹשׁ־בָּרוּךְ־הוּא עַל יְרֻשַּׁת אֶרֶץ אָמַר (בראשית ט"ו): "בַּמָּה אֵדַע" – עַל־יְדֵי־זֶה יָרְדוּ אֲבוֹתֵינוּ לְמִצְרַיִם, כִּי פָּגַם בֶּאֱמוּנָה, הַיְנוּ אֶרֶץ־יִשְׂרָאֵל, בְּחִינַת נִסִּים, וְיָרַד יַעֲקֹב וּבָנָיו לְמִצְרַיִם, שֶׁשָּׁם הֵפֶךְ הַנִּסִּים, שֶׁזֶּה לְעֻמַּת זֶה.

וְיָרְדוּ דַּוְקָא יַעֲקֹב וּבָנָיו, כִּי הוּא פָּגַם בְּאֶרֶץ־יִשְׂרָאֵל, בִּבְחִינַת תְּפִלָּה, וְיָרְדוּ יַעֲקֹב וּבָנָיו, שֶׁהֵם בְּחִינַת תְּפִלָּה, שֶׁהֵם בְּחִינַת שְׁנֵים־עָשָׂר שַׁעֲרֵי תְּפִלָּה.

וְעַל־יְדֵי שֶׁעִקַּר הַתְּפִלָּה הֵם יַעֲקֹב וּבָנָיו כַּנַּ"ל, עַל־יְדֵי־זֶה לֹא זָכָה לְאֶרֶץ־יִשְׂרָאֵל, לִבְחִינַת תְּפִלָּה, אֶלָּא יַעֲקֹב וּבָנָיו, כְּמוֹ שֶׁכָּתוּב (בראשית כ"א): "כִּי בְיִצְחָק יִקָּרֵא לְךָ זָרַע", וְלֹא כָל יִצְחָק (נדרים לא.).

---

estaba en el exilio en Egipto. Los judíos eran incapaces de abrir la boca para hablarle a Dios (*Sabiduría y Enseñanzas del Rabí Najmán de Breslov* #68).

76. descendieran a Egipto. Antes de esto, Dios le dijo a Abraham que sería bendecido con descendientes, "tantos como las estrellas del cielo" (Génesis 15:5,6). Y Abraham Le creyó. Sin embargo, cuando se le informó que iba a heredar la Tierra, entonces cuestionó a Dios. Esto se consideró una falta en su fe. Entonces Dios dijo (Génesis 15:13), "Debes saber que durante 400 años tus descendientes serán extranjeros en una tierra que no les pertenece".

77. la antítesis de la Tierra de Israel. El motivo por el cual la lluvia no cae normalmente en la tierra de Egipto (*Rashi*, Deuteronomio 11:10) es que es la antítesis de la Tierra de Israel, el lugar de los milagros (*Parparaot LeJojmá*). Además, advierten las Escrituras, "No sea que olviden a Dios y adoren los ídolos; la lluvia no caerá... ustedes se perderán de la Tierra" (Deuteronomio 11:16-17). Cuando la persona se aleja de Dios, ello se considera una forma de idolatría. El resultado es que el cielo retiene su lluvia -los milagros/la Tierra de Israel, etc.- y el castigo es el exilio.

78. Iaacov y en sus hijos. Como se explicó más arriba en la sección 2 y en la nota 7.

79. no en todo Itzjak. Esto excluye a Esaú. Aunque también era hijo de Itzjak, Esaú era un idólatra, lo opuesto a la fe y a la plegaria, y estaba por lo tanto excluido de la Tierra de Israel.

Y, "Dios hizo uno frente al otro" (Eclesiastés 7:14). La Tierra de Egipto es así la antítesis de la Tierra de Israel, "uno frente al otro", como en (Éxodo 14:27), "Y los egipcios *NaSiM* (huían) hacia él".[73] Egipto es lo opuesto de la Tierra de Israel, lo opuesto de los *NiSiM* (milagros).[74] Es por esto que la plegaria no tenía lugar en Egipto, como en, "Cuando salga de la ciudad extenderé mis manos [en plegaria]" (Éxodo 9:29).[75]

Debido a esto, cuando Abraham produjo un defecto en la Tierra de Israel -cuando Dios le prometió la herencia de la tierra y Abraham preguntó (Génesis 15:8), "¿Cómo sabré?"- se hizo necesario que nuestros antepasados descendieran a Egipto.[76] Fue el defecto [producido por Abraham] en la fe, en la Tierra de Israel, el aspecto de los milagros, lo que dio como resultado que Iaacov y sus hijos descendieran a Egipto, <la antítesis de la Tierra de Israel>.[77]

Y fueron específicamente Iaacov y sus hijos quienes descendieron. [Abraham] produjo un defecto en la Tierra de Israel/plegaria, y hubieron de descender Iaacov y sus [doce] hijos, quienes corresponden a la plegaria y a sus doce portales.

Más aún, debido a que la quintaesencia de la plegaria está [encarnada en] Iaacov y en sus hijos,[78] ningún otro se hizo merecedor de la Tierra de Israel y de la plegaria más que Iaacov y sus hijos. Como está escrito (Génesis 21:12), [Se le dijo a Abraham que] "en Itzjak será llamada tu simiente", [en Itzjak,] pero no en todo Itzjak (Nedarim 31b).[79]

---

73. huían hacia él. Huir implica poner distancia entre uno mismo y otro. Sin embargo, aquí los egipcios *nasim* (estaban huyendo) hacia el agua. Como explica Rashi (*loc. cit.*), esto se debía a la gran confusión que reinaba en el ejército egipcio. Esto en sí mismo era un milagro. Y, como se mencionó anteriormente, Israel es la tierra de los *nisim* (milagros). Es el lugar de la santidad, el sitio del Santo Templo, y es sinónimo de fe. Egipto, por su parte, representa todo lo contrario a la santidad. Es el lugar de la impureza y de la idolatría. Fue con la intención de quebrar estas falsas creencias que Dios realizó los milagros de las Diez Plagas y del Mar Rojo. Pues Egipto es la antítesis misma de la tierra de los milagros (*Mei HaNajal*).

74. lo opuesto de los milagros. Mientras que la Tierra de Israel es la fuente de la fe y de los milagros, Egipto simboliza todo aquello que niega los milagros y la fe en Dios (cf. *Sanedrín* 67b). Es el lugar donde reinan las fuerzas de la naturaleza, particularmente en la forma de magia. "No hay magia negra como la magia negra de Egipto" (*Avot de Rabí Natán*, cap. 28).

75. mis manos en plegaria. Moshé dijo, "Cuando salga de la ciudad...". Mientras estaba dentro de la metrópolis egipcia, Moshé no podía orar. Rashi explica que Egipto estaba lleno de idolatría y por lo tanto era inadecuado para la plegaria. Nuevamente vemos la conexión entre la fe, la plegaria, los milagros y la Tierra de Israel. Esto está en contraste con otras tierras, especialmente con Egipto. En verdad, tal como explica el Rebe Najmán, la plegaria misma

וְזֶה שֶׁאָמְרוּ חֲכָמֵינוּ, זִכְרוֹנָם לִבְרָכָה (תענית ח.): 'אֵין הַגְּשָׁמִים יוֹרְדִין אֶלָּא בִּשְׁבִיל אֲמָנָה', הַיְנוּ בְּחִינַת אֶרֶץ-יִשְׂרָאֵל, שֶׁהוּא בְּחִינַת תְּפִלָּה, בְּחִינַת אֱמוּנָה; וְהִיא שׁוֹתָה תְּחִלָּה, שֶׁשָּׁם הַתְּהוֹמוֹת בְּחִינַת נִסִּים, כְּמוֹ שֶׁכָּתוּב: "וַתֵּהֹם כָּל הָעִיר".

וְזֶה שֶׁאָמְרוּ חֲכָמֵינוּ, זִכְרוֹנָם לִבְרָכָה (שם ח:): 'בְּשָׁעָה שֶׁהַגְּשָׁמִים יוֹרְדִין, אֲפִלּוּ פְּרוּטָה שֶׁבַּכִּיס מִתְבָּרֶכֶת'; 'פְּרוּטָה' – זֶה בְּחִינַת קוֹל הַתּוֹר. וְאָמְרוּ חֲכָמֵינוּ, זִכְרוֹנָם לִבְרָכָה: 'הַאי רוּדְיָא דָּמְיָא לְתוֹר, וּפְרִיטָא שְׂפוּתֵהּ', וְהוּא עוֹמֵד בֵּין תְּהוֹמָא לִתְהוֹמָא, שֶׁהוּא כָּלוּל מִשְּׁנֵי הַתְּהוֹמוֹת, שֶׁהוּא כְּלָלִיּוּת הַנִּסִּים.

וְזֶה: 'פְּרוּטָה שֶׁבַּכִּיס', שֶׁפְּעָמִים נִתְכַּסֶּה כֹּחַ הַנִּסִּים; וְעַל-יְדֵי הַגְּשָׁמִים נִתְבָּרֵךְ הַפְּרוּטָה, הַיְנוּ הַנִּסִּים, 'דִּפְרִיטָא שְׂפוּתֵהּ'. וְאִלּוּ בְּנֵי-אָדָם הַמַּכְחִישִׁים כָּל הַנִּסִּים וְאוֹמְרִים שֶׁהַכֹּל דֶּרֶךְ הַטֶּבַע, וְאִם רוֹאִים אֵיזֶהוּ נֵס, הֵם מְכַסִּים אֶת הַנֵּס עִם דֶּרֶךְ הַטֶּבַע, שֶׁאוֹמְרִים שֶׁזֶּה דֶּרֶךְ הַטִּבְעִים – נִמְצָא שֶׁפּוֹגְמִים בַּתְּפִלָּה, כִּי הַתְּפִלָּה הִיא נִסִּים, שֶׁמְּשַׁנֶּה אֶת הַטֶּבַע; וּפוֹגְמִים בָּאֱמוּנָה, שֶׁאֵין מַאֲמִינִים בְּהַשְׁגָּחַת הַבּוֹרֵא יִתְבָּרֵךְ; וּפוֹגְמִים בְּאֶרֶץ-יִשְׂרָאֵל, שֶׁהוּא מְקוֹם הַנִּסִּים, כְּמוֹ שֶׁכָּתוּב: "וְקוֹל הַתּוֹר נִשְׁמַע בְּאַרְצֵנוּ", וּכְמוֹ שֶׁאָמְרוּ:

deja de llover en la Tierra de Israel. Éste es el motivo por el cual el ángel a cargo de distribuir las lluvias se presenta como un toro. Ya hemos visto (arriba, §2) que incluso una hoja de hierba tiene su propia estrella y su propio ángel que se encargan de ella. Más aún, el ángel por sobre la constelación tendrá la apariencia de la constelación que controla. En este caso, es el toro.

Aunque las palabras exactas utilizadas por el Talmud dicen que el Ángel de la Lluvia se parecía a un *egla*, todos los comentarios lo relacionan con un *tor*, el término arameo que significa "toro". Comparando esto con *Likutey Moharán* 7:1 (donde se cita todo este pasaje), vemos que cuando el Rebe Najmán quiere hacer una conexión con *igulim* (círculos), elige *egla* y cuando quiere relacionarlo con la palabra hebrea que significa "paloma", *tor*, utiliza el arameo que significa "toro", *tor*.

82. sus labios estaban abiertos. Correspondiente a la fe/los milagros/la Tierra de Israel y particularmente a la plegaria, como en, "Señor, abre mis labios" - las palabras de introducción de la plegaria de la *Amidá*. Con los labios abiertos, con la *prutá* bendecida, los milagros están a la vista de todos.

{Las lluvias sólo caen debido a los *baalei amaná* (hombres de fe) (*Taanit* 8a).}

Ésta es la explicación de lo que enseñaron nuestros Sabios: Las lluvias sólo caen debido a *amaná*. ["*AMaNá*"] corresponde a la Tierra de Israel, que corresponde a la plegaria y a *ÆMuNá* (fe).[80] Y [la Tierra de Israel] "bebe primero" porque es allí donde están los *TeHoMot*/ milagros, como en, "y toda la ciudad estaba *TeHoM*".

{"Yo vi el Ángel de la Lluvia. Parecía un *egla* (toro) cuyos *pritá sifvatei* (labios estaban abiertos). Se encontraba entre *tehom* (abismo) y *tehom*" (*Taanit* 25b).}

Éste es el significado de lo que enseñaron nuestros Sabios: Cuando caen las lluvias, incluso una *prutá* (pequeña moneda) en el bolsillo es bendecida (*Taanit* 8b). La "*PRuTá*" corresponde a la "voz de la *tor* (paloma)" [que proclama los milagros], como también enseñaron nuestros Sabios: [Yo vi] el Ángel de la Lluvia. Parecía un *tor* (toro),[81] cuyos labios estaban *PRiTá* (abiertos). Se encontraba entre el abismo [superior] y el abismo [inferior], es decir, abarcaba los dos abismos, la encarnación de todos los milagros.

Y esto es: "una *prutá* en el *KiS* [es bendecida]". A veces, el poder de los milagros está *nitKaSé* (tapado). Pero con la [llegada de las] lluvias, la *prutá*, el milagro, "es bendecido", pues "sus labios estaban abiertos".[82]

Hay gente que niega los milagros y dice que todo sucede de manera natural. Incluso si son testigos de un milagro, lo ocultan con explicaciones naturales, atribuyéndolo al curso natural de las cosas. De este modo dañan la plegaria, porque la plegaria corresponde a los milagros, que alteran la naturaleza. También dañan la fe, porque no creen en la Providencia Divina. Y dañan la Tierra de Israel, el lugar de los milagros, como en, "la voz de la paloma se oye en nuestra Tierra"; y enseñaron [los Sabios]: La Tierra de Israel bebe primero. Porque allí

---

80. AMaNá...Tierra de Israel...ÆMuNá. Como se explicó, la lluvia depende de la *emuná*, el aspecto de la Tierra de Israel desde donde "comienzan" todas las lluvias. Egipto, por su lado, está vacío de fe y no es el lugar de los milagros; por lo tanto, allí nunca llueve. Enseña el Midrash (*Ialkut, Ekev*): "La tierra de Egipto sólo produce mediante el trabajo. Pero la Tierra de Israel, aunque su gente esté durmiendo en la cama, recibe las lluvias del Santo y así produce". La implicación es clara: la Tierra de Israel está bendecida con Providencia Divina (milagros), mientras que la tierra de Egipto sigue los dictados de la naturaleza. (Una explicación sobre lo uso de la letra "Æ" aparece en *Likutey Moharán* I, 7 nota 2; cf. n.43 arriba).

81. un toro. El Maharsha explica que Tauro, el toro, es la constelación de Iar, el mes en que

'אֶרֶץ־יִשְׂרָאֵל שׁוֹתָה תְּחִלָּה', כִּי שָׁם הַתְּהוֹמוֹת מְקוֹם הַנִּסִּים, כְּמוֹ שֶׁכָּתוּב: "וַתְּהֹם כָּל הָעִיר".

וְעַל־יְדֵי־זֶה צָרִיךְ לִפֹּל בְּגָלוּת מִצְרַיִם, כִּי זֶה לְעֻמַּת זֶה עָשָׂה כַּנַּ"ל, וְכָל הַגָּלֻיּוֹת מְכֻנִּים בְּשֵׁם מִצְרַיִם, עַל שֵׁם שֶׁהֵם מְצֵרִים לְיִשְׂרָאֵל (כמו שאמרו חכמינו, זכרונם לברכה בראשית־רבה טז).

וְזֶה פֵּרוּשׁ: **תְּהֹמֹת יְכַסְיֻמוּ** – מִי שֶׁמְּכַסֶּה אֶת הַנִּסִּים, וּמַרְאֶה לְכָל דָּבָר שֶׁהוּא דֶּרֶךְ הַטֶּבַע.

יָרְדוּ בִמְצוֹלֹת כְּמוֹ אָבֶן – (בראשית מ"ט) "מִשָּׁם רֹעֶה אֶבֶן יִשְׂרָאֵל" תַּרְגּוּמוֹ: 'אָב וּבְנָן'.

מְצוֹלֹת – זֶה בְּחִינַת מִצְרַיִם, שֶׁנֶּאֱמַר (שמות י"ב): "וַיְנַצְּלוּ אֶת מִצְרָיִם".

כְּמוֹ 'אָב וּבְנָן', הַיְנוּ יַעֲקֹב וּבָנָיו, שֶׁהֵם בְּחִינַת תְּפִלָּה, בְּחִינַת נִסִּים, בְּחִינַת אֶרֶץ־יִשְׂרָאֵל. לְפִי יְרִידָתָם וּלְפִי הַפְּגָם שֶׁפָּגַם

Resumen: La persona debe orar con toda su energía y concentración. De esta manera, su fuerza se renueva en las letras de la plegaria, que son la fuente de toda la vitalidad (§1). Cada una de las doce tribus del pueblo judío tenía una diferente versión de la plegaria y un portal correspondiente a través del cual pasaban sus plegarias. Estos doce senderos también corresponden a las doce constelaciones, por medio de las cuales se canaliza el sustento hacia cada tribu en particular. Es así que, a través de la plegaria, se provee de un influjo vital a todas las partes del universo (§2). Pero las *klipot* (cáscaras) rodean a la persona en la oscuridad y le impiden orar. La única manera de salir es a través de la verdad/Torá. Entonces Dios hace brillar Su Luz para mostrarle el camino de salida de la oscuridad y de la mentira (éste es el significado interno de las instrucciones de Dios a Noé concernientes a la construcción del arca) (§3). Cada persona debe unir sus plegarias al Tzadik de la generación. El Tzadik, quien es Moshé/Mashíaj, eleva la plegaria hacia su portal apropiado (§4). La plegaria corresponde a los milagros, a una superación de la naturaleza, la esencia de lo cual se encuentra en la Tierra de Israel. La antítesis de esto es Egipto, el exilio, un lugar carente de milagros y de plegaria (§5).

84. ...como una roca. Este versículo es parte del *Az Iashir* ("Canción del Mar"). Fue recitado por el pueblo judío luego de que Dios los salvara milagrosamente de los egipcios en el Mar Rojo, un milagro que se produjo gracias a la plegaria (*Mei HaNajal*).

85. aven...padre e hijos. La palabra *æven* a sido escrita con la letra "Æ" en base al principio explicado más arriba en la nota 43.

están los *TeHoMot*, [siendo] el lugar de los milagros, como en, "y toda la ciudad estaba *TeHoM*".

Y como resultado de este [daño a la Tierra de Israel], <se cae en las profundidades del> exilio de "Egipto", porque "Dios hizo uno frente al otro". <Como afirma el Midrash:> Todos los exilios son conocidos como *MiTZRaIM* (Egipto), porque ellos *MeTZeRIM* (causan angustia y sufrimiento) al pueblo judío (*Bereshit Rabah* 16:4).[83]

6. Ésta es la explicación [del versículo de apertura]:
{"*Tehomot Iejasiumu* (Los abismos los cubrieron); ellos se hundieron en las *metzolot* (profundidades) como una *aven* (roca)"[84]}.

Los abismos los cubrieron - Esto hace referencia a la gente que cubre los milagros y trata de mostrar que todo sigue un orden natural.

Ellos se hundieron en las metzolot como una *aven* - "...de allí el Pastor, la *aven* (Roca) de Israel" (Génesis 49:24). Onkelos traduce ["ÆVeN" como una palabra compuesta]: *Av uVenan* (padre e hijos).[85]

meTZoLot - Esto alude a Egipto, como está escrito (Éxodo 12:36), "Y ellos *naTZLu* (despojaron a) Egipto".

[como una *aven* -] Esto es *Av uVenan*. Alude a Iaacov y sus hijos, quienes corresponden a la plegaria/milagros/la Tierra de Israel. <En la exacta medida> del daño producido en la plegaria/fe/la Tierra de Israel,

---

83. todos los exilios.... Esta lección comienza con una explicación del poder que tiene la plegaria para controlar el curso de la naturaleza. El Rebe Najmán desarrolla este tema, mostrando en particular cómo y por qué la plegaria apropiada puede influenciar las "fuerzas" que gobiernan nuestro sustento y los temas relacionados con el matrimonio. En verdad, mediante la plegaria es posible pedirle algo a Dios y lograr que actúe a nuestro favor, que nos haga milagros en forma personal, en todos los aspectos de nuestras vidas. Sin embargo, para lograr esto nuestras plegarias deben ser puras, tal como el Rebe Najmán explica en las secciones 2-4. Aquí, él concluye la lección centrándose en lo que sucede cuando la plegaria no es como debería ser. Vemos que, debido a que la plegaria, la fe, los milagros y la Tierra de Israel están totalmente interrelacionados, el hecho de no orar de la manera apropiada es en realidad una indicación de una falta de fe, de una negación de los milagros y de un daño en la Tierra de Israel. El resultado de todo esto es el exilio, tanto personal como del pueblo judío en su totalidad. Mientras nuestras plegarias no logren elevarse a su lugar apropiado en el cielo, continuará el exilio, con todas sus angustias y sufrimientos. Sin embargo, no todo está perdido. Con esta enseñanza el Rebe Najmán nos ha demostrado que poniendo energía y entusiasmo en nuestras plegarias y uniendo nuestras palabras al Tzadik, es posible y está a nuestro alcance traer la redención (*Mei HaNajal*).

בִּתְפִלָּה וּבֶאֱמוּנָה וּבְאֶרֶץ־יִשְׂרָאֵל, כֵּן צָרִיךְ לֵירֵד לְעֹמֶק הַגָּלוּת שֶׁל מִצְרַיִם, כְּמוֹ שֶׁיָּרְדוּ יַעֲקֹב וּבָנָיו לְמִצְרַיִם, כְּשֶׁאָמַר אַבְרָהָם בַּמָּה אֵדַע עַל יְרֻשַּׁת אָרֶץ.

(עַד כָּאן לְשׁוֹנוֹ, זִכְרוֹנוֹ לִבְרָכָה)

falta de fe y de plegaria. Sin embargo, si la persona tiene fe, entonces ora. Busca la verdad, la Luz de Dios. Esta luz brillante la guiará y podrá entonces merecer la redención. Pues tal es el poder de la plegaria: todo se renueva en ella. En las palabras del Midrash citado más arriba (n.4): A partir del hecho de que nos das renovada esperanza en el exilio, sabemos que nos redimirás.

deben descender correspondientemente a los abismos del exilio de "Egipto", tal como Iaacov y sus hijos descendieron a Egipto debido a que Abraham preguntó, "¿Cómo sabré?" respecto de la herencia de la Tierra.[86]

86. ...**herencia de la tierra.** De este modo, el versículo de apertura de la lección puede leerse así: **Los abismos** - los milagros; **los cubrieron** - al decir que todo sigue el curso de la naturaleza; **ellos se hundieron en las profundidades** - tales personas caen en el exilio; **como un aven** - tal como Iaacov y sus hijos descendieron a Egipto. Esto se debe a que el exilio es el castigo por la

ליקוטי מוהר"ן סימן י'

וְאֵלֶּה הַמִּשְׁפָּטִים אֲשֶׁר תָּשִׂים לִפְנֵיהֶם וְכוּ'. (שמות כ"א):

א   כְּשֶׁיֵּשׁ, חַס וְשָׁלוֹם, דִּינִים עַל יִשְׂרָאֵל – עַל-יְדֵי רִקּוּדִים וְהַמְחָאַת כַּף אֶל כַּף נַעֲשֶׂה הַמְתָּקַת הַדִּינִים.

ב   כִּי עִקַּר גְּדֻלָּתוֹ שֶׁל הַקָּדוֹשׁ-בָּרוּךְ-הוּא הוּא, שֶׁגַּם הָעַכּוּ"ם יֵדְעוּ שֶׁיֵּשׁ אֱלֹקִים שַׁלִּיט וּמוֹשֵׁל, כַּמּוּבָא בַּזֹּהַר (יתרו סט:): 'כַּד אֲתָא יִתְרוֹ וַאֲמַר: "כִּי עַתָּה יָדַעְתִּי כִּי גָדוֹל ה'" וְכוּ', כְּדֵין אִתְיַקַּר וְאִתְעַלָּא שְׁמָא עִלָּאָה'.

de hecho resultado del *haster panim* (ocultamiento del rostro) de Dios, si así pudiera decirse. Cuando Él se aparta, las fuerzas del mal tienen libertad para reinar (ver *Zohar* I, 68b). Cuando esto sucede, Dios no lo permita, el mundo se llena de tristeza y de sufrimiento. (En esencia, esto *es* en sí mismo el sufrimiento más grande: que debido a que Él está oculto, no podemos conocerlo ni experimentarlo en absoluto).

Éste, entonces, es el significado de la palabra *dinim*. Ello ocurre cuando, debido a las acciones del hombre (como se explica a lo largo de la lección), se despierta la ira Divina. Esto lleva a que Él se relacione con el mundo mediante el juicio Divino, en lugar de la misericordia Divina. No debe pensarse que sólo lo catastrófico y lo trágico son ejemplos de los juicios Divinos, aunque ello sea así. Nuestros Sabios enseñaron que incluso cuando uno quiere sacar tres monedas del bolsillo y saca sólo dos, esto también es una forma de castigo proveniente de Arriba (*Erjin* 16b). De acuerdo con esto y en cuanto a su origen y fuente, es un error diferenciar entre el sufrimiento de proporciones globales y los pequeños disgustos diarios. Sería equivocado considerar una plaga como algo proveniente de Dios, y un decreto o edicto del gobierno como proveniente de las manos del hombre. Así, en su origen, todos los decretos surgen del juicio Divino. Comprendiendo esto, el Rebe Najmán explica cómo es posible pacificar la ira Divina y así mitigar los *dinim*. Como se evidenció a partir de sus propias acciones (ver la nota anterior), el Rebe Najmán comprendió que la única manera de deshacer incluso aquellos decretos que nos parecen de origen humano, es tratarlos en su raíz y causa espiritual.

3. gobierna el mundo. Para que Dios otorgue Su bien, que fue Su propósito al crear el mundo, el hombre debe llegar a conocerLo. Este reconocimiento del Todopoderoso como Soberano de toda la creación incumbe a todos. Cuando los judíos aceptaron la Torá en el Monte Sinaí, dieron testimonio de su comprensión de que Dios domina y gobierna. Sin embargo, no es suficiente con que sólo el pueblo judío Lo reconozca. Los no judíos también deben llegar a reconocer la soberanía y la grandeza de Dios.

4. exaltado arriba y abajo. Itró era un sumo sacerdote y practicó todas las formas de idolatría

LIKUTEY MOHARÁN 10[1]

"*VeEile* (Y éstas) son las leyes que pondrás delante de ellos".

(Éxodo 21:1)

Cuando, Dios no lo permita, hay decretos/juicios Divinos[2] que afectan al pueblo judío, estos decretos/juicios Divinos pueden mitigarse bailando y aplaudiendo.

2. Pues la esencia de la grandeza del Santo, bendito sea, es que también los idólatras sepan que hay un Todopoderoso que domina y gobierna [el mundo].[3] Como dice el *Zohar* (II, 69a): Cuando llegó Itró, dijo, "Ahora sé que Dios es grande". Con esto Su Nombre se hizo mucho más grande y exaltado <arriba y abajo>.[4]

---

1. Likutey Moharán 10. Esta lección fue dada poco antes de Purim 5563 (1803), mientras el Rebe Najmán hacía su visita anual a Terhovitza, una ciudad en Ucrania. Allí habitaban varios seguidores del Rebe, el más prominente de los cuales era el líder de la comunidad, Reb Ikutiel, el Maguid de Terhovitza. En esa época, el zar Alejandro I había emitido un *ukase* ("decreto" en ruso) con el fin de redactar una serie de regulaciones llamadas "Promulgaciones Concernientes a los Judíos". Estos *punkten* ("puntos"), como eran conocidas estas Promulgaciones en *idish*, presagiaban la legislación concerniente a la conscripción forzada y a la educación secular compulsiva, las que posteriormente fueron impuestas. El Rebe expresó su gran preocupación por la gravedad de los decretos y advirtió respecto de los efectos devastadores que tendrían sobre los judíos de Rusia.

Durante ese invierno, el Rebe Najmán dio una serie de lecciones concernientes a estos decretos, cada una de las cuales ofrecía un consejo diferente sobre cómo posponer o incluso cancelar su efecto. Luego de dar esta lección comentó, "¡Esto es lo que yo digo! Estamos oyendo novedades acerca de los decretos en contra de los judíos. ¡Pero se acercan los días de Purim y los judíos deben bailar y aplaudir, y así mitigar los decretos!". El Rebe repitió entonces lo que dijo, resaltando las palabras, "¡Esto es lo que yo dije!". Su intención era enfatizarles a sus jasidim la necesidad de seguir sinceramente todas sus lecciones, ateniéndose al significado simple de las palabras. En verdad, él mismo dio el ejemplo al bailar ese año mucho más de lo usual. Luego dijo el Rebe Najmán, "He pospuesto los decretos cerca de veinte años". De hecho, estos decretos sólo se transformaron en ley en el año 1827, veinticinco años después de la afirmación del Rebe y dieciséis años luego de su fallecimiento. Ver *Sabiduría y Enseñanzas del Rabí Najmán de Breslov* #131; *Tzadik* #127, #132, #398.

2. decretos/juicios Divinos. Para comprender la palabra *dinim*, que ha sido traducida como decretos/juicios Divinos, es necesario primero comprender que absolutamente todo es de origen Divino. Desde lo más grande hasta lo más pequeño, no hay aspectos de la existencia que se encuentren fuera del dominio de Dios. Nada sucede sin que Él lo permita. Y esto se aplica tanto al bien como al mal. Sin embargo, mientras que el bien es la obra directa de Su mano, el mal es

ג. **וּלְעַכּוּ"ם** אִי אֶפְשָׁר לָהֶם לֵידַע גְּדֻלָּתוֹ שֶׁל הַקָּדוֹשׁ-בָּרוּךְ-הוּא, כִּי אִם עַל-יְדֵי בְּחִינַת יַעֲקֹב, כְּמוֹ שֶׁכָּתוּב (ישעיהו ב): "בֵּית יַעֲקֹב לְכוּ וְנֵלְכָה בְּאוֹר ה'", כִּי הוּא גִּלָּה אֱלֹקוּתוֹ שֶׁל הַקָּדוֹשׁ-בָּרוּךְ-הוּא יוֹתֵר מִשְּׁאָר הָאָבוֹת.

כִּי אַבְרָהָם קְרָאוֹ הַר, וְיִצְחָק קְרָאוֹ שָׂדֶה. (פסחים פח.) וְשָׂדֶה הוּא יוֹתֵר מְשֻׁגָּ וְנִצְרָךְ לָעוֹלָם מֵהַר; וְיַעֲקֹב קְרָאוֹ בַּיִת, שֶׁהוּא מָקוֹם יִשּׁוּב לִבְנֵי-אָדָם יוֹתֵר מִשָּׂדֶה, הַיְנוּ שֶׁיַּעֲקֹב קָרָא אֶת מְקוֹם הַבֵּית-הַמִּקְדָּשׁ, שֶׁהוּא מְקוֹם הַתְּפִלָּה - בַּיִת, שֶׁהוּא מָקוֹם יִשּׁוּב לִבְנֵי-אָדָם.

כִּי הֶעֱלָה אֶת הַתְּפִלָּה מֵהַר וְשָׂדֶה לִבְחִינַת בַּיִת, שֶׁיֵּשׁ בּוֹ תְּפִיסָה לִבְנֵי-אָדָם יוֹתֵר מֵהַר וְשָׂדֶה; כִּי בִּבְחִינַת בַּיִת יֵשׁ גַּם לְעַכּוּ"ם הַשָּׂגָה, כְּמוֹ שֶׁכָּתוּב (ישעיהו נ"ו): "כִּי בֵיתִי בֵּית תְּפִלָּה יִקָּרֵא

Itzjak también trató de revelar la presencia de Dios en el mundo. Y aunque hasta cierto grado tuvo éxito allí donde su padre no lo había tenido -de aquí el término "campo", que está más cerca y es "más útil" que una montaña- sin embargo, fue incapaz de llevar sus enseñanzas a un nivel en el que fueran apreciadas por todos.

10. casa. "Iaacov llamó el nombre del lugar la casa de Dios (*Bet El*)" (Génesis 28:19). Esto fue cuando Iaacov despertó de su sueño y comprendió que se había quedado dormido en el monte Moriá.

11. que un campo. Iaacov fue capaz de revelarle al mundo la presencia de Dios al punto en que ahora todos pueden experimentar y servir a Dios. Esto puede compararse a una casa, un lugar que todos pueden utilizar. También indica la necesidad de orar a Dios incluso por nuestras necesidades más básicas -salud, hijos, sustento- en contraste a la idea de que la plegaria está reservada para objetivos más "abstractos" como el logro espiritual y la perfección humana.

12. lugar de la plegaria. Cada uno de los patriarcas conocía el lugar del Santo Templo y oró en ese lugar (*Sanedrín* 95b). Cf. Rashi (28:17), quien dice que el hecho de que Iaacov la llamó "la puerta del cielo" indica que ése era el lugar del cual ascienden las plegarias al cielo, pues, tal como explica el Midrash, el Santo Templo aquí abajo se alinea con el Santo Templo de Arriba.

13. concepto de una casa. Si bien es verdad que hay algunos individuos que, incluso desde lejos y bajo circunstancias difíciles -las montañas y los campos- llegan por sí mismos a reconocer y a servir a Dios, sin embargo, la vasta mayoría necesita un soporte -la "seguridad y la comodidad" de una casa- porque no están dispuestos a dedicarse plenamente al servicio a Dios ni a abandonarse por completo a él. Sin embargo, cuando comprenden las ventajas que la devoción a Dios les trae a sus vidas diarias -siendo éste el aspecto de una casa- también ellos llegan a reconocer Su grandeza.

3. Pero es imposible que los idólatras sepan de la grandeza del Santo, bendito sea, si no es a través del aspecto de Iaacov,[5] como está escrito (Isaías 2:5), "¡Oh casa de Iaacov, vengan y andemos a la luz del Señor!".[6] Esto se debe a que [Iaacov] reveló la grandeza del Santo, bendito sea, más aún que los otros patriarcas.

[Enseñaron nuestros Sabios:] Abraham lo llamó una montaña[7] e Itzjak lo llamó un campo (*Pesajim* 88a).[8] La gente comprende más un campo que una montaña y tiene más necesidad de él que de ella.[9] Iaacov, por su parte, lo llamó una casa (*Ibid.*),[10] que es más conveniente para la morada humana que un campo.[11] Pues al lugar del Santo Templo, el lugar de la plegaria,[12] Iaacov lo llamó "casa" - lugar en el cual habita la gente.

[Pues Iaacov] elevó la plegaria desde la montaña y el campo hacia el aspecto de casa, que es más comprensible para la gente que una montaña o un campo. Pues también los idólatras comprenden el concepto de una casa,[13] como en (Isaías 56:7), "pues Mi casa será llamada casa de oración

---

conocidas en ese momento. Luego de escuchar acerca de los maravillosos milagros que habían sido realizados para los judíos, alabó a Dios diciendo, "Ahora [incluso] *yo* sé...". Es de esperar y natural que alguien que está cerca de Dios Lo reconozca. Pero cuando Itró, que se encontraba muy lejos de la santidad, fue y alabó a Dios, ello produjo una manifestación de la gloria de Dios que se reveló hasta en los niveles más bajos.

5. Iaacov. Conceptualmente, casi siempre se dice que Iaacov corresponde a la Torá (*Zohar* I, 146b). La Torá es el medio a través del cual se puede llegar a comprender la voluntad de Dios y así servirlo. Sin embargo, los gentiles no tienen la Torá. ¿Cómo pueden entonces reconocer a Dios? Como veremos, el Rebe Najmán introduce otra dimensión más que corresponde a Iaacov, es decir, la plegaria. Y mientras que la Torá fue dada a los judíos, la plegaria está a disposición de todos.

6. casa de Iaacov.... El profeta Ishaiahu (Isaías 2:3,5) dijo, "Muchas naciones dirán, 'Vayamos a la montaña de Dios y a la casa del Dios de Iaacov... Oh casa de Iaacov, vengan y andemos a la luz del Señor'". Esto se refiere a la época del Mashíaj, cuando todas las naciones reconocerán a Dios a través del concepto de Iaacov.

7. montaña. Vemos que en la *akedá*, cuando Abraham presentó a Itzjak como un sacrificio en el monte Moriá, el versículo dice, "Abraham llamó el nombre de ese lugar... la montaña donde Dios aparecerá" (Génesis 22:14).

8. campo. "Itzjak salió al campo a orar" (Génesis 24:63). Ése también era el monte Moriá.

9. de ella. Abraham fue el primero en defender la fe en un Dios único, el monoteísmo, y fue uno de los primeros en servir a Dios. Incluso así, durante su época, muy poca gente aceptó sus enseñanzas. Ésta es la implicancia de "montaña", que pese a los esfuerzos de Abraham, sus ideas permanecieron distantes, muy elevadas e "inútiles" para la amplia mayoría de la gente.

לְכָל הָעַמִּים"; וּכְשֶׁהוּא בִּבְחִינַת בַּיִת, כְּדֵין אִתְיַקַּר שְׁמָא עִלָּאָה כַּנַּ"ל.

וְזֶה פֵּרוּשׁ (תהלים מ"ח): "גָּדוֹל ה' וּמְהֻלָּל מְאֹד", כְּלוֹמַר - אֵימָתַי גָּדוֹל ה'? כְּשֶׁהוּא מְהֻלָּל מְאֹד מִסִּטְרָא דְּמוֹתָא, שֶׁהוּא בְּחִינַת עַכּוּ"ם (כְּמוֹ שֶׁאָמְרוּ רַבּוֹתֵינוּ, זִכְרוֹנָם לִבְרָכָה (בראשית רבה ט) עַל פָּסוּק (בראשית א): "וְהִנֵּה טוֹב מְאֹד", 'זֶה מַלְאַךְ הַמָּוֶת'), כְּשֶׁהוּא מְהֻלָּל מֵהֶם, אֲזַי הוּא גָּדוֹל, כִּי הוּא עִקַּר גְּדֻלָּתוֹ.

וְאֵימָתַי הוּא מְהֻלָּל מֵהֶם? "בְּעִיר אֱלֹקֵינוּ הַר קָדְשׁוֹ", דְּהַיְנוּ כְּשֶׁבִּבְחִינַת הַר נַעֲשֶׂה עִיר אֱלֹקֵינוּ, שֶׁהוּא יִשּׁוּב בְּנֵי־אָדָם, בְּחִינַת בַּיִת, שֶׁהוּא מְשֻׂגָּג יוֹתֵר מֵהַר וְשָׂדֶה; דְּהַיְנוּ כְּשֶׁמַּעֲלִין אֶת בְּחִינַת הַתְּפִלָּה מִבְּחִינַת הַר לִבְחִינַת עִיר וּבַיִת, שֶׁאָז יֵשׁ גַּם לָעַכּוּ"ם הַשָּׂגָה כַּנַּ"ל, אָז דַּיְקָא גָּדוֹל ה', כִּי זֶה עִקַּר גְּדֻלָּתוֹ יִתְבָּרַךְ, כְּשֶׁגַּם הָרְחוֹקִים יוֹדְעִים מִמֶּנּוּ יִתְבָּרַךְ כַּנַּ"ל.

ד וְעִנְיָן זֶה - לְהַעֲלוֹת הַתְּפִלָּה מִבְּחִינַת הַר וְשָׂדֶה לִבְחִינַת בַּיִת, בְּחִינַת עִיר אֱלֹקֵינוּ, כְּדֵי שֶׁיִּתְגַּלֶּה מַלְכוּתוֹ גַּם לָעַכּוּ"ם, שֶׁיִּהְיֶה לָהֶם גַּם כֵּן הַשָּׂגָה בֶּאֱלֹקוּתוֹ יִתְבָּרַךְ שְׁמוֹ - אִי אֶפְשָׁר לְהַעֲשׂוֹת כִּי אִם עַל־יְדֵי צַדִּיקֵי הַדּוֹר, כְּמוֹ שֶׁאָמְרוּ חֲכָמֵינוּ, זִכְרוֹנָם

16. el lado de la muerte.... Los judíos, debido a su unión a la Torá, son considerados vivos, como en (Proverbios 3:18), "La Torá es un árbol de vida para aquellos que están unidos a ella". Pero aquéllos distantes de Dios y de Su Torá se asemejan al Otro Lado, el lado de la muerte, como en (*Zohar* III, 42a): Aquél que adora la idolatría se aleja del lado de la vida.

17. grandeza...saben de Él. Esto sucederá cuando hasta los más niveles bajos reconozcan a Dios. No es suficiente con que todos los judíos que están lejos de Dios retornen a Él. También los no judíos e incluso los idólatras deben llegar a reconocer Su grandeza y soberanía. Y esto sólo sucederá cuando llegue el hijo de David, el verdadero Tzadik. Porque él, el Mashíaj, es capaz de la plegaria perfecta y por tanto será él quien eleve los niveles de montaña y de campo al nivel de casa.

Resumen: Los decretos/juicios contra el pueblo judío se mitigan al bailar y al aplaudir (§1). La esencia de la grandeza de Dios es que los idólatras Lo reconozcan (§2). Aquéllos que están lejos de Dios sólo pueden conocerlo mediante la plegaria en el aspecto de "casa", lo inmanente y comprensible (§3).

para todas las naciones".¹⁴ Y cuando ella se encuentra al nivel de casa, entonces "con esto Su exaltado nombre se hizo aún más grande".¹⁵

{"**Dios es grande y sumamente alabado en la ciudad de nuestro Dios, en la montaña de Su santidad**" (Salmos 48:2)}.

Éste es el significado de "Dios es grande, y *meod* (sumamente) alabado". Esto es, ¿cuándo es que Dios es grande? - cuando Él es sumamente alabado por el lado de la muerte, por los idólatras.¹⁶ {Como enseñaron nuestros Sabios: En el versículo (Génesis 1:31), "...y he aquí, que era *meod* (muy) bueno", la palabra *meod* alude al Ángel de la Muerte (Bereshit Rabah 9:5)}. Cuando *ellos* Lo alaban, entonces Él es grande; siendo ésta la quintaesencia de Su grandeza.

¿Y cuándo es que ellos Lo alaban? "...en la ciudad de nuestro Dios, en la montaña de Su santidad". [Los idólatras alabarán a Dios] cuando "la montaña" se transforme en "la ciudad de nuestro Dios", un lugar para habitar/una casa, que es mucho más comprensible que una montaña o un campo. En otras palabras, cuando la plegaria sea elevada desde el nivel de "montaña" a "ciudad y casa" -de modo que los idólatras también obtengan comprensión- precisamente entonces, "Dios es grande...". Porque ésta es la esencia de la grandeza del Santo, bendito sea: cuando aquellos que están lejos también saben de Él.¹⁷

4. Y este tema de elevar la plegaria desde los niveles de montaña y de campo al nivel de casa y de "ciudad de nuestro Dios", de modo que Su soberanía también les sea revelada a los idólatras para que también ellos tengan una comprensión de Su Divinidad, sólo puede alcanzarse a través de los <verdaderos> Tzadikim de la generación. Como enseñaron

---

14. todas las naciones. Cuando el rey Salomón culminó la construcción del Santo Templo, Le suplicó a Dios que aceptara de inmediato las plegarias ofrecidas allí por los gentiles. Su intención era inculcar entre las naciones la necesidad de la plegaria (Reyes 1, 8:41-43; ver *Rashi, loc. cit.*).

15. nombre...grande. Vemos así que la revelación de la grandeza de Dios se produce a través de la plegaria. Cuando el individuo ora y tiene el mérito de ver respondidas sus plegarias, aumenta de manera inconmensurable su reconocimiento de Dios. Esto se vuelve mucho más explícito en el caso de una comunidad. Cuando, como resultado de sus plegarias, Dios llega a alterar el dictado de la naturaleza, esto hace que Su Reinado y Su gobierno sean mucho más exaltados y reconocidos por la humanidad. Aun así, la revelación final de Su grandeza se produce cuando la plegaria alcanza el nivel de "casa", en cuyo momento los gentiles y aquellos judíos que están lejos se reúnen para exaltar Su nombre (*Parparaot LeJojmá*).

לִבְרָכָה (בבא בתרא קטז.): 'מִי שֶׁיֵּשׁ לוֹ חוֹלֶה בְּתוֹךְ בֵּיתוֹ, יֵלֵךְ אֵצֶל חָכָם וִיבַקֵּשׁ עָלָיו רַחֲמִים.'

כִּי עִקַּר הַתְּפִלָּה אֵינָם יוֹדְעִים כִּי אִם צַדִּיקֵי הַדּוֹר. כִּי יֵשׁ בַּעֲלֵי גַּאֲוָה, שֶׁאֵינָם רוֹצִים שֶׁיֵּלְכוּ לְצַדִּיקִים, וְאוֹמְרִים שֶׁהֵן בְּעַצְמָם יְכוֹלִים לְהִתְפַּלֵּל, וּמוֹנְעִים גַּם אֲחֵרִים כְּשֶׁיֵּשׁ לָהֶם צַעַר אוֹ חוֹלֶה לֵילֵךְ לְצַדִּיקִים - עֲלֵיהֶם נֶאֱמַר (בראשית כ): "הָשֵׁב אֵשֶׁת הָאִישׁ" וְכוּ'.

כִּי זֶה הַבַּעַל־גַּאֲוָה מְכֻנֶּה בִּלְשׁוֹן אֲבִימֶלֶךְ: אֲבִי לְשׁוֹן רָצוֹן, כִּי הוּא רוֹצֶה לִמְלֹךְ, וְהַיְנוּ אֲבִימֶלֶךְ. כִּי בֶּאֱמֶת צַדִּיק מוֹשֵׁל בִּתְפִלָּתוֹ, כְּמוֹ שֶׁכָּתוּב (שמואל־ב כג): "צַדִּיק מוֹשֵׁל" וְכוּ'; וְהוּא מִתְגָּאֶה בְּעַצְמוֹ שֶׁיָּכוֹל לְהִתְפַּלֵּל וְיֵשׁ לוֹ הַמֶּמְשָׁלָה, וְעַל כֵּן מְכֻנֶּה בְּשֵׁם אֲבִימֶלֶךְ, כִּי הוּא רוֹצֶה לִמְלֹךְ וְאוֹמֵר: אֲנָא אֶמְלֹךְ.

y cuando se los convoca a que enfrenten una crisis real, Dios no lo permita, son incapaces de anular los decretos emitidos en contra de aquéllos que los eligieron. No tienen idea de la manera correcta de orar. Lo que es peor, estos líderes también impiden que "su rebaño" se vuelva hacia los que realmente pueden ayudar. El Rebe Najmán nos dice que esto se debe a que su propia arrogancia les impide admitir que hay otros más grandes que ellos, que *sí* saben orar.

20. devuelve la mujer del hombre.... Abraham fue a vivir a Guerar. Mientras estaba allí, Avimelej, el rey filisteo, se llevó consigo a Sara, la esposa de Abraham. Dios castigó a Avimelej y a su nación por esto, "cerrando todo vientre". Avimelej le devolvió entonces "la mujer del hombre" a Abraham, quien oró por él (Génesis 20). El nombre *SaRa* tiene la misma raíz que la palabra *SaR* (gobernante), correspondiente a *Maljut* (Reinado) que también es la plegaria. Cuando la persona ora, se debe a que cree en el Reinado de Dios. Abraham es el Tzadik; Avimelej es el individuo arrogante, tal como continúa explicando el Rebe Najmán (*Parparaot LeJojmá*).

21. avi...querer. *AVi* connota querer, como en (Deuteronomio 23:6), "Pero Dios, tu Señor, no *AVa* (quiso) escuchar a Bilaam". El Rebe Najmán cita este versículo al final de la lección.

22. Tzadik gobierna.... "Dios emite decretos en contra del hombre, pero el Tzadik [a través de sus plegarias] puede sobreponerse al Cielo y así anular estos decretos" (*Moed Katan* 16b). *MeLeJ* (rey y gobernante) corresponde a *MaLJut*, implicando que él puede gobernar con su plegaria (*Parparaot LeJojmá*).

23. Yo emloj. Debido a que él era un *melej*, Avimelej tenía un cierto grado de autoridad y por lo tanto proclamaba que el *Maljut* le correspondía por derecho. De manera similar, la autoridad hace arrogante al líder que no la merece. Se enorgullece de su capacidad de orar por otro cuando, en verdad, no es capaz de orar ni siquiera por sí mismo.

nuestros Sabios: Cuando alguien tiene un enfermo en casa, debe ir a ver al sabio, quien pedirá misericordia para él (Bava Batra 116a).[18]

{"Ahora pues, *hashev* (devuelve) *eshet ha-ish* (la mujer del hombre), porque él es un *navi* (profeta). Él orará por ti para que vivas" (Génesis 20:7)}.

Porque la esencia de la plegaria sólo es conocida por los Tzadikim de la generación. Pero hay individuos arrogantes[19] que no quieren ir a ver a los Tzadikim. Ellos dicen que pueden orar por sí mismos. También impiden que otras personas, cuando experimentan sufrimientos y enfermedades, se vuelquen a los Tzadikim. Se dice de tales individuos, "devuelve la mujer del hombre, porque él es un profeta. Él orará por ti para que vivas".[20]

Este individuo arrogante es llamado "Avimelej". *Avi* connota "querer"[21]; él quiere *limloj* (gobernar). De aquí, *Avi-melej* (yo quiero gobernar). Porque la verdad es que el Tzadik gobierna a través de su plegaria, como está escrito (Samuel 2, 23:3), "El Tzadik gobierna...".[22] Pero [este individuo arrogante] se vanagloria de que puede orar y de que el gobierno es suyo. Ésta es la razón por la cual es llamado "Avimelej", porque él desea gobernar y dice, "Yo *emloj* (gobernaré)".[23]

---

18. misericordia para él. En este pasaje Talmúdico (*loc. cit.*) se aplica el siguiente versículo: "La ira de un rey es como mensajeros de muerte, pero el sabio la apaciguará. Hay vida en la luz del rostro del Rey" (Proverbios 16:14-15). Los diferentes comentarios explican que el "rey" es el Rey de todos los reyes, Dios; los "mensajeros" se refieren a Su emisario, el Ángel de la Muerte; y el "sabio" que apacigua la ira Divina es el Tzadik. Así, cuando existe el lado de la muerte -el distanciarse de Dios- hay ira Divina, y desde el cielo se emiten decretos Divinos. El Tzadik sabe cómo evocar el perdón, igual que el que sabe apaciguar y calmar al Rey. Esto lo logra a través de la plegaria. Pues el Tzadik conoce la manera apropiada de orar y puede elevar las plegarias hacia el lugar adecuado. Allí, ellas sirven para mitigar el juicio Divino y así anular los decretos. El versículo continúa entonces, "Hay vida en la luz...", porque se elimina el decreto que proviene del lado de la muerte y es reemplazado con vida (cf. *Maharsha v.i. ielej*; también *Likutey Moharán* I, 4:7).

19. individuos arrogantes. La historia judía está repleta de casos en los cuales los Hijos de Israel se dirigieron a sus líderes (Moshé, los Jueces, Shmuel, los Profetas, los Sabios del Talmud, etc.) para que orasen por ellos. El *Nimukei Iosef* (Bava Batra 116a) menciona la costumbre prevaleciente en la Francia de su época (Siglo X e.c.): "La persona que tiene dificultades debe dirigirse al Decano de la Ieshivá para que ore por ella". El *Biur HaLikutim* nos recuerda que está prohibido utilizar a alguien o algo como un intermediario entre Dios y uno mismo. Pero pedir la ayuda de alguien en la plegaria, especialmente al Tzadik que conoce la manera apropiada de orar, no sólo está permitido sino que está recomendado.

Aquí el Rebe Najmán se refiere a los líderes comunitarios que se enorgullecen de "cómo atienden las necesidades de su rebaño". Sin embargo, estas personas no son verdaderos líderes

וְזֶה פֵּרוּשׁ: "הָשֵׁב אֵשֶׁת הָאִישׁ". **אֵשֶׁת** – רָאשֵׁי־תֵּבוֹת "**אֲדֹנָי שְׂפָתַי תִּפְתָּח**" – זֶה בְּחִינַת תְּפִלָּה; דְּהַיְנוּ הָשֵׁב אֵשֶׁת – בְּחִינַת הַתְּפִלָּה, לְהַצַּדִּיק, כִּי נָבִיא הוּא.

כִּי 'הַקָּדוֹשׁ־בָּרוּךְ־הוּא מִתְאַוֶּה לִתְפִלָּתָן שֶׁל צַדִּיקִים' (חולין ס:) וּמְשַׁגֵּר תְּפִלָּה סְדוּרָה בְּפִיו, כְּדֵי שֶׁיְּהֵנֶה מִתְּפִלָּתוֹ. וְזֶה: כִּי נָבִיא הוּא, לְשׁוֹן נִיב שְׂפָתַיִם, כְּמוֹ שֶׁאָמְרוּ חֲכָמֵינוּ, זִכְרוֹנָם לִבְרָכָה (ברכות לד:): "בּוֹרֵא נִיב שְׂפָתַיִם" – אִם שְׁגוּרָה תְּפִלָּתוֹ בְּפִיו וְכוּ'.

וְזֶה: **הָשֵׁב** רָאשֵׁי־תֵּבוֹת: **הַר שָׂדֶה, בַּיִת**; זֶה רֶמֶז שֶׁתְּפִלַּת הַצַּדִּיק הִיא בִּשְׁלֵמוּת, שֶׁמַּעֲלֶה אוֹתָהּ מִבְּחִינַת הַר וְשָׂדֶה לִבְחִינַת בֵּית כַּנַּ"ל.

אֲבָל אֵלּוּ הַבַּעֲלֵי־גַּאֲוָה מְעַכְּבִים תַּאֲוָתוֹ שֶׁל הַשֵּׁם יִתְבָּרַךְ וְאֵינָם מְבַקְּשִׁים מִצַּדִּיקִים שֶׁיִּתְפַּלְּלוּ עֲלֵיהֶם, כִּי חוֹשְׁבִים שֶׁהִתְעַנּוּ וְסִגְּפוּ אֶת עַצְמָם, וּבָזֶה הֵם צַדִּיקִים; אֲבָל הָאֱמֶת אֵינוֹ כֵן, כִּי כָל

(idolatría, ver más adelante) se hizo digno de que el Tzadik orara por él. Esto le trajo vida, pues entonces quedó unido al lado de la vida, lo opuesto del lado de la muerte, como se explicó en la nota 15 (*Mei HaNajal*). Agrega el *Biur HaLikutim* que éste es el motivo por el cual recitamos el versículo "Señor, abre mis labios..." antes de la plegaria de la *Amidá*. Nosotros también debemos devolver la plegaria a su sitio apropiado.

28. placer. Como vimos anteriormente, Dios desea las plegarias de los Tzadikim y Se deleita oyéndolos.

29. oren por ellos. Ni siquiera piden para ellos mismos. "No tienen piedad de ellos mismos, cuánto menos aún [sienten piedad] de los otros" (*Ierushalmi, Pea* final).

30. se han vuelto Tzadikim. Como se explicó en la nota 18, esto se refiere a aquellos individuos que equivocadamente se ven a sí mismos como líderes y representantes de la comunidad judía. El Rebe Najmán trata este tema en muchas y diferentes lecciones, al igual que lo hace el Talmud: Si uno ve una generación acosada por numerosos decretos y problemas, debe investigar a los jueces de Israel... son malvados pero [aparentan] confiar en Dios... por lo tanto el Templo será destruido... son arrogantes y se han autoproclamado... (*Shabat* 139a). Todo el pasaje está dedicado a condenar severamente a estos falsos "líderes", quienes apoyan a su vez a otros igualmente indignos de tal prominencia. En verdad, esto encaja perfectamente con nuestro texto. Aquéllos a los que critica el Talmud son los mismos líderes arrogantes que mantienen a la gente lejos de la verdad -de los verdaderos Tzadikim- y quienes reclaman el liderazgo para sí mismos. El hecho de que "el Templo será destruido" también aparece en la lección, dado que el Rebe Najmán alude a esto en su referencia a "una casa de plegaria para todos".

31. no es así. Porque incluso si la persona ha ayunado y ha vivido una vida de ascetismo

Y ésta es la explicación de *hashev eshet ha-ish*. Las letras de *ÆSheT* (la mujer de) son un acróstico de *Adonai Sefatai Tiftaj*, que es un aspecto de plegaria.²⁴ En otras palabras, "devuelve la mujer" -el aspecto de plegaria- al Tzadik, "porque es un profeta".

Pues el Santo, bendito sea, desea las plegarias de los Tzadikim (*Ievamot* 64a).²⁵ Él envía una plegaria ordenada hacia la boca [del Tzadik], de modo que Él pueda sentir placer de su plegaria. Esto es, "porque él es un *NaVi*", que denota *NiV sefataim* (una expresión de los labios). Como enseñaron nuestros Sabios: "Yo crearé una expresión de los labios" (Isaías 57:19) - si su plegaria era pronunciada con fluidez, [sabía que había sido aceptada] (*Berajot* 34b).

Y esto es *HaSheV*, cuyas letras forman un acróstico para *Har* (montaña), *Sadé* (campo) y *Bait* (casa).²⁶ Esto alude a la naturaleza perfecta de la plegaria del Tzadik, que él eleva desde los niveles de montaña y campo hacia el nivel de casa, como se explicó anteriormente.²⁷

Pero estos individuos arrogantes impiden que Dios obtenga este placer.²⁸ No les piden a los Tzadikim que oren por ellos.²⁹ Piensan que debido a sus ayunos y mortificaciones [ellos mismos] se han vuelto Tzadikim.³⁰ Esto no es así.³¹ Todos los ayunos que ayunaron son sólo

---

24. aspecto de plegaria. La *Amidá* (Dieciocho Bendiciones) es el punto central de cada una de las tres plegarias diarias. En el Talmud se la denomina simplemente *Tefilá*, Plegaria. A manera de introducción, la primera bendición está precedida por un versículo de los Salmos (51:17): "*Adonai sefatai tiftaj* (Señor, abre mis labios) y mi boca dirá Tu alabanza". Por lo tanto, estas palabras también son un aspecto de plegaria.

25. plegarias de los Tzadikim. Nuestros Sabios dicen que los patriarcas estaban destinados a no tener hijos. Dios deseaba sus plegarias y sabía que su esterilidad los llevaría a orar persistentemente para ser bendecidos con descendencia. Dice entonces el Talmud: ¿Por qué Dios desea las plegarias de los Tzadikim? ¡Porque ellos transforman el juicio en misericordia! En otras palabras, ellos saben mitigar los decretos/juicios Divinos. Así, Avimelej fue castigado precisamente de esa manera, para subrayar su incapacidad de orar por las mujeres de su nación. Su arrogancia y su poder demostraron ser inútiles. Los patriarcas, por el contrario, tenían el poder de la plegaria, de modo que aunque eran físicamente incapaces de tener hijos, sin embargo pudieron beneficiarse de la naturaleza milagrosa de la plegaria (cf. *Likutey Moharán* 7:1) y finalmente fueron bendecidos con descendencia.

26. Bait, casa. La letra hebrea *bet* (ב) sin *daguesh* (el punto interior) se pronuncia *vet*. Por lo tanto las letras de la palabra *HaSheV* (השב) son las iniciales de *Har* (הר), *Sadé* (שדה), *Bait* (בית).

27. nivel de casa.... El versículo concluye diciendo, "él orará por ti para que vivas". Cuando Avimelej (el individuo arrogante) devolvió a Sara (la plegaria) a Abraham (el Tzadik), fue una admisión de su impotencia y una señal de su arrepentimiento. Al quebrar su arrogancia

הַתַּעֲנִיתִים שֶׁהִתְעַנּוּ, אֵין זֶה אֶלָּא כְּמוֹ שַׂק שֶׁיֵּשׁ בּוֹ חוֹרִים הַרְבֵּה, וּכְשֶׁמְּרִיקִים אֶת הַשַּׂק, אַף־עַל־פִּי־כֵן נִשְׁאֲרוּ בּוֹ הַחוֹרִים. וְהַגּוּף נִקְרָא שַׂק, כְּמַאֲמַר הַתַּנָּא: שִׁינָּנָא, שְׁרֵי שַׂקָּךְ (שבת קנב.).

וְאִם הִתְבּוֹנַנּוּ בְּעַצְמָן הָיוּ רוֹאִים, אַחַר כָּל הַתַּעֲנִיתִים עֲדַיִן נִשְׁאֲרוּ אֶצְלָם כָּל תַּאֲוָתָם קְשׁוּרִים בְּשַׂקָּם, הַיְנוּ בְּגוּפָם; וְלֹא תַּאֲוָתָם בִּלְבַד נִשְׁאַר קָשׁוּר בְּגוּפָם, כִּי אִם גַּם תַּאֲוַת אֲבִיהֶם שֶׁיֵּשׁ אֶצְלָם מִשְּׁעַת הַהוֹלָדָה, מֵחֲמַת שֶׁלֹּא נִתְקַדֵּשׁ אָבִיו בִּשְׁעַת זִוּוּג, גַּם זֶה קָשׁוּר בְּגוּפָם עֲדַיִן. וּבְוַדַּאי אִלּוּ הָיוּ רוֹאִים אֶת כָּל זֶה, חֲרָדָה גְדוֹלָה הָיָה נוֹפֵל עֲלֵיהֶם, כִּי הָיוּ רוֹאִים אֵיךְ הֵם עוֹמְדִים בְּמַדְרֵגָה פְּחוּתָה וּשְׁפָלָה.

וְזֶה פֵּרוּשׁ: (בראשית מב): **וַיְהִי הֵם מְרִיקִים שַׂקֵּיהֶם וְהִנֵּה אִישׁ צְרוֹר כַּסְפּוֹ בְּשַׂקּוֹ** – אַחַר כָּל הַתַּעֲנִיתִים, שֶׁהוּא הֲרָקַת הַשַּׂק, בְּחִינַת הַגּוּף, עֲדַיִן – **וְהִנֵּה אִישׁ צְרוֹר כַּסְפּוֹ** – שֶׁקָּשׁוּר וְצָרוּר כַּסְפּוֹ וְתַאֲוָתוֹ בְּשַׂקּוֹ וְגוּפוֹ; **וַיִּרְאוּ אֶת צְרֹרוֹת כַּסְפֵּיהֶם הֵמָּה**

se abstiene de los placeres mundanos y luego se retracta de su ascetismo cae en deseos físicos mucho más grandes que al comienzo (*El Libro de los Atributos*, p.56). Esto se comprende a partir del Midrash: "Adán conoció *nuevamente* a su esposa" (Génesis 4:25). Es decir, luego de abstenerse de estar con Java durante 130 años, Adán tuvo deseos mucho más intensos que antes (*Bereshit Rabah* 23:5). A partir de esto queda claro que hace falta mucho más que ayuno y abstinencia para quebrar el apego a los deseos físicos.

Cabe destacar que el Rebe Najmán mismo, tras haber ayunado muchas veces durante su juventud, dijo más tarde, "Si hubiera conocido el poder de la plegaria, no me habría destruido el cuerpo con ayunos". En esta lección, el Rebe exalta las virtudes y el poder de la plegaria, mostrando por otro lado que el ayuno y la abstinencia de lo físico no siempre son los medios para alcanzar la grandeza.

35. no se santificaron.... Los pensamientos de la pareja durante la relación marital afectan al hijo que conciben y juegan un papel importante en el futuro desarrollo de la criatura (*Zohar Jadash* 15a).

36. muy bajo. Porque vuelven a sus deseos con más pasión que antes, como se explicó en la nota 33.

37. deseos y pasiones. Los hermanos de Iosef lo vendieron como esclavo a cambio de veinte piezas de plata (Génesis 37:28). La conexión entre el dinero y la pasión está indicada en la similitud entre *kesef* (כסף) y *kisufin* (כסופין). De allí la enseñanza del Rebe Najmán que enseña que la avaricia engloba a todas las otras pasiones.

una bolsa con muchos agujeros. Incluso cuando vacían la bolsa, los agujeros permanecen.[32]

Y el cuerpo es llamado "una bolsa", como en las palabras del *Tana*: "Erudito, abre tu bolsa" *(Shabat* 152a).[33] Si se observasen cuidadosamente a sí mismos, verían que incluso luego de todos sus ayunos, aún tienen todas sus pasiones atadas en su bolsa, es decir, sus cuerpos.[34] Y no sólo son sus propias pasiones las que están unidas a sus cuerpos, sino también las pasiones de sus padres. Éstas han estado con ellos desde el nacimiento, porque sus padres no se santificaron durante la cohabitación.[35] También esto sigue estando unido a sus cuerpos. Si fueran conscientes de todo esto, indudablemente se verían abrumados por el temor, porque comprenderían que se encuentran a un nivel inferior y muy bajo.[36]

{"Y sucedió que, al vaciar sus bolsas, he aquí que en la bolsa de cada uno estaba el atado de su dinero. Y cuando ellos y su padre vieron los atados de su dinero, tuvieron temor. Y les dijo *Avihem* (su padre) Iaacov: *Oti shekaltem* (Ustedes me han privado de mis hijos): Iosef no aparece, y Shimón no aparece y ahora quieren llevarse a Biniamin ¡Todas estas cosas me están sucediendo!" (Génesis 42:35-36)}.

Ésta es la explicación de, **Y sucedió que, al vaciar sus bolsas, he aquí que en la bolsa de cada uno estaba el atado de su dinero** - incluso luego de todos los ayunos, que es "vaciar la bolsa", el cuerpo; **estaba el atado de su *KeSeF* (dinero)** - sus <*KiSuFin* (deseos)> y pasiones[37] estaban juntas y atadas "en su bolsa" y su cuerpo; **Y cuando ellos y su padre vieron los atados de su dinero** - en otras palabras,

---

totalmente en aras de Dios, todavía puede haber muchos deseos y *necesidades* de los cuales aún no se ha purificado, aunque los demás no se den cuenta de eso. La persona también puede engañarse a sí misma pensando que ha superado todos los apegos mundanos, cuando es sólo su propia arrogancia la que la ha llevado a creer en eso.

32. los agujeros permanecen. Es posible vaciar una bolsa que contiene objetos indeseables sacudiendo su contenido, pero los agujeros que estaban en la bolsa antes de ser vaciada seguirán estando. Lo mismo ocurre con el cuerpo humano. Aunque uno haya logrado "sacudir" todos los rasgos negativos, aun así no ha alcanzado la completa rectificación del cuerpo (*Parparaot LeJojmá*).

33. abre tu bolsa. El *Tana* le estaba diciendo a su compañero "...abre tu *sac* (cuerpo) y come [para que tu cuerpo tenga fuerza]". Y así como la bolsa tiene una apertura, el cuerpo tiene la boca. Su conexión aquí es doble, pues la boca también es utilizada para la plegaria.

34. su bolsa...cuerpos. Ayunar y llevar una vida de ascetismo no necesariamente garantiza que uno se libere de los deseos físicos. En verdad, enseñó el Rebe Najmán: La persona que

וַאֲבִיהֶם – הַיְנוּ, לֹא דַּי צְרוֹרוֹת כַּסְפֵּיהֶם, שֶׁהוּא תַּאֲווֹת עַצְמָן, כִּי אִם גַּם הֵמָּה וַאֲבִיהֶם, הַיְנוּ הַתַּאֲווֹת שֶׁל אֲבִיהֶם, גַּם הֵמָּה לֹא נָפְלוּ מֵהֶם. וְזֶהוּ: **וַיִּירָאוּ** – כִּי חֲרָדָה נָפְלָה עֲלֵיהֶם, וַאֲזַי לֹא הָיוּ רוֹצִים לְהִשְׂתָּרֵר וְלִמְלֹךְ:

וְזֶה פֵּרוּשׁ: **וַיֹּאמֶר לָהֶם יַעֲקֹב אֲבִיהֶם אֹתִי שִׁכַּלְתֶּם, יוֹסֵף אֵינֶנּוּ וְכוּ'** – זֶה רֶמֶז עַל תּוֹכַחַת הַשֵּׂכֶל, כִּי הַשֵּׂכֶל מוֹכִיחַ אֶת הַבַּעֲלֵי־גַאֲוָה הָרוֹצִים לְהִתְגַּדֵּל. כִּי **יַעֲקֹב** הוּא בְּחִינַת הַשֵּׂכֶל, כְּמוֹ שֶׁתִּרְגֵּם אוּנְקְלוֹס (בראשית כז): "וַיַּעְקְבֵנִי" – 'וְחַכְּמַנִי'.

וְזֶה: **אֲבִיהֶם**, כִּי אָב בְּחָכְמָה. וְהַיְנוּ שֶׁהַשֵּׂכֶל מוֹכִיחָם וְאוֹמֵר לָהֶם: **אֹתִי שִׁכַּלְתֶּם**, כִּי 'כָּל הַמִּתְגָּאֶה – חָכְמָתוֹ מִסְתַּלֶּקֶת מִמֶּנּוּ' (פסחים סו:).

יוֹסֵף אֵינֶנּוּ. זֶה בְּחִינַת תִּקּוּן הַמָּעוֹת, הַיְנוּ עֲדַיִן לֹא תִּקַּנְתֶּם הַמָּעוֹת שֶׁהוּא לְחֶרְפָּה וּלְקָלוֹן, וְיֵשׁ לָכֶם לְהִתְבַּיֵּשׁ מֵחֲמָתוֹ, כִּי תִּקּוּן הַמָּעוֹת הוּא בְּחִינַת יוֹסֵף, עַל שֵׁם (בראשית ל): "אָסַף אֱלֹקִים אֶת חֶרְפָּתִי".

וְשִׁמְעוֹן אֵינֶנּוּ. הַיְנוּ, עַל־יְדֵי שֶׁאֵין לְךָ בְּחִינַת יוֹסֵף, אֵין לְךָ בְּחִינוֹת שִׁמְעוֹן; וְשִׁמְעוֹן הוּא בְּחִינַת (שם כ"ט): "כִּי שָׁמַע ה' כִּי שְׂנוּאָה אָנֹכִי", כִּי אַתָּה אֵינְךָ שָׂנוּא, כִּי מֵחֲמַת שֶׁלֹּא תִּקַּנְתָּ אֶת

restricciones del tiempo y del espacio. En la medida en que ha logrado eliminar su apego a lo corpóreo, la persona misma se vuelve cada vez más espiritual y libre de las restricciones físicas. Pero si se utiliza la Torá para propósitos físicos y deseos mundanos entonces, así como lo corpóreo se ajusta al tiempo y al espacio, de la misma manera, la Torá entra bajo estas restricciones y se vuelve imposible de comprender en su totalidad (*Likutey Moharán* I, 110). De manera similar, debido a que Dios Mismo es, si así pudiera decirse, totalmente espiritual, la única manera de acercarse a Él es desarrollando nuestra propia espiritualidad. Esto sólo puede lograrse a través de la humildad y de la autoanulación. Sin embargo, cuando la persona es arrogante, Dios no permanece con ella. Por lo tanto, su sabiduría -conocimiento/Torá- la abandona.

41. iOSeF...humillación. Por lo tanto, si falta el aspecto de Iosef, no puede haber rectificación. Incluso si la persona ayuna pero no tiene una unión con el Tzadik -la cualidad de Iosef- no puede esperar alcanzar un verdadero *Tikún* (rectificación).

[comprendieron que] no sólo sus propios atados de dinero, sus propias pasiones, sino "ellos y su padre", tampoco las pasiones de su padre se habían desprendido de ellos. Así, **tuvieron temor** - fueron abrumados por el temor, de modo que ya no quisieron más tomar el poder y el gobierno.[38]

Ésta es la explicación de: **Y les dijo *Avihem* (su padre) Iaacov: '*Oti shekaltem* (Ustedes me han privado de mis hijos): Iosef no aparece...'**. Ésta es una alusión al reproche del intelecto, pues el intelecto amonesta a los individuos arrogantes que buscan prominencia. Pues *IaAKoV* corresponde al intelecto, como traduce Onkelos [la palabra] *IaAKVeni* ("él pasó detrás de mí"): "él me superó en inteligencia" (Génesis 27:36).

Y esto es "*Avihem*", porque AV (padre) indica sabiduría (Meguilá 13a).[39] En otras palabras, el *SeJeL* (intelecto) los amonesta, diciendo, "*oti SheKaLtem*". Porque a todo arrogante lo abandona su sabiduría (cf. *Pesajim* 66b).[40]

"**Iosef no aparece**". Esto corresponde a enmendarse. En otras palabras, aún no has rectificado aquello que está torcido, y esto es una humillación y una desgracia. Deberías avergonzarte de esto. Porque enmendarse corresponde a *iOSeF*, como en (Génesis 30:23), "Dios *ASaF* (ha recogido) mi humillación".[41]

"**Shimón no aparece**". Esto es, debido a que no tienes la cualidad de Iosef, tampoco tienes la cualidad de Shimón. *ShiMOn* corresponde a, "pues Dios *ShaMA* (ha oído) que soy despreciada" (Génesis 29:33). Pero tú no eres despreciado porque aún no te has rectificado. Como

---

38. el poder y el gobierno.... Los hermanos eran Tzadikim, si bien no al nivel de Iaacov y de Iosef. Cuando descubrieron los atados de dinero en sus bolsas lo reconocieron como una señal de sus propias faltas (que aún no habían limpiado sus cuerpos del deseo), por lo que se asustaron. Sin embargo, la mayoría de la gente no es capaz de reconocer ni de admitir sus deficiencias. Por lo tanto ni siquiera son conscientes de la necesidad de sentir temor por haber pasado más allá de las limitaciones personales y haber tomado para sí mismos un poder indebido, la prominencia.

39. AV significa sabiduría. Además de "padre", *av* tiene el significado de "desear". ¿Cómo es posible decir que Iaacov -intelecto/sabiduría- está completo? Esto puede afirmarse cuando la fuente del deseo es la sabiduría y no la emoción (la pasión).

40. ...lo abandona su sabiduría. El Talmud enseña que tanto Moshé como Hilel hablaron de su propio conocimiento, comparado con el de sus colegas, con un cierto grado de arrogancia y orgullo. Como resultado, ambos perdieron un poco de su sabiduría (*Pesajim* 66b). El Rebe Najmán enseñó que cuando la persona se ha liberado de todos los intereses mundanos, entonces puede comprender toda la Torá. Esto se debe a que la Torá es espiritual y está más allá de las

עַצְמְךָ, בְּוַדַּאי אֵינְךָ יָכוֹל לְהוֹכִיחַ אֲחֵרִים, כִּי יֹאמְרוּ לְךָ קְשֹׁט עַצְמְךָ תְּחִלָּה וְכוּ׳; וְעַל כֵּן אֵינְךָ שָׂנוּא, כִּי הַמּוֹכִיחַ הוּא שָׂנוּא, כְּמוֹ שֶׁאָמְרוּ חֲכָמֵינוּ, זִכְרוֹנָם לִבְרָכָה (כתובות קה:): 'הַאי צוּרְבָא מֵרַבָּנָן דְּמְרַחֲמֵי לֵהּ בְּנֵי מָתָא, לָאו מִשּׁוּם דְּמַעֲלֵי טְפֵי, אֶלָּא מִשּׁוּם דְּלָא מוֹכַח לְהוּ בְּמִלֵּי דִשְׁמַיָּא'; נִמְצָא שֶׁהַמּוֹכִיחַ הוּא שָׂנוּא.

וְאֶת בִּנְיָמִין תִּקָּחוּ. זֶה מוֹרֶה עַל גַּדְלוּת, כִּי פֵּרֵשׁ רַשִׁ"י: בִּנְיָמִין, עַל שֵׁם אֶרֶץ־יִשְׂרָאֵל, בֶּן יָמִין, וְאֶרֶץ־יִשְׂרָאֵל הוּא גָּבוֹהַּ מִכָּל הָאֲרָצוֹת (זבחים נד:).

וְהַיְנוּ, לֹא דַי שֶׁאֵין לָכֶם כָּל הַבְּחִינוֹת הַלָּלוּ, עִם כָּל זֶה - **וְאֶת בִּנְיָמִין תִּקָּחוּ**, שֶׁאַתֶּם לוֹקְחִים לְעַצְמְכֶם גַּדְלוּת. וְהַיְנוּ דְסַיֵּם הַשֵּׂכֶל הַמּוֹכִיחַ אוֹתָם: **עָלַי הָיוּ כֻלָּנָה** - כִּי הַכֹּל נוֹפֵל עָלַי, כִּי כָּל הַמִּתְגָּאֶה - חָכְמָתוֹ מִסְתַּלֶּקֶת מִמֶּנּוּ.

admiran por sus logros y por sus buenas cualidades, cuando en verdad sólo lo hacen porque, al haber fracasado en su propia rectificación, no los lleva hacia el perfeccionamiento de su servicio a Dios. Esta arrogancia y orgullo los induce al error y es, de hecho, la fuente de su vergüenza. Pues mientras no se haya rectificado a sí mismo, [su prominencia] no es más que vergüenza y humillación (*Parparaot LeJojmá*).

Pregunta el *Parparaot LeJojmá*: ¿Cómo es que Biniamin, que indudablemente era un Tzadik, puede implicar o ser comparado a la arrogancia y el orgullo, una indicación del mal? Responde que existe otro tipo de arrogancia, que proviene del lado de la santidad. Esta *azut dekedushá* (arrogancia santa) es esencial en el servicio a Dios. Aunque la persona tiene que conocer su lugar y aceptar la sabiduría de aquellos más grandes que ella, sin embargo nunca debe tratar con deferencia a aquéllos cuya arrogancia proviene del lado del mal. Cuando traten de hacer que acepte su "sabiduría" y que siga su "consejo" en el servicio a Dios, no sólo está justificado que se oponga a ellos sino que es vital que los enfrente con una arrogancia santa. Esto quedará más claro en la sección 8, donde el Rebe Najmán incorpora en la lección la historia de Purim y la confrontación entre Mordejai y Hamán.

48. me está sucediendo.... No corregir los defectos ni perfeccionarse es definitivamente perjudicial para el intelecto. También ocurre lo contrario: al rectificar sus faltas la persona expande su sabiduría y mejora su intelecto. Así, incluso si la persona reconoce que tiene defectos y que, por lo tanto, es incapaz de dirigir apropiadamente a los demás, sin embargo debe hacer todo lo posible por hablar con los otros y ayudarlos en el servicio a Dios. El intento por sí solo es beneficioso, pues la ayudará a corregir sus defectos y a perfeccionar su intelecto. Esto no sucede con el falso líder. Él no les habla a los demás del servicio a Dios y del mejoramiento personal, sino que busca dirigir a los otros para su propio beneficio. Esto sólo sirve para aumentar su propia arrogancia y dañar por lo tanto la sabiduría que este líder incompetente pueda llegar a poseer, haciendo que ésta desaparezca finalmente por completo (*Parparaot LeJojmá*).

tal, ciertamente no puedes amonestar a los otros, porque ellos pueden decirte: "Adórnate primero a ti mismo..." *(Bava Metzía* 107b).⁴² Es por esto que no eres despreciado. Pues la persona que amonesta es despreciada, como enseñaron nuestros Sabios: Cuando la gente de una ciudad está orgullosa de su erudito rabínico, no se debe a su excelencia, sino a que no los amonesta por asuntos espirituales *(Ketuvot* 105b).⁴³ Esto demuestra que aquél que amonesta es despreciado.

Y ahora quieren llevar a Biniamin. Esto indica prominencia, como explica Rashi (Génesis 35:18): "*BiNIaMIN* - fue llamado así debido a la Tierra de Israel: *BeN IaMIN*".⁴⁴ Y la tierra de Israel está más elevada que todas las otras tierras *(Zevajim* 54b).⁴⁵

En otras palabras, no sólo carecen de estas cualidades,⁴⁶ sino que además "quieren llevarse a Biniamin" - quieren que la prominencia sea de ustedes.⁴⁷ Y así es como concluye el intelecto su reproche: **¡Todas estas cosas me están sucediendo!** Todo me está sucediendo, porque "a todo arrogante lo abandona su sabiduría".⁴⁸

---

42. ...a ti mismo. Si la persona tiene aún mucho por perfeccionar, eso es señal de que le falta verdadera sabiduría. ¿Cómo puede pretender entonces el manto del liderazgo y tratar de aconsejar y rectificar -"adornar"- a los demás? "Adórnate primero a ti mismo", le dirán, "y luego preocúpate de adornar a los otros".

43. no los amonesta.... Si de veras fuera el líder adecuado, tendría consejos y enseñanzas plenas del "temor al cielo" para instruir y guiar a sus seguidores. Pero su indiscutida popularidad atestigua que su silencio en estos temas es un obvio indicio de que carece de las cualidades requeridas. Por el contrario, cuando un líder se dirige a sus seguidores con el "temor al cielo", entonces lo desprecian; aunque *su* liderazgo es el que debería ser respetado y valorado. Éste era Iosef. Al comienzo, sus hermanos estuvieron en desacuerdo con él porque los amonestaba y trataba de darles consejos. No lo consideraban digno de tal posición. Sin embargo, y debido a que eran grandes Tzadikim, reconocieron sus deficiencias personales aceptando la amonestación de Iaacov (como está indicado en el texto de esta lección) y decidieron mejorar. Esto fue lo que les permitió más tarde reconocer la grandeza de Iosef y aceptar su liderazgo.

44. Tierra de Israel: BeN IaMIN. Rashi explica que de los doce hijos de Iaacov, el más joven fue el único que nació en la Tierra de Israel. Los otros nacieron al norte de su patria, en *Aram Naharaim* (actualmente Irak). Por eso, Iaacov le puso el nombre de Ben Iamim, hijo del Sur.

45. que todas las otras tierras. "Vive el Señor, que hizo subir a los hijos de Israel de... a su propia Tierra" (Jeremías 16:15). A partir de esto aprendemos que la Tierra de Israel está más elevada que todas las otras tierras (*Zevajim, loc. cit.*, Rashi, v.i. *veEretz Israel*).

46. de estas cualidades. Esto se refiere a la sabiduría perdida (Iaacov), a la falta de rectificación (Iosef) y a la carencia de liderazgo y de amonestación (Shimón).

47. Biniamin...de ustedes. Éste es el líder que piensa que sus seguidores lo respetan y lo

ה וְהָעֵצָה הַיְעוּצָה לְבַטֵּל הַגַּאֲוָה, שֶׁהִיא הָעֲבוֹדָה זָרָה, כְּמוֹ שֶׁכָּתוּב (משלי ט"ז): "תּוֹעֲבַת ה' כָּל גְּבַהּ לֵב" (כמו שדרשו רבותינו, זכרונם לברכה סוטה ד:), הָעִקָּר הוּא עַל־יְדֵי הִתְקָרְבוּת לַצַּדִּיקִים, כַּמּוּבָא בַּתִּקּוּנִים (תקון כא מ"ח): 'בִּתְרוּעָה דְּאִיהוּ רוּחָא, אִתְעֲבִיר אֵל אַחֵר'.

וְצַדִּיק הוּא בְּחִינַת רוּחָא, כְּמוֹ שֶׁכָּתוּב (במדבר כ"ז): "אִישׁ אֲשֶׁר רוּחַ בּוֹ", וְעַל־יָדוֹ נִכְנָע רוּחַ גְּבוֹהַּ, אֵל אַחֵר, וְנַעֲשֶׂה מֵאַחֵר, אֶחָד, כִּי הוּא קוֹצָא דְאוֹת ד' (תקון כא נ"ה:), שֶׁמִּמֶּנּוּ אַרְבַּע רוּחוֹת, כְּמוֹ שֶׁכָּתוּב (יחזקאל ל"ז): "כֹּה אָמַר ה' מֵאַרְבַּע רוּחוֹת בֹּאִי הָרוּחַ". וְזֶה לְשׁוֹן

donde el Rebe Najmán hace notar la conexión entre el estudio de la Torá y esta lección.

52. hay rúaj. El Tzadik tiene este espíritu -este *terúa*- que contrarresta el espíritu de idolatría. Estas palabras (*loc. cit.*) fueron dichas por Moshé, el Tzadik y líder de su generación, poco antes de fallecer. Le estaba pidiendo a Dios que nombrase a un sucesor que guiara al pueblo judío tal como él había hecho. Por eso, el nuevo líder también debía ser un hombre de espíritu. Dios seleccionó a Ioshúa. Además de ser el discípulo más devoto de Moshé, Ioshúa estaba libre de arrogancia. El *Parparaot LeJojmá* agrega que está escrito sobre Moshé, "Y el hombre Moshé era muy humilde" (Números 12:3), indicando que el verdadero líder debe ser verdaderamente humilde, sin arrogancia alguna.

53. punto de atrás de la letra dalet. Las letras *dalet* (ד) y *resh* (ר) tienen forma parecida. La diferencia entre ambas es que la parte de atrás de la *resh* es redondeada, mientras que la extremidad derecha de la cabeza de la *dalet* se extiende más allá de la pata de la letra; como si la *resh* tuviese una *iud* unida a su esquina derecha superior. Este punto de atrás, aunque es un pequeño agregado, hace que resulten dos cosas opuestas: "uno" (אחד, la unidad de Dios) y "otro" (אחר, idolatría). Es una línea muy fina la que separa a las dos, y no todos son capaces de hacer una distinción clara entre ambas. De la misma manera, es muy difícil discernir entre el verdadero Tzadik y el falso líder, *uno* que promueve la unidad de Dios y el *otro* que la disminuye. Debido a que posee el *rúaj* -la *iud* de Jojmá (ver *Likutey Moharán* I, 8 n.84; ver Apéndice: Niveles de Existencia) mediante la cual se contrarresta el espíritu de idolatría- al Tzadik mismo se lo denomina el punto de atrás de la *dalet*. Con su *rúaj*, el Tzadik transforma la *resh* -el *rúaj*- de idolatría en la *dalet* de la unidad.

54. cuatro rujot.... El Tzadik es "un hombre en el cual hay *rúaj*", que transforma la *resh* de *ajer* (אחר) en la *dalet* de *ejad* (אחד). Así, debido a que revela el espíritu de Dios en los *dalet* (=4) rincones de la tierra, se dice que las cuatro *rujot* provienen de él.

55. TeRúA. De aquí vemos el gran valor de acercarse al verdadero Tzadik y seguir su consejo; de nunca perder la esperanza, no importa cuán lejos uno se encuentre de Dios. Así, incluso Itró, el idólatra más grande de su época (ver arriba, n.3), al unirse a su yerno Moshé vio quebrada su arrogancia y fue capaz de arrepentirse por completo (*Mei HaNajal*).

5. Ahora bien, el consejo más importante para eliminar la arrogancia - considerada idolatría en sí misma, como en (Proverbios 16:5), "Dios considera una abominación a aquél de corazón arrogante"[49]- es acercarse a los Tzadikim.[50] Como dice el *Tikuney Zohar* (#21 p.49a): Con *terúa* (sonido del shofar), que es *rúaj*, desaparece [la creencia en] "otro dios".[51]

Y el Tzadik corresponde a *rúaj*, como en (Números 27:18), "un hombre en el cual hay *rúaj* (espíritu) <del Señor>".[52] Mediante él, se humilla el espíritu arrogante, el "otro dios"; el *ajeR* (otro) se transforma en *ejaD* (uno). Esto se debe a que [el Tzadik] es el punto de atrás de la letra *dalet* (*Tikuney Zohar*, p.55b).[53] De él provienen las cuatro *rujot*, como en (Ezequiel 37:9), "Así dice Dios: 'Oh espíritu, ven de los cuatro vientos'".[54] Y ésta es la connotación de *TeRúA*.[55] Es similar a (Salmos 2:9), "Tú *TRoEM* (los

---

Resumen: Los decretos/juicios contra el pueblo judío se mitigan al bailar y al aplaudir (§1). La esencia de la grandeza de Dios es que los idólatras Lo reconozcan (§2). Aquéllos que están lejos de Dios sólo pueden conocerlo mediante la plegaria en el aspecto de "casa", lo inmanente y comprensible (§3). Sólo a través de los Tzadikim es posible elevar las plegarias al aspecto de "casa", pues Dios desea las plegarias de los Tzadikim. Pero los arrogantes, quienes no desean que el Tzadik ore por ellos, Le niegan a Dios este placer. Su sabiduría los abandona y son amonestados por el intelecto (§4).

49. arrogancia...idolatría.... Vemos en Deuteronomio (7:25) que el término abominación se aplica a la idolatría. Esto nos ayuda a comprender la comparación del Rebe Najmán porque, en esencia, el versículo citado aquí está diciendo que Dios considera que la arrogancia y la idolatría son conceptualmente iguales. Más aún, el Talmud enseña que la arrogancia se compara a la idolatría (*Sotá* 4b). Esto puede comprenderse fácilmente. Cuando la persona reconoce la grandeza de Dios y Su soberanía, puede entonces apreciar cuán insignificante es ella dentro de la creación total. Pero cuando uno se considera significativo e importante, cuando busca prominencia y reconocimiento, entonces, en proporción directa a esto disminuye su percepción de la grandeza de Dios. Ésta es la esencia de la idolatría: la adoración del yo -la arrogancia- y la disminución de la soberanía del Santo, bendito sea.

50. acercarse a los Tzadikim. Al acercarse al Tzadik y seguir su consejo, la persona indica su reconocimiento y su aceptación de que hay alguien más grande, más sabio y más perfecto que ella misma. Esto reduce automáticamente su arrogancia. El Rebe Najmán explica ahora este proceso, mostrando cómo la cercanía a los Tzadikim de hecho quiebra la arrogancia y el orgullo.

51. terúa...rúaj...desaparece otro dios. *Terúa* es una serie de trémolos, o sonidos quebrados del shofar. Dentro del contexto de la lección, la palabra *rúaj* puede traducirse alternativamente como aliento, viento o espíritu (ver *Likutey Moharán* I, 8, n.1). Como agrega el *Parparaot LeJojmá*: "El efecto de clamor y de *rúaj* (espíritu) quebrado que transmite el *terúa* -el aliento quebrado- contrarresta y destruye el espíritu arrogante". Por ende, el *terúa* es hecho sonar para derrotar a los otros dioses, es decir, a la idolatría. El *Tikuney Zohar* (*loc. cit.*) continúa explicando que aquí reside el poder purificador de la Torá. Esto será tratado más adelante en la sección 7,

תְּרוּעָה, לְשׁוֹן (תהלים ב): "תְּרֹעֵם בְּשֵׁבֶט בַּרְזֶל" (תקון י"ח ותקון כ"א), כִּי הוּא מְשַׁבֵּר רוּחַ גְּבוֹהַּ, אֵל אַחֵר, כְּפִירוֹת.

ו וְזֶה בְּחִינַת רְקוּדִין וְהַמְחָאַת כַּף. כִּי רְקוּדִין וְהַמְחָאַת כַּף נִמְשָׁכִין מִבְּחִינַת הָרוּחַ שֶׁבַּלֵּב, כַּנִּרְאֶה בְחוּשׁ, כִּי עַל־יְדֵי שִׂמְחַת הַלֵּב הוּא מְרַקֵּד וּמַכֶּה כַף אֶל כַּף; וְכַמּוּבָא בַּתִּקּוּנִים (תקון כא נ"א): 'וְהַאי רוּחָא נָשַׁב בְּשִׁית פִּרְקִין דִּדְרוֹעָא וּבְשִׁית פִּרְקִין דְּשׁוֹקִין', וְהִיא בְּחִינַת הַמְחָאַת כַּף וּבְחִינַת רְקוּדִין. וְזֶהוּ בְּחִינַת: "לִבּוֹ נָשָׂא אֶת רַגְלָיו" (בראשית־רבה, ויצא, פרשה ע), הַיְנוּ עַל־יְדֵי הָרוּחַ שֶׁבַּלֵּב בָּאִים הָרְקוּדִין.

הַיְנוּ עַל־יְדֵי הַצַּדִּיק שֶׁהוּא בְּחִינַת רוּחַ כַּנַּ"ל, נִתְבַּטֵּל הַגַּאֲוָה כַּנַּ"ל, כְּמוֹ שֶׁכָּתוּב (תהלים ל"ו): "אַל תְּבוֹאֵנִי רֶגֶל גַּאֲוָה", וְנִתְבַּטֵּל הָעֲבוֹדַת אֱלִילִים, כְּמוֹ שֶׁכָּתוּב: "וְרַחֲצוּ רַגְלֵיכֶם" (בראשית י"ח) – 'זֶה עֲבוֹדַת אֱלִילִים'.

61. su corazón llevaba a sus pies. El Midrash enseña que Dios le garantizó a Iaacov que un día volvería sano y salvo a la Tierra Santa (Génesis 28). Iaacov llevaba la alegría de esta noticia dentro del corazón. La sintió cuando llegó a la casa de Labán, y le dio la confianza y la seguridad necesarias para prevalecer sobre su tío idólatra (ver Génesis 24:31, *Rashi*; Génesis 31:19). Mientras trabajaba para Labán, estando casado y criando a su familia, Iaacov reveló, mediante el ejemplo, el concepto de llevar las plegarias al nivel de casa. Esto fue una revelación completa de la grandeza de Dios, porque Iaacov, el Tzadik, es el *rúaj* que contrarresta la idolatría y hace que Su santo nombre sea más exaltado todavía (*Mei HaNajal*).

62. el pie de la soberbia. La soberbia se asemeja a un pie. Tal como el hombre confía en los pies para sustentar el cuerpo, de la misma manera, depende emocionalmente de su orgullo para sostenerse. Tal orgullo puede ser negado y contrarrestado por medio de los "pies que bailan", siempre y cuando el *rúaj* que los mueve provenga del corazón, del Tzadik. El *Parparaot LeJojmá* explica esto con gran detalle. Los pies son la parte más baja del cuerpo y por lo tanto los más cercanos a las *klipot*, a las fuerzas del mal y de la impureza. Cuando decimos que el corazón eleva a los pies, queremos decir exactamente eso: eleva a los pies de las *klipot*. Estas fuerzas del mal son en verdad la causa de la ira Divina, los decretos/juicios Divinos, que sólo pueden ser mitigados y eliminados cuando desaparece el orgullo y la arrogancia.

63. laven sus pies...idolatría. Rashi explica que Abraham supuso que sus visitantes eran idólatras y por lo tanto les pidió que "se lavasen los pies" para no traer a su casa sus erradas creencias (Génesis 18:4). En ese sentido, limpiar los pies indica la eliminación de la idolatría. En verdad, la palabra *rajatzu*, que en hebreo significa lavar, se traduce en arameo como "confianza". La persona que había depositado su confianza en la idolatría, ahora se lava, más específicamente, lava los pies (ver nota previa), y deposita su confianza en Dios.

quebrarás) con una barra de hierro" (*Tikuney Zohar* #18, p.36a), porque ello quiebra el espíritu arrogante/"otro dios"/ateísmo.[56]

6. Y éste es el aspecto de bailar y aplaudir, pues bailar y aplaudir provienen del espíritu del corazón. Tal como se aprecia con facilidad, cuando el corazón de la persona está contento, ella baila y aplaude.[57] Y, como dice en el *Tikuney Zohar* (#21, p.51b): "Este *rúaj*[58] sopla en las seis secciones de los brazos y en las seis secciones de las piernas"[59] - el aspecto de aplaudir y de bailar.[60] Esto corresponde a "su corazón llevaba a sus pies" (*Bereshit Rabah* 70:8).[61] En otras palabras, el espíritu del corazón produce el baile.

Así, y tal como se explicó, mediante el Tzadik/el *rúaj*, se elimina la arrogancia. Como está escrito (Salmos 36:12), "Que no venga sobre mí el pie de la soberbia".[62] También se elimina la idolatría. Como está escrito (Génesis 18:4), "...y laven sus pies" - esto alude a la idolatría (*Bava Metzía* 86b).[63]

---

56. ...ateísmo. Ver Maimónides (*Iad HaJazaká, Hiljot Teshuvá* 3:7) que tanto la creencia en otros dioses, es decir, la idolatría, como el ateísmo, no creer en absoluto en Dios, son en esencia una y la misma cosa.

Hasta aquí el Rebe Najmán ha conectado en la lección los siguientes conceptos: que la revelación más completa de la grandeza de Dios se produce cuando incluso los no judíos Lo reconocen (§2); que esto depende de que la plegaria sea elevada al aspecto de Iaacov/casa para que todos puedan apreciar y participar en la oración (§3); que esto se produce mediante los esfuerzos de los verdaderos Tzadikim de la generación (§4); que sus esfuerzos se ven frustrados por los falsos líderes cuya arrogancia, que es un signo de idolatría, impide que los demás sirvan a Dios (§4); que este espíritu arrogante e idólatra puede ser superado buscando al verdadero Tzadik y uniéndose a él (§5). El Rebe Najmán retorna ahora a la afirmación del comienzo (§1), "estos decretos/juicios Divinos pueden ser mitigados bailando y aplaudiendo", mostrando su conexión con lo anterior.

57. como es fácilmente observable.... Incluso en las raras ocasiones en que el Rebe Najmán ofrece una prueba empírica para cierto punto de su lección, tal como lo hace aquí, también provee de soporte adicional proveniente de las Escrituras y de la literatura Rabínica.

58. este rúaj.... Esto alude al Tzadik, como se explicó más arriba en la sección 5 (*Mei HaNajal*).

59. seis secciones...brazos...piernas. Las seis secciones de los brazos son los dos bíceps, los dos antebrazos y las dos manos. Las seis secciones de las piernas son los dos muslos, las dos pantorrillas y los pies.

60. ...bailar. Las secciones del brazo, en particular las manos, se juntan al aplaudir; las secciones de las piernas, en particular los pies, se mueven juntas en la danza. La alegría y el regocijo son el espíritu que reúne las diferentes secciones (*Mei HaNajal*).

וּכְשֶׁנִּתְעַלֶּה הָרַגְלִין עַל־יְדֵי הָרִקּוּדִין, בְּחִינַת נָשָׂא לִבּוֹ אֶת רַגְלָיו, וְנִתְבַּטֵּל הַגַּאֲוָה, הַיְנוּ הָעֲבוֹדָה זָרָה, עַל־יְדֵי־זֶה נִמְתָּקִין הַדִּינִים; כִּי 'כָּל זְמַן שֶׁיֵּשׁ עֲבוֹדָה זָרָה בָּעוֹלָם, חֲרוֹן־אַף בָּעוֹלָם' (ספרי, ראה), וּכְשֶׁנִּתְעַבֵּר הָעֲבוֹדָה זָרָה, נִתְעַבֵּר הַחֲרוֹן־אַף וְנִמְשָׁכִין חֲסָדִים, וְאָז הָרַגְלִין הֵם בִּבְחִינַת רַגְלֵי חֲסִידָיו (שמואל־א ב), הַיְנוּ בִּבְחִינַת חֲסָדִים, הַיְנוּ בְּחִינַת "חַסְדֵי דָוִד הַנֶּאֱמָנִים" (ישעיהו נ"ה) – 'הַנֶּאֱמָנִים' דַּיְקָא, כִּי נִתְבַּטְּלוּ הַמִּינוּת וְהַכְּפִירוֹת.

וְגַם זֶה בְּחִינַת הַמְחָאַת כַּף, כִּי עַל־יְדֵי הָרוּחַ נִתְגַּלֶּה הֶאָרַת הַיָּדַיִם, כְּמוֹ שֶׁכָּתוּב (שיר־השירים ה): "קוֹל דּוֹדִי דוֹפֵק"; 'דּוֹפֵק' – זֶה בְּחִינַת רוּחַ, כַּמּוּבָא בַּתִּקּוּנִים (תקון כה ס"ח.), וְסָמִיךְ לֵהּ: "דּוֹדִי שָׁלַח יָדוֹ מִן הַחוֹר" – זֶה בְּחִינַת הִתְגַּלּוּת הֶאָרַת הַיָּדַיִם, הַיְנוּ בְּחִינַת הַמְחָאַת כַּף, וְאָז נִתְבַּטֵּל הָעֲבוֹדָה זָרָה, הַיְנוּ הַכְּפִירוֹת, וְזֶה בְּחִינַת (שמות י"ז): "וַיְהִי יָדָיו אֱמוּנָה".

mitigar los decretos. Ahora hace lo mismo con el hecho de aplaudir.

El *Parparaot LeJojmá* explica que las manos, debido a que se encuentran en una posición más elevada que los pies, son menos susceptibles de ser dañadas por las fuerzas de las *klipot* (arriba, n.62). Aun así, cuando las *klipot* abundan y logran aferrarse a los pies, las manos también están en peligro y deben ocultarse. Sin embargo, con el poder del *rúaj* se manifiesta la emanación de las manos, y esto tiene la capacidad de negar a las *klipot* y de mitigar los decretos.

69. la voz de mi amado pulsa. Afirma el *Tikuney Zohar* (*loc. cit.*): "La voz de mi amado pulsa" - golpea seis veces en el portal del corazón para indicar que es *Tiferet* (Belleza, que engloba las seis *sefirot* inferiores). Entonces llega a *Maljut*, que en ese punto se parece a cuatro, [las cuatro *rujot* o vientos mencionados anteriormente]. De aquí podemos ver que el *rúaj*, en este caso el Tzadik o el poder de las manos, es la fuente del *tikún* de *Maljut*/plegaria, como se mencionó anteriormente. Y cuando la plegaria está completa, se mitigan o se anulan por completo los decretos/juicios Divinos.

70. Dofek...rúaj. La palabra *DoFeK* (דופק, golpear o pulsar) tiene la misma raíz que *DoFeK* (דפק, el pulso). Nuevamente vemos que el *rúaj* -aliento, el viento y el espíritu- es lo que hace que el corazón golpee y pulse siendo la fuente del pulso en las manos.

71. se elimina la idolatría. Así, el *rúaj* -al traer la emanación del poder en las manos que se expresa al aplaudir y la alegría en el corazón que se expresa al danzar- es la fuerza capaz de negar toda la idolatría. El *Mei HaNajal* agrega que el versículo citado aquí, "...introdujo su mano en el hueco", está hablando metafóricamente de la eliminación de la idolatría, tal como explica Rashi (v.3).

72. sus manos eran fe. Revelar la fe es lo opuesto a la herejía y de la idolatría. Vemos aquí

Y cuando se levantan los pies al bailar, correspondiente a "su corazón llevaba a sus pies", se elimina la arrogancia, es decir, la idolatría. Mediante esto, se mitigan los decretos/juicios Divinos. Pues "Mientras haya idolatría en el mundo, habrá *jaron af* (ira Divina) en el mundo" (*Sifri* 13:18).[64] Pero cuando desaparece la idolatría, desaparece la ira Divina y los *jasadim* (bondades) descienden [al mundo]. Entonces los pies son "los pies de *JaSiDav* (Sus piadosos)" (Samuel 1, 20:9) - es decir, el aspecto de *JaSaDim*.[65] Esto corresponde a (Isaías 55:3), "...las bondades de David son fidedignas".[66] Específicamente "fidedignas", porque se elimina la herejía y el ateísmo.[67]

Y [*rúaj*] también corresponde al aplaudir.[68] Pues mediante el *rúaj* se revela la emanación de las manos, como en (Cantar de los Cantares 5:2), "La voz de mi amado *dofek* (pulsa)".[69] *Dofek*, como dice el *Tikuney Zohar* (#25, p.70a), es un aspecto del *rúaj*.[70] El versículo adyacente, "Mi amado introdujo su mano en el hueco" (Cantar de los Cantares 5:4), alude a la revelación de la emanación de las manos, es decir, al aplaudir. Y entonces se elimina la idolatría, es decir, la herejía.[71] Como está escrito (Éxodo 17:2), "Y sus manos eran fe".[72]

---

64. ira Divina en el mundo. Este pasaje del Midrash se relaciona con una ciudad en la cual la mayoría de sus habitantes son idólatras. En tal caso, toda la ciudad debe ser destruida, incluyendo los objetos inanimados (Deuteronomio 13:13-19). Dejar incluso uno de estos objetos sin destruir es en esencia dejar un recuerdo de idolatría en el mundo. En términos de nuestra lección, esto indica que está prohibido incluso el más mínimo grado de arrogancia. De acuerdo con esto, dejar incluso un mínimo de orgullo retiene un recuerdo de la ira Divina, que impide que se mitiguen los decretos/juicios Divinos.

65. pies de JaSiDav...JaSaDim. La Kabalá habla de cinco *jasadim* (benevolencias). "Estas energías espirituales son fuerzas de bondad, y tienen su raíz en *daat* (conocimiento santo). Las benevolencias impregnan las diferentes partes del cuerpo [paralelo a las cinco *Sefirot* (emanaciones Divinas) desde *Jesed* hasta *Hod*, siendo *Netzaj* y *Hod* correspondientes a los pies]" (*Shaar Rúaj haKodesh*, La Sexta *Kavaná*).

66. son fidedignas. La revelación final de los *jasadim* está en *Maljut* (Reinado), que es la última *sefirá*, correspondiente a la manifestación de este mundo físico (ver Apéndice: Niveles de Existencia). David, rey de Israel, y autor de los Salmos, representa el epítome de la soberanía y de la plegaria. Al destruir la idolatría -la arrogancia- y unirse al Tzadik verdadero, la persona puede hacerse merecedora de la plegaria y así participar en la revelación del *Maljut* de Dios, de Su soberanía.

67. se elimina. Pues la fe también es *Maljut*. Al alcanzar *Maljut* uno niega el ateísmo y la idolatría.

68. aplaudir. Hasta ahora, el Rebe Najmán ha estado explicando la conexión del baile con

נִמְצָא, שֶׁעַל־יְדֵי הַצַּדִּיק, הַיְנוּ בְּחִינַת רוּחַ שֶׁבַּלֵּב, נִתְגַּלֶּה הֶאָרַת הַיָּדַיִם וְהָרַגְלַיִם, הַיְנוּ בְּחִינַת רִקּוּדִין וְהַמְחָאַת כַּף, וְנִתְבַּטֵּל הַגַּאֲוָה וְהַכְּפִירוֹת, וְנִתְרַבֶּה הָאֱמוּנָה, וְאָז נִתְקַיֵּם (תהלים כ״ו): "רַגְלִי עָמְדָה בְמִישׁוֹר", שֶׁהוּא בְּחִינַת אֱמוּנָה. כִּי הַמִּינוּת הִיא בְּחִינַת נָטָיוּ רַגְלָי, כְּמַאֲמַר אָסָף (שם ע״ג): "כִּמְעַט נָטָיוּ רַגְלָי", שֶׁנֶּאֱמַר שָׁם עַל שֶׁהִשִּׂיאוֹ לִבּוֹ לְמִינוּת, כַּמְבֹאָר שָׁם; "וְרַגְלִי עָמְדָה בְמִישׁוֹר" מוֹרֶה עַל אֱמוּנָה, וְאָז נִתְקַיֵּם "וַיְהִי יָדָיו אֱמוּנָה".

ז וְהַתּוֹרָה הִיא גַּם כֵּן בְּחִינַת יָדַיִן וְרַגְלַיִן, כִּי יֵשׁ בַּתּוֹרָה נִגְלֶה וְנִסְתָּר: נִגְלֶה הוּא בְּחִינַת יָדַיִם, כְּמוֹ שֶׁכָּתוּב: "דּוֹדִי שָׁלַח יָדוֹ מִן הַחוֹר" – 'מִן הַחוֹר', הַיְנוּ חָרוּת עַל הַלּוּחוֹת (שמות ל״ב), שֶׁהוּא בְּנִגְלֶה; וְנִסְתָּר הֵם בְּחִינוֹת רַגְלַיִן, כְּמַאֲמַר חֲכָמֵינוּ, זִכְרוֹנָם לִבְרָכָה (סכה מט:): "חַמּוּקֵי יְרֵכַיִךְ" – 'מַה יָּרֵךְ בַּסֵּתֶר' וְכוּ'.
וּכְלָלִיּוּת הַתּוֹרָה נִקְרֵאת לֵב, שֶׁמַּתְחֶלֶת בְּ"בֵית" וּמְסַיֶּמֶת בְּ"לָמֶד",

---

lejos de Dios sólo pueden conocerlo mediante la plegaria en el aspecto de "casa", lo inmanente y comprensible (§3). Sólo a través de los Tzadikim es posible elevar las plegarias al aspecto de "casa", pues Dios desea las plegarias de los Tzadikim. Pero los arrogantes, quienes no desean que el Tzadik ore por ellos, Le niegan a Dios este placer. Su sabiduría los abandona y son amonestados por el intelecto (§4). El espíritu arrogante, que es la idolatría, se elimina al unirse con el Tzadik, quien es *rúaj* (§5). Mediante el *rúaj* del corazón/el Tzadik, los pies bailan y las manos aplauden, y esta alegría elimina la arrogancia/idolatría, es decir, mitiga los decretos/juicios Divinos (§6).

75. manos y pies. Ver arriba, nota 51, que *rúaj* corresponde a Torá.

76. hueco...revelado. Este versículo aparece en conexión con la entrega de las tablas de piedra en el Sinaí. Las Tablas que contienen los Diez Mandamientos que les fueron dados a Moshé y, de esa manera, les fueron *revelados* a todo Israel, corresponden a la Torá revelada. Además, las manos son en general la parte revelada del cuerpo, a diferencia de los pies que en general están ocultos.

77. los muslos están ocultos...Torá. El *Iun Iaacov* sobre este pasaje en *Suká* (*loc. cit.*) enseña que "...ocultos, de la misma manera las palabras de la Torá" se refiere a las enseñanzas esotéricas de la Torá, a la Kabalá.

78. Bet...Lamed. La primera palabra de la Torá (el Pentateuco), *Bereshit*, comienza con la letra *Bet*. La última palabra de la Torá, *israeL*, concluye con una *Lamed*. Juntas, estas dos letras forman la palabra *LeV* (לב, corazón; ver n.26 que la *bet* y la *vet* son lo mismo). Así, el corazón, el asiento del *rúaj*, corresponde a la Torá en su totalidad. En la terminología de la Kabalá, la

Vemos por lo tanto que mediante el Tzadik, es decir, el *rúaj* en el corazón, se revela la emanación de las manos y de los pies, es decir aplaudir y bailar. De este modo se elimina la arrogancia y el ateísmo, y aumenta la fe. Y entonces se cumple: "Mi pie se asienta sobre un sendero firme" (Salmos 26:12). ["Mi pie se asienta"] es una referencia a la fe, mientras que la herejía es llamada "un pie que resbala". Como dice Asaf (Salmos 73:2), "Mis pies por poco resbalan", que en el contexto se refiere a haber vuelto su corazón hacia la herejía.[73] Pero, "Mi pie se asienta sobre un sendero firme" indica fe. Y entonces se cumple: "Sus manos eran fe".[74]

7. La Torá también corresponde a las manos y los pies.[75] Pues la Torá consiste de [enseñanzas] reveladas y ocultas. Lo revelado corresponde a las manos, como en, "Mi amado introdujo su mano en el *jor* (hueco)". "En el *JoR*" alude a "*JaRut* (grabado) en las tablas" (Éxodo 32:16) - esto es lo revelado.[76] Lo oculto corresponde a los pies, como dijeron nuestros Sabios: "Los contornos de tus muslos" (Cantar de los Cantares 7:2) - así como los muslos están ocultos, lo mismo ocurre con las palabras de la Torá (Suká 49).[77]

Y la Torá en su totalidad es llamada "*lev*" (corazón), porque comienza con una *Bet* y termina con una *Lamed*.[78] [El corazón] es el

---

que el *rúaj* que se manifiesta en las manos y en los pies es una indicación del espíritu de fe en Dios.

73. en el contexto.... Ver Rashi (73:2). En otras palabras, mientras que la fe es un "pie" firme, fuerte y sustentador, la herejía es un pie torcido y débil que da un falso apoyo a aquéllos que dependen de él y se "paran" en él.

74. entonces se cumple.... Este versículo aparece en conexión con la primera batalla que debió enfrentar la nación judía luego de haber sido redimidos de Egipto; un encuentro con la nación idólatra de Amalek (cf. *Rashi*, Deuteronomio 25:18). Durante la batalla, Moshé se mantuvo con las manos extendidas en plegaria. Esto permitió que los judíos vencieran al enemigo. Así, Moshé, el Tzadik, reveló el poder de la plegaria a través de las manos. Y, precisamente luego de enterarse de esta batalla contra Amalek (Éxodo 18:1) -la revelación de la grandeza de Dios- Itró, el sacerdote, abandonó la idolatría y se unió al pueblo judío. Esto enseña que el Tzadik/ *rúaj* puede eliminar la arrogancia/idolatría y traer al mundo una revelación de fe. Es por eso que cada persona debe tratar de unirse al Tzadik. El *Parparaot LeJojmá* indica que Amalek (עמלק) tiene valor numérico de 240, el mismo que *el ajer* (אל אחר, "otro dios" o herejía), (ver Apéndice: Tabla de Guematria).

Resumen: Los decretos/juicios contra el pueblo judío se mitigan al bailar y al aplaudir (§1). La esencia de la grandeza de Dios es que los idólatras Lo reconozcan (§2). Aquéllos que están

שֶׁשָּׁם מִשְׁכַּן הָרוּחַ דְּנָשִׁיב בְּשִׁית פִּרְקִין דִּדְרוֹעִין וְשִׁית פִּרְקִין דְּרַגְלַיִן, הַיְנוּ בְּנִגְלֶה וּבְנִסְתָּר.

ח וְזֶה בְּחִינַת מָרְדְּכַי וְאֶסְתֵּר, וְהָמָן, בְּחִינוֹת פּוּרִים, בְּחִינַת גּוֹרָל שֶׁהִפִּיל הָמָן, בְּחִינַת עֹמֶר שְׂעוֹרִים.

כִּי הָמָן בְּחִינַת הָעֲבוֹדַת אֱלִילִים, כְּמַאֲמַר חֲכָמֵינוּ, זִכְרוֹנָם לִבְרָכָה, שֶׁעָשָׂה עַצְמוֹ עֲבוֹדַת אֱלִילִים (מגילה י:), וּבִשְׁבִיל זֶה הִפִּיל פּוּר הוּא הַגּוֹרָל בַּחֹדֶשׁ שֶׁמֵּת בּוֹ מֹשֶׁה (שם י״ג:), כִּי מֹשֶׁה הוּא מְבַטֵּל הָעֲבוֹדָה זָרָה, וּבִשְׁבִיל זֶה נִקְבַּר מוּל בֵּית פְּעוֹר, כְּדֵי לְבַטֵּל הָעֲבוֹדָה זָרָה שֶׁבַּפְּעוֹר, כְּמוֹ שֶׁדָּרְשׁוּ רַבּוֹתֵינוּ, זִכְרוֹנָם לִבְרָכָה (סוטה יד.). כִּי **מֹשֶׁה** גִּימַטְרִיָּא **חֲרוֹן־אַף**, כִּי הוּא מְבַטֵּל חֲרוֹן־אַף שֶׁל הָעֲבוֹדָה

Mordejai, mediante su arrogancia santa, fue capaz de enmendar los errores del rey Shaúl, que también era de la tribu de Biniamin. Se le había ordenado al rey Shaúl que destruyera por completo a los amalequitas y a todas sus posesiones (Samuel 1, 15:2), pero luego de haber salido victorioso en la batalla, fue presionado por sus soldados para que salvara el ganado del enemigo. También le perdonó la vida a Agag, el rey amalequita. El profeta Shmuel le reprochó, "Aunque puedas ser pequeño ante tus propios ojos, sin embargo fuiste hecho líder... ¿por qué no obedeciste la voz de Dios?" (Samuel 1, 15:17,19). El rey Shaúl debería haber utilizado la autoridad de que disponía y su "heredada" cualidad de arrogancia santa para destruir por completo a Amalek, tal como Dios había ordenado. En lugar de que lo mataran inmediatamente, Agag fue tomado prisionero. Esto le dio la oportunidad de concebir un hijo del cual descendió Hamán. El descendiente de Shaúl, el tzadik Mordejai, fue quien rectificó esto.

81. en el mes en que falleció Moshé. Moshé falleció el 7 del mes de Adar. Al repasar el calendario judío antes de echar suertes, Hamán vio que cada mes tenía al menos un día que conmemoraba algún mérito de los judíos, salvo el mes de Adar. Por lo tanto se regocijó cuando la lotería cayó en Adar, porque pensó que ello simbolizaba la muerte del Tzadik que tenía el poder de contrarrestar el *rúaj* de arrogancia, la idolatría, es decir, la cualidad de Hamán. En verdad, enseñaron nuestros Sabios: Hamán, quien había sido barbero, se había vendido a Mordejai como esclavo a cambio de un poco de pan (*Meguilá, ibid.*). Fue su abundante arrogancia y orgullo (ver nota previa) lo que lo llevó a buscar venganza, no sólo contra Mordejai, sino contra todos los judíos.

82. Peor. Los judíos fueron seducidos a servir a este ídolo (Números 25). Moshé fue subsecuentemente enterrado frente al lugar en donde se encontraba el ídolo *Peor*. Cuando el recuerdo de su transgresión se levanta para acusar al pueblo judío y traer decretos en su contra, Moshé también se levanta para contrarrestarlo y destruirlo (*Sotá* 14a, *Tosafot, v.i. mipnei*). Esto indica que Moshé es el verdadero Tzadik, que tiene el poder de eliminar la idolatría.

83. Moshé...jaron af. La Guematria del nombre *MoShÉ* (משה) es 345, igual que el valor numérico del término *JaRON AF* (חרון אף) (ver Apéndice: Tabla de Guematria).

lugar del espíritu "que sopla en las seis secciones de los brazos y las seis secciones de las piernas", es decir, en lo revelado y en lo oculto.[79]

8. Y [todo] esto corresponde a Mordejai y Esther, a Hamán, al aspecto de Purim, a las suertes echadas por Hamán y a la medida de la ofrenda de cebada.

Hamán corresponde a la idolatría, como enseñaron nuestros Sabios: [Hamán] se hizo a sí mismo un objeto de adoración (*Meguilá* 10b).[80] Éste es el motivo por el cual "echaron *pur*-suertes" (Esther 3:7) [y éstas cayeron] en el mes en que falleció Moshé (*Meguilá* 13b).[81] Porque Moshé es aquél que contrarresta la idolatría. Es por esto que fue enterrado "frente a *Bet Peor*" (Deuteronomio 34:6), como expusieron nuestros Sabios: Con la intención de eliminar la idolatría que era *Peor* (*Sotá* 14a).[82] Pues las letras del nombre Moshé tienen el mismo valor numérico que las de *jaron af* (ira Divina).[83] Él es aquel que contrarresta la ira Divina que resulta de

---

principal revelación de la Torá proviene de *Biná* (Comprensión), que también corresponde al corazón (*Parparaot LeJojmá*).

79. revelado...oculto. A partir de esto podemos ver que la Torá, como el *rúaj* (y el Tzadik, como en §5), sopla en las manos y en los pies llevándolos a mitigar los juicios Divinos y a anular los decretos. Vale notar que el Talmud (*Eruvin* 54a) enumera diversas clases de enfermedades y de dificultades que enfrenta la gente, y entonces afirma que el remedio para todas ellas es el estudio de la Torá. A partir de la explicación del Rebe Najmán podemos comprender cómo esto surge del poder que tiene el estudio de la Torá para mitigar los juicios y anular los decretos (ver arriba, n.2).

Resumen: Los decretos/juicios contra el pueblo judío se mitigan al bailar y al aplaudir (§1). La esencia de la grandeza de Dios es que los idólatras Lo reconozcan (§2). Aquéllos que están lejos de Dios sólo pueden conocerlo mediante la plegaria en el aspecto de "casa", lo inmanente y comprensible (§3). Sólo a través de los Tzadikim es posible elevar las plegarias al aspecto de "casa", pues Dios desea las plegarias de los Tzadikim. Pero los arrogantes, quienes no desean que el Tzadik ore por ellos, Le niegan a Dios este placer. Su sabiduría los abandona y son amonestados por el intelecto (§4). El espíritu arrogante, que es la idolatría, se elimina al unirse con el Tzadik, quien es *rúaj* (§5). Mediante el *rúaj* del corazón/el Tzadik, los pies bailan y las manos aplauden, y esta alegría elimina la arrogancia/idolatría, es decir, mitiga los decretos/juicios Divinos (§6). La Torá, que es el espíritu en el corazón, también corresponde a las manos y a los pies, a lo revelado y a lo oculto respectivamente (§7). El Rebe Najmán muestra seguidamente cómo todos estos conceptos corresponden a la historia de Purim.

80. Hamán...adoración. Enseña el Midrash (*Esther Rabah* 2:5): Hamán se colgó un ídolo del cuello para que la gente se inclinase delante de él. Es por eso que Mordejai se negó a inclinarse ante Hamán, como los demás (Esther 3:2). El *Parparaot LeJojmá* indica que Mordejai descendía de la tribu de Biniamin cuya cualidad es la arrogancia santa (arriba, n.47). Esta arrogancia era necesaria para que Mordejai superase el orgullo de Hamán, descendiente de Amalek - la encarnación de la arrogancia del mal y de la idolatría.

זָרָה, כִּי הוּא קִבֵּל הַתּוֹרָה, שֶׁהוּא בְּחִינַת יָדַיִן וְרַגְלַיִן כַּנַּ"ל, שֶׁעַל יְדֵיהֶם נִתְבַּטֵּל הָעֲבוֹדַת אֱלִילִים כַּנַּ"ל.

וְעַל כֵּן הִפִּיל פּוּר בַּיֶּרַח שֵׁמֵת בּוֹ מֹשֶׁה, כִּי חָשַׁב כִּי כְּבָר מֵת מֹשֶׁה הַמְבַטֵּל כֹּחַ הָעֲבוֹדַת אֱלִילִים, וְאֵין עוֹד מִי שֶׁיּוּכַל לְבַטֵּל כֹּחַ הָעֲבוֹדַת אֱלִילִים.

אֲבָל מָרְדְּכַי וְאֶסְתֵּר הָיָה לָהֶם כֹּחַ לְבַטֵּל הָעֲבוֹדַת אֱלִילִים שֶׁל הָמָן, וּבִשְׁבִיל זֶה בִּימֵיהֶם קִבְּלוּ יִשְׂרָאֵל הַתּוֹרָה מֵחָדָשׁ, כְּמַאֲמַר חֲכָמֵינוּ, זִכְרוֹנָם לִבְרָכָה (שבת פח.): "קִיְּמוּ וְקִבְּלוּ" – 'קִיְּמוּ מַה שֶּׁקִּבְּלוּ כְּבָר'.

וְזֶה: **קִיְּמוּ וְקִבְּלוּ. קִיְּמוּ** – זֶה בְּחִינַת רַגְלַיִן, **וְקִבְּלוּ** – זֶה בְּחִינַת יָדַיִן, וְהוּא בְּחִינַת הַתּוֹרָה בְּעַצְמָהּ כַּנַּ"ל.

וְזֶה בְּחִינַת מָרְדְּכַי וְאֶסְתֵּר. 'מָרְדְּכַי – מָר דְּרוֹר' (חולין קלט:) – דְּרוֹר, לְשׁוֹן חֵרוּת, זֶה בְּחִינַת יָדַיִם, כְּמוֹ שֶׁכָּתוּב: "דּוֹדִי שָׁלַח יָדוֹ מִן הַחוֹר" כַּנַּ"ל; וְאֶסְתֵּר הוּא בְּחִינַת שׁוֹקַיִן, מַה יָּרֵךְ בַּסֵּתֶר כַּנַּ"ל.

87. aspecto de la Torá misma. La Torá son las manos y los pies, como vimos más arriba, en la sección 7. Enseñaron nuestros Sabios que luego del milagro de Purim, los judíos aceptaron la Torá con un compromiso enteramente nuevo y mucho más pleno, mayor incluso que aquél que exhibieron en el Monte Sinaí. Vale notar que, tanto en el Monte Sinaí como en Purim, la Torá fue recibida recién luego de una batalla con Amalek.

88. MoR Dror. El texto completo en *Julín* (*loc. cit.*) dice: "¿Dónde aparece Mordejai en los Cinco Libros de la Torá? Está escrito (Éxodo 30:23), 'Toma de las fragancias más finas... *mor dror* (mirra, libre de impurezas)', y Onkelos traduce esto al arameo como *MeiRa DaJIa*". Éste es *MoRDEJaI*. Además, la palabra *MoR* (מר) tiene el mismo valor que *AMaLeK* (240, עמלק; ver Apéndice: Tabla de Guematria), simbolizando la capacidad de Mordejai para contrarrestar el poder de Amalek.

89. dror denota libertad. Ambos, *dror* y *jerut*, significan libertad. Esto implica las manos (arriba, §6 y §7) las cuales, debido a que en general se encuentran por encima de todo contacto con las *klipot*, son una indicación de libertad (*Parparaot LeJojmá*).

90. Esther…. El nombre *eSTheR* tiene la connotación de *haSTeR*, que significa "oculto" (*Julín* 139a). La implicación es que tal como los muslos y los pies están tapados y ocultos, de la misma manera estaba Esther; ocultando su identidad judía tal como se lo había indicado Mordejai. Así, las combinaciones de Mordejai y de Esther, de la Torá revelada y de la Torá oculta, de las manos y de los pies, todo corresponde al *rúaj*; el espíritu que contrarresta el ateísmo y la idolatría.

la idolatría, porque fue [Moshé] quien recibió la Torá, las manos y los pies mediante los cuales se elimina la idolatría.

Es por eso que [Hamán se regocijó cuando] las suertes cayeron en el mes del fallecimiento de Moshé. Él supuso que [el poder de] Moshé, aquél que elimina el poder de la idolatría, ya había desaparecido del mundo y que no había nadie más que pudiera contrarrestar el poder de esta idolatría.[84]

Pero Mordejai y Esther tenían el poder de contrarrestar la idolatría de Hamán. Es por esto que, en ese tiempo, los judíos recibieron nuevamente la Torá. Como enseñaron nuestros Sabios: "[Los judíos] cumplieron y asumieron la responsabilidad" (Esther 9:27) - establecieron aquello que anteriormente habían tomado sobre sí (Shabat 88a).

Éste es el significado de "cumplieron y asumieron la responsabilidad". "Ellos cumplieron" corresponde a los pies,[85] y "asumieron la responsabilidad" corresponde a las manos.[86] Éste es el aspecto de la Torá misma.[87]

Esto también corresponde a Mordejai y Esther. *MoRDejai* es "*MoR Dror*"[88] (Éxodo 30:23; cf. Julín 139b). La palabra *dror* denota *JeRuT* (libertad),[89] que es una alusión a las manos, como en, "Mi amado introdujo su mano en el *JoR*". Y Esther corresponde a los muslos, como en, "Tal como los muslos están ocultos", como se mencionó arriba.[90]

---

84. contrarrestar el poder de esta idolatría. Enseña el Talmud: ¿Por qué los judíos merecían la aniquilación [a manos de Hamán]? Esto fue como castigo por haber adorado ídolos en la época de Nabucodonosor (*Meguilá* 12a). Ésta es la explicación. Más arriba en la lección, el Rebe Najmán trató el nivel de casa y citó el versículo "Pues Mi casa será llamada casa de oración para todas las naciones". La casa de Dios se refiere al Santo Templo y fue Nabucodonosor quien lo destruyó. Durante su reinado instituyó la idolatría por todo su reino, con la intención de destruir la fe de los judíos en Dios. Al inclinarse ante el ídolo de Nabucodonosor, el pueblo judío le dio fuerza y sustento al lado del mal. Esto fue lo que permitió que Hamán/Amalek (ver n.74) se elevase al poder. Más aún (*Meguilá* 11b), el hecho de que Ajashverosh le diera permiso a Hamán para aniquilar a los judíos surgía de su creencia en que ya había pasado el tiempo de la profecía de la redención y ésta no se había cumplido. De acuerdo con el cálculo de Ajashverosh, los 70 años de exilio profetizados por el profeta Jeremías habían pasado sin la predicha reconstrucción del Santo Templo. Esto lo llevó a creer en la factibilidad del malvado plan de Hamán.

85. cumplieron…pies. El hebreo *KiMu* (cumplieron) es similar a la palabra *lehaKiM* (poner de pie), algo que se hace con los pies y que por lo tanto alude a ellos.

86. asumieron…manos. El hebreo *KiBlu* (tomaron) proviene de la misma raíz que la palabra *leKaBel* (recibir), algo que se hace con las manos y que por lo tanto alude a ellas.

וְזֶה לְשׁוֹן פּוּרִים, הַיְנוּ בִּטּוּל הָעֲבוֹדַת אֱלִילִים, כְּמוֹ שֶׁכָּתוּב (ישעיהו ס"ג): "פּוּרָה דָּרַכְתִּי לְבַדִּי וּמֵעַמִּים אֵין אִישׁ אִתִּי".

וְעַל־יְדֵי הֶאָרַת מָרְדְּכַי וְאֶסְתֵּר, הַיְנוּ בְּחִינַת הַיָּדַיִן וְרַגְלַיִן, נִתְבַּטְּלוּ הַקְּלִפּוֹת וְנִתְרַבָּה אֱמוּנָה בָּעוֹלָם עַל־יְדֵיהֶם, כְּמוֹ שֶׁכָּתוּב (אסתר ב): "וַיְהִי אֹמֵן אֶת הֲדַסָּה", וּבָהּ כְּתִיב (שם): "כַּאֲשֶׁר הָיְתָה בְאָמְנָה אִתּוֹ", כִּי שְׁנֵיהֶם הֵם בְּחִינַת אֱמוּנָה.

וְזֶה נַעֲשֶׂה עַל־יְדֵי הָרוּחַ כַּנַּ"ל. וְזֶה בְּחִינַת (מגלה ז.): 'אֶסְתֵּר בְּרוּחַ־הַקֹּדֶשׁ נֶאֶמְרָה', הַיְנוּ בְּחִינַת "לִבּוֹ נָשָׂא אֶת רַגְלָיו", כִּי עִקַּר הָעַכּוּ"ם תָּלוּי בָּהּ, שֶׁהִיא בְּחִינַת רַגְלַיִן, כְּמוֹ שֶׁכָּתוּב (משלי ה): "רַגְלֶיהָ יוֹרְדוֹת מָוֶת", וְעַל כֵּן עִקַּר תִּקּוּן הָעֲבוֹדַת אֱלִילִים עַל־יָדָהּ.

וְעַל כֵּן דַּיְקָא 'אֶסְתֵּר - בְּרוּחַ־הַקֹּדֶשׁ נֶאֶמְרָה'; אַף שֶׁבֶּאֱמֶת תִּקּוּן הָעֲבוֹדַת אֱלִילִים הוּא גַּם־כֵּן עַל־יְדֵי מָרְדְּכַי כַּנַּ"ל, רַק מֵחֲמַת

95. su corazón llevaba a sus pies. Como se mencionó previamente, es el *rúaj* en el corazón/el Tzadik el que eleva los pies/Esther y hace que bailen, mitigando así los decretos. Este *rúaj* en el corazón corresponde al *rúaj* (espíritu o inspiración) Divino que es similar a la profecía. Se dice por lo tanto que el Libro de Esther fue de inspiración Divina y por eso fue incorporado a las Sagradas Escrituras.

96. idólatras...sus pies descienden a la muerte. Se dice de los pies, debido a que son la parte más baja del cuerpo, que están más cerca de las fuerzas del mal y de la impureza (n.62). Es por esto que el Rebe Najmán enseña que los idólatras dependen de Esther (que corresponde a los pies), pues ella está más cerca de ellos. El *Parparaot LeJojmá* agrega que esto explica por qué nuestros Sabios conectaron a Esther con Sara, pues así como Esther fue llevada al palacio de Ajashverosh (Esther 2:16), Sara fue llevada a la casa de Avimelej (Génesis 20:2).

En el lenguaje de la Kabalá, las fuerzas del mal subsisten gracias a *Maljut* y dependen de ésta, la más baja de las *Sefirot*. Cuando el lado del mal lleva a *Maljut* hacia su dominio -simbolizando el exilio de la Presencia Divina entre los idólatras- se dice que "Sus pies descienden a la muerte".

97. a través de ella. Enseña el Talmud: [Debido a que Esther ocultó su verdadera identidad,] cada uno creía que ella provenía de su propia nación (*Meguilá* 13a). Esto puede comprenderse a partir de nuestra lección. El Rebe Najmán nos dice que Esther era capaz de descender hacia cada una de las diferentes idolatrías de las naciones y destruirla. Esto provenía de su capacidad de hacer parecer que estaba asociada con esa idolatría y que la compartía. Así, la eliminación de la idolatría se produjo por su intermedio.

98. Mordejai. Mucha gente se convirtió al judaísmo gracias a Mordejai y a su papel en el milagro de Purim (Esther 8:17, ver *Rashi*; *ibid.*, 9:3-4). Mordejai, al igual que Esther, rectificó el pecado de la idolatría trayendo una revelación de la fe.

Y ésta es la connotación del [nombre de la festividad] *PURim*. Alude a la eliminación de la idolatría, como está escrito (Isaías 63:3), "La *PURá* (prensa) que Yo sólo he pisado; y de las naciones no había hombre conmigo".[91]

Mediante la emanación de Mordejai y de Esther, los aspectos de las manos y de los pies, se elimina el ateísmo. Debido a ellos aumenta la fe en el mundo.[92] Como está escrito (Esther 2:7), "Y [Mordejai] *OMeN* (crió) a Hadasá", [es decir, Esther] de quien está escrito (Ibid., 2:20), "de la misma manera que cuando era *AMNá* (criada) por él". Porque ambos [Mordejai y Esther] corresponden a *EMuNá* (fe).[93]

Y, como se mencionó más arriba, por medio del *rúaj* se logra [la eliminación del ateísmo y un aumento de la fe].[94] Esto corresponde a: El Libro de Esther fue dictado con *rúaj*-sagrado (Meguilá 7a), un aspecto de "su corazón llevaba a sus pies".[95] Porque, en esencia, los idólatras dependen de [Esther], pues ella es sinónimo de los pies, como en (Proverbios 5:5), "Sus pies descienden a la muerte".[96] Por lo tanto, la principal rectificación de la idolatría se produce a través de ella.[97]

Y así, específicamente "El Libro de Esther fue dictado con *rúaj*-sagrado". Aunque es verdad que la idolatría también es rectificada a través de Mordejai,[98] sin embargo, dado que los idólatras dependen

---

91. PuRim...PuRá...conmigo. Este versículo es una descripción alegórica de la manera en que Dios destruirá y aplastará a los edomitas, tal como uno pisa las uvas en una prensa.

Dios mitiga y anula los decretos en aras de los judíos. Más aún, Él hace caer esos mismos decretos sobre aquéllos responsables de haberlos emitido, sobre los idólatras. Así, [los egipcios fueron ahogados por haber decretado que todos los niños judíos recién nacidos debían ser arrojados al Nilo, y] Hamán, quien esperaba utilizar el poder del *PuR* (lotería) en contra de los judíos, vio la lotería volverse en contra suya y transformarse en la festividad de *PuRim* para los elegidos de Dios (*Parparaot LeJojmá*). El *Mei HaNajal* agrega que a partir de esto podemos comprender mejor la afirmación del Rebe Najmán de que los días de Purim están cerca... (ver arriba, n.1), porque la época de Purim tiene el poder de negar el juicio Divino, la idolatría y los malos decretos.

92. aumenta la fe.... Afirma el Midrash (*Shir HaShirim Rabah* 7:8): En los días de Mordejai y de Esther fue destruida la idolatría.

93. OMeN...AMNá...EMuNá, fe. Mordejai fue quien crió y educó a Hadasá, es decir Esther (*Meguilá* 13a). Las palabras *omen* (אומן) y *amná* (אמנה) son similares a la palabra *emuná* (אמונה), indicando no sólo la fe que ellos tenían sino también su capacidad para "llevar" todo hacia la fe (*Tikuney Zohar* #21, p.57).

94. rúaj. Como arriba, en la sección 6, el *rúaj* contrarresta el ateísmo y la idolatría a través de las "manos y pies".

שֶׁעִקַּר הָעֲבוֹדַת אֱלִילִים תְּלוּיָה בָּהּ, וְעַל כֵּן עַל-יָדָהּ עִקַּר הַתִּקּוּן. וְעַל כֵּן נִקְרֵאת הַמְּגִלָּה עַל שֵׁם אֶסְתֵּר, וְהַיְנוּ דְּדַיְקָא 'אֶסְתֵּר - בְּרוּחַ-הַקֹּדֶשׁ נֶאֶמְרָה', כִּי הָרוּחַ הוּא בַּלֵּב, וְעַל-יָדוֹ נִתְגַּלֶּה הֶאָרַת הַיָּדַיִם וְהָרַגְלַיִם, רַק הָעִקָּר תְּלוּיָה בָּרַגְלַיִם, בְּחִינַת אֶסְתֵּר.

וְזֶה בְּחִינוֹת עֹמֶר שְׂעוֹרִים. עֹמֶר - זֶה בְּחִינַת מָרְדֳּכַי - עַיִן מַר, מַר דְּרוֹר - דְּרוֹר לְשׁוֹן חֵרוּת, הַיְנוּ בְּחִינַת חָרוּת עַל הַלֻּחֹת [וּכְמוֹ שֶׁאָמְרוּ רַבּוֹתֵינוּ, זִכְרוֹנָם לִבְרָכָה (עירובין נד.): אַל תִּקְרֵי חָרוּת אֶלָּא חֵרוּת], שֶׁהוּא בְּחִינַת הַתּוֹרָה בְּנִגְלֶה, שֶׁהוּא בְּחִינַת "עַיִן בְּעַיִן" (במדבר י"ד).

שְׂעוֹרִים - זֶה בְּחִינַת אֶסְתֵּר בְּרוּחַ-הַקֹּדֶשׁ, כְּמוֹ שֶׁכָּתוּב (דברים ל"ב): "כִּשְׂעִירִים עֲלֵי-דֶשֶׁא", שֶׁהוּא לְשׁוֹן רוּחַ.

וּבִשְׁבִיל זֶה, כְּשֶׁבָּא הָמָן לְמָרְדֳּכַי, מְצָאוֹ עוֹסֵק בְּעֹמֶר שְׂעוֹרִים, אָמַר לָהֶם: עֹמֶר שְׂעוֹרִים דִּידְכוּ אָתֵי וְנִצַּח אוֹתִי וְאֶת בָּנָיו, כְּמֻבְאָר בַּמִּדְרָשׁ (אסתר רבה פרשה י מגילה טז.); כִּי עַל-יְדֵי עֹמֶר שְׂעוֹרִים, שֶׁהוּא בְּחִינַת יָדַיִן וְרַגְלַיִן, שֶׁהֵם בְּחִינַת הַמְחָאַת כַּף וְרִקּוּדִין, נִתְבַּטֵּל הָעֲבוֹדָה זָרָה, שֶׁהוּא בְּחִינַת הָמָן, בְּחִינַת גַּאֲוַת כַּנַּ"ל.

102. SeIRim...rúaj. Onkelos traduce *seirim* como *rujei mitra* (lluvias llevadas por el viento). De esta manera, la similitud entre *seirim* y *seorim* indica que el *rúaj* (espíritu)-de-santidad está conectado con la ofrenda de cebada que, en sí misma, se relaciona con la historia de Purim, como explicará seguidamente el Rebe Najmán.

103. a mí y a mis hijos. Ajashverosh envió a Hamán a que honrara a Mordejai, ordenándole que hiciera montar a Mordejai sobre el caballo del rey y lo paseara por toda la ciudad de Shushan (Esther 6:11). Fue el 16 de Nisan, el día del sacrificio del *omer*, que Hamán fue a buscar a Mordejai, y lo encontró repasando con sus alumnos las leyes relativas al sacrificio. Comprendiendo que los eventos estaban comenzando a volverse en su contra y en contra de su complot para destruir a Mordejai y los judíos, dijo, "La medida de tu ofrenda de cebada derrotará un día..." (cf. *Meguilá* 16a).

104. cebada...bailar...se elimina la arrogancia. Resumen: La medida de cebada corresponde a Mordejai y Esther, quienes son, a su vez, sinónimos de las manos y de los pies, el poder de aplaudir y de bailar. Todo esto se conecta al concepto del *rúaj*, a través del cual se contrarresta y elimina el espíritu arrogante, la idolatría y Hamán.

esencialmente de <los pies>, la rectificación principal se produce a través de ella.[99] Por lo tanto el libro lleva el nombre de Esther (Meguilá, Ibid.). Éste es el motivo por el cual específicamente "El Libro de Esther fue dictado con *rúaj*-sagrado". Porque el espíritu está en el corazón, y a través de él se revelan las emanaciones de las manos y de los pies. Sólo que la principal dependencia está en los pies/Esther.

Esto se relaciona con el concepto del *omer* (medida de la ofrenda) de cebada.[100] El *OMer* corresponde a *MoRDejai*: sus letras *Ain MoR* [sugieren] *MoR Dror*. La palabra *dror* denota *JeRuT* (libertad), que es "*JaRuT* (grabada) sobre las tablas". {Como enseñaron nuestros Sabios: No leas que las tablas estaban *jarut*, sino más bien que ellas les daban *jerut* a los judíos (Eruvín 54a)}. Y [*jarut*] corresponde a la Torá revelada, un aspecto de "*Ain beAin* (ojo a ojo)" (Números 14:14).[101]

Y *SeORim* (cebada) corresponde a "El Libro de Esther fue dictado con *rúaj*-sagrado". Como está escrito (Deuteronomio 32:2), "Como *SeIRim* (lluvias llevadas por el *viento*) sobre la hierba", que denota *rúaj*.[102]

Es por eso que el Midrash enseña que cuando Hamán fue a buscar a Mordejai lo encontró enseñando las leyes de la ofrenda de cebada. [Hamán] les dijo, "La medida de su ofrenda de cebada nos derrotará un día" a mí y a mis hijos (Esther Rabah 10:4).[103] Mediante la ofrenda de la medida de cebada, que corresponde a las manos y a los pies, es decir, aplaudir y bailar, se elimina la idolatría/Hamán/arrogancia.[104]

---

99. la rectificación principal…. Esther/los pies están más cerca de las *klipot* que Mordejai/las manos. Esto hace que no sólo sean más susceptibles de generar un *tikún* para los gentiles, sino también más capaces de hacerlo.

100. omer de cebada. Esta ofrenda de sacrificio se llevaba el segundo día de Pesaj, el 17 de Nisan, como está descrito en Levítico 23:10-15.

101. OMer…Ain MoR…Ain beAin, ojo a ojo. Con esto, el Rebe Najmán pasa revista a una serie de pruebas y conexiones previas, proveyendo al mismo tiempo enlaces adicionales a la estructura de la lección. Las letras de la palabra *OMeR* (עמר) son *A[in] MoR* (ע מר). Esto alude a MoRDejai, como en "*MoR Dror*" (ver n.38). Como se mencionó anteriormente, *dror* es *jerut* (n.89). El Rebe Najmán intercambia aquí esto con *jarut* (grabado), que se aplica a la Torá grabada en las Tablas del Testimonio. Esto se refiere específicamente a la Torá revelada, de la cual puede decirse que es vista "*Ain beAin*" (ojo a ojo).

Se dice que la Torá tiene *ain panim* (70=ע "rostros") de interpretación. Más aún, el *Tikuney Zohar* (#18, p.36a) que afirma que *terúa* corresponde a *rúaj*, citado previamente por el Rebe Najmán (§5), también enseña que *TeRúA* (תרועה) es *ToRA Ain* (ע תורה). Esto subraya la conexión que tiene *ain* con la Torá y con *rúaj*.

וּבִשְׁבִיל זֶה צִוָּה הָמָן לַעֲשׂוֹת עֵץ גָּבֹהַּ חֲמִשִּׁים אַמָּה, כִּי רָצָה לְבַטֵּל כֹּחַ שֶׁל חֲמִשִּׁים יוֹם שֶׁל סְפִירַת הָעֹמֶר, שֶׁהוּא הַכֹּחַ שֶׁל מָרְדְּכַי וְאֶסְתֵּר:

ט וְזֶה פֵּרוּשׁ:

אָמַר רַבָּה בַּר בַּר־חָנָה: אָמַר לִי הַהוּא טַיָּעָא: תָּא וְאַחְוֵי לָךְ בְּלוּעֵי דְקֹרַח. אֲזַלִי וַחֲזָאִי תְּרֵי בִּזְעֵי דַּהֲוֵי נָפִיק מִנַּיְהוּ קִטְרָא. שָׁקַל גְּבָבָא דְעַמְרָא וּמַשְׁיֵהּ בְּמַיָּא וְאַנְחָה בְּרֵישָׁהּ דְּרָמְחָה וְעַיְלֵהּ הָתָם, וְכִי אַפִּיק, הֲוֵי אַחֲרַךְ אֲחֲרוּכֵי. אָמַר לִי: אֲצִית! מָה שְׁמַעְתְּ? וְשָׁמַעַת דַּהֲוֵי אָמְרִין: מֹשֶׁה וְתוֹרָתוֹ אֱמֶת וְהֵן בַּדָּאִין. אָמַר לִי: כָּל שְׁלֹשִׁים יוֹמָא מַהֲדְרָא לְהוּ גֵּיהִנֹּם לְהָכָא כְּבָשָׂר בִּקְלַחַת, וְאָמְרִי הָכִי: מֹשֶׁה וְתוֹרָתוֹ אֱמֶת וְהֵן בַּדָּאִין.

רַשְׁבָּ"ם:

בִּזְעֵי – בְּקָעִים, דִּכְתִיב: "וַתִּבָּקַע הָאֲדָמָה" וְגוֹ'. קִטְרָא – עָשָׁן. שָׁקַל גְּבָבָא דְעַמְרָא – לָקַח גִּזַּת צֶמֶר וּשְׁרָאָהּ בְּמַיִם. וְאַחֲרַךְ אַחֲרוּכֵי – הָנֵי גְּבָבֵי, וְאַף־עַל־פִּי שֶׁשָּׁרוּ אוֹתָהּ בְּמַיִם. אֲצִית – הַסְכֵּת וּשְׁמַע. וְשָׁמַעַת דְּקָאָמְרִי – שֶׁהֲרֵי יָרְדוּ חַיִּים שְׁאוֹלָה. כָּל תְּלָתִין יוֹמִין – כָּל רֹאשׁ־חֹדֶשׁ. בִּקְלַחַת – שֶׁמְּהַפְּכִין אוֹתוֹ כְּדֵי שֶׁיִּתְבַּשֵּׁל:

בְּלוּעֵי דְקֹרַח – כִּדְאִיתָא בַּמִּדְרָשׁ (במדבר רבה פרשה יח): 'קֹרַח מִין הָיָה,' הַיְנוּ בִּבְחִינַת הָעֲבוֹדַת אֱלִילִים, מִינוּת.

וַחֲזָאִי תְּרֵי בִּזְעֵי דַּהֲוֵי נָפִיק מִנַּיְהוּ קִטְרָא – הַיְנוּ בִּבְחִינַת הַחֲרוֹן־

El *Mei HaNajal* agrega que al cumplir con el precepto de la Cuenta del Omer, o regocijándose con alegría en Purim, la persona merece recibir la Torá, oculta y revelada.

106. Koraj era un hereje. Al igual que Moshé y Aarón, Koraj era un Levita. Esto lo llevó a creer que debía ser elegido para ocupar un lugar de prominencia similar al de sus primos. Al no suceder eso, su arrogancia le impidió aceptar la voluntad de Dios y encabezó una rebelión en contra de la autoridad de Moshé. Se separó del Tzadik y proclamó que también él era el elegido de Dios (Números 16). Enseña el Talmud (*Ierushalmi, Sanedrín*, cap. *Jelek*) que Koraj subestimó las mitzvot de la Torá. Aparentemente, esto era una expresión de creencias heréticas a las cuales había llegado debido a su arrogancia.

Y éste es el motivo por el cual Hamán ordenó la preparación de "un árbol de cincuenta codos" [del cual colgar a Mordejai] (Esther 5:14). Él tenía la esperanza de minar la influencia de los cincuenta días de la Cuenta del Omer del cual obtenían su poder Mordejai y Esther.[105]

9. Ésta es la explicación:

Contó Raba bar bar Janá: Este mercader me dijo, "Ven, te mostraré a aquéllos que fueron tragados junto con Koraj". Fui y vi dos grietas de las cuales salía humo. [El mercader] tomó una pelota de *omra* (lana) y la empapó en agua. Luego la puso sobre la punta de su *romaj* (lanza) y la insertó allí. Cuando la retiró, estaba totalmente *ijraj* (quemada). Él me dijo, "¡Escucha! ¿Qué es lo que oyes?". Yo les oí decir, "Moshé y su Torá son verdad, y nosotros somos falsos". [El mercader] me dijo, "Una vez cada treinta días el Infierno los hace retornar aquí, como carne en una olla. Y esto es lo que dicen, que Moshé y su Torá son verdad y que ellos son falsos" (*Bava Batra* 74a).

Rashbam:

grietas - hendiduras, como en, "Y la tierra se hendió"; **humo** - humareda; **tomó una pelota de omra** - tomó una mata de lana y la empapó en agua; **totalmente quemada** - la pelota de lana, aunque había estado empapada en agua; **¡Escucha!** - presta atención y escucha; **Yo les oí decir** - pues ellos habían descendido vivos al Infierno; **Una vez cada treinta días** - cada Luna Nueva; **en una olla** - que se revuelve para que se cocine.

aquéllos que fueron tragados junto con Koraj - Como vemos en el Midrash: Koraj era un hereje (*Bamidbar Rabah* 18).[106] Y la herejía es similar a la idolatría.

vi dos grietas de las cuales salía humo - Esto alude a la ira Divina

---

105. **Mordejai y Esther....** Los 50 días de la Cuenta del Omer culminan con la festividad de Shavuot, que conmemora la entrega de la Torá en el Monte Sinaí. Nuevamente el Rebe agrega aquí a la estructura de conexiones mostrando, ahora de otra manera, que Mordejai y Esther están conectados con la Torá (ver n.87) y con el *rúaj*, por el hecho de que contrarrestan la idolatría. La intención de Hamán había sido eliminar la Torá y prevalecer sobre los 50 días de la Cuenta del Omer. Al final, el complot de Hamán para colgar a Mordejai se volvió en su contra (ver n.91). El 16 de Nisan -el mismo día de la ofrenda del omer y el comienzo de la Cuenta del Omer- Hamán fue colgado en su horca de 50 codos de alto; vencido por el poder que Mordejai y Esther tomaron de la Cuenta del Omer.

אַף שֶׁגּוֹרְמִים בְּמִינוּת, כְּמַאֲמַר חֲכָמֵינוּ, זִכְרוֹנָם לִבְרָכָה: 'כָּל זְמַן שֶׁעֲבוֹדַת אֱלִילִים בָּעוֹלָם, חֲרוֹן־אַף בָּעוֹלָם'; 'וּתְרֵי בִזְעֵי', זֶה בְּחִינוֹת תְּרֵי נִקְבֵי הָאַף, שֶׁיּוֹצֵא מֵהֶם הֶעָשָׁן, כְּמוֹ שֶׁכָּתוּב (תהלים י"ח): "עָלָה עָשָׁן בְּאַפּוֹ".

וְשָׁקִיל גְּבָבָא דְּעַמְרָא – זֶה בְּחִינַת עֹמֶר כַּנַּ"ל,

וּמַשְׁיֵהּ בְּמַיָּא – זֶה בְּחִינַת שְׂעוֹרִים, בְּחִינַת אֶסְתֵּר בְּרוּחַ־הַקֹּדֶשׁ, שֶׁהוּא בְּחִינַת רַגְלַיִן כַּנַּ"ל. כִּי הָרַגְלִין הֵם אֲפִיקֵי מַיִם, כִּי הֵם בְּחִינַת עַרְבֵי נַחַל, כְּמַאֲמַר חֲכָמֵינוּ, זִכְרוֹנָם לִבְרָכָה (סכה נ״ג.): 'רַגְלוֹהִי דְבַר־נָשׁ אִנּוּן עָרְבִין לֵהּ'; 'עָרְבִין' – זֶה בְּחִינַת עַרְבֵי נַחַל, אֲפִיקֵי מַיִם, הַיְנוּ בְּחִינַת מָרְדֳּכַי וְאֶסְתֵּר, בְּחִינַת יָדַיִם וְרַגְלַיִם, בְּחִינַת הַמְחָאַת כַּף וְרִקּוּדִין כַּנַּ"ל.

וְאַנְחָה בְּרֵישָׁהּ דְּרָמְחָא – רֹמַח, דָּא רוּחַ מֵ"ם, שֶׁהוּא מֵאַרְבַּע רוּחוֹת בָּאֵי הָרוּחַ, כִּי הַמֵ"ם הִיא אַרְבַּע רוּחוֹת, שֶׁהִיא בְּחִינַת רוּחַ הַצַּדִּיק דְּנָשַׁב בְּיָדַיִן וְרַגְלַיִן כַּנַּ"ל; וְרֹאשׁ הָרֹמַח הוּא הַצַּדִּיק, כִּי מִמֶּנּוּ תּוֹצְאוֹת הָרוּחַ, כְּמוֹ שֶׁכָּתוּב: "אִישׁ אֲשֶׁר רוּחַ בּוֹ" כַּנַּ"ל.

---

interpretación presentada aquí es que cuando los pies son fuertes, mantienen firme a la persona y garantizan que no va a descender hacia el ámbito del mal y de la impureza.

110. aplaudir y bailar. La lana, que es Mordejai, se lava en agua, Esther. Ello implica la combinación de la Torá revelada y de la Torá oculta. Esta combinación también indica la unión de las manos y de los pies, aplaudir y bailar, y da como resultado el mitigar los decretos/juicios Divinos.

111. ...mem hace referencia a los cuatro vientos. La palabra *romaj* (רומח) está compuesta por *rúaj* (רוח) y *mem* (מ). La *mem* es una letra que tiene cuatro lados y corresponde por lo tanto a las cuatro direcciones de la tierra de la cual provienen los cuatro vientos - *rujot*. Ahora bien, la fuente de este *rúaj*, tal como el Rebe Najmán nos hace recordar aquí (ver §5), es el Tzadik. El *Parparaot LeJojmá* explica que ahora podemos comprender la conexión entre la alegría que siente el corazón al cumplir con una mitzvá y que se expresa através de los actos físicos de aplaudir y de bailar, con la anulación de los decretos. Simplemente, al generar alegría cumpliendo con la voluntad de Dios se despierta la correspondiente fuerza espiritual en el cielo y esto puede, de hecho, cambiar los juicios severos que llevan hacia los decretos.

Además, las palabras *iadaim veraglaim* (manos y pies, ידים ורגלים) tienen el mismo valor que la palabra *simja* (alegría y felicidad, שמחה).

producida por la herejía. Como enseñaron nuestros Sabios: Mientras haya idolatría en el mundo, habrá ira Divina en el mundo. Las dos grietas corresponden a las dos ventanas de la *nariz* de las cuales emana el humo, como en (Salmos 18:9), "Salió humo de su nariz".[107]

tomó una pelota de *OMRa* (lana) - Esto es sinónimo del *OMeR*, como se mencionó más arriba. [Ello se refiere a Mordejai/Torá revelada/manos, que se une con la Torá oculta, como en:]

la empapó en agua - Esto es *seorim* (cebada), que corresponde a "El Libro de Esther fue dictado con *rúaj*-sagrado"/los pies. Porque los pies son las "corrientes de agua" (Salmos 42:2), debido al hecho de que corresponden a los sauces del arroyo.[108] Como enseñaron nuestros Sabios: Los pies de la persona son sus *arvin* (garantes) (Suká 53a). *ARVin* corresponde a *ARVei* (sauces) del arroyo, las "corrientes de agua".[109] [Así, la lana empapada en agua] alude a Mordejai y Esther/las manos y los pies/aplaudir y bailar.[110]

Luego la puso sobre la punta de su *romaj* (lanza) - *RoMaJ* es *RuaJ Mem* (Zohar III, 237a), como en, "Oh espíritu, ven de los cuatro *RuJot* (vientos)". Esto se debe a que la *mem* hace referencia a los cuatro vientos,[111] que corresponde al *rúaj* del Tzadik que "sopla en los brazos y en las piernas". Y **la punta de su romaj** es el Tzadik del cual proviene el *rúaj*, como en, "Un hombre en quien hay *rúaj* <del Señor>".

107. salió humo.... El humo de la ira Divina, producido por "Koraj"/herejía e idolatría, emana, si así pudiera decirse, de la nariz. Siendo la antítesis de la paciencia Divina (*erej apaim*) y del *rúaj* que es la fuente de la fuerza de vida (ver *Likutey Moharán* I, 8:1,4,9), la ira Divina es la fuente de los decretos/juicios Divinos.

108. corrientes de agua...sauces del arroyo. Enseña el *Zohar* (III, 68a) que todos los arroyos fluyen hacia dos fuentes que son llamadas *afikei maim* (corrientes de agua). El mismo pasaje del *Zohar* comenta que estas dos corrientes aluden a las *Sefirot* de *Netzaj* y *Hod* (ver arriba, n.65). De acuerdo con la Kabalá, estas dos emanaciones Divinas están representadas por los pies en la forma humana. Además, las Cuatro Especies de la festividad de Sukot -la hoja de palmera, el *etrog*, las ramas de mirto y de sauce- también corresponden a las diferentes partes de la forma humana. Se dice que los *arvei najal* (sauces del arroyo) que son los más "bajos" de los cuatro, representan los pies. En este sentido, también son *Netzaj* y *Hod*, y son conocidos como *afikei maim*. ("Corrientes de agua" es un término proveniente de Salmos 42 que comienza *Maskil livnei Koraj*).

109. pies...garantes...sauces...arroyo. El Rebe Najmán indica otra conexión más entre los pies y *arvei najal*. Los Sabios enseñan que los pies de la persona son sus *arvin* (garantes). La

וְאַפְקִינְהוּ, וְאִחֲרָךְ אִחֲרוּכֵי – אִחֲרַךְ, לְשׁוֹן חַיִּים וַאֲרִיכוּת יָמִים, כְּמַאֲמַר חֲכָמֵינוּ, זִכְרוֹנָם לִבְרָכָה (עירובין נד:): 'לֹא יַחֲרַךְ רְמִיָּה צֵידוֹ' – 'לֹא יִחְיֶה וְלֹא יַאֲרִיךְ', וְהַיְנוּ: 'וְאִחֲרַךְ אִחֲרוּכֵי', לְשׁוֹן חַיִּים וַאֲרִיכַת יָמִים; כִּי עַל־יְדֵי בִּטּוּל הַגַּאֲוָה, הַיְנוּ הָעֲבוֹדָה זָרָה, עַל־יְדֵי־זֶה הַחָכְמָה עַל תִּקּוּנָהּ כַּנַּ"ל, וְעַל־יְדֵי חָכְמָה יִחְיֶה וְיַאֲרִיךְ יָמִים, כְּמוֹ שֶׁכָּתוּב (קהלת ז): "הַחָכְמָה תְּחַיֶּה" וְכוּ'.

אָמַר לִי: אַצִּית לְהוּ וְשִׁמְעַת דְּאָמְרִין: מֹשֶׁה וְתוֹרָתוֹ אֱמֶת – שֶׁהֵן מוֹדִין עַל הָאֱמֶת; כִּי כְּשֶׁמִּתְקָרֵב אֶת עַצְמוֹ לְצַדִּיקִים כְּדֵי לְקַבֵּל מֵהֶם הָרוּחַ כַּנַּ"ל, וְעַל־יְדֵי־זֶה נִשְׁבָּר הַגַּאֲוָה וְהָעֲבוֹדָה זָרָה, וְאָז מַכִּירִין אֲפִלּוּ אֵלּוּ שֶׁהֵם מִסִּטְרָא דְּמוֹתָא אֶת גְּדֻלַּת הַבּוֹרֵא יִתְבָּרַךְ שְׁמוֹ כַּנַּ"ל.

וְאָמַר לִי: כָּל שְׁלֹשִׁים יוֹמִין מְהַדְּרָא לְהוּ גֵּיהִנֹּם לְהָכָא וְאָמְרִי הָכִי: מֹשֶׁה וְתוֹרָתוֹ אֱמֶת – פֵּרֵשׁ רַבֵּנוּ שְׁמוּאֵל: בְּכָל רֹאשׁ־חֹדֶשׁ. כִּי כָּל דָּבָר יֵשׁ לוֹ שֹׁרֶשׁ, וְשֹׁרֶשׁ הַתְּשׁוּבָה הוּא רֹאשׁ־חֹדֶשׁ, כִּי בְּרֹאשׁ־חֹדֶשׁ אָמַר הַקָּדוֹשׁ־בָּרוּךְ־הוּא: הָבִיאוּ עָלַי כַּפָּרָה, כְּמוֹ

115. la grandeza del Santo, bendito sea. Aparte de referirse a aquéllos tragados junto con Koraj, esto también se relaciona con Itró. También él había estado en el lado de la muerte debido a su unión con la idolatría y la impureza. Sin embargo, él *sí* se unió al Tzadik, Moshé, y así llegó a reconocer la grandeza de Dios en su vida.

116. Luna Nueva. El Rebe Najmán cita al Rashbam, quien escribe que esto tiene lugar cada Luna Nueva. Pero no parece haber nada en el texto Talmúdico que lleve a tal interpretación. Para responder a esto, el Rebe Najmán muestra cómo ello está conectado con lo que dijo anteriormente (§5): Para eliminar la arrogancia es necesario estar unido al Tzadik. Pero esto no es siempre tan fácil como parece. ¿Qué debe hacer uno cuando se siente lejos del Tzadik, física o espiritualmente? Y ¿qué sucede si simplemente no sabe quién es el Tzadik; o está "cegado" por sus propios deseos, por las barreras creadas por las disputas y las discusiones, o por cualquiera de los otros obstáculos que impiden que uno perciba la verdad?

La solución de tales dificultades radica en el esfuerzo y en el anhelo que pone la persona en su búsqueda de la verdad - en su búsqueda del Tzadik. Sus intentos, si son sinceros y constantes, la llevarán hacia el sendero correcto. Y, la "verdad" de la búsqueda se hace patente cuando esta búsqueda lleva al arrepentimiento. Viendo que aquéllos que habían sido tragados junto con Koraj se arrepentían una vez cada treinta días por haberse rebelado contra Moshé, el Rashbam concluye por lo tanto que esto debe de haber sido en la Luna Nueva, la raíz de todo arrepentimiento.

Cuando la retiró, estaba totalmente *ijraj* (quemada) - La palabra *iJRaJ* tiene la connotación de vida y largura de días. Como enseñaron nuestros Sabios: "El perezoso no *IaJaRoJ* (asará) su caza" (Proverbios 12:27) - él no *IJié* (vivirá) ni tampoco *IaRiJ* (tendrá largura de días) (Eruvín 54b).[112] Éste es el significado de **totalmente quemada**: alude a la vida y a la largura de días. Al eliminar la arrogancia, es decir, la idolatría, la sabiduría [de la persona] es como debe ser. Y con sabiduría, la persona vive una larga vida, como está escrito (Eclesiastés 7:12), "La sabiduría da vida a quienes la poseen".[113]

Él me dijo, ¡Escucha! ¿Qué es lo que oyes? Yo les oí decir, Moshé y su Torá son verdad - Ellos admitieron la verdad.[114] Esto sucede cuando la persona se acerca al <Tzadik> para recibir *rúaj* <de él>. Como resultado, se quiebra [el espíritu de] arrogancia e idolatría. Entonces incluso aquéllos [alejadod de Dios] -quienes provienen <del Otro Lado>- reconocen la grandeza del Santo, bendito sea.[115]

[El mercader] me dijo, Una vez cada treinta días el Infierno los hace retornar aquí....Y esto es lo que ellos dicen, que Moshé y su Torá son verdad - Rashbam explica que esto sucede cada Luna Nueva. Esto se debe a que todo tiene su raíz <Arriba>, y la raíz del arrepentimiento es la Luna Nueva.[116] Como expusieron nuestros Sabios: En la Luna

---

112. no vivirá ni tampoco.... Este pasaje del Talmud (*loc. cit.*) aparece como parte de una discusión sobre una persona que es hipócrita en su observancia y en su estudio de Torá. Tal persona, enseñan nuestros Sabios, no tendrá éxito, ni tampoco vivirá ni tendrá largos días. El Rebe Najmán aplica esto a los falsos líderes que no les dan vida a sus seguidores. Finalmente, las "casas de oración" que ellos han establecido caerán y se destruirán. Por contraste, aquéllos que se unen al verdadero Tzadik *sí* logran vida. Ellos toman *rúaj* y "agua", Mordejai y Esther, y pueden así eliminar y superar los decretos y dificultades que enfrentan en la vida.

113. sabiduría da vida.... Como hemos visto (arriba §4, final), cuando la persona se vuelve arrogante, pierde su sabiduría. Sin sabiduría es incapaz de alcanzar "largura de días", aunque llegue a vivir 120 años. Esto se debe a que los días prolongados dependen del estudio de la Torá (cf. *Likutey Moharán* I, 56:3) y de un aumento de santidad (*Ibid.*, 60:2), los cuales se relacionan con la sabiduría.

114. admitieron la verdad. El mercader ahora le dice a Raba bar bar Janá que escuche la confesión de ellos. Este mercader es un *sojer Ishmael*, el Tzadik que abarca todas las plegarias (ver *Likutey Moharán* I, 9:4). Apenas alguien se acerca a él, incluso si está muy lejos de Dios y de la verdad, al punto en que está asociado al lado de la muerte, aun así, se arrepentirá y admitirá la verdad. Ver nota 116.

שֶׁדָּרְשׁוּ רַבּוֹתֵינוּ, זִכְרוֹנָם לִבְרָכָה (שבועות ט.), וְזֶה בְּחִינַת תְּשׁוּבָה, וְהַתְּשׁוּבָה הַזֹּאת נִשְׁתַּלְשְׁלָה בְּכָל הַנִּבְרָאִים בְּרֹאשׁ־חֹדֶשׁ, וּבִשְׁבִיל זֶה גַּם קָרַח וַעֲדָתוֹ מְכְרָחִים לְאֵיזֶה חֲרָטָה בְּרֹאשׁ־חֹדֶשׁ; אֲבָל הַתְּשׁוּבָה אֵינָהּ מוֹעִיל לָהֶם, כִּי עִקַּר הַתְּשׁוּבָה הִיא רַק בָּעוֹלָם הַזֶּה, כִּי מִי שֶׁטָּרַח בְּעֶרֶב־שַׁבָּת וְכוּ׳ (עבודה זרה ג.).

וְנִמְצָא בְּוַדַּאי לֹא נִפְטָרִין בָּזֶה הַהוֹדָאָה שֶׁהֵן מִתְחָרְטִין וּמוֹדִין מִדִּין גֵּיהִנּוֹם, וְעַל כֵּן מְהַדְּרָא לְהוּ גֵּיהִנּוֹם לְהָכָא, כִּי אֵין נִפְטָרִין בָּזֶה. וְאַף־עַל־פִּי־כֵן אֵין גֵּיהִנּוֹם בְּרֹאשׁ־חֹדֶשׁ כְּמוֹ בִּשְׁאָר יָמִים (זהר תרומה קנ:), וְהַגֵּיהִנּוֹם שֶׁל רֹאשׁ־חֹדֶשׁ אֵינוֹ אֶלָּא הַחֲרָטָה, שֶׁמִּתְחָרְטִים וּמוֹדִים וּמִתְבַּיְּשִׁין, זֶה בְּעַצְמוֹ גֵּיהִנּוֹם שֶׁלָּהֶם. וְזֶהוּ דְּדַיֵּק: מְהַדְּרָא לְהוּ גֵּיהִנּוֹם לְהָכָא, דְּהַיְנוּ מַה שֶּׁמְּהַדְּרָא לְהוּ לְהָכָא, שֶׁחוֹזְרִים וּמוֹדִים, הוּא הַגֵּיהִנּוֹם שֶׁלָּהֶם.

el Shabat; aquéllos que buscan a Dios y se arrepienten en este mundo disfrutarán los resultados en el Mundo que Viene. Pero aquellos conectados con Koraj no se arrepintieron antes de ser tragados por la tierra.

120. no están exceptuados con esto. Aunque ahora se arrepienten de sus acciones y admiten que Moshé, el Tzadik, es recto, ya no sirve. La tierra ya se los ha tragado. Sólo podrían enmendarse si estuvieran vivos. Éste es el significado de "el Infierno los hace retornar aquí". En otras palabras, Dios les muestra Su misericordia a los seguidores de Koraj y son devueltos "aquí", a este mundo. Esto es lo que quiere decirse con "los hijos de Koraj no murieron..." (*Sanedrín* 110a). Aun así, absolverlos por completo de su transgresión tampoco sería correcto. Tenemos prohibido albergar siquiera la noción de que Dios es poco exigente al juzgar. La solución es que una vez cada treinta días, en la Luna Nueva, ellos vuelven a confesar sus pecados y a arrepentirse.

Esto nos enseña que la persona que trata de mejorar debe tratar de aprovechar al máximo posible los momentos particularmente propicios, tales como la Luna Nueva y el Año Nuevo. En el caso de *Rosh Jodesh*, uno debe ocuparse de reflexionar sobre sus acciones durante el mes que ha pasado y buscar maneras de mejorar durante el mes que comienza. Es costumbre por lo tanto recitar la plegaria del *Iom Kipur Katan* ("Día del Perdón" Menor) en la víspera de la Luna Nueva.

121. su Infierno. Al sentirse obligados a confesar su error y admitir que "Moshé y su Torá son verdad y nosotros somos falsos", los seguidores de Koraj estaban experimentando realmente el Infierno y arrepintiéndose aquí en este mundo.

Lo mismo ocurre con los individuos arrogantes. Para efectuar su *tikún* (rectificación), deben ir al Tzadik. Él tiene el *rúaj*, y a través de él se humilla su *rúaj* (espíritu) arrogante. En

Nueva, el Santo, bendito sea, dice, "Traigan una ofrenda de expiación por Mí, [por haber hecho que la luna fuera disminuida]" (Julín 60a). Éste es un aspecto del arrepentimiento.[117] Y en la Luna Nueva, este arrepentimiento es proyectado hacia abajo, [desde Dios], hacia toda la creación.[118] Así, incluso Koraj y sus seguidores deben sentir algo de remordimiento en la Luna Nueva. Pero el arrepentimiento no los ayuda porque, esencialmente, el arrepentimiento sólo existe en este mundo. Porque aquél que trabajó en la víspera del Shabat comerá en el Shabat (Avoda Zara 3a).[119]

Se desprende de ello que esta confesión, el remordimiento y la admisión [por parte de Koraj y de sus seguidores], no los absuelve del castigo en el Infierno. Es por esto que **el Infierno los hace retornar aquí**. Porque ellos no están exceptuados con esto.[120] Incluso así, no hay [sufrimiento en el] Infierno durante la Luna Nueva tal como lo hay en los otros días (Zohar II, 150b). El Infierno durante la Luna Nueva es sólo remordimiento: lamentarse, confesar y sentir vergüenza. Esto en sí mismo era su Infierno. El lenguaje es preciso: **el Infierno los hace retornar aquí**. En otras palabras, el hecho de que ellos sean traídos nuevamente aquí, que ellos vuelvan y admitan - éste es su Infierno.[121]

---

117. arrepentimiento. En el momento de la Creación, la luna se quejó ante Dios diciendo que Él había creado dos cuerpos celestes que daban la misma cantidad de luz. La luna lo asemejaba a dos reyes que tenían que utilizar la misma corona. Esto puede comprenderse como una muestra de arrogancia, tal como cuando Koraj, buscando en realidad obtener la prominencia para sí mismo, se enfrentó al plan de Dios. En respuesta, Dios ordenó que la luna se hiciera pequeña. Esto simboliza la humillación de la arrogancia de la luna. Más tarde, Dios quiso apaciguar a la luna. Pero la luna no quiso calmarse. Finalmente, Dios dijo que debía hacerse un sacrificio en la Luna Nueva para expiar, si así pudiera decirse, el hecho de que Él había disminuido a la luna. La lección de esta enseñanza Talmúdica es que Dios Mismo fue el primero en arrepentirse, y que este arrepentimiento está en conjunción con la Luna Nueva, cuando la luna "renace". Por lo tanto, la Luna Nueva es la raíz de todo arrepentimiento (Parparaot LeJojmá).

118. hacia toda la creación. La designación de la Luna Nueva como un tiempo para el arrepentimiento hace de éste una ocasión propicia para retornar a Él. Pero eso no es todo. Debido a que toda la creación emana de Dios, todas las partes de la creación sienten un deseo de arrepentimiento en el momento de la Luna Nueva. De acuerdo con esto, todas las criaturas experimentan un "pensamiento" de arrepentimiento al comienzo de cada mes, tal como lo hacen en Rosh HaShaná, al comienzo del año nuevo.

119. comerá en el Shabat. Rashi (loc. cit.) explica que la víspera del Shabat alude a este mundo. Frente al Mundo que Viene, que se asemeja al Shabat, este mundo es visto como los seis días de la semana. Aquéllos que trabajan y se preparan durante la semana tendrán qué comer en

י   וְזֶה פֵּרוּשׁ:

וְאֵלֶּה הַמִּשְׁפָּטִים אֲשֶׁר תָּשִׂים לִפְנֵיהֶם.

כִּי אִיתָא בִּמְכִילְתָּא: 'אֲשֶׁר תָּשִׂים לִפְנֵיהֶם – הָשְׁווּ אִשָּׁה לְאִישׁ לְכָל דִּינִים שֶׁבַּתּוֹרָה'; פֵּרוּשׁ, לְכָל דִּינִים שֶׁבַּתּוֹרָה שֶׁצָּרִיךְ לְהַמְתִּיקָם, צָרִיךְ לְהַשְׁווֹת, הַיְנוּ לְיַחֵד, קֻדְשָׁא־בְּרִיךְ־הוּא וּשְׁכִינְתֵּהּ, שֶׁהוּא בְּחִינַת אִשָּׁה וְאִישׁ, בְּחִינַת מָרְדֳּכַי וְאֶסְתֵּר. וְזֶה פֵּרוּשׁ:

וְאֵלֶּה – 'כָּל מָקוֹם שֶׁנֶּאֱמַר וְאֵלֶּה, מוֹסִיף עַל הָרִאשׁוֹנִים' (בראשית רבה, נח פרשה ל), בְּחִינַת תּוֹסֶפֶת וְרִבּוּי, בְּחִינַת גַּאֲוָה, עֲבוֹדָה זָרָה, כְּמוֹ שֶׁכָּתוּב (דברים ז): "לֹא מֵרֻבְּכֶם חָשַׁק ה'", שֶׁפֵּרוּשׁוֹ גַּאֲוָה. וְזֶה בְּחִינַת: 'מוֹסִיף עַל הָרִאשׁוֹנִים', שֶׁהוּא בְּחִינַת הָמָן־עֲמָלֵק, כְּמוֹ שֶׁכָּתוּב (במדבר כ״ד): "רֵאשִׁית גּוֹיִם עֲמָלֵק", וְתִקּוּנוֹ:

denomina "retornar a *Maljut* hacia *Tiferet*", o "*tefilá* (plegaria) que se une con la Torá", para mitigar la ira Divina que lleva a los decretos/juicios Divinos.

124. ...Mordejai y Esther. Nuestros Sabios enseñaron que Mordejai tomó a Esther como esposa (*Meguilá* 13a; ver también *Zohar* III, 48). De este modo, el Rebe Najmán nos dice que para contrarrestar los decretos es necesario generar una unificación Divina, unir lo revelado/las manos/Mordejai con lo oculto/los pies/Esther: el hombre y la mujer.

125. soberbia...primero. Rashi (*loc. cit.*) explica que Moshé Rabeinu les estaba diciendo a los judíos que Dios los amaba porque no se volvieron arrogantes cuando Él los favoreció.

Este concepto de lo que "viene a añadir a lo que estaba primero" se aplica a ambos tipos de orgullo o arrogancia: es decir, la arrogancia santa y la arrogancia proveniente del Otro Lado (arriba, n.47). Esta última clase de arrogancia es tal que, debido a que su orgullo no ha sido rectificado, la persona se vuelve cada vez más arrogante "añadiendo a lo que estaba primero". Esto es lo opuesto a la forma en que reacciona el Tzadik. Su arrogancia santa es también "añadir a lo que estaba primero" pero en su caso, él les agrega santidad a todos sus grados previos de santidad. Y pese a esto, con cada percepción adicional crece en humildad (*Parparaot LeJojmá*).

126. Hamán/Amalek. Amalek fue la primera nación que entró en guerra contra los judíos luego de que Dios los redimiera de Egipto. En ese sentido, los amalequitas, y su descendiente Hamán, también corresponden a "agregar a lo que estaba primero", la encarnación del orgullo. El Midrash (*BaMidbar Rabah* 13:51) enseña que el versículo (Proverbios 29:23), "La arrogancia del hombre lo hará caer" se aplica a Amalek, quien se comportó de manera arrogante con Dios. También Hamán mostró esta misma arrogancia. Pese a sus bajos comienzos y a su deuda con Mordejai (ver n.81), quiso ser adorado como un dios y trató de ganar prominencia para aniquilar al pueblo judío, y en especial a Mordejai.

10. Ésta es la explicación [del versículo de apertura]:

"*VeEile* **(Y éstas) son las leyes que pondrás delante de ellos**".

Comenta la *Mejilta* (21:1; *Bava Kama* 15a): **que pondrás delante de ellos** - La mujer es considerada igual al hombre con respecto a todos <los castigos y> *dinim* (leyes) de la Torá. La explicación es la siguiente: Porque para todos los *dinim* (decretos/juicios Divinos) de la Torá que necesitan mitigarse,[122] uno debe igualar <a la mujer con el hombre> - es decir, unir al Santo, bendito sea, con Su Presencia Divina.[123] Éste es el aspecto de Mordejai y de Esther.[124] Así:

VeEile - Toda vez que se utiliza el término *veEile* ("*y* éstas/éstos"), ello viene a añadir a lo que estaba primero (*Bereshit Rabah* 30:3). [Así, *veEile*] indica un aumento y una multiplicidad, que corresponde a arrogancia e idolatría. Como está escrito (Deuteronomio 7:7), "No por ser muy numerosos Dios los amó" - ["muy numerosos"] se explica como soberbia. Éste es el significado de "viene a añadir a lo que estaba primero".[125] Éste es el aspecto de Hamán/Amalek,[126] de quien está escrito (Números 24:20), "Primero entre las naciones es Amalek". Y [Hamán/Amalek] se rectifica por medio de:

---

verdad, el hecho de que el malvado acepte al Tzadik y se someta a su autoridad constituye en sí mismo la ruptura de su arrogancia, su arrepentimiento y el sufrimiento del Infierno, todo junto.

Esto también se aplica a todo aquél que siente remordimientos y vergüenza por haber transgredido, de la manera que fuera, en contra de Dios. Estos sentimientos pueden asemejarse a experimentar el Infierno en este mundo. Esto en sí mismo contrarresta la arrogancia y el orgullo que sirvieron en primer lugar como catalizadores para el pecado. Su arrepentimiento hace que *Maljut*, la Presencia Divina de Dios, se revele mucho más. Y esto, en esencia, es el objetivo de todo arrepentimiento.

122. dinim…que necesitan mitigarse. El término hebreo *dinim* tiene dos significados: leyes, civiles y rituales; y juicios, Divinos o humanos. Esta *Mejilta* nos enseña que los hombres y las mujeres tienen las mismas obligaciones para cumplir con las leyes de la Torá. El Rebe Najmán lee la *Mejilta* como una prescripción para mitigar y contrarrestar los *dinim*, aquellos juicios de naturaleza Divina que se manifiestan en decretos de origen humano (ver n.2 arriba).

123. igualar…unir…. Igualar a la mujer con el hombre alude a la unificación del Santo, bendito sea, el principio masculino, con Su Presencia Divina, el principio femenino. Si, Dios no lo permita, hay una separación del Santo, bendito sea, y Su *Shejiná*, entonces es seguro que las *klipot*, las fuerzas del mal y de la impureza, están gobernando y promoviendo decretos en el mundo. Si ése es el caso, la persona debe ocuparse de generar una unificación Divina, así sea por medio de algún acto santo o través de la plegaria. En la terminología Kabalista esto se

הַמִּשְׁפָּטִים – בְּחִינַת רוּחַ, כְּמוֹ שֶׁכָּתוּב (ישעיהו כח): "וּלְרוּחַ מִשְׁפָּט וְכוּ' מְשִׁיבֵי מִלְחָמָה", כִּי עַל־יְדֵי הָרוּחַ נִתְתַּקֵּן הַגַּאֲוָה וְהָעֲבוֹדַת אֱלִילִים כַּנַּ"ל. וְעַל־יְדֵי־זֶה:

אֲשֶׁר תָּשִׂים לִפְנֵיהֶם – הַיְנוּ 'הָשְׁווּ אִשָּׁה לְאִישׁ לְכָל דִּינִים שֶׁבַּתּוֹרָה', הַיְנוּ בְּחִינַת הַמְתָּקַת הַדִּינִים, כִּי 'כָּל זְמַן שֶׁיֵּשׁ עֲבוֹדַת אֱלִילִים בָּעוֹלָם, חֲרוֹן־אַף וְדִינִים בָּעוֹלָם'; וְעַל־יְדֵי הָרוּחַ הַנַּ"ל נִתְיַחֵד קֻדְשָׁא־בְּרִיךְ־הוּא וּשְׁכִינְתֵּהּ וְנִמְתָּקִין הַדִּינִים, וְנִסְתַּלֵּק חֲרוֹן־אַף מִן הָעוֹלָם.

וְהִנֵּה, כְּלַל הַדְּבָרִים אֵלּוּ, שֶׁעַל־יְדֵי הַצַּדִּיק, שֶׁהוּא בְּחִינַת הָרוּחַ, אִתְעֲבַר אֵל אַחֵר, כְּפֵרוֹת, וְעַל־יְדֵי הָרוּחַ בָּאִים רְקוּדִין וְהַמְחָאַת כַּף, כִּי עַל־יְדֵי הַצַּדִּיק שֶׁהוּא בְּחִינַת הָרוּחַ נִתְעַלּוּ הָרַגְלִין, וְנִתְגַּלֶּה הֶאָרַת הַיָּדַיִם, וְנִתְרַבָּה הָאֱמוּנָה, כַּמְבֹאָר לְמַעְלָה. וְעַל כֵּן כְּתִיב בְּיוֹסֵף, שֶׁהוּא בְּחִינַת הַצַּדִּיק (בראשית מ"א): "וּבִלְעָדֶיךָ לֹא יָרִים אִישׁ אֶת יָדוֹ וְאֶת רַגְלוֹ", כִּי בִּלְעֲדֵי בְּחִינַת יוֹסֵף, שֶׁהוּא בְּחִינַת הַצַּדִּיק, אִי אֶפְשָׁר לְהַעֲלוֹת וּלְהָרִים הַיָּדַיִם וְהָרַגְלַיִם כַּנַּ"ל.

pueblo que está a tus pies". Él les enseña las leyes de la Torá y los colma del *rúaj*-de-santidad. Al hacerlo, se elimina la arrogancia y el orgullo, se produce la unificación del Santo, bendito sea con Su Presencia Divina, y se mitigan los *dinim* (*Parparaot LeJojmá*).

Ahora tenemos una comprensión más profunda del versículo inicial: **VeEile** - cuando hay una adición a lo que estaba primero, es decir, hay arrogancia en el mundo, entonces la rectificación se produce a través de **las leyes** - al estar unido al *rúaj*, al Tzadik, quien sabe subyugar a esos idólatras. Entonces uno puede merecer el **pondrás delante de ellos: la mujer se equipara al hombre** - habiendo eliminado la arrogancia y la idolatría, se puede producir una unificación del Santo, bendito sea con Su *Shejiná* y así anular todos los decretos.

130. aumenta la fe. Cuando la persona se acerca al Tzadik, disminuye su arrogancia y está capacitada para recibir más del *rúaj* del Tzadik: la fe. Esto se logra igualmente a través del estudio de la Torá, que corresponde en sí mismo al *rúaj* (*Mei HaNajal*).

131. Iosef, el Tzadik.... En el lenguaje de la Kabalá, Iosef corresponde a la *sefirá* de *Iesod* (ver Apéndice: Los Siete Pastores Superiores). Esto lo hace sinónimo de la cualidad del Tzadik, como enseña el *Zohar* (I, 59b): Sólo aquél que guarda la señal del Pacto (*Iesod*) recibe el nombre de Tzadik. El Rebe Najmán ya ha mencionado en la lección (§4 final) que Iosef representa el aspecto de enmendarse. Esto explica por qué, sin él, es imposible elevar las manos y los pies para anular los decretos.

las leyes - Esto corresponde a *rúaj*, como está escrito (Isaías 28:6), "Y un *rúaj* (espíritu) de juicio[127]... aquéllos que vuelven atrás la batalla".[128] Es con el *rúaj* [de la Torá] que se rectifica la arrogancia y la idolatría. Y mediante esto:

que pondrás delante de ellos - Esto es, "La mujer es considerada igual al hombre con respecto a todos los *dinim* de la Torá" - es decir, mitigando todos los decretos/juicios Divinos. Porque "Mientras haya idolatría en el mundo, habrá ira Divina -es decir, decretos/juicios Divinos- en el mundo". Pero, por medio del mencionado *rúaj* hay una unión entre el Santo, bendito sea, y Su Presencia Divina, y se mitigan los decretos/juicios Divinos. Entonces desaparece del mundo la ira Divina.[129]

Ahora, el resumen de todo esto es el siguiente: Mediante el Tzadik, que corresponde al *rúaj*, desaparece [la creencia en] "otro dios" y el ateísmo. Y, como resultado del *rúaj*, se baila y se aplaude. Como se explicó más arriba, esto se debe a que a través del Tzadik/el *rúaj*, se elevan los pies, se revela la emanación de las manos y aumenta la fe.[130] Es por esto que está escrito sobre Iosef, quien es el aspecto del Tzadik (Génesis 41:44), "Sin tu permiso ningún hombre levantará su mano ni su pie [en todo Egipto]". Porque sin el aspecto de Iosef, el Tzadik, es imposible levantar o elevar las manos o los pies.[131]

---

127. rúaj de juicio. Las leyes de la Torá (tanto la Torá revelada como la oculta) son el "*rúaj* de juicio" en las manos y en los pies (arriba, 7). El *rúaj* frena el orgullo y la idolatría, que son raíz y causa de los decretos/juicios Divinos.

128. batalla. Esto se refiere principalmente a aquéllos que luchan en la Torá (*Rashi, loc. cit.*). Es decir, se dedican al estudio de la Torá en aras de sí misma. Para poder hacerlo, la persona debe superar su propia arrogancia y egoísmo. La humildad que adquiere le permite tomar el *rúaj* de la Torá y derrotar la arrogancia y la idolatría, revelando entonces en el mundo la grandeza de Dios (*Mei HaNajal*).

Vale notar que cada uno de los Tzadikim mencionados en esta lección tuvo que enfrentar importantes batallas. Abraham luchó contra los Cuatro Reyes, incluyendo a Nimrod, quien se había declarado a sí mismo como una deidad (Génesis 14); Iaacov peleó contra el ángel de Esaú, el ángel guardián de Amalek (Génesis 32); Moshé fue a la guerra contra Amalek, el archienemigo de los judíos; Mordejai y Esther tuvieron que luchar contra Hamán y sus hijos, y anular los malos decretos que ellos habían instigado en contra del pueblo judío. Cada uno de estos Tzadikim tenía el poder de este *rúaj*. Y con él fue capaz de subyugar al enemigo físico y espiritual.

129. ...desaparece del mundo la ira Divina. Con relación a "Moshé", es decir, a cada Tzadik verdadero, aquellos unidos a él son el aspecto de los pies, como en (Éxodo 11:8), "Y todo el

וְהִנֵּה, מִכְּלַל הַדְּבָרִים אַתָּה שׁוֹמֵעַ, שֶׁנִּגְלֶה הוּא בְּחִינַת יָדַיִם, וְנִסְתָּר הוּא בְּחִינַת רַגְלַיִן, בְּחִינַת מָרְדֳּכַי וְאֶסְתֵּר; וְאַף שֶׁנִּסְתָּר הוּא לְמַעְלָה מִנִּגְלֶה, עִם כָּל זֶה הִתְגַּלּוּת הַנִּגְלֶה הוּא בְּמָקוֹם גָּבוֹהַּ, דְּהַיְנוּ הַיָּדַיִם, וְהַנִּסְתָּר - בָּרַגְלַיִן, שֶׁהִיא לְמַטָּה מִיָּדַיִם. וְהָעִנְיָן עָמֹק, אַךְ הוּא עִנְיָן שֶׁכָּתוּב בַּזֹּהַר, תַּנָּאִים בְּשׁוֹקַיִן וְאָמוֹרָאִים בַּיָּדַיִן. וְאַף שֶׁהַתַּנָּאִים לְמַעְלָה מֵאָמוֹרָאִים, מִכָּל מָקוֹם הֵם בְּמָקוֹם שֶׁהוּא לְמַטָּה מִמְּקוֹם הָאָמוֹרָאִים, וְכֵן נְבִיאִים וּכְתוּבִים, וּכְבָר מְבֹאָר עַל זֶה תֵּרוּץ:

(עוֹד רָאָה זֶה מָצָאתִי מִכְּתַב-יַד רַבֵּנוּ, זִכְרוֹנָם לִבְרָכָה, בְּעַצְמוֹ מֵעִנְיָן הַתּוֹרָה הַנַּ"ל, וְזֶהוּ:)

וְאֵלֶּה הַמִּשְׁפָּטִים אֲשֶׁר תָּשִׂים לִפְנֵיהֶם וְכוּ'.

גֵּאוּת – "מוּדַעַת זֹאת בְּכָל הָאָרֶץ" שֶׁהִיא מִדָּה מְגֻנָּה וְצָרִיךְ לִבְרֹחַ מִמֶּנָּה, אֲבָל יֵשׁ בְּנֵי-אָדָם שֶׁרוֹדְפִים אַחַר כָּבוֹד וְרוֹצִים לַמֶּלֶךְ וּלְהַנְהִיג אֶת הָעוֹלָם, וְאוֹמְרִים שֶׁיֵּשׁ לְאֵל יָדָם לַעֲשׂוֹת פִּדְיוֹנוֹת וּלְהִתְפַּלֵּל תְּפִלּוֹת; וַעֲלֵיהֶם נֶאֱמַר: "הָשֵׁב אֵשֶׁת הָאִישׁ כִּי נָבִיא הוּא וְיִתְפַּלֵּל בַּעַדְךָ וֶחְיֵה".

los Hagiógrafos/*Amoraim* aparecen en una posición más elevada, en verdad se encuentran, en relación con el cuadro más grande -a la jerarquía completa de las personas- en un nivel inferior. Este comentario afirma además que cuando las dos personas se unen, entonces "el hombre y la mujer" -*Zeir Anpin* y *Nukva*- se presentan iguales. Y cuando ocurre eso, los Hagiógrafos/*Amoraim* están en su posición correspondiente a las manos, mientras que los Profetas/*Tanaim* están en su posición correspondiente a los pies. Por consiguiente, lo más exaltado parece estar en una posición inferior.

133. soberbia.... El versículo citado de Isaías se refiere a las cosas gloriosas que hace Dios, pues Sus actos deben publicarse y darse a "conocer en toda la tierra". Vemos entonces que los judíos cantaron la Canción del Mar ensalzando la gloria de Dios por haberlos liberado del Mar Rojo (Éxodo 15) y que cantarán acerca de Su gloria cuando llegue el hijo de David (Salmos 93). Pero cuando la persona toma la gloria para sí misma, eso es señal de arrogancia. También esto es "conocido en toda la tierra".

134. poder en sus manos. Ésta es una paráfrasis de lo que Labán le dijo a Iaacov (Génesis 31:29) e implica el falso sentido del poder y del control que tiene el malvado.

Y así, a partir de todo esto puedes comprender que la [Torá] revelada corresponde a las manos, y la [Torá] oculta corresponde a los pies - correspondiendo a Mordejai y Esther. Y aunque lo oculto es más exaltado que lo revelado, aun así, lo revelado se manifiesta en una posición más elevada, es decir, las manos, mientras que lo oculto está en los pies, que están más abajo que las manos. Este tema es complejo, pero se alinea con aquello que está escrito en el *Zohar* (II, 258a): Los *Tanaim* (primeros Sabios) están en los muslos y los *Amoraim* (Sabios posteriores), en las manos. Aunque los *Tanaim* son más exaltados que los *Amoraim*, sin embargo, su posición es inferior a la posición de los *Amoraim*. Lo mismo ocurre con respecto a los Libros de los Profetas frente a los Escritos Sagrados. Ya se ha dado una respuesta a este punto.[132]

11. De un manuscrito del Rebe Najmán relacionado con esta lección:

Y éstas son las leyes que pondrás delante de ellos:

{"Cantadle a Dios, porque Él ha hecho *gueut* (cosas gloriosas); esto es sabido en toda la tierra" (Isaías 12:5)}.

"Esto es sabido en toda la tierra", que *gueut* (soberbia) es una cualidad despreciable de la cual la persona debe huir.[133] Pero hay gente que corre tras el honor. Desean gobernar y dirigirlo todo. Proclaman tener el "poder en sus manos"[134] para realizar redenciones y orar plegarias [efectivas]. De tales individuos se dice, "devuelve la esposa del hombre, porque él es un profeta. Él orará por ti para que vivas".

En otra parte, el Rebe Najmán explica que Egipto no es el lugar de la plegaria (ver *Likutey Moharán* I, 7:1 y 9:5). Esto implica que el descenso de Iosef a Egipto fue una prueba extrema. Sin embargo, vemos que logró alcanzar su nivel apropiado de *rúaj*, derrotando a sus adversarios y volviéndose virrey de toda la tierra (*Ibid.*, 8:5).

132. una respuesta a este punto. Este mismo pasaje del *Zohar* afirma que los Libros de los Profetas corresponden a los pies y que los Escritos Sagrados (Hagiógrafos) corresponden a las manos. Por lo tanto también puede formularse la siguiente pregunta: ¿cómo es posible que aquello que es más exaltado corresponda a una posición inferior? Una enseñanza anónima impresa al final del *Tikuney Zohar* nos da la respuesta. Se explica que los Profetas y los *Tanaim* aparecen en la posición de los pies de la persona Divina de *Zeir Anpin*, el principio masculino, mientras que los Hagiógrafos y los *Amoraim*, aunque parecen estar en una posición más elevada, en las manos, ello se refiere a las manos de la persona Divina de *Maljut*, o *Nukva*, el principio femenino. De acuerdo con la Kabalá, *Zeir Anpin* está por encima de *Nukva* en la jerarquía de las personas Divinas (ver Apéndice: Las Personas Divinas). Como tal, aunque

כִּי זֶה יָדוּעַ שֶׁהַקָּדוֹשׁ-בָּרוּךְ-הוּא [חָסֵר, וְכָךְ צָרִיךְ לוֹמַר: שֶׁהַקָּדוֹשׁ-בָּרוּךְ-הוּא מִתְאַוֶּה לִתְפִלָּתָן שֶׁל צַדִּיקִים, וְצָרִיךְ לֵילֵךְ אֶצְלָם שֶׁיִּתְפַּלְּלוּ עָלָיו] עֲלֵיהֶם. אֲבָל בַּעֲלֵי-גַּאֲוָה אֵין הוֹלְכִים אֶל צַדִּיקִים לְבַקְּשָׁם שֶׁיִּתְפַּלְּלוּ עֲלֵיהֶם, וְגַם אֵין מַנִּיחִים שְׁאָר בְּנֵי-אָדָם שֶׁיֵּלְכוּ אֵצֶל צַדִּיקִים שֶׁיִּתְפַּלְּלוּ עֲלֵיהֶם, כִּי אָמְרוּ אֵלּוּ בַּעֲלֵי-גַּאֲוָה, שֶׁגַּם הֵם צַדִּיקִים וִיכוֹלִים לְהִתְפַּלֵּל, וְאֵין צַדִּיק בָּאָרֶץ יוֹתֵר מֵהֶם. וּבָזֶה הֵם נִקְרָאִים בְּשֵׁם אֲבִימֶלֶךְ - אֲבִי לְשׁוֹן רָצוֹן, כְּמוֹ "וְלֹא אָבָה ה' אֱלֹקֶיךָ" וְכוּ':

mundo, prevalecerá la ira de Dios. Como resultado, el mundo se ve sujeto a los juicios Divinos que provienen del hecho de que Él "se ha dado vuelta", algo que les da a las fuerzas del mal la libertad para actuar. Esto se manifiesta en el sufrimiento generado por lo que a nosotros nos parecen decretos de origen humano o causas naturales. En verdad, la única manera de mitigar y anular estos decretos es centrándose en su verdadero origen y causa. Y esto requiere que nos unamos a los verdaderos Tzadikim. El unirse a ellos y a la Torá elimina la arrogancia -la idolatría y el egoísmo- y genera un aumento de fe en el mundo. Esto, a su vez, provee el *rúaj* que contrarresta toda la herejía y las falsas creencias, y da surgimiento a un espíritu de santidad y de gran alegría. Con esta alegría en el corazón, la persona se sentirá impulsada a aplaudir y a bailar. Esto no sólo anula todos los decretos, sino que también trae sabiduría, largura de días y una comprensión de la Torá, tanto revelada como oculta.

Porque esto es sabido: El Santo, bendito sea {desea las plegarias de los Tzadikim. La persona debe acudir a ellos, para que oren por ella}. Pero esa gente arrogante no se vuelve hacia los Tzadikim para pedirles que oren por ellos. Y no sólo esto, sino que también impiden que otros vayan a los Tzadikim para solicitar sus plegarias. Porque estos individuos arrogantes proclaman que ellos también son Tzadikim capaces de orar y que no hay en el mundo nadie más recto que ellos. Con esto se han ganado el título de "Avimelej": *AVi* connota "querer", como en (Deuteronomio 23:6), "Pero Dios, tu Señor, no *AVa* (quizo) escuchar a Bilaam".[135]

---

135. AVi...AVa.... Todo esto aparece en detalle en la sección 4.

Para resumir brevemente, cada persona tiene la obligación de revelar la gloria de Dios para que todos la puedan ver. Este objetivo se cumple con mayor perfección cuando los gentiles y aquéllos que están lejos de Dios reconocen Su grandeza. Esto se logra a través de la plegaria apropiada, llevando la plegaria hacia todos los detalles de nuestras vidas. Sin embargo, para que sea efectiva, la plegaria debe ser pura; algo que sólo puede lograr el verdadero Tzadik. En verdad, cada vez que la persona experimente sufrimientos en su vida, deberá volverse hacia los Tzadikim y pedirles que oren por ella. Porque Dios desea sus plegarias y siente un gran placer al oírlas. Desafortunadamente, esto tampoco es algo fácil. Existen líderes falsos y arrogantes que engañan a la gente, impidiendo que le pidan ayuda al verdadero Tzadik. Mientras estos individuos arrogantes, que son similares a los idólatras, continúen plagando el

ליקוטי מוהר"ן סימן י"א

אֲנִי ה' הוּא שְׁמִי וּכְבוֹדִי לְאַחֵר לֹא אֶתֵּן וּתְהִלָּתִי לַפְּסִילִים
(ישעיהו מ"ב).

א   כִּי יֵשׁ יִחוּדָא עִלָּאָה וְיִחוּדָא תַּתָּאָה, הַיְנוּ: שְׁמַע יִשְׂרָאֵל, וּבָרוּךְ שֵׁם כְּבוֹד מַלְכוּתוֹ לְעוֹלָם וָעֶד (זהר בראשית יח:), וְכָל אֶחָד מִיִּשְׂרָאֵל צָרִיךְ שֶׁיִּהְיֶה נַעֲשֶׂה זֹאת עַל-יָדוֹ, עַל-יְדֵי-זֶה יָכוֹל לָבוֹא

de la lección del Rebe Najmán. De ninguna manera tiene la intención de ser un tratamiento intensivo de estos conceptos.

En el lenguaje de la Kabalá, el término *ijud* (unificación) se aplica a la unión de los santos nombres de Dios; así sea la unión entre sí de las letras de un nombre en particular, o las letras de un santo nombre con las letras de otro. Estas unificaciones, que se logran a través del conocimiento de la Torá y del cumplimiento de sus mitzvot, son la unión de los aspectos trascendentes e inmanentes de la influencia Divina. Por ejemplo, en el nombre inefable de Dios, *IHVH*, la unificación superior, lo trascendente, corresponde a las dos primeras letras del nombre de Dios: *Iud Hei* (יה); la unificación inferior, lo inmanente, corresponde a las dos últimas letras del nombre de Dios: *Vav Hei* (וה). A través de sus acciones, el hombre tiene la capacidad de unir estas letras y las influencias Divinas que ellas representan. Y, al hacerlo, también crea un grado de unión y de unidad entre él mismo y Aquél que está Arriba.

Este *ijud* del nombre de Dios se encuentra aludido en el versículo, "*IHVH* será rey sobre toda la tierra: ese día Dios será uno y Su nombre *IHIéH* (será) uno" (Zacarías 14:9). El Ari explica que hoy en día hay una distinción: existe una unificación superior y una unificación inferior, pero "ese día" cuando *IHVH* sea universalmente reconocido como Rey, la unificación inferior (*VH*) será elevada al nivel de la unificación superior (*IH*); haciendo que Dios y Su nombre sean uno - *IHIH* (*Shaar HaPesukim, loc. cit.*).

A esta altura de la lección, el Rebe Najmán se centra en la plegaria del *Shemá* que recitamos por lo menos dos veces al día. Pronto quedará en claro que al recitar el *Shemá* con concentración uno puede lograr el cuidado del *brit* (la señal del Pacto; ver n.29), estudiar la Torá y eliminar su propia arrogancia, elevando al mismo tiempo la gloria de Dios. Pues cuando uno aprecia plenamente que Dios es Uno y que no hay nada más, tal como proclama la plegaria del *Shemá*, entonces produce una unificación superior. Al recitar luego el *Baruj shem kavod maljutó*..., aceptando el Reinado de Dios y la influencia abarcadora de Su Providencia Divina, produce una unificación inferior.

Enseña el Talmud: Nadie puede igualar el nivel de los mártires que dieron sus vidas santificando el nombre de Dios (cf. *Pesajim* 50a). En los anales del martirio del pueblo judío (por parte de los Cruzados, la Inquisición, los pogroms Cosacos, el Holocausto, etc.) siempre fue la plegaria del *Shemá* -la declaración de la unidad de Dios- lo que estuvo en los labios de

LIKUTEY MOHARÁN 11[1]

"Ani IHVH **(Yo soy Dios), ése es Mi nombre. Mi gloria no se la daré a otro, ni Mi alabanza a los ídolos".**

(Isaías 42:8)

Hay una unificación superior y una unificación inferior: *Shemá Israel*[2] y *Baruj shem kavod maljutó leolam vaed* (Bendito sea el nombre de Su glorioso Reinado por siempre) (*Zohar* I, 18b).[3] Todo judío[4] debe asegurarse de realizar [estas unificaciones].[5] Al hacerlo, es posible

---

1. Likutey Moharán 11. La única información que tenemos sobre esta lección es que fue dada en Breslov, en la festividad de Shavuot, 5563 (26 de mayo de 1803). No se ha registrado nada más sobre las circunstancias en que se dio la enseñanza. Cuando el Rebe Najmán mencionó las palabras "profunda comprensión de la Torá" dijo que éstos eran tres niveles por separado: lo profundo, la comprensión y la Torá. Pero no lo explicó (*Parparaot LeJojmá*).

2. unificación superior...Shemá. La unificación superior es el *Shemá Israel*: Escucha Israel, *IHVH*, nuestro Señor, *IHVH* es Uno. Ésta es una afirmación de fe en la unidad de Dios, es decir, Él es Uno y Único. Pues en verdad, la creación en su totalidad no es nada, incluso inexistente, cuando se mide frente a Dios. En el nivel de la unificación superior todo es tal como era antes de la Creación, cuando sólo estaba Dios (*Rabí Shmuel Moshé Kramer*). Por lo tanto, es el nivel de lo trascendente. Para una explicación más completa ver más adelante, nota 95.

3. unificación inferior...Reinado.... La unificación inferior es el *Baruj Shem*: Bendito sea el nombre de Su glorioso Reinado por siempre (recitado en las plegarias inmediatamente después del *Shemá*). Es una afirmación de fe en el absoluto Reinado de Dios. Porque en verdad, Él gobierna todo y sustenta todo de acuerdo con Su voluntad. La unificación inferior es, en verdad, una proclamación de la *raison d'être* de la creación y la esencia de Su gloria: el reconocimiento de Su Reinado, de Su soberanía, por sobre toda la creación, ahora y por siempre (*Rabí Shmuel Moshé Kramer*). Por lo tanto, es el nivel de lo inmanente. Para una explicación más completa ver adelante, nota 95.

4. Todo judío. Esto indica la convicción del Rebe Najmán de que cada judío puede generar estas exaltadas unificaciones, aunque, como seguirá explicando, ello requiere que salgamos de nuestros bajos niveles espirituales (*Mabuei HaNajal*). Ver también *Likutey Moharán* I, 9, notas 14 y 20.

5. estas unificaciones.... El Rabí Najmán Goldstein, autor del comentario *Parparaot LeJojmá* sobre el *Likutey Moharán*, afirma que estos conceptos de unificación superior y unificación inferior contienen muchos misterios profundos y difíciles, y por lo tanto muy poco puede decirse o escribirse abiertamente acerca de ello (*Iéraj HaEitanim*). Como tal, la explicación que sigue tiene como único propósito proveerle al lector las claves generales para una comprensión

לְהִתְבּוֹנוֹת הַתּוֹרָה לְעָמְקָהּ;
כִּי מִי שֶׁהוּא בְּמַדְרֵגָה פְּחוּתָה, הוּא עֲדַיִן רָחוֹק מִתְבּוֹנוֹת הַתּוֹרָה, רַק עַל־יְדֵי אֶמְצָעוּת הַדִּבּוּר יָכוֹל לָבוֹא לִהִתְבּוֹנוֹת הַתּוֹרָה לְעָמְקָהּ, הַיְנוּ עַל־יְדֵי שֶׁהוּא מְדַבֵּר בְּהַתּוֹרָה בְּדִבּוּרִים, כְּמוֹ שֶׁכָּתוּב (משלי ד): "כִּי חַיִּים הֵם לְמוֹצְאֵיהֶם" – 'לְמוֹצִיאֵיהֶם בַּפֶּה' (כְּמוֹ שֶׁאָמְרוּ חֲכָמֵינוּ, זִכְרוֹנָם לִבְרָכָה, עֵרוּבִין נד.).

מֵאִיר לוֹ הַדִּבּוּר בְּכָל הַמְּקוֹמוֹת שֶׁצָּרִיךְ לַעֲשׂוֹת תְּשׁוּבָה, כְּמוֹ שֶׁאָמְרוּ רַבּוֹתֵינוּ, זִכְרוֹנָם לִבְרָכָה (ברכות כב.): 'פְּתַח פִּיךָ וְיָאִירוּ דְּבָרֶיךָ'. וּבְכָל פַּעַם וּפַעַם, עַל־יְדֵי כָּל תְּשׁוּבָה וּתְשׁוּבָה, הוּא הוֹלֵךְ

El Rebe Najmán solía enfatizar la importancia del habla en la vida del judío. Dijo el Rebe, "El habla tiene un poder tremendo. Es por ello que es necesario recitar muchas palabras de Torá, muchas plegarias y clamar y pedir al Santo, bendito sea. Más que nada, es necesario hablar con el Santo, bendito sea, utilizando palabras propias. Si te esfuerzas en hacer eso y lo transformas en una práctica diaria de tu vida, con seguridad alcanzarás el bien más grande en este mundo y en el Mundo que Viene" (*Consejo*, El Habla 20). Aquí, el habla al cual hace referencia el Rebe Najmán es hablar específicamente palabras de Torá. Sin embargo, más adelante en la lección veremos que el tipo de habla que ilumina a la persona también incluye las palabras de la plegaria (ver más adelante n.64, 80).

8. que las expresan verbalmente. La Torá da vida, "Porque ella es tu vida" (Deuteronomio 30:20), pero sólo cuando sus enseñanzas son reveladas. Éste es el motivo por el cual es necesario estudiar en voz alta. A través de la Torá adquirimos el conocimiento de Dios y tenemos por lo tanto los medios para reconocerlo como Gobernante. Por lo tanto, pronunciar las palabras de Torá es en sí mismo una expresión de la aceptación del Reinado de Dios.

El Talmud (*Eruvin, loc. cit.*) relata más adelante que Bruria, la esposa del Rabí Meir, se cruzó con un alumno que estudiaba sin articular palabra. Ella lo amonestó diciendo, "Sólo cuando impregna los 248 miembros la Torá se queda junto con la persona". Por su parte, el Rabí Eliezer ben Iaacov tenía un discípulo que estudió durante tres años sin articular palabra y más tarde olvidó todo lo que había aprendido (*ibid.*). Las palabras habladas de la Torá tienen el poder de reverberar, si así pudiera decirse, a través de todo el cuerpo, de revelar y de conceder el Reinado de Dios a todos "aquellos que las articulan". Se vuelven parte integral de la persona que las expresa. Sin embargo, cuando uno no articula las palabras de Torá, no está revelando el Reinado de Dios e incluso puede llegar a olvidarse del Rey.

9. Abre tu boca.... El Talmud relata: El Rabí Iehudá ben Beteirá tenía un discípulo que mascullaba las palabras de Torá que estaba estudiando. El Rabí Iehudá le dijo: "Abre tu boca...". Rashi explica que este discípulo había tenido una emisión nocturna y que por lo tanto mascullaba sus palabras pues temía enunciarlas en estado de impureza. El Rabí Iehudá le dijo al discípulo que abriera la boca, que enunciara claramente sus palabras para que ellas lo iluminasen.

alcanzar una profunda comprensión de la Torá.⁶

Cuando la persona se encuentra a un bajo nivel espiritual aún está muy lejos de la comprensión de la Torá. Sólo mediante el habla⁷ será capaz de alcanzar una comprensión profunda de la Torá - es decir, verbalizando las palabras de la Torá. Como está escrito (Proverbios 4:22), "Porque ellas son vida *lemotzAeiem* (para aquellos que las encuentran)" - [y enseñaron nuestros Sabios: lee] *lemotzIeiem* (para aquellos que las expresan verbalmente) (*Eruvin* 58a).⁸

El habla ilumina a la persona en todas las áreas en las cuales necesita arrepentirse. Como enseñaron nuestros Sabios: Abre tu boca y tu habla iluminará (*Berajot* 22a).⁹ Y una y otra vez, debido a cada arrepentimiento,

---

los mártires cuando devolvieron las almas a su Creador. Es este mismo *Shemá* que recitamos diariamente, exaltando la grandeza de Dios, lo que tiene el poder de generar una unificación superior de Su santo nombre. Al entregar sus vidas para santificar el nombre de Dios, estos mártires judíos también generaron esta unificación superior ganando así, para sí mismos, el lugar más elevado del Gan Edén. (En otra parte, el Rebe Najmán explica que es posible alcanzar este nivel de sacrificio y martirio sólo mediante el pensamiento. Esto puede lograrse a través de una profunda y total concentración, que incluso puede hacer que la persona llegue a sentir realmente los dolores de la muerte; ver *Likutey Moharán* I, 193).

6. profunda comprensión de la Torá. El Rebe Najmán explicará más adelante (ver §§6,7) que hay varios niveles de Torá: Halajá y Kabalá (revelado y oculto), los conceptos de secretos y secretos profundos. A través del arrepentimiento, es posible emerger desde nuestro bajo nivel espiritual y acceder a profundas ideas de Torá.

Ése fue en verdad el propósito de Dios al redimir a los judíos de Egipto. Como le dijo a Moshé (Éxodo 3:12), "Cuando hagas salir a los judíos de Egipto, todos ustedes se volverán entonces siervos de Dios sobre esta montaña" (*Mei HaNajal*). Porque ésta fue Su única intención: hacer de ellos Sus siervos al presentarles a los descendientes de Sus amados Abraham, Itzjak y Iaacov el tesoro más grande: la Torá. Como anteproyecto de la creación y clave de toda la existencia, la Torá les da a aquéllos que la poseen un conocimiento íntimo de Dios. Sus profundas ideas le proveen al hombre todo aquello que puede llegar a necesitar en la vida, porque la Torá misma es "El Árbol de Vida para todos aquéllos que se aferran a él". Y desde el Monte Sinaí, el plan Divino ha sido siempre que el pueblo judío alcance niveles cada vez más elevados de conocimiento de la Torá, es decir, conocimiento de Dios y de las unificaciones superiores e inferiores. Así, incluso en el exilio actual uno debe buscar la mayor cantidad posible de conocimiento de Torá, porque ésta es la clave de la redención, tanto personal como universal. Esto, a su vez, se une con el final de la lección, donde el Rebe Najmán trata las causas del exilio y los medios para eliminarlas.

7. Sólo mediante el habla. Esto se debe a que el habla es la facultad que revela. *Dibur* (habla) emana de la *sefirá* inferior, que es *Maljut* (Reinado). El habla es por lo tanto el medio de revelación de la Divinidad, a través del cual uno proclama su aceptación de la soberanía absoluta de Dios.

מִמַּדְרֵגָה לְמַדְרֵגָה, עַד שֶׁיּוֹצֵא מִמַּדְרֵגָה פְּחוּתָה וּבָא לִתְבוּנוֹת הַתּוֹרָה לְעָמְקָהּ.

וְזֶה שֶׁשָּׁאֲלוּ יוֹחָנִי וּמַמְרֵא לְמֹשֶׁה (מנחות פה.): 'תֶּבֶן אַתָּה מַכְנִיס לַעֲפָרַיִם? הֵשִׁיב לָהֶם: אָמְרֵי אֱנָשֵׁי, לְמָתָא יַרְקָא, יַרְקָא שְׁקַל'. 'תֶּבֶן' – זֶה בְּחִינַת תְּבוּנָה, כְּמוֹ שֶׁכָּתוּב (משלי ב): "תְּבוּנָה תִנְצְרֶךָּ", שֶׁהֵם הֵבִינוּ שֶׁמֹּשֶׁה רוֹצֶה לְהַכְנִיס תְּבוּנוֹת הַתּוֹרָה בְּיִשְׂרָאֵל, וְעַל כֵּן שָׁאֲלוּ, כִּי בִּזְמַן שֶׁאֵין יִשְׂרָאֵל עוֹשִׂין רְצוֹנוֹ שֶׁל מָקוֹם הֵם מְשׁוּלִים לְעָפָר, וְאֵיךְ יוּכַל לַהֲבִיאָם לְמַדְרֵגָה גְּבוֹהָה, לִתְבוּנוֹת הַתּוֹרָה?

וְזֶה: 'תֶּבֶן' – לְשׁוֹן תְּבוּנוֹת הַתּוֹרָה, 'אַתָּה מַכְנִיס לַעֲפָרַיִם' – זֶה בְּחִינַת עָפָר, הַיְנוּ מַדְרֵגָה פְּחוּתָה. 'הֵשִׁיב לָהֶם: אָמְרֵי אֱנָשֵׁי', הַיְנוּ עַל־יְדֵי הָאֲמִירוֹת, עַל־יְדֵי הַדִּבּוּר שֶׁל אִישׁ הַיִּשְׂרְאֵלִי, הוּא מֵאִיר לוֹ לְכָל הַמְּקוֹמוֹת שֶׁצָּרִיךְ לַעֲשׂוֹת תְּשׁוּבָה. וְזֶהוּ: 'לְמָתָא יַרְקָא' –

como la *teven* (paja) protege y preserva físicamente. La comprensión de Torá que uno adquiere lo protege y lo cuida incluso cuando no puede estudiar (*Sotá* 21a). Por lo tanto, el versículo se lee, "la *comprensión* te cuidará" (*Mabuei HaNajal*).

13. polvo…nivel elevado…. "Cuando el pueblo judío guarda la Torá se asemeja a las estrellas, nadie puede alcanzarlos. Sin embargo, cuando no cumplen con la palabra de Dios, se asemejan al polvo [de la tierra], al que todos pisotean y que se encuentra al nivel más bajo" (*Meguilá* 16a).

Así, dentro del contexto de la lección, tenemos una interpretación más literal de este pasaje Talmúdico. En lugar de decir que los magos del faraón estaban aludiendo a que Moshé llevó la magia a Egipto, el Rebe Najmán se centra en la palabra *teven/tevuná*, sugiriendo que ellos no podían entender el hecho de que Moshé les trajera comprensión a los judíos. ¿Cómo esperaba Moshé llevarlos hacia una profunda comprensión estando en Egipto, cuando aún no habían recibido la Torá? ¿Cómo podía esperarse que se elevaran hacia grandes niveles espirituales cuando, sin la Torá, se asemejaban al polvo de la tierra?

14. necesita arrepentirse. El habla misma estaba en el exilio en Egipto. Los judíos nunca habían tenido tiempo de hablarle a Dios ni de orarle (ver *La Hagadá de Breslov*, p.52). Un examen más cuidadoso de la directiva de Dios a Moshé para que redimiera a los judíos (Éxodo 3) demuestra que, incluso antes de presentar sus demandas al faraón, Moshé y Aarón fueron a *hablar* con los judíos. La Torá nos dice que "el pueblo creyó… e inclinaron las cabezas y se postraron" (Éxodo 4:29-30). Las palabras de Dios los llevaron al arrepentimiento y experimentaron el primer rayo de esperanza de la salvación. Recién más tarde Moshé y Aarón fueron a ver al faraón (como en Éxodo 5). Para ese entonces, los judíos ya habían comenzado a hablar, a suspirar y a orarle a Dios.

pasa de un nivel a otro hasta que emerge de su bajo nivel espiritual y llega a una profunda comprensión de la Torá.[10]

Esto es lo que Iojani y Mamré le preguntaron a Moshé: "¿Estás trayendo *teven* (paja) a Afaraim?". A lo cual él respondió, "La gente dice, 'A un lugar de verduras, lleva verduras [para vender]'" (*Menajot* 85a).[11] *TeVeN* corresponde a *TeVuNá* (comprensión) <de la Torá>, como está escrito (Proverbios 2:11), "la comprensión te cuidará".[12] [Iojani y Mamré] entendieron que Moshé quería llevarle la comprensión de la Torá al pueblo judío. Por eso preguntaron, pues cuando los judíos no hacen la voluntad de Dios, son asemejados al *afar* (polvo). ¿Cómo podía llevarlos hacia un nivel elevado, hacia la comprensión de la Torá?[13]

Así: *Teven* connota *tevunot* de Torá. **¿Estás trayendo a Afaraim?** alude a *afar*, es decir, a un bajo nivel espiritual. Él les respondió, **La gente dice** - en otras palabras, mediante el habla; el habla del judío lo dirige hacia todas las áreas en las cuales necesita arrepentirse.[14] Esto es, **A**

En verdad, este pasaje Talmúdico es más que una simple prueba para sustentar la afirmación del Rebe de que el habla ilumina. Más adelante en la lección (§§3-5), el Rebe Najmán introduce la importancia de cuidar el Pacto y lo une con el concepto de las unificaciones superiores e inferiores, del habla y de la gloria (tratadas en §2). Aun así, con esta historia sobre el estudiante impuro el Rebe Najmán ya está aludiendo a estas conexiones. El discípulo no guardó el Pacto y su habla era confusa. Debido a eso, su estudio de Torá se había dañado y se encontraba a un bajo nivel espiritual. El Rabí Iehudá trató de elevarlo haciendo que enunciara con claridad. La Torá lo iluminaría en todas las áreas en donde debía arrepentirse, y sería llevado hacia niveles superiores de espiritualidad (*Mabuei HaNajal*).

10. ...pasa de un nivel a otro.... Porque cada palabra del estudio de Torá es una revelación más del Reinado de Dios, la cual, al ser interiorizada, eleva todavía más al estudiante. Finalmente, el habla misma lo llevará hacia las etapas de arrepentimiento necesarias para la comprensión de las profundas ideas de la Torá.

11. Iojani y Mamré. Éstos eran los magos del faraón que desafiaron a Moshé cuando realizó los milagros en Egipto. Enseña el Talmud (*Sanedrín* 67b): ¿Por qué estos magos eran llamados *MeJaShFiM*? Porque ellos *MeJasheSh PaMaliá shel maalá* (debilitan a las huestes celestiales). Es decir, la existencia de la hechicería y de la magia confunde la capacidad de creer en Dios. En verdad, Iojani y Mamré estaban diciendo, "Dado que Egipto es *el lugar* de la hechicería, ¿por qué estás trayendo tu magia aquí? ¿No hay acaso suficiente hechicería aquí, haciendo innecesarios tus poderes?". Moshé les respondió, "La gente lleva verduras específicamente a un mercado de verduras. Esto se debe a que los entendidos hacen sus compras allí, y saben cuáles son las verduras de calidad y cuáles no". En otras palabras, Moshé quería enfatizar el hecho de que la gente era capaz de diferenciar cuál acto sobrenatural era resultado de la hechicería y cuál era producto de la palabra de Dios.

12. te cuidará. *Tevuná* (comprensión de la Torá) preserva y protege espiritualmente, tanto

לַמְּקוֹמוֹת שֶׁצָּרִיךְ לַעֲשׂוֹת תְּשׁוּבָה. 'יָרְקָא' - הוּא בְּחִינַת תְּשׁוּבָה, כְּמוֹ שֶׁאָמְרוּ בַּמִּדְרָשׁ (בראשית רבה פרשה מג): "וַיָּרֶק אֶת חֲנִיכָיו" - אוֹרִיקָן בְּפָרָשַׁת שׁוֹפְטִים, הַיְנוּ שֶׁזֵּרְזָם לַעֲשׂוֹת תְּשׁוּבָה, כִּי פָּרָשַׁת שׁוֹפְטִים נֶאֱמַר עַל תְּשׁוּבָה: "מִי הָאִישׁ הַיָּרֵא וְרַךְ הַלֵּבָב" - 'הַיָּרֵא מֵעֲבֵרוֹת שֶׁבְּיָדוֹ' (כמו שאמרו חכמינו, זכרונם לברכה, סוטה מג).

וְזֶהוּ: 'אָמְרֵי אֱנָשֵׁי, לְמָתָא יַרְקָא', הַיְנוּ עַל־יְדֵי הָאֲמִירוֹת וְהַדִּבּוּר שֶׁל אִישׁ הַיִּשְׂרְאֵלִי, 'לְמָתָא יַרְקָא' - לַמְּקוֹמוֹת שֶׁצָּרִיךְ לַעֲשׂוֹת תְּשׁוּבָה יָאִיר לוֹ הַדִּבּוּר, שֶׁיּוּכַל לַעֲשׂוֹת תְּשׁוּבָה. וְזֶה: 'יַרְקָא שְׁקַל' - בְּחִינַת תְּשׁוּבַת הַמִּשְׁקָל, שֶׁהַדִּבּוּר יָאִיר לוֹ שֶׁיּוּכַל לַעֲשׂוֹת תְּשׁוּבַת הַמִּשְׁקָל מַמָּשׁ:

ב אַךְ לַדִּבּוּר שֶׁיָּאִיר לוֹ אִי אֶפְשָׁר לִזְכּוֹת, כִּי אִם עַל־יְדֵי כָבוֹד, הַיְנוּ שֶׁיִּרְאֶה שֶׁיִּהְיֶה כְּבוֹד הַשֵּׁם יִתְבָּרַךְ בִּשְׁלֵמוּת, שֶׁיִּהְיֶה כְּבוֹדוֹ לְאַיִן נֶגֶד כְּבוֹד הַשֵּׁם יִתְבָּרַךְ, הַיְנוּ עַל־יְדֵי עֲנָוָה וְקַטְנוּת. כִּי עִקַּר בְּחִינַת הַדִּבּוּר הוּא מְכֻבָּד, כְּמוֹ שֶׁכָּתוּב (תהלים כ״ד): "מִי הוּא זֶה מֶלֶךְ הַכָּבוֹד", הַיְנוּ מַלְכוּת פֶּה.

algo sumamente difícil. Sin embargo, el Rebe Najmán es muy explícito cuando insiste en que a través del habla que ilumina, es posible alcanzar incluso ese nivel de arrepentimiento.

Resumen: Para alcanzar comprensión de las profundidades de la Torá, lo cual requiere generar una unificación superior e inferior, es necesario lograr un habla iluminada, un habla que guíe a la persona hacia el sendero apropiado de arrepentimiento.

17. el habla proviene de la gloria…. Simplemente, al asegurarse de que la gloria de Dios está completa, sin tomar nada de ella para sí mismo, uno alcanza una boca pura, como se explicará. Cuando sucede esto, las palabras de Torá tienen el poder de iluminarla en las áreas en las cuales debe arrepentirse. Enseña el Midrash (*Sojer Tov* #24) sobre el versículo citado por el Rebe para mostrar la relación entre el habla y la gloria: ¿Quién es el rey que les da gloria a aquéllos que le temen? "El Dios de las Huestes es el rey de gloria, por siempre" (Salmos, *ibid.*). En cada una de las dos explicaciones siguientes que ofrece el Midrash vemos que esta gloria u honor que Dios otorga está relacionada con el habla. Dios le otorgó gloria y honor a Miriam al hacer que el pueblo judío la esperase mientras ella se arrepentía por haber calumniado a su hermano (Números 12; ver n.79 más adelante). La otra explicación describe la gloria que Dios le confirió a Moshé en el hecho de que, tal como nos dice la Torá, no fue Dios el que habló y Moshé el que respondió, sino al revés: "Moshé habló y Dios le respondió con una voz" (Éxodo 19:19).

18. Maljut es la boca. De las diez *sefirot*, *Maljut* se asemeja a la boca, al poder del habla

un lugar de *iarka* (verduras) - las áreas en las cuales debe arrepentirse. *IaRKa* corresponde al arrepentimiento, tal como comenta el *Midrash*: "*vaIaReK* (y llamó) a sus servidores" (Génesis 14:14) - [Abraham] los iluminó recitando el Capítulo de Shoftim *(Bereshit Rabah 43:2)*. En otras palabras, los alentó a arrepentirse. Pues el Capítulo de Shoftim trata del arrepentimiento, [como enseñaron nuestros Sabios:] "¿Quién de entre ustedes siente temor y debilidad en el corazón?" (Deuteronomio 20:8) - él teme por los pecados que ha cometido *(Sotá 43a)*.[15]

Éste es el significado de **"La gente dice, A un lugar de verduras"** - es decir, mediante las palabras y el habla del judío; **A un lugar de verduras** - [es dirigido] hacia las áreas en las cuales necesita arrepentirse. El habla lo dirige para que pueda arrepentirse. "Y esto es *iarka SheKuL* (lleva verduras)," correspondiente a *teshuvat hamiShKaL* (el arrepentimiento apropiado). El habla lo iluminará para que pueda arrepentirse precisamente en la medida de sus pecados.[16]

2. Sin embargo, no es posible que la persona merezca un habla iluminada si no es a través de la gloria. Esto es, debe fijarse que la gloria del Santo, bendito sea, esté completa; que su propia gloria sea como una nada en relación con la gloria del Santo, bendito sea. [Esto se logra] por medio de la humildad y de la pequeñez. Porque la esencia del habla proviene de la gloria, como está escrito (Salmos 24:10), "¿Quién es este *MeLeJ* (rey) de gloria?"[17] - es decir, "*MaLJut* (Reinado) es la boca" *(Tikuney Zohar, Segunda Introducción)*.[18]

---

15. Shoftim...arrepentimiento...cometido. El Midrash *(loc. cit.)* explica que Abraham les habló a sus siervos, sobornándolos para que se unieran a él en la guerra contra los Cuatro Reyes (Génesis 14). Ellos tenían miedo y arguyeron que temían morir en batalla. Abraham les respondió: "Incluso si perdemos la vida, será santificando el nombre de Dios". (Esto está conectado con el recitado del *Shemá*, como se dijo arriba). Abraham les habló a sus siervos entrenados utilizando las palabras de la porción bíblica de Shoftim, "¿Quién de entre ustedes siente temor y debilidad en el corazón? Que retorne a su hogar". Finalmente, como enseñan nuestros Sabios, aquéllos que no tomaron las armas fueron los que temían ser castigados por los pecados que habían cometido y por los cuales no se habían arrepentido *(Sotá, loc. cit.)*. Pero Eliezer, el siervo más antiguo de Abraham, sí fue con él. Más adelante en la lección (§5), el Rebe Najmán explica que guardar el *brit* tiene un nivel superior y un nivel inferior, y en otra parte *(Likutey Moharán I, 31:5)*, vemos que el Rebe asocia a Abraham con el *brit* superior y a Eliezer con el *brit* inferior.

16. en la medida de sus pecados. Literalmente, *teshuvat hamishkal* es un arrepentimiento equilibrado. Esto implica que la persona que ha transgredido la palabra de Dios se verá sujeta a un sufrimiento equivalente al placer que experimentó al cometer el pecado. Esto es obviamente

כִּי כְּשֶׁהַתּוֹרָה בָּאָה לְתוֹךְ דִּבּוּרִים פְּגוּמִים, לְפֶה פָּגוּם, לֹא דַי שֶׁאֵין דִּבּוּרֵי הַתּוֹרָה מְאִירִים לוֹ, כִּי אִם גַּם הַתּוֹרָה עַצְמָהּ נִתְגַּשֵּׁם וְנִתְחַשֵּׁךְ שָׁם מִפִּיו, כְּמוֹ שֶׁכָּתוּב (יהושע א): "לֹא יָמוּשׁ סֵפֶר הַתּוֹרָה הַזֶּה מִפִּיךָ", בְּחִינַת "וְיָמֵשׁ חֹשֶׁךְ" (שמות י), הַיְנוּ שֶׁלֹּא יִתְגַּשְּׁמוּ וְיִתְחַשְּׁכוּ מִפִּיךָ, כִּי עַל־יְדֵי שֶׁאֵין מַשְׁגִּיחִין שֶׁיִּהְיֶה כְּבוֹד הַשֵּׁם יִתְבָּרַךְ בִּשְׁלֵמוּת, הַיְנוּ עַל־יְדֵי גַדְלוּת, עַל־יְדֵי־זֶה אֵין יְכוֹלִין לִפְתֹּחַ פֶּה, בִּבְחִינַת (תהלים י"ז): "סָגְרוּ פִּימוֹ דִּבְּרוּ בְגֵאוּת"; כְּמַעֲשֶׂה דְלֵוִי בַּר סִיסָא, שֶׁהֶעֱלוּהוּ לַבִּימָה, וְטָפַת רוּחוֹ עָלָיו, וְלֹא אֲנִיבוּן (ירושלמי יבמות פרק יב).

כִּי עַל־יְדֵי הַגַּאֲוָה, הוּא בְּחִינַת עֲבוֹדַת אֱלִילִים, וּבַעֲבוֹדַת אֱלִילִים כְּתִיב: "פְּסִילֵי אֱלֹהֵיהֶם תִּשְׂרְפוּן בָּאֵשׁ" (דברים ז), 'וְכָל הָעוֹמֵד לִשְׂרֹף כְּשָׂרוּף דָּמֵי, וּכְתוּתֵי מִכְתַּת שִׁעוּרֵהּ', כַּמּוּבָא בַּגְּמָרָא (ראש-

y capacitado para sacar del exilio al pueblo elegido de Dios, dándoles la Torá y guiándolos hacia la Tierra Santa. Moshé podía descender hacia aquéllos que se encontraban en los niveles espirituales más bajos, el *afar* (polvo) y elevarlos mediante su habla. Sin embargo, cuando los líderes no tienen esta cualidad de humildad, prolongan el exilio, tal como vemos en la explicación que da más adelante el Rebe sobre la historia de Raba bar bar Janá.

20. arrogante. Cuando la persona es arrogante, Dios dice: "Yo no habitaré en el mismo mundo que ella" (*Sotá* 5a). Al tomar para sí misma el crédito que acompaña a sus logros, la persona revela que no reconoce plenamente a Dios y a Su Providencia Divina. Cuando el honor está en manos de Dios, si así pudiera decirse, la traducción de la palabra hebrea *kavod* es gloria: la gloria de Dios. Pero cuando está en las manos del hombre, el mismo *kavod* se vuelve arrogancia y engreimiento, haciendo que la gloria de Dios esté incompleta.

21. se cerraron.... Y aunque la persona arrogante continúe hablando, sus palabras nunca podrán iluminar ni tener una influencia positiva. Además, esto puede ser visto como un muy buen consejo: "Cuando te sientas arrogante y orgulloso, ¡cierra la boca!" (*Mabuei HaNajal*).

22. Levi bar Sisa. Fue un Tzadik y por lo tanto no hablaba cuando sentía que las palabras de Torá "se oscurecían". Sin embargo, la mayoría de la gente no es sensible espiritualmente y no es consciente del modo en que los sentimientos de arrogancia dañan sus palabras. Deben ser especialmente cuidadosos con el poder del habla y de la Torá que desean expresar. Aun así, surge el interrogante: Si uno no debe hablar a no ser que sea puro, ¿cómo pueden aquéllos que están en niveles inferiores llegar a alcanzar un "habla iluminada"? Aun así, enseña el Talmud: Uno debe siempre estudiar Torá, aunque no sea por la Torá misma; porque al estudiar incluso por motivos errados, uno puede llegar a estudiar por las razones correctas (*Pesajim* 50b). Lo mismo ocurre con la persona que se encuentra en el más bajo de los niveles espirituales.

Porque cuando la Torá entra en un habla dañada, en una boca sucia, no sólo las palabras de Torá no la iluminan, sino que la Torá misma se vuelve corpórea y se oscurece en su boca.[19] Como está escrito (Ioshúa 1:8), "Este Libro de Torá no debe *IaMuSh* (apartarse) de tu boca", correspondiente a (Éxodo 10:21), "la oscuridad *IaMaSh* (que era tangible)". En otras palabras, [las palabras de Torá] no deben volverse corpóreas y oscurecidas por tu boca. Al no ocuparse de que haya plenitud en la gloria del Santo, bendito sea -es decir, siendo arrogante[20]- la persona no puede abrir su boca, como en (Salmos 17:10), "Sus bocas se cerraron, [porque] hablaron con arrogancia".[21] Esto se asemeja a la historia de Levi bar Sisa, quien fue llamado al podio, pero se enorgulleció en su espíritu y fue incapaz de hablar (*Ierushalmi, Iebamot* cap.12).[22]

Como resultado de la arrogancia, la persona se encuentra en un aspecto de idolatría. [Está escrito] concerniente a la idolatría (Deuteronomio 7:5), "las esculturas de sus ídolos quemarán a fuego". Enseña el Talmud

---

(*Tikuney Zohar, Introducción*). Esto se debe a que la boca, el habla, expresa los sentimientos internos, así como *Maljut* "revela", siendo el canal a través del cual las influencias ocultas de las *sefirot* superiores se revelan en este mundo. El *Mei HaNajal* agrega que por lo tanto, el habla es la que revela si uno ha aceptado el *Maljut* (Reinado) de Dios. Cuando así lo hace, la boca se vuelve de hecho una boca santa, una boca apta para la santidad, para la Torá y para la plegaria.

19. corpórea y se oscurece.... La Torá es espiritual. Sin embargo, cuando la boca está sucia, las palabras de Torá que se dicen pierden su espiritualidad. Ellas reciben, si así pudiera decirse, cierta materialidad y falta de refinamiento. La luz de la Torá se oscurece. En otra parte, el Rebe Najmán enseñó que cuando uno trasciende los intereses y los apegos mundanos, puede comprender toda la Torá. No olvidará lo que ha aprendido, porque su falta de materialidad le permite abarcar la espiritualidad ilimitada de la Torá. Pero si uno les otorga corporeidad a las palabras de la Torá y hace que éstas tomen una materialidad tosca, entonces no será capaz de comprender ciertos aspectos de la Torá, y por supuesto nunca la comprenderá en su totalidad. Si intenta absorber nuevas ideas con su mente limitada, verá que ella responde como todo lo material cuando está lleno: se descarta lo viejo y se lo olvida a favor de lo nuevo (*Likutey Moharán* I, 110).

El versículo, "Este Libro de la Torá no debe *iamush* de tu boca", le fue dicho a Ioshúa cuando fue nombrado líder del pueblo judío luego del fallecimiento de Moshé. El *Mei HaNajal* explica que la intención de Dios fue advertirle que no tomase para sí mismo la gloria y el honor que acompañan al liderazgo. Pues de hacerlo, las palabras de Torá se volverían corpóreas en su boca. Pero Dios le indicó a Ioshúa que si se atenía a la advertencia, la Torá lo iluminaría y haría que tuviese éxito en su nuevo papel. Esto puede verse como una advertencia a los líderes del pueblo judío de todas las épocas. El líder, mucho más que la persona común, debe cuidarse de la arrogancia y del orgullo, y de los excesos del poder y de la autoridad.

Por ende, la Torá nos dice que Moshé fue el más humilde de todos los hombres (Números 12:3). Y, debido a que alcanzó el nivel más grande de humildad, fue considerado digno

השנה כח.) לְעִנְיַן שׁוֹפָר שֶׁל עֲבוֹדַת אֱלִילִים; וְכֵיוָן שֶׁמִּכְתַּת כָּתִית שְׁעוּרָהּ, אֵין לוֹ כְּלִי הַדִּבּוּר לְדַבֵּר עִמָּהֶם.

אַךְ כְּשֶׁהוּא נִזְהָר וְשׁוֹמֵר כְּבוֹד הַשֵּׁם שֶׁיִּהְיֶה בִּשְׁלֵמוּת, שֶׁהוּא נִבְזֶה בְּעֵינָיו נִמְאָס, עַל־יְדֵי־זֶה יוּכַל לְדַבֵּר דִּבּוּרִים הַמְּאִירִים, בִּבְחִינַת (יחזקאל מ"ג): "וְהָאָרֶץ הֵאִירָה מִכְּבֹדוֹ", וְהֵם מְאִירִים לוֹ לִתְשׁוּבָה, וְיָכוֹל לָבוֹא לִתְבוּנוֹת הַתּוֹרָה לְעָמְקָהּ כַּנַּ"ל.

ג וְכָבוֹד בִּשְׁלֵמוּת, אֵינוֹ כִּי אִם עַל־יְדֵי וָא"ו שֶׁיַּמְשִׁיךְ לְתוֹכָהּ, כִּי בְּלֹא וָא"ו נִשְׁאָר כְּבַד פֶּה, וְעַל־יְדֵי וָא"ו הוּא בִּבְחִינַת (תהלים ל): "כָּבוֹד וְלֹא יִדֹּם".

כִּי כָל מָקוֹם שֶׁנֶּאֱמַר וָא"ו, הוּא מוֹסִיף (פסחים ה.), הַיְנוּ בְּחִינַת

de la misma manera la tierra es símbolo de humildad. Y, como se explicó más arriba (ver n.18), *Maljut* es la boca. Ver también *Likutey Moharán* I, 12:1 donde el Rebe Najmán cita el *Tikuney Zohar* (Introducción) al decir que la *pe* (boca) también simboliza la Ley Oral. Explica el Rebe que la Ley Oral es la fuente del espíritu hablante, el alma viviente del hombre, tal como en (Génesis 2:7), "La *tierra* dará una alma viviente" (*Mei HaNajal*).

26. profunda comprensión de la Torá. Resumen: Para alcanzar la comprensión de las profundidades de la Torá, lo cual requiere generar una unificación superior e inferior, es necesario lograr un habla iluminada, un habla que guíe a la persona hacia el sendero apropiado del arrepentimiento (§1) Para alcanzar este nivel de habla uno debe eliminar la arrogancia y el engreimiento idólatra, pues de otra manera las palabras de la Torá se corrompen en su boca. Así, la gloria de Dios está completa y nuestras palabras brillan con Su gloria (§2).

27. KaVoD...KeVaD...silencio. *Kavod* (gloria) puede ser escrito con la letra *vav* o sin la letra *vav*. Cuando se deletrea con una *vav*, *kavOd* (כבוד) tiene el valor numérico de 32. Esto hace referencia a los Treinta y Dos Senderos de Sabiduría (*Sefer Ietzirá* 1:1), la fuente de la comprensión profunda de la Torá. Estos treinta y dos senderos corresponden a los treinta y dos dientes de la boca, *Maljut* es *pe*, de la cual emana el habla. Cuando *kavOd* está completo, con la *vav*, entonces "la gloria puede cantarte alabanzas y no quedar en silencio". Pero cuando *kavod* (כבד) está sin la *vav*, los Treinta y Dos Senderos de Sabiduría están incompletos. Esto es *kevad pe*, un habla defectuosa y una boca sucia.

El *Mei HaNajal* hace notar que cuando Dios le indicó a Moshé que debía redimir al pueblo judío, éste dijo, "Pero yo soy *kevad pe*" (Éxodo 4:10). No consideraba haber guardado apropiadamente el *brit* y se veía por lo tanto indigno e incapaz de llevar a los judíos hacia un "habla iluminada" y hacia una profunda comprensión de la Torá. Dios le dijo a Moshé que Él estaría junto a él, "Yo estaré con tu boca..." (Éxodo 4:15), porque a los ojos de Dios, Moshé era considerado digno (ver más abajo n.38).

28. añadir. En hebreo, la letra *vav* al comienzo de la palabra es utilizada como una conjunción,

en relación con un shofar utilizado para la idolatría: Todo lo que será destruido [más tarde] por el fuego, ya es considerado [como] destruido por completo y reducido en tamaño (*Rosh HaShaná* 28a). Y, dado que su tamaño ha sido totalmente reducido, ya no tiene voz para hablar.[23]

Sin embargo, cuando la persona es cuidadosa y se asegura de que la gloria de Dios esté completa -[pues] ella es "vil y despreciable a sus propios ojos" (Salmos 15:4)[24]- esto le permite decir palabras que iluminan. Como está escrito (Ezequiel 43:2), "Y la tierra brillaba con Su gloria".[25] [Sus palabras] la iluminan hacia el arrepentimiento y puede llegar entonces a una profunda comprensión de la Torá.[26]

3. *KaVoD* (gloria) sólo está completa cuando la letra *vav* es puesta en ella. Sin la *vav* queda "*KeVaD* (pesado) de lengua" (Éxodo 4:10). Pero con la *vav* se encuentra en el aspecto de (Salmos 30:13), "...*kavOd*, y no queda en silencio".[27]

Esto se debe a que cada vez que se utiliza la letra *vav*, ésta viene a añadir (*Pesajim* 5a).[28] En otras palabras, hay una adición a la santidad:

Siempre y cuando trate de conducirse con sinceridad de la manera apropiada y sin arrogancia, tendrá la capacidad de elevarse finalmente por sobre su orgullo y alcanzar incluso los niveles más elevados (*Mabuei HaNajal*).

23. shofar usado para la idolatría...para hablar. Esta discusión Talmúdica se centra en el tema de cumplir con la mitzvá del shofar cuando el shofar en cuestión ha sido utilizado para alguna práctica idólatra. La ley requiere que el shofar tenga un tamaño mínimo. También requiere que aquel objeto que fue utilizado para la idolatría sea destruido por el fuego. Tal objeto se considera destruido incluso antes de que haya sido quemado y es por lo tanto legalmente inexistente. Así, el shofar en cuestión no puede ser utilizado para cumplir con la mitzvá de soplar el shofar en Rosh HaShaná.

Luego de establecer la conexión entre la arrogancia y la idolatría, el Rebe Najmán incorpora este pasaje Talmúdico para demostrar que todo sonido que emana de la idolatría, de la arrogancia, debe ser considerado como una nada, dado que su fuente es considerada como una nada. Por ende, así como el shofar de la idolatría no puede soplarse, tampoco el hombre arrogante puede hablar.

24. ...despreciable. Es decir, niega completamente su propia importancia y orgullo, y deja todo en manos de Dios.

25. la tierra brillaba con Su gloria. La tierra es *afar*, el nivel más bajo. Aun así vemos que brilla con la gloria de Dios. Lo mismo ocurre con la persona que alcanza la verdadera humildad. Su humildad no debe ser malinterpretada como un bajo nivel espiritual. Por el contrario, se asemeja a la tierra y brilla de la misma manera -sus palabras iluminan- con la gloria de Dios.

La tierra también es sinónimo de *Maljut*. Así como *Maljut* es la más baja de las *sefirot*,

תּוֹסְפוֹת קְדֻשָּׁה, הַיְנוּ שְׁמִירַת הַבְּרִית, כְּמַאֲמַר חֲכָמֵינוּ, זִכְרוֹנָם לִבְרָכָה: 'כָּל מָקוֹם שֶׁאַתָּה מוֹצֵא גֶדֶר עֶרְוָה, אַתָּה מוֹצֵא קְדֻשָּׁה' (ויקרא רבה כ"ה, הובא ברש"י), כִּי זֶה תָּלוּי בָּזֶה, גֵּאוּת וְנִאוּף, כְּמוֹ שֶׁאָמְרוּ חֲכָמֵינוּ, זִכְרוֹנָם לִבְרָכָה (סוטה ד:) עַל פָּסוּק (משלי ו): "וְאֵשֶׁת אִישׁ נֶפֶשׁ יְקָרָה תָצוּד".

וְעַל כֵּן בְּרִית מְכֻנָּה בְּשֵׁם שַׁדַּ"י, כְּמוֹ שֶׁכָּתוּב (בראשית ל"ה): "אֲנִי אֵל שַׁדַּי פְּרֵה וּרְבֵה", כִּי שַׁדַּי הוּא בְּחִינַת 'שֶׁיֵּשׁ דַּי בֶּאֱלֹקוּתִי לְכָל

Así, no todos los hombres son iguales; cada uno cosecha en la medida en que se lo permite su desarrollo espiritual. Sin embargo, en nuestra lección, el Rebe Najmán nos permite entender que todos tienen un papel que jugar en el proceso de hacer descender la *shefa* al mundo y que todos pueden, al elevarse de sus bajos niveles espirituales, aumentar esa participación de manera inconmensurable (ver n.4 arriba).

El Ari explica que *tevuná* (comprensión profunda de Torá) está enraizada en la *sefirá* de *Biná* (Comprensión), que la Torá está asociada con *Zeir Anpin*, y que *Maljut* es la boca, el poder del habla. Cuando uno purifica el habla, su estudio de Torá tiene el poder de hacer descender de Dios un abundante influjo (ver arriba, §1 y n.7-10). Sin embargo, esto sólo puede lograrse purificando el *brit*. Porque entonces, luego de que uno canaliza la *shefa* desde *Biná* (Comprensión) hacia *Zeir Anpin* (Torá), ésta puede filtrarse en santidad hacia *Maljut* (boca) e iluminar el habla, llevando finalmente a un arrepentimiento completo. Esto puede comprenderse mejor a la luz del hecho de que *Teshuvá* (arrepentimiento) tiene su raíz en *Biná*. La ley de la Torá ordena de manera inequívoca que el pecador debe ser castigado por sus pecados. Sin embargo, debido a que la *teshuvá* está enraizada en una fuente superior incluso a la ley de la Torá -pues *Biná* se encuentra por encima de *Zeir Anpin*- uno puede recurrir al arrepentimiento y traer *shefa* desde allí. Al evocar el perdón de Dios, esta *teshuvá* provee de un perdón que sobrepasa a la ley que indica la necesidad del castigo. Y, tal como ha mostrado el Rebe Najmán, este exaltado nivel de pleno arrepentimiento se logra a través del "habla iluminada". Aun así, debe comprenderse que la *teshuvá* final al igual que toda la *shefa* debe, en todos los casos, pasar a través del canal de *Zeir Anpin*, de la Torá. En otras palabras, en el proceso normal de las influencias Divinas, es imposible el arrepentimiento sin la Torá. Por lo tanto, uno también debe encargarse de estudiar y cumplir con la ley de la Torá.

30. adúltera...alma arrogante. El Talmud enseña (*loc. cit.*): Todo arrogante finalmente sucumbirá a la inmoralidad. La ecuación está así completa: La adúltera atrapa al arrogante y el arrogante sucumbe a la inmoralidad. Una cosa depende de la otra. Enseñaron también nuestros Sabios (*loc. cit.*) que aunque uno sea erudito en la Torá, aun así puede sucumbir a la tentación. Esto se remite a la nota previa en el hecho de que uno debe adherirse a la Torá. El conocimiento solo no es suficiente. Sin embargo, mediante el estudio y la práctica, la Torá lo protegerá del pecado.

31. fructifica.... Cuando Dios bendijo a Iaacov para que se fructificara y multiplicara, utilizó Su santo nombre Shadai. Así, Shadai y el *brit* están interrelacionados, siendo la señal del *brit* el órgano de la reproducción.

guardar el *brit* (el Pacto).²⁹ Como enseñaron nuestros Sabios: Allí donde encuentres medidas protectoras contra la inmoralidad, allí encontrarás santidad (*Valkrá Rabah* 24:6). Porque la arrogancia y la inmoralidad dependen una de la otra, como dicen nuestros Sabios sobre el versículo (Proverbios 6:26), "La adúltera atrapa el alma arrogante" (*Sotá* 4b).³⁰

Es por eso que el *brit* es llamado con el santo nombre *Shadai*, como está escrito (Génesis 35:11), "Yo soy el Omnipotente *Shadai*; fructifica y multiplícate".³¹ Porque *ShaDaI* indica "que *ieSh DaI* (hay suficiente)

---

casi siempre como "y". El Talmud nos dice que cada vez que aparece la *vav*, también sirve para *agregar* algo que no es obvio, algo más allá del significado simple de la palabra. El Rebe Najmán enseña que, cuando la letra *vav* está dentro de *kavOd*, indica la santidad adicional que permite que uno hable. El *Zohar* (III, 2a) afirma que la letra *vav* es llamada "la letra de la verdad". Como tal, cuando la *vav* es parte del habla, de modo que el *kevad pe* se transforma en *kavOd*, entonces el habla tiene el poder de iluminar. Más adelante veremos otra conexión más de la verdad con esta lección (n.83).

29. adición a la santidad...brit. El *brit* (Pacto) que Dios hizo con Abraham y con sus descendientes está sellado mediante la circuncisión del prepucio. Ésta es la señal del Pacto (Génesis 17). Como tal, el pacto del pueblo judío con Dios se centra en la pureza sexual. Guardar el *brit*, el Pacto o bien el órgano de procreación, implica así un alto estándar de comportamiento moral en el pensamiento, en la palabra y en la acción. El *Mei HaNajal* indica que es necesario buscar a diario un aumento de la santidad del *brit*. Es decir, al buscar mayor santidad, uno puede en verdad alcanzar diariamente niveles cada vez más elevados.

En el lenguaje de la Kabalá, la letra *vav*, con su valor numérico de seis, simboliza la persona de *Zeir Anpin* que engloba a las seis *sefirot*: *Jesed*, *Guevurá*, *Tiferet*, *Netzaj*, *Hod*, y *Iesod* (ver Lección #12, n.41; ver Apéndice: Las Personas Divinas). En el Hombre Primordial, *Iesod* (Fundamento) corresponde al *brit* (ver Apéndice: Las Sefirot y el Hombre). Por lo tanto, allí donde se usa la letra *vav*, se denota generalmente un aumento de pureza sexual, es decir, una santidad adicional al guardar el *brit*, la señal del Pacto.

Con las claves provistas por la lección hasta este punto, presentaremos las siguientes ideas: Dios está enviando continuamente *shefa* (un influjo benévolo de energía espiritual) a este mundo. Las enseñanzas Kabalistas explican que esta *shefa* es canalizada sistemáticamente al mundo por medio de las *sefirot* (emanaciones Divinas) que actúan, por así decirlo, como recipientes que captan y transmiten el influjo. El proceso comienza con las *sefirot* superiores, que reciben esta abundancia (ver Apéndice: La Estructura de las Sefirot): *Keter* recibe la *shefa* de Arriba y se la transmite a *Jojmá*, que entonces la canaliza a la tercera *sefirá*, a *Biná*. Ésta entonces filtra el influjo hacia abajo, a través de las seis *sefirot* inferiores, conocidas colectivamente como *Zeir Anpin*, desde donde son transmitidas hacia la *sefirá* inferior, *Maljut*, que simboliza a este mundo. Debido a la naturaleza gradual de este proceso, la cantidad de shefa que recibe cada nivel está en relación con la capacidad del "receptor" para retenerla. Lo mismo puede decirse de los recipientes de este influjo. Cada orden de la creación recibe de acuerdo con su capacidad de recibir. Incluso existen distinciones dentro de los órdenes específicos mismos.

בְּרִיָּה' (כמובא בפירוש"י לך-לך יז). וּכְשֶׁאֵינוּ שׁוֹמֵר הַבְּרִית, הֲרֵינוּ עַל-יְדֵי גַאֲוּת, הוּא עוֹשֶׂה לְעַצְמוֹ עֲבוֹדַת אֱלִילִים, הוּא מַרְאֶה שֶׁאֵין דַּי לוֹ בֶּאֱלֹקוּתוֹ, עַד שֶׁצָּרִיךְ עֲבוֹדַת אֱלִילִים, וְעַל כֵּן פּוֹגֵם בְּשַׁדַּי, שֶׁיֵּשׁ דַּי בֶּאֱלֹקוּתוֹ לְכָל בְּרִיָּה; וּכְשֶׁשּׁוֹמֵר הַבְּרִית, הוּא זוֹכֶה לְאוֹר הַמֵּאִיר לוֹ לִתְשׁוּבָה כַּנַּ"ל:

ד וְאוֹר הַזֶּה הוּא בְּחִינַת טַל אוֹרוֹת, הַכְּלוּלִים בַּוָּאוּ שֶׁל כָּבוֹד, בִּבְחִינַת (איוב ל"ג): "הֶן כָּל אֵלֶּה יִפְעַל אֵל פַּעֲמַיִם שָׁלוֹשׁ עִם גָּבֶר". 'פַּעֲמַיִם שָׁלוֹשׁ' – הֵם בְּחִינַת טַל אוֹרוֹת שֶׁל מִלּוּי שָׁלֹשׁ אוֹתִיּוֹת רִאשׁוֹנוֹת (פֵּרוּשׁ, כִּי שָׁלֹשׁ אוֹתִיּוֹת רִאשׁוֹנוֹת שֶׁל שֵׁם הֲוָיָה בְּמִלּוּי אַלְפִין הֵם בְּגִימַטְרִיָּא טַ"ל, וְהֵם בְּחִינַת טַל אוֹרוֹת, וְהֵם

34. arrepentimiento, como vimos arriba. Ver más arriba nota 29, "El Ari explica…".

Resumen: Para alcanzar comprensión de las profundidades de la Torá, lo cual requiere generar una unificación superior e inferior, es necesario lograr un habla iluminada, un habla que guíe a la persona hacia el sendero apropiado del arrepentimiento (§1) Para alcanzar este nivel de habla, uno debe eliminar la arrogancia y el engreimiento idólatra, pues de otra manera las palabras de la Torá se corrompen en su boca. Así, la gloria de Dios está completa y nuestras palabras brillan con Su gloria (§2). La arrogancia y la inmoralidad dependen una de la otra. Para anular la arrogancia por completo es necesario guardar el *brit*. Mediante este elevado estándar de comportamiento moral uno se hace merecedor de la luz del arrepentimiento (§3).

35. treinta y nueve luces. De acuerdo con la numerología alfabética hebrea, conocida como *Guematria*, treinta y nueve es *Lamed* (30=ל) y *Tet* (9=ט). *TaL* es también la palabra hebrea que significa "rocío". El rocío ha recibido una bendición especial en el hecho de que, a diferencia de otras formas de precipitación, nunca deja de descender sobre la tierra (*Rashi*, Jueces 6:38). El Rocío corresponde así a la *shefa* referida anteriormente, porque ésta tampoco deja de descender a este mundo.

36. tres letras…valor…treinta y nueve luces. La "expansión" del Tetragrámaton se realiza de cuatro formas distintas, dependiendo de las diferentes maneras en las cuales se deletrean las tres últimas letras (*HVH*). Por ejemplo, la letra *hei* (ה) puede deletrearse *hei iud* (הי), *hei alef* (הא) o *hei hei* (הה). Lo mismo se aplica a la letra *vav*(ו, ואו, ויו). Así, si las tres primeras letras del *IHVH* son deletreadas con la *hei* y la vav expandidas con una *alef*, entonces *iud*=20=יוד, *hei*=6=הא, *vav*=13=ואו - da un total de 39, correspondiente a las treinta y nueve luces. Agregando la segunda *hei* expandida de manera similar, el *IHVH* tiene un valor de 45, el equivalente de *ADaM* (hombre, אדם); el significado de esto será explicado a la brevedad (ver Apéndice: Expansiones de los Santos Nombres de Dios).

de Mi Divinidad para todo lo creado" (*Rashi*, Génesis 17:1).[32] Pero cuando la persona, debido a la arrogancia, no cuida el *brit*, hace un dios de sí misma. Hace parecer como *si no hubiera* suficiente de Su Divinidad para ella, de modo que requiere de la idolatría. Y así daña el nombre *Shadai*; porque *hay* suficiente de Su Divinidad para todo lo creado.[33] Por el contrario, al guardar el *brit*, es recompensada con una luz que la dirige hacia el arrepentimiento, como vimos más arriba.[34]

4. Y esta luz [que lleva al arrepentimiento] corresponde a las treinta y nueve luces[35] que se encuentran incluidas en la *vav* de *kavOd*. Esto está aludido en (Job 33:29), "Dios hace todas estas cosas dos o tres veces con el hombre". "<Tres veces>" corresponde a las treinta y nueve luces de la expansión de las primeras tres letras <del Tetragrámaton>. {Para explicar: Las primeras tres letras del *IHVH*, cuando se deletrean utilizando la letra *alef*, tienen el valor numérico de treinta y nueve, correspondiendo a las treinta y nueve luces.[36] Por lo tanto están incluidas

---

32. ieSh DaI.... Como se explicó anteriormente, la *shefa* proveniente de Arriba desciende a través de las *sefirot* superiores y luego pasa a *Zeir Anpin*. La última de estas seis *sefirot*, *Iesod*, corresponde al *brit*. De allí la *shefa* emana hacia este mundo, *Maljut*. Así, es en Shadai/*Iesod* -el asiento de la distribución de la *shefa*- que decimos que *hay suficiente* para toda la creación, (ver Apéndice: Las Sefirot y Los Nombres Asociados de Dios).

El *Mei HaNajal* hace notar que cuando Dios volvió a dirigirse a Moshé luego de que él y Aarón fueron por primera vez a ver al faraón, le dijo: "Yo Me revelé a los Patriarcas como *El Shadai*, pero no Me di a conocer a ellos por Mi nombre *IHVH*" (Éxodo 6:3). Esto se debió a que las generaciones anteriores aún no habían alcanzado el nivel del cuidado completo del Pacto -la unificación superior e inferior- porque aún no habían recibido la Torá. Sin embargo, dado que Moshé ya había hablado con los judíos y los había iluminado con su habla, y debido a que él estaba destinado a recibir la Torá, Dios Se reveló más plenamente, con ambas unificaciones - "Mi nombre" y "*IHVH*".

33. no cuida.... Guardar el Pacto en ambos niveles de unificación (como veremos en §§5 y 6) corresponde al *Shemá* y a *Baruj Shem*, que denota unidad y una fe pura. Por el contrario, al no guardar el Pacto en estos dos niveles uno niega la fe y le da fuerzas a la idolatría (*Mei HaNajal*). Más aún, debido a que la arrogancia es semejante a la inmoralidad, el orgullo y el engreimiento también son incumplimientos del Pacto. Por lo tanto, no guardar el *brit* lleva a que la persona haga un dios de sí misma, como enseñaron nuestros Sabios: Cuando la persona es arrogante, es como si hubiera adorado ídolos (*Sotá* 4b).

El Maharsha comenta este pasaje del Talmud, afirmando que el hombre está compuesto de dos espíritus: uno de pureza y otro de impureza. El espíritu de pureza es similar a la humildad y al reconocimiento de Dios. El espíritu de impureza, por su parte, es similar a la arrogancia y a la mentira.

כְּלוּלִים בְּהַוָּא"וּ שֶׁל הַשֵּׁם). 'עִם גָּבֶר' – שֶׁהֵם כְּלוּלִים בַּבְּרִית, כִּי כָּאִישׁ גְּבוּרָתוֹ. וְעַל שֵׁם זֶה נִקְרָא בְּרִית בֹּעַז (תקון לא) – בּוֹ עֹז, בּוֹ תִּקְפָּא.

אֲבָל כְּשֶׁאֵינוֹ שׁוֹמֵר הַבְּרִית, הוּא מְקַלְקֵל הַטַּ"ל אוֹרוֹת וּמַמְשִׁיךְ עַל עַצְמוֹ עַל הַפַּרְנָסָה, הַיְנוּ טַ"ל מְלָאכוֹת, כַּמּוּבָא בַּזֹּהַר (ח"ג

tal (rocío), el mismo rocío que será utilizado para resucitar a los muertos al momento de la Resurrección (*Shabat* 88b). La palabra *Torá* (תורה) tiene el valor numérico de 611. Ella, junto con las dos primeras mitzvot escuchadas directamente de Dios, conforman los 613 mandamientos Divinos de la Torá. En verdad, estas dos mitzvot que el pueblo judío oyó directamente de Dios son sinónimo de las dos unificaciones que el Rebe Najmán menciona en la lección. "Yo soy tu Dios…" corresponde al *Shemá*, creer en la unidad de Dios (cf. *Sefer HaMitzvot*, Mandamientos Positivos 1), mientras que "No tendrás otros dioses…" corresponde al *Baruj Shem*, creer en el absoluto Reinado de Dios y no hacer un dios de uno mismo ni de sus logros (ver n.33; cf. *Sefer HaMitzvot*, Mandamientos Prohibitivos 2). Al cumplir con estas dos mitzvot es posible llevar a cabo con éxito las otras 611 mitzvot - la Torá, a través de la cual pueden revelarse las *tal*-luces (*Mei HaNajal*). Con esto, podemos comprender otra enseñanza Talmúdica: Todo aquel que comparte el *tal* de la Torá, el *tal* de la Torá le devolverá la vida (*Ketuvot* 111b). Esto se explica generalmente refiriéndose al período luego de la llegada de Mashíaj. Sin embargo, a partir de la lección del Rebe Najmán aprendemos que mediante el estudio de la Torá, que lleva a un "habla iluminada" (ver arriba n.8, 9), esto puede tener lugar aquí y ahora. El estudio de la Torá lleva hacia el arrepentimiento -"la resurrección"- incluso en este mundo.

39. Boaz, bo oz…. En el Libro de Ruth (cap.3) vemos que Dios sometió a Boaz a una prueba muy difícil relacionada con el cuidado del *brit*. Nuestros Sabios comentan que esta prueba fue más grande y más difícil que la que tuvo que enfrentar Iosef en Egipto (*Sanedrín* 19b). Debido al hecho de que no sucumbió, Boaz mereció ser llamado "fuerte", porque controló con éxito su inclinación y superó la tentación.

40. treinta y nueve tareas. El concepto de las treinta y nueve tareas que contrastan con las treinta y nueve luces será aclarado dentro del texto. Aquél que no guarda el *brit* pierde la luz de la espiritualidad que, con respecto a recibir la *shefa* de Dios, podría colocarlo por sobre los dictados de la naturaleza. En lugar de ello se ve sujeto a las tareas (en general amargas) de este mundo.

Como se explicó anteriormente (n.29), la *shefa* llena constantemente el mundo. La pregunta obvia es, ¿dónde está? Entretejida dentro de la trama de esta lección se encuentra la aguda y profunda respuesta del Rebe Najmán. Están aquéllos que guardan el Pacto del Todopoderoso guardando su señal e insignia, el *brit*. Para ellos, siempre hay *dai* (suficiente). Están satisfechos con lo que les toca y sienten que tienen suficiente *shefa*. Sin embargo, no ocurre lo mismo con aquéllos que no guardan el Pacto y sucumben a la tentación. Para ellos, nunca hay *dai*. Constantemente cargan el yugo de las obligaciones mundanas, debiendo trabajar para adquirir siempre más, porque sienten que nunca tienen lo suficiente. Tales personas realmente sufren bajo el yugo de las treinta y nueve tareas y nunca se sienten satisfechas por más *shefa* que llene el mundo. Siempre quieren algo más.

en la *VaV* del nombre de Dios³⁷}. "Con el hombre" - porque [estas luces] están incluidas en el *brit*, [como en,] "Así como es el hombre, así es su fuerza" (Jueces 8,21).³⁸ Es por este motivo que el *brit* es llamado Boaz: *bo oz* - en él, hay fuerza (*Tikuney Zohar* #31).³⁹

Pero cuando la persona no cuida el *brit*, daña las treinta y nueve luces y hace recaer sobre sí la carga de trabajar para ganarse el sustento - es decir, las treinta y nueve tareas.⁴⁰ Como se enseñó en el *Zohar* (III,

---

37. VAV del nombre de Dios. Empleando nuevamente la expansión y la *Guematria*, esto puede comprenderse del modo siguiente: Utilizando la *alef* para expandir la letra *VAV* (ואו) vemos que *vav* tiene el valor de 13 (13=6+1+6 =ואו). Cuando se le aplica a esto el versículo citado por el Rebe Najmán -"Dios hace todas estas cosas...*tres veces*..."- nuevamente tenemos un total de 39 (*VAV*x3=39). Así, las treinta y nueve luces se encuentran incluidas en la *vav* misma.

Alternativamente, esto puede comprenderse aplicando los principios Kabalistas que alinean las cuatro letras del nombre inefable de Dios con las diez emanaciones Divinas. En este arreglo, la *sefirá* de *Keter* (Corona), debido a su naturaleza absolutamente trascendente, no tiene un equivalente en las cuatro letras sino que está asociada meramente con el ápice de la primera letra, el punto superior de la *iud* ('). De las *sefirot* restantes, *Jojmá* (Sabiduría) corresponde a la *iud* misma; *Biná* (Comprensión), a la primera *hei*; las seis *sefirot* de *Zeir Anpin*, a la *vav*; y *Maljut*, a la *hei* final (ver Apéndice: Niveles de Existencia). Como se mencionó anteriormente (n.32), la *shefa* fluye hacia abajo a través de la jerarquía de las *sefirot*, es recolectada en *Iesod* y desde allí es distribuida hacia *Maljut*. Cuando esto se ve en términos del Tetragrámaton, la *shefa*/ treinta y nueve luces/rocío pasa a través de *I* y de *H*, y luego se junta en la *V*, desde donde es distribuida hacia la *H* final, símbolo de este mundo. Esto explica cómo las treinta y nueve luces están incluidas en la *vav* del nombre de Dios. También nos ayuda a comprender la afirmación anterior del Rebe Najmán de que las treinta y nueve luces están incluidas en la *vav* de *kavOd*, porque, como hemos visto (n.29), esta *vav* alude al grado adicional de santidad requerido para guardar el *brit* que es *Iesod*. Más aún, cuando uno logra atraer la *vav* hacia *kavOd* guardando el *brit*, en el cual se encuentran incluidas las treinta y nueve luces, se hace merecedor de la luz del arrepentimiento y puede llegar a una profunda comprensión de la Torá.

38. fuerza. "¿Quién es un *guibor* (una persona fuerte)? Aquél que conquista su inclinación" (*Avot* 4:1). En la Torá y en la literatura rabínica, la cualidad de *guevurá* (fuerza) es atribuida comúnmente a la persona que controla su impulso sexual. Tal persona es llamada "hombre" (*guever*). Cuando uno controla sus deseos, puede entonces traer la *shefa* desde *Iesod/brit* hacia *Maljut*. Éste es el significado del versículo de Jueces (*loc. cit.*), "Tal como es el hombre así es su *guevurá*" - su capacidad para hacer descender la *shefa* e iluminar los niveles inferiores está en relación directa con su grado de pureza sexual. Éste es el motivo por el cual Moshé, habiendo alcanzado el nivel de pureza sexual más elevado posible para un ser humano, fue capaz de hacer descender toda la Torá y de iluminar al pueblo judío con un habla que brilla. (Ver arriba n.29 que la Torá corresponde a *Zeir Anpin*/la *vav*, la revelación de las luces).

Es interesante notar que cuando los judíos estaban en el Monte Sinaí, fallecieron al oír los dos primeros mandamientos de Dios: "Yo soy tu Dios... No tendrás otros dioses...". Su corporeidad, incluso luego de la purificación, fue incapaz de contener el gran influjo de luz celestial que experimentaron. El Talmud nos dice que fueron devueltos a la vida mediante el

רמד.): 'מָאן דְּזָרֵק פֵּרוּרִין דְּנַהֲמָא, עֲנִיּוּת רָדֵף אֲבַתְרֵהּ, כָּל־שֶׁכֵּן מָאן דְּזָרֵק פֵּרוּרִין דְּמֹחָא'.
וְזֶה: בּוֹ עַז, בּוֹ כָּלוּל שְׁנֵי הַבְּחִינוֹת, הַיְנוּ ל"ט אוֹרוֹת – מִי שֶׁשּׁוֹמֵר הַבְּרִית, וְל"ט מְלָאכוֹת – מִי שֶׁפּוֹגֵם בּוֹ; כִּי עַז עִם הַכּוֹלֵל – שְׁתֵּי פְּעָמִים טַל:

alcanzar una profunda comprensión de la Torá (ver también §7 donde el Rebe Najmán trata el tema de la Kabalá y los secretos profundos). Así, el Rebe Najmán nos dice que para alcanzar tales ideas uno debe purificar su habla a través de la eliminación de la propia arrogancia. Esto implica controlar el habla revelándoles a los demás sólo aquello que es apropiado y no más que eso. Revelar demasiado indica un sentimiento de arrogancia y orgullo ("¡miren cuánto sé!") que, tal como enseña el *Zohar*, conecta a aquél que produce la revelación con la inmoralidad. Porque la arrogancia y la inmoralidad dependen una de la otra (ver n.30 arriba).

43. dos aspectos. El potencial para ambos existe en todos los hombres y en todo momento. Uno puede buscar la pureza en ciertas áreas y ser poco exigente en otras. Por lo tanto, cada persona debe centrar sus energías en ambos aspectos: buscar más santidad en temas concernientes al *brit* y, al mismo tiempo, asegurarse de evitar aquellas cosas que lo profanan. Así era el Tzadik Boaz - en él hay dos veces treinta y nueve.

44. dos veces treinta y nueve. La palabra *oz* (עז) más 1, agregado por la palabra misma, tiene el valor numérico de 78. La palabra hebrea que significa "pan", *LeJeM* (לחם) también vale 78 (*Mabuei HaNajal*). Ver la nota 41 más arriba, concerniente al significado del pan. El Ari enseña que *lejem* equivale a tres veces el nombre *IHVH* (3x26), porque el pan, es decir, la *shefa* de alimento, llega a este mundo por medio de los tres *IHVH* presentes en los tres *jasadim* (benevolencias). Más aún, es necesario salar un poco el pan al comienzo de la comida. Sal en hebreo es *MeLaJ* (מלח), también 78. Sin embargo, a diferencia del pan, que surge de la benevolencia Divina, la sal se deriva de los tres *IHVH* presentes en las tres *guevurot* (severidades) (*Shaar HaMitzvot, Ekev* p.41).

Más aún, esto puede aplicarse al concepto de *Maljut pe* con sus "treinta y dos dientes" de sabiduría (ver n.27). El Ari afirma que los treinta y dos dientes son los que muelen (preparan) el pan, que es maná para los Tzadikim (*ibid.*). Este maná corresponde a lo que el Rebe Najmán llama las treinta y nueve luces. Pero también hay treinta y nueve tareas - la manera amarga de ganarse el sustento, así como la sal pura es salubre al gusto. Aquéllos que guardan el Pacto y alcanzan así *kavod*/los treinta y dos dientes de sabiduría, reciben las treinta y nueve luces. Su *shefa* del cielo desciende como maná. El sustento les llega con facilidad y siempre es dulce. Pero aquéllos que impurifican el Pacto y se mantienen así en su arrogancia reciben las treinta y nueve tareas. Su *shefa* desciende del cielo como "sal". El sustento les llega con dificultad y siempre es amargo. Aun así, uno debe siempre salar su pan: esto no significa hacer amargo lo que es dulce, sino endulzar aquello que es amargo. Unir los *jasadim* con las *guevurot* endulza los juicios y los decretos severos (ver *Likutey Moharán* I, 10 y n.2, 63) que son un aspecto inevitable de nuestras vidas. Así, al agregarle santidad, la *vav* de *kavod*, a todos los aspectos del cuidado del *brit*, el hombre puede incluso endulzar las treinta y nueve tareas que se ve obligado a llevar a cabo.

244a): Aquél que arroja migajas de pan es perseguido por la pobreza.[41] Más aún el que arroja las "migajas" de la mente.[42]

Esto es *bo oz*: *Bo* (en él) hay incorporados dos aspectos.[43] Están las treinta y nueve luces <para> aquél que cuida el *brit*; y están las treinta y nueve tareas <para> aquél que lo profana. Pues <el valor numérico de> *oz*, contando la palabra misma, es dos veces treinta y nueve.[44]

---

41. migajas de pan...pobreza. El *Zohar* (*loc. cit.*) afirma que todo en la creación tiene algún ángel que lo gobierna. Sin embargo, los cereales utilizados para el pan se encuentran bajo los auspicios directos de Dios Mismo. Por lo tanto, si la persona desprecia el pan, [aunque sean las migajas], es como si despreciara directamente a Dios y Le faltara el respeto. Como castigo por esto, no sentirá ningún placer de aquello que despreció y sufrirá de pobreza. Con respecto al gran significado del pan y de los cereales utilizados en su preparación, el *Zohar Jadash* (8b) enseña que existen ámbitos inferiores de la creación habitados por formas de vida muy diferentes de aquéllas conocidas por el hombre. Aunque no sabemos dónde se encuentran estos ámbitos inferiores y tenemos muy poca información sobre ellos (eran conocidos por los Sabios Talmúdicos) sí sabemos, basados en este pasaje del *Zohar Jadash*, que estas formas de vida son mucho menos inteligentes que las de nuestro mundo. Esta capacidad intelectual inferior es atribuida a la ausencia de cereales en esos lugares. Esto se relaciona con nuestra lección. El Rebe Najmán enseña que uno debe buscar un conocimiento profundo de la Torá, el cual es imposible adquirir sin el beneficio de los cereales/pan. De manera similar, enseñaron nuestros Sabios: Un niño no puede llamar a su padre y a su madre hasta que no pruebe el cereal (*Sanedrín* 70b).

42. migajas de la mente. El *Zohar* (*loc. cit.*) ofrece una cantidad de explicaciones, todas las cuales indican un abandono de la sabiduría y del intelecto, que es el "pan" de la mente.

La explicación que refleja inmediatamente la intención del Rebe Najmán en este punto es que las migajas se refieren a las gotas de semen que, como ya hemos visto (*Likutey Moharán* I, 7:3, extractos y notas), son las gotas del intelecto que emanan de la mente. El *Zohar* menciona diferentes maneras en que estas gotas de simiente se arrojan y se echan a perder: 1) tener relaciones sexuales con una *nidá* (toda mujer, incluso la propia esposa, que no haya cumplido con los requerimientos asociados con la inmersión en una *mikve* luego de la menstruación); 2) tener relaciones con mujeres no judías; 3) tener relaciones con una mujer con la cual está prohibido casarse (por ejemplo, un *cohen*, un sacerdote, que se casa con una divorciada, etc.). También se encuentran incluidas todas las formas de homosexualidad y el ejemplo más grave que es arrojar "las migajas de la mente", la emisión en vano de simiente a través de la masturbación. Ése fue el pecado de la Generación del Diluvio.

Así, el Rebe Najmán nos dice que cuando uno no cuida el *brit*, como en cualquiera de los ejemplos mencionados anteriormente, intercambia, si así pudiera decirse, las treinta y nueve luces por las treinta y nueve tareas. Y debido a esto, tal como enseña el *Zohar*: la pobreza lo perseguirá, de modo que sufrirá las cargas de las obligaciones mundanas.

Otras explicaciones ofrecidas por el *Zohar* sobre "migajas de la mente" incluyen aquéllos que desprecian las "migajas" de la Torá, los ápices y coronas de las letras de la Torá; y peor aún, aquéllos que degradan los misterios de la Torá y los secretos profundos revelándolos a individuos inicuos e indignos. También esto se conecta con nuestra lección, cuyo tema es

וְזֶה: "מִשְׁכַּן מִשְׁכָּן" שְׁתֵּי פְּעָמִים – שְׁתֵּי פְּעָמִים ל"ט, כִּי ל"ט מְלָאכוֹת גָּמְרִינַן מִמִּשְׁכָּן (כמו שאמרו חכמינו, זכרונם לברכה, שבת מט:). וּמִי שֶׁשּׁוֹמֵר אֶת בְּרִיתוֹ, אַף־עַל־פִּי שֶׁהוּא עוֹשֶׂה הַל"ט מְלָאכוֹת – הֵם בִּבְחִינַת מְלֶאכֶת הַמִּשְׁכָּן, הַיְנוּ מִשְׁכָּן בְּבִנְיָנֵהּ, בְּחִינַת ל"ט אוֹרוֹת; אַךְ מִי שֶׁפּוֹגֵם בַּבְּרִית – הַמְּלָאכוֹת שֶׁלּוֹ הֵם בִּבְחִינַת מִשְׁכָּן בְּחָרְבָּנֵהּ, בִּבְחִינַת ל"ט מַלְקוֹת (תקון מח), בְּחִינַת (דברים כ"ה): "אַרְבָּעִים יַכֶּנּוּ וְלֹא יוֹסִיף", הַיְנוּ בְּחִינַת פְּגַם הַבְּרִית, שֶׁהוּא בְּחִינַת תּוֹסָפוֹת כַּנַּ"ל:

guarda el Shabat se libera de este castigo. Cuando uno se abstiene de trabajar en Shabat y disfruta del *ONeG* Shabat (el deleite del Shabat), merece las treinta y nueve luces de Resurrección. Sin embargo, aquéllos que no observan el Shabat son castigados con los treinta y nueve latigazos, transformando *ONeG* (ענג) en *NeGA* (נגע, lepra; cf. n.79 más adelante). Más aún, el *Tikuney Zohar* (#48, p.85) conecta el castigo de los treinta y nueve latigazos con las treinta y nueve maldiciones emitidas sobre Adán (10), Eva (10), la Serpiente (10) y la tierra (9), después de que Adán comiera del Árbol del Conocimiento (ver Génesis 3:14-21). El análisis de estas treinta y nueve maldiciones revela que en una forma u otra todas pertenecen al trabajo arduo, de modo que también aquí las treinta y nueve tareas son sinónimo del sufrimiento de los treinta y nueve latigazos.

49. Cuarenta…no se excederá. Si bien el versículo menciona el número cuarenta, la Mishná y la subsiguiente discusión Talmúdica concluyen que las palabras del versículo implican un número cercano a cuarenta: de allí, treinta y nueve (*Makot* 22a).

50. excesos, como se explicó. Como se explicó más arriba (ver n.29) es necesario buscar diariamente una mayor santidad para el *brit*. Un aumento de la pureza sexual mediante la cual se obtienen las treinta y nueve luces. Por el contrario, cuando la persona está siempre insatisfecha, cuando nunca tiene suficiente, busca entonces los excesos (ver n.40). Ésta es la categoría de las treinta y nueve tareas, los treinta y nueve latigazos. Éste es el significado de "Cuarenta latigazos… no se excederá". Recibió los treinta y nueve latigazos pues no buscó mayor santidad ni mayor pureza en el pensamiento, en la palabra y en la acción.

Resumen: Para alcanzar comprensión de las profundidades de la Torá, lo cual requiere generar una unificación superior e inferior, es necesario lograr un habla iluminada, un habla que guíe a la persona hacia el sendero apropiado de arrepentimiento (§1) Para alcanzar este nivel de habla uno debe eliminar la arrogancia y el engreimiento idólatra, pues de otra manera las palabras de la Torá se corrompen en su boca. Así, la gloria de Dios está completa y nuestras palabras brillan con Su gloria (§2). La arrogancia y la inmoralidad dependen una de la otra. Para anular la arrogancia por completo es necesario guardar el *brit*. Mediante este elevado estándar de comportamiento moral uno merece la luz del arrepentimiento (§3). Esta luz corresponde a las treinta y nueve luces. Por el contrario, al no guardar el *brit* se trae sobre sí el yugo de las tareas mundanas, las treinta y nueve tareas, correspondientes a los treinta y nueve latigazos (§4).

Y éste es el motivo para la repetición de (Éxodo 38:21), "[Éstas son las cuentas del] Tabernáculo, el Tabernáculo...". Dos veces treinta y nueve, pues las treinta y nueve tareas se deducen de [la construcción del] Tabernáculo (*Shabat* 39b).⁴⁵ Así, aquél que guarda el *brit*, aunque se dedique a las treinta y nueve tareas, [su trabajo] se encuentra en el aspecto del trabajo en el Tabernáculo, es decir, el Tabernáculo cuando fue construido, correspondiente a las treinta y nueve luces.⁴⁶ Sin embargo, para aquél que profana el *brit*, su trabajo se encuentra en el aspecto del Tabernáculo cuando está destruido.⁴⁷ Esto corresponde a los treinta y nueve latigazos⁴⁸ (*Tikuney Zohar*, Introducción, p.12b), como en (Deuteronomio 25:3), "Cuarenta latigazos le serán dados y no se excederá".⁴⁹ Esto alude a la profanación del *brit*, que es un aspecto de excesos, como se explicó.⁵⁰

---

45. Tabernáculo...treinta y nueve tareas.... Está prohibido trabajar durante el Shabat, el Día de Descanso. El término "trabajo" no debe entenderse como una tarea pesada o una actividad agotadora, implicando que sólo esa clase de trabajo está prohibida; más bien, como enseñaron nuestros Sabios, el trabajo que está prohibido en Shabat consiste en aquellas actividades que fueron necesarias para la construcción del Tabernáculo. Estas actividades y sus derivados son considerados actos creativos y están por lo tanto prohibidos en el día en que Dios descansa de haber creado el mundo, si así pudiera decirse. La Mishná (*Shabat* 73a) enumera "40 menos 1" ó 39 de estas tareas.

46. Tabernáculo...treinta y nueve luces. Aunque está obligado a "trabajar", sabe que, en verdad, es Dios y no la obra de sus manos lo que le provee el sustento. Confía en que Dios le dará *dai* (suficiente) y por lo tanto todo trabajo que realiza se asemeja a la construcción del Tabernáculo y a traer *shefa* al mundo. Es importante notar que el Tabernáculo (donde Moshé hablaba con Dios) y más tarde el Santo Templo (donde sesionaba el *Sanedrín*) era el lugar al que iba el pueblo judío para buscar la palabra de Dios, para obtener comprensión de Su santa Torá. En el contexto de nuestra lección, al guardar el Pacto, nuestras tareas se transforman; ya no son más el yugo de ganar el sustento, sino que ahora son la tarea de construir el Tabernáculo, de alcanzar una profunda comprensión de Torá.

Es importante notar que la construcción del Tabernáculo no anula el Shabat. De este modo, aunque estas acciones sean puras y correspondan a las treinta y nueve luces, aun así está prohibido trabajar en Shabat. La relación entre estas tareas y el Shabat será tratada más adelante en la sección 5.

47. Tabernáculo cuando está destruido. Aunque dé la impresión de que esta persona está contribuyendo con la sociedad, que su tarea es productiva, la verdad es que sus así llamados logros están espiritualmente vacíos y no logra nada. Comparar más arriba, sección 2 y nota 23.

48. treinta y nueve latigazos. El *Tikuney Zohar* (*loc. cit.*) asocia los treinta y nueve latigazos con las treinta y nueve tareas que están prohibidas en el Shabat, diciendo que la persona que

ה   **וּשְׁמִירַת הַבְּרִית** יֵשׁ בּוֹ שְׁנֵי בְּחִינוֹת: יֵשׁ מִי שֶׁזִּוּוּגוֹ בְּשֵׁשֶׁת יְמֵי הַחֹל, וְאַף־עַל־פִּי־כֵן הוּא שׁוֹמֵר אֶת בְּרִיתוֹ עַל־פִּי הַתּוֹרָה, שֶׁאֵינוֹ יוֹצֵא מִדִּינֵי הַתּוֹרָה; וְיֵשׁ מִי שֶׁהוּא שׁוֹמֵר הַבְּרִית, שֶׁזִּוּוּגוֹ מִשַּׁבָּת לְשַׁבָּת.

וְהוּא בְּחִינַת יְחוּדָא עִלָּאָה וְיִחוּדָא תַּתָּאָה. וְזֶה בְּחִינַת שַׁדַּי שֶׁל שַׁבָּת, שֶׁאָמַר לְעוֹלָמוֹ דַּי (בראשית־רבה מו, חגיגה יב), שֶׁצִּמְצְּמוּ אֶת עַצְמוֹ מִכָּל הַמְּלָאכוֹת, וְזֶה בְּחִינַת יְחוּדָא עִלָּאָה.

וְיֵשׁ בְּחִינַת שַׁדַּי שֶׁל חֹל, שֶׁגַּם בְּחֹל יֵשׁ צִמְצוּמִים מִמְּלָאכָה לַחֲבֶרְתָּהּ, וְזֶה בְּחִינַת מט״ט, שֶׁשַּׁלְטָנוּתֵהּ שֵׁשֶׁת יְמֵי הַחֹל, בְּחִינַת שִׁשָּׁה סִדְרֵי מִשְׁנָה (כמובא בזהר הקדוש ובכתבי האריז״ל), שֶׁשְּׁמוֹ כְּשֵׁם רַבּוֹ, כְּמוֹ שֶׁכָּתוּב (שמות כ״ג): "כִּי שְׁמִי בְּקִרְבּוֹ" (כמובא בפירש״י שם); וְזֶה בְּחִינַת יְחוּדָא תַּתָּאָה, הַיְנוּ שֶׁהַקָּדוֹשׁ־בָּרוּךְ־הוּא מַלְבִּישׁ אֶת עַצְמוֹ בְּמט״ט בְּשֵׁשֶׁת יְמֵי הַחֹל וּמַנְהִיג הָעוֹלָם עַל־יָדוֹ:

---

atrapadas por el Otro Lado. Ésta es la destrucción del Tabernáculo, las treinta y nueve tareas/latigazos.

54. de una tarea a la siguiente. Esto se debe a que no todas las acciones pueden ser realizadas al mismo tiempo.

55. seis días de la semana…órdenes de la Mishná. El Rabí Jaim Vital relata que cuando su maestro, el santo Ari, estudiaba la ley de la Torá y la Mishná de la cual ella se deriva, repasaba la ley seis veces, correspondiente a los seis días de la semana. El Ari releía entonces sus estudios por séptima vez, de acuerdo con su significado esotérico, correspondiente al Shabat (ver §7) (*Shaar HaMitzvot, VeEtjanan*). Ver nota 57 y sección 6 más abajo para la conexión de esto con el ángel Metat.

56. Mi nombre está en él. Ver Rashi (*loc. cit.*) que el nombre [completo] del ángel, MeTaTRON (מטטרון) tiene el mismo valor numérico (314) que *ShaDaI* (שדי) (ver Apéndice: Tabla de Guematria).

57. a través de él. El Shabat se encuentra en un nivel de santidad mucho más elevado que el de los días de la semana. Es completamente santo y en él no tienen lugar las fuerzas negativas ni las cualidades del mal, de la falsedad, etc. No ocurre lo mismo durante los días de la semana. En los seis días de la semana predomina una mezcla de bien y de mal, de falso y verdadero, etc. De manera similar y si así pudiera decirse, Dios es completamente santo. El gobierno del mundo durante el Shabat se encuentra totalmente bajo Su jurisdicción y dominio personal. Sin embargo, durante los días de la semana Dios Se envuelve en el ángel *Metat* (*Iebamot* 16b, *Tosafot*; *Zohar* I, 126a). A través de él Dios gobierna el mundo, no de manera directa y abierta, sino de forma indirecta, a través de un velo. Esta lejanía de la absoluta santidad permite que la

5. Cuidar del *brit* tiene dos niveles.⁵¹ Está la persona cuyas relaciones maritales tienen lugar durante los seis días de la semana e incluso así cuida el *brit* como lo requiere la Torá, porque no transgrede las leyes de la Torá. Y [por otro lado] está la persona que cuida el *brit* en el hecho de que sus relaciones maritales [sólo] tienen lugar de Shabat en Shabat.⁵²

Estos [dos niveles] corresponden a la unificación superior y a la unificación inferior.⁵³ Está el aspecto de *Shadai* del Shabat: [Cuando Dios llegó al Shabat de la Creación], Él le dijo a Su mundo, "¡*Dai*! (¡Suficiente!)" (*Jaguigá* 12a), restringiéndose a Sí Mismo de todo trabajo. Esto corresponde a la unificación superior.

Está también el aspecto de *Shadai* de los días de la semana. Porque incluso durante los días de la semana hay restricciones, de una tarea a la siguiente.⁵⁴ Esto corresponde a *Metat*, que gobierna durante los seis días de la semana, correspondiente a los seis órdenes de la *Mishná* (*Tikuney Zohar* #18).⁵⁵ Porque el nombre [de *Metat*] es como el de su Amo, tal como está escrito (Éxodo 23:21), "porque Mi nombre está en él".⁵⁶ Ésta es la unificación inferior. En otras palabras, el Santo, bendito sea, Se envuelve en *Metat* durante los seis días de la semana y gobierna el mundo a través de él.⁵⁷

---

51. dos niveles. En suma, el Rebe Najmán ha enseñado que es necesario buscar un habla iluminada, porque mediante ella es posible llegar a una profunda comprensión de la Torá. Tal habla se alcanza cuando uno es humilde y no se considera importante. Sólo entonces la gloria de Dios está completa. Para anular la arrogancia es necesario guardar el *brit*. Mediante un estándar superior de conducta moral uno merece las treinta y nueve luces. Por el contrario, al no guardar el *brit*, uno se impurifica con las treinta y nueve tareas, los treinta y nueve latigazos. Ahora, el Rebe Najmán introduce la próxima fase de la lección donde detalla los diversos niveles de cuidado del *brit*, explicando cómo esto se une directamente con el habla iluminada.

52. días de la semana...Shabat. El Talmud enumera las veces en que el hombre debe cumplir su obligación conyugal durante la semana (*Ketuvot* 61b). Esta ley se aplica a la persona común. Por el contrario, la obligación conyugal de un estudioso de la Torá debe llevarse a cabo los viernes a la noche (*ibid.*, 62b). Pero incluso aquéllos cuyas relaciones maritales se llevan a cabo durante la semana deben adherirse a lo que está permitido por la Torá y cuidarse de todo lo que ha sido prohibido. El estudioso de la Torá, cuyo nivel es sinónimo de la unificación superior, tal como el Rebe Najmán mostrará seguidamente, debe tener especial cuidado.

53. ...unificación inferior. Las acciones del hombre en este mundo físico producen "acciones" correspondientes Arriba, en los mundos espirituales. Así, la unión entre marido y mujer en este mundo produce una unificación en los mundos trascendentes. Estas unificaciones construyen el Tabernáculo superior y traen las treinta y nueve luces, un abundante influjo de *tal* al mundo. Sin embargo, dedicarse a uniones inmorales o prohibidas hace que las chispas de santidad sean

ו. וְזֶה בְּחִינַת הֲלָכָה וְקַבָּלָה. קַבָּלָה הִיא בְּחִינַת (תהלים כ"ט): "הִשְׁתַּחֲווּ לַה' בְּהַדְרַת קֹדֶשׁ" - רָאשֵׁי-תֵּבוֹת קַבָּלָה; וַהֲלָכָה הִיא בְּחִינַת (שם ק'): "הָרִיעוּ לַה' כָּל הָאָרֶץ" - רָאשֵׁי-תֵּבוֹת הֲלָכָה, כַּמּוּבָא בַּכַּוָּנוֹת.

"הִשְׁתַּחֲווּ לַה' בְּהַדְרַת קֹדֶשׁ" - זֶה בְּחִינַת יְחוּדָא עִלָּאָה, הַיְנוּ זִוּוּג שֶׁל שַׁבָּת, וְזֶה בְּחִינַת בְּרִית עִלָּאָה, שֶׁשָּׁם עִקָּר הַהִשְׁתַּחֲוָיָה, בִּבְחִינַת (בראשית מ"ב): "וַיָּבֹאוּ אֲחֵי יוֹסֵף וַיִּשְׁתַּחֲווּ לוֹ", וְהוּא בְּחִינַת הַדְרַת קֹדֶשׁ, בִּבְחִינַת (דברים ל"ג): "בְּכוֹר שׁוֹרוֹ הָדָר לוֹ".

vehículo a través del cual la *shefa* llena el mundo/*Maljut*. Esto implica un "inclinarse" desde arriba.

61. ante él. Para alcanzar el nivel de la unificación superior -el *brit* del Shabat- uno debe anular por completo su propia arrogancia y ser digno de merecer un habla iluminada. Nuestros Sabios enseñaron que todo aquél que se aleja de la gloria verá que ésta corre tras él (*Eruvin* 13b), y enseña el Midrash: Cuando uno agrega a la gloria del Cielo y disminuye su propia importancia, no sólo aumenta la gloria de Dios, sino también la de uno mismo (*Bamidbar Rabah* 2). Éste era Iosef. Él alcanzó el nivel más elevado del cuidado del *brit* y como resultado llegó a ser visto como la personificación de *Iesod*, el *Tzadik*. Finalmente, los hermanos de Iosef comprendieron esta grandeza y reconocieron su superioridad. Iosef había aumentado la gloria de Dios y fue recompensado apropiadamente. Por lo tanto, sus hermanos "llegaron y se inclinaron ante él" (*Mei HaNajal*).

62. Su grandeza.... Esto aparece como parte de la bendición de Moshé Rabeinu a la tribu de Iosef. La palabra hebrea *bejor* (primogénito) también significa grandeza. La grandeza le pertenece a Iosef porque él mereció guardar el brit con abundante santidad.

Rashi (*loc. cit.*) explica que las palabras de Moshé fueron una clara alusión a Ioshúa, el descendiente de Iosef, quien derrotaría a muchos reyes durante su conquista de la Tierra Santa. Antes de terminar la lección, el Rebe Najmán explicó que la cualidad de la arrogancia -el deseo de grandeza- es responsable del atraso del retorno del pueblo judío a la Tierra Santa. Por el contrario, la humildad y la eliminación del egoísmo son las claves para entrar en la Tierra de Israel. De este modo, luego del fallecimiento de Moshé (Deuteronomio 31), fue Ioshúa quien tuvo a su cargo llevar a los judíos hacia la Tierra Santa. Había derrotado a Amalek (Éxodo 17), y ahora se le decía (Ioshúa 1:8), "Este Libro de Torá no se apartará de tu boca" (ver n.19 arriba). La nación de Amalek era famosa por su inmoralidad (ver *Rashi*, Deuteronomio 25:18) y sólo podría derrotarlos aquél que hubiera guardado completamente el *brit*, tal como Ioshúa. También era muy recatado y de este modo sus palabras eran un habla iluminada, teniendo el poder de hacer que los otros comprendieran la Torá. Cuando asumió el liderazgo, los judíos "se inclinaron" o se sometieron a su autoridad (él había alcanzado el nivel más elevado del *brit*, la unificación superior). Así dice el versículo: "Todo aquél que se rebele contra tu boca..." (Ioshúa 1:18). Ioshúa había alcanzado el nivel del habla iluminada y por lo tanto fue capaz de elevar a todos los judíos y de llevarlos hacia la Tierra Santa.

6. Esto también corresponde a la Halajá (la ley) y a la Kabalá (la tradición mística). Como encontramos en las *Kavanot* (Shuljan Aruj HaAri, Shajarit shel Shabat 4): Kabalá es un aspecto de "*Hishtajavú Lehashem Behadrat Kodesh*" ("Inclínense ante Dios en la grandeza de la santidad") (Salmos 29:2), cuyas letras iniciales deletrean *KaBaLáH*.⁵⁸ Halajá es un aspecto de "*Haríu Lehashem Kol Haaretz*" ("Aclame a Dios toda la tierra") (Salmos 100:1), cuyas letras iniciales deletrean *HaLaJáH*.⁵⁹

Hishtajavú Lehashem Behadrat Kodesh corresponde a la unificación superior/relaciones maritales en el Shabat. Éste es el *brit* superior, que contiene la [expresión] principal de inclinarse,⁶⁰ como en (Génesis 42:6), "Los hermanos de Iosef llegaron y se inclinaron ante él".⁶¹ [Iosef] mismo es "la grandeza de la santidad", como en (Deuteronomio 33:17), "Su grandeza es como un toro primogénito".⁶²

---

creación parezca separada e incluso vacía de Dios, lo que en definitiva le otorga al hombre la máxima libertad de elección para servir a Dios por su propia voluntad. Ver *Maim* (en el libro *Cuatro Lecciones del Rabí Najmán de Breslov*, Breslov Research Institute, 2000).

ShaBaT (שבת) corresponde a *TaShuV* (תשב, arrepentimiento). Durante el Shabat no se debe realizar ninguna tarea. La mente entonces está libre para buscar la santidad y el corazón está abierto al anhelo de Dios. El arrepentimiento se vuelve automáticamente más fácil al dejar de estar bajo la jurisdicción de las treinta y nueve tareas. Es por eso que incluso la construcción del Tabernáculo está prohibida en Shabat. Aunque es un acto de santidad, esta construcción implica las treinta y nueve tareas, de cuyo dominio la persona se ha visto liberada por completo (cf. n.7 arriba).

Resumen: Para alcanzar comprensión de las profundidades de la Torá, lo cual requiere generar una unificación superior e inferior, es necesario lograr un habla iluminada, un habla que guíe a la persona hacia el sendero apropiado de arrepentimiento (§1) Para alcanzar este nivel de habla uno debe eliminar la arrogancia y el engreimiento idólatra, pues de otra manera las palabras de la Torá se corrompen en su boca. Así, la gloria de Dios está completa y nuestras palabras brillan con Su gloria (§2). La arrogancia y la inmoralidad dependen una de la otra. Para anular la arrogancia por completo es necesario guardar el *brit*. Mediante este elevado estándar de comportamiento moral uno merece la luz del arrepentimiento (§3). Esta luz corresponde a las treinta y nueve luces. Por el contrario, al no guardar el *brit* se trae sobre sí el yugo de las tareas mundanas, las treinta y nueve tareas, correspondientes a los treinta y nueve latigazos (§4). Existen dos niveles del cuidado del *brit*, correspondientes a la santidad de los días de la semana, la unificación inferior, y a la santidad superior del Shabat, la unificación superior (§5).

58. KaBaLáH. Pues pocos son los que merecen "la grandeza de la santidad". Este versículo de Salmos 29 citado por el Rebe Najmán es particularmente apropiado para la lección dado que comienza, "Tributen a Dios la gloria debida a Su nombre...".

59. toda la tierra...HaLaJáH. La Halajá, por su parte, pertenece y es pertinente a todos.

60. inclinarse. En la terminología de la Kabalá, el *brit* superior/*Iesod* de la persona *Aba* es el

"הָרִיעוּ לַה' כָּל הָאָרֶץ" – זֶה בְּחִינַת יִחוּדָא תַּתָּאָה, הַיְנוּ זִוּוּג שֶׁל חֹל, שֶׁהוּא בִּבְחִינַת מט"ט, שֶׁשִּׁלְטָנוּתֵהּ שֵׁשֶׁת יְמֵי הַחֹל, שִׁשָּׁה סִדְרֵי מִשְׁנָה. וְזֶה: 'הָרִיעוּ' (לְשׁוֹן תְּרוּעָה וְזִמְרָה), בִּבְחִינַת (ישעיהו כ"ד): "מִכְּנַף הָאָרֶץ זְמִרֹת שָׁמַעְנוּ", כִּי מט"ט הוּא בִּבְחִינַת כָּנָף, לְשׁוֹן "וְלֹא יִכָּנֵף עוֹד מוֹרֶיךָ" (שם ל'), כִּי בּוֹ מִתְלַבֵּשׁ הַקָּדוֹשׁ-בָּרוּךְ-הוּא בְּשֵׁשֶׁת יְמֵי הַחֹל כַּיָּדוּעַ:

ז   וְזֶה בְּחִינַת רָזִין, וְרָזִין דְּרָזִין. רָזִין – הוּא בְּחִינַת הֲלָכָה, רָזִין דְּרָזִין – הוּא בְּחִינַת קַבָּלָה; הִתְלַבְּשׁוּת הַקַּבָּלָה בַּהֲלָכָה – הוּא בְּחִינַת הַנְהָגַת הַקָּדוֹשׁ-בָּרוּךְ-הוּא בְּשֵׁשֶׁת יְמֵי הַחֹל, שֶׁהוּא בְּחִינַת יִחוּדָא תַּתָּאָה.

Resumen: Para alcanzar comprensión de las profundidades de la Torá, lo cual requiere generar una unificación superior e inferior, es necesario lograr un habla iluminada, un habla que guíe a la persona hacia el sendero apropiado de arrepentimiento (§1 Para alcanzar este nivel de habla uno debe eliminar la arrogancia y el engreimiento idólatra, pues de otra manera las palabras de la Torá se corrompen en su boca. Así, la gloria de Dios está completa y nuestras palabras brillan con Su gloria (§2). La arrogancia y la inmoralidad dependen una de la otra. Para anular la arrogancia por completo es necesario guardar el *brit*. Mediante este elevado estándar de comportamiento moral uno merece la luz del arrepentimiento (§3). Esta luz corresponde a las treinta y nueve luces. Por el contrario, al no guardar el *brit* se trae sobre sí el yugo de las tareas mundanas, las treinta y nueve tareas, correspondientes a los treinta y nueve latigazos (§4). Existen dos niveles del cuidado del *brit*, correspondientes a la santidad de los días de la semana, la unificación inferior, y a la santidad superior del Shabat, la unificación superior (§5). El nivel inferior, los días de la semana, corresponde a la Halajá; el nivel superior, Shabat, corresponde a la Kabalá (§6).

68. Razin corresponde a la Halajá. Aunque la Halajá es vista generalmente como el aspecto revelado de la Torá, el Rabí Jaim Vital explica que indudablemente cuando cualquiera de los Sabios Talmúdicos propone una *halajá*, lo hace en concordancia con el "secreto" de la ley, de acuerdo con la interpretación Kabalista (*Etz Jaim*, Introducción). Como resultado, los secretos de la Torá se encuentran en la Halajá, pero de una manera oculta, tal como Dios Se oculta en *Metat* durante los días de la semana.

El Rebe Najmán contó que en su juventud estudió los Códigos de tres maneras diferentes. La primera vez, estudió el material de manera simple, para estar familiarizado con los detalles de la ley. La segunda vez examinó los Códigos buscando la fuente Talmúdica detrás de cada ley. La tercera vez comprendió el significado Kabalista de cada ley y su relación con los mundos trascendentes (*Sabiduría y Enseñanzas del Rabí Najmán de Breslov* #76).

69. unificación inferior. Al cuidar el Pacto en el nivel inferior -manteniendo relaciones maritales durante los días de semana pero cuidando de llevarlas a cabo dentro de los parámetros de la Halajá- uno merece una profunda comprensión de la Torá en la Halajá. Pero los secretos

Haríu Lehashem Kol Haaretz corresponde a la unificación inferior/ relaciones maritales durante los días de la semana. Éste es *Metat*, que gobierna durante los seis días de la semana/los seis órdenes de la *Mishná*.⁶³ Esto es *haríu* {que connota tanto hacer un sonido como canción⁶⁴}, como en (Isaías 24:16), "Desde el *knaf* (rincón) de la tierra hemos oído canciones". Porque *Metat* corresponde a *KaNaF*,⁶⁵ similar a (Isaías 30:2), "Tu maestro no se *iKaNeF* (alejará) más de ti".⁶⁶ Esto se debe a que el Santo, bendito sea, Se envuelve en él durante los seis días de la semana, como es sabido.⁶⁷

7. {"**Desde el extremo de la tierra hemos oído canciones:** *tzvi latzadik* **(gloria al justo). Pero yo dije: '*Razi li* (Un secreto para mí), *razi li* (un secreto para mí)!'**" (Isaías 24:16)}.

Esto es también el aspecto de secretos y de secretos profundos. *Razin* (secretos) corresponde a la Halajá.⁶⁸ *Razin de razin* (secretos profundos) corresponde a la Kabalá. La inclusión de la Kabalá dentro de la Halajá es similar a la conducta del Santo, bendito sea, durante los seis días de la semana - la unificación inferior.⁶⁹

63. seis…seis…. Como se mencionó anteriormente, la Mishná es la fuente de la cual deriva la ley, el cuerpo de la Halajá (ver notas 55 y 57 arriba). Ver también *Likutey Moharán* I, 79, que *Metat* es la Mishná/los días de la semana que comprenden los seis aspectos de kosher y no kosher, puro e impuro, permitido y prohibido.

64. canción. En su comentario a esta lección, el *Mei HaNajal* sugiere que al introducir el aspecto de *haríu*, el Rebe Najmán enseña que incluso la canción y la plegaria pueden hacer que la persona alcance un habla iluminada, la que lleva a una profunda comprensión de la Torá. Esta conexión será desarrollada al final de la lección en el resumen del *Mei HaNajal*.

65. Metat…KaNaF. La palabra hebrea *knaf*, rincón, también significa "ala". Es así una alusión a los ángeles, quienes, cuando se le aparecen al hombre, tienen alas (Isaías 6). En particular esto se refiere a *Metat*, el *sar haolam* (el ángel gobernante) que está a cargo de todos los otros ángeles.

66. maestro…. Como se mencionó, *Metat* corresponde a la Mishná. Es conocido como el Maestro de la Mishná, y aquellos que desean estudiar y tomar de los "seis órdenes" deben aprender de él.

67. Santo, bendito sea…como es sabido. En verdad, "Tu maestro" se refiere a Dios, porque sólo Él es la fuente de todo. Sin embargo, cuando el Infinito Se oculta en Su ángel gobernante -correspondiente a la unificación inferior/treinta y nueve tareas/*brit* de la semana/Halajá- da la apariencia de que todo se encuentra bajo la jurisdicción de *Metat*. Sin embargo, en el futuro, todos estos niveles inferiores serán elevados. Así, "Tu maestro no se alejará más de ti", se aplica al futuro, el tiempo del Shabat primordial. En el contexto de la lección, el versículo sería entonces, "Tu Maestro [Dios], no Se ocultará más en *Metat*". Pues entonces la Unidad de Dios, correspondiente a la unificación superior/treinta y nueve luces/*brit* del Shabat/Kabalá, será revelada al mundo.

וְזֶה בְּחִינַת: (סִיּוּם הַפָּסוּק מִכְּנַף הָאָרֶץ הַנַּ"ל) "צְבִי לַצַּדִּיק רָזִי-לִי רָזִי-לִי". 'צְבִי לַצַּדִּיק' – הַיְנוּ בְּחִינַת קְדֻשַּׁת הַזִּוּוּג, יֵשׁ בּוֹ שְׁנֵי רָזִין, הַיְנוּ יִחוּדָא עִלָּאָה וְיִחוּדָא תַּתָּאָה, שֶׁהֵם בְּחִינַת הֲלָכָה וְקַבָּלָה, בְּחִינַת רָזִין וְרָזִין דְּרָזִין:

וְזֶה שֶׁאָמְרוּ חֲכָמֵינוּ, זִכְרוֹנָם לִבְרָכָה (חולין ס.): "יְהִי כְבוֹד ה' לְעוֹלָם", שַׂר הָעוֹלָם אָמְרוֹ. בְּשָׁעָה שֶׁאָמַר הַקָּדוֹשׁ-בָּרוּךְ-הוּא לָאִילָנוֹת לְמִינֵהוּ, נָשְׂאוּ דְּשָׁאִים קַל-וָחֹמֶר בְּעַצְמָן: מָה אִילָנוֹת, שֶׁהֵם גְּבוֹהִים וְאֵינָם תְּכוּפִים, אָמַר הַקָּדוֹשׁ-בָּרוּךְ-הוּא לְמִינֵהוּ, כָּל שֶׁכֵּן אָנוּ, שֶׁאָנוּ קְטַנִּים וּתְכוּפִים, שֶׁצְּרִיכִים לָצֵאת לְמִינֵהוּ. פָּתַח שַׂר הָעוֹלָם וְאָמַר: "יְהִי כְבוֹד ה' לְעוֹלָם".

כִּי בֶּאֱמֶת גַּם הַגְּדוֹלִים, שֶׁזִּוּוּגָן אֵינָם תְּכוּפִים, רַק מִשַּׁבָּת לְשַׁבָּת, גַּם לָהֶם הִזְהִירָה הַתּוֹרָה עַל שְׁמִירַת הַבְּרִית, שֶׁיִּשְׁמְרוּ אֶת עַצְמָן, כְּמוֹ שֶׁכָּתוּב (שמות ל"א): "וְשָׁמְרוּ בְנֵי יִשְׂרָאֵל אֶת הַשַּׁבָּת" – רָאשֵׁי-תֵבוֹת בִּיאָה, כַּמּוּבָא בַּכַּוָּנוֹת; הַיְנוּ אַף-עַל-פִּי שֶׁזִּוּוּגוֹ הוּא רַק מִשַּׁבָּת לְשַׁבָּת, אַף-עַל-פִּי-כֵן צָרִיךְ שְׁמִירָה גְדוֹלָה, בְּחִינַת וְשָׁמְרוּ וְכוּ'. כָּל שֶׁכֵּן הַקְּטַנִּים, שֶׁהֵם בְּחִינַת דְּשָׁאִין, שֶׁזִּוּוּגָם תְּכוּפִים, גַּם בְּשֵׁשֶׁת יְמֵי הַחֹל, מִכָּל שֶׁכֵּן שֶׁצְּרִיכִים שְׁמִירָה גְדוֹלָה לִשְׁמֹר אֶת בְּרִיתָם, שֶׁיִּשְׁמְרוּ אֶת עַצְמָם עַל-פִּי הַתּוֹרָה, בִּבְחִינַת לְמִינֵיהֶם.

---

en número y alejados entre sí. El cumplimiento de sus obligaciones conyugales se lleva a cabo a grandes intervalos alejados entre sí. La hierba, por su parte, implica el hombre medio - bajo de estatura y mucho más común. El cumplimiento de sus obligaciones conyugales se lleva a cabo a intervalos menores.

72. BIAH. A partir de este versículo aprendemos que para guardar el Shabat es necesario, en parte, guardar el *brit* mediante las relaciones maritales en santidad. Como explica el Ari, el Shabat (el viernes a la noche) es un momento particularmente propicio para estas relaciones porque es entonces que tienen lugar las unificaciones superiores en los mundos trascendentes.

73. veShaMRu. Es decir, habiendo alcanzado este elevado nivel, debe tener cuidado de no descender al nivel de las relaciones de los días de la semana, la unificación inferior, y ciertamente nunca caer más abajo de eso.

74. su especie. Rashi (*loc. cit.*) agrega que las hierbas comprendieron que si no tenían suficiente cuidado en evitar la mezcla, no habría manera de diferenciar una de la otra. Por lo tanto, cada

Esto está aludido en, *"tzvi latzadik...Razi li...razi li"*. Las palabras *tzvi latzadik* se refieren a la santidad de las relaciones maritales, de las cuales hay dos *razin*: la unificación superior y la unificación inferior. Éstas corresponden a la Halajá y a la Kabalá, secretos y secretos profundos.⁷⁰

Y esto es lo que enseñaron nuestros Sabios: "Que la gloria de Dios sea por siempre" (Salmos 104:31) - esto lo dijo el ángel a cargo del mundo. Cuando el Santo, bendito sea, les ordenó a los árboles [que dieran frutos] de acuerdo con su especie, las hierbas tomaron esto como una inferencia para ellas mismas: Si los árboles -que son más grandes y [se reproducen] estando separados- fueron ordenados por el Santo, bendito sea, "de acuerdo con su especie" (Génesis 1:11), entonces más aún nosotras -que somos pequeñas y [nos reproducimos] estando cerca- debemos dar frutos [sólo] "de acuerdo con su especie". El ángel a cargo del mundo habló y dijo, "Que la gloria de Dios sea por siempre; [Dios se regocijará en Sus obras]" (*Julín* 60a, cf. *Rashi*).⁷¹

Pues en verdad, incluso los grandes -cuyas relaciones maritales están separadas, de un Shabat al otro- son advertidos por la Torá con respecto a cuidar el *brit*. Ellos deben cuidarse. Como dice en las *Kavanot* (Pri Etz Jaim, Shaar HaShabat 18): Está escrito (Éxodo 31:26), *"veshamru Bnei Israel Æt Hashabat* (los Hijos de Israel guardarán el Shabat)" - cuyas primeras letras componen *BIAH* (relaciones sexuales).⁷² En otras palabras, aunque sus relaciones maritales sean sólo de Shabat en Shabat, aún así deben ejercer gran *ShMiRá* (cuidado). Esto es *veShaMRu*...".⁷³

Más aún los pequeños, quienes corresponden a las hierbas. Sus relaciones maritales, que tienen lugar durante la semana, están más cercanas y deben ciertamente ejercer un gran cuidado en guardar el *brit*. Deben cuidarse de acuerdo con la Torá, en el aspecto de "de acuerdo con su especie".⁷⁴

---

profundos permanecen ocultos. Sólo aquel que guarda el Pacto en el nivel más elevado - limitando las relaciones maritales al Shabat y con los aspectos adicionales de santidad- merece una profunda comprensión de la Kabalá (*Mei HaNajal*).

70. santidad de las relaciones maritales.... El Tzadik es la encarnación del guardián del Pacto. *Tzvi*, que en hebreo significa "gloria" y "esplendor", en arameo significa encontrar placer y deseo (cf. Proverbios 3:31, *Targúm*). El Tzadik desea las unificaciones santas, inferiores y superiores, que corresponden a la Halajá y a la Kabalá, a los secretos y a los secretos profundos.

71. Nuestros Sabios...en Sus obras. Esto tuvo lugar en el tercer día de la Creación, ver también Rashi sobre Génesis 1:12. Los árboles aluden a los Tzadikim - de gran estatura, pocos

מִיָּד כְּשֶׁשָּׁמַע שַׂר הָעוֹלָם – שֶׁהוּא מט"ט, שֶׁשִּׁלְטָנוּתֵהּ שֵׁשֶׁת יְמֵי הַחֹל, בְּחִינַת דְּשָׁאִים, בְּחִינַת יִחוּדָא תַּתָּאָה; פָּתַח וְאָמַר: "יְהִי כְבוֹד ה'" – כְּבוֹד דַּיְקָא, כִּי עַל-יְדֵי שְׁמִירַת הַבְּרִית בִּשְׁנֵי הַבְּחִינוֹת הַנַּ"ל, הַכָּבוֹד בִּשְׁלֵמוּת כַּנַּ"ל.

נִמְצָא, שֶׁעַל-יְדֵי שְׁמִירַת הַבְּרִית בִּשְׁנֵי הַבְּחִינוֹת הַנַּ"ל, שֶׁהוּא בְּחִינַת יִחוּדָא עִלָּאָה וְיִחוּדָא תַּתָּאָה, הַיְנוּ מֵאִילָנוֹת וּדְשָׁאִים, גְּדוֹלִים וּקְטַנִּים, זִוּוּג שֶׁל שַׁבָּת וְזִוּוּג שֶׁל חֹל, בְּחִינַת הֲלָכָה וְקַבָּלָה, רָזִין וְרָזִין דְּרָזִין – אֲזַי הַכָּבוֹד בִּשְׁלֵמוּת כַּנַּ"ל; וְעַל-יְדֵי הַכָּבוֹד זוֹכֶה לְדִבּוּר הַמֵּאִיר, וְעַל-יְדֵי הַדִּבּוּר יָכוֹל לָבוֹא לִתְבוּנוֹת הַתּוֹרָה לְעָמְקָהּ כַּנַּ"ל:

וְזֶה שֶׁאָמַר רַבָּה בַּר בַּר-חָנָה: זִמְנָא חֲדָא הֲוֵי אָזְלִינַן בִּסְפִינְתָּא, וַחֲזַאי לְהַאי צִפַּרְתָּא, דַּהֲוֵי קָאֵי עַד קַרְסֻלֵּהּ בְּמַיָּא, וְרֵישֵׁהּ בִּרְקִיעַ. וְאָמְרִינַן: לֵית מַיָּא, וּבָעֵינַן לְמֵיחַת לַאֲקוּרֵי נַפְשִׁין. נְפַק בְּרַת-קָלָא וְאָמַר לָן: לָא תֵחוּתוּ לְהָכָא, דִּנְפַלָּא לֵהּ חֲצִינָא לְבַר-נַגָּרָא הָכָא הָא

רשב"ם:
וַחֲזֵינַן לְהַאי צִפַּרְתָּא וְכוּ' – הָכֵי גָּרְסִינַן. וְאָמְרִינַן לֵיכָּא מַיָּא – הָיִינוּ סְבוּרִין שֶׁאֵינָן עֲמֻקִּין, הוֹאִיל וְלֹא קָאֵי בַּמַּיִם אֶלָּא עַד קַרְסוּלֵיהּ. חֲצִינָא – גַּרְזֶן אוֹ מַעֲצָד. לְבַר נַגָּרָא – חָרָשׁ עֵצִים. וְלֹא מִשּׁוּם דַּעֲמִיקָא מַיָּא – מַהֲלַךְ שֶׁבַע

---

de arrepentimiento (§1) Para alcanzar este nivel de habla uno debe eliminar la arrogancia y el engreimiento idólatra, pues de otra manera las palabras de la Torá se corrompen en su boca. Así, la gloria de Dios está completa y nuestras palabras brillan con Su gloria (§2). La arrogancia y la inmoralidad dependen una de la otra. Para anular la arrogancia por completo es necesario guardar el *brit*. Mediante este elevado estándar de comportamiento moral uno merece la luz del arrepentimiento (§3). Esta luz corresponde a las treinta y nueve luces. Por el contrario, al no guardar el *brit* se trae sobre sí el yugo de las tareas mundanas, las treinta y nueve tareas, correspondientes a los treinta y nueve latigazos (§4). Existen dos niveles del cuidado del *brit*, correspondientes a la santidad de los días de la semana, la unificación inferior, y a la santidad superior del Shabat, la unificación superior (§5). El nivel inferior, los días de la semana, corresponde a la Halajá; el nivel superior, Shabat, corresponde a la Kabalá (§6). La Halajá son los secretos de la Torá. La Kabalá son los secretos profundos de la Torá. Al guardar el *brit* a ambos niveles, la gloria de Dios está completa. La persona humilde merece entonces un habla que ilumina y una profunda comprensión de la Torá (§7).

Apenas el ángel gobernante del mundo -éste es *Metat*[75] que gobierna durante los seis días de la semana, correspondiente a las hierbas/la unificación inferior- oyó esto, habló y dijo, "Que la gloria de Dios sea [por siempre]". "Gloria", específicamente, porque, como se explicó, al cuidar el *brit* a ambos niveles se completa la gloria.

Así, al cuidar el *brit* en los dos niveles mencionados -correspondiente a la unificación superior e inferior/árboles y hierbas/grandes y pequeños/ relaciones maritales en el Shabat y durante los día de la semana/Halajá y Kabalá/secretos y secretos profundos- se completa entonces la gloria. Y a través de la gloria la persona merece un habla que ilumina; y a través del habla puede llegar a una profunda comprensión de la Torá.[76]

8. Esto es lo que contó Raba bar bar Janá: Cierta vez estábamos viajando en un barco. Vimos este pájaro que estaba parado en el agua hasta los tobillos y cuya cabeza estaba en el firmamento. Concluimos que no había [mucha] agua y quisimos descender para *leokurei nafshin* (refrescarnos). Una voz del cielo nos dijo, "No desciendan aquí. Un *jatzina* (hacha) de carpintero cayó aquí hace

Rashbam:

Vimos este pájaro - ésta es la lectura correcta del texto; **Concluimos que no había mucha agua** - pensamos que no era muy profundo, porque él estaba parado en el agua hasta los tobillos; **hacha** - un hacha con pico o hachuela; **carpintero** - un leñador; **No sólo porque hay mucha agua** - pasaron siete años y el hacha aún no había alcanzado el

---

una se reprodujo "de acuerdo con su especie". Implícito en esto está el hecho de que "los pequeños" deben tener cuidado y evitar caer en excesos (ver arriba, n.50), pues esto puede hacer que se descarríen por completo - perdiendo la "raíz" y la identidad. Así sea que uno se encuentre en un nivel superior o inferior, siempre debe intentar ascender a grados cada vez más elevados en el cuidado del Pacto (ver arriba, §3, n.28).

75. Metat. El Maharsha (*loc. cit.*) comenta que Metatrón es el ángel gobernante del mundo. Como se mencionó en la nota 56 ambos, Metatrón y el nombre de Dios *Shadai*, tienen el mismo valor numérico de 314. El Maharsha explica: Dios es llamado *Shadai* porque Él le dijo a Su mundo "¡*Dai*!". Durante 6000 años el mundo existirá tal cual es, con el ángel *Metat* gobernando durante los seis días de la semana (el "día" de Dios es igual a 1000 años). Pero entonces, "¡*Dai*!". Entonces, con el advenimiento del año siete mil -el Shabat primordial- se revelará abiertamente el gobierno de Dios, que dejará de estar oculto en las manos de Su ángel gobernante.

76. habla...profunda comprensión de la Torá. Resumen: Para alcanzar comprensión de las profundidades de la Torá, lo cual requiere generar una unificación superior e inferior, es necesario lograr un habla iluminada, un habla que guíe a la persona hacia el sendero apropiado

שֶׁבַע שְׁנִין, וְלָא מָטֵי לְאַרְעָא. וְלָא מִשּׁוּם דְּנְפִישָׁא מַיָּא, אֶלָּא מִשּׁוּם דִּרְדִיפָא מַיָּא. אָמַר רַב אָשֵׁי: הַאי, זִיז שָׂדַי הוּא, דִּכְתִיב: "וְזִיז שָׂדַי עִמָּדִי":

שָׁנִים לֹא הִגִּיעַ הַחִצִּינָא לַקַּרְקַע. אֶלָּא מִשּׁוּם דִּרְדִיפֵי מַיָּא – מִתּוֹךְ חֲרִיפוּת הַנָּהָר לֹא הָיָה נִצְלָל עֲדַיִן, וְלֹא מֵחֲמַת הָעֹמֶק בִּלְבַד. וְזִיז שָׂדַי עִמָּדִי – רֹאשׁוֹ מַגִּיעַ לָרָקִיעַ:

צִפֳּרְתָּא – זֶה בְּחִינַת הַדִּבּוּר, שֶׁהוּא אֶמְצָעִי בֵּין הָאָדָם, שֶׁהוּא נִתְהַוֶּה מִמַּיִין דּוּכְרִין וְנוּקְבִין, וּבֵין הַשָּׁמַיִם, שֶׁהוּא בְּחִינַת תְּבוּנוֹת הַתּוֹרָה, כַּמּוּבָא (ויקרא רבה ט״ז ובערכין טז:) עַל מְצֹרָע שֶׁצָּרִיךְ לְהָבִיא שְׁתֵּי צִפֳּרִים: 'יָבוֹא פַּטְטַיָּא וִיכַפֵּר עַל פַּטְטַיָּא'. וְזֶהוּ:

דְּקָאֵי עַד קַרְסֻלֵּהּ בְּמַיָּא – כִּי מֵאַחַר שֶׁהַדִּבּוּר צָרִיךְ לְהָאִיר לוֹ בְּכָל הַמְּקוֹמוֹת שֶׁצָּרִיךְ לַעֲשׂוֹת שָׁם תְּשׁוּבָה, הוּא לִפְעָמִים בִּבְחִינַת (רות ג): "וַתְּגַל מַרְגְּלֹתָיו וַתִּשְׁכָּב", שֶׁהַדִּבּוּר צָרִיךְ לְהָאִיר בָּאָדָם, שֶׁהוּא לְמַטָּה בְּמַדְרֵגָה פְּחוּתָה. וְעַל כֵּן נִקְרָא הַדִּבּוּר צִפֳּרְתָּא דְקָאֵי עַד קַרְסֻלֵּהּ בְּמַיָּא.

El Rebe Najmán contrasta la calumnia con el habla iluminada, indicando que sólo el habla iluminada -simbolizada por el pájaro- puede expiar por el calumniador - el charlatán. De aquí la conexión entre el habla iluminada y el arrepentimiento mencionada anteriormente (§1 n.9, 14,6).

Ver también la nota 48 más arriba donde aparece la enseñanza del *Tikuney Zohar* sobre el hecho de que no disfrutar en el Shabat transforma *ONeG* en *NeGA* (lepra). El *Kisei Melej* (*loc. cit.*) comenta que en la época del Templo, la lepra era el castigo por no compartir el *oneg* Shabat. Hoy en día, el castigo es la pobreza (cf. n.42). A la inversa, enseña el Talmud: ¿Qué hace que los ricos merezcan su riqueza? Que honran el Shabat (*Shabat* 119a).

80. Ella...se recostó. Esto hace referencia a Ruth, quien se recostó a los pies de Boaz (cf. *Likutey Moharán* I, 7, n.77). Como se explicó anteriormente (§4), Boaz representa al Tzadik, el guardián del *brit*, quien puede elevar el habla al nivel de un habla iluminada. Ruth representa el poder del habla, como enseñaron nuestros Sabios: Ella fue llamada Ruth (רות) porque un día se diría de su descendiente el rey David que él *ravá* (רוה), sació) a Dios con canciones y plegarias de alabanza (*Berajot* 7b). Agrega el *Mei HaNajal*: A partir de esto podemos ver que no es sólo el estudio de la Torá lo que puede llevar hacia un habla iluminada, sino también la plegaria. Éste es también el motivo por el cual leemos el Libro de Ruth en Shavuot, la festividad que marca la entrega de la Torá, pues la Torá y la plegaria están unidas y se realzan mutuamente.

81. hasta los tobillos. Los tobillos aluden a un nivel bajo.

siete años y aún no ha tocado el fondo. No [sólo] porque hay mucha agua, sino porque el agua corre muy rápido". Rav Ashi dijo, "Este pájaro era *Ziz Sadai*, como está escrito (Salmos 50:10), **'Y el *ziz sadai* está conmigo'"** (*Bava Batra* 73b).

fondo; **sino porque el agua corre muy rápido** - debido a la rapidez del río, aún no se había asentado; y no sólo debido a su profundidad; **Y el *ziz sadai* (el pájaro del campo) está conmigo** - su cabeza llegando al firmamento.

este pájaro - Esto alude al habla que es un puente entre el hombre -que está formado a partir de las aguas masculinas y de las aguas femeninas[77]- y los cielos - que corresponden a la comprensión de la Torá.[78] Como se enseñó concerniente a un leproso: Él debe traer dos pájaros.... Que el charlatán venga y expíe por el charlatán (*Vaikrá Rabah* 16:7; *Erjin* 16b).[79] Y esto es:

que estaba parado en el agua hasta los tobillos - Ahora que el habla debería iluminarlo con respecto a todas las áreas en las cuales necesita arrepentirse, él se encuentra a veces en el aspecto de, "Ella descubrió sus pies y se recostó" (Ruth 3:14; *Tikuney Zohar* #21, p.50a).[80] Esto es, el habla debe mostrarle a la persona que ella se encuentra abajo, en un nivel espiritual inferior. Éste es el motivo por el cual el habla es llamada **un pájaro que estaba parado en el agua hasta los tobillos.**[81]

---

77. aguas masculinas…femeninas. "Aguas masculinas" es el término Kabalista para la energía espiritual que desciende desde Arriba. Simboliza el flujo de *shefa* que Dios le provee al hombre con benevolencia. "Aguas femeninas", por otra parte, es la energía espiritual que asciende desde abajo. Es símbolo del cumplimiento de la voluntad Divina por parte del hombre. Tal como en el plano físico, la concepción se produce a través de la combinación de los "fluidos" masculinos y femeninos, de la misma manera sucede en el plano espiritual, si así pudiera decirse. La creación se produce a través del acoplamiento superior que une las aguas masculinas y femeninas, es decir, la unificación de las diversas energías y sus correspondientes *Sefirot*, que representan las características masculinas y femeninas. En el momento de la Creación, el hombre fue formado a partir de una unificación de estas fuerzas.

78. cielos…comprensión de la Torá. Pues una profunda comprensión de la Torá, tanto en la Halajá como en la Kabalá, es un concepto tan elevado que se asemeja a los cielos (*Parparaot LeJojmá*).

79. charlatán. El pájaro en la historia de Raba bar bar Janá alude al habla. La Torá (Levítico 14) nos dice que la purificación del leproso requiere que éste le lleve dos pájaros al sacerdote. Enseña el Midrash (*loc. cit.*): ¿Por qué la purificación del leproso depende de dos pájaros kosher vivos? Que el charlatán [el pájaro que gorjea] venga y expíe por el charlatán [aquél que dice calumnias sobre los demás]. Como dijo el Rabí Iojanan en nombre del Rabí Iosi, "Aquél que diga calumnias sufrirá de lepra".

מַיָּא – הוּא בְּחִינַת הָאָדָם, שֶׁנִּתְהַוָּה מִמַּיִין דּוּכְרִין וּמַיִּין נוּקְבִין כַּיָּדוּעַ, וְהַדִּבּוּר, שֶׁהוּא בְּחִינַת צִפַּרְתָּא קָאֵי עַד קַרְסֻלֵּהּ, אֵצֶל הָאָדָם שֶׁהוּא בְּמַדְרֵגָה פְּחוּתָה, כְּדֵי לְהָאִיר לוֹ, בִּבְחִינַת וַתְּגַל מַרְגְּלֹתָיו וְכוּ' כַּנַּ"ל, וְזֶהוּ דְּקָאֵי עַד קַרְסֻלֵּהּ בְּמַיָּא כַּנַּ"ל.

וְאָמְרִינָן לֵית מַיָּא – הַיְנוּ שֶׁהֵבִינוּ שֶׁאִי אֶפְשָׁר לִזְכּוֹת לְדִבּוּר אֶלָּא עַל־יְדֵי כָּבוֹד בִּשְׁלֵמוּת, שֶׁיִּהְיֶה הָאָדָם בְּעֵינָיו אֶפֶס וָאַיִן. וְזֶהוּ: לֵית מַיָּא, שֶׁהָאָדָם יַחֲזִיק עַצְמוֹ לְאַיִן.

וּבָעֵינָן לְנַחוּתֵי – לְשׁוֹן שִׁפְלוּת, הַיְנוּ לִהְיוֹת שָׁפָל וְעָנָו; אַךְ שֶׁיִּהְיֶה

לְאַקּוּרֵי נַפְשִׁין – לְשׁוֹן (ישעיהו י״ג): "אוֹקִיר אֱנוֹשׁ מִפָּז", הַיְנוּ שֶׁהָיָה הָעֲנָוָה בִּשְׁבִיל גַּדְלוּת, כְּדֵי לְהִתְכַּבֵּד וּלְהִתְיַקֵּר; כִּי מֵחֲמַת שֶׁיּוֹדְעִין גֹּדֶל בִּזּוּי הַגַּדְלוּת, עַל כֵּן הֵם עֲנָוִים, בִּשְׁבִיל לְהִתְכַּבֵּד וּלְהִתְיַקֵּר עַל־יְדֵי הָעֲנָוָה, וְזֶהוּ בְּחִינַת עֲנִיווּת שֶׁהוּא תַּכְלִית הַגַּדְלוּת.

וְזֶהוּ: **וּבָעֵינָן לְנַחוּתֵי** – לִהְיוֹת שְׁפָלִים וַעֲנָוִים, **לְאוֹקוּרֵי נַפְשִׁין** – כְּדֵי שֶׁעַל־יְדֵי־זֶה נִהְיֶה יְקָרִים וַחֲשׁוּבִים, כִּי הַגַּאֲוָה מְבֻזָּה מְאֹד.

נָפַק בְּרַת־קָלָא וְאָמַר, לָא תֵחוֹתוּ לְהָכָא – לָא תֵחוֹתוּ לִהְיוֹת שְׁפָלִים בִּשְׁבִיל זֶה, בִּשְׁבִיל לְאוֹקוּרֵי נַפְשִׁין; שֶׁהִזְהִירָם הַבַּת־קוֹל שֶׁלֹּא יִהְיוּ עֲנָוִים בִּשְׁבִיל לְהִתְיַקֵּר וּלְהִתְכַּבֵּד, כִּי זֶה עֲנִיווּת הִיא תַּכְלִית הַגַּדְלוּת.

דִּנְפַלָה חֲצִינָא לְבַר־נַגָּרָא הָא שְׁבַע שְׁנִין, וְלָא מָטְיָא לְאַרְעָא – שֶׁהַבַּת־קוֹל הוֹדִיעָה לָהֶם שֹׁרֶשׁ הַגַּדְלוּת, כְּדֵי שֶׁיִּתְרַחֲקוּ עַד

esta lección, como el de muchas de las enseñanzas del Rebe. En el contexto de esta lección, cualquiera puede decir que es verdaderamente humilde y, muy probablemente, actuar como si lo fuera. Sin embargo, sólo la persona que es totalmente honesta consigo misma es capaz de reconocer las motivaciones reales de sus acciones: ¿es realmente humilde o su humildad está motivada por la arrogancia y el deseo de reconocimiento y estima?

agua - Esto alude al hombre, quien está formado por [una combinación de] las aguas masculinas y femeninas, como es sabido. Así, el habla, que es asemejada a un **pájaro**, está **parada hasta los tobillos** - con el hombre que se encuentra en un nivel inferior. Esto es para iluminarlo, como en, "Ella descubrió sus pies...". Y eso es, **que estaba parado en el agua hasta los tobillos**.[82]

Concluimos que no había agua - Esto es, comprendimos que era imposible merecer el habla a no ser que la gloria estuviera completa. La persona debe verse a sí misma como una absoluta nada. Éste es el significado de **no había agua**: El hombre debe considerarse a sí mismo como inexistente.

y quisimos descender - [Descender] indica humildad, ser modesto y humilde. Pero:

leOKuRei nafshin **(refrescarnos)** - Esto es similar a (Isaías 13:12), "*OKiR enosh* (Haré al hombre más prominente) que el oro fino". Es decir, su humildad era ególatra - tan sólo para ganar gloria y *iaKaR* (prominencia). [Pues] debido a que la gente sabe cuán despreciable es la arrogancia, actúa de manera humilde, para adquirir gloria y prominencia a través de la humildad. Éste es el concepto de la humildad que es el grado máximo de arrogancia.[83]

Éste es el significado de **y quisimos descender** - para ser modestos y humildes. *Leokurei nafshin* - porque al hacerlo seríamos prominentes e importantes, debido a que la arrogancia es muy despreciable.

Una voz del cielo nos dijo, No desciendan aquí - [En otras palabras,] **no desciendan** para actuar con humildad por este motivo: para *okurei nafshin*. La voz del cielo les advirtió que no debían ser humildes con la intención de obtener prominencia y gloria. Porque esta humildad es en verdad el grado máximo de arrogancia.

Un hacha de carpintero cayó aquí hace siete años y aún no ha tocado el fondo - La voz del cielo les informó acerca de la raíz de la arrogancia,

---

82. hasta los tobillos. Esto es, el pájaro (el habla) estaba parado hasta los tobillos (un nivel bajo) en el agua (hombre). En otras palabras, el habla había alcanzado los niveles más bajos.

83. humildad...arrogancia. Ver arriba nota 28, donde se menciona el concepto de la verdad. Aunque el Rebe Najmán no se ha referido directamente a la verdad, es un aspecto integral de

קָצֶה אַחֲרוֹן, וְלֹא יָחוּתוּ לְהָכָא, שֶׁלֹּא יִהְיוּ עֲנָוִים בִּשְׁבִיל גַּדְלוּת, כְּמַאֲמַר חֲכָמֵינוּ, זִכְרוֹנָם לִבְרָכָה (אבות פרק ד): 'מְאֹד מְאֹד הֱוֵי שְׁפַל־רוּחַ', הַיְנוּ שֶׁהוֹדִיעָה לָהֶם, שֶׁהַגַּדְלוּת הוּא מַנְפִּילוּת הַהִתְפָּאֲרוּת וְהַגַּאֲוָה שֶׁל הַקָּדוֹשׁ־בָּרוּךְ־הוּא, שֶׁהוּא לְבוּשׁוֹ, כְּמוֹ שֶׁכָּתוּב (תהלים צג): ה' מָלָךְ גֵּאוּת לָבֵשׁ. וְזֶה:

דְּנָפְלָא חֲצִינָא – בְּחִינַת לְבוּשׁ, כְּמוֹ שֶׁכָּתוּב (שם קכ"ט): "וְחָצְנוֹ מְעַמֵּר".

בַּר נַגָּרָא – זֶה הַקָּדוֹשׁ־בָּרוּךְ־הוּא, כְּמוֹ שֶׁכָּתוּב (שם ק"ד): "הַמְקָרֶה בַמַּיִם עֲלִיּוֹתָיו", וּכְמַאֲמַר (חלין ס.): 'אֱלֹקֵיכֶם נַגָּר הוּא'; מַנְפִּילַת הַלְּבוּשׁ הַזֶּה נִתְהַוָּה הַגַּדְלוּת, שֶׁהוּא בְּחִינַת שֶׁבַע בָּתֵּי עֲכוּ"ם, שֶׁעַל־יְדֵי־זֶה גָּלוּ יִשְׂרָאֵל מֵאַרְצָם, כְּמַאֲמַר חֲכָמֵינוּ, זִכְרוֹנָם לִבְרָכָה (גטין פח.): לֹא גָּלוּ יִשְׂרָאֵל עַד שֶׁעָבְדוּ בָהּ שֶׁבַע בָּתֵּי עֲכוּ"ם. וּבִשְׁבִיל זֶה נִקְרָא עֲכוּ"ם בִּלְשׁוֹן תִּפְאֶרֶת, כְּמוֹ שֶׁכָּתוּב (ישעיהו מ"ד): "כְּתִפְאֶרֶת אָדָם לָשֶׁבֶת בָּיִת", כִּי הָעֲבוֹדָה זָרָה, שֶׁהִוא הַגַּדְלוּת, הוּא מַנְפִּילַת הִתְפָּאֲרוּתוֹ. וְזֶהוּ:

הָא שֶׁבַע שְׁנִין – זֶה בְּחִינַת הַגַּדְלוּת, שֶׁהוּא בְּחִינַת שֶׁבַע בָּתֵּי עֲבוֹדָה זָרָה כַּנַּ"ל.

86. siete casas reales.... Éstos fueron los siete reyes de las Diez Tribus que introdujeron la idolatría por la fuerza en Israel. Esto dio como resultado su exilio por parte de Senaqueriv el rey asirio. Ellos fueron: 1) Ieroboam ben Nevat; 2) Basha ben Ajia; 3) Ajav ben Omri; 4) Iehú ben Nimshi; 5) Pekaj ben Rimaliahu; 6) Menajem ben Guedí; 7) Hoshea ben Ailá (Reyes 1 y 2).

87. esplendor...en la casa. Esto se refiere a un ídolo exótico tallado en madera, que tenía la forma de un hombre. Dentro del contexto de la lección, hace referencia a cómo -mediante la arrogancia, el mal uso del esplendor- el hombre puede fácilmente llevar esta idolatría a su propia casa.

88. ...Su esplendor. Así, la historia de Raba bar bar Janá hasta este punto se lee como sigue: Hay una clase de habla que puede descender hasta los lugares más bajos y elevar a la persona de allí. Aun así, esto sólo puede lograrse cuando la persona anula totalmente su propia importancia, haciendo que la gloria de Dios sea completa. Sin embargo, si su humildad es en aras de la arrogancia, no podrá alcanzar ese habla. Es por esto que el cielo previene contra tal "humildad". En lugar de atribuirle la gloria a Dios, indica una degradación del esplendor y la majestad del Santo, bendito sea, algo similar a la idolatría.

para que se alejaran [de ella] lo máximo posible. Ellos **no** debían **descender aquí** - no debían actuar con humildad con el propósito de ser elogiados, como enseñaron nuestros Sabios: Debes ser muy humilde (Avot 4:4). Es decir, [la voz celestial] les informó que la arrogancia surge de un menoscabo del esplendor y de la majestad del Santo, bendito sea. Estas [cualidades] son Sus vestimentas, como está escrito (Salmos 93:1), "Dios reina, Él se enviste en majestad".[84] Y entonces:

*JaTziN*a **(hacha) cayó** - Esto alude a la vestimenta, como está escrito (Salmos 129:7), "[El segador no llena su mano, ni pone] gavillas en *JiTzNo* (el borde de su vestimenta)".

un carpintero - Éste es el Santo, bendito sea, como está escrito (Salmos 104:3), "Que construye Sus altas cámaras sobre las aguas". Esto es también lo que enseñaron [nuestros Sabios]: Tu Dios es un carpintero (*Julín* 60a).[85] El menoscabo de esta vestimenta produce arrogancia, que corresponde a las siete casas [reales] de idolatría. Debido a esta [idolatría] el pueblo judío fue exilado de su tierra, como enseñaron nuestros Sabios: Israel sólo fue al exilio luego de que siete casas [reales] se volcaran a la idolatría (*Guitin* 188a).[86] Y éste es el motivo por el cual la idolatría es llamada esplendor, como en (Isaías 44:13), "...como el esplendor de un hombre, para habitar en la casa".[87] Porque la idolatría, que es la arrogancia, proviene de un menoscabo de Su esplendor.[88] Y esto es:

hace siete años - Esto corresponde a la arrogancia, las siete casas de idolatría mencionadas más arriba.

---

84. **Él se enviste en majestad.** Dios Se envuelve y Se oculta en *Metat*, la unificación inferior del gobierno inmanente de Dios sobre el mundo. Ésta es Su vestimenta de esplendor y majestad. La Gloria es Suya. Pero si el hombre toma para sí mismo las cualidades de esplendor y majestad, eso es arrogancia. Ha degradado la vestimenta del Rey y ha disminuido Su gloria (ver §2).

85. **carpintero.** El Talmud (*loc. cit.*) relata la siguiente historia: La hija del emperador le hizo notar cierta vez al Rabí Ioshúa que el Dios de los judíos debía de ser carpintero, porque el versículo dice, "Que construye...". De modo que pidió de manera burlona (con arrogancia) que Dios le diera una rueca. El Rabí Ioshúa estuvo de acuerdo y oró, y ella se volvió leprosa. Era costumbre en Roma que los leprosos eran llevados al mercado y les daban una rueca. Un día, el Rabí Ioshúa pasó por el mercado y la encontró allí. Le habían dado una rueca tal como había pedido.

Así, este pasaje del Talmud está en relación con lo que se explicó anteriormente. La calumnia, como manifestación de arrogancia e indicador del deseo de aumentar la propia importancia, es la antítesis del habla iluminada. El castigo para la lepra es una señal de cuán alejado se encuentra el calumniador de todo lo santo. El destierro que debe soportar el calumniador puede asemejarse al exilio, como continúa explicando el Rebe Najmán.

וְזֶהוּ: **וְלָא מְטֵי לְאַרְעָא** – הַיְנוּ שֶׁעַל־יְדֵי הֶעָווֹן הַזֶּה עֲדַיִן לֹא חָזַרְנוּ לְאַרְצֵנוּ, כִּי עַל־יְדֵי הֶעָווֹן הַזֶּה שֶׁהוּא הַגַּדְלוּת, שֶׁהוּא כְּעוֹבֵד עֲבוֹדָה זָרָה, בְּחִינַת שֶׁבַע בָּתֵּי עֲבוֹדָה זָרָה, עַל־יְדֵי־זֶה גָּלִינוּ מֵאַרְצֵנוּ כַּנַּ"ל, וְעַל־יְדֵי־זֶה עֲדַיִן לֹא חָזַרְנוּ לְאַרְצֵנוּ – הַכֹּל עַל־יְדֵי הֶעָווֹן הַזֶּה שֶׁל הַגַּדְלוּת, שֶׁהוּא בְּחִינַת עֲבוֹדָה זָרָה כַּנַּ"ל.

וְזֶהוּ:

וְלָא מִשּׁוּם דְּנְפִישֵׁי מַיָּא – הַיְנוּ, לֹא תֹּאמַר שֶׁבִּשְׁבִיל זֶה לָא מְטֵי לְאַרְעָא, דְּהַיְנוּ שֶׁאֵין יְכוֹלִין לְהַגִּיעַ וְלָשׁוּב לְאֶרֶץ־יִשְׂרָאֵל מִשּׁוּם דְּנְפִישֵׁי מַיָּא, מֵחֲמַת שֶׁהָעַכּוּ"ם הֵם רַבִּים, בְּחִינַת "רַבִּים הַגּוֹיִם הָאֵלֶּה" (דברים ז), שֶׁהֵם בְּחִינַת מַיִם רַבִּים.

אֶלָּא מִשּׁוּם דְּרָדִיפֵי מַיָּא – שֶׁהֵם רוֹדְפִים אַחַר הַכָּבוֹד שֶׁהוּא בְּחִינַת מַיִם, בְּחִינַת "אֵל הַכָּבוֹד הִרְעִים, ה' עַל מַיִם רַבִּים" (תהלים כ"ט), עַל־יְדֵי־זֶה אֵין יְכוֹלִין לְהַגִּיעַ וְלַחֲזֹר לְאֶרֶץ־יִשְׂרָאֵל, הַיְנוּ עַל־יְדֵי רְדִיפַת הַכָּבוֹד וְהַגַּדְלוּת, כִּי עִקַּר אֲרִיכַת הַגָּלוּת שֶׁאֵין יְכוֹלִין לָשׁוּב לְאַרְצֵנוּ הוּא רַק מֵחֲמַת עָווֹן הַגַּדְלוּת וּרְדִיפַת הַכָּבוֹד כַּנַּ"ל.

כָּל זֶה הוֹדִיעָה לָהֶם הַבַּת־קוֹל גֹּדֶל בִּזּוּי הַגַּדְלוּת, כְּדֵי שֶׁיִּתְרַחֲקוּ מֵהַגַּדְלוּת עַד קָצֶה אַחֲרוֹן כַּנַּ"ל, וְאָז כְּבוֹד הַשֵּׁם יִתְבָּרַךְ בִּשְׁלֵמוּת כַּנַּ"ל, וְאָז זוֹכִין לַדִּבּוּר הַמֵּאִיר, שֶׁהוּא בְּחִינַת צִפָּרְתָּא הַנַּ"ל כַּנַּ"ל. אֲבָל אֵיךְ זוֹכִין לָזֶה, לְשַׁבֵּר הַגַּדְלוּת וְהַכָּבוֹד שֶׁל עַצְמוֹ לְגַמְרֵי, וְשֶׁיִּהְיֶה כְּבוֹד הַשֵּׁם יִתְבָּרַךְ בִּשְׁלֵמוּת – הוּא עַל־יְדֵי שְׁמִירַת הַבְּרִית בִּשְׁתֵּי בְּחִינוֹת הַנַּ"ל, שֶׁהֵם בְּחִינַת יִחוּדָא עִלָּאָה וְיִחוּדָא תַּתָּאָה.

וְזֶהוּ שֶׁאָמַר רַב אַשֵׁי:

91. sobre muchas aguas. Esto se debe a que la gloria de Dios se revela a través del agua y de la lluvia. A través del agua, como en la apertura del Mar Rojo (Éxodo 14). Y a través de la lluvia, como enseñaron nuestros Sabios: El día en que llueve es tan grande como el día en que fueron creados el cielo y la tierra, como en (Job 9:10), "Él hace grandes cosas que son insondables" (*Taanit* 9b; cf. *Parparaot LeJojmá*).

y aún no ha tocado el fondo - Esto es, debido a este pecado aún no hemos retornado a nuestra tierra. Como resultado de este pecado de la arrogancia -que es asemejado a la idolatría/las siete casas [reales] de idolatría- fuimos exilados de nuestra tierra. Y es por esto que aún no hemos retornado a nuestra tierra; todo debido al pecado de la arrogancia, que es sinónimo de idolatría. Y esto es:

No sólo porque hay mucha agua - No digas que es debido a esto que **aún no ha tocado el fondo**. En otras palabras, que no podemos acercarnos y retornar a la Tierra de Israel **porque hay mucha agua** - porque las naciones idólatras son muchas,[89] como en (Deuteronomio 7:17), "Muchas son estas naciones". Ellas son un aspecto de "muchas aguas" (Cantar de los Cantares 8:7).[90]

sino porque el agua corre muy rápido - porque ellos corren tras la gloria. Pues [la gloria] corresponde al agua, como en (Salmos 29:3), "Truena el Dios de la gloria, Dios está sobre muchas aguas".[91] Es por eso que no podemos acercarnos y retornar a la Tierra de Israel, es decir, debido al correr tras la gloria y la arrogancia. Porque la causa principal de este largo exilio que nos impide retornar a nuestra tierra es el pecado de la arrogancia y el correr tras la gloria, como se explicó.

La voz celestial les informó todo esto; cuán repulsiva es la arrogancia, para que se alejaran de ella lo más posible. Entonces la gloria de Dios está completa y uno merece un habla que ilumina/el pájaro, como se explicó más arriba. Pero, ¿cómo es posible alcanzar esto, [es decir] quebrar totalmente la arrogancia y la gloria propias de uno mismo para que la gloria de Dios esté completa? Esto se produce cuidando los dos niveles del *brit*: la unificación superior y la unificación inferior.

Y esto es lo que dijo Rav Ashi:

---

89. las naciones idólatras son muchas. Es posible que, de manera errónea, el pueblo judío le atribuya su largo exilio a la fuerza y al gran número de las naciones idólatras. La voz celestial les informa por lo tanto que esto no es así. Pues en verdad, es su propia arrogancia la que ha traído esto. La arrogancia y el egoísmo son idolatría. ¿Acaso no eran idólatras las naciones de la época de Moshé y de Ioshúa? Y aun así, el pueblo judío fue capaz de conquistarlas y de entrar a la Tierra Santa. Lo mismo sucede hoy en día. Sólo a través de la total eliminación de la arrogancia, subyugando nuestra propia idolatría, seremos capaces de retornar a nuestra tierra.

90. muchas aguas. "Muchas aguas no puede extinguir el amor". Rashi (*loc. cit.*) explica que las naciones son incapaces de deshacer el amor de Dios a Su pueblo elegido.

הַאי זִיז שָׁדַי הוּא – הַיְנוּ בְּחִינַת יְחוּדָא עִלָּאָה וְיִחוּדָא תַּתָּאָה, שֶׁעַל־יְדֵי יְחוּדָא עִלָּאָה וְיִחוּדָא תַּתָּאָה, שֶׁהֵם בְּחִינַת שְׁמִירַת הַבְּרִית בִּשְׁתֵּי בְחִינוֹת כַּנַּ״ל, עַל־יְדֵי־זֶה הַכָּבוֹד בִּשְׁלֵמוּת, וְעַל־יְדֵי כָבוֹד בִּשְׁלֵמוּת זוֹכִין לְצִפַּרְתָּא, שֶׁהוּא הַדִּבּוּר, שֶׁהוּא אֶמְצָעִי בֵּין מַיָּא לָרָקִיעַ כַּנַּ״ל, כִּי זִיז הוּא בְּחִינַת יְחוּדָא תַּתָּאָה, בְּחִינַת מט״ט, בְּחִינַת מִכְּנַף הָאָרֶץ כַּנַּ״ל. כִּי אִיתָא בְּמִדְרָשׁ־רַבָּה (בראשית־רבה יט, ויקרא רבה כב): 'עוֹף אֶחָד יֵשׁ, בְּשָׁעָה שֶׁמַּפְרִישׁ אֶת כְּנָפָיו הוּא מַחֲשִׁיךְ אֶת הַשֶּׁמֶשׁ, וְזִיז שְׁמוֹ'; וְזֶה בְּחִינַת יְחוּדָא תַּתָּאָה, בְּחִינַת מט״ט, בְּחִינַת מִכְּנַף הָאָרֶץ, שֶׁבּוֹ מִתְלַבֵּשׁ בְּרִית עִלָּאָה, שֶׁהוּא בְּחִינַת הַשֶּׁמֶשׁ. שָׁדַי – זֶה בְּחִינַת יְחוּדָא עִלָּאָה כַּנַּ״ל:

וְזֶה:
אֲנִי ה' – יְחוּדָא עִלָּאָה,
הוּא שְׁמִי – יְחוּדָא תַּתָּאָה;
וּכְבוֹדִי לְאַחֵר לֹא אֶתֵּן – זֶה בְּחִינַת כָּבוֹד בִּשְׁלֵמוּת,

superior/el *Shadai* del Shabat está envuelto en *Metat*/el *brit* inferior/el *Shadai* de los días de la semana y a través de él gobierna el mundo. La conclusión de la historia sería entonces: Al no haber seguido la advertencia celestial, fuimos forzados al exilio debido a nuestra arrogancia. Tan grave es este pecado que, incluso luego de dos mil años, aún no podemos retornar a la Tierra Santa. Sin embargo, hay una solución. Guardando el *brit* podemos quebrar nuestra propia arrogancia idólatra y retornarle la gloria a su legítimo Dueño. Esto nos conducirá al habla iluminada la que, a su vez, nos permitirá alcanzar una profunda comprensión de la Torá. Y, sin nuestra idolatría, podremos finalmente retornar a la Tierra de Israel.

Antes de continuar con la explicación del Rebe Najmán sobre el versículo inicial y cómo éste se une con la lección, veamos el siguiente comentario del Rabí Shmuel Moshé Kramer (que aparece en *Mabuei HaNajal*, vol.3): La explicación del Rebe Najmán sobre la historia de Raba bar bar Janá necesita ser estudiada con más atención. Aunque a un nivel simple parece estar diciendo que los cielos advierten acerca de la falsa humildad que en realidad tiene por objetivo aumentar la propia importancia de la persona, esto en verdad es muy difícil de comprender. ¿Acaso no estamos hablando de la persona que ya ha alcanzado el nivel de comprensión en el cual sabe que es imposible lograr un habla iluminada excepto cuando la gloria de Dios está completa? ¿No se nos ha dicho que para alcanzar esto, la persona tiene que eliminar totalmente su arrogancia? ¿Cómo podemos entonces decir que su humildad era en aras de alcanzar prominencia? Más aún, a partir de la advertencia de la voz celestial, parecería ser que ella ya ha alcanzado algún grado de humildad y que ahora se le está diciendo que debe ir más

Este pájaro era *Ziz Sadai* - Esto implica la unificación superior y la unificación inferior. A través de la unificación superior y de la unificación inferior -guardar el *brit* en ambos niveles- la gloria está completa. Y cuando la gloria está completa, uno merece el pájaro/habla, que es un puente entre el agua y el firmamento, como se dijo más arriba. Porque el Ziz corresponde a la unificación inferior/*Metat*/"desde el rincón de la tierra".[92] Como dice en el *Midrash Rabah*: Hay un pájaro que, cuando despliega *KNaFav* (sus alas), oscurece [o bloquea] el sol. Su nombre es Ziz (*Bereshit* 19:6., *Vaikrá* 22:7).[93] Esto corresponde a la unificación inferior/*Metat*/"desde el *KNaf* de la tierra", en lo cual está envuelto el *brit* superior/el sol.[94] [Así,] *Sadai* alude a la unificación superior, como se explicó.[95]

9. Y ésta es [la explicación del versículo de apertura]:
{"*Ani IHVH* (Yo soy Dios), ése es Mi nombre. Mi gloria no se la daré a otro, ni Mi alabanza a los ídolos"}.

Ani IHVH - ["IHVH" es] la unificación superior.

ése es Mi nombre - ["Mi nombre" es] la unificación inferior.

Mi gloria no se la daré a otro - Esto corresponde a la gloria que está completa.

---

92. Ziz...rincón.... Esto ya fue explicado más arriba en la sección 6: *Metat* corresponde a la unificación inferior, el concepto inferior del *brit*, los seis días de la semana y los seis órdenes de la Mishná. También se lo conoce como *kanaf*, el alado.

93. KNaFav...Ziz. Vemos la conexión entre Ziz, el pájaro/habla y *kanaf*, que es *Metat*. Es decir, incluso mediante el nivel de la unificación inferior/guardar el *brit* durante los días de la semana, es posible lograr un habla iluminada.

94. brit superior/el sol. Ésta es la primera vez que se menciona el sol. El *Zohar* (III, 3b) enseña que el sol simboliza guardar el Pacto. Tal como el sol "ilumina" el mundo (ver *Likutey Moharán* I, 1:1 que el sol es sinónimo de la Torá), de la misma manera, el brit "ilumina" el cuerpo. Esto corresponde al concepto superior de guardar el *brit*, como vemos aquí. El Ziz/el nivel inferior bloquea la luz del sol/el nivel superior: *Metat*/la unificación inferior vela y oculta, por decirlo de alguna manera, a su Maestro/la unificación superior. (Éste es el error que cometió Ajer cuando entró al Paraíso: ver *Maim*, en el libro *Cuatro Lecciones del Rabí Najmán de Breslov*). Y debido a que la luz del "sol" está bloqueada, aquéllos que se encuentran en el nivel inferior no la pueden percibir. Aun así, el habla desciende para mostrarle al hombre cómo arrepentirse, de modo que también es posible alcanzar un habla iluminada en este nivel. Y, habiéndolo logrado, la persona querrá buscar los niveles superiores/la unificación superior/la luz del sol.

95. como se explicó. Esto ya fue explicado en la sección 5: El Santo, bendito sea/el *brit*

וְתִהְלָּתִי לַפְּסִילִים – זֶה בְּחִינַת הַדִּבּוּר, כְּמוֹ שֶׁכָּתוּב: "תְּהִלַּת ה' יְדַבֶּר פִּי" – הַכֹּל כַּנַּ"ל:

algún beneficio al hombre, tal como sabiduría, poder o riqueza, esto sólo es para que pueda llegar a comprender la grandeza de Dios y su propia falta de importancia. Esto se debe a que, en esencia, la sabiduría, el poder y la riqueza son manifestaciones de la vestimenta de Dios, si así pudiera decirse. Ellas son los medios a través de los cuales el hombre llega a conocer a Dios. Como resultado, toda virtud y eminencia que tenga la persona son sólo para que pueda alcanzar, mediante ellas, la verdadera humildad. Ése es su único propósito. Pero si la persona se enorgullece de las cualidades especiales con las cuales la ha agraciado Dios, entonces pervierte por completo la intención de esta benevolencia Divina. Dios le dio esta virtud y eminencia para que comprenda que no hay nadie ni nada más que Él, y que, a sus propios ojos, ella no debería ser nada en absoluto. Pero la persona corrompe su propósito, utilizando estas cualidades para su propia gloria y honor. Es por eso que el Rebe nos dice que la arrogancia surge de una degradación de la vestimenta del Santo, bendito sea - Su esplendor y majestad.

Comprendiendo esto, la persona puede esperar alcanzar una humildad genuina e interna. Comprenderá la verdad: que ella no es nada y que toda la gloria y la grandeza sólo Le pertenecen a Dios.

96. la alabanza de Dios. Esto denota plegaria que, como se explicó en la nota 80 arriba, se combina con el estudio de la Torá para darle a la persona una comprensión profunda (*Mei HaNajal*).

97. ha sido explicado. El *Mei HaNajal* repasa la lección del modo siguiente: Al buscar un nivel de fe completa encarnado en los conceptos de la unificación superior e inferior, cada judío puede alcanzar una profunda comprensión de la Torá. ¿Cómo se produce esto? La respuesta es que una profunda comprensión de Torá es el resultado de haber alcanzado el nivel de un habla iluminada (§1). Pero, para alcanzar esa clase de habla, primero es necesario eliminar la propia arrogancia idólatra. La arrogancia es similar a la idolatría y a no ser que uno la elimine totalmente de su ser interior, no podrá llegar a una fe completa (§2). Y para adquirir tal humildad es necesario guardar el *brit* (§3). Mantenerse en un alto estándar moral tiene dos niveles, correspondientes a la santidad de los días de la semana y a la santidad superior del Shabat (§5). Al guardar el *brit*, la persona puede llegar a la verdadera humildad y así completar la gloria de Dios (§7). Entonces su habla iluminada, las palabras de Torá y de plegaria, la dirigirán hacia aquellas áreas en las cuales necesita arrepentirse. Y al arrepentirse una y otra vez, la persona será capaz de emerger de su bajo nivel espiritual. Habiendo eliminado su idolatría personal, aumentará su fe y ascenderá de un nivel a otro, de modo que creerá y comprenderá la unidad de Dios, el *Shemá*, y Su absoluto Reinado, el *Baruj Shem*. Será capaz de producir una unificación inferior y luego una unificación superior, y esto, a su vez, la llevará a una profunda comprensión de la Torá - en los niveles de Halajá/los días de la semana y de Kabalá/Shabat (§1, §6).

ni Mi alabanza a los ídolos - Esto corresponde al habla. Como está escrito (Salmos 145:21), "Mi boca dirá la alabanza de Dios".[96] Todo esto ha sido explicado.[97]

allá en la anulación de su egoísmo. Éste difícilmente sería el caso si toda su humildad hubiera sido para ganar prominencia. En verdad, ¡no habría eliminado la arrogancia, sino que la habría aumentado!

Por lo tanto, parece probable que cuando el Rebe Najmán dice, "Debido a que la gente sabe cuán despreciable es la arrogancia, actúa de manera humilde..." no se está refiriendo a alguien que comprende que a la gente le resulta despreciable la arrogancia y decide entonces comportarse de manera humilde para ganar prominencia y obtener respeto. Más bien, el Rebe Najmán debe de estar refiriéndose a alguien que verdaderamente comprende que la arrogancia es en sí misma algo despreciable. Comprende que lo más apropiado sería alejarse de una cualidad tan indeseable, una cualidad que la lógica y la razón obligan a los hombres a despreciar. Y él sabe que la humildad, por el contrario, es una característica sumamente valiosa, una gloria digna del alma. En otras palabras, lo inapropiado de la arrogancia se percibe desde la perspectiva de la rectitud moral y de la justicia.

Ahora bien, no hay dudas de que alguien que ha alcanzado esto ciertamente ha alcanzado una cualidad valiosa. También ha logrado alejarse de la arrogancia hasta cierto grado. Aun así, ni siquiera se ha acercado a la cualidad de la verdadera humildad. En verdad, frente a la humildad interna y genuina, su nivel puede verse como "humildad que es el grado último de arrogancia". Esto se debe a que su humildad surge de un deseo personal de ser verdaderamente virtuoso. Aun así, la verdadera humildad requiere que la persona sea como una nada e inexistente ante sus propios ojos (y no como resultado de pensar que lo correcto es que el alma sea humilde). Y esto no puede lograrse por medio de una comprensión lógica basada en la rectitud moral según la cual la arrogancia es algo despreciable. Más bien, para alcanzar la verdadera humildad, es necesario alcanzar una profunda comprensión de la raíz y la esencia mismas de las cuales surge la arrogancia humana - la vestimenta de esplendor y majestad del Santo, bendito sea, tal como ha explicado el Rebe Najmán.

Esto puede comprenderse mejor a la luz del tema principal de esta lección: la unificación superior e inferior. En breve, esto implica creer y saber con claridad que Dios es el Todopoderoso y no hay ningún otro. Implica comprender que el propósito final de todos los mundos y de todo lo que hay en ellos es servir como una vestimenta, una contracción y un vehículo para alcanzar el conocimiento de que Dios es Uno y Único. Es decir, la creación, en sí y por sí misma, no es nada en absoluto. Su valor surge del hecho de que la creación es el medio específico, la herramienta, a través de la cual es posible alcanzar la comprensión de que no hay nada ni nadie más que Dios. En consecuencia, toda fuerza o *shefa* en el mundo, que en todo caso existe solamente desde la perspectiva de la creación y de lo creado, es sólo un vehículo y una vestimenta a través de la cual es posible percibir y apreciar la exaltación y grandeza de Dios - que sólo Él gobierna arriba, en los cielos y abajo, en la tierra. Por lo tanto, cuando Dios benévolamente le provee

ליקוטי מוהר"ן סימן י"ב

לְשׁוֹן רַבֵּנוּ, זִכְרוֹנוֹ לִבְרָכָה

תְּהִלָּה לְדָוִד אֲרוֹמִמְךָ אֱלֹהַי וְכוּ' (תהלים קמ"ה).

א מַה שֶּׁאָנוּ רוֹאִים, שֶׁעַל־פִּי הָרֹב הַלּוֹמְדִים חוֹלְקִים עַל הַצַּדִּיקִים, וְדוֹבְרִים עַל הַצַּדִּיק עָתָק בְּגַאֲוָה וָבוּז, זֶהוּ מִכָּוֵן גָּדוֹל מֵאֵת הַשֵּׁם יִתְבָּרַךְ.

כִּי יֵשׁ בְּחִינַת יַעֲקֹב וְלָבָן: יַעֲקֹב הוּא הַצַּדִּיק הַמְחַדֵּשׁ חִדּוּשִׁין דְּאוֹרַיְתָא וְלוֹמֵד תּוֹרָתוֹ לִשְׁמָהּ, וְטוּבוֹ גָּנוּז וְשָׁמוּר וְצָפוּן לֶעָתִיד,

2. eruditos. Esto se refiere a aquéllos que, aunque son eruditos en la Torá, carecen del temor a Dios. Hay muchos eruditos que estudian la Palabra de Dios como una búsqueda de conocimiento sin intención de utilizar su sabiduría para servir a Dios. Resh Lakish describe cómo el Talmud engloba todas las facetas de la vida, pero, "el temor a Dios es el tesoro del hombre" (*Shabat* 31a). El rey David nos dice, "El temor a Dios es el principio de la sabiduría" (Salmos 111:10). Así, la Torá contiene todos los ingredientes necesarios para alcanzar un gran conocimiento de Dios y de todo lo que Él creó. Sin embargo, el primer paso debe ser el temor a Dios.

3. desprecio. Las preguntas sobre las acciones del Tzadik que surgen de un serio deseo por comprender los caminos del "ungido de Dios" no sólo no son rechazadas, sino que son muy bienvenidas. Sin embargo, si las mismas preguntas se hacen para ridiculizar al Tzadik y minar su posición como amado líder de sus seguidores, entonces son deleznables. Pero muchas veces es muy difícil distinguir la verdadera intención del que pregunta. La clave de esto reside en escuchar cómo formula sus preguntas. Incluso si el desprecio por el Tzadik está muy oculto en el corazón del hombre orgulloso, indudablemente se le escaparán palabras de arrogancia. Es necesario prestar mucha atención a lo que dice y cómo lo dice. Porque tal es la naturaleza del habla, *Maljut* - revela aquello que está oculto de los ojos del hombre (ver Lección #11, n.7; cf. n.14 más abajo).

4. genera nuevas ideas de Torá. Esto puede comprenderse de dos maneras:
  1) Originar nuevos conceptos y comprensión en temas de Torá.
  2) Generar continuamente nuevos sentimientos por la Torá. Es decir, nunca se siente "viejo" ante la Torá que ya ha estudiado. Su anhelo por acercarse a Dios es tan vibrante y vital como lo fue al comenzar.

5. por sí misma. El *Tikuney Zohar* (Introducción, p.2a) enseña que *LiShMáH*, estudiar Torá puramente por el estudio mismo, es *LeShem Hei*, puramente en aras de la *Hei*. La letra *Hei* a la cual se hace referencia es la última letra del Tetragrámaton (*IHVH*), y es una referencia a

LIKUTEY MOHARÁN 12[1]

"Tehilá leDavid **(Un salmo de David): Te exaltaré, mi Señor, el Rey; y bendeciré Tu nombre eternamente".**

Salmos 145:1))

Esto que vemos que, en general, los eruditos[2] se oponen a los Tzadikim y "dicen palabras arrogantes contra el justo, con soberbia y desprecio"[3] (cf. Salmos 31 2:19) - esto es precisamente la intención de Dios.

Porque están los aspectos de Iaacov y de Labán. Iaacov es el Tzadik que genera nuevas ideas de Torá[4] y estudia Torá *lishmáh* (por sí misma).[5] El bien que le corresponde es guardado, reservado y oculto

---

1. Likutey Moharán 12. Esta lección fue dada en el Shabat Najamú, el Shabat luego de Tisha BeAv, 5563 (30 de julio de 1803). Mientras daba la lección, el Rebe Najmán citó el versículo *"Najamú, Najamú* (Consuélate) pueblo mío..." (Isaías 40:1) y explicó su conexión con los otros temas mencionados aquí. Sin embargo, cuando entregó la lección para ser copiada, omitió a propósito esta explicación de la versión final (*Parparaot LeJojmá*). Toda esta lección es *leshón Rabeinu zal*. Ver Lección #7 nota 1, donde se explica esta terminología.

El lector encontrará entretejido dentro de la lección mucho material concerniente a la unificación de las personas Divinas, un tema que implica algunos de los secretos más profundos y difíciles de la Kabalá. En verdad, debido a su naturaleza extremadamente compleja, muchos de los jasidim de Breslov que vivían en Umán pasaban por alto la lección (aunque nunca la salteaban por completo, pues también hay secciones que ofrecen consejos simples y directos sobre cómo servir a Dios). Por lo tanto es necesario dejar en claro que la intención al explicar los conceptos Kabalistas en las notas es asistir al lector en su comprensión de estas ideas dentro del contexto de las palabras del Rebe Najmán. Por lo tanto, se ha puesto el énfasis en desarrollar los conceptos esotéricos tal como se relacionan específicamente con la lección. Así sea en esta lección, como en todas las otras en las cuales aparece terminología Kabalista, nunca se ha intentado explicar plenamente la Kabalá y su significado. (Ver Lección #11, n.42 final, para la advertencia del *Zohar* en contra de revelar las enseñanzas ocultas de la Torá). Así se trate del tema de las personas Divinas, de las diferentes formaciones de los nombres santos o de las *Sefirot*, el objetivo es aclarar su relación con los temas de la enseñanza del Rebe Najmán.

Quizás e incluso más importante aún, las notas sobre estos tópicos difíciles buscan mostrar el aspecto práctico, el consejo para la vida diaria que ofrece la lección. Se ha hecho el esfuerzo de mostrar cómo los temas de la lección se conectan con otros materiales de la Torá en general. Vistos desde la perspectiva del Rebe Najmán, pasajes provenientes de las diferentes ramas de la Torá adoptan un significado totalmente nuevo y abren al lector hacia aspectos de la Torá que nunca imaginó que pudieran existir.

כְּמוֹ שֶׁאָמְרוּ רַבּוֹתֵינוּ, זִכְרוֹנָם לִבְרָכָה: 'לְמָחָר לְקַבֵּל שְׂכָרָם' (עֲרוּבִין כב.); וְעַל שֵׁם שֶׁשְּׂכָרוֹ לְבַסּוֹף, עַל שֵׁם זֶה נִקְרָא יַעֲקֹב - לְשׁוֹן עָקֵב וָסוֹף, שְׂכָרוֹ לְבַסּוֹף.

וְלָבָן הוּא תַּלְמִיד-חָכָם, שֶׁ"ד יְהוּדִי, שֶׁתּוֹרָתוֹ לְהִתְיַהֵר וּלְקַנְטֵר, וְתַלְמִיד-חָכָם כָּזֶה, נְבֵלָה טוֹבָה הֵימֶנּוּ (וַיִּקְרָא רבה א, עיין מתנות כהונה).

וְזֶה יָדוּעַ, שֶׁאֵינוֹ נִקְרָא תַּלְמִיד-חָכָם אֶלָּא עַל-יְדֵי תּוֹרָה שֶׁבְּעַל-פֶּה, כִּי זֶה שֶׁיּוֹדֵעַ לִלְמֹד חֻמָּשׁ אֵינוֹ נִקְרָא תַּלְמִיד-חָכָם, אֶלָּא זֶה שֶׁהוּא בָּקִי בִּגְמָרָא וּפוֹסְקִים. וּכְשֶׁלּוֹמֵד בְּלֹא דַּעַת, נִקְרָא לָבָן,

---

provocar y agredir a los demás, es algo despreciable. Su conocimiento es mortal, y tal *lamdan* (erudito) es semejante al "erudito de Torá, demonio judío".

10. una res muerta es mejor.... Afirma el Midrash (*loc. cit.*): Una res muerta es mejor que un erudito que no tiene *daat*. Aquí, *daat* implica decencia y respeto. El motivo por el cual es peor que un animal muerto es porque el animal, al morir, desciende de lo animado a lo inanimado. Pero el erudito carente de decencia desciende desde un nivel más elevado aún, el nivel de "hablante". Explica el *Iun Iaacov* (*Ketuvot* 111b) con respecto al versículo (Isaías 26:19), "Tus muertos vivirán, mi cadáver se levantará…", que esto se refiere a quien se dedica al estudio de la Torá. Su cadáver se levantará en la época de la Resurrección. Sin embargo, el cadáver del erudito-demonio no se levantará porque la Torá *de él* no es la Torá de la cual se dice, "Es un árbol de vida para todos los que se aferran a ella" (Proverbios 3:18).

11. daat. Generalmente *daat* se traduce como conocimiento, algo que este erudito-demonio puede tener en abundancia. Sin embargo, adquirir verdadero *daat* implica mucho más que la expansión de las capacidades mentales. Como se explicó en la nota previa, el erudito debe unir su conocimiento con la decencia y el respeto. Como enseñaron nuestros Sabios: Sin decencia y respeto no hay conocimiento de Torá (*Avot* 3:21).

12. Labán...astucia.... Como en el pasaje Talmúdico que cita el Rebe Najmán más adelante (§2): Cuando la persona estudia Torá, adquiere astucia. La astucia en sí misma es neutral. El estudioso de Torá que teme a Dios usará esta astucia para mejorar su servicio a Dios y beneficiar a los demás. No ocurre lo mismo con el estudioso que carece de decencia y de temor a Dios. Él utilizará la astucia de manera negativa, para transgredir la voluntad de Dios o provocar y agredir a los demás. Éste es Labán el Arameo quien, en su deseo de "eliminar a toda la nación judía", intentó engañar de todas las maneras posibles a Iaacov, el "ish tam". El *Mei HaNajal* indica que *LaBáN* y *NaBaL*, la palabra hebrea que significa "cadáver" o algo desagradable, comparten las mismas letras al igual que las mismas cualidades.

Es interesante notar que el Ari indica que Nabal el Carmelita (Samuel 1, 25) era una reencarnación de Bilaam (cf. n.105 más abajo), siendo él mismo una reencarnación de Labán. *LaBáN* (לבן), como primogénito de esta línea, es por lo tanto un acróstico para Labán (לבן),

para el Futuro,⁶ como enseñaron nuestros Sabios: …mañana, para recibir la recompensa *(Eruvin* 22a).⁷ Debido a que su recompensa viene al final es llamado *iaAKoV*, que connota *AKeV* (talón) y final. Su recompensa viene al final.

Pero Labán es un erudito-demonio.⁸ Él estudia Torá para alardear y criticar.⁹ Y tal erudito de Torá, "una res muerta es mejor que él" *(Vaikrá Rabah* 1:15).¹⁰

Es sabido que sólo es llamado erudito aquél [que es versado] en la Ley Oral. Aquel que sabe cómo estudiar los Cinco Libros de la Torá no es llamado un erudito, sino sólo alguien que es experto en el Talmud y en los Codificadores. Cuando estudia Torá sin *daat*,¹¹ <es decir, no *lishmáh*,> es llamado Labán - debido a la astucia que adquiere.¹² Él

---

la *Shejiná* (Presencia Divina). Aquéllos que estudian Torá puramente por sí misma merecen saborear la dulzura de la Torá, pues la Torá está compuesta totalmente por los nombres de Dios (Zohar III, 72a).

6. para el Futuro. Incluso en este mundo físico, su estudio de Torá es en aras de la espiritualidad que ella contiene. Siendo así, la recompensa por sus estudios está reservada para el Mundo que Viene, que es totalmente espiritual *(Biur HaLikutim)*.

7. mañana…recompensa. El versículo dice (Deuteronomio 7:11), "Resguarda los preceptos… *hoy*, para cumplirlos". Explican nuestros Sabios *(Eruvin, loc. cit.)*: Hoy (este mundo) para cumplirlos, no mañana (el Mundo que Viene) para cumplirlos. Hoy para cumplirlos, mañana para recibir su recompensa, es decir, la recompensa espiritual.

8. erudito-demonio. Ésta es una versión acortada de "erudito de Torá, demonio judío". El *Zohar* (III, 253a) afirma que aquellos que sólo estudian la Torá revelada (la Mishná) comen del Árbol del Conocimiento. Este "alimento" también contiene sustancias sin ningún valor que deben ser retiradas. Debido a que el "desecho" es propiedad del Otro Lado, esta sustancia sin valor les es dada a los demonios que sirven a estos estudiantes de la Mishná. Así, entre los demonios destructivos están aquéllos que son "judíos" y eruditos, tales como Ashmedai. Este rey de los demonios, reconocido por su inteligencia, cierta vez expulsó al rey Salomón y tomó su lugar en el trono *(Guitin* 68a; *Ruth Rabah* 5:6). Aunque uno estudie Torá, puede caer en la trampa de ser un erudito-demonio. El porqué de esto se explica en la nota siguiente y se aclara en la sección 3 más adelante.

9. alardear y criticar. Enseña el Talmud: Cuando alguien estudia Torá no por sí misma, la Torá se vuelve su poción de muerte *(Taanit* 7a). "Todo aquel que se dedica a la Torá y a las mitzvot no por sí mismas, mejor habría sido que no hubiese sido creado" *(Berajot* 17a). Por el contrario, enseñaron nuestros Sabios: La persona siempre debe estudiar Torá, aunque no sea por sí misma, pues al hacerlo, llegará a estudiar Torá puramente por sí misma *(Sotá* 23b). Tosafot *(ibid., v.i. leolam*; *Nazir* 23b, *v.i. shemitoj)* explica la contradicción: Estudiar Torá no por sí misma también se permite (incluso se alienta) cuando sus objetivos son recompensa y honor, etc. Sin embargo, estudiar la Torá no por misma, con el propósito de transgredir la voluntad de Dios o

עַל שֵׁם עַרְמִימִיּוּת שֶׁנִּכְנַס בּוֹ, וְשׂוֹנֵא וְרוֹדֵף אֶת הַצַּדִּיקִים, צַדִּיק
עֶלְיוֹן וְצַדִּיק תַּחְתּוֹן, כִּי שְׁכִינְתָּא בֵּין תְּרֵין צַדִּיקַיָּא יָתְבָא, כְּמוֹ
שֶׁכָּתוּב בַּזֹּהַר (ויצא קנג:, ויחי רמה:): צַדִּיקִים יִרְשׁוּ אָרֶץ - צַדִּיקִים
תְּרֵי מַשְׁמַע. וּשְׁנֵי צַדִּיקִים אֵלּוּ הֵם: זֶה הַצַּדִּיק שֶׁחִדֵּשׁ זֹאת
הַתּוֹרָה שֶׁבְּעַל-פֶּה, זֶה צַדִּיק עֶלְיוֹן; וְצַדִּיק הַתַּחְתּוֹן, זֶה שֶׁלּוֹמֵד
הַחִדּוּשִׁין.

וְתוֹרָה שֶׁבְּעַל-פֶּה הַיְנוּ שְׁכִינְתָּא, כְּמוֹ שֶׁכָּתוּב (בפתח אליהו):
'מַלְכוּת פֶּה, וְתוֹרָה שֶׁבְּעַל-פֶּה קָרִינַן לָהּ'. וּכְשֶׁהַשְּׁכִינָה הַנִּקְרָא
תּוֹרָה שֶׁבְּעַל-פֶּה בָּאָה בְּתוֹךְ תַּלְמִיד-חָכָם שֵׁד יְהוּדִי, זֶה נִקְרָא
גָּלוּת הַשְּׁכִינָה, וְאָז יֵשׁ לוֹ פֶּה לְדַבֵּר עַל צַדִּיק עָתָק וְכוּ'.
וּכְשֶׁהָאָדָם לוֹמֵד בִּקְדֻשָּׁה וּבְטָהֳרָה אֵיזֶה דִּין וּפְסָק, שֶׁחִדֵּשׁ אֵיזֶה

un estudiante digno dirá de nuevo en la Ley Oral ya le había sido dado a Moshé (*Ierushalmi, Peá* 2:4). Aun así vemos que: Los detalles no revelados a Moshé Rabeinu les fueron revelados al Rabí Akiva y a sus compañeros (*Bamidbar Rabah* 19:6). El *Anaf Iosef* (*Shabat* 119b) afirma que, si bien todo principio de la Torá, sin excepción, le fue revelado a Moshé, lo que no le fue revelado fue su fuente en la Ley Escrita. Moshé no tenía necesidad de esto, porque él había escuchado toda la Torá directamente de Dios. Sin embargo, en el estudio de la Torá se nos insta a que estudiemos para encontrar las fuentes de sus principios en la Ley Escrita. Los pensamientos que uno genera al intentar localizar estas fuentes pueden considerarse por lo tanto ideas "originales".

16. Maljut es pe…Ley Oral. *Maljut* es *pe*, pues al proclamar la soberanía de Dios, se reconoce Su Reinado. Más aún, mientras la Ley Escrita puede estudiarla uno solo, la *Torá shebeal pe* requiere la transmisión de una tradición oral recibida de un maestro.

17. en el exilio…contra el justo…. En lugar de enseñar la Torá y de hablarle a la gente sobre la devoción a Dios, trayendo por lo tanto a Mashíaj y acercando la reconstrucción del Templo, la boca del erudito-demonio no hace otra cosa que atacar verbalmente al Tzadik. En este sentido, el erudito es el captor de *Maljut*, impidiendo que la *shefa* descienda apropiadamente, prolongando el exilio de la Presencia Divina. Y el mantener a la Presencia Divina en el exilio le da al erudito-demonio el poder de provocar y perseguir al Tzadik en este mundo, porque él recibe esta *shefa* del Tzadik superior y la utiliza de manera incorrecta.

18. Taná. *Taná* es el término utilizado para designar a un erudito cuyas ideas originales están citadas en la Mishná, la sección más antigua de la Ley Oral. No está claro por qué el Rebe Najmán utilizó la palabra *Taná* para describir a los Tzadikim que revelaron Torá. Se suma a la pregunta su afirmación hecha hacia el final de la sección de que "incluso Tzadikim que ya han fallecido…", pues obviamente todos los *Tanaim* fallecieron ya hace mucho tiempo. Parecería ser que dado que las ideas originales de Torá tienen su raíz en la Ley Oral, que es la Mishná, el Rebe se refiere a todos los Tzadikim llamándolos *Taná*.

desprecia y persigue a los Tzadikim: el Tzadik superior y el Tzadik inferior.[13] Como está escrito en el *Zohar* (I, 153b): La Presencia Divina reside entre dos Tzadikim, como en (Salmos 37:29), "Los Tzadikim heredarán la tierra" – *Tzadikim* [en plural], indica dos.[14] Estos son dos Tzadikim: el Tzadik que originó esta enseñanza de Torá Oral es el Tzadik superior y el Tzadik inferior es aquel que estudia estas ideas originales.[15]

Y la Ley Oral es la Presencia Divina. Como <enseñó Eliahu>: *Maljut* (Reinado) es *pe* (boca) - ella es llamada *Torá shebeal pe* (Ley Oral) (*Tikuney Zohar*, Introducción).[16] Cuando la Presencia Divina, que es conocida como la Ley Oral, entra en el erudito-demonio, es llamada la "Presencia Divina en el exilio". <A partir de esto> [el erudito] tiene la boca para "decir palabras arrogantes contra el justo, con soberbia y desprecio".[17]

Pero cuando la persona estudia, con santidad y pureza, alguna ley o decisión legal originada por un *Taná*[18] o por algún otro Tzadik, esto

---

Bilaam (בלעם), Nabal (נבל) (*Shaar HaGuilgulim* #22). Más aún, así como Labán intentó desarraigar a Iaacov, de la misma manera Bilaam quiso destruir a Moshé, y Nabal intentó derrocar al rey David. Y, como el Rebe explica al final de la lección, el rey David es sinónimo de la Ley Oral, que Nabal, el erudito-demonio, trata de controlar.

13. Tzadik superior...inferior. El Tzadik superior hace referencia a la persona Divina de *Zeir Anpin* (ver n.41 más abajo). El Tzadik inferior se refiere a los Tzadikim de este mundo, que estudian la Torá.

14. entre dos Tzadikim...la tierra.... La tierra es el concepto de *Maljut*, porque aquí es donde se revela el Reinado de Dios. *Maljut* también es sinónimo de la Presencia Divina y de la Ley Oral. Así, la tierra/*Maljut* que heredarán los Tzadikim es la Presencia Divina, la Ley Oral (ver Apéndice: Las Personas Divinas, Nombres Alternativos).

El concepto de que la Presencia Divina reside entre dos Tzadikim es integral a toda la lección. El *Zohar* (*loc. cit.*) afirma que Rajel, símbolo de la Presencia Divina (cf. *Tzadik* #563, n.27 más abajo), dio nacimiento a dos Tzadikim, Iosef y Biniamin. Rajel/la Presencia Divina se sitúa por lo tanto entre estos dos Tzadikim. Iosef simboliza el Tzadik superior del cual irradia una gran luz espiritual. Biniamin simboliza el Tzadik inferior, los Tzadikim de este mundo. En virtud de su deseo de ascender, él refleja la gran luz y recibe más de ella. Así, cuando la "tierra" corresponde a la Presencia Divina/Rajel, ella es heredada por estos dos Tzadikim, "Iosef" y "Biniamin".

15. ...ideas originales. El Rebe Najmán vuelve ahora a definir su afirmación, en que el término "tierra" representa la Ley Oral. Ella está situada entre el Tzadik superior/Iaacov -la Ley Escrita- arriba, y el Tzadik inferior -los Tzadikim de este mundo que estudian la Torá- debajo. (Iaacov y Iosef son considerados como uno; *Zohar* I, 182b).

Cada concepto de Torá tiene su origen en la Ley Escrita (*Likutey Halajot, Reshit Haguez* 5:16). Siendo así, ¿cómo es posible decir que uno origina pensamientos de Torá? Para responder a esto, consideremos las siguientes afirmaciones contradictorias. Enseña el Talmud: Todo lo que

תַּנָּא אוֹ צַדִּיק אַחֵר, עַל־יְדֵי־זֶה נַעֲשֶׂה בְּחִינַת נְשִׁיקִין. וּנְשִׁיקִין זֶה בְּחִינַת הִתְדַּבְּקוּת רוּחָא בְּרוּחָא; כִּי הַפֶּסָק הַזֶּה הוּא דִּבּוּרוֹ שֶׁל הַתַּנָּא, וְדִבּוּר הוּא הַחִיּוּת, כְּמוֹ שֶׁכָּתוּב (בראשית ב): "לְנֶפֶשׁ חַיָּה", וְתַרְגּוּמוֹ: 'לְרוּחַ מְמַלְּלָא'.

וְרוּחַ מְמַלְּלָא, הַיְנוּ הַנֶּפֶשׁ חַיָּה, הִיא בָּאָה מִתּוֹרָה שֶׁבְּעַל־פֶּה, כְּמוֹ שֶׁכָּתוּב (שם א): "תּוֹצֵא הָאָרֶץ נֶפֶשׁ חַיָּה". נִמְצָא, בְּשָׁעָה שֶׁמְּחַדֵּשׁ הַתַּנָּא אֵיזֶה חִדּוּשׁ וּמְדַבֵּר זֶה הַחִדּוּשׁ, זֶה הַדִּבּוּר בְּעַצְמוֹ הִיא בְּחִינַת הַתּוֹרָה שֶׁבְּעַל־פֶּה שֶׁחִדֵּשׁ, כִּי מִשָּׁם מוֹצָאָהּ, כְּמוֹ שֶׁכָּתוּב: "תּוֹצֵא הָאָרֶץ נֶפֶשׁ חַיָּה". נִמְצָא, עַכְשָׁו כְּשֶׁלּוֹמְדִים אֶת הַחִדּוּשׁ הַזֶּה, וּכְשֶׁמַּכְנִיסִין הַלִּמּוּד וְהַחִדּוּשׁ בְּתוֹךְ פֶּה, נִמְצָא שֶׁמִּדַּבְּקִין רוּחַ הַצַּדִּיק שֶׁחִדֵּשׁ זֶה הַחִדּוּשׁ עִם רוּחַ מְמַלְּלָא, הַיְנוּ עִם הַדִּבּוּר הַלּוֹמֵד זֶה הַחִדּוּשׁ עַכְשָׁו. וְזֹאת הַהִתְדַּבְּקוּת רוּחָא בְּרוּחָא נִקְרָא נְשִׁיקִין.

נִמְצָא, כְּשֶׁלּוֹמְדִין אֵיזֶה הֲלָכָה שֶׁחִדְּשׁוּ הַתַּנָּאִים, עַל־יְדֵי־זֶה נִתְדַּבֵּק רוּחַ הַתַּנָּא עִם רוּחַ הַלּוֹמֵד, וְדוֹמֶה כְּאִלּוּ נוֹשֵׁק אֶת עַצְמוֹ עִם הַתַּנָּא. אֲבָל תַּלְמִיד־חָכָם שֵׁד יְהוּדִי, כְּשֶׁלּוֹמֵד גְּמָרָא אוֹ פְּסַק־דִּין, עָלָיו כָּתוּב (משלי כ״ז): "נַעְתָּרוֹת נְשִׁיקוֹת שׂוֹנֵא", כִּי הַתַּנָּא אֵינוֹ יָכוֹל לִסְבֹּל רוּחוֹ שֶׁל תַּלְמִיד־חָכָם שֵׁד יְהוּדָאִין, כִּי מִי יָכוֹל לִסְבֹּל לְנַשֵּׁק אֶת עַצְמוֹ עִם נְבֵלָה, כָּל שֶׁכֵּן שֶׁנְּבֵלָה טוֹבָה הֵימֶנּוּ.

mismo sucede con la idea generada por el Tzadik superior. Así, cuando revela con su boca esta idea de Ley Oral, el habla del Tzadik, su espíritu, se mantiene unido a él.

23. que ahora está estudiando la idea. El Tzadik inferior, el individuo que está estudiando, repite las palabras del Tzadik superior. Al enunciar la enseñanza (ver Lección #11:1 y n.8), se une a la cualidad del habla la que, a su vez, aún está unida a su fuente, el Tzadik superior. Esta unión los junta (*Mabuei HaNajal*).

24. del enemigo. Aunque son muchos, no son queridos e incluso son despreciados.

25. una res muerta es mejor que él. "Los Tzadikim, incluso luego de fallecer, son considerados vivos… [pero] los malvados, aun cuando están vivos, son considerados muertos" (*Berajot* 18a,b). De este modo, el erudito-demonio es considerado un muerto, un cadáver viviente, e incluso algo inferior a un cuerpo muerto (n.10 arriba).

genera el aspecto de *neshikin* (besos). *Neshikin* es la unión de un espíritu con otro.[19] Pues esta decisión legal fue dicha por el *Taná*, y el habla es la fuerza vital, como está escrito (Génesis 2:7), "[El hombre] vino a ser un alma viviente", que Onkelos traduce como: "un espíritu hablante".[20]

Ahora bien, el "espíritu hablante" -el "alma viviente"- proviene de la Ley Oral, como está escrito (Génesis 1:24), "Que la tierra haga surgir un alma viviente".[21] En consecuencia, cuando el *Taná* origina alguna idea y verbaliza esta idea, el hablar mismo es un aspecto de la Ley Oral que él originó. Porque es de allí de donde él la tomó,[22] como en, "Que la tierra haga surgir un alma viviente". De modo que ahora, cuando uno estudia esta idea novedosa y lleva la enseñanza y la novedad a su boca, el resultado es que el espíritu del Tzadik que originó esa idea se une con el "espíritu hablante" - con las palabras de aquel que ahora está estudiando la idea.[23] Esta unión de un espíritu con otro espíritu es llamada *neshikin*.

Vemos entonces que cuando se estudia <*lishmáh*> una ley instituida por los *Tanaim*, mediante esto el espíritu del *Taná* se une con el espíritu de aquel que está estudiando. Es como si estuviera besando al *Taná*. Sin embargo, está escrito sobre el erudito-demonio que estudia el Talmud o una decisión legal (Proverbios 27:6), "Profusos son los besos del enemigo".[24] Esto se debe a que el *Taná* no puede tolerar el espíritu del erudito-demonio. Pues, ¿quién puede soportar besar a una res muerta, especialmente cuando "una res muerta es mejor que él"?[25]

---

19. neshikin…espíritu con otro. Las acciones del hombre en este mundo físico reflejan y a la vez dan nacimiento a las "acciones" espirituales correspondientes en los mundos trascendentes Arriba (cf. Lección #11, n.53). Así, cuando la persona utiliza la boca, la fuente del *rúaj* (espíritu; *Zohar* II, 224b), para estudiar la "Ley Oral" que el *Taná* o algún otro Tzadik originó mediante su boca, esto es *neshikin* - la unión de espíritu con espíritu. Aunque él está en este mundo, su espíritu besa el espíritu del Tzadik que falleció hace mucho tiempo.

20. espíritu hablante. El habla es propia y única del hombre, la cualidad que lo distingue de las otras formas de la creación (mineral, vegetal y animal). Como indica Onkelos, el alma viviente del hombre es su espíritu hablante. El habla es su vida.

21. tierra…alma viviente. Como hemos visto, la tierra es *Maljut*, la Ley Oral (*Mei HaNajal*). Así, este versículo del comienzo de Génesis citado por el Rebe Najmán para mostrar la raíz del alma viviente del hombre puede leerse de la siguiente manera, "Que la *Ley Oral* haga surgir un *espíritu hablante*".

22. de donde él la tomó. Así como el habla/el espíritu hablante tiene su raíz en la Ley Oral, lo

וַאֲפִלּוּ צַדִּיקִים שֶׁכְּבָר הָלְכוּ לְעוֹלָמָם, וּכְשֶׁאָנוּ לוֹמְדִין תּוֹרוֹתֵיהֶן,
עַל־יְדֵי־זֶה נִתְדַּבֵּק רוּחָם בְּרוּחֵנוּ, כְּמוֹ שֶׁאָמְרוּ חֲכָמֵינוּ, זִכְרוֹנָם
לִבְרָכָה (יבמות צז): 'שִׂפְתוֹתֵיהֶם דּוֹבְבוֹת בַּקֶּבֶר', וְזֶה עַל־יְדֵי בְּחִינַת
נְשִׁיקָה.

וְזֶה בְּחִינַת: (בראשית כ"ט) **וַיִּשַּׁק יַעֲקֹב לְרָחֵל, וַיִּשָּׂא קֹלוֹ וַיֵּבְךְּ**,
פֵּרֵשׁ רַשִׁ"י: 'שֶׁצָּפָה בְּרוּחַ־הַקֹּדֶשׁ שֶׁאֵינָהּ נִכְנֶסֶת עִמּוֹ לִקְבוּרָה'.
רָחֵל - בְּחִינַת תּוֹרָה שֶׁבְּעַל־פֶּה, שֶׁהִיא כְּרָחֵל לִפְנֵי גוֹזְזֶיהָ, שֶׁהַכֹּל
גּוֹזְזִין וּפוֹסְקִין מִמֶּנָּה הֲלָכוֹת, וְהֵם נַעֲשִׂים לְבוּשִׁין, כְּמוֹ שֶׁכָּתוּב
(משלי כ"ז): "כְּבָשִׂים לִלְבוּשֶׁךָ", כְּמוֹ שֶׁכָּתוּב (ישעיהו ג): "שִׂמְלָה
לְכָה קָצִין תִּהְיֶה לָּנוּ". כְּשֶׁאָדָם כָּשֵׁר לוֹמֵד תּוֹרַת הַתַּנָּא, אֲזַי

lección, es claramente aconsejable incluir este comentario al estudiar el *Shulján Aruj*.

27. los que la esquilan. Así como una oveja es esquilada y su lana vuelve a crecer, uno puede rever constantemente la Ley Oral y siempre encontrará allí pensamientos nuevos y originales.

Para comprender mejor la dirección que está tomando en este momento la lección del Rebe Najmán, deben tenerse en mente las relaciones establecidas por el siguiente pasaje del *Zohar* (II, 29b) el versículo dice (*loc. cit.*), "'Como una *rajel* delante de los que la esquilan, se mantiene en silencio…' ¿Por qué en silencio? Rajel es *Maljut*, el habla. Iaacov es *Zeir Anpin*, la voz. Cuando la Presencia Divina, *Maljut*, está en el exilio, su voz desaparece y se vuelve silenciosa". Rajel/la Ley Oral está unida a Iaacov/el *Taná* que originó la ley. Sin embargo, cuando la Ley Oral cae en el exilio en la boca de Labán/el erudito-demonio allí queda cautiva, así como el habla estuvo cautiva en Egipto (*Sabiduría y Enseñanzas del Rabí Najmán de Breslov* #88).

28. corderos…vestidos. Así como la lana esquilada se transforma en vestimentas, la Ley Oral, las enseñanzas de los Tzadikim, se transforman en vestimentas para el alma de la persona. El Rebe Najmán ha enseñado así que luego de que la persona fallece, el Tzadik tiene el poder de darle uno de sus propios "vestidos" para cubrir su alma (*Tzadik* #228).

El Talmud (*Jaguigá* 13a) muchas veces hace referencia a cosas que están *kavush* (veladas y preservadas) con Dios, ocultas y desconocidas para el hombre. *KeVeS* (כבש, oveja) es parecido a *KaVuSh* (כבוש). De manera similar, la Ley Oral está "envestida" dentro de la Ley Escrita, allí está oculta y desconocida. Sin embargo, el Tzadik revela y origina esta fuente. Ella se transforma en su vestimenta y él puede compartirla con otros - con aquéllos que repiten sus enseñanzas. Ella se vuelve entonces vestimentas para ellos, para sus almas, porque ellos visten sus almas con las vestimentas de Torá. Ver arriba, nota 15.

29. …serás nuestro líder. Explica el Talmud (*Shabat* 119b): Cuando uno ha alcanzado la sabiduría de la Torá, se vuelve digno de ser un líder (*Mei HaNajal*). En el contexto de la lección, esto se relaciona con la vestimenta que obtiene el Tzadik superior y que les transfiere a sus seguidores, el concepto del Tzadik inferior.

30. persona virtuosa. Hasta ahora, el Rebe Najmán ha hablado del "Tzadik inferior" refiriéndose

Incluso [con respecto a los] Tzadikim que ya han fallecido, cuando estudiamos sus enseñanzas, su espíritu se une con el nuestro <en el aspecto de *neshikin*>. Como enseñaron nuestros Sabios: [Cuando una persona cita a los sabios en este mundo,] los labios [de los Sabios] se mueven en la tumba *(Iebamot 97a)*.²⁶ Esto es como resultado del aspecto de *neshikin*.

{Iaacov besó a Rajel y alzó su voz y lloró. Iaacov le manifestó a Rajel que era pariente de su padre y que era hijo de Rivka. Entonces ella corrió y lo contó a su padre. Cuando Labán oyó el nombre de Iaacov, hijo de su hermana, corrió a su encuentro y lo abrazó y lo besó, y lo trajo a su casa; y [Iaacov] *isaper* (le contó) a Labán todas estas cosas. Y Labán le dijo: "¡Ciertamente mi hueso y mi carne eres!". Y *ieshev* (habitó) con él *jodesh iamim* (por espacio de un mes). Entonces le dijo Labán a Iaacov: "Tú eres mi hermano..." (Génesis 29:11-15)}.

Esto corresponde a "Iaacov besó a Rajel y alzó su voz y lloró". Rashi explica: "él previó mediante el espíritu santo que ella no sería enterrada junto con él". "Rajel" alude a la Ley Oral, <porque ella corresponde al habla, a la Presencia Divina>. Ella es "como una *rajel* (cordera) delante de los que la esquilan" (Isaías 53:7).²⁷ Todos la esquilan y extraen leyes de ella *(Tikuney Zohar #21, p.46b)*. [Las leyes] se transforman en vestimentas, como está escrito (Proverbios 27:26), "Los corderos son para tus vestidos",²⁸ y como en (Isaías 3:6), "Tú tienes vestimentas, serás nuestro líder".²⁹ Cuando una persona virtuosa³⁰ estudia las enseñanzas

---

26. sus labios se mueven.... El rey David oraba, "Hazme habitar en Tu tienda *olamim* (por siempre)" (Salmos 61:5). El plural "*olamim*" indica dos mundos. Pregunta el Talmud: ¿Puede alguien habitar en dos mundos al mismo tiempo? Nuestros Sabios responden: El rey David oró para que la gente repitiese sus enseñanzas, citándolo a él en este mundo, para que siempre fuera como si aún estuviese vivo *(Iebamot 97a)*. Tosafot *(v.i. agura)* explica que mientras el alma está en la Casa de Estudios Arriba, en este mundo sus labios se mueven en la tumba, como si estuviese hablando. En este sentido, se encuentra en ambos mundos a la vez. El Maharsha explica que el habla es la manifestación del alma en el cuerpo (como arriba y n.20, 21). Debido a que el espíritu es eterno, puede afectar al cuerpo incluso aunque ya no estén reunidos como uno. Esto ocurre cuando alguien vivo en este mundo repite la Torá que esta persona ha revelado *(Kuntres Ajarón, v.i. siftotav)*. Más aún, debido a que la Ley Oral es la raíz del habla, es posible revivir el poder del habla cada vez que se repite la Ley Oral *(Mabuei HaNajal)*. Así, al repetir las lecciones del Tzadik, sus ideas originales, la persona aún puede unirse al Tzadik, aunque el Tzadik haya fallecido hace ya mucho tiempo.

El Talmud compara esto con alguien que bebe un vino fino muy añejo. Aunque ya lo haya tragado, su sabor permanece en los labios. Sucede lo mismo con aquél que ha originado ideas de Torá. Aunque ya ha partido de este mundo, su poder del habla continúa en sus labios y se despierta [mediante la repetición de sus palabras] *(Ierushalmi, Berajot 2)*. (Esta analogía con el vino adopta un significado adicional en la sección 4, donde el Rebe Najmán incorpora el concepto del vino).

El *Ber HaGolá*, un comentario sobre el *Shuljan Aruj*, hace una lista de las fuentes (a partir del Talmud y de los Codificadores) de todas las leyes citadas allí. Basándose en esta

הַתַּנָּא נוֹשֵׁק אוֹתוֹ וְהוּא נוֹשֵׁק הַתַּנָּא, וְגוֹרֵם תַּעֲנוּג גָּדוֹל לְהַתַּנָּא, כְּמוֹ שֶׁכָּתוּב: 'שִׂפְתוֹתָיו דּוֹבְבוֹת בַּקֶּבֶר' וְכוּ'.

וְזֶה בְּחִינַת: **וַיִּשַּׁק יַעֲקֹב** - הוּא הַתַּנָּא, **לְרָחֵל** - הִיא הַתּוֹרָה שֶׁבְּעַל-פֶּה שֶׁחִדֵּשׁ, שֶׁנִּשֵּׁק וְדִבֵּק אֶת רוּחוֹ בְּרוּחַ-הַקֹּדֶשׁ שֶׁבַּשְּׁכִינָה. **וַיֵּבְךְּ** - שֶׁצָּפָה בְּרוּחַ-הַקֹּדֶשׁ שֶׁלּוֹ, שֶׁהוֹצִיא מִפִּיו וְהִכְנִיס בְּתוֹךְ הַתּוֹרָה שֶׁבְּעַל-פֶּה, וְרָאָה שֶׁבְּגָלוּת הַזֶּה עַל-פִּי הָרֹב הַלּוֹמְדִים אֵינָם הֲגוּנִים; נִמְצָא שֶׁעַל-יְדֵי לִמּוּדָם שֶׁיִּלְמְדוּ לֹא תִּכָּנֵס רוּחַ-הַקֹּדֶשׁ שֶׁל רָחֵל, שֶׁל תּוֹרָה שֶׁבְּעַל-פֶּה, לִקְבוּרָה, שֶׁאֵין שִׂפְתוֹתָיו דּוֹבְבוֹת בַּקֶּבֶר עַל-יְדֵי לִמּוּדוֹ שֶׁל רָשָׁע, וְעַל-יְדֵי-זֶה וַיֵּבְךְּ עַל גָּלוּתוֹ.

וְעוֹד, שֶׁלִּפְעָמִים הַלַּמְדָן אוֹמֵר אֵיזֶה חִדּוּשׁ בְּשֵׁם עַצְמוֹ וְלֹא בְּשֵׁם הַתַּנָּא, נִמְצָא שֶׁעַל-יְדֵי-זֶה אֵינוֹ נִכְנָס עִם הַתַּנָּא לִקְבוּרָה, כִּי אֵין אוֹמֵר בְּשֵׁם אוֹמְרוֹ.

En nuestra lección, Biniamin corresponde al Tzadik inferior (arriba, n.14), aquél que estudia la Ley Oral. Pero, en este nivel inferior, existe el peligro de caer en la trampa del Otro Lado. El erudito puede usar su conocimiento de manera incorrecta y transformarse en un erudito-demonio. Y, mientras que "Biniamin" como el Tzadik inferior busca alcanzar niveles cada vez más elevados de santidad, no ocurre lo mismo con el erudito arrogante. Su dominio de la Ley Oral se transforma en un arma, un medio para hacerse notar y criticar a los demás (n.9 arriba). La misma Ley Oral es transformada en "palabras arrogantes" y combinaciones de letras corruptas (ver §4). Y es por eso que el alma de Rajel la abandonó y la Presencia Divina está en el exilio. El hecho de que ella fuera enterrada al costado del camino simboliza la caída de la Ley Oral hacia los niveles inferiores del erudito indigno. Éste muestra con arrogancia su conocimiento - "en el camino". Pero, pese a esto, no todo está perdido. Precisamente debido a que Rajel fue inhumada en el camino, se hizo mucho más fácil acceder a su tumba. Muchos años más tarde, cuando los judíos fueron enviados el exilio, al pasar cerca de Bet Lejem se detuvieron junto a la tumba de Rajel, el sitio elegido intencionalmente por Iaacov. Allí lloraron y oraron (*Rashi*, Génesis 48:7). Rajel misma despertó para orar por los judíos y Dios le prometió que en su mérito los haría volver del exilio (Jeremías 31:14-16). Esto corresponde al *Taná* que llora por *su exilio*, porque sus enseñanzas han quedado cautivas en la boca del erudito-demonio.

34. en su propio nombre.... Su deseo de reconocimiento es tan grande que llegará incluso a rebajarse para "tomar" lo que no es suyo. Tal arrogancia es resultado de aquél que estudia Torá no por el estudio mismo. Ver la Lección #11, en la cual el Rebe Najmán habla sobre aquéllos cuya humildad es sólo en aras de la arrogancia. Porque incluso si tal erudito-demonio se conduce de manera humilde, es sólo para aumentar su propia importancia.

35. aquél que lo dijo primero. Porque los labios del *Taná* no se moverán en la tumba. Más aún, nuestros Sabios nos dicen que repetir algo en nombre de aquél que lo dijo trae redención al mundo, como en (Esther 2:22), "Esther le dijo al rey en nombre de Mordejai" (*Meguilá* 15a).

del *Taná*, el *Taná* la besa. Y ella besa al *Taná* y le da a él un gran deleite, como en, "sus labios se mueven en la tumba".[31]

Éste es el significado de "Iaacov besó" - él es el *Taná*; "Rajel" - ella es la Ley Oral que él originó. Él besó y unió su espíritu con el espíritu santo en la Presencia Divina. "Y lloró" - Él previó mediante el espíritu santo, que tomó de su boca y lo colocó en la Ley Oral, y vio que en este exilio los eruditos son en general gente indigna. En consecuencia, el estudio al cual ellos se dedican[32] hace que el espíritu santo de Rajel/Ley Oral no entre en la tumba.[33] Porque los labios [del *Taná*] no se mueven en la tumba cuando el malvado estudia. Y debido a esto, "lloró" por su exilio.

Más aún, hay veces en que el erudito enseña una idea original en su propio nombre en lugar de darle el crédito al *Taná*.[34] Como resultado, no entra en la tumba con el *Taná*. Porque no lo dice en nombre de aquél que lo dijo [primero].[35]

---

al Tzadik que estudia Torá. Ahora el Rebe amplía esta categoría para incluir a todas las personas – siempre y cuando sean virtuosas. En cuanto a quién hace referencia esta categoría, ver nota 9 más arriba.

31. gran deleite.... Ver arriba, nota 26, que su estudio de las enseñanzas del *Taná*/Tzadik hace que este Tzadik superior se encuentre en ambos mundos - también en este mundo inferior.

32. eruditos...gente indigna...se dedican. Enseñó el Rebe Najmán: En las primeras generaciones, el estudio de la Torá tenía incluso el poder de proteger de la muerte (así como protegió al rey David; *Shabat* 30a,b), pero ahora vemos que la gente fallece mientras está estudiando. "Debes saber", dijo, "que incluso hoy en día, si el estudio de la Torá se realiza de la manera apropiada, aún mantiene sus grandes poderes protectores. Pero si no, si la persona no estudia como es debido, Dios no lo permita, entonces su estudio sólo sirve para fortalecer al Otro Lado. Esto ocurre en especial cuando se estudia el Talmud. Pues el Talmud (תלמוד) tiene el mismo valor numérico que la *klipá* (fuerza del mal), conocida como Lilit (480, לילית) (ver Apéndice: Tabla de Guematria). Así, el Talmud puede subyugar a la *klipá*, o hacer que la persona quede subyugada a ella" (*Likutey Moharán* I, 214).

El Midrash (*Eijá Rabah* 2:4) enseña que antes de la destrucción del Segundo Templo había 481 casas de estudio en Jerusalén. El hecho de la Torá "superando en número" a la *klipá* (Lilit) alude al poder que tiene la santidad de subyugar a las fuerzas del mal.

33. la tumba. Explica el Ari: Conceptualmente la muerte y el entierro indican un descenso a un nivel espiritual inferior. "La tumba" implica así estar oculto en un nivel que es inferior al nivel correcto. Si el alma de Rajel no la hubiera abandonado durante el parto, ella habría sido capaz de ascender al nivel de Iaacov y habría merecido entonces ser inhumada junto a él. Pero debido a que sucedió de esa otra manera, no se la enterró a su lado (dentro de la Tumba de los Patriarcas, en Hebrón). En lugar de eso, luego de dar nacimiento a Biniamin, fue inhumada en el camino, en Bet Lejem (*Shaar HaHakdamot* p.86).

ב וְאִם יִקְשֶׁה לְךָ: הֲלֹא תֵּכֶף כְּשֶׁלּוֹמֵד הַלַּמְדָן הַחִדּוּשׁ שֶׁל הַצַּדִּיק, הָיָה לוֹ לַחֲזֹר בִּתְשׁוּבָה, וְאֵיךְ מֵנִיחַ הַתּוֹרָה שֶׁבְּעַל־פֶּה אֶת הַלַּמְדָן לֵילֵךְ בְּרִשְׁעָתוֹ? תְּשׁוּבָה עַל זֶה: **וַיַּגֵּד יַעֲקֹב לְרָחֵל כִּי אֲחִי אָבִיהָ הוּא וְכִי בֶן־רִבְקָה הוּא** – פֵּרוּשׁ: בְּשָׁעָה שֶׁהִגִּיד הַצַּדִּיק הַתּוֹרָה שֶׁבְּעַל־פֶּה, הִגִּיד אוֹתָהּ בִּבְחִינוֹת (הושע י״ד): "צַדִּיקִים יֵלְכוּ בָם וּפֹשְׁעִים יִכָּשְׁלוּ בָם".

וְזֶה: "כִּי אֲחִי אָבִיהָ הוּא" בְּרַמָּאוּת, בִּבְחִינַת "וּפֹשְׁעִים יִכָּשְׁלוּ בָם"; "וְכִי בֶן־רִבְקָה הוּא" הַכַּשְׁרָה, וְזֶה בְּחִינַת "צַדִּיקִים יֵלְכוּ בָם".

וְלֹא עוֹד, **וַתָּרָץ וַתַּגֵּד לְאָבִיהָ** – הַיְנוּ זֹאת הַבְּחִינָה שֶׁל "וּפֹשְׁעִים יִכָּשְׁלוּ בָם" בָּא לוֹ בְּנָקֵל יוֹתֵר, כְּמוֹ שֶׁאָמְרוּ חֲכָמֵינוּ, זִכְרוֹנָם לִבְרָכָה (סוטה כא:): 'אֲנִי חָכְמָה שָׁכַנְתִּי עָרְמָה', כִּי כְּשֶׁאָדָם לוֹמֵד תּוֹרָה, נִכְנָס בּוֹ עַרְמִימִיּוּת. וְזֶה: "וַתָּרָץ" – כְּאָדָם שֶׁרָץ בִּמְהִירוּת וּבְנָקֵל; וַתַּגֵּד לְאָבִיהָ – שֶׁהַתּוֹרָה הִיא מַגֶּדֶת לְהַלַּמְדָן עַרְמִימִיּוּת (וְזֶהוּ: וַתָּרָץ וַתַּגֵּד) לְאָבִיהָ, שֶׁהָעַרְמִימִיּוּת בָּא בְּנָקֵל וּבִמְהִירוּת יוֹתֵר לָאָדָם, כִּי הַקְּדֻשָּׁה צָרִיךְ סִיּוּעַ מִלְעֵלָּא, כְּמוֹ שֶׁאָמְרוּ (יומא לח, עבודה זרה נה): 'הַבָּא לְטַהֵר, מְסַיְּעִין לוֹ', אֲבָל הָעַרְמִימִיּוּת פּוֹתְחִין, יֵשׁ לוֹ פְּתָחִים הַרְבֵּה וּבָא לוֹ בְּנָקֵל.

---

37. Tzadikim…pecadores. "Ésta es la Torá que Moshé *sam* (obsequió) al pueblo judío" (Deuteronomio 4:44). La Torá es un *sam* (elixir). Estudiada de manera apropiada es un elixir de vida. Estudiada de manera inadecuada, puede llegar a ser un veneno mortal (*Ioma* 72b; cf. *Mabuei HaNajal*). Ver más abajo sección 3.

38. en el engaño…el virtuoso. Iaacov le dijo a Rajel, "Si él, [Labán,] actúa con engaño, yo soy su hermano en el engaño; pero si él es virtuoso, yo también [lo seré, porque] soy el hijo de Rivka, su hermana virtuosa" (*Rashi*, Génesis 29:2).

39. padre…más fácil y rápido a la persona. Ver *Likutey Moharán* 10:4 que "padre indica sabiduría" (*Meguilá* 13a). En este caso, el padre -Labán/el erudito-demonio- utiliza su sabiduría para engañar. Esta cualidad de astucia "corre" hacia la persona, y es entonces muy fácil caer en su trampa.

40. muchas aperturas…le llega fácilmente. La persona inclinada hacia cualquier aspecto de impureza y de inmoralidad encontrará relativamente pocas barreras en su camino: sólo le será

2. Si te preguntas: ¿Por qué el erudito que estudia las ideas originales del Tzadik no se arrepiente apenas las examina? Y ¿cómo es que la Ley Oral permite que el erudito continúe con su maldad?[36] La respuesta es: "Él le manifestó a Rajel que era pariente de su padre y que era hijo de Rivka". Esto significa que cuando el Tzadik pronunció la Ley Oral, la expresó en el aspecto de (Hoshea 14:10), "Los Tzadikim andarán en ellas, pero en ellas tropezarán los pecadores".[37]

Y esto es, "que era pariente de su padre" - en el engaño. Éste es el aspecto de "pero en ellas tropezarán los pecadores". "Que era hijo de Rivka" - el virtuoso.[38] Éste es el aspecto de "Los Tzadikim andarán en ellas".

No sólo esto, sino, "Ella corrió y lo contó a su padre". En otras palabras, este aspecto de "pero en ellas tropezarán los pecadores" le llega mucho más fácil. Como enseñaron nuestros Sabios (Proverbios 8:12), "Yo, la sabiduría, habito con astucia" - <una vez> que la persona estudia Torá, adquiere astucia (Sotá 21b). Y esto es, "Ella corrió" - es como la persona que corre rápido y fácilmente; "y lo contó a su padre" - porque la Torá le enseña astucia al erudito. Y así, "Ella corrió y lo contó a su padre" - la astucia le llega más fácil y rápido a la persona.[39] Esto se debe a que la santidad requiere [esperar la] ayuda desde Arriba, como enseñaron nuestros Sabios: Aquél que viene a purificarse, recibe ayuda (Shabat 104a). Pero la astucia está abierta -tiene muchas aperturas (ibid., Tosafot v.i. is degarsi)- y le llega fácilmente.[40]

El *Etz Iosef* agrega que podemos suponer que Mordejai esperaba que Esther revelase el complot contra la vida de Ajashverosh en nombre de ella. Esperaba que de esta manera, ella obtendría un favor mayor por parte del rey. Si no, ¿por qué no le informó Mordejai directamente a Ajashverosh lo que había escuchado? Pero Esther se negó a tomar el crédito que por derecho le pertenecía a otra persona. No podía ser tan arrogante. De modo que fue la cualidad de la humildad la que les trajo la redención a los judíos. Y ésta será la cualidad del Mashíaj. Él será humilde y pequeño a sus propios ojos - "un hombre pobre cabalgando en un asno" (Zacarías 9:9).

Resumen: Es por designio Divino que los eruditos estén habituados a oponerse a los Tzadikim. Cuando aquello que es generado por el Tzadik superior, la Torá Oral, es estudiado en este mundo por una persona recta, el Tzadik inferior, se produce una unión entre ambos espíritus. Sin embargo, cuando alguien que carece de decencia y respeto estudia las enseñanzas del Tzadik superior, hace que la Ley Oral/la Presencia Divina descienda al exilio. Esta enseñanza se transforma entonces en un arma en boca del erudito-demonio con la cual persigue al Tzadik inferior.

36. Si te preguntas.... La raíz de la palabra Torá es *horá* (enseñar). La pregunta entonces es, si la Torá misma es un maestro, ¿por qué... no se arrepiente...?

ג וְאִם יִקְשֶׁה לְךָ: אִם הַתַּנָּא הָיָה צַדִּיק גָּמוּר, אֵיךְ בָּא זֶה הַדָּבָר, שֶׁאוֹמֵר תּוֹרָתוֹ שֶׁיָּכוֹל לִסְבֹּל שְׁנֵי מַשְׁמָעוּת: מַשְׁמָעוּת טוֹב, דְּהַיְנוּ 'צַדִּיקִים יֵלְכוּ בָם' וּמַשְׁמָעוּת לְהִפּוּךְ, דְּהַיְנוּ 'וּפשְׁעִים יִכָּשְׁלוּ בָם.'

אֲבָל דַּע, שֶׁהַתַּנָּא הָיָה צַדִּיק גָּמוּר, וְתוֹרָתוֹ זַכָּה מִבְּלִי פְּסֹלֶת; וּמַה שֶּׁנִּרְאָה בָּהּ מַשְׁמָעוּת עַרְמוּמִיּוּת, זֶה, כִּי כָּל הָעוֹלָם מְקַבְּלִים פַּרְנָסָתָם

Hay cinco personas Divinas, correspondientes a las Diez *Sefirot*: *Arij Anpin* corresponde a *Keter*; *Aba* a *Jojmá*; *Ima* a *Biná*; *Zeir Anpin* a *Jesed, Guevurá, Tiferet, Netzaj, Hod*, y *Iesod*; y *Nukva* de *Zeir Anpin* a *Maljut* (ver Apéndice: Las Personas Divinas). *Arij Anpin* es un concepto de larga vida e incluye características tanto masculinas como femeninas. Las otras cuatro están claramente identificadas como personas masculinas (*Aba, Zeir Anpin*) o femeninas (*Ima, Maljut*). Todas estas personas Divinas tienen lados definidos: lado derecho (aspecto masculino), lado izquierdo (aspecto femenino) y centro (aspectos combinados). Así, cada concepto mantiene dentro de sí un aspecto de los otros conceptos.

Por sobre estas personas se encuentra un concepto más elevado todavía, *Atik*, el Anciano. *Atik* es tan exaltado que no puede decirse que tenga lados. Éste es el significado de, "En *Atik* no hay izquierda, en *Atik* todo es derecha" (*Zohar* III, 129a). Esto indica que, como no hay lados, todo es una unidad; un concepto singular, completamente bueno y bondadoso.

Toda la *shefa* desciende de Dios, en la forma de "luces espirituales", desde los niveles superiores hacia los inferiores, hasta que alcanza este mundo físico. Cada *sefirá* canaliza estas "luces" con menor intensidad que la precedente. Luego de que la *shefa* llega el nivel más bajo, vuelve a ascender, buscando retornar a su Fuente (ver arriba, n.14).

En la terminología Kabalista, el lado derecho siempre denota *Jesed* (Bondad) y el lado izquierdo, *Guevurá* (Fuerza). Los judíos reciben la *shefa* de la derecha; los no judíos, de la izquierda. Sin embargo, durante el exilio, en lugar de llegar directamente hasta los judíos, la *shefa* desciende primero a los gentiles y los judíos sólo reciben un residuo (*Zohar* II, 152b).

Aquél que está unido a la Torá está unido a la Fuente de todo, a Dios (arriba, n.5). Se desprende por lo tanto que aquél que estudia Torá debería tener todo bueno: una larga vida, riquezas, gloria, salud, etcétera, porque Dios está enviando constantemente *shefa*, abundancia. Pregunta por lo tanto el Talmud: ¿Por qué sólo hay larga vida en el lado derecho…? Responde: La derecha, *lishmá*, recibe ambas; la izquierda, sólo riquezas y gloria.

Larga vida se refiere al Mundo que Viene, a lo espiritual. Obviamente, aquél que estudia *lishmá* está interesado sólo en el aspecto espiritual de la Torá y su expectativa es sólo para el futuro, como se explicó más arriba en la nota 6. Así, aunque el Tzadik no las busque, las riquezas y la gloria descienden al mundo. Sin embargo, ahora que estamos en el exilio, no tenemos una *shefa* directa. Para que los judíos podamos recibir algo de *shefa*, debemos hacerlo a través del lado izquierdo. Por tanto, el Tzadik debe caer hacia "el lado izquierdo" para traer *shefa* desde allí. El hecho de que el Talmud pregunte "¿Larga vida y no riquezas?" es en sí mismo un aspecto de traer esta *shefa* "cayendo hacia el lado izquierdo", el lado de sólo riquezas y gloria. Esta pregunta es también el concepto de las preguntas que se hacen sobre los Tzadikim. Una vez hecha esta introducción, ahora podemos proseguir.

3. Y si te preguntas:[41] Si el *Taná* fue un Tzadik perfecto, ¿cómo es posible que enseñe Torá capaz de llevar un doble sentido - una connotación positiva, es decir "los Tzadikim andarán en ellas", y una connotación opuesta, es decir "pero en ellas tropezarán los pecadores"?

¡Pero debes saber! El *Taná* fue un Tzadik perfecto. Su Torá era pura, sin deficiencias. El hecho de que parezca tener en sí este sentido de astucia, [sólo] se debe a que la gente recibe <el sustento del lado

<small>necesario comenzar a buscar los medios para alcanzar su objetivo y encontrará el camino libre de obstáculos. Tal es la naturaleza de este mundo. Sin embargo, no ocurre lo mismo con respecto a la santidad y a la verdadera sabiduría. Aquél que busca cualidades de virtud debe trabajar por ellas y esperar pacientemente su realización. Necesita ayuda. Esta ayuda Divina le llegará en su momento, pero no de manera inmediata. El Rebe Najmán nos dice entonces que la astucia le llega muy fácilmente a la persona, casi de manera natural. Por lo tanto es necesario tener mucho cuidado y buscar constantemente la guía apropiada del verdadero Tzadik o maestro. Debido a que las "aperturas", las trampas, son muchas, no sólo es tonto, sino que también es peligroso apoyarse en ideas y tendencias personales. Es interesante notar que el Talmud (*loc. cit.*) basa esta enseñanza en el versículo (Proverbios 3:34), "Si se junta con los burladores, él también será uno; pero si se junta con los humildes, se le otorgará gracia". Esto concuerda con lo que el Rebe Najmán enseñó anteriormente, respecto del individuo virtuoso que manifiesta la cualidad de humildad, mientras que el erudito arrogante se burla de los rectos y los ridiculiza.

Resumen: Es por designio Divino que los eruditos estén habituados a oponerse a los Tzadikim. Cuando aquello que es generado por el Tzadik superior, la Torá Oral, es estudiado en este mundo por una persona recta, el Tzadik inferior, se produce una unión entre ambos espíritus. Sin embargo, cuando alguien que carece de decencia y respeto estudia las enseñanzas del Tzadik superior, hace que la Ley Oral/la Presencia Divina descienda al exilio. Esta enseñanza se transforma entonces en un arma en boca del erudito-demonio con la cual persigue al Tzadik inferior (§1). Esto es posible porque la Torá posee una doble naturaleza: ella da vida en manos del Tzadik inferior, y es venenosa en manos del erudito-demonio (§2).

41. Y si te preguntas. Esta sección tratará el siguiente versículo y la enseñanza Talmúdica concerniente a él. El versículo, referente a la Torá, dice, "Largos días en su mano derecha, y en su mano izquierda hay riquezas y gloria" (Proverbios 3:16). Preguntan nuestros Sabios: ¿Sólo hay larga vida en la derecha? ¿Acaso no hay también riquezas y gloria? Ellos responden: En la derecha hay larga vida; más aún riquezas y gloria. Pero en la izquierda, sólo hay riquezas y gloria (*Shabat* 36a). La derecha significa estudiar *lishmá*, por el estudio mismo; la izquierda es estudiar no por el estudio mismo (*Rashi, v.i. lemasmilim bo*).

Dios está enviando continuamente *shefa* a este mundo. Las enseñanzas Kabalistas explican que esta *shefa* es canalizada sistemáticamente hacia el mundo por medio de las *sefirot* (emanaciones Divinas) que actúan, si así pudiera decirse, como recipientes que captan y transmiten el influjo. El proceso comienza con las *sefirot* superiores que reciben esta abundancia (ver Apéndice: La Estructura de las Sefirot): *Keter* recibe la *shefa* desde Arriba y se la transmite a *Jojmá*, que la canaliza hacia la tercera *sefirá*, *Biná*. Ésta filtra el influjo hacia abajo, a través de las seis *sefirot* inferiores, conocidas colectivamente como *Zeir Anpin*, desde donde se envía la shefa a la *sefirá* más baja, *Maljut*, que simboliza este mundo.</small>

מִשְּׂמֹאלָהּ, כְּמוֹ שֶׁכָּתוּב (משלי ג): "מִשְּׂמֹאלָהּ עֹשֶׁר וְכָבוֹד" - בִּשְׁבִיל זֶה נָפַל הַתַּנָּא בִּשְׁעַת אֲמִירַת תּוֹרָתוֹ לְאֵיזֶה שְׁגִיאָה דַּקָּה כְּחוּט הַשַּׂעֲרָה, לִבְחִינַת שְׂמֹאלָהּ, כְּדֵי שֶׁעַל-יְדֵי זֶה בְּחִינַת שְׂמֹאלָהּ יְקַבֵּל שֶׁפַע וּפַרְנָסָתוֹ לְעוֹלָם, וּלְהַמְשִׁיךְ לָהֶם עֹשֶׁר וְכָבוֹד, כְּמוֹ שֶׁכָּתוּב: "מִשְּׂמֹאלָהּ עֹשֶׁר וְכָבוֹד"; אֲבָל מִצַּד הַתַּנָּא אֵין נִפְתָּל וְעִקֵּשׁ.

וְעַל זֶה צָרִיךְ הַלַּמְדָן לֵידַע קֹדֶם לִמּוּדוֹ, שֶׁבְּשָׁעָה שֶׁיּוֹשֵׁב לִלְמֹד, הַצַּדִּיק שֶׁבְּגַן-עֵדֶן צַיִּת לְקָלֵהּ, כְּמוֹ שֶׁכָּתוּב (שיר-השירים ח): "הַיּוֹשֶׁבֶת בַּגַּנִּים חֲבֵרִים מַקְשִׁיבִים לְקוֹלֵךְ" (וכמובא בזהר לך-לך צב.).

וְזֶה: וַיְהִי כִשְׁמֹעַ לָבָן אֶת שֵׁמַע יַעֲקֹב בֶּן אֲחֹתוֹ - הַיְנוּ, כְּשֶׁהַלַּמְדָן יוֹדֵעַ שֵׁמַע יַעֲקֹב, שֶׁיַּעֲקֹב בֶּן אֲחֹתוֹ, בְּחִינַת כַּשֵּׁרוּת, שֶׁלָּמַד וְאָמַר

de la energía espiritual se asemeja por lo tanto a una luz absolutamente unificada. Sólo luego de que la *shefa* Divina desciende a través de los mundos trascendentes y alcanza este mundo asume forma y corporeidad. Así, al descender a los niveles en los cuales existe la derecha y la izquierda, toma la distinción de lado derecho (larga vida) y de lado izquierdo (riquezas y gloria). En consecuencia, el Tzadik debe caer hacia la izquierda para traer *shefa* desde allí. Pero al hacerlo debe tener cuidado de no quedar atrapado. Aunque él mismo es puro, las fuerzas del Otro Lado pueden intentar superarlo y tomar la *shefa* para ellas mismas. Es por esto que el Tzadik, luego de entrar en estos niveles inferiores de la izquierda, debe retornar inmediatamente hacia el lado derecho. De esta manera, la izquierda se une con la derecha y la *shefa* puede descender de manera apropiada (*Likutey Halajot, Talmud Torá* 3:5).

Vale la pena notar que el término traducido aquí como "descuido" es *sheguiá* (שגיאה). *Sheguiá* es por definición algo no intencional; es el tipo de error o de equivocación cometida debido a la falibilidad humana, de la cual ni siquiera el Tzadik está exento. Así, la única manera de evitar un error y un pecado no intencional es mediante la ayuda Divina. En el caso del Tzadik perfecto, aquél en quien no hay maldad, esta ayuda siempre está cerca. Aun así, ocasionalmente, Dios retiene Su ayuda para que a través del pequeño descuido del Tzadik, descienda al mundo el sustento material.

45. escuchan tu voz. Cuando la persona estudia Torá, y más aún cuando se levanta a medianoche para estudiar Torá, el Santo, bendito sea, y los Tzadikim en el Jardín del Edén escuchan su voz (*Zohar* III, 213a). A medianoche, el viento del norte de *Guevurá* (del lado izquierdo) es mitigado por una fuerza de *Jesed* proveniente del sur (de la derecha). Cuando esto sucede, el Santo, bendito sea, se deleita con los Tzadikim. Todo aquel que estudia Torá en ese momento... una *shefa* benevolente comienza a descender (*Zohar* I, 92b). De este modo la *shefa* está asociada con la Torá y con el lado derecho, pero ahora también debe provenir de la izquierda. En la terminología de la Kabalá, esto está simbolizado por la preparación para la unificación de la persona Divina *Zeir Anpin*/Iaacov con *Maljut*/Rajel, que comienza a tener lugar luego de la medianoche (*Pri Etz Jaim, Shaar HaTefilín* 7; ver Apéndice: Las Personas Divinas, Nombres Alternativos).

izquierdo>.⁴² Como está escrito (Proverbios 3:16), "[Largos días en su mano derecha,] y en su mano izquierda hay riquezas y gloria". Es por esto que el *Taná* cometió algún pequeño y minúsculo descuido -correspondiente a la izquierda- mientras estaba diciendo su enseñanza; para <hacer descender bendiciones> al mundo y traerle riquezas y gloria. Como está escrito, de "su mano izquierda hay riquezas y gloria".⁴³ Sin embargo, del lado del *Taná*, no hay maldad ni perversión <alguna>.⁴⁴

Y en este sentido, el erudito debe saber, antes de ponerse a estudiar, que cuando se sienta a hacerlo, el Tzadik, quien está en el Jardín del Edén, le presta atención a su voz. Como está escrito (Cantar de los Cantares 8:13), "Tú que habitas en los jardines, los compañeros escuchan tu voz".⁴⁵

Esto es, "Cuando Labán oyó el nombre de Iaacov, hijo de su hermana...". En otras palabras, esto es cuando el erudito sabe del nombre de Iaacov -que Iaacov es "hijo de su hermana", el aspecto de

---

42. del lado izquierdo. Con la destrucción del Santo Templo, el pueblo judío perdió los medios para recibir la *shefa* de bendición Divina desde el lado derecho. En cambio, todo el flujo de energía espiritual benevolente debe descender a través del sendero menos exaltado de la izquierda. En conjunción con esto, el Rebe Najmán enseñó que mientras los judíos estén en el exilio, es imposible que una persona virtuosa posea una gran riqueza. Está escrito (Lamentaciones 1:9), "Y ella cayó *plaim* (de manera increíble)". Las letras de *PLAiM* pueden reordenarse deletreando *ALaPhiM* (miles). Entonces leemos el versículo como "Y los miles cayeron". Los miles de la riqueza han caído de manera tan increíble... aquel que los desea también debe caer (*Sabiduría y Enseñanzas del Rabí Najmán de Breslov* #4). Agrega el *Parparaot LeJojmá* que esto se debe a que la *shefa* de la riqueza ha descendido hacia la izquierda del Otro Lado.

43. descender bendiciones...riquezas y gloria. Ciertamente, la derecha también contiene la *shefa* de riqueza y de gloria, y el Tzadik mismo es capaz de hacerla descender. Pero, como explica el *Parparaot LeJojmá*, cuando uno ha alcanzado el nivel espiritual del lado derecho, ni siquiera se preocupa de su sustento físico. Por el contrario, toda *shefa* física que recibe la convierte en un influjo de espiritualidad. Por lo tanto, debe caer hacia "la izquierda" para traer *shefa* material.

En otra instancia, el Rebe Najmán enseñó que establecer pruebas provenientes de la Torá que respalden los decretos rabínicos trae al mundo una *shefa* de abundante sustento. Esto se debe a que hay una cantidad de enseñanzas que no tienen una fuente aparente en las Escrituras y los sabios han trabajado arduamente para encontrar alguna referencia que las respalde (*Sefer HaMidot*, Ideas Originales de Torá 2). Más aún, el *Tikuney Zohar* (Apéndice #6) explica que "del lado derecho fue dada la Ley Escrita, y del lado izquierdo, la Ley Oral". Así, los beneficios y bendiciones que deberían descender de la derecha, descienden en cambio de la izquierda.

44. del lado del Taná.... El Rabí Natán explica que en última instancia, la fuente esencial de la *shefa* para la riqueza es más elevada que el lado izquierdo. Ella desciende desde el nivel de *Atik*, que es llamado *Mazal* y que se encuentra por sobre la distinción entre derecha e izquierda. A este nivel, la *shefa* está unificada y no tiene diferenciación ni forma. El influjo benevolente

זֹאת הַתּוֹרָה בְּכַשְׁרוּת לִשְׁמָהּ, וְיַעֲקֹב, הַיְנוּ הַתַּנָּא, צַיִת לִקְלָהּ. **וַיָּרָץ לִקְרָאתוֹ** וַיְחַבֵּק וַיְנַשֵּׁק לוֹ, הַיְנוּ שֶׁעַל־יְדֵי לִמּוּדוֹ מִתְדַּבֵּק רוּחַ הַתַּנָּא בְּרוּחוֹ, זֶה בְּחִינַת נְשִׁיקִין; **וַיְבִיאֵהוּ אֶל בֵּיתוֹ** - שֶׁמֵּבִיא אֶת רוּחַ הַתַּנָּא לְתוֹךְ הַתּוֹרָה שֶׁלּוֹמֵד עַכְשָׁו, כִּי שָׁם בֵּיתוֹ, כְּמוֹ שֶׁכָּתוּב: "תּוֹצֵא הָאָרֶץ נֶפֶשׁ חַיָּה".

וַיְסַפֵּר לְלָבָן - לְשׁוֹן סַפִּיר וָאוֹר, שֶׁרוּחַ הַתַּנָּא מֵאִיר לְהַלּוֹמְדָן וּמְבָאֵר לוֹ **אֵת הַדְּבָרִים הָאֵלֶּה** - פֵּרֵשׁ רַשִׁ"י: שֶׁלֹּא בָּא אֶלָּא מִתּוֹךְ אֹנֶס אָחִיו, שֶׁנִּטַּל מִמֶּנּוּ מָמוֹנוֹ; פֵּרוּשׁ, שֶׁרוּחַ הַתַּנָּא מוֹדִיעַ לְהַלּוֹמְדָן, שֶׁלֹּא בָּא הַתַּנָּא לִבְחִינָה הַזֹּאת, שֶׁיְּסַבֵּל תּוֹרָתוֹ מַשְׁמָעוֹת עַרְמִיּוּת, אֶלָּא מִתּוֹךְ אֹנֶס אָחִיו שֶׁנִּטַּל מָמוֹנוֹ, כְּדֵי 'בִּשְׂמֹאלָהּ עֹשֶׁר וְכָבוֹד', כְּדֵי לְהַמְשִׁיךְ לָהֶם שֶׁפַע גַּשְׁמִיּוּת.

כְּשֶׁיֵּדַע הַלּוֹמְדָן כָּל זֶה, יֹאמַר לָבָן: **אַךְ עַצְמִי וּבְשָׂרִי אָתָּה**, דְּהַיְנוּ שֶׁיִּתְקַשֵּׁר הַלּוֹמְדָן עִם הַתַּנָּא בְּהִתְקַשְּׁרוּת גָּדוֹל.

וַיֵּשֶׁב עִמּוֹ חֹדֶשׁ יָמִים - וְיִתְיַשֵּׁב בַּדָּבָר עִם רוּחַ הַתַּנָּא, אֵיךְ לַחֲזֹר בִּתְשׁוּבָה, לְחַדֵּשׁ יָמָיו שֶׁעָבְרוּ בַּחֹשֶׁךְ, בִּבְחִינַת (תהלים ק״ג): "תִּתְחַדֵּשׁ כַּנֶּשֶׁר נְעוּרָיְכִי".

que fuera corriendo detrás de Iaacov y lo matara. Cuando Elifaz alcanzó a su tío Iaacov, éste le rogó que no lo matase. "Un pobre es considerado como muerto" (*Nedarim* 64b), le dijo Iaacov. Elifaz aceptó y en su lugar se llevó toda la riqueza de Iaacov. En la lección del Rebe Najmán, esto se relaciona con el hecho de que cuando los judíos descienden al exilio la *shefa* es dirigida primero hacia los no judíos, el lado izquierdo. Debido a esto, el Tzadik debe caer ahora hacia la izquierda para traer *shefa*. El *Parparaot LeJojmá* pone especial énfasis en la cita del Rebe Najmán sobre el comentario de Rashi: "…había sido robado… quien se había llevado *su* dinero". El descenso temporal del Tzadik hacia la izquierda es para tomar aquello que le corresponde - la *shefa* que debería haber descendido al pueblo judío desde la derecha.

49. se una…con el espíritu del Taná. A través del concepto de *neshikin*, que es como si estuviese hablando con el *Taná* (como arriba §1 y n.19,23).

50. oscuridad. La oscuridad representa al Otro Lado. Esto se refiere a los días durante los cuales no sirvió a Dios. Esos días se mantienen oscuros. Uno debe ocuparse de renovar estos días y de llenarlos de luz espiritual (*Likutey Moharán* I, 179).

51. renovará como la del águila. Rashi explica que hay una clase de águila que se renueva constantemente. También cita el Midrash, que dice que hay un águila que vive muchos años y luego se rejuvenece (cf. *Bereshit Rabah* 19:5; *Tzadik* #425 y nota).

virtud- porque él <estudia> sus enseñanzas con virtud y por sí mismas. Así Iaacov -es decir, el *Taná*- le presta atención a su voz.

Y "Corrió a su encuentro y lo abrazó y lo besó". Esto es, mediante el estudio <apropiado>, el espíritu del *Taná* se une con su espíritu. Éste es el aspecto de *neshikin*. "Y lo trajo a su casa" - él trae el espíritu del *Taná* hacia la Torá que está estudiando. Porque allí es donde está su casa,[46] como en, "Que la tierra haga surgir un alma viviente".[47]

"Y *isaper* (le contó) a Labán". Esto es similar a *SaPiR* (brillo) y luz. El espíritu del *Taná* brilla para el erudito y lo ilumina en "todas estas cosas". Rashi explica que [Iaacov le dijo a Labán que] él no había venido [trayendo regalos] pues lo había robado su hermano quien se había llevado su dinero.[48] El significado de esto es: El espíritu del *Taná* le informa al erudito que el *Taná* llega a este aspecto en el que sus enseñanzas contienen un sentido de astucia sólo luego de haber sido robado por su hermano, quien ha tomado su dinero. Esto es para que: "en su mano izquierda hay riquezas y gloria" - para traer sobre ellos bendiciones materiales.

Cuando el erudito sabe todo esto, [entonces] Labán dice, "¡Ciertamente mi hueso y mi carne eres!" - es decir, para que el erudito se una al *Taná* con un lazo muy fuerte.

"Y *ieSheV* (habitó) con él *jodesh iamim* (por espacio de un mes)". Él *itiaSheV* (se detuvo) sobre el tema con el espíritu del *Taná*,[49] [para determinar] cómo arrepentirse <y> *JaDeSh IaMaV* (renovar sus días) pasados en la oscuridad.[50] Esto corresponde a (Salmos 103:5), "Tu juventud se renovará como la del águila".[51]

---

46. ...donde está su casa. Esto se refiere al erudito que, a diferencia del erudito-demonio, "conoce el nombre de Iaacov" - estudia Torá puramente por sí misma. Él es el Tzadik inferior, correspondiente a Biniamin (arriba, n.14 y 33). Luego de fallecer, el Tzadik retorna a este mundo, a los lugares en donde originó ideas de Torá. Esto ocurre especialmente cuando los que lo siguen dicen palabras de Torá en ese mismo lugar (*Zohar* III, 220a). Así, la casa del Tzadik puede estar en cualquier lugar, particularmente allí donde se repiten sus enseñanzas.

47. tierra...alma viviente. Como se explicó más arriba en la sección 1 y en las notas 20 y 21, la tierra es *Maljut*, la Ley Oral, la fuente del habla. Todo esto corresponde al aspecto femenino y por lo tanto al concepto de casa, como enseñaron nuestros Sabios: La casa de un hombre es su esposa (*Ioma* 2a).

48. robado...llevado su dinero. Cuando Esaú descubrió que su hermano, Iaacov, se había llevado las bendiciones, decidió matarlo. Su madre, Rivka, sabiendo de los planes de su hijo mayor envió lejos a Iaacov. Al huir, Iaacov se llevó dinero, oro y joyas. Esaú le ordenó a su hijo

אֲבָל תַּלְמִיד־חָכָם, שֵׁד יְהוּדִי, אֵינוּ רוֹאֶה כָּל אֵלֶּה וְאֵינוּ שׁוֹמֵעַ שֶׁמַע בֶּן־אֲחוֹתוֹ.

וַיֹּאמֶר לוֹ אָחִי אַתָּה – שֶׁלָּבָן חוֹשֵׁב וְאוֹמֵר, שֶׁגַּם הַתַּנָּא לֹא אָמַר תּוֹרָתוֹ אֶלָּא בְּעַרְמִימִיּוּת, וְאֵין בָּהּ שׁוּם צַד כַּשְׁרוּת, וְחוֹשֵׁב שֶׁהוּא אָחִיו בְּרַמָּאוּת, שֶׁכֻּלּוֹ רַמָּאוּת, חַס וְשָׁלוֹם, וְאֵינוּ רוֹצֶה לַחֲזֹר בִּתְשׁוּבָה, וְדוֹבֵר עַל צַדִּיק עָתָק בְּגַאֲוָה וָבוּז.

ד וְדַע, שֶׁזֶּה מְכֻוָּן מֵאֵת הַשֵּׁם יִתְבָּרַךְ, שֶׁהַקָּדוֹשׁ־בָּרוּךְ־הוּא מַפִּיל אֵיזֶה צַדִּיק גָּדוֹל בְּפִיו שֶׁל הַלַּמְדָן; הַיְנוּ הַלַּמְדָן דּוֹבֵר רָעוֹת עַל הַצַּדִּיק, כְּדֵי שֶׁהַצַּדִּיק יִקַּח הַתּוֹרָה שֶׁבְּעַל־פֶּה, הַיְנוּ הַשְּׁכִינָה, מֵהַגָּלוּת שֶׁבְּפֶה הַלַּמְדָן, וּמַעֲלֶה אוֹתָהּ לְשָׁרְשָׁהּ מִמַּדְרֵגָה לְמַדְרֵגָה: מִתְּחִלָּה לִבְחִינַת חִבּוּק, וְאַחַר־כָּךְ לִבְחִינַת נִשּׁוּק, וְאַחַר־כָּךְ לִבְחִינַת זִוּוּג.

Sin embargo, cuando alguien que carece de decencia y respeto estudia las enseñanzas del Tzadik superior, hace que la Ley Oral/la Presencia Divina descienda al exilio. Esta enseñanza se transforma entonces en un arma en boca del erudito-demonio con la cual persigue al Tzadik inferior (§1). Esto es posible porque la Torá posee una doble naturaleza: ella da vida en manos del Tzadik inferior, y es venenosa en manos del erudito-demonio (§2). Así, pese a la rectitud del nivel personal del Tzadik, rectitud que por cierto enviste en sus enseñanzas, la persona indigna puede tomar una guía impropia de esa enseñanza de la Ley Oral. Esto se debe a que para poder traer sustento al mundo, el Tzadik incluye la cualidad del lado izquierdo, que es el aspecto de "los pecadores tropezarán en ellas". Este estudio de la Torá que no es por sí misma es utilizado por el erudito-demonio para oponerse con arrogancia a los Tzadikim (§3).

54. de su exilio.... Como más arriba en la sección 1, la Presencia Divina/la Ley Oral se encuentra en el exilio, en la boca del erudito-demonio.

55. jibuk...nishuk...zivug. Como se explicó más arriba (n.19), las acciones del hombre en este mundo físico reflejan y a la vez dan nacimiento a "acciones" espirituales correspondientes en los mundos trascendentes. El Rebe Najmán introduce ahora los principios Kabalistas de *jibuk*, *nishuk* y *zivug*. Éstos son conceptos espirituales que preceden y dan nacimiento a la unificación entre las personas Divinas de *Zeir Anpin* y *Maljut*. Sin embargo, antes de que puedan realizarse tales unificaciones, es necesario elevar a *Maljut*, gradualmente, de nivel en nivel, desde la "inmadurez" y el estado incompleto hacia la "madurez" y la plenitud. Ésta es la construcción de *Maljut* que el Rebe mencionará más adelante en esta sección y al final de la lección.

En este punto debe quedar perfectamente claro que **no hay absolutamente nada físico, ni aspecto de corporeidad alguno en los mundos trascendentes.** Esto debe ser enfatizado una y otra vez. Toda analogía, comparación, o uso de terminología así como persona, masculino, femenino, derecha e izquierda, etcétera, es sólo un medio a través del cual el estudiante serio

Pero el erudito-demonio no ve todo esto y no oye del nombre del "hijo de su hermana".[52]

Él le dice, "Tú eres mi hermano". Labán piensa y dice que el *Taná* sólo da su enseñanza con astucia, y que ésta no tiene ningún aspecto virtuoso. Él piensa que [el *Taná*] es "su hermano" en el engaño; que todo es engaño, Dios no lo permita. Él no quiere arrepentirse y "dice palabras arrogantes contra el justo, con soberbia y desprecio".[53]

4. ¡Y debes saber! Ésta es precisamente la intención de Dios. El Santo, bendito sea, hace que un gran Tzadik caiga en la boca del erudito - es decir, el erudito habla del Tzadik con maldad. Esto es para que el Tzadik pueda entonces liberar la Ley Oral, la Presencia Divina, de su exilio en la boca del erudito.[54] Entonces la eleva a su Fuente, de un nivel a otro: primero al aspecto de *jibuk* (abrazar), luego al aspecto de *nishuk* (besar) y finalmente al aspecto de *zivug* (unión íntima).[55]

---

52. hijo de su hermana. Hasta este punto de la sección, el Rebe Najmán ha estado tratando el tema del erudito que estudia las enseñanzas del *Taná* y desea arrepentirse. Incluso así, es llamado Labán. Esto se debe a que, pese a su estudio de la Torá, aún existe la posibilidad de que se transforme en un erudito-demonio. La Torá puede darle tanto sabiduría como astucia. Así, Labán, que en hebreo significa "blanco", indica la "blancura" limpiadora del arrepentimiento o la "blancura" engañosa del impostor. "Cuando Labán oyó el nombre de Iaacov, el hijo de su hermana…" se refiere al erudito virtuoso que busca encontrar la cualidad de la virtud de Rivka. Sin embargo, el erudito-demonio no reconoce esta cualidad. Cuando oye el nombre de Iaacov dice, "Tú eres mi hermano…" - astuto y engañoso, igual que él mismo.

53. dice palabras arrogantes contra el justo…. Como se explicó más arriba (n.37), la Torá es un elixir que Moshé le presentó al pueblo judío. Cuando llena la boca del erudito virtuoso, lo lleva al arrepentimiento. Sin embargo, cuando llena la boca del erudito-demonio, se transforma en un veneno mortal de arrogancia y de un hablar dañino.

Cuando Labán vio a Iaacov, fue corriendo a hacia él, lo abrazó y lo besó. Esto corresponde a los conceptos de *jibuk* y *nishuk*, mencionados en la sección siguiente. Explica Rashi (Génesis 29:13): Labán supuso que Iaacov estaba trayendo grandes riquezas. ¿Acaso Eliezer no había traído valiosos regalos cuando vino a buscar una esposa para Itzjak, el padre de Iaacov? Por eso Labán fue corriendo a recibir a su sobrino. Cuando vio que no había señales obvias de riqueza, supuso que Iaacov llevaba el oro encima de su cuerpo. Labán abrazó a su huésped, pero se desilusionó nuevamente. Viendo que allí no había nada oculto, se le ocurrió que quizás Iaacov tendría joyas en la boca, de modo que lo besó. El erudito-demonio supone que el *Taná* es como él, ansioso de riquezas y de gloria. También supone que todo lo que el Taná enseña es para riqueza, el lado izquierdo (*Rabí Zvi Jeshin*).

Resumen: Es por designio Divino que los eruditos estén habituados a oponerse a los Tzadikim. Cuando aquello que es generado por el Tzadik superior, la Torá Oral, es estudiado en este mundo por una persona recta, el Tzadik inferior, se produce una unión entre ambos espíritus.

כְּמוֹ שֶׁכָּתוּב (שיר־השירים ב): "אֲנִי חֲבַצֶּלֶת הַשָּׁרוֹן" – בִּתְחִלָּה הִיא יְרָקָה כַּחֲבַצֶּלֶת (עיין בזהר ויחי רכא. אמר קז.), כְּמוֹ שֶׁאָמְרוּ (מגלה יג.): 'אֶסְתֵּר יְרַקְרֹקֶת הָיְתָה'.

וְזֶה בְּחִינַת חִבּוּק – "וִימִינוֹ תְּחַבְּקֵנִי".

כִּי הַשִּׂמְחָה בָּא מֵהַלֵּב, כְּמוֹ שֶׁכָּתוּב (תהלים ד): "נָתַתָּה שִׂמְחָה בְלִבִּי", וְהַלֵּב הוּא בִינָה, שֶׁשָּׁם יַיִן הַמְשַׂמֵּחַ, שֶׁהוּא עָלְמָא סְתִימָא,

benevolencias con las severidades (*jasadim* y *guevurot*, derecha e izquierda), la *shefa* puede descender apropiadamente.

58. Esther…complexión verdosa. Esther también es comparada a *Maljut* (ver Lección #10, n.96). El nombre *eSTheR* tiene la connotación de *haSTeR*, que significa oculto (*Julín*, 139a), aludiendo a que la Presencia Divina está oculta del hombre.

Así, "Esther era de complexión verdosa" alude a esos momentos en que *Maljut* recibe *jasadim* directamente de *Biná*.

59. jibuk. El concepto de *jibuk* se manifiesta cuando *Maljut* es "abrazada" por *Biná* y recibe de ella, como se explicará.

60. Su mano derecha me abraza. Debido a que la *shefa* ha caído al lado izquierdo, su rectificación necesita la presencia de un aspecto del lado derecho. Cuando sus fuerzas se unen, el influjo puede descender (ver arriba, n.44, 57).

61. el corazón es Biná. Las palabras exactas de este *Tikuney Zohar* dicen: *Biná* (בינה) es el corazón, y con ella el corazón comprende (מבין). A partir de esto podemos concluir que debido a que el asiento de la alegría se encuentra en el corazón, la alegría, el corazón y *Biná* son un solo concepto.

62. vino de la alegría. El vino de la alegría corresponde a *Biná*. El vino de la alegría que menciona el *Zohar* (*loc. cit.*) se refiere a la luz de los *jasadim* de *Jojmá* que pasan a través de *Biná* llevando *shefa* a *Zeir Anpin* y finalmente a *Maljut*.

63. mundo oculto. Siendo una de las tres *sefirot* superiores, *Biná* misma es parte del mundo oculto que no permite revelación alguna de las luces trascendentes. Aun así, hay un aspecto de *Biná* que desciende, si así pudiera decirse, para transportar la *shefa* hacia las *sefirot* inferiores y particularmente a *Maljut*, el mundo revelado (cf. *Etz Jaim, Shaar HaKlalim* 11). Se enseña así en los escritos del Ari que *Biná* es el corazón, porque la comprensión del corazón es lo que le da forma y expresión a la sabiduría abstracta de *Jojmá* (cf. *ibid., Shaar* 31:4; ver Apéndice: Las Sefirot y el Hombre).

Como resultado del descenso de *Biná*, se crea una especie de división en la Presencia Divina. Vemos en el *Zohar* y en los escritos del Ari que el más bajo de estos niveles de *Maljut* retiene el nombre de Rajel, mientras que el superior, el nivel más oculto, es llamado Lea (cf. *Etz Jaim* 37:4) o *Tevuná*. En correspondencia con estos dos niveles en la Presencia Divina, también *Zeir Anpin* está dividido en dos niveles, *Israel Saba* y *Iaacov*. Así, la Torá (Génesis 32:29) nos dice que Iaacov -luego de haber alcanzado un nivel espiritual superior- recibió un

Como está escrito (Cantar de los Cantares 2:1), "Yo soy la rosa del Sharón"[56] - al comienzo ella es verde como una rosa (Zohar I, 221a).[57] Como enseñaron [nuestros Sabios]: Esther era de complexión verdosa (*Meguilá* 13a).[58]

Y éste es el aspecto de *jibuk*[59]: "Su mano derecha me abraza" (Cantar de los Cantares 2:6).[60]

Pues la alegría proviene del corazón, como está escrito (Salmos 4:8), "Tú pones alegría en mi corazón". Y el corazón es *Biná* (Comprensión) (*Tikuney Zohar*, Introducción).[61] Allí, [uno encuentra] el vino de la alegría (*Zohar* III, 127a)[62] -el mundo oculto[63]- correspondiente a (Salmos 104:15), "El vino

---

de la Kabalá puede esperar alcanzar una mínima comprensión del ámbito espiritual. Como advirtió el profeta Elías, **"No existe forma, ni configuración, ni figura alguna, pues todo es espiritual"**. Si uno no es capaz de aceptar y de creer esto, entonces no debe continuar (ver la introducción del Rabí Jaim Vital al *Etz Jaim*). Más bien, se le aconseja al lector pasar por alto las notas y leer simplemente el texto. Pues las palabras del Rebe Najmán están plenas de *irat shamaim* (temor a Dios) y son por lo tanto muy beneficiosas aunque uno no las comprenda intelectualmente. Como enseña el Talmud (*Pesajim* 22b): La persona debe decir, "Así como seré recompensado por mi estudio, también seré recompensado por no estudiar [aquello que está más allá de mi comprensión]".

56. rosa del Sharón. La *Shejiná* (Presencia Divina), que también es *Maljut*/la Ley Oral/Rajel, se asemeja a la *javatzelet haSharón* (la rosa del Sharón). *ShaRón* se asemeja a la palabra *ShiR* (canción), implicando que la Presencia Divina canta constantemente la alabanza de Dios. El Rebe Najmán pronto citará el resto de este versículo para demostrar que la Presencia Divina se asemeja a la *shoshanat haamakim* (rosa del valle). Rashi (*loc. cit.*) comenta que *javatzelet* y *shoshanah* son una misma cosa. Esto está de acuerdo con el Midrash que enseña: ¿No es acaso *javatzelet* lo mismo que *shoshanah*? Cuando es pequeña es llamada *javatzelet*, pero cuando crece se la llama *shoshanah*. El significado de esta distinción se hará claro con el desarrollo de la lección.

La Presencia Divina también se llama *Kneset Israel* - la entidad colectiva del pueblo judío. La relación de *Kneset Israel*/*Maljut* con el Santo Rey/*Zeir Anpin* es la de la novia con el novio. Así, por lo general es *Zeir Anpin* quien le provee a *Maljut*. Pero, antes de que el novio pueda darle a su novia, primero ella debe "crecer plenamente". Principalmente, esto se logra a través de *Biná* (*Ima*, madre) y *Jojmá* (*Aba*, padre). *Biná* hace madurar a *Maljut* proveyéndole directamente de la así llamada energía espiritual necesaria para crecer. Aun así, *Jojmá* es la raíz de *Maljut* - la fuente esencial de su luz, como en, "*Aba* establece a la hija" (*Zohar* III, 288a). La lección se vuelca ahora hacia estos diferentes estadios del desarrollo de *Maljut*.

57. verde.... Hay veces en que la rosa/*Maljut* es verde y es llamada *javatzelet*. Esto es cuando recibe de *Biná*, que es *iarok*, la línea verde. Cuando crece plenamente, la rosa/*Maljut* es roja y tiene seis pétalos. Ahí es cuando *Maljut* recibe de las seis *sefirot* de *Zeir Anpin*. En este punto se la llama *ShoShanah* (שושנה), que connota *SheSh* (שש, seis). Cuando se asemeja a una *javatzelet*, la Presencia Divina está recibiendo *jasadim* (benevolencias) de *Biná*. Éste es el *jibuk*, y mediante él se construye *Maljut*. Se transforma en *shoshanat haamakim* cuando recibe las *guevurot* (severidades) de *Zeir Anpin*. Y, como se explicó más arriba (n.44), al unirse las

בְּחִינַת (שם קד): "וְיַיִן יְשַׂמַּח לְבַב".

וְהַצַּדִּיק שֶׁנּוֹפֵל לְתוֹךְ פִּי הַלַּמְדָן, שֶׁהַלַּמְדָן דּוֹבֵר עָלָיו עָתָק, וְהוּא מֵבִין שֶׁאֵלּוּ הַדְּבָרִים שֶׁהַלַּמְדָן דּוֹבֵר עָלָיו הֵם צֵרוּפִים מֵאוֹתִיּוֹת שֶׁבַּתּוֹרָה שֶׁבְּעַל־פֶּה, וּמֵבִין מֵאֵיזֶה הֲלָכוֹת נַעֲשׂוּ הַדִּבּוּרִים אֵלּוּ, וּמְקַבֵּל אוֹתָם בְּשִׂמְחָה וּבְאַהֲבָה, כְּמוֹ שֶׁאָמְרוּ חֲכָמֵינוּ, זִכְרוֹנָם לִבְרָכָה (שבת פח:): 'הַנֶּעֱלָבִים וְכוּ', שְׂמֵחִים בְּיִסּוּרִים וְעוֹשִׂים מֵאַהֲבָה'.

וְאַהֲבָה, שֶׁהַצַּדִּיק מְקַבֵּל אֶת הַחֶרְפָּה בְּאַהֲבָה, זֶה בְּחִינַת חִבּוּק, "וִימִינוֹ תְּחַבְּקֵנִי"; וְעַל־יְדֵי הַשִּׂמְחָה שֶׁשָּׂמֵחַ בְּיִסּוּרִין [הוּא] מַעֲלֶה לִבְחִינַת "אֲנִי חֲבַצֶּלֶת הַשָּׁרוֹן", לִבְחִינַת לֵב, כְּמוֹ שֶׁכָּתוּב: "נָתַתָּה שִׂמְחָה בְלִבִּי"; וְאָז הוּא בִּבְחִינַת (תהלים ע״ג): "צוּר לְבָבִי", שֶׁבִּבְחִינַת תּוֹרָה שֶׁבְּעַל־פֶּה הַנִּקְרֵאת צוּר, כַּמּוּבָא בַּתִּקּוּנִים (תקון כ״א מג.): 'אִלְמָלֵא לֹא הִכָּה מֹשֶׁה רַבֵּנוּ, עָלָיו הַשָּׁלוֹם, אֶת הַצּוּר, לֹא הָיוּ צְרִיכִין לִטְרֹחַ כָּל־כָּךְ בַּתּוֹרָה שֶׁבְּעַל־פֶּה'.

derecha, el lado de *Jesed* (Bondad) (*Parparaot LeJojmá*). Esto pronto será conectado con *iamin* (el lado derecho) y con Abraham, cuya cualidad es el amor.

68. alegría en mi corazón. Al regocijarse en su sufrimiento, el Tzadik eleva la Presencia Divina que, a través del *jibuk* de la mano derecha, es llevada hacia el nivel de *Biná*. Esto es traer alegría al corazón.

69. Ley Oral...roca. La Ley Oral/*Maljut*, sinónimo de "roca", es elevada al corazón, al concepto de *Biná*. La palabra hebrea para corazón es *lev* (לב). La Ley Escrita, que es la raíz de la Ley Oral, comienza con una *Bet* (ב) y termina con una *Lamed* (ל), aludiendo a que la Ley Oral se eleva hacia el *lev*.

70. Moshé...golpeado la roca.... Esto corresponde a lo que el Rebe Najmán enseñó anteriormente con respecto al hecho de que el Tzadik cae hacia el lado izquierdo para traer *shefa*. Sin embargo, debe tener cuidado y retornar inmediatamente hacia el lado derecho (ver arriba n.44). Moshé cayó al lado izquierdo para traerles agua a los judíos en el desierto. Pero, en lugar de hablarle a la *tzur* (roca), la golpeó dos veces (Números 20:7-14). Aunque fluyó de ella agua (*shefa*) suficiente, su acción indicó que había caído al lado izquierdo y que no había retornado inmediatamente. Como resultado de eso y hasta el día de hoy, todos aquéllos que estudian la Ley Oral/la roca, deben esforzarse para comprenderla (*Mabuei HaNajal*).

El Rabí Natán demuestra cómo esto está conectado con la historia del rey David y de Nabal (Samuel 1, 25). Antes de ser rey, David y sus hombres protegían los rebaños de Nabal. Cierta vez, en la época de la esquila, David le pidió al opulento Nabal que le diese a él y a sus

alegra el corazón".⁶⁴

Ahora bien, el Tzadik, [aunque] ha caído en la boca del erudito que habla de manera arrogante contra él, comprende⁶⁵ que las cosas que el erudito dice de él son en realidad permutaciones de las letras de la Ley Oral.⁶⁶ También comprende de cuál ley en particular se han originado esas palabras. Acepta [las palabras arrogantes del erudito-demonio] con alegría y amor, como enseñaron nuestros Sabios: Aquellos que son insultados... se regocijan en sus sufrimientos y actúan por amor (Shabat 88b).

Y <este> amor, que el Tzadik acepta la humillación con amor, es un aspecto de *jibuk*: "Su mano derecha me abraza".⁶⁷ Por medio de la alegría que resulta de su regocijarse en el sufrimiento, él eleva [la Presencia Divina], el aspecto de "Yo soy la rosa del Sharón", hacia el aspecto del corazón, como en, "Tú pones alegría en mi corazón".⁶⁸ Entonces él se encuentra en el aspecto de "roca de mi corazón" (Salmos 73:26), correspondiente a la Ley Oral, que es llamada "roca".⁶⁹ Como afirma el *Tikuney Zohar* (#21, p.43a): Si Moshé Rabeinu, de bendita memoria, no hubiera golpeado la roca, nosotros no habríamos tenido que trabajar tan arduamente en la Ley Oral.⁷⁰

---

segundo nombre. Fue llamado *Israel*. Y, como personificación de *Zeir Anpin*, se casó con dos hermanas, Lea y Rajel.

La unificación de *Israel Saba* y *Tevuná* (Israel y Lea) se conoce como el mundo oculto, mientras que la unificación de Iaacov y Rajel es conocida como el mundo revelado. De acuerdo con esto, vemos que Rajel fue enterrada junto a un camino "abierto", mientras que Lea fue enterrada "dentro" de la Cueva de Majpelá (*Shaar HaHakdamot* p.374; ver arriba, n.33).

64. El vino alegra el corazón. Con este versículo, el Rebe Najmán une los conceptos de vino, alegría y corazón, todos los cuales son sinónimos de *Biná*. Atención al orden: primero jibuk y luego *Biná*.

65. Tzadik...comprende.... El Rebe Najmán relaciona ahora la primera parte de la lección con los conceptos introducidos en esta sección. La comprensión que alcanza el Tzadik es también un aspecto de *Biná* (*Parparaot LeJojmá*).

66. permutaciones...la Ley Oral. Cuando Dios decidió crear el mundo, miró el anteproyecto -la Torá- y entonces permutó los ladrillos de la creación -el *alef-bet* hebreo- con el cual le dio entonces forma a toda la existencia (*Bereshit Rabah* 1:1; *ibid.*, 18:4). (El Ari enseña que la formación del *alef-bet* tuvo lugar en *Biná*; *Shaar Maamarei Rashbi* p.135). Debido a que cada cosa debe su existencia a la Torá, de alguna manera debe haber una referencia a ella en el Libro de la Torá. Éste incluye incluso las palabras de los eruditos-demonios. También ellas están enraizadas en la Torá, en las permutaciones de la Torá Oral. Al reconocer esa raíz, el Tzadik es capaz de elevar las permutaciones corruptas del erudito-demonio y rectificarlas, conectándolas con su origen.

67. amor...jibuk...me abraza. El abrazo es una señal de amor. Se realiza mediante la mano

וְזֶה בְּחִינַת (בראשית י״ד): "וַיָּרֶק אֶת חֲנִיכָיו", שֶׁאַבְרָהָם הוּא בְּחִינַת יָמִין, בְּחִינַת חִבּוּק; 'וַיָּרֶק' - זֶה בְּחִינַת קַו הַיָּרֹק, שֶׁנִּמְשָׁךְ מִבִּינָה וּמַקִּיף אֶת כָּל הָעוֹלָם. וַחֲנִיכָיו זֶה בְּחִינַת חֲסָדִים, כַּמּוּבָא בַּמִּדְרָשׁ (בראשית רבה מג), לְשׁוֹן חֲנִיכָתוֹ, שֶׁשְּׁמָן אַבְרָהָם כִּשְׁמוֹ; הַיְנוּ שֶׁקַּו הַיָּרֹק מִבְּחִינַת אֲנִי חֲבַצֶּלֶת, בְּחִינַת אֶסְתֵּר יְרַקְרֹקֶת, זֹאת עָלֶיהָ יֵשׁ לַשְּׁכִינָה עַל-יְדֵי חִבּוּק יָמִין.

73. línea de IaRoK, verde.... Esta línea es la que trae la oscuridad al mundo (*Jaguigá* 12a). El Maharsha (*loc. cit.*) explica que ésta es la fuerza celestial que hace que la oscuridad descienda al caer la noche y el *Tikuney Zohar* (#18, p.36a) la relaciona con el *tohu* que existió al comienzo de la creación. Las fuentes también conectan la línea verde con *Biná* (*Tikuney Zohar*, Introducción; *Etz Jaim* 39:10). Como la persona de *Ima*, *Biná* es "la madre echada sobre los polluelos" (Deuteronomio 22:6) y así rodea las siete *sefirot* inferiores (pues cada *sefirá* rodea aquello que está por debajo de ella). El hecho de que *Biná* rodee a *Zeir Anpin* y *Maljut* indica el concepto del abrazo (*Parparaot LeJojmá*).

    Dentro del contexto de nuestra lección, esto se relaciona con que Iaacov/*Zeir Anpin* trabajó siete años para poder casarse con Rajel/*Maljut*. Y Iaacov, en tanto que el Tzadik superior, trabajó cuidando las ovejas, que simbolizan la Ley Oral misma (arriba §1). La Torá (Génesis 29:20) nos dice que para Iaacov los siete años "le parecieron como *iamim aJaDim* (unos pocos días)"; que el *Zohar* (I, 153b) explica como " días unificados" porque Iaacov unificó los siete años -las siete *sefirot*- como *eJaD* (uno). El *Biur HaLikutim* agrega que aunque Iaacov trabajó por Rajel/*Maljut*, el mundo revelado, primero se casó con Lea/*Biná*, el mundo oculto (Lea es tanto *Biná* inferior como *Maljut* superior; cf. n.63). Pues primero ascendió a *Biná*, la fuente del *jibuk*, para de esta manera ser capaz de unificar todo.

74. se llamaban Abraham como él. Los *janijav* (siervos entrenados) de Abraham eran personas a quienes había educado y "entrenado" a creer en el Dios Único. Debido a que él los había convertido, sus siervos tomaron el nombre de Abraham (como es costumbre hoy en día para los conversos). El *Matnat Kehuna* (*loc. cit.*) hace notar que la palabra *jaNIJaV* se asemeja a *KINuiaV* (nombre, apodo), indicando que todos ellos fueron nombrados a partir de él. El Rebe Najmán lleva esto más allá todavía para mostrar que también tomaron la cualidad de la bondad de Abraham. Así, el *jibuk* del lado derecho, de Abraham, denota rodear a *Maljut* con *jasadim* (benevolencias), para que pueda ascender a *Biná* (*Parparaot LeJojmá*). Ver arriba nota 57.

    El *Parparaot LeJojmá* agrega que este versículo, "Y llamó a sus siervos entrenados", se dijo respecto de Abraham cuando éste salió a la batalla contra los Cuatro Reyes, que habían tomado cautivo a su sobrino Lot. Al rescatar a Lot, Abraham estaba en esencia salvando a todos los descendientes de Lot y particularmente al rey David, la personificación de *Maljut*/la Ley Oral (ver fin de la lección y n.12 arriba). Mediante el poder del lado derecho/Abraham/*Jesed*, *Maljut* fue liberada y elevada a *Biná*.

75. rosa del Sharón/Esther.... Ver arriba nota 58-59, que esto se refiere a la Presencia Divina, *Maljut*.

76. jibuk de la derecha. Como se explicó, con el poder del lado derecho, *Biná* rodea todo lo que está debajo, incluyendo a *Maljut* - la Presencia Divina.

Esto también[71] corresponde a (Génesis 14:14), "Y [Abraham] *iarek* (llamó) *et janijav* (a sus siervos entrenados)". Abraham es el aspecto de la derecha, correspondiente a *jibuk*.[72] La palabra "*IaReK*" alude a la línea *IaRoK* (verde) que desciende desde *Biná* y rodea el mundo entero (cf. *Jaguigá* 12a).[73] "*JaNiJav*" alude a las benevolencias, como comenta el Midrash: Ello es similar a *JaNiJato* (su apellido) pues todos ellos se llamaban Abraham como él (*Bereshit Rabah* 43:2).[74] En otras palabras, esta línea verde, que corresponde a "La rosa del Sharón"/"Esther era de complexión verdosa",[75] es la elevación de la Presencia Divina a través del *jibuk* de la derecha.[76]

---

hombres algo de comer y beber. Nabal se negó con arrogancia, despreciando al rey David. Sin embargo, uno de los pastores le contó a Avigail, la esposa de Nabal, lo que había pedido el rey David, diciendo (v.16), "Ellos eran una pared para nosotros…". Avigail misma le llevó entonces los alimentos al rey David.

Explica el Rabí Natán: El rey David es el epítome de *Maljut* (Reinado) y es sinónimo por lo tanto de la Ley Oral (ver el final de la lección y n.12 arriba). El Rebe Najmán llama al Tzadik que revela ideas de Torá una "pared" (más abajo, en el comentario sobre Raba bar bar Janá). Así, debido a que el rey David era el Tzadik-que-enseña-Torá, que ha caído hacia el lado izquierdo para traer riquezas al mundo, él era en verdad la fuente de la gran riqueza de Nabal. Nabal, por su parte, era el erudito-demonio judío que desprecia al Tzadik, que es aquél que estudia la Ley Oral *lishmá*. Nabal mostró esta arrogancia precisamente cuando estaba esquilando sus ovejas, es decir, estudiando la Ley Oral. No estudiaba puramente por el estudio mismo y, como resultado, fue incapaz de aclarar la ley en su raíz y de elevarla hacia el lado derecho. Por lo tanto pervirtió la ley e hizo falsas acusaciones en contra del rey David. Sus riquezas permanecieron unidas al lado izquierdo y Nabal se volvió un opositor del verdadero Tzadik (*Likutey Halajot, Reshit HaGuez* 5:2).

Podemos ir un paso más allá. Luego de negarse a ayudar al rey David, Nabal hizo una gran fiesta durante la cual se emborrachó. Más tarde, cuando se enteró de que su esposa les había dado alimentos al rey David y a sus hombres, el versículo (37) dice, "Su corazón murió dentro de él, y quedó como una *even* (piedra)". El vino que bebió Nabal no era el vino de la alegría. Por el contrario, era el vino de la borrachera, la que lo llevó a la depresión. "Su corazón", el asiento de la alegría, "murió dentro de él". Se nos dice además que "quedó como una piedra", es decir, también murió el conocimiento de Torá que había adquirido. En lugar de una *tzur* (roca), en lugar de la Ley Oral que puede ser elevada hacia el corazón, Nabal quedó como una *even* (piedra). Como indica el Rebe Najmán al final de la lección, el Tzadik termina retirando todas las chispas de santidad que tiene el erudito-demonio y al hacerlo, lo hace morir. Esto es lo que enseña el Ari: Nabal fue reencarnado en una piedra (*Shaar HaGuilgulim* 22).

71. Esto también. Aquí, el Rebe Najmán retoma la construcción de las conexiones entre los diferentes conceptos, uniendo *jibuk/iamin* (el lado derecho) con *Biná*/verde.

72. Abraham…derecha…jibuk. Abraham es conocido como (Isaías 41:8), "Abraham mi amado". Él es *Jesed*, la Bondad encarnada. Abraham es símbolo por lo tanto de la derecha, y el lado derecho es *jibuk*, como en, "Su mano derecha me abraza".

וְעִקַּר בִּנְיָנָהּ עַל־יְדֵי חָכְמָה, שֶׁאָז רְאוּיָה לְזִוּוּג, כְּמוֹ שֶׁכָּתוּב (בראשית כ): "וְגַם אָמְנָה אֲחוֹתִי בַת אָבִי אַךְ לֹא בַת אִמִּי" וְכוּ', וְאָז: "וַתְּהִי לִי לְאִשָּׁה", שֶׁאָז הִיא רְאוּיָה לְזִוּוּג (כמובא בזהר אמר ק: רבי אבא שלח לה לרבי שמעון, אמר: אימתי זווגא דכנסת־ישראל במלכא קדישא? שלח לה: וגם אמנה וכו' עיין שם).

וְאִיתָא בְּפֵרוּשׁ סִפְרָא דִצְנִיעוּתָא, שֶׁהַנְּשִׁיקִין הִיא עַל־יְדֵי הַחָכְמָה, כְּשֶׁנִּתְעוֹרְרִים הַשְּׂפָתַיִם עֶלְיוֹנִים, שֶׁהֵן נֶצַח וָהוֹד עֶלְיוֹנִים, לִבְחִינַת זִוּוּג, לִבְחִינַת הִתְדַּבְּקוּת רוּחָא בְּרוּחָא, אֲזַי נִתְעוֹרְרִין נֶצַח וָהוֹד תַּחְתּוֹנִים לְזִוּוּג, לְאִתְדַּבְּקָא גּוּפָא בְּגוּפָא.

נִמְצָא, כְּשֶׁהַצַּדִּיק מַשְׂכִּיל בְּחָכְמָתוֹ וְיוֹדֵעַ מֵאֵיזֶה צֵרוּפִין שֶׁל תּוֹרָה

80. neshikin…Jojmá. *Neshikin*, la unión de espíritu con espíritu, sólo puede tener lugar cuando algún aspecto del mismo *Jojmá* desciende a *Maljut*. Esto se hará claro en la nota siguiente.

81. labios superiores…cuerpo con cuerpo. Aquí, el Rebe Najmán incorpora la explicación de la sección mencionada del *Zohar* en la cual el Ari habla de la rosa del Sharón, la rosa del valle, *jibuk*, *nishuk*, *zivug*, etc. (*Shaar Maamarei Rashbi*, p.32). En pocas palabras, cuando *Maljut* recibe de *Biná*, la luz de los *jasadim* es transferida a *Maljut* a través de *Jesed*, *Guevurá* y *Tiferet* (referidas aquí como las "tres superiores"). Estos tres corresponden a la parte superior del torso y a las dos manos con las cuales se logra el *jibuk*, como en, "Su mano izquierda está bajo mi cabeza y su mano derecha me abraza". Sin embargo, *Maljut*/*javatzelet* sigue incompleta. Está verde y aún no tiene los seis pétalos que la agraciarán cuando esté plenamente madura y sea llamada "*shoshanah*" (ver n.56). Para alcanzar la plenitud de *Maljut*, primero debe haber un proceso de *neshikin*. Esto ocurre cuando se despiertan los "labios superiores" (*Netzaj* y *Hod* de *Jojmá*) para unir espíritu con espíritu. Y esta unión de *Netzaj* y *Hod* superior despiertan a *Netzaj* y *Hod* inferior. En la unificación que sigue, *Maljut* recibe la luz de las *guevurot* de *Zeir Anpin*. Ésta es transferida a través de *Netzaj*, *Hod*, y *Iesod* (referidas aquí como las "tres inferiores"; ver Apéndice: La Estructura de las Sefirot). En este punto, la construcción de *Maljut* está completa. La rosa puede llamarse ahora *shoshanah*. Sus pétalos ahora son seis y las *guevurot* que ha recibido se han vuelto rojas. *Maljut*/Rajel está ahora preparada para unirse verdaderamente con *Zeir Anpin*/Iaacov. Así, el *zivug* de los labios superiores que une espíritu con espíritu ha iniciado un *zivug* de *Netzaj* y *Hod* inferiores que, junto con *Iesod*, traen la "maduración" de *Maljut*. Ahora puede tener lugar la unificación del Rey Santo con *Kneset Israel* para la transferencia de la *shefa*.

Frente a la unificación superior de *Netzaj* y *Hod* de *Jojmá*, la unificación de *Zeir Anpin* y *Maljut* es llamada la unión de cuerpo con cuerpo.

82. su sabiduría. Esto indica *Jojmá*, a diferencia de la mención previa que hace el Rebe Najmán sobre la comprensión de la permutación de letras por parte del Tzadik (arriba, n.66), que corresponde a *Biná*. Así, a diferencia del primer proceso de *jibuk*, ahora tenemos *neshikin* que el Tzadik despierta a través de su sabiduría (*Mabuei HaNajal*).

{"Mas también en verdad, ella es mi hermana; hija es de mi padre, aunque no hija de mi madre; y fue mujer para mí" (Génesis 20:12)}.

Ahora bien, [la Presencia Divina] se construye esencialmente a través de *Jojmá* (Sabiduría). Entonces ella es apta para el *zivug*, como está escrito, "Mas también en verdad, ella es mi hermana; hija es de mi padre, aunque no hija de mi madre".[77] Entonces, "fue mujer para mí" - porque entonces [la Presencia Divina] es apta para las relaciones íntimas. {Como dice en el *Zohar* (III, 100b): El Rabí Aba envió un mensaje al Rabí Shimón, diciendo, "¿Cuándo es el *zivug* de *Kneset Israel* con el Rey Santo?"[78]. Su respuesta fue, "Mas también en verdad, ella es mi hermana..."}.

También vemos en un comentario al *Sifra DiTzeniuta*[79] que *neshikin* es el resultado de *Jojmá*.[80] Cuando los labios superiores, que son *Netzaj* (Victoria) y *Hod* (Esplendor) superiores, son despertados al aspecto del *zivug* -a la unión de espíritu con espíritu- entonces *Netzaj* y *Hod* inferiores son despertados al *zivug* - a la unión de cuerpo con cuerpo.[81]

En consecuencia, cuando el Tzadik aplica su sabiduría[82] y determina a partir de cuál conjunto de letras de la Ley Oral se originan estas

---

77. hija es de mi padre...aunque no...madre. Ver Génesis (*loc. cit.*) que ésta fue la explicación que Abraham le dio a Avimelej por el hecho de haber dicho que su esposa Sara era "mi hermana". En verdad, Sara era nieta del padre de Abraham y sobrina de Abraham, la hija de su medio hermano Jarán. Sin embargo, como explica Rashi, los abuelos consideran a sus nietos como sus propios hijos. Así, Abraham podía llamarla hermana y aun así tomarla por esposa. En términos de la lección, ver nota 56 donde se indica que la Presencia Divina/*Maljut* está en verdad enraizada en la persona de *Aba*/*Jojmá*. La "hija" por lo tanto gravita, si así puede decirse, hacia el "padre" -*Maljut* hacia *Jojmá*- para recibir la luz lo más directamente posible (cf. *Likutey Moharán* I, 1). Así, cuando *Biná* ha abrazado y elevado a *Maljut*, la Presencia Divina está mucho más cerca de *Jojmá* y está preparada por lo tanto para la unificación (ver la nota siguiente).

78. Kneset Israel con el Rey Santo. Ver arriba nota 56 que esto se refiere al *zivug* que une la Presencia Divina/*Maljut* con el Santo/*Zeir Anpin*. Este proceso comienza cuando *Jojmá*, el proveedor de los *jasadim*, canaliza estas benevolencias dentro de *Biná*. Desde allí, los *jasadim* descienden a *Maljut* y producen una unificación entre el Rey Santo y *Kneset Israel*. Éste es el significado de que la Presencia Divina es la hija del padre -la *shefa* desciende de *Jojmá*- pero no hija de la madre - porque *Biná* es meramente el canal para la luz de los *jasadim* y no su fuente.

79. Sifra diTzeniuta. Literalmente, "El Libro de lo Oculto", aparece como parte del *Zohar* (II, 176sg.) y está dividido en "cinco libros" como un paralelo de los Cinco Libros de la Torá. El libro incluye algunos de los misterios más profundos de la Kabalá y hay quienes le atribuyen esta enseñanza esotérica al patriarca Iaacov. El comentario al *Sifra diTzeniuta* referido aquí es el *Shaar Maamarei Rashbi*, uno de los *Shmona Shaarim* (Ocho Puertas) de las enseñanzas del Ari, recopiladas y escritas por el Rabí Jaim Vital.

שֶׁבְּעַל־פֶּה נַעֲשֶׂה אֵלּוּ הַצֵּרוּפִין שֶׁהַלַּמְדָן דּוֹבֵר עָלָיו, וְהַצַּדִּיק לוֹמֵד
אֵלּוּ הַצֵּרוּפִין וְעוֹשֶׂה מֵהֶם צֵרוּף הֲלָכָה שֶׁהָיָה מִקֹּדֶם שֶׁנִּתְקַלְקֵל
- כְּשֶׁיֵּשׁ לוֹ זֹאת הַחָכְמָה, אֲזַי עַל־יְדֵי הַחָכְמָה הַזֹּאת הַשְּׁכִינָה הִיא
מִבְּחִינוֹת (שיר־השירים ב): "שׁוֹשַׁנַּת הָעֲמָקִים", מִבְּחִינַת נְשִׁיקִין,
בְּחִינַת "שִׂפְתוֹתָיו שׁוֹשַׁנִּים", בְּחִינַת אִתְדַּבְּקוּת רוּחָא בְּרוּחָא, וְאָז
מִתְעוֹרֵר זִוּוּגָא דְּגוּפָא בְּגוּפָא.
שֶׁהַשְּׁכִינָה בֵּין תְּרֵין צַדִּיקַיָּא יָתְבָא, בֵּין צַדִּיק עֶלְיוֹן, שֶׁהוּא הַתַּנָּא
שֶׁחִדֵּשׁ זֹאת הַתּוֹרָה וְעַכְשָׁו מַשְׁפִּיעַ בָּהּ, וּבֵין צַדִּיק הַתַּחְתּוֹן, הַלּוֹמֵד
לְהַתּוֹרָה וּמַעֲלֶה לְהַשְּׁכִינָה מַיִּין נוּקְבִין כְּדֵי שֶׁתִּתְדַּבֵּק.
וְזֶה (שיר־השירים ה): "שִׂפְתוֹתָיו שׁוֹשַׁנִּים", עַל־יְדֵי בְּחִינַת נְשִׁיקִין;
"נוֹטְפוֹת מוֹר עֹבֵר" - לָשׁוֹן מֵעֵבֶר לְעֵבֶר, הַיְנוּ שֶׁנּוֹטֵף לְהַשְּׁכִינָה
רֵיחַ טוֹב מִשְּׁנֵי עֲבָרִים, מִצַּדִּיק עֶלְיוֹן וּמִצַּדִּיק תַּחְתּוֹן, וְזֶה (שם ז):
'הַדּוּדָאִים נָתְנוּ רֵיחַ', שֶׁשְּׁנֵי דוּדִים, הַיְנוּ שְׁנֵי הַצַּדִּיקִים, נָתְנוּ רֵיחַ.

ficación del habla del erudito-demonio, despierta la Presencia Divina hacia la unificación con los niveles superiores. Esto hace que los niveles superiores envíen más *shefa* todavía (cf. Lección #11, n.77).

88. de un lado al otro. La palabra hebrea que significa "fluir", *over* (עובר) también connota de un lado al otro, *mi ever leever* (מעבר לעבר).

89. dieron perfume a la Presencia Divina. A diferencia del erudito-demonio, que es peor que un cadáver y tiene mal olor (*Mabuei HaNajal*). Cf. *Likutey Moharán* I, 2 final.

Resumen: Es por designio Divino que los eruditos estén habituados a oponerse a los Tzadikim. Cuando aquello que es generado por el Tzadik superior, la Torá Oral, es estudiado en este mundo por una persona recta, el Tzadik inferior, se produce una unión entre ambos espíritus. Sin embargo, cuando alguien que carece de decencia y respeto estudia las enseñanzas del Tzadik superior, hace que la Ley Oral/la Presencia Divina descienda al exilio. Esta enseñanza se transforma entonces en un arma en boca del erudito-demonio con la cual persigue al Tzadik inferior (§1). Esto es posible porque la Torá posee una doble naturaleza: ella da vida en manos del Tzadik inferior, y es venenosa en manos del erudito-demonio (§2). Así, pese a la rectitud del nivel personal del Tzadik, rectitud que por cierto enviste en sus enseñanzas, la persona indigna puede tomar una guía impropia de esa enseñanza de la Ley Oral. Esto se debe a que para poder traer sustento al mundo, el Tzadik incluye la cualidad del lado izquierdo, que es el aspecto de "los pecadores tropezarán en ellas". Este estudio de la Torá que no es por sí misma es utilizado por el erudito-demonio para oponerse con arrogancia a los Tzadikim (§3). Sin embargo, al rectificar el lado izquierdo a través del *jibuk* de la mano derecha, es decir, las benevolencias

<palabras> que el erudito habla en su contra,[83] y el Tzadik estudia estas permutaciones de letras y construye con ellas las permutaciones de letras de la ley tal como habían sido <previamente, antes> de ser corrompidas; entonces, cuando [el Tzadik] tiene esta sabiduría, esta sabiduría hace que la Presencia Divina se encuentre en el aspecto de "la rosa de los valles" (Cantar de los Cantares 2:1).[84] Éste es el aspecto de *neshikin*, como en (*Ibid.* 5:13), "sus labios como rosas".[85] Esto es la unión de espíritu con espíritu, lo que entonces despierta al *zivug* de cuerpo con cuerpo.

Porque "la Presencia Divina reside entre dos Tzadikim"[86]: entre el Tzadik superior - el *Taná* que originó esta enseñanza y que [continúa] influyendo en ella, y el Tzadik inferior - que estudia esta enseñanza y eleva <[la Presencia Divina] para traer> aguas femeninas[87] de modo que ella pueda unirse [con el Rey Santo].

Y éste es el significado de "sus labios como rosas" - mediante el aspecto de *neshikin*; "ellos gotean mirra líquida" (Cantar de los Cantares 5:3) - [fluyendo] de un lado al otro.[88] En otras palabras, una fragancia agradable gotea sobre la Presencia Divina desde ambos lados, desde el Tzadik superior y desde el Tzadik inferior. Y así, "los *DuDaim* (mandrágoras) dieron perfume" (*Ibid.* 7:14). Los dos *DoDim* (amados), es decir, los dos Tzadikim, "dieron perfume" [a la Presencia Divina].[89]

---

83. palabras…contra. Es decir, él ubica la fuente de estas palabras arrogantes en la Torá Oral. Ver más arriba, nota 66.

84. rosa de los valles. Como se explicó, esto ocurre cuando la rosa ha madurado plenamente, cuando *Maljut* está preparada para unirse con *Zeir Anpin*, algo que sólo puede ocurrir luego de que las "tres inferiores" han sido despertadas a través de *neshikin*.

85. labios como rosas. Esto es, la Presencia Divina/la rosa es asemejada a los labios superiores que, a través de *neshikin*, son despertados para la unificación.

86. reside entre dos Tzadikim. El Rebe Najmán conecta ahora toda esta estructura con el comienzo mismo de la lección. Como hemos visto, el Tzadik superior/*Zeir Anpin* es el origen de la Ley Oral/la Presencia Divina. El Tzadik inferior, quien con su estudio ha utilizado su sabiduría y comprensión para despertar el origen de esta enseñanza en la Ley Oral, eleva la Ley Oral/la Presencia Divina de retorno a su fuente y por lo tanto trae la unificación (*Parparaot LeJojmá*).

87. aguas femeninas. "Aguas femeninas" es la energía espiritual que asciende y es símbolo del cumplimiento por parte del hombre de la voluntad Divina. Esto en contraste con las "aguas masculinas", que es el término Kabalista para la energía espiritual que desciende desde Arriba y simboliza el flujo de *shefa* que Dios le provee al hombre con benevolencia.

El estudio de la Ley Oral al cual se dedica el Tzadik inferior, específicamente la recti-

וְזֶה שֶׁאָמַר רַבָּה בַּר בַּר־חָנָה: לְדִידִי חֲזֵי לִי הוּרְמִיז בַּר לִילִיתָא, דַּהֲוָה קָא רָהֵט אַקוּפָא דְשׁוּרָא דִמְחוֹזָא, וְרָהֵט פָּרָשָׁא כִּי רָכֵב סוּסְיָא מִתַּתָּאֵי, וְלֹא יָכִיל לֵהּ. זִמְנָא חֲדָא הֲוֵי מְסָרְגִין לֵהּ תַּרְתֵּי חֵיוָתָא וְקָיְמִין אַתְרֵי גִשְׁרֵי דְדוּנַג, וְשָׁוֵר מֵהַאי לְהַאי וּמֵהַאי לְהַאי, וּנְקַט תְּרֵי כָּסָא דְחַמְרָא בִּידֵהּ וּמוֹרֵיק מֵהַאי לְהַאי, וְלֹא נָטְפֵי מִנַּיְהוּ נִטְפָא לְאַרְעָא. וְאוֹתוֹ הַיּוֹם יַעֲלוּ שָׁמַיִם יֵרְדוּ תְהוֹמוֹת הֲוָה, וְשָׁמְעַת מַלְכוּתָא וְקַטְלָהּ.

רַשְׁבַּ"ם:

הוּרְמִיז – שֵׁד הוּא, כְּדְאָמְרִינַן בְּסַנְהֶדְרִין: מִפַּלְגֵּךְ לְתַתָּאֵי דְהוּרְמִיז. **אַקוּפָא דְשׁוּרָא** – עַל שְׂפַת הַחוֹמָה; וְהַאי עָבְדָא, לְהוֹדִיעַ צִדְקוּתָיו שֶׁל הַקָּדוֹשׁ־בָּרוּךְ־הוּא, שֶׁמְּרַחֵם עַל בְּרִיּוֹתָיו וְאֵינוֹ נוֹתֵן רְשׁוּת לְאֵלוּ לְהַזִּיק, וְגַם שֶׁלֹּא לָצֵאת בַּדֶּרֶךְ יְחִידִי. **וְרָהֵט פָּרָשָׁא** – לְפִי תֻמּוֹ. **וְלֹא יָכִיל לֵהּ** – שֶׁהָיָה הַשֵּׁד רָץ בְּיוֹתֵר. וּמִיהוּ, הַפָּרָשׁ לֹא הָיָה מִתְכַּוֵּן לְכָךְ. **מְסָרְגִין** – שֶׁהָיָה אָכָף וְסִרְגָּא נְתוּנִין עַל הַפְּרָדוֹת. **אַתְּרֵי גִשְׁרֵי דְדוּנַג** – שֵׁם אוֹתוֹ נָהָר, וְהָיוּ רְחוֹקִים זֶה מִזֶּה, וְהַשֵּׁד מְדַלֵּג מִפְּרָדָה זוֹ לִפְרָדָה זוֹ. **תַּרְתֵּי כָּסֵי דְחַמְרָא** – שְׁנֵיהֶם מְלֵאִים יַיִן. **וַהֲוָה מוֹרֵק** – תַּרְוַיְיהוּ בְּיַחַד, זֶה בְּתוֹךְ זֶה, בַּהֲדֵי דְקָא מְשַׁוֵּר, וְאֵין נִשְׁפָּךְ אֲפִלּוּ טִפָּה אַחַת, וְאַף־עַל־פִּי שֶׁהָיָה אוֹתוֹ הַיּוֹם רוּחַ־סְעָרָה, שֶׁהָיוּ עוֹלִים יוֹרְדֵי הַיָּם בָּאֳנִיּוֹת עַד לֵב הַשָּׁמַיִם וְיוֹרְדִים עַד תְּהוֹמוֹת מִכֹּחַ הָרוּחַ, וְאַף־עַל־פִּי־כֵן לֹא נָפְלָה טִפָּה לָאָרֶץ. **יַעֲלוּ שָׁמַיִם וְגוֹ'** – פָּסוּק הוּא גַּבֵּי יוֹרְדֵי הַיָּם בִּתְהִלִּים. **שְׁמַעַת בֵּי מַלְכָּא וְקַטְלָהּ** – מַלְכָּא דְשִׁידָא, שֶׁאֵין דַּרְכּוֹ שֶׁל שֵׁד לְהֵרָאוֹת לִבְנֵי־אָדָם,

וַהֲרָגוּהוּ מִפְּנֵי שֶׁהָיָה מְגַלֶּה סוֹדָם. וְאִית דְּאָמְרֵי: בֵּי מַלְכָּא – קֵיסָר, שֶׁהָיָה יָרֵא שֶׁלֹּא יִטֹּל מַלְכוּתוֹ, שֶׁהָיָה אוֹתוֹ שֵׁד מֵאָדָם שֶׁבָּא עַל שֵׁדָה, וְהָיָה דָר בֵּין הָאֲנָשִׁים.

לְדִידִי חֲזֵי לִי הוּרְמִיז – פֵּרֵשׁ רַבֵּנוּ שְׁמוּאֵל: שֵׁד הוּא.

בַּר לִילִיתָא – זֶה תַּלְמִיד־חָכָם, שֵׁד יְהוּדָאִין, וְזֶה: 'בַּר לִילִיתָא',

ha tomado el erudito-demonio, eleva la enseñanza hacia su fuente, uniendo su espíritu con el del Tzadik superior - el *nishuk*. Esto, a su vez, da nacimiento a una unión completa, *zivug*. Es por lo tanto voluntad de Dios que los eruditos se opongan a los Tzadikim. Como resultado, se completa la construcción de la Presencia Divina y termina su exilio (§4).

5. **Esto es lo que contó Raba bar bar Janá: Yo mismo vi a Hurmiz, el hijo de Lilit. Él iba corriendo por encima de la muralla de Majoza. Un *parasha* (jinete) debajo, galopando rápidamente, no podía sobrepasarlo. Cierta vez, le ensillaron dos mulas. Ellas estaban sobre dos puentes del Donag. Él saltaba ida y vuelta, de una a la otra, sosteniendo dos copas de vino en las manos. Y *morek* (vertía) de una copa a la otra, sin derramar nada al suelo, aunque era un día de "elevarse hacia el cielo y descender a los abismos". El *maljut* (gobierno) oyó acerca de esto y lo condenó a muerte** (*Bava Batra* 73a)**.**

Rashbam:

Hurmiz - un demonio. Como se enseñó en *Sanedrín* (39a), De tu cintura hacia abajo pertenece a Hurmiz; **por encima de la muralla** - por el borde de la muralla. Este incidente apunta a la rectitud de Dios. Él tiene misericordia de Sus creaciones. No permite que estos demonios causen daño y aconseja no viajar solo por la ruta; **jinete debajo galopando rápidamente** - no lo hacía de manera intencional; no podía sobrepasarlo - porque el demonio corría mucho más rápido; aunque el jinete no estaba pensando en ello; **le ensillaron** – pusieron una montura y una faja sobre las mulas; **sobre dos puentes del Donag** - éste era el nombre del río. Los puentes estaban lejos uno del otro; aun así el demonio podía saltar de una mula a la otra; **dos copas de vino** - ambas estaban llenas de vino; **Y vertía** - ambas al mismo tiempo, una en la otra, mientras saltaba. Aun así, ni una gota se derramó, pese al hecho de que ese día era tan tormentoso que todo aquél que estuviese viajando por mar era arrojado hacia el cielo y luego hundido en los abismos, debido a los fuertes vientos. Incluso así, ni una sola gota cayó al suelo; **elevarse hacia el cielo** - este versículo aparece en Salmos (107:26), en relación con los que viajan por mar; **El gobierno oyó acerca de esto y lo condenó a muerte** - esto hace referencia al rey de los demonios. No es común que los demonios se revelen a los humanos, y él fue ejecutado por haber revelado su secreto. Otra interpretación es que "el gobierno" se refiere al rey, quien temía que Hurmiz fuera a usurparle el trono. Esto se debía a que este demonio en particular había sido concebido por un hombre que tuvo relaciones con un demonio femenino, y vivía entre los seres humanos.

Yo mismo vi a Hurmiz - Rashbam explica que éste es un demonio.

el hijo de Lilit - Una referencia al erudito-demonio. Éste es el significado de **el hijo de Lilit**. Como comenta el Midrash: Cuando Moshé estuvo

---

del amor, puede deshacerse la corrupción de la Ley Oral y terminar con el cautiverio de la Presencia Divina/*Maljut*. Esto se logra a través del Tzadik inferior. Cuando él acepta con amor la persecución del erudito-demonio, este *jibuk* inicia el proceso de la construcción de *Maljut*. Entonces, al estudiar la permutación de letras de las enseñanzas de la Ley Oral de las cuales

כַּמּוּבָא בַּמִּדְרָשׁ (שוחר־טוב תהלים ט): 'אֵיךְ יָדַע מֹשֶׁה בֵּין יוֹם לְלַיְלָה כְּשֶׁהָיָה בָּרָקִיעַ? וּמוּבָא, כְּשֶׁלָּמַד עִמּוֹ תּוֹרָה שֶׁבְּעַל־פֶּה, יָדַע שֶׁהוּא לַיְלָה', וְזֶה בַּר לֵילְיָתָא, שֶׁעִקַּר הַלַּמְּדָן מִתּוֹרָה שֶׁבְּעַל־פֶּה.

וַהֲוָה רָהֵט אַקּוֹפָא דְּשׁוּרָא – זֶה צַדִּיק הַדּוֹר, שֶׁתַּלְמִיד־חָכָם, שֵׁד יְהוּדָאִין, רוֹדֵף אֶת הַצַּדִּיק הַדּוֹר שֶׁנִּמְשַׁל לְחוֹמָה, כְּמַאֲמַר חֲכָמֵינוּ, זִכְרוֹנוֹ לִבְרָכָה (בבא בתרא ז:): 'תַּלְמִיד־חָכָם אֵין צָרִיךְ לִנְטִירוּתָא', עַיֵּן שָׁם.

וְרָהֵט פָּרָשָׁא – פֵּרֵשׁ רַבֵּנוּ שְׁמוּאֵל: 'לְפִי תֻּמּוֹ'. **פָּרָשָׁא**, זֶה הַתַּנָּא, שֶׁחִדֵּשׁ זֹאת הַתּוֹרָה וּפֵרְשָׁהּ אוֹתָהּ יָפֶה וְהוֹצִיא לָאוֹר תַּעֲלוּמָה, גַּם אוֹתוֹ רוֹדֵף, אֲבָל לְפִי תֻּמּוֹ, כִּי תַּלְמִיד־חָכָם, שֵׁד יְהוּדִי, אֵינוֹ מְכַוֵּן לִרְדֹּף אֶת הַתַּנָּא, וְזֹאת הָרְדִיפָה נַעֲשֶׂה מִמֵּילָא.

כִּי רָכַב סוּסְיָא מִתַּתָּאֵי – כִּי הַלַּמְדָן, עַל־יְדֵי שֶׁלּוֹמֵד תּוֹרַת הַתַּנָּא, עַל־יְדֵי־זֶה מַחֲזִיר נַפְשׁוֹ שֶׁל הַתַּנָּא לְתוֹךְ גּוּפוֹ שֶׁל הַתַּנָּא; הַחֲזָרַת נֶפֶשׁ לַגּוּף, כְּמוֹ רְכִיבַת הַסּוּס, שֶׁהַסּוּס טָפֵלָה לוֹ. וְזֶה מִתַּתָּאֵי, כִּי הַתַּחְתּוֹנִים גּוֹרְמִים בְּלִמּוּדָם לְהַרְכִּיב נֶפֶשׁ הַתַּנָּא עַל סוּסוֹ, עַל גּוּפוֹ, כְּמוֹ שֶׁכָּתוּב: "שִׂפְתוֹתָיו דּוֹבְבוֹת" וְכוּ'. אֲבָל

וְלֹא יָכִיל לוֹ – שֶׁהַתַּנָּא לֹא יָכוֹל לִסְבֹּל נְשִׁיקָתוֹ, כִּי נְבֵלָה טוֹבָה הֵימֶנּוּ, וְנֶעְתָּרוֹת נְשִׁיקוֹת שׂוֹנֵא, וְהַתַּנָּא בּוֹרֵחַ מִמֶּנּוּ. וְאִם יִקְשֶׁה לְךָ: אֵיךְ הוּא אֵינוֹ מַחֲזִיר תּוֹרָתוֹ שֶׁל הַתַּנָּא לַלַּמְדָן לְמוּטָב, וְאַדְּרַבָּא,

---

93. secundario al jinete. Como explica el *Zohar* (II, p.260a), la relación entre los aspectos superiores e inferiores se asemeja a la relación entre el jinete y su caballo. Y, así como el jinete monta sobre el caballo, el alma monta sobre el cuerpo. Así como el caballo sirve al jinete, el cuerpo sirve al alma (cf. *Zohar* III, 228b).

94. Sus labios se mueven.... Como se explicó más arriba, sección 1 y nota 26.

95. corre alejándose de él. Esto nos indica por qué Iaacov huyó de Labán luego de trabajar para él durante veinte años. Iaacov no podía soportar más sus "besos", de modo que huyó cuando Labán fue a esquilar sus ovejas - el estudio de la Torá Oral por el erudito-demonio. Y esto explica por qué, cuando Labán alcanzó a Iaacov, le dijo (Génesis 31:28), "¿Por qué no me dejaste *besar* a mis hijos?" (*Mabuei HaNajal*; *Likutey Halajot, Reshit HaGuez* 5:3).

en el cielo, ¿cómo diferenciaba entre el día y la noche?⁹⁰ <La respuesta es que> cuando se le enseñaba la Ley Oral, sabía que era *LaiLa* (noche) (*Shojar Tov* 19). Por lo tanto él es **el hijo de LiLit**. Pues, en esencia, se llama a la persona "erudita" debido a [su conocimiento de] la Ley Oral.

Él iba corriendo por encima de la muralla - Esto alude al Tzadik de la generación. El erudito-demonio persigue al Tzadik de la generación, que se asemeja a una pared, como enseñaron nuestros Sabios: Un [verdadero] estudioso de la Torá no necesita protección (*Bava Batra* 7b). Ver allí.⁹¹

Un *parasha* (jinete) debajo galopando rápidamente - Rashbam explica que no lo hacía de manera intencional. Este *PaRaSha* es el *Taná* que originó la enseñanza y *PeRSha* (la explicó) <con sus labios>. Él aclaró sus dificultades. También él es perseguido, aunque no intencionalmente. Pues el erudito-demonio no tiene intención de correr tras el *Taná*. Esta persecución sucede de manera automática.⁹²

jinete debajo - Al estudiar las enseñanzas del *Taná*, el erudito hace que el alma del *Taná* retorne a su cuerpo. Este retornar del alma al cuerpo es similar a estar montado sobre un caballo: el caballo es secundario al <jinete>.⁹³ Y éste es el aspecto de **debajo**. Mediante su estudio, los de abajo hacen que el alma del *Taná* monte sobre su caballo - su cuerpo, como en, "Sus labios se mueven en la tumba".⁹⁴ Pero:

no podía sobrepasarlo - Porque el *Taná* no puede recibir sus besos, porque "una res muerta es mejor que él", y "Profusos son los besos del enemigo". De este modo el *Taná* corre alejándose de él.⁹⁵ Y si te preguntas: ¿Cómo es que la enseñanza del *Taná* no logra hacer que el erudito se arrepienta, sino que por el contrario, éste se vuelve mucho

---

90. el día y la noche. Durante los cuarenta días que pasó en el cielo, Moshé no comió ni bebió. Esto implica su unión al lado derecho, al ámbito espiritual. Por eso fue llevado a estudiar "de noche", correspondiente al lado izquierdo, para que cayese hacia la izquierda y trajese *shefa* al mundo (cf. *Biur HaLikutim*; *Mabuei HaNajal*).

91. pared...estudioso de la Torá. Enseña el Talmud (*loc. cit.*) que debido a su gran mérito, el Tzadik no sólo no requiere protección, sino que él mismo protege a la ciudad en la cual reside y también a sus habitantes. Más aún, al aceptar las injurias y elevarlas hacia su fuente, el Tzadik sirve como una pared para la persona común, protegiéndola de la persecución del erudito-demonio (*Mabuei HaNajal*).

92. no tiene intención.... La intención del erudito-demonio es perseguir, ridiculizar y degradar al Tzadik inferior.

שֶׁנִּתּוֹסֵף לוֹ גַּדְלוּת בְּיוֹתֵר, וְאֵיךְ בָּא זֶה, שֶׁמִּתּוֹרָה הַקְּדוֹשָׁה שֶׁל הַתַּנָּא יָכוֹל הַלַּמְדָּן לְהִכָּשֵׁל. וְתֵרֵץ עַל זֶה:

זִמְנָא חֲדָא הֲוֵי מְסָרְגִין לֵהּ תַּרְתֵּי חֵיוָתָא – כִּי לִפְעָמִים הַתַּנָּא נוֹפֵל לְאֵיזֶה שְׁגִיאָה דַּקָּה מִן הַדַּקָּה, כְּדֵי שֶׁעַל־יְדֵי־זֶה יַמְשִׁיךְ לָעוֹלָם תַּרְתֵּי חֵיוָתָא.

כִּי יֵשׁ שְׁנֵי מִינֵי חַיּוּת: חַיּוּת רוּחָנִי – אֹרֶךְ יָמִים בִּימִינָהּ, וְחַיּוּת גַּשְׁמִי – "בִּשְׂמֹאלָהּ עֹשֶׁר וְכָבוֹד"; וְהַתַּנָּא מֵחֲמַת דְּבֵקוּתוֹ הָעֲצוּמָה בַּחַיּוּת הָרוּחָנִי, אֵינוֹ מַתִּיר אֶת עַצְמוֹ, חַס וְשָׁלוֹם, מִכָּל וָכֹל מֵחַיּוּת הָרוּחָנִי, וּמֵחֲמַת שֶׁהוּא נָפַל לִבְחִינַת הַלִּמּוּד [שֶׁלֹּא לִשְׁמָהּ] בִּשְׁבִיל חַיּוּת גַּשְׁמִי.

קָיְמִין אַתְרֵי גִּשְׁרֵי דְדוֹנַג, וְשָׁוֵר מֵהַאי לְהַאי – כְּמוֹ אָדָם שֶׁעוֹמֵד עַל גֶּשֶׁר שֶׁל שַׁעֲוָה וְאֵינוֹ יָכוֹל לַעֲמֹד – קוֹפֵץ עַל גֶּשֶׁר הַשֵּׁנִי; וּמֵחֲמַת שֶׁגַּם הַשֵּׁנִי שֶׁל שַׁעֲוָה, קוֹפֵץ עַל הָרִאשׁוֹנָה, קוֹפֵץ מֵהַאי לְהַאי. כֵּן הַתַּנָּא – עִקַּר לִמּוּדוֹ תָּמִיד לִשְׁמָהּ, וּמֵחֲמַת שֶׁצָּרִיךְ לְהַמְשִׁיךְ חַיּוּת גַּשְׁמִי לָעוֹלָם, מַפִּילִין אוֹתוֹ לְלִמּוּד שֶׁלֹּא לִשְׁמָהּ, אֲזַי נוֹטְלִין מִמֶּנּוּ לִמּוּד בְּחִינַת לִשְׁמָהּ, וְשָׁוֵר מִלִּשְׁמָהּ לְשֶׁלֹּא לִשְׁמָהּ; וּמֵחֲמַת קְדֻשָּׁתוֹ וּפְרִישׁוּתוֹ, שָׁוֵר וְקוֹפֵץ מִשֶּׁלֹּא לִשְׁמָהּ לְלִשְׁמָהּ, כִּי זֹאת הַבְּחִינָה אֶצְלוֹ כְּמוֹ גֶּשֶׁר שֶׁל דּוֹנַג, שֶׁאֵין יְכוֹלִים לַעֲמֹד עָלָיו. שָׁוֵר לְתוֹךְ לִשְׁמָהּ, וּמִלִּשְׁמָהּ – מֵחֲמַת הֶכְרֵחַ לְטוֹבַת הָעוֹלָם – שָׁוֵר מֵהַגֶּשֶׁר הַזֹּאת, שֶׁהוּא אֶצְלוֹ עַכְשָׁו כְּמוֹ גֶּשֶׁר שֶׁל דּוֹנַג, וְשָׁוֵר מִזֶּה לָזֶה וּמִזֶּה לָזֶה, וְעַל־יְדֵי־זֶה יֵשׁ בְּתוֹרָתוֹ בְּחִינַת "וּפֹשְׁעִים יִכָּשְׁלוּ בָם". הַתִּקּוּן לְכָל הַנַּ"ל.

mundo deben ocuparse de estudiar siempre la Torá, aunque sólo puedan estudiarla por motivos secundarios - es decir, su motivación para el estudio sea algo diferente de *lishmá*. Debido a que en la enseñanza del Tzadik existe el potencial para *lishmá*, a través del estudio de esa enseñanza, esta cualidad de Torá puramente por sí misma también llegará a ellos (*Mabuei HaNajal*).

98. rectificación para todo lo anterior. Este saltar ida y vuelta es una rectificación para el erudito-demonio, aquél que habla contra el Tzadik. También es, por así decirlo, una rectificación para el Tzadik mismo. Aunque él mismo no desea ni está conectado con el lado izquierdo y, en verdad, su caer allí es positivo y necesario -para traer prosperidad material al mundo- aun así,

más arrogante?[96] Y ¿cómo es posible que el erudito pueda tropezar a partir de la santa enseñanza del *Taná*? La respuesta es:

Cierta vez, le ensillaron dos mulas - Hay veces en que el *Taná* comete algún desliz extremadamente pequeño para que, de ese modo, pueda traer una doble fuerza vital al mundo.

Porque hay dos tipos de fuerza vital: fuerza vital espiritual, que es "Largos días en su mano derecha"; y fuerza vital material, que es "en su mano izquierda hay riquezas y gloria". El *Taná*, debido a su decidido apego a la fuerza vital espiritual, no se separa, Dios no lo permita, de la vitalidad espiritual. Pero, como resultado de su desliz en <un aspecto de descuido> para traer fuerza vital material:

Ellas estaban sobre dos puentes del Donag (cera). Él saltaba ida y vuelta, de una a la otra - Él es como un hombre parado en un puente hecho de cera. Es imposible que permanezca allí. Salta hacia un segundo puente, pero, debido a que este segundo puente también está hecho de cera, tiene que saltar hacia el primero - saltando ida y vuelta. Lo mismo sucede con el *Taná*. Principalmente, su estudio es siempre por el estudio mismo. Sin embargo, debido a que de él depende traer la fuerza vital material al mundo, debe caer en el estudio que no es puramente por sí mismo. Le es <quitado> el aspecto de *lishmáh*, y salta de puramente-por-sí-mismo a no-puramente-por-sí-mismo. Aun así, debido a su santidad, <no puede soportar el no-*lishmáh* y nuevamente> salta a *lishmáh*. Esto se debe a que, para él, el aspecto [no-puramente-por-sí-mismo] es como el puente de *donag*, sobre el cual no es posible pararse. De modo que salta hacia puramente-por-sí-mismo, <pero> debido a que hay una necesidad de beneficiar al mundo salta desde este puente, que para él -en ese momento en particular- es como un puente de cera. Y **él saltaba ida y vuelta, de una a la otra**.[97] Como resultado, sus enseñanzas tienen el aspecto de "pero en ellas tropezarán los pecadores". [Este saltar ida y vuelta es, de este modo,] la rectificación de todo lo anterior.[98]

---

96. mucho más arrogante. Ver nota 34 arriba.

97. saltaba ida y vuelta.... Enseñaron nuestros Sabios: La persona siempre debe estudiar Torá, aunque no sea por la Torá misma. Pues al hacerlo, llegará finalmente a estudiar por la Torá misma (ver n.9 arriba). Debido a que el Tzadik superior, el origen/creador de la Ley Oral, salta ida y vuelta entre el estudio-por-sí-mismo y el estudio-no-por-sí-mismo, él coloca la misma cualidad en la enseñanza que origina. Por lo tanto, aquéllos que estudian sus leyes y enseñanzas en este

וְנָקִיט תְּרֵי כָּסָא דְּחַמְרָא בִּידָהּ – כִּי יֵשׁ שְׁנֵי בְּחִינַת יַיִן, בְּחִינַת תּוֹרָה שֶׁבְּעַל-פֶּה, בְּחִינַת יֵין מַלְכוּת רָב (אסתר א), וּבְחִינַת בִּינָה לִבָּא, שִׂמְחַת הַלֵּב, "וְיַיִן יְשַׂמַּח לְבַב", גַּם הוּא בְּחִינַת יַיִן.

וּמוֹרֶק מֵהַאי לְהַאי – שֶׁיַּמְשִׁיךְ קַו יָרֹק מֵהַאי, בִּבְחִינַת "וַיָּרֶק אֶת חֲנִיכָיו" כַּנַּ"ל. וְזֶה חִבּוּק, שֶׁיְּקַבֵּל בְּאַהֲבָה אֶת הָרָדִיפָה וְיִשְׂמַח בְּיִסּוּרִין, עַל-יְדֵי-זֶה הַשְּׁכִינָה, שֶׁהִיא תּוֹרָה שֶׁבְּעַל-פֶּה, הִיא בִּבְחִינַת חִבּוּק, בִּבְחִינַת "אֲנִי חֲבַצֶּלֶת", יְרֻקָּה כַּחֲבַצֶּלֶת, שֶׁיִּהְיֶה הַחִבּוּק בִּשְׁלֵמוּת. וְזֶה:

וְלָא נָטְפָא מִנַּיְהוּ לְאַרְעָא; וְאוֹתוֹ הַיּוֹם יַעֲלוּ שָׁמַיִם יֵרְדוּ תְהוֹמוֹת – הַיְנוּ, שֶׁהַשְּׁכִינָה יָשְׁבָה בֵּין תְּרֵין צַדִּיקַיָּא: צַדִּיק עֶלְיוֹן – זֶה בְּחִינַת "יַעֲלוּ שָׁמַיִם"; "יֵרְדוּ תְהוֹמוֹת" – זֶה בְּחִינַת צַדִּיק תַּחְתּוֹן, זֶה בְּחִינַת נְשִׁיקִין, בְּחִינַת "נִטְפוֹת מוֹר עוֹבֵר" כַּנַּ"ל; וְעַל-יְדֵי מַה נַּעֲשֵׂית בְּחִינַת נְשִׁיקִין, בְּחִינַת "נִטְפוֹת מוֹר עוֹבֵר"? עַל-יְדֵי הַחָכְמָה כַּנַּ"ל. וְזֶה:

וּשְׁמַע מַלְכוּתָא וּקְטָלַהּ – הַיְנוּ שֶׁיַּשְׂכִּיל וְיִשְׁמַע אֶת הַתּוֹרָה שֶׁבְּעַל-פֶּה, הַנִּקְרָא מַלְכוּת-פֶּה, וְיַשְׂכִּיל מִצֵּרוּפָיו הַיּוֹצְאִים מִתַּלְמִיד-חָכָם, שֵׁד יְהוּדִי, יִשְׁמַע וְיַשְׂכִּיל בְּשָׁעָה שֶׁשּׁוֹמֵעַ הַחֵרוּפִין וְהַגִּדּוּפִים הַיּוֹצְאִים מִפֶּה תַּלְמִיד-חָכָם שֵׁד יְהוּדִי, יִשְׁמַע תּוֹרָה שֶׁבְּעַל-פֶּה, עַל-יְדֵי-זֶה

קְטָלַהּ – כִּי עִקַּר חִיּוּת שֶׁל הַקְּלִפּוֹת וְהַשֵּׁדִין אֵינָם אֶלָּא מִנִּיצוֹצֵי הַשְּׁכִינָה, כָּל זְמַן שֶׁהִיא אֵינָהּ בִּשְׁלֵמוּת וְיֵשׁ לָהּ אֵיזֶה חֶסָּרוֹן, אֲזַי יֵשׁ לָהֶם חִיּוּת. כְּשֶׁמַּעֲלִין אוֹתָהּ לִבְחִינַת חָכְמָה, שֶׁשָּׁם עִקַּר בִּנְיָנָהּ,

---

102. como se mencionó más arriba. Ver final de la sección 4 y nota 81.

103. Maljut pe. Ver sección 1 y nota 16 arriba.

104. incompleta...fuerza vital. Porque ellas toman su vitalidad, su *shefa*, de la "inmadurez" del Maljut. Y sólo elevando estas chispas caídas se completará la Presencia Divina (ver n.55 arriba).

sosteniendo dos copas de vino en sus manos - Hay dos aspectos del vino: el aspecto de la Ley Oral, que es "el vino de *Maljut*[99] en abundancia" (Esther 1:7); y el aspecto de *Biná*/corazón, la alegría del corazón - "el vino que hace regocijar el corazón".[100]

Y *moReK* (vertía) de una copa a la otra - Él debe traer la línea de *IaRoK* del <aspecto de Biná>…,[101] como en, "Y *IaReK* sus siervos entrenados". Esto es *jibuk* - aceptando la persecución con amor y regocijándose en el sufrimiento. Como resultado, la Presencia Divina/La Ley Oral está en el aspecto de *jibuk*, correspondiente a "Yo soy la rosa" - "*IeRuKa* (verde) como una rosa". El *jibuk* queda así completo. Y esto es:

sin derramar nada de ello al suelo, aunque era un día de elevarse hacia el cielo y descender a los abismos - Esto alude a la Presencia Divina que reside entre los dos Tzadikim. El Tzadik superior corresponde a **elevarse hacia el cielo**; <el Tzadik inferior corresponde a **descender a los abismos**>. Éste es el aspecto de *neshikin*, correspondiente a, "ellos gotean mirra líquida". ¿Cómo se logra *neshikin*/"ellos gotean mirra líquida"? A través de *Jojmá*, como se mencionó más arriba.[102] Y así:

El *maljut* (gobierno) oyó acerca de esto y lo condenó a muerte - En otras palabras, él comprenderá y escuchará la Ley Oral - conocida como "*Maljut pe*"[103] - adquiriendo sabiduría de las permutaciones que provienen del erudito-demonio. <Es decir, hará permutaciones de las vejaciones e insultos, y los volverá a transformar en las permutaciones de la ley tal como habían sido anteriormente>. Como resultado:

lo condenó a muerte - Porque la fuerza vital principal de las fuerzas del mal y de los demonios proviene de las chispas de la Presencia Divina. Mientras ella esté incompleta y tenga alguna carencia, ellos tendrán fuerza vital.[104] <Pero,> cuando es elevada al aspecto de *Jojmá* -que es

---

el Tzadik debe descender desde su nivel de *lishmá*. Sin embargo, su saltar de vuelta es también una rectificación para esto.

99. vino de Maljut. La palabra hebrea para abundancia, *rav*, también significa rabí y erudito. Por lo tanto, esto puede ser una referencia al título "Rav", que sólo se obtiene cuando la persona domina la Ley Oral, como arriba en la sección 1.

100. Biná…alegría…. Como se dijo más arriba en la sección 4 y notas 62 y 64.

101. IaRoK del aspecto de Biná…. Desde *Biná* hasta *Maljut*, rodeando la Presencia Divina/*javatzelet* con un *jibuk* (abrazo) del lado derecho.

וּכְשֶׁנִּבְנֵית בִּשְׁלֵמוּת – עַל־יְדֵי־זֶה וּקְטָלָהּ לְשֵׁד יְהוּדִי:

וְזֶה פֵּרוּשׁ: תְּהִלָּה לְדָוִד...
תְּהִלָּה – לְשׁוֹן עִרְבּוּב, כְּמוֹ שֶׁכָּתוּב (איוב ד): "וּבְמַלְאָכָיו יָשִׂים תָּהֳלָה".

דָּוִד – זֶה בְּחִינַת תּוֹרָה שֶׁבְּעַל־פֶּה; הַיְנוּ כְּשֶׁהַתּוֹרָה שֶׁבְּעַל־פֶּה נוֹפֶלֶת וְנִתְעָרְבֵּב לְצֵרוּפִים אֲחֵרִים כַּנַּ"ל.

puede entenderse como una alusión a la plegaria, tema que ocupa un lugar preponderante en las enseñanzas del Rebe Najmán. Existe mucha confusión con respecto a quién es el verdadero Tzadik y quién es el erudito-demonio. Obviamente, nadie está dispuesto a admitir que su estudio de Torá no es, por naturaleza, puramente por sí mismo. La única manera de llegar a alcanzar cierta claridad y evitar la confusión es orar constantemente a Dios pidiendo verdad y guía. Entonces Él llevará a la persona por el sendero correcto y la dirigirá hacia el verdadero Tzadik.

107. David...Ley Oral...Maljut pe. El rey David es el símbolo de *Maljut* (cf. n.12, 16) que, a su vez, corresponde a la Ley Oral. Esto explica porqué, de todos los líderes del pueblo judío, el rey David fue quien por lo tanto sufrió casi en forma incesante durante toda su vida. Primero, todos sospecharon que era hijo ilegítimo y por lo tanto indigno de contraer matrimonio dentro de la comunidad judía. Siendo joven, fue atormentado y perseguido por el rey Shaúl. Incluso luego de ascender al trono tuvo muy poca paz. Fue forzado a entrar en batalla contra los filisteos, Amalek, Edom, y otros. Su hijo Avshalom se rebeló contra él. Fue maldecido por Shimi ben Guera, el Presidente del Sanedrín, y sufrió muchas otras humillaciones. En todo esto, el rey David simboliza la Ley Oral en el exilio. También ella fue asediada por una constante denuncia y burla. Sin embargo, el rey David volverá a reinar. Esto sucederá en la época del Mashíaj. Y entonces la Ley Oral también será redimida. Los grandes Tzadikim, aquellos que constantemente buscan elevar la Torá, la liberarán del exilio.

En la misma vena escribe el Rabí Natán: Al examinar la historia de nuestra Ley Oral, vemos que aproximadamente 100 años antes de la destrucción del Segundo Templo sólo había tres puntos en discusión entre los más grandes eruditos de la Torá, Shamai e Hilel. Más tarde, con la proliferación de los estudiantes que no habían adquirido dominio de sus estudios, las disputas se volvieron mucho más comunes. Esto fue un desarrollo necesario, para poder traer más *shefa* al mundo. Aun así, sus desacuerdos estaban limitados y contenidos dentro de los confines de la Torá. Estos eruditos pronto retornaban al lado derecho, al acuerdo y a la armonía. Había opiniones divergentes concernientes a la aplicación correcta de la Ley Oral, pero incluso así las partes continuaban manteniendo buenas relaciones entre sí e incluso unían sus familias en matrimonio. Sin embargo, en nuestra época, las disputas rampantes no tienen nada que ver con la Torá ni con temas religiosos. Más bien, son una manifestación del lado izquierdo, la obra del erudito-demonio. Toda disputa y todo desacuerdo, incluso cuando aparece bajo la forma de un lenguaje de Torá, ya no es más puramente en aras de la Torá sino resultado de la sed de gloria y de riquezas (*Likutey Halajot, Talmud Torá* 3,2). Comparar con la nota 32, arriba.

108. otras permutaciones de letras.... Esto sucede cuando la Ley Oral cae en la boca del erudito-demonio.

donde ella se construye principalmente- y se construye en su totalidad, mediante esto el erudito-demonio es **condenado a muerte**.[105]

6. Y ésta es la explicación [del versículo de apertura]: *"Tehilá leDavid* **(Un salmo de David): [Te exaltaré, ELOhai (mi Señor),** *haMelej* **(el Rey); y bendeciré Tu nombre eternamente]"**.

TeHiLá - Esto connota confusión y mezcla, como en (Job 4:18), "Y en Sus ángeles Él pone *TaHoLá* (confusión)".[106]

David - <Él> corresponde a la Ley Oral, <a *"Maljut pe"*>[107]. En otras palabras, cuando la Ley Oral cae y queda confundida y mezclada dentro de otras permutaciones de letras...[108]

---

105. el erudito-demonio es condenado a muerte. El Rabí Natán relaciona esto con el episodio de Bilaam (Números 22-25). Escribe lo siguiente (*Likutey Halajot, Reshit HaGuez* 5): La Torá es la fuente de todo: "Largos días en su mano derecha, y en su mano izquierda hay riquezas y gloria". Como hemos visto, los judíos toman de la derecha y las naciones de la izquierda. Así, mientras que la fortaleza de los judíos reside en sus voces, en su plegaria, que proviene de la derecha, la fortaleza de las naciones reside en su poder y en la espada, que proviene de la izquierda. Ahora bien, Moshé fue el Tzadik santo y puro que el Rebe Najmán menciona en la lección. Aunque él recibió del lado izquierdo, asegurando por lo tanto que el pueblo judío recibiera un sustento apropiado, fue capaz de retornar inmediatamente a la derecha. Y al hacerlo, incluso las cualidades de la izquierda fueron llevadas hacia el lado derecho. Así, el poder de la espada, las proezas en la batalla, también les fueron dadas a los judíos.

La Torá nos dice que Bilaam fue contratado por Balak, el rey de Moav, para maldecir a los judíos. Habiendo visto que la nación judía utilizó el poder de la espada para destruir a Sijón y Og, dos poderosos guerreros, Balak supuso que su único recurso era pelear con ellos con la fuerza que proviene de la derecha, con el poder de la boca. Es decir, él quería atacarlos en la raíz de su fuerza, en la Ley Oral/*Maljut*, para poder subyugarlos. Sólo en virtud de ser un gran Tzadik, Moshé logró contrarrestar la "boca" de Bilaam. Vemos por lo tanto que Bilaam esperaba que, debido a sus servicios, Balak lo recompensase con una gran riqueza. Aunque él haría uso del poder del lado derecho, en esencia, su verdadero deseo era sólo el lado izquierdo, riquezas y gloria.

Más aún, la palabra hebrea que significa "asno", *AToN* (אתון), sugiere la relación inversa que tiene con el *TaNÁ* (תנא), el Tzadik que revela Torá. En lugar de unir su espíritu con el *Taná*, Bilaam, el erudito-demonio, cometió bestialismo con su asna. Cuando el ángel bloqueó el camino para que no pudiese pasar, Bilaam comenzó a discutir con su asna. Los mensajeros de Balak que acompañaban a Bilaam se burlaron de él por esto. "Tú estás tratando de destruir toda una nación con la boca y ni siquiera eres capaz de ganar un debate con un asno" (*Sanedrín* 105b). Bilaam era totalmente impuro. Él se dedicó al *jibuk, nishuk* y *zivug* con un animal. Por el contrario, Moshé era totalmente puro y fue capaz de traer la unificación elevando la Torá hacia su Fuente. Y fue esta pureza la que le permitió a Moshé contrarrestar el acto bestial de Bilaam y finalmente derrotarlo y destruirlo.

106. TaHoLá. *Tehilá* (un salmo, תְּהִלָּה) y *Taholá* (confusión, תָּהֳלָה) tienen las mismas letras. Esto

אֲרוֹמִמְךָ אֱלֹקַי הַמֶּלֶךְ – הִתְרוֹמְמוּת שֶׁלָּהּ עַל-יְדֵי אֱלֹקַי, בְּחִינַת חֶסֶד אֵל כָּל הַיּוֹם (תהלים נ"ב).

הַמֶּלֶךְ – לִבְחִינַת בִּינָה לִבָּא, שֶׁהַלֵּב בַּנֶּפֶשׁ כַּמֶּלֶךְ בַּמִּלְחָמָה (ספר יצירה פ"ו).

וַאֲבָרְכָה שִׁמְךָ – הַיְנוּ אַחַר-כָּךְ מַעֲלֶה אֶת הַתּוֹרָה שֶׁבְּעַל-פֶּה לִבְחִינַת חָכְמָה כַּנַּ"ל, הַנִּקְרָא בָּרוּךְ עַל שֵׁם רִבּוּי דְּבִרְכָאָן, כִּי הַחָכְמָה הִיא מְקוֹר הַבְּרָכָה:

andar por el lado derecho, que al menos uno *quiere* seguir el sendero correcto en sus estudios y en sus acciones. Al hacerlo, será capaz de unir su espíritu con el del *Taná* de modo que la Torá del *Taná* pueda guiarlo hacia el verdadero arrepentimiento. Incluso si uno cae hacia el lado izquierdo, hacia un deseo de riquezas y gloria, aún puede saltar de vuelta. Pues el *Taná* también debe caer hacia el lado izquierdo para traer *shefa* al mundo, como se dijo en la sección 3.

Sin embargo, es necesario cuidarse en extremo de toda persona que, aunque parezca ser muy erudita, utiliza su conocimiento de Torá para humillar a los demás y a los Tzadikim. Éste es un consejo muy importante y relevante para esta época, precisamente porque en nuestro mundo predomina el Otro Lado, el lado izquierdo. La única manera de protegerse y de no ser arrastrado es pedirle a Dios, una y otra vez, que nos muestre la verdad.

Al dar esta lección, el Rebe Najmán citó el versículo "*Najamú, najamú* (consuélense) Mi pueblo…". Dijo el Rebe: "*Najamú, najamú*, se refiere al Tzadik superior y al Tzadik inferior". Pero cuando dio a copiar la lección, borró de la versión final toda mención a esto (ver arriba, n.1). En su obra *Likutey Halajot*, el Rabí Natán cita este versículo de Isaías, haciendo notar que desde la destrucción del Templo la misión primordial de los Tzadikim ha sido elevar la Ley Oral. Esta elevación de la Ley Oral será el verdadero consuelo. Y entonces, así como continúa diciendo este pasaje de Isaías, "Voz de uno que clama en el desierto, preparen el camino para Dios… lo torcido será enderezado… y la gloria de Dios será revelada, porque la boca de Dios lo ha dicho" (v.3-5). Es decir, ahora que el Tzadik ha elevado las palabras malas del erudito-demonio, comprenderemos que todo lo torcido en realidad tiene su fuente en la Palabra de Dios. Esto, nos dice el Rabí Natán, sólo tendrá lugar una vez que el profeta Elías haya traído la paz al mundo. Él eliminará las disputas y el desacuerdo que resultan del estudio de la Torá que no es por la Torá misma -la causa de toda destrucción- y revelará la verdad y la grandeza del verdadero Tzadik, pronto y en nuestros días, Amén (*Reshit HaGuez* 5:20).

Te exaltaré, *ELOhai, haMelej* - [La Ley Oral/*Maljut*] es exaltada a través de *ELOhai*, como en (Salmos 52:3), "La bondad de *El* (el Omnipotente) es constante".[109]

haMelej - [Ella es exaltada y elevada] a *Biná*/corazón, porque "el corazón en el alma es como un *melej* (rey) en batalla" (*Sefer Ietzirá*, cap.6).[110]

y bendeciré Tu nombre - Es decir, luego, él eleva la Ley Oral al aspecto de *Jojmá* (Sabiduría), que es llamada "bendita" debido a su abundancia de bendiciones. Porque *Jojmá* es la fuente de las bendiciones.[111]

---

109. Elohai…es constante. El *Parparaot LeJojmá* explica que el santo nombre *El* tiene su fuente en *Biná*, y hace descender *jasadim* hacia las letras *Vav-Hei*, las últimas dos letras del Tetragrámaton. En la terminología de la lección, esto hace referencia a canalizar la *shefa* hacia *Zeir Anpin*, la *vav*, y hacia *Maljut*, la *hei* (ver Apéndice: Niveles de Existencia). Cf. lección #11, nota 5.

110. corazón…melej en batalla. De esta manera, el Reinado está conectado con *Biná*, el corazón.

111. …fuente de las bendiciones. Así, el versículo que abre la lección ahora puede leerse: **Tehilá leDavid** - si hay confusión en la Ley Oral y sus permutaciones de letras se han corrompido; **Te exaltaré, ELohai, haMelej** - esto puede rectificarse trayendo *jasadim*/*shefa* desde *Biná* hacia *Maljut* y elevando *Maljut* hacia *Biná*; **y bendeciré Tu nombre eternamente** - habrá abundancia de bendiciones que emanan de *Jojmá*. Al elevar más aún a *Maljut*, *Jojmá* ilumina a *Maljut*, cuya estructura queda entonces completa. Todas las fuerzas del mal son eliminadas y la unificación que sigue trae una bendición de *shefa* hacia el mundo.

* * *

Uno de los objetivos principales de la lección es indicar la importancia de estudiar Torá *lishmá*. Tal estudio de Torá ejerce una influencia muy positiva sobre la persona. Ello la une con el Tzadik superior que reveló la enseñanza y crea grandes unificaciones Arriba, llevando en última instancia al final del exilio, como se explicó en la sección 4.

Cuando no es posible alcanzar este nivel de estudio de Torá, como sucede con la vasta mayoría de las personas, entonces uno debe hacer todo lo posible por estudiar el máximo de Torá. Incluso al estudiar Torá por motivos ulteriores debe tenerse en mente que al menos uno *quiere*

ליקוטי מוהר"ן סימן י"ג

אַשְׁרֵי הָעָם יֹדְעֵי תְרוּעָה ה' וְכוּ' (תהלים פ"ט).

א לְהַמְשִׁיךְ הַשְׁגָּחָה שְׁלֵמָה אִי אֶפְשָׁר, אֶלָּא עַד שֶׁיִּשָּׁבֵר תַּאֲוַת מָמוֹן, וּשְׁבִירָתָהּ הוּא עַל־יְדֵי צְדָקָה.
כִּי אִיתָא בַּזֹּהַר (פינחס רכד.): 'רוּחָא נָחֵת לְשַׁכֵּךְ חֲמִימָא דְלִבָּא, וְכַד נָחֵת רוּחָא, לִבָּא מְקַבֵּל לֵהּ בְּחֶדְוָה דְנִגּוּנָא דְלֵיוָאֵי'.

6. rúaj...canción de los Levitas. Este pasaje del *Zohar* (*loc. cit.*) trata de la ofrenda quemada diaria en el Templo cuya fragancia ascendía mientras los Levitas ejecutaban sus instrumentos musicales y cantaban. Dijo el Rabí Iehudá, "Un sacrificio tiene tanto *ashan* (humo) como *reaj nijoaj* (aroma agradable)". Esto se refiere respectivamente a la derecha y a la izquierda, a las *sefirot* de *Biná/Guevurá/Hod* (Comprensión/Fuerza/Esplendor) y a *Jojmá/Jesed/Netzaj* (Sabiduría/Bondad/Victoria) (ver Apéndice: La Estructura de las Sefirot). De manera similar, hay dos aberturas en la *af* (nariz): la derecha para recibir el aroma agradable, la izquierda para recibir el humo. Así, está escrito sobre el *ashan* (Deuteronomio 29:19), "La *af* (nariz, ira) de Dios ahumará contra esa persona", y (Salmos 18:9), "Un *ashan* se elevó en Su nariz". Por otro lado, vemos la referencia al *reaj nijoaj*, que "el *reaj* de tu *af* es como manzanas [fragantes]" (Cantar de los Cantares 7:9).

El Rebe Najmán explica que, cuando el *reaj nijoaj* y el *ashan* están unidos -una mezcla de la cualidad de *jesed* y de *din*- eso se transforma en un juicio verdadero (atemperado) o *daat* (conocimiento sagrado). Esta unión corresponde a la ofrenda del incienso en el Templo (ver n.14) y es generada por dos *rujot*. Un *rúaj*, el *rúaj* del corazón, se eleva desde el lado izquierdo (*Biná*) con *guevurot* (severidades). Estas *guevurot* se asemejan a un fuego, que calienta y quema. El segundo *rúaj* desciende entonces desde el lado derecho (*Jojmá*) con *jasadim* (benevolencias). Estos *jasadim* de la mente se asemejan a la frescura del agua, con el poder de aplacar la llama ardiente de los *dinim*.

Al explicar este proceso en el cual los *jasadim* de *Jojmá*, la mente, mitigan los *dinim* (juicios estrictos o *guevurot*) de *Biná*, el corazón, el *Zohar* cita la enseñanza Talmúdica: Aquél que quiere ser sabio debe mirar hacia el sur y aquél que quiere ser rico debe mirar hacia el norte (*Bava Batra* 25b). La entrada al Santo Templo se encuentra hacia el lado este. Por lo tanto, al entrar, uno está mirando hacia el oeste, hacia el Santo de los Santos. A su derecha está el Pan de la Proposición, símbolo de prosperidad. Está puesto sobre una Mesa, hacia el norte. A su izquierda está la Menorá, símbolo de la sabiduría, situada hacia el sur de la entrada del Santo de los Santos. Por lo tanto, nuestros sabios enseñaron que la persona que quiera riquezas y prosperidad debe orar mirando hacia el norte; la persona que quiera sabiduría debe favorecer el sur.

Este pasaje del *Zohar* ha sido citado en detalle pues es fundamental para la apropiada

LIKUTEY MOHARÁN 13[1]

"Ashrei haam (Feliz el pueblo) que conoce el sonido del shofar; Dios, a la luz de Tu rostro andarán".

(Salmos 89:16)

Es imposible traer una completa providencia Divina[2] si antes no se quiebra el deseo de dinero.[3] Este quebrar se logra a través de la caridad.[4]

Pues se enseña en el *Zohar* (III, 224a): Un *rúaj*[5] desciende para apaciguar el ardor en el corazón. Cuando el *rúaj* (viento) desciende, el corazón lo recibe con el regocijo de la canción de los Levitas.[6]

---

1. Likutey Moharán 13. Esta lección fue dada en Shabat, Rosh HaShaná 5564 (17 de septiembre de 1803). No hay otros detalles acerca de ella (*Parparaot LeJojmá*).

2. Providencia Divina. En la sección 4, el Rebe Najmán explica el aspecto interno de la providencia Divina tal como se relaciona con la lección y en su misma terminología. Sin embargo, en general, la providencia Divina es la supervisión de Dios de todos los aspectos de Su creación. Esto se aplica a todos los niveles: mineral, vegetal, animal y humano. Cada parte de la creación recibe su sustento de acuerdo con la voluntad de Dios. En términos del hombre, esto implica el papel continuo que juega la providencia Divina en su vida, proveyéndolo de las herramientas necesarias para llevar a cabo la misión para la cual fue creado.

3. deseo de dinero. Podría decirse que el sustento del hombre es el área en la cual se hace más evidente la providencia Divina. La persona que tiene fe en que sólo Dios es El que provee no elegirá tener un día de trabajo dolorosamente largo como medio para ganarse la vida. Más bien, llevará a cabo su tarea de manera honesta y se ocupará de tener tiempo para estudiar Torá, para la plegaria y para las mitzvot. Esa persona *sabe* que Dios la sustentará aunque no sea esclava de su trabajo. Quebrando el deseo de dinero, su fe en Dios permanece intacta. Por lo tanto, al apoyarse sólo en Dios para el sustento uno alcanza la providencia Divina.

4. caridad. Al dar voluntariamente de sus propios bienes a aquéllos menos afortunados, la persona demuestra su fe en Dios. Aquél que practica la caridad comprende que sólo Dios provee y que uno sólo es un agente del Todopoderoso y que ha recibido para poder transferirles esa bondad a los demás. El Rebe Najmán explica que dar caridad es comparable a emitir un juicio: El dador "se empobrece" y a su vez "enriquece" a la persona pobre. En este sentido, puede ser comparado a un juez - es decir, Dios (*Likutey Moharán* I, 2:4; ver también final de la lección). Éste es en verdad el concepto de la providencia Divina: proveer a los demás.

5. rúaj. La palabra hebrea *rúaj* tiene tres significados diferentes, interconectados entre sí: viento; aliento; espíritu. En nuestro texto se utilizan los tres significados.

'רוּחָא' - זֶה בְּחִינַת צְדָקָה, שֶׁהוּא רוּחַ נְדִיבָה, עַל-יָדוֹ מְקָרְרִין חֲמִימוּת תַּאֲוַת מָמוֹן. וְזֶה בְּחִינַת (תהלים ע"ו): "יִבְצֹר רוּחַ נְגִידִים" - שֶׁהָרוּחַ מְמַעֵט תַּאֲוַת הַנְּגִידוּת וְהָעֲשִׁירוּת.

'נְגוּנָא דִּלְיָוָאֵי' - זֶה בְּחִינַת מַשָּׂא וּמַתָּן בֶּאֱמוּנָה, שֶׁשָּׂמֵחַ בְּחֶלְקוֹ וְאֵינוֹ אָץ לְהַעֲשִׁיר. כִּי הַנְּגִינָה זֶה הַמַּשָּׂא וּמַתָּן, כְּמוֹ שֶׁכָּתוּב (שם פ"א): "שְׂאוּ זִמְרָה וּתְנוּ תֹף". 'חֶדְוָה' - זֶה שֶׁשָּׂמֵחַ בְּחֶלְקוֹ. וְזֶה בְּחִינַת קְטֹרֶת, שֶׁמְּקַשֵּׁר חִמּוּם הַלֵּב עִם הָרוּחַ, וְזֶה (משלי כ"ז):

Allí, al Rebe Najmán habla del "rico y el pobre" y cómo *adam* (hombre) es en verdad una combinación de los dos, correspondiente al quemar y al *rúaj*.

10. dedicarse a los negocios.... Hay dos maneras de dedicarse a los negocios, con fe o sin fe. La Torá alienta la honestidad cuando se trata de ganarse el sustento, como en "Aquél que quiere ser rico debe mirar hacia el norte". La honestidad en esta área es, en sí misma, una expresión de fe. Y si, mientras se gana el sustento, la persona continúa dedicada al estudio de la Torá y a las mitzvot, la riqueza y la prosperidad que alcanza pueden ser una fuente de gran beneficio para ella misma y para el mundo. Lo contrario de esto es dedicarse a los negocios sin fe, de manera deshonesta. Aquél que busca el sustento por tales medios indica su falta de satisfacción y de apreciación por lo que tiene. En lugar de ello, se ve abrumado por un ardiente e insaciable deseo de alcanzar mucha más riqueza, aunque esto requiera el uso de medios inescrupulosos. En el *Likutey Moharán* I, 54, el Rebe Najmán detalla las conexiones entre los negocios y la canción, y los beneficios que pueden traer al mundo (*Parparaot LeJojmá*).

11. no corre.... Debido a que tiene fe, está seguro de que Dios lo proveerá de todo lo que necesite.

12. canción...toma-y-daca.... Por consiguiente, la canción y los negocios son similares en el hecho de que ambos son un proceso de toma-y-daca.

13. ...contento con lo que tiene. Por lo tanto, la canción de los Levitas implica dedicarse a los negocios (toma-y-daca) con honestidad y fe (estando satisfecho con lo que uno tiene). El pasaje del *Zohar* citado por el Rebe Najmán más arriba puede por lo tanto comprenderse del modo siguiente: El *rúaj* (caridad) enfría el deseo de obtener una gran riqueza. Esto se debe a que la persona se dedica a los negocios de manera honesta y está contenta con lo que tiene.

14. incienso...ardor del corazón...rúaj. Vale decir, el ardiente deseo del corazón se une a la cualidad refrescante del *rúaj* - éste es el *ketoret* (ofrenda de incienso). Como indica el *Zohar* (Ibid.), la traducción aramea de *kesher* (unir) es *keter*. El *Zohar* también enseña que no hay nada en el mundo más efectivo para mitigar los decretos severos que el *ketoret*. Esto se debe a que la ofrenda de incienso une los *dinim* con la misericordia, el *ashan* con el *reaj nijoaj* en el *af*.

El *Parparaot LeJojmá* indica que el deseo de riqueza tiene un aspecto positivo. El Ari explica que cuando la persona busca su sustento de manera honesta y con fe se logran grandes rectificaciones. Este deseo de riqueza es por lo tanto un aspecto necesario de la naturaleza humana dado que, sin esta pulsión, no habría nada que motivara al individuo a dedicarse al

"*Rúaj*" corresponde a [dar] caridad, que es [indicación de] un "*rúaj* (espíritu) generoso".⁷ Con este [*rúaj*], se enfría el ardiente deseo de dinero.⁸ Esto corresponde a (Salmos 76:13), "Él cortará el *rúaj* de los príncipes" - porque el *rúaj* disminuye el deseo de nobleza y riqueza.⁹

"La canción de los Levitas" corresponde a dedicarse a los negocios de manera honesta.¹⁰ Uno está contento con su parte y no corre a hacerse rico.¹¹ Esto se debe a que la canción corresponde al toma-y-daca, como está escrito, "Tomen una canción y denle al pandero" (Salmos 81:3).¹² [Y] "regocijarse" se refiere a aquél que está contento con lo que tiene.¹³

Y éste es el aspecto del incienso, el cual une el ardor del corazón con el *rúaj*.¹⁴ Éste es el significado de "El incienso alegra el corazón"

---

comprensión de la sección 1 de esta lección. Como veremos, *rúaj* corresponde a la caridad; quemar corresponde al deseo; enfriar corresponde a quebrar el deseo; la canción de los Levitas corresponde a los negocios; el corazón corresponde a la alegría y al incienso; el humo corresponde a la idolatría; la ofrenda quemada corresponde a daat y a la reconstrucción del Santo Templo.

7. espíritu generoso. Esta frase aparece en Salmos (51:14), "Restitúyeme el gozo de Tu salvación y susténtame con un *rúaj* generoso". Este *RúAJ*, que corresponde a la caridad y a los actos de bondad, es como el *ReAJ*, el aroma agradable correspondiente a *jesed*.

8. ...se enfría el ardiente deseo. El Rebe Najmán conecta esta enseñanza del *Zohar* (Ibid.) con el tema de apertura de esta lección: quebrar el deseo de dinero. Cuando la persona tiene un fuerte deseo de dinero, el *ashan* del lado del corazón se eleva a la nariz, como en, "Un *ashan* se elevó en Su nariz" - y debido a esto, "El *af* de Dios (ira Divina) ahumará contra esa persona". Pero entonces un *rúaj*/*jasadim* desciende de *Jojmá*, la mente, para aplacar esta pasión. El *Parparaot LeJojmá* agrega que el principal propósito del *rúaj* es enfriar este ardor, porque la avaricia es un aspecto de idolatría, como se explicará.

9. el rúaj disminuye.... Este versículo alude por tanto al segundo *rúaj* que corta el *rúaj* de riqueza. Este segundo *rúaj* es caridad, a través de lo cual se enfría el ardiente deseo de dinero.

El papel que juega la caridad en traer el *rúaj* que aplaca la avaricia puede ser ilustrado con la siguiente enseñanza del *Zohar*, (III, 195a): Hay tres tipos de plegarias que ofrece el hombre: la plegaria de Moshé (Salmos 90:1); la plegaria de David (Salmos 86:1); la plegaria del pobre (Salmos 102:1). No hubo ser humano que pudiera compararse con Moshé Rabeinu. Nunca hubo un rey que pudiera compararse con el rey David. Nunca ha existido un corazón quebrado que pudiera compararse con el corazón quebrantado del pobre. Y la plegaria del pobre es mucho más grande que las otras dos.

Mediante su sufrimiento, el pobre despierta la compasión Divina. Incluso así, debido a que su aflicción es una indicación de que sus congéneres no se han ocupado de él, también despierta la ira Divina. Así, la plegaria del pobre hace que el *af* de Dios humee y haga surgir *dinim* en el mundo. Sin embargo, un acto de *jesed* -dar caridad- tiene el poder de enfriar el fuego y de mitigar los decretos Divinos que surgen con éste. Ver Lección #10 y nota 2. A otro nivel, esta unión de la ira Divina con la compasión Divina también es esencial para el desarrollo interno del hombre mismo. Esto se comprenderá mejor más adelante en la lección (§5 y n.81).

"קְטֹרֶת יְשַׂמַּח לֵב", וְזֶה בְּחִינַת (דברים ל״ג): "יָשִׂימוּ קְטוֹרָה בְּאַפֶּךָ", שֶׁעַל־יְדֵי בְּחִינַת קְטֹרֶת הַנַּ״ל נִתְבַּטֵּל בְּחִינַת (בראשית ג): "בְּזֵעַת אַפֶּךָ תֹּאכַל".

וְזֶה בְּחִינַת הִתְגַּלּוּת מָשִׁיחַ, שֶׁאֲזַי יִתְבַּטֵּל חֶמְדַּת הַמָּמוֹן, כְּמוֹ שֶׁכָּתוּב (ישעיהו ב): "בַּיּוֹם הַהוּא יַשְׁלִיךְ הָאָדָם אֵת אֱלִילֵי כַסְפּוֹ וְאֶת אֱלִילֵי זְהָבוֹ". וְזֶה בְּחִינַת (איכה ד): "רוּחַ אַפֵּינוּ מְשִׁיחַ ה׳".

'וְכָל זְמַן שֶׁיֵּשׁ עֲבוֹדָה זָרָה זֹאת שֶׁל מָמוֹן בָּעוֹלָם, חֲרוֹן־אַף בָּעוֹלָם'; וּכְפִי הַבִּטּוּל שֶׁל עֲבוֹדָה זָרָה זֹאת - כֵּן נִתְבַּטֵּל הַחֲרוֹן־אַף, בִּבְחִינַת "רוּחַ אַפֵּינוּ מְשִׁיחַ ה׳", וְנִתְמַשֵּׁךְ חֶסֶד בָּעוֹלָם,

19. jaron af en el mundo. Ésta es la ira Divina/*ashan* mencionada más arriba nota 6. Este humo corresponde a los *dinim*, a los juicios estrictos y no atemperados, a los decretos que descienden sobre el mundo. La solución es suavizar estos *dinim* con *jesed*, el concepto de la ofrenda del incienso. El incienso es sinónimo de estar contento y satisfecho, lo opuesto a la ira. Así, al quebrar el deseo de dinero, uno endulza los decretos y queda protegido de los dinim (*Mei HaNajal*).

Esta enseñanza del *Sifri* (*loc. cit.*) se relaciona con las leyes concernientes a la Ciudad Condenada (Deuteronomio 13:13-19). Si la mayoría de los habitantes de una ciudad adoran a los ídolos, todos los habitantes son condenados a muerte y sus posesiones son incineradas para que no quede nada de la idolatría. La afirmación "Mientras exista la idolatría del dinero en el mundo...", se refiere a un objeto que ha sido robado de las posesiones condenadas antes de que pudiera ser destruido. El ladrón, aunque sabe que el objeto está contaminado con la idolatría, no quiere dejarlo. En términos de nuestra lección, esto es similar a gente que, aunque sabe que sólo Dios provee el sustento, aun así mantiene la noción de que trabajando más duro puede ganar más. Esta noción es análoga a la idolatría.

La Ciudad Condenada tiene otra conexión más con nuestra lección: "Luego juntarás todas las posesiones [de la ciudad] en medio de su plaza, y quemarás totalmente la ciudad con todos sus despojos, [casi] como un sacrificio a Dios, tu Señor" (Deuteronomio 13:17). En este sentido, la Ciudad Condenada se parece al sacrificio diario; ambos son una "ofrenda quemada para Dios". Pero hay una diferencia esencial entre ambos. El sacrificio ejemplifica un "espíritu generoso", una ofrenda fundada en las contribuciones que los judíos entregaron al Templo de manera voluntaria. No sucedía lo mismo con las posesiones de la Ciudad Condenada. Si bien todo debía ser quemado "como un sacrificio a Dios", de ninguna manera puede ser visto como un acto de caridad. Todo lo contrario, la quema de la ciudad y de todos sus bienes apunta al aspecto negativo de la riqueza, a su conexión con la idolatría. Lo que sí es verdad es que, en ambos casos, la ofrenda Le es dada a Dios. De manera similar, enseña el Talmud: Así como las ganancias anuales de la persona son decretadas en Rosh HaShaná, lo mismo sucede con las pérdidas que deberá sufrir. Si así lo merece, sus "pérdidas" serán a través de la caridad (*Bava Batra* 10a). En otras palabras, la persona meritoria, aquélla cuya fe en la providencia Divina la lleva a dar caridad, "perderá" su dinero en mitzvot y será recompensada. El individuo que carece de esta fe también tendrá pérdidas. Sin embargo, sus pérdidas no le harán ganar recompensa alguna.

(Proverbios 27:9).[15] Esto también corresponde a (Deuteronomio 33:10), "Ellos pondrán el incienso en Tu *af* (nariz)", porque el aspecto del incienso anula la [maldición]: "Comerás [pan] con el sudor de tu *af*" (Génesis 3:19).[16]

Esto también corresponde a la revelación del Mashíaj, pues entonces se eliminará el deseo de dinero. Como está escrito (Isaías 2:20), "En ese día, el hombre arrojará sus ídolos de plata y sus ídolos de oro".[17] Ello es también (Lamentaciones 4:20), "El *rúaj* (aliento) de nuestro *af*, el *mashíaj* (ungido) de Dios".[18]

Y mientras exista la idolatría del dinero en el mundo, habrá *jarón af* (ira ardiente) en el mundo (cf. *Sifri* 13:18).[19] Pero en la medida en que se anula esta forma de idolatría, también se elimina la ira ardiente, como en, "El *rúaj* de nuestro *af*, el ungido de Dios". Entonces desciende bondad al mundo, como en (Salmos 18:51), "Él actúa con *jesed* (bondad)

---

toma-y-daca de los negocios. De este modo, el objetivo del hombre debe ser enfriar el deseo uniéndolo con el *rúaj*, y no extinguirlo totalmente.

15. Incienso alegra el corazón. Este incienso, que es la unión del ardor del corazón/*ashan* con el *rúaj*/*reaj nijoaj*, es sinónimo de estar "contento con lo que uno tiene". Enseña el Talmud que el incienso trae una gran riqueza a aquél que lo ofrenda en el altar (*Ioma* 26a). Como se explicó en la lección, ser rico es estar satisfecho con lo que uno tiene, ésta es la riqueza más grande. Ésta es la cualidad del incienso: hace que uno esté contento porque está satisfecho con lo que tiene.

16. Tu af...con el sudor de tu af.... Se le dijo a Adán que se ganaría el sustento "mediante el sudor de tu *af* (frente)". Ya no estaría satisfecho con lo que tenía y se sentiría obligado a trabajar constantemente para obtener más. Ése fue su castigo por haber comido del Árbol del Conocimiento. Fue deshonesto al tomar aquello que no debía tomar. Pero cuando uno se conduce de manera honesta y con fe, entonces el concepto de *af*/incienso le trae satisfacción (*Mei HaNajal*).

El versículo de Deuteronomio citado por el Rebe Najmán es parte de la bendición de Moshé a la tribu de Levi, antes de fallecer. El pasaje dice: "Ellos enseñarán Tus juicios a Iaacov y Tu Torá a Israel; pondrán el incienso en Tu nariz y sacrificios quemados sobre Tu altar. Bendice, Dios, su riqueza y mira propicio la obra de sus manos". ¿Cómo merecerá la tribu de Levi enseñar, es decir traer *daat* (conocimiento sagrado) a los judíos? Lo hará mediante el incienso, la cualidad de la satisfacción. Y, debido a esto, Dios les dará la prosperidad a partir de sus posesiones y de sus esfuerzos al ganarse la vida (*Mei HaNajal*). La lección pronto se centrará en la conexión que tiene *daat* -la sabiduría de la Torá- con los conceptos anteriormente mencionados.

17. ídolos de oro. El hombre está dispuesto a despojarse de la idolatría, pero no de la plata y del oro (*Rabí Eliahu Jaim Rosen*).

18. rúaj...af...mashíaj de Dios. Aquí, el Rebe Najmán apunta a la conexión entre *rúaj*/caridad y *af*/incienso/satisfacción. Es decir, cuando uno está verdaderamente contento con lo que tiene, que es algo que se logra al dar caridad, entonces puede experimentar cómo será la vida cuando venga Mashíaj. Pues entonces todos estarán satisfechos. Ver también *Likutey Moharán* I, 2:1 que el arma básica del Mashíaj, la plegaria, corresponde a la restricción de la ira Divina y al *rúaj* del temor a Dios.

בִּבְחִינַת (תהלים י"ח): "וְעוֹשֶׂה חֶסֶד לִמְשִׁיחוֹ".
וּכְשֶׁיִּתְגַּלֶּה חֶסֶד הַזֶּה, יִתְמַשֵּׁךְ הַדַּעַת, שֶׁהִיא בִּנְיַן הַבַּיִת, בִּבְחִינַת (שם ה): "וַאֲנִי בְּרֹב חַסְדְּךָ אָבוֹא בֵיתֶךָ", כְּמוֹ שֶׁכָּתוּב בַּזֹּהַר (פינחס רכ:): 'וְרִמְיָנָא דָא זָמִין לְמִבְנָא בֵּי־מַקְדְּשָׁא – כִּי הַדַּעַת הוּא בְּחִינַת בַּיִת, כְּמַאֲמַר חֲכָמֵינוּ, זִכְרוֹנָם לִבְרָכָה (ברכות לג): 'מִי שֶׁיֵּשׁ בּוֹ דֵּעָה, כְּאִלּוּ נִבְנָה בֵּית־הַמִּקְדָּשׁ' וְכוּ'.

ב וְזֶה בְּחִינוֹת הִתְגַּלּוּת הַתּוֹרָה שֶׁל לֶעָתִיד לָבוֹא, כַּמּוּבָא בַּזֹּהַר, שֶׁלֶּעָתִיד יִתְגַּלֶּה אוֹרַיְתָא דְּעַתִּיקָא סְתִימָאָה; כִּי עִקַּר קַבָּלַת

en la era mesiánica, cuando el Templo ya haya sido reconstruido. Su contribución personal a esta construcción es completa. Como dijo el Rabí Eliezer, "es como si se construyera el Santo Templo en sus días" - en cuanto a la persona concierne, ¡ya está construido!

Esto demuestra la importancia de recitar los capítulos que tratan de la ofrenda quemada diaria y de la ofrenda del incienso (cf. *Shuljan Aruj, Oraj Jaim* 1:9). También podemos comprender por qué se nos aconseja dar caridad antes de orar (*Ibid.*, 92:10; *Bava Batra* 10a). Dar caridad corresponde a la ofrenda quemada, a unir las fuerzas constrastantes de *jesed* y de *din*. La ofrenda del incienso las une trayendo un juicio atemperado. Esto corresponde a quebrar el deseo de dinero y a obtener la providencia Divina, trayendo por lo tanto satisfacción a nuestras vidas.

Hoy en día es posible alcanzar esta satisfacción a través de las plegarias diarias, como en, "Que nuestros labios (plegaria) sean en lugar de los sacrificios" (Hosea 14:3). Aunque actualmente no hay manera de traer los sacrificios, podemos alcanzar el mismo fin recitando las plegarias correspondientes (*Likutey Halajot, Tefilá* 4:15-17). ¿Y dónde se ofrecen hoy en día los sacrificios? El Rebe Najmán ya nos ha dado la respuesta. Cuando la persona alcanza el nivel de *daat*, es como si se construyera el Santo Templo. Por lo tanto, la *persona misma* es el Santo Templo, si así pudiera decirse.

El Rabí Natán agrega que la sección de la Plegaria de la Mañana conocida como *Pesukei deZimra* (los salmos y canciones recitadas inmediatamente luego de los sacrificios) corresponde a la "Canción de los Levitas", las melodías entonadas mientras se ofrecían los sacrificios (*Likutey Halajot, Tefilá* 4:19).

Resumen: Para traer providencia Divina es necesario dar caridad. Esto quiebra el deseo de dinero y como resultado se experimenta alegría y satisfacción. La caridad es también un aspecto de la revelación de Mashíaj, momento en que se anulará la idolatría del dinero. De este modo se elimina la ira Divina, se revela la bondad, y es como si uno construyera el Santo Templo, sinónimo de *daat*.

24. El sabio.... Los ángeles son conocidos como "los fuertes" (cf. Salmos 103:20). Rashi explica "El sabio…" de la siguiente manera: Moshé es el sabio. Él asciende al cielo, a la ciudad de los fuertes (los ángeles), y trae la Torá [que los ángeles supusieron que se quedaría con ellos].

25. éste es el aspecto de…Futuro. Este logro del *daat* a través del cual se construye el Santo Templo corresponde al nivel profundo de comprensión de Torá que sólo será revelado abiertamente en el Futuro, en el Mundo que Viene.

para con Su ungido".[20]

Cuando se revela este *jesed*, desciende *daat* (conocimiento santo), a través del cual se construye la Casa.[21] Esto corresponde a (Salmos 5:8), "Pero en cuanto a mí, con abundancia de Tu bondad entraré a Tu Casa". Como está escrito en el *Zohar* (III, 220b): Y el lado derecho... ha estado preparado para la construcción del Santo Templo.[22] Esto se debe a que el conocimiento es un aspecto de Casa, como enseñaron nuestros Sabios: Cuando alguien tiene *daat*, es como si se construyera el Santo Templo... (*Berajot* 33a).[23]

2. {"**El sabio asciende a la ciudad de los fuertes y trae la fortaleza en la que ella confía**" (Proverbios 21:22)}.[24]

Y éste es el aspecto de la revelación de la Torá del Futuro.[25] Como dice en el *Zohar* (III, 152a): en el Futuro se revelará la Torá del Anciano

---

20. bondad para con Su ungido. A través de la satisfacción que Mashíaj traerá al mundo, se anulará y eliminará toda la idolatría. El consiguiente apaciguamiento de la ira Divina inducirá el flujo de *jesed* (bondad) desde Arriba.

21. se construye la Casa. Esto es una referencia al Santo Templo, que sólo será reconstruido una vez que llegue Mashíaj. Como enseguida mostrará el Rebe Najmán, su construcción depende de *daat*.

22. derecho...construcción del Santo Templo. La *sefirá* de *Jesed* está del lado derecho. Como se mencionó en la nota 6, hay un *rúaj* que desciende con *jasadim* desde el lado derecho, desde *Jojmá* (Sabiduría). Estas benevolencias son la bondad que es revelada cuando se anula la idolatría del dinero. El pasaje citado por el Rebe Najmán nos dice que los *jasadim* del lado derecho ya están en su lugar - esperando solamente que nosotros los hagamos descender. Y con su revelación se construirá el Santo Templo.

23. conocimiento...el Santo Templo.... Este pasaje del Talmud (*loc. cit.*) dice lo siguiente: Grande es *daat* pues aparece entre dos nombres de Dios, como en, "Porque el Señor de conocimiento es Dios" (Samuel 1, 2:3).... Grande es el Santo Templo porque aparece entre dos nombres de Dios, como en, "...Tu logro, Dios; el Templo de Dios Tus manos han fundado". Y el Rabí Eliezer dijo, "Cuando alguien tiene *daat*, es como si se construyera el Santo Templo en sus días". El Maharsha (*v.i. guedola*) explica que los dos nombres santos que rodean la palabra "*daat*" son el nombre de la misericordia en su lado derecho y el nombre del juicio en su lado izquierdo. *Daat* es la capacidad de permutar y de combinar las letras de estos nombres. La persona que puede hacer esto también puede permutar las letras con las cuales fueron creados el cielo y la tierra y puede combinar la derecha con la izquierda para construir el Santo Templo. Así, cuando uno quiebra el deseo de dinero, logra la anulación de la idolatría y la revelación de la bondad. Al traer el *rúaj* desde *Jojmá*, para enfriar el ardiente deseo de las *guevurot*, los une como el incienso/*af* y obtiene satisfacción. Esta unidad de la derecha con la izquierda es la creación de *daat* (porque *daat* es la combinación de los *jasadim* de *Jojmá* con las *guevurot* de *Biná*). Con este conocimiento sagrado, la persona logra el tipo de conciencia que prevalecerá

הַתּוֹרָה עַל־יְדֵי הַשֵּׂכֶל, שֶׁהוּא מֹשֶׁה־מָשִׁיחַ), כְּמוֹ שֶׁכָּתוּב (משלי כא): "עִיר גִּבֹּרִים עָלָה חָכָם".

וּמִי שֶׁיֵּשׁ לוֹ בְּחִינַת מֹשֶׁה־מָשִׁיחַ, יוּכַל לְקַבֵּל תּוֹרָה, וְיָכוֹל לְהַמְשִׁיךְ הֶאָרַת הַתּוֹרָה לְלַמֵּד שְׁאָר בְּנֵי־אָדָם; כִּי הִתְגַּלּוּת הַתּוֹרָה בָּא מִיִּחוּדָא דְּקֻדְשָׁא־בְּרִיךְ־הוּא וּשְׁכִינְתֵּהּ, כְּמוֹ שֶׁכָּתוּב (שם א): "שְׁמַע בְּנִי מוּסַר אָבִיךָ" וְכוּ' – 'אָבִיךָ' דָּא קֻדְשָׁא־בְּרִיךְ־הוּא, 'וְאִמֶּךָ' דָּא כְּנֶסֶת־יִשְׂרָאֵל (זהר יתרו פה. פינחס ריג.).

וְיִחוּדָם – עַל־יְדֵי הַעֲלָאַת נַפְשׁוֹת יִשְׂרָאֵל בִּבְחִינַת מַיִּין נוּקְבִין, וְהֶחָכָם יָכוֹל לִקַּח הַנְּפָשׁוֹת וּלְהַעֲלוֹתָם בִּבְחִינַת מַיִּין נוּקְבִין, בִּבְחִינַת (שם יא): "וְלֹקֵחַ נְפָשׁוֹת חָכָם", וְעַל־יְדֵי הַיִּחוּד הַזֶּה נוֹלָד הַתּוֹרָה; וּכְשֶׁעוֹלֶה הֶחָכָם עִם הַנְּפָשׁוֹת, בִּבְחִינַת עִיר גִּבֹּרִים עָלָה חָכָם, עַל־יְדֵי זֶה – "וַיּוֹרֶד עֹז מִבְטֶחָה".

30. Santo...Kneset Israel. El Santo, bendito sea, alude a *Zeir Anpin*, el principio masculino. *Kneset Israel*, que es otro nombre para la Presencia Divina (encarnada en la unidad colectiva del pueblo judío), alude a *Maljut*. Ver Lección #12, nota 78.

31. aguas femeninas. Este principio Kabalista conocido como *main nukvin* se aplica al ascenso de la energía espiritual desde abajo. Esto ocurre a través del cumplimiento de la voluntad Divina por parte del hombre. Más específicamente, las almas de los Tzadikim trabajan para alcanzar el nivel en el que puedan elevar *main nukvin* y producir por lo tanto las unificaciones Arriba.

32. toma almas es sabio. El versículo entero dice, "Los frutos del Tzadik son como un árbol de vida; y aquél que toma almas es sabio". El *Metzudat David* (op. cit.) explica que las acciones del Tzadik son como un árbol de vida, trayendo vida a la gente en este mundo. Y el sabio, al enseñarles a los demás, los "toma" para sí mismo; los adquiere, porque ellos le serán fieles. En términos de nuestra lección, el sabio es el Tzadik. Él está totalmente dedicado a ayudar a los demás a que mejoren y rectifiquen sus almas.

Hay un manuscrito que difiere en parte del texto impreso (ver fin de la lección). Incluye la siguiente explicación de la primera parte del versículo. "Los frutos del Tzadik" alude a las unificaciones generadas por el Tzadik; "son como un árbol de vida", la Torá, que es comparada con el Árbol de Vida. En otras palabras, la unificación que hace el sabio/Tzadik elevando las almas como *main nukvin*, hace que se revele la Torá (*Mabuei HaNajal*).

33. nace la Torá. Ésta es una señal de que los esfuerzos del Tzadik han dado fruto. Debido a que estas almas le son fieles, el Tzadik es capaz de elevar sus almas como *main nukvin*. Esto, a su vez, trae la unificación mediante la cual nacen las nuevas percepciones de Torá.

34. el sabio asciende...confía. El Midrash (*Tanjuma, Noaj* 2) relaciona este versículo con "un sabio" que da caridad. Como hemos visto, dar caridad quiebra el deseo de dinero, endulza las

Oculto.²⁶ Esto se debe a que la esencia de la recepción de la Torá es a través del intelecto, que es Moshé-Mashíaj,²⁷ como en, "El sabio asciende a la ciudad de los fuertes".²⁸

La persona que posee el aspecto de Moshé-Mashíaj es capaz de recibir la Torá y puede hacer descender la luz de la Torá para enseñarles a los otros.²⁹ Pues la revelación de la Torá proviene de una unificación del Santo, bendito sea y Su Presencia Divina. Como está escrito (Proverbios 1:8), "Oye, hijo mío, la instrucción de tu padre y no abandones la Torá de tu madre". [Y se enseñó:] "Tu padre" alude al Santo, bendito sea, y "tu madre" alude a *Kneset Israel* (Zohar II, 85a).³⁰

Su unificación se produce a través de la elevación de las almas judías en el aspecto de aguas femeninas.³¹ El sabio puede tomar las almas y elevarlas en el aspecto de aguas femeninas, como en (Proverbios 11:30), "Aquél que toma almas es sabio".³² Y mediante esta unificación nace la Torá.³³ Así, cuando el sabio asciende con las almas -siendo esto "El sabio asciende a la ciudad de los fuertes"- mediante esto [él] "trae la fortaleza en la que ella confía".³⁴

26. Torá del Anciano Oculto.... "¡Ay de la persona que piensa que las historias de la Torá son meras historias!.... Cuando las exaltadas enseñanzas de la Torá descienden a este mundo, se envuelven en formas que permiten comprenderlas. Los relatos de la Torá pueden asemejarse a una prenda que viste la *neshamá* (alma), las profundidades internas de la enseñanza. El necio se deja impresionar por las vestimentas externas y no busca más profundamente. No se da cuenta de que las palabras de la Torá son meramente su cuerpo, un manto, y que hay profundidad en la Torá, una *neshamá* oculta dentro de ella que debe ser buscada. Más aún, existe un nivel más elevado todavía, el de la *neshamá* de la *neshamá*. Este nivel interno de la Torá sólo será revelado en el Futuro" (*Zohar, loc. cit.*). En la terminología de la Kabalá, la vestimenta de la Torá, su forma revelada, corresponde a *Maljut*. La *neshamá*, el alma dentro del cuerpo, corresponde a la persona Divina *Zeir Anpin*. La *neshamá* de la *neshamá*, las percepciones de Torá que sólo serán reveladas cuando llegué Mashíaj, son conocidas como la Torá de *Atik*, el Anciano Oculto.

27. Moshé-Mashíaj. Mashíaj también llamado Shiló (Génesis 49:10). Tanto Shiló (שילה) como Moshé (משה) tienen el valor numérico de 345 (ver Apéndice: Tabla de Guematria). Moshé implica por lo tanto el Mashíaj (cf. Lección #9, n.52). Más aún, Moshé se asocia a veces con el aspecto de *daat* y con la *sefirá* de *Daat*, la combinación de los elementos de *Jojmá* y *Biná*. Éste es el lenguaje sagrado que trae la revelación de Mashíaj mencionada más arriba (§1). Agrega el *Mabuei HaNajal*: A partir de esto podemos ver que así como la revelación de la Torá en el Sinaí se produjo a través de Moshé, en el Futuro, la revelación de la Torá del Anciano se producirá a través de Moshé.

28. ciudad de los fuertes. Moshé, la personificación de *daat*, es el sabio que es capaz de ascender a los cielos.

29. para enseñarles a los otros. Con este conocimiento sagrado uno puede recibir la Torá, tal como hizo Moshé; y puede enseñarles Torá a los demás, tal como hizo Moshé.

ג וְנֶפֶשׁ - זֶה בְּחִינַת רָצוֹן.
שֶׁכָּל אֵלּוּ בְּנֵי־אָדָם הַבָּאִים לַחֲכַם־הַדּוֹר, כָּל אֶחָד וְאֶחָד יֵשׁ לוֹ אֵיזֶהוּ רָצוֹן, וְהַצַּדִּיק לוֹקֵחַ כָּל הָרְצוֹנוֹת וְעוֹלֶה עִמָּהֶם, וְאַחַר־כָּךְ - "וַיֵּרֶד עֹז מִבְטְחָה", בִּבְחִינַת (יחזקאל א): "וְהַחַיּוֹת רָצוֹא וָשׁוֹב", 'רָצוֹא' - בַּעֲלִיַּת הַנְּפָשׁוֹת, 'וָשׁוֹב' - בַּחֲזָרַת הַנְּפָשׁוֹת, עִם הִתְגַּלּוּת הַתּוֹרָה.
וְזֶה שֶׁמּוּבָא בְּתִקּוּנֵי־זֹהַר (תקון ע, קט.): 'רָצוֹא' - דָּא נוּרִיאֵל, 'וָשׁוֹב' - דָּא מְטַ"ט שַׂר הַפָּנִים; נוּרִיאֵל - דָּא נוּר דָּלוּק (זהר בראשית כג: ובתקונא שבעין) בַּחֲמִימוּת תַּאֲוַת מָמוֹן, וָשׁוֹב - דָּא מְטַ"ט שַׂר

ser que ésta pueda comprender por sí misma (*Jaguigá* 11b). Sin embargo, debe entenderse que aunque uno no sea capaz de comprender los secretos y profundidades de la visión de la *Mercavá* (al igual que otras enseñanzas Kabalistas), aún hay mucha sabiduría y consejo moral que pueden extraerse de estos conceptos. Esto explica por qué se habla de esto de manera abierta en diferentes textos. Esto es lo que el Rebe Najmán ha hecho esencialmente en el *Likutey Moharán*; tomar los conceptos más elevados y los misterios más profundos y relacionarlos con la vida diaria para ayudar al ser humano en su servicio a Dios.

40. Ratzó es Nuriel. Tanto *RaTZó* (רצוא) como *NURIEL* (נוריאל) tienen el valor numérico de 297 (ver Apéndice: Tabla de Guematria). Conceptualmente, el ángel Nuriel implica correr, ir hacia adelante o hacia arriba. En nuestro contexto, éste es el sabio que eleva las almas (*Mabuei HaNajal*). El Rebe Najmán pronto asociará a Nuriel con el concepto de "quemar" los deseos pues *nur* en arameo quiere decir fuego. Esto alude a los deseos y las voluntades que la gente le lleva al Tzadik para que él los eleve.

41. vashov es MeTaT.... Tanto *VaShoV* (ושוב) como *MeTaTRÓN* (מטטרון) tienen el valor numérico de 314. El ángel Metatrón (abreviado como Metat) es llamado el Ministro del Rostro. En hebreo esto es "*Metatrón Sar Hapanim*" (מטט שר הפנים), cuyas iniciales forman el nombre Moshé (משה). Esto se debe a que, al igual que Moshé, Metat es *vashov* - es decir, como el sabio que retorna desde Arriba con Torá.

42. ardiendo con el deseo de dinero. Para comprender mejor esto, primero debemos introducir la enseñanza del Ari de que el nombre *MeTaTRÓN* (מטטרון) está compuesto de dos palabras: *RiMÓN* (רמון) y *TaT* (טט). *TaT* es equivalente a 18 y así alude a *jai* (חי) que significa "vida". Esto implica que los *dinim* y las *klipot* (fuerzas del mal) no tienen poder sobre él. La segunda palabra, *RiMÓN*, tiene el valor numérico de 296, de modo que cuando se agrega una unidad por la palabra misma, ésta tiene la misma *guematria* que el nombre Nuriel. A partir de esto podemos ver que Nuriel está incluido en Metatrón, aunque debido a que carece de los 18 de vida, al nivel de Nuriel aún existe la posibilidad de que actúen las fuerzas del mal. Bajo el mismo tenor, las palabras *tov verrá* (bien y mal) también tienen el valor numérico de 296 tomando las dos palabras individualmente y combinándolas entre sí (*Shaar HaHakdamot* p.394; *Likutey Torá*, Ezequiel 1).

3. Ahora bien, el alma es aspecto de voluntad.³⁵

Pues todas y cada una de estas personas que vienen al sabio de la generación tienen algo de [buena] voluntad.³⁶ El Tzadik, toma todas las voluntades y asciende con ellas.³⁷ Y más tarde, [él] "trae la fortaleza en la que ella confía".³⁸ Esto corresponde a (Ezequiel 1:14), "Y las criaturas vivientes *ratzó vashov* (corrían y retornaban)" - "*ratzó*" en la elevación de las almas, "y *shov*" en el retorno de las almas con una revelación de Torá.³⁹

Esto es lo que dice en el *Tikuney Zohar* (Tikún #70, p.109a): *Ratzó* es Nuriel,⁴⁰ *vashov* es Metat, el Ministro del Rostro.⁴¹ Nuriel es una *nur* (vela) encendida (Zohar I, 23b) - ardiendo con el deseo de dinero.⁴² *Vashov*

---

severidades y trae *jasadim* - las benevolencias que crean el *daat* apropiado para elevar las almas. Más aún, la misma observancia de la Torá se asemeja a la *tzedaka* (caridad), como está escrito (Deuteronomio 6:25), "Será nuestra *tzedaka* el que guardemos todos estos mandamientos...". A través de la Torá, traemos sobre nosotros la providencia Divina. Y la alegría y la fe que esto imparte alienta a dar más caridad, lo que trae más bendiciones aún... (*Mei HaNajal*).

Resumen: Para traer providencia Divina es necesario dar caridad. Esto quiebra el deseo de dinero y como resultado se experimenta alegría y satisfacción. La caridad es también un aspecto de la revelación de Mashíaj, momento en que se anulará la idolatría del dinero. De este modo se elimina la ira Divina, se revela la bondad, y es como si uno construyera el Santo Templo, sinónimo de *daat* (§1). *Daat*, el conocimiento profundo requerido para comprender los misterios de la Torá, es lo que le permite a la persona recibir ideas de Torá y enseñárselas a los demás. Al hacerlo, atrae sus almas, a las que entonces eleva para crear una unificación. Como resultado (y siempre y cuando se haya liberado totalmente del deseo de dinero), se revelan nuevas ideas de Torá (§2).

35. el alma es...voluntad. Como en el versículo (Génesis 23:8), "Si es su *nefesh*" -su voluntad- "que sepulte...". Así, el *nefesh*, el término genérico para el alma humana, corresponde a [y es el asiento de] la voluntad (*Parparaot LeJojmá*).

36. algo de buena voluntad. El hecho mismo de que la persona vaya al Tzadik es una indicación de su deseo de santidad. Sin embargo, como veremos más adelante en la lección, aunque la voluntad de la persona es acercarse a Dios, todavía desea las cosas que la alejan de la santidad, de modo que necesita un *tikún* (rectificación).

37. toma todas las voluntades.... En otras palabras, él purifica los deseos de las personas enseñándoles cómo servir apropiadamente a Dios.

38. trae la fortaleza.... Como se mencionó, el Tzadik desciende con nuevas ideas de Torá que han sido reveladas gracias a su elevación del *main nukvin*.

39. Y las criaturas vivientes.... El Rebe Najmán está citando la visión de la *Mercavá* (Carroza Divina) de Ezequiel. Estos puntos serán tratados en forma detallada en la sección 5; ver notas 61 y 62. El misterio de la *Mercavá* es un secreto de Torá tan profundo que el Talmud enseña: No se le pueden revelar [los misterios de] la Carroza ni siquiera a una persona erudita, a no

הַפָּנִים, דְּאִיהוּ רָשִׁים בְּשֵׁם מש"ה, דְּאִיהוּ מָשִׁיחַ; שֶׁהוּא "רוּחַ אַפֵּינוּ", שֶׁעַל־יָדוֹ נִשְׁתַּכֵּךְ הַחֲמִימוּת.

וְזֶה: **שְׁכָכָה – גִּימַטְרִיָּא מֹשֶׁה** (זהר בהר קיא: פינחס רלא.), שֶׁהוּא מְשַׁכֵּךְ אֱלִילֵי כֶסֶף וְזָהָב.

רָצוֹא – דָּא רָצוֹן, שֶׁהוּא הַנֶּפֶשׁ, וָשׁוֹב – דָּא משֶׁה, שֶׁמְּקַבֵּל הַתּוֹרָה.

ד וְעַל־יְדֵי הַמְשָׁכַת הַתּוֹרָה נִמְשָׁךְ הַשְׁגָּחָה, כִּי הַתּוֹרָה הִיא

puede leerse como: "Feliz del pueblo *que tiene a Moshé*". Esto se dice en alabanza a Moshé, el Tzadik, que tiene el poder de arreglar las cosas para el pueblo judío.

45. ídolos de plata y oro. El *Mei HaNajal* repasa este concepto en el contexto de la historia de Purim. Hamán se colgó un ídolo del cuello e insistió en que todos se inclinasen delante de él (*Esther Rabah* 2:5). El Midrash también nos dice que tenía un extremado anhelo de dinero (*Kohelet Rabah* 2:26). En contraste, Mordejai y Esther, que poseían el espíritu santo (*Meguilá* 7a), fueron capaces de usar su *rúaj* (espíritu generoso) para vencer a Hamán. Esto explica la costumbre de dar caridad libremente en Purim (*Oraj Jaim* 695), porque la anulación de Hamán y de su poder (el deseo de dinero) se logra por medio de la caridad. El Talmud también nos dice que en Purim los judíos recibieron nuevamente la Torá (*Shabat* 88a). Esto corresponde a recibir la Torá del Futuro. Por lo tanto, el relato de los eventos de Purim es llamado la *meguilá*, porque se asemeja a la *megalé* (revelación) de la Torá del Futuro. "La ira del rey fue aplacada" se refiere no sólo al rey Ajashverosh quien, pese a su gran riqueza, estaba hundido en el deseo de dinero y debía ser aplacado, sino también al Rey del mundo (Dios), Cuya ira, *jarón af*, fue apaciguada a través de la eliminación de la idolatría, simbolizada por el hecho de que Hamán fue colgado.

46. quien recibe la Torá. Vemos por lo tanto que *ratzó veshov* (רצוא ושוב) tiene el mismo valor numérico que *Torá* (611, תורה) (*Mabuei HaNajal*).

Resumen: Para traer providencia Divina es necesario dar caridad. Esto quiebra el deseo de dinero y como resultado se experimenta alegría y satisfacción. La caridad es también un aspecto de la revelación de Mashíaj, momento en que se anulará la idolatría del dinero. De este modo se elimina la ira Divina, se revela la bondad, y es como si uno construyera el Santo Templo, sinónimo de *daat* (§1). *Daat*, el conocimiento profundo requerido para comprender los misterios de la Torá, es lo que le permite a la persona recibir ideas de Torá y enseñárselas a los demás. Al hacerlo, atrae sus almas, a las que entonces eleva para crear una unificación. Como resultado (y siempre y cuando se haya liberado totalmente del deseo de dinero), se revelan nuevas ideas de Torá (§2). Cuando la gente trae su voluntad/alma al sabio, el Tzadik purifica sus deseos y "corre"/asciende con ellos. Más tarde, cuando él "retorna" con las almas, también trae al mundo una revelación de Torá (§3).

47. providencia Divina.... Aquí el Rebe Najmán retorna al tema de apertura de la lección y explica qué significa la providencia Divina.

es Metat, *Sar HaPanim* (Ministro del Rostro). Él está aludido en el nombre MoShé, quien es Mashíaj/el "*rúaj* de nuestras narices", a través de lo cual se aplaca el [deseo] ardiente.⁴³

{"Feliz del pueblo *SheJaJah* (a quien así le sucede)" (Salmos 144:15)}.

Y esto es: "*SheJaJah*" tiene el mismo valor numérico que MoShé (*Zohar* III, 111b).⁴⁴ Él *meShaKeJ* (aplaca) el [deseo de] "ídolos de plata y oro".⁴⁵

RaTzÓ es *RaTZÓn* (voluntad), que es el alma. *Vashov* es Moshé, quien recibe la Torá.⁴⁶

4. Y al hacer descender la Torá, desciende providencia Divina [al mundo].⁴⁷ Esto se debe a que la Torá consiste de *T-N-T-A*: {*Teamim*

Pregunta el *Parparaot LeJojmá*, ¿Cómo es que el Rebe Najmán asocia el concepto de correr/el ángel santo Nuriel con el ardiente deseo de dinero? Responde que todo "quemar" emana del corazón, de las *guevurot* en *Biná*, en cuyo punto el deseo es enteramente puro. Aun así, aunque en su raíz el deseo de dinero es una expresión de la "voluntad" interior de la persona de utilizar el dinero sólo para el servicio a Dios, cuando este ardiente deseo se "materializa" en este mundo, predomina su potencial para caer en un deseo malo y en un descenso al nivel de idolatría/*jarón af*. Y esto se corrige a través del "retornar"/Metat, como ahora explicará el Rebe Najmán.

43. ...se aplaca el deseo ardiente. Debido a que Metatrón, el ángel conocido como el Ministro del Rostro, corresponde a Moshé, él es el *rúaj* de nuestro *af*/Mashíaj que anula el deseo de dinero (como se explica arriba en §1). Con este *rúaj* de los *jasadim*, las *klipot* no pueden aferrarse al deseo ardiente. Más bien, el deseo ardiente se une al "espíritu generoso"/caridad, que promueve la canción de los Levitas/fe y la alegría/satisfacción en la vida (*Parparaot LeJojmá*).

Al examinar sus palabras con detenimiento, queda claro que hay una implicación más profunda en la enseñanza del Rebe Najmán sobre el hecho de que uno puede dar caridad y así despertar la providencia Divina. Si bien es verdad que al dar caridad uno evoca un cierto grado de providencia, el nivel verdaderamente completo de esta rectificación sólo puede alcanzarse si uno primero le lleva los deseos al Tzadik. Esto se debe a que si uno ya ha experimentado este ardiente deseo de dinero, entonces incluso el dar caridad no puede hacerse de todo corazón. Es posible que tenga éxito al subyugar su deseo pero, y tal como aludió anteriormente el Rebe Najmán, la cualidad de un "espíritu generoso" requiere algo más que el sólo dar: debe darse de manera benevolente y sin reservas (n.19). Pero yendo al Tzadik con este deseo, él eleva a la persona al nivel en donde se quiebra su deseo de dinero (*Mabuei HaNajal*).

La palabra hebrea que significa "aplacar" es *shejajah*, como en (Esther 7:10), "La ira del rey fue aplacada". *Shejajah* es por lo tanto una referencia a Moshé, porque él es el Tzadik que aplaca "La ira del Rey (Dios)" anulando los deseos idólatras de dinero (*Parparaot LeJojmá*).

44. SheJaJah...valor numérico que MoShé. Enseña el *Zohar* (*loc. cit.*) que *shejajah* (שככה) y Moshé (משה) tienen la misma *guematria*, 345 (ver Apéndice: Tabla de Guematria). Esto lleva al *Zohar* a intercambiar los dos términos, de modo que el versículo de Salmos (144:15) ahora

טַנְתָּ"א (טעמים, נקודות, תגין, אותיות), שֶׁהֵם תְּלַת גְּוָנִין דְּעֵינָא, וּבַת־עַיִן.

וְזֶה שֶׁמַּתְחֶלֶת הַתּוֹרָה בְּ׳בְרֵאשִׁית׳ (תקוני זהר דף יח:): תַּמָּן רָאשֵׁי, תַּמָּן בַּת. רָאשֵׁי - "אֵלֶּה רָאשֵׁי בֵית אֲבֹתָם" (שמות ו), שֶׁהָאָבוֹת הֵם תְּלַת גְּוָנִין דְּעֵינָא; תַּמָּן בַּת - דָּא בַּת־עַיִן.

נִמְצָא, כְּשֶׁחָכָם מֵבִיא תּוֹרָה כַּנַּ"ל. נִמְצָא שֶׁמֵּבִיא כֹּחַ הָרָאוּת שֶׁל הַשְׁגָּחַת הַשֵּׁם יִתְבָּרַךְ עָלֵינוּ; וְכָל אֶחָד, כְּפִי קֵרוּבוֹ אֶל הַתּוֹרָה, כֵּן הַשְׁגָּחַת הַשֵּׁם יִתְבָּרַךְ עָלָיו.

כִּי עִקַּר כֹּחַ הָרָאוּת, מֵחֲמַת שֶׁמַּכֶּה בַּדָּבָר הַנִּרְאֶה, וְחוֹזֵר כֹּחַ הָרָאוּת מֵחֲמַת הַהַכָּאָה לָעֵינַיִם, וְנִצְטַיֵּר הַדָּבָר הַנִּרְאֶה בָּעֵינַיִם,

Netzaj, Hod, Iesod, son consideradas una extensión de las tres superiores, *Jesed, Guevurá* y *Tiferet,* y están incluidas en ellas).

51. Rashei...patriarcas.... De este modo, las tres cabezas, *Jesed, Guevurá, Tiferet,* corresponden a los tres patriarcas, Abraham, Itzjak, Iaacov (ver Apéndice: Los Siete Pastores Superiores). Los Patriarcas son las cabezas de la Comunidad o Casa de Israel - *Maljut*.

Este versículo, "Éstas son las cabezas...", se aplica específicamente a las tres tribus de Rubén, Shimón y Leví. Pues aunque este capítulo de la Torá parece inclinado a presentar un relato genealógico de las cabezas de *todas* las tribus, no obstante se detiene luego de hacer la lista de las cabezas familiares de Leví y de mencionar a los líderes más distinguidos de esta tribu, Moshé y Aarón. En lugar de continuar con el listado, la Torá describe todos los eventos que llevaron al Éxodo de los judíos de Egipto, incluyendo un relato detallado de las plagas y cómo Moshé trajo la Torá en el Monte Sinaí. En ningún momento se completa la totalidad de este relato genealógico. Esto indica que "Éstas son las cabezas" se refiere exclusivamente a las tres primeras tribus. En el contexto de nuestra lección, son las almas que se elevan en el aspecto de "embarazo" (ver más adelante, n.78) mediante lo cual nacen nuevas ideas de Torá (*Mei HaNajal*).

52. bat del ojo. *Bat,* que literalmente significa "hija", se refiere a la pupila del ojo - *Maljut*. Como punto focal, la pupila es sinónimo de *Maljut,* en la cual convergen todas las luces superiores, las que son percibidas a través de ella (cf. *Zohar* II, 204a). *Maljut* también corresponde al punto central y fundamento de todo lo santo, la fe en Dios.

53. Torá...visión...sobre ella. El tema del sabio que trae Torá ha sido explicado en la sección 2. La sabiduría también corresponde a los ojos, como está escrito (Génesis 3:7), "Y los ojos de ambos se abrieron". Rashi explica que "se abrieron" con sabiduría. Es la visión del ojo de la mente. La sabiduría es por lo tanto un aspecto de visión - percepción. Y, debido a que la sabiduría que trae el sabio es sabiduría de Torá, ello corresponde a la providencia Divina, el "ojo de Dios". Como se explicó anteriormente, la Torá está compuesta de *T-N-T-A,* que emana de los ojos. Así, cuanto más cerca está uno de la Torá, más trae sobre sí la providencia Divina.

(musicalidad), *Nekudot* (puntos vocales), *Taguin* (coronas) y *Otiot* (letras)}.[48] Éstos son los tres colores del ojo y la pupila.[49]

Es por esto que la Torá comienza con la palabra *BeRÆShIT*: allí hay *RASheI*, allí hay *BaT* (*Tikuney Zohar* #4, p.18a).[50] "*Rashei*" es "Éstas son las *rashei* (cabezas) de las casas de sus padres" (Éxodo 6:14), porque los [tres] patriarcas corresponden a los tres colores del ojo.[51] "allí hay *Bat*" se refiere a la *bat* (pupila) del ojo.[52]

Vemos entonces que, como resultado de la Torá hecha descender por el sabio, él trae sobre nosotros el poder-de-visión de la providencia del Santo, bendito sea. Y cada persona, de acuerdo con su cercanía a la Torá, tiene la providencia de Dios sobre ella.[53]

Esto se debe a que la facultad de la percepción visual [opera] principalmente [del modo siguiente]: Como resultado de su golpear el objeto que está siendo observado, el poder-de-visión rebota hacia

---

48. T-N-T-A.... Las letras *T-N-T-A* (ט-נ-ת-א) son un acróstico de los cuatro elementos que componen el "lenguaje escrito" de la Torá: las marcas musicales (טעמים), los puntos vocales (נקודות), las coronas o decoración de las letras (תגין) y las letras mismas (אותיות). Cada uno de estos elementos juega un papel distintivo en la composición escrita de la Torá. Las letras de la Torá son los bloques de construcción básicos de la creación misma (ver lección #12, n.66). La parte superior de algunas letras está adornada con pequeñas marcas que tienen la apariencia de coronas. Las vocales y las marcas musicales, aunque no están de hecho en el rollo de la Torá, son pronunciadas y cantadas. Sin ellas, las letras mismas serían formas sin expresión. *T-N-T-A* es por lo tanto la Torá; es aquello que "retorna" el sabio cuando él, junto con las almas que ha elevado, vuelve a este mundo.

T-N-T-A es también el término para uno de los misterios más profundos de la Kabalá, que hace referencia a las luces espirituales que emanaron desde dentro de *Adam Kadmón* (Hombre Primordial) al comienzo mismo de la Creación (ver Apéndice: Niveles de Existencia). Estas luces, que precedieron a toda la creación, son diferentes expansiones del Tetragrámaton usado por Dios en la formación de cada una de las cosas que existen (*Etz Jaim, Heijal Adam Kadmón, Shaar T-N-T-A*; ibid., *Heijal HaNekudim, Shaar Drushei HaNekudot* 1).

Más específicamente, *T-N-T-A*, así como se relaciona con nuestro contexto, corresponde a la providencia Divina. Estas luces, utilizadas para construir el mundo más elevado de *Atzilut* y luego filtradas a los mundos inferiores, emanaron de los "ojos" de *Adam Kadmón*. Esta conexión se hará más clara con el desarrollo de la lección.

49. del ojo y la pupila. El ojo tiene tres colores básicos: el blanco de la esclerótica; el rojo del músculo exterior; el iris (coloreado). Éstos corresponden a *Jesed, Guevurá* y *Tiferet*, respectivamente. La pupila del ojo, que es negra, corresponde a *Maljut*. Y esto también se alinea con los cuatro elementos de *T-N-T-A*.

50. BeRÆShIT.... Las letras de la palabra *beræshit* (בראשית) conforman las palabras *RASheI* (ראשי) y *BaT* (בת), referidas a *Jesed, Guevurá, Tiferet* y *Maljut*. (La persona Divina de *Zeir Anpin* consiste de seis *sefirot* divididas en dos grupos. Las emanaciones Divinas del grupo inferior,

וְאָז הָעֵינַיִם רוֹאִים אֶת הַדָּבָר הַנִּרְאֶה, כִּי הָרְאוּת מֵבִיא אֶת הַדָּבָר לְתוֹךְ הָעֵינַיִם.

אֲבָל כְּשֶׁהַדָּבָר הַנִּרְאֶה הוּא רָחוֹק, אָז קֹדֶם שֶׁיַּגִּיעַ כֹּחַ הָרְאוּת לְהַדָּבָר הַנִּרְאֶה, מִתְפַּזֵּר בְּתוֹךְ הָאֲוִיר וְנִתְעַכֵּר, וְאֵין מַגִּיעַ בְּהַכָּאָה עַל הַדָּבָר, וְעַל־יְדֵי־זֶה אֵין חוֹזֵר הָרְאוּת לָעֵינַיִם, וְאָז אֵין הָעֵינַיִם רוֹאִין, כִּי עִקַּר הָרְאוּת הוּא מֵחֲמַת הַהַכָּאָה. וְזֶה (תהלים פ): "שׁוּב נָא הַבֵּט מִשָּׁמַיִם וּרְאֵה" – שֶׁיָּשׁוּב הַהַבָּטָה שֶׁמַּבִּיט מִשָּׁמַיִם עָלֵינוּ, יָשׁוּב עַל־יְדֵי הַהַכָּאָה, יָשׁוּב הָרְאוּת לְעֵינָיו, וְאָז: 'וּרְאֵה', כִּי הָרְאִיָּה עַל־יְדֵי הֲשָׁבַת הַהַבָּטָה.

וְזֶה בְּחִינַת: "וְהַחַיּוֹת רָצוֹא וָשׁוֹב"; וְהַחַיּוֹת – הַיְנוּ הַתּוֹרָה, שֶׁהִיא הַחַיִּים, 'רָצוֹא' – בִּבְחִינַת הַבָּטָה מֵעֵלָּא לְתַתָּא, 'וָשׁוֹב' – בְּחִינַת הַכָּאַת הָרְאוּת בַּדָּבָר הַנִּרְאֶה, וְנֶחֱזָר לָעֵינַיִם וְנִצְטַיֵּר בָּעֵינַיִם, כִּי הָעֵינַיִם הֵם כְּמַרְאָה לְטוּשָׁה, שֶׁנִּתְרָאֶה בָּהֶם כָּל דָּבָר שֶׁעוֹמֵד כְּנֶגְדּוֹ.

וְעַל־יְדֵי שֶׁאֲנַחְנוּ קְרוֹבִים אֶל הַתּוֹרָה, נִמְצָא שֶׁאֲנַחְנוּ קְרוֹבִים אֶל הָרְאוּת, וְעַל־יְדֵי זֶה כֹּחַ הָרְאוּת נֶחֱזָר לְעֵינָיו, וְנִתְרָאִים וְנִצְטַיְּרִים אֲנַחְנוּ בְּעֵינָיו. אֲבָל הָעַכּוּ"ם, מֵחֲמַת שֶׁהֵם רְחוֹקִים מֵהַתּוֹרָה, הֵם רְחוֹקִים מֵהַשְׁגָּחָתוֹ, וְהַשְׁגָּחָתוֹ אֵין מַגִּיעַ עֲלֵיהֶם בְּהַכָּאָה. נִמְצָא הַשְׁגָּחָתוֹ עַל הָעַכּוּ"ם בַּחֲצִי הָרְאוּת, בִּבְחִינַת רָצוֹא, וְעָלֵינוּ

Aquél que tiene Torá, tiene vida; se asemeja a las "criaturas vivientes" de la visión profética de Ezequiel.

58. Corrían...retornaban.... Mirar desde Arriba hace referencia al "ojo de Dios" mirando al hombre. Éste "retorna" con la Torá traída por el Tzadik, pues también la Torá es sinónimo de mirar, de "ver". Por lo tanto, la persona que fija su vista sobre la vida, la Torá, despierta el "ojo" de la providencia de Dios.

59. una mirada parcial. No pueden concentrarse pues están distantes de la Torá. Sólo están siendo mirados. Su propia mirada -la providencia Divina que ellos despiertan- es por lo tanto incompleta.

"Mirar" y "una mirada parcial" corresponden respectivamente a los conceptos de providencia Divina y de naturaleza. Dios creó todo y supervisa Su creación. Creer y aceptar esto nos pone bajo el gobierno directo de la providencia Divina. Sin embargo, en la medida en

los ojos y el objeto visto se dibuja entonces en los ojos. Los ojos ven entonces el objeto observado, porque la facultad de la visión trae el objeto hacia los ojos.⁵⁴

Sin embargo, si el objeto observado está lejos, el poder-de-visión se vuelve difuso en la atmósfera y se oscurece antes de alcanzar el objeto. No llega con fuerza al objeto observado y consecuentemente el poder-de-visión no rebota hacia los ojos, de modo que los ojos no ven.⁵⁵

Esto se debe a que el ver depende esencialmente del golpear, como en (Salmos 80:15), "Retorna, contempla desde el cielo y mira". La mirada con la cual somos observados desde el cielo debe retornar; debe volver por medio del golpear. El poder-de-visión deber retornar a Sus ojos. Y entonces, "y mira", pues el mirar proviene de un retorno del ver.⁵⁶

Esto corresponde a "Y las criaturas vivientes corrían y retornaban". "Y las criaturas vivientes" alude a la Torá, que es vida.⁵⁷ "Corrían" es aspecto de mirar desde Arriba; "y retornaban" es el poder-de-visión golpeando el objeto observado, el cual rebota hacia los ojos y queda dibujado en ellos.⁵⁸ Porque los ojos son como un espejo pulido en el cual se refleja todo lo que se encuentra delante.

Así, en virtud de estar cerca de la Torá, estamos cerca del poder-de-visión. Debido a esto, el poder-de-visión retorna a Sus ojos y somos reflejados y dibujados en Ellos. Pero los gentiles, en virtud de estar lejos de la Torá, están distantes de Su providencia y Ésta no los alcanza con fuerza. Consecuentemente, Su providencia sobre las naciones gentiles [sólo] es una mirada parcial,⁵⁹ correspondiente a "corrían", mientras

---

54. facultad de la visión...hacia los ojos. Cuando el poder-de-visión es reflejado de vuelta hacia los ojos, es la pupila la que permite que entre la luz. La luz difusa converge en la pupila y el ojo ve. De manera similar, dentro del contexto de la lección, la gran luz de la Torá, que es *daat* (una combinación de fuerzas de *Jojmá* y *Biná*), sólo se hace evidente cuando emerge a través de *Maljut*. En virtud de que *Maljut* es símbolo de la fe, esto indica la importancia de la confianza en Dios y de estar satisfecho con lo que uno tiene, un reconocimiento de la providencia Divina. Así, para recibir y revelar la Torá, primero es necesario poseer la fe mediante la cual se procesan estas ideas.

55. los ojos no ven. Sin fe, uno es incapaz de centrarse en la Torá y por lo tanto no puede recibir sus "luces". Es como si estuviese lejos del objeto en el cual desea concentrarse. Esto se debe a que la persona sin fe está lejos de la providencia Divina.

56. un retorno del ver. Pero cuando no se está dentro del rango de visión, es decir, lejos de la Torá (*T-N-T-A*), no hay una visión que retorne.

57. Torá, que es vida. Se dice de la Torá, "Pues ella es tu vida..." (Deuteronomio 30:20).

הַשְׁגָּחָתוֹ בִּשְׁלֵמוּת.

ה וְזֶהוּ בְּחִינַת תִּקּוּנָא דְּמֶרְכַּבְתָּא עִלָּאָה וּמֶרְכַּבְתָּא תַּתָּאָה - שֶׁעַל-יְדֵי הֶחָכָם שֶׁלּוֹקֵחַ הַנְּפָשׁוֹת וְעוֹלֶה עִמָּהֶם, וְיֵרֵד עֹז

conceptualmente lo mismo. Es por eso que los judíos sólo pudieron recibir la Torá después de haber estado esclavizados y de haber sido redimidos de Egipto, una tierra de idolatría, llena del deseo de dinero (ver *Los Cuentos del Rabí Najmán* #12). Y cuando venga Mashíaj y sea eliminada por completo la idolatría del dinero, entonces volveremos a recibir la Torá - la Torá del Futuro (como arriba, §2). Además, yendo al Tzadik verdadero es posible, incluso hoy en día, ser parte de la revelación de la Torá. Al igual que Moshé, el Tzadik tiene el poder de elevar a aquéllos que dependen de él, de modo que cuando da una lección de Torá sus almas juegan un papel integral en las ideas reveladas por el Tzadik. ¡No sólo esto! A partir de la lección podemos comprender también que yendo al Tzadik, uno entra bajo la directa y comprensiva providencia Divina del "ojo" de Dios (*Mei HaNajal*).

Resumen: Para traer providencia Divina es necesario dar caridad. Esto quiebra el deseo de dinero y como resultado se experimenta alegría y satisfacción. La caridad es también un aspecto de la revelación de Mashíaj, momento en que se anulará la idolatría del dinero. De este modo se elimina la ira Divina, se revela la bondad, y es como si uno construyera el Santo Templo, sinónimo de *daat* (§1). *Daat*, el conocimiento profundo requerido para comprender los misterios de la Torá, es lo que le permite a la persona recibir ideas de Torá y enseñárselas a los demás. Al hacerlo, atrae sus almas, a las que entonces eleva para crear una unificación. Como resultado (y siempre y cuando se haya liberado totalmente del deseo de dinero), se revelan nuevas ideas de Torá (§2). Cuando la gente trae su voluntad/alma al sabio, el Tzadik purifica sus deseos y "corre"/asciende con ellos. Más tarde, cuando él "retorna" con las almas, también trae al mundo una revelación de Torá (§3). Este traer nuevas ideas de Torá despierta la providencia Divina, el poder-de-visión del Cielo. Aquéllos cercanos a la Torá están plenamente reflejados en Sus ojos, mientras que los gentiles y aquéllos alejados de la Torá sólo reciben una mirada parcial (§4).

61. Ezequiel 1. La profecía de Ezequiel tuvo lugar en el exilio, en Babilonia. A través de esta profecía se le mostró la Carroza Divina y fue capaz de describirla en detalle (ver arriba, n.39). El Rabí Natán apunta que las primeras letras de las palabras iniciales, *Nifteju Hashamaim Ve eré Marot Elohim* (Los cielos se abrieron...)", forman la palabra hebrea que significa "fe", *EMUNáH* (*Likutey Halajot, Even HaEzer*, Apéndice). Esto puede comprenderse como una alusión al hecho de que, hoy en día, la manera de llegar a ser digno de revelaciones celestiales es a través de la perfección de la fe. Esto se relaciona con nuestra lección, en la cual hemos visto que para quebrar los malos deseos uno debe dar caridad, que es un aspecto de la fe. Al hacerlo, es posible merecer, incluso en este exilio, niveles verdaderamente exaltados.

Debe quedar perfectamente claro que **¡no hay absolutamente nada físico en los mundos trascendentes, ni aspecto alguno de corporeidad!** Esto debe tenerse siempre presente. Toda analogía, uso de terminología, o comparación con algo físico en la visión de la Carroza de Ezequiel es sólo un medio a través del cual el estudioso serio de la Kabalá puede alcanzar un mínimo de comprensión del ámbito espiritual. Como advirtió el profeta Eliahu, **"No existe figura, ni forma, ni configuración alguna, pues todo es espiritual"**. Ver Lección #12, nota 55.

62. Carroza superior...Inferior. En un texto esotérico del siglo I, llamado *Heijalot Rabati*

que Su providencia sobre nosotros es completa.⁶⁰

5. {"Y aconteció que... se abrieron los cielos y contemplé visiones divinas... y procedente de en medio del mismo una semejanza de cuatro criaturas vivientes... y la semejanza de sus rostros era: cara de *adam* (hombre), cara de *arié* (león)... cara de *shor* (toro)... y cara de *nesher* (águila)... Y las criaturas vivientes corrían y retornaban... Y al caminar las criaturas vivientes caminaban los *ofanim* (ruedas)... porque el espíritu de las criaturas vivientes estaba en las ruedas... Y por encima de la expansión que estaba sobre sus cabezas había como la semejanza de un *kisé* (trono), como la apariencia de una piedra de zafiro. Y sobre la semejanza del trono una semejanza como la apariencia de un *adam* por encima de él" (Ezequiel 1)}.⁶¹

Ahora bien, éste es el *Tikún* (rectificación) de la Carroza Superior y de la Carroza Inferior.⁶² A través del sabio que toma las almas y asciende

---

que falta la fe o la aceptación de la omnisciencia y omnipotencia de Dios, la persona recibe una providencia indirecta - sólo un mirar parcial. Los sucesos de su vida están gobernados por causas naturales y no directamente por Dios. Esto en sí mismo presenta un interrogante: Dios, Quien supervisa todo en Sus creaciones, también debe controlar la naturaleza. Si es así, ¿cuál es entonces la diferencia entre la providencia Divina y la naturaleza?

La respuesta es que, en verdad, Dios supervisa todo. Cuando la persona actúa de la manera apropiada y evita transgredir la voluntad de Dios, se vuelve digna de recibir la providencia Divina de manera directa. Sin embargo, la persona que peca ya no merece que se le dé algo, incluyendo la vida misma. Aun así, la *shefa* (un influjo de bendición) siempre está descendiendo, incluso sobre aquéllos que no se lo merecen. Debido a esto, se requiere de otro medio para transferirle la *shefa* al hombre. Con este fin, Dios creó la naturaleza. Ella sirve como un amortiguador, de modo que aunque la persona no merezca bien alguno, aun así pueda beneficiarse del influjo de bendición que llega al mundo y a sus habitantes de manera natural. Pero uno nunca debe sentirse satisfecho con ese nivel, recibiendo la providencia Divina de manera indirecta. Más bien, la persona siempre debe tratar de mejorar y alcanzar la fe verdadera, trayendo entonces sobre sí misma y de manera directa, la providencia Divina.

En hebreo, "la naturaleza" es *hateva* (הטבע). Este mundo es el equivalente numérico del nombre de Dios *Elohim* (אלהים, 86). En otras palabras, incluso la naturaleza es en realidad Divinidad, sólo que en forma oculta (una mirada parcial) (*Mabuei HaNajal*).

60. sobre nosotros es completa. El Rebe Najmán ha aplicado este versículo que está referido a las criaturas vivientes que corren y retornan, a diferentes aspectos de la lección. Hemos visto que "correr" es Nuriel/el ardiente deseo, que es aplacado por el "retornar"/*MeTaT*/Moshé, quien enfría este deseo y despierta *jesed* y *daat* para atraer las almas. También ha explicado el correr como la voluntad de la gente que viene al Tzadik y el retornar, como el sabio que hace descender Torá. Finalmente, ha demostrado que correr es mirar hacia abajo y retornar es mirar hacia arriba - una referencia a la mirada completa. Como tal, todos estos conceptos están englobados en la visión de la Carroza (*Mei HaNajal*). En la próxima sección (5), el Rebe Najmán explicará cómo se relacionan los detalles específicos de esta visión profética con cada individuo y con los temas de esta lección.

Vale notar que la única vez en el año en que se lee públicamente este capítulo de la Carroza es en la festividad de Shavuot. Éste es el día en el cual el pueblo judío recibió la Torá y, como hemos visto en la lección, la visión de Ezequiel y la recepción de la Torá son

מִבְטְחָה, נִתְתַּקְּנוּ שְׁנֵי הַמֶּרְכָּבוֹת.
כִּי יֵשׁ אַרְבַּע חַיּוֹת בִּבְחִינַת נֶפֶשׁ, וְכִסֵּא, וְיוֹשֵׁב עַל הַכִּסֵּא.
אַרְיֵה שֶׁבִּבְחִינַת נֶפֶשׁ – זֶה בְּחִינַת (שיר-השירים ה): "אָרִיתִי מוֹרִי
עִם בְּשָׂמִי"; 'מוֹרִי' – זֶה בְּחִינַת "מָרַת נָפֶשׁ" (שמואל-א א), בְּחִינַת
(מלכים-ב ד): "וְנַפְשָׁהּ מָרָה לָהּ", זֶה בְּחִינוֹת פְּגַם הַנֶּפֶשׁ, פְּגַם
הָרָצוֹן; כְּשֶׁרוֹצֶה דְּבַר-תַּאֲוָה זֶה הָרָצוֹן, הוּא פְּגַם וּמָרָה לַנָּפֶשׁ.
וְעַכְשָׁו כְּשֶׁבָּא זֶה הָאָדָם לַחֲכַם-הַדּוֹר עִם נַפְשׁוֹ וּרְצוֹנוֹ, וַחֲכַם־
הַדּוֹר לוֹקֵחַ כָּל הָרְצוֹנוֹת וְלוֹקֵט אוֹתָם אֶחָד לְאֶחָד, כְּדֵי לְהַעֲלוֹת
אוֹתָם כַּנַּ"ל, וְאָז מְלַקֵּט גַּם כָּל הָרְצוֹנוֹת וְהַנְּפָשׁוֹת שֶׁנָּפְלוּ. וְזֶהוּ
בְּחִינַת: 'אַרְיֵה' – לְשׁוֹן לֶקֶט, שֶׁמְּלַקֵּט מָרַת הַנֶּפֶשׁ, הַיְנוּ פְּגַם

64. ARIé.... De las cuatro caras de las criaturas vivientes, el *arié* alude al proceso de recoger.

65. MoRi...MaRat...amarga para el alma. La voluntad y el deseo están directamente conectados con el alma (como arriba, §3 n.35). En virtud de esta relación, los malos deseos de la persona pueden dañar el alma. En contraste, los deseos santos hacen que el alma emita una "fragancia agradable". Ambos están incluidos en el versículo, "Yo recogí...". La mirra, que es una resina aromática de sabor amargo, alude a *morat*, la amargura del alma dañada. La especie aromática mencionada en el versículo implica los deseos santos de un alma pura.

66. como vimos arriba. Ver sección 3.

67. todas...que han caído. Esto se refiere a los deseos previos de la persona, antes de que decidiera ir al Tzadik para su rectificación (*Parparaot LeJojmá*).

68. recolectar...la imperfección del alma. El *Parparaot LeJojmá* explica: El hecho mismo de que la persona vaya al Tzadik para un *tikún* es en sí mismo una indicación del buen deseo y la voluntad de acercarse a Dios. Incluso así, indudablemente tiene otros deseos, pasiones e inclinaciones que la alejan de la santidad. Éstos son muy amargos para el alma y requieren un *tikún*. Por lo tanto, conjuntamente con el bien, el Tzadik debe "recolectar" estos malos deseos que también deben ser elevados pues, de otra manera, el alma de esta persona queda imperfecta y no puede ascender. Ahora bien, al venir al Tzadik ya comienza su proceso de rectificación. Cuando el Tzadik trabaja para elevar el alma de esta persona, la lleva a experimentar sentimientos de amargura y de remordimiento por sus pecados previos. Es posible que la persona misma no sea consciente de sus propios malos deseos, de la amargura que experimenta su alma. Pero ahora, al acercarse al sabio, el Tzadik la sensibiliza hacia el trabajo interno de su alma de modo que se vuelve digna de comprender sus errores y de arrepentirse. Y al arrepentirse, la persona que fue al sabio se vuelve mucho más consciente de sus deseos pasados. Siente mucha más amargura y remordimiento, y se encamina hacia el arrepentimiento. El Tzadik también toma estos deseos, esta amargura del alma, y los eleva como *main nukvin*. Esto, a su vez, trae más revelaciones de Torá, que llevan a más deseos santos, y así en más. De este modo, aunque la persona esté con ellas "trayendo la fortaleza en la que ella confía", se rectifican las dos Carrozas.

Pues en el aspecto de alma, hay cuatro criaturas vivientes, un trono y uno que se sienta en el trono.[63]

ARIé (león) en el aspecto del alma corresponde a (Cantar de los Cantares 5:1), "*ARIti mori* (Yo recogí mi mirra) con mi especia".[64] "*MoRi* corresponde a "*MaRat* (amargura del) alma" (Samuel 1, 1:10), como en, "Pues su alma está amargada dentro de ella" (Reyes 2, 4:27). Esto indica una imperfección del alma, un defecto de la voluntad. Cuando la persona quiere algún objeto de deseo, esta voluntad es un defecto y es amarga para el alma.[65]

Y ahora, cuando esta persona viene al sabio de la generación con su alma y su voluntad, y el sabio de la generación toma todas las voluntades y las junta una con la otra para elevarlas, como vimos arriba,[66] entonces él también junta todas las voluntades y las almas que han caído.[67] Éste es el aspecto de *arié*. Ello connota recolectar; él recolecta la amargura del alma - es decir, la imperfección del alma.[68]

(Grandes Cámaras), encontramos una descripción de los métodos utilizados para ascender espiritualmente, mentalmente, a través de las siete cámaras que llevan hacia el Trono de Gloria. Durante esta experiencia mística, que es conocida como la *Mercavá* (Carroza), uno es puesto, si así pudiera decirse, en un *karón* (carroza) que sirve como vehículo espiritual para el ascenso. Frente a la puerta de la séptima cámara, la más elevada de todas, el iniciado encuentra las cuatro criaturas vivientes con rostros de hombre, de león, de buey y de águila. Cuando finalmente merece enfrentar el Trono de Gloria, éste comienza a cantar.

En la terminología del *Zohar* y en las enseñanzas del Ari, la Carroza Superior e Inferior corresponden a las diferentes *sefirot*. La distinción entre lo superior y lo inferior se alinea con la mencionada diferencia entre los tres colores del ojo y la pupila (notas 50-52), en que la Carroza Superior corresponde a *Jesed*, *Guevurá* y *Tiferet* así como éstos se relacionan con *Maljut*, y la Carroza Inferior siendo *Maljut* mismo (*Sulam, Zohar* I, 196b). Este Zohar explica que el hecho de que Iosef fuera puesto a cargo del sustento de Egipto y anduviese en la segunda carroza real del faraón alude al gobierno del Tzadik/*Iesod* que trae *shefa* a *Maljut*.

Al explicar las dos Carrozas en términos de la lección, el *Mei HaNajal* indica que la Carroza Superior alude a la elevación de las almas, siendo las almas mismas la Carroza Inferior; por otro lado, la Carroza Inferior alude a hacer descender la Torá, la que corresponde en sí misma a la Carroza Superior.

63. criaturas...trono...uno que se sienta en el trono. El Rebe Najmán explicará los diferentes elementos de la visión de Ezequiel, tal cual se aplican a la elevación de las almas realizada por el sabio, y a la Torá que éste hace descender.

La parte inicial de este proceso, la "elevación", es la rectificación que el Tzadik trae a la Carroza Inferior/las almas. La segunda mitad del proceso, el "descenso", es el *tikún* que el Tzadik trae a la Carroza Superior/la Torá.

הַנֶּפֶשׁ; "עִם בְּשָׂמִי" – עִם הָרָצוֹן הַטּוֹב שֶׁמַּעֲלֶה רֵיחַ טוֹב. וּבְחִינַת שׁוֹר שֶׁבַּנֶּפֶשׁ – זֶה הָאוֹר הַמְצִחְצָח שֶׁנִּתּוֹסָף בַּנֶּפֶשׁ מֵחֲמַת הַקִּבּוּץ, שֶׁנִּתְקַבֵּץ פִּזּוּרֵי הַנֶּפֶשׁ, וְאָז מֵאִיר הַנֶּפֶשׁ בְּיוֹתֵר, כִּי כְּשֶׁהָרָצוֹן אֵין מֵאִיר, אָז הַנֶּפֶשׁ בִּבְחִינַת וְנֶפֶשׁ רְעֵבָה.

כִּי עִקַּר הָרָעָב מֵחֲמַת הֶעְדֵּר הָאוֹר, כְּמוֹ שֶׁאָמְרוּ חֲכָמֵינוּ, זִכְרוֹנָם לִבְרָכָה (יומא עד:): "וַיְעַנְּךָ וַיַּרְעִיבֶךָ וַיַּאֲכִילְךָ אֶת הַמָּן" – 'מִכָּאן שֶׁהַסּוּמָא אֵינוֹ שָׂבֵעַ', כִּי עִקַּר הַשֹּׂבַע מֵחֲמַת הָאוֹר שֶׁיִּרְאֶה בְּעֵינָיו, וְעַל-יְדֵי שֶׁאֵינוֹ רוֹאֶה, אֵין נִתְמַלֵּא נַפְשׁוֹ, הַיְנוּ רְצוֹנוֹ, כִּי "טוֹב מַרְאֵה עֵינַיִם מֵהֲלָךְ-נָפֶשׁ" (קהלת ו).

וּכְשֶׁמְּצַחְצֵחַ נַפְשׁוֹ בְּצַחְצָחוֹת הָאוֹר, אֲזַי "וְנֶפֶשׁ רְעֵבָה מִלֵּא טוֹב"

En otra instancia, el Rebe Najmán explica que el alma y el dinero están enraizados en la misma fuente trascendente (*Likutey Moharán* I, 68, 69). (Esto explica por qué el deseo de dinero parece formar parte de la naturaleza humana. Es el alma que busca retornar a su fuente). De este modo, el dinero dispersado representa un alma dispersa. Y, así como una antorcha ilumina con más brillo que una cantidad equivalente de velas individuales, el alma unida es más brillante que aquélla que está fragmentada.

71. la voluntad no brilla.... Incluso cuando la persona anhela servir a Dios, si su voluntad está fragmentada -dividida en deseos buenos y deseos malos- no puede brillar.

72. nunca está saciado. La persona ciega, debido a que no puede ver lo que come, puede sentirse llena, pero nunca saciada. No *sabe* qué es lo que comió. En el desierto los judíos comieron el maná. Éste era un alimento celestial y no se parecía a ninguna comida conocida por el hombre. Por lo tanto y aunque lo consumieron, nunca sentían que habían comido (pues en verdad, ¿qué era lo que habían comido?). Éste es el significado de "Te afligió y te dejó padecer hambre y te dio de comer el maná". Surge la pregunta, ¿Por qué los judíos no se saciaron con el maná? La respuesta es que la Torá sólo puede ser alcanzada por alguien que tiene un mínimo apego al placer (*Avot* 6,5). De este modo, los judíos fueron hechos sufrir al no quedar saciados. Estaban siendo preparados para recibir la Torá (*Iun Iaacov, Ioma* 74b). Esto se relaciona con nuestra lección, pues estar satisfecho con lo que uno tiene es una de las cualidades para adquirir la Torá (*Avot* 6:4). Al alcanzar este nivel, uno puede lograr *daat*, lo que le permite revelar la Torá del Futuro (como más arriba, §1 y §2).

73. saciado...uno que ve con los ojos. Si los fragmentos de su alma se hubieran unido, su alma brillaría. Se habría sentido saciado y satisfecho con lo que tiene en la vida.

74. el vagar del alma. El Talmud (*Ioma* 74b) continúa: Debido a que la persona ciega nunca está saciada, es necesario llevar a cabo las comidas suntuosas a la luz del día, como está escrito, "Mejor es lo que ven...". Así, vemos que la luz y la vista son sinónimos. Por lo tanto, es mejor tener visión, la luz unificada del alma, que un vagar del alma, que es fragmentación y vacío.

[Y esto es] "con mi especia" - con la buena voluntad, que emite una fragancia agradable.⁶⁹

Shor (toro) en el aspecto del alma es la clara luz agregada al alma debido a la unión, a la reunión de los fragmentos del alma.⁷⁰ Entonces, el alma brilla más aún. Porque cuando la voluntad no brilla, entonces el alma está en el aspecto de "el alma hambrienta" (Salmos 107:9).⁷¹

La esencia del hambre [que siente la persona] surge de una falta de luz. Como enseñaron nuestros Sabios: "Te afligió y te dejó padecer hambre y te dio a comer el maná" (Deuteronomio 8:3): de aquí aprendemos que el ciego nunca está saciado (*Ioma* 74b).⁷² Esto se debe a que el estar saciado proviene esencialmente de la luz que uno ve con los ojos.⁷³ Pero, debido a que no ve, su alma -su voluntad- nunca está saciada, porque "Mejor es lo que ven los ojos que el vagar del alma" (Eclesiastés 6:9).⁷⁴

Sin embargo, cuando purifica su alma con la claridad de la luz, entonces, "[Porque sació el alma sedienta] y al alma hambrienta la

---

hundida en los malos deseos, tiene una manera de mejorar y de rectificarse: puede ir al Tzadik. Este acto, debido a que es la expresión de un deseo santo, inicia un proceso a través del cual también su alma alcanzará la perfección.

Agrega el *Mabuei HaNajal*: En su raíz, todo deseo es el ardor del "corazón" trascendente. Es de este exaltado nivel que surge el anhelo y el deseo por Dios. Sin embargo, al descender y quedar envuelto en este mundo, el deseo se transforma en la fuente de la vanidad y de las pasiones con las cuales el hombre daña su alma. Pero al llevar los deseos caídos al Tzadik, éstos pueden ser rectificados y devueltos a su raíz. El Tzadik eleva la voluntad de la persona para que todo su deseo esté dirigido hacia un aumento de santidad y un anhelo por acercarse a Dios.

69. fragancia agradable. Entonces el versículo se lee así: Dice el sabio, "He recogido las imperfecciones y la amargura de las almas junto con sus buenos deseos". Éste es el concepto del *arié* (recoger) en el aspecto del alma: el Tzadik *recoge* los malos deseos de la persona junto con las fragancias agradables que surgen de su deseo de servir a Dios (*Parparaot LeJojmá*).

Rashi (*loc. cit.*) aplica este versículo a la ofrenda del incienso traída por los jefes de las tribus durante la consagración del Tabernáculo (Números 7). Visto dentro del contexto de nuestra lección, los jefes son sinónimo del sabio/el Tzadik; el incienso, que corresponde al unir (arriba §1), es el recoger las almas; el Tabernáculo representa el Santo Templo, el concepto de *daat*. Más aún, el Midrash (*Bamidbar Rabah* 13:14) indica que cada jefe trajo su ofrenda de acuerdo con las necesidades y deseos de su propia tribu. En otras palabras, fue capaz de elevarlos de acuerdo con sus deseos.

70. Shor...clara luz.... Después del *arié*/el recoger los deseos, el *shor* en la Carroza alude al segundo elemento en el aspecto del alma: la unión de los fragmentos del alma. Esto se refiere a quebrar los deseos de dinero, una pasión que fragmenta el alma/la voluntad en diferentes intereses y preocupaciones. (La persona que busca riquezas se dispersa en diversas inversiones). Al juntar los malos deseos de la persona, el Tzadik detiene esta fragmentación y une aquello que se ha dispersado (*Parparaot LeJojmá*).

(תהלים ק"ז), בִּבְחִינַת (ישעיהו נ"ח): "וְהִשְׂבִּיעַ בְּצַחְצָחוֹת נַפְשֶׁךָ".
וְזֶה בְּחִינַת שׁוֹר, לְשׁוֹן הִסְתַּכְּלוּת, בְּחִינַת מַרְאֵה עֵינַיִם מְהַלָּךְ־נֶפֶשׁ.

וְנֶשֶׁר שֶׁבִּבְחִינַת נֶפֶשׁ – זֶה הַחִדּוּשׁ שֶׁנִּתְחַדֵּשׁ הַנֶּפֶשׁ בַּעֲלִיָּתָהּ בִּבְחִינַת עִבּוּר. וְזֶה בְּחִינַת נֶשֶׁר – "תִּתְחַדֵּשׁ כַּנֶּשֶׁר נְעוּרָיְכִי" (תהלים ק"ג).

וְאָדָם שֶׁבַּנֶּפֶשׁ – זֶה בְּחִינַת (בראשית ב): "וַיְהִי הָאָדָם לְנֶפֶשׁ חַיָּה", כִּי הָאָדָם בְּחִינוֹת מִסְכְּנֵי וְעַתִּירֵי, כְּמוֹ שֶׁכָּתוּב (בהקדמת הזהר יג:): "נַעֲשֶׂה אָדָם בְּצַלְמֵנוּ" – עַתִּירֵי, "כִּדְמוּתֵנוּ" – מִסְכְּנֵי.

וּכְשֶׁנִּתְלַקְּטוּ הַנְּפָשׁוֹת, אֲזַי הֵם בִּבְחִינַת אָדָם, נְפָשׁוֹת גְּדוֹלוֹת וּקְטַנּוֹת, בִּבְחִינַת מִסְכְּנֵי וְעַתִּירֵי.

וְאוֹפַנִּים – הֵן הַגּוּפִין, כִּי עִקַּר פְּעֻלּוֹתֵיהֶן שֶׁל הַגּוּפִין אֵינוּ אֶלָּא מִן הַחִיּוּת שֶׁבַּנֶּפֶשׁ, שֶׁהַנֶּפֶשׁ מַרְאָה פְּעֻלּוֹתֶיהָ עַל־יְדֵי אֵיבְרֵי הַגּוּף,

años y luego se rejuvenece (cf. *Bereshit Rabah* 19:5; *Tzadik* #425 y nota). Aquí vemos que con la renovación es como si el alma comenzara a vivir nuevamente. Enseña el Talmud: Cuando un no judío se convierte al judaísmo, es como un niño recién nacido (*Iebamot* 22a). Muchos comentarios indican que esto se aplica igualmente al judío que se arrepiente. También él está comenzando su vida nuevamente.

80. adam...alma viviente. El *adam* de la Carroza alude al cuarto elemento en el aspecto del alma: el "alma viviente". Cuando uno se acerca al sabio y su alma es renovada a través del aspecto de embarazo, madura entonces hacia un "alma viviente" - las criaturas vivientes de la Carroza que corren y retornan.

81. rico...pobre. Este pasaje del *Zohar* (*loc. cit.*) explica que los hombres son creados ricos y pobres para facilitar el cumplimiento de la mitzvá de *tzedaka* (caridad). Al ayudar a los demás, el hombre se une con sus congéneres. Esto concuerda muy bien con la lección. A través del cumplimiento de la mitzvá de la caridad, uno obtiene *daat* (la combinación de *ashan* y *rúaj*, *guevurot* y *jasadim*) que permite entonces el rejuvenecimiento del alma, como en, "Hagamos al *adam*...".

82. Ofanim son los cuerpos. "Pues el espíritu de la criatura viviente estaba en la rueda" (Ezequiel 1:20). En otras palabras, el espíritu/la voluntad de la criatura descendía hacia la rueda, haciéndola mover cuando la criatura lo deseaba. En el contexto de nuestra lección, esto se relaciona con la voluntad del alma sobre el cuerpo; la voluntad del alma gobernando al cuerpo, en lugar de que los deseos del cuerpo gobiernen el alma. Esta distinción también se aplica al Tzadik y a sus seguidores. Su alma, frente a las de sus seguidores, es como el alma frente al cuerpo. El espíritu viviente del Tzadik entra y dirige el cuerpo, y no a la inversa.

llenó de bien" (Salmos, *ibid.*). Esto corresponde a (Isaías 58:11), "Y Él saciará tu alma con claridad".[75] Éste es el aspecto de *ShoR*: connota mirar,[76] correspondiente a "...lo que ven los ojos que el vagar del alma".[77]

Nesher (águila) en el aspecto del alma es la renovación que experimenta el alma cuando asciende en el aspecto de *ibur* (embarazo).[78] Éste es el aspecto de *nesher*: "Tu juventud se renueva como la del águila" (Salmos 103:5).[79]

Adam (hombre) en el aspecto del alma corresponde a (Génesis 2:7), "Y el *adam* vino a ser un alma viviente".[80] Pues "el *adam*" indica pobre y rico, como está escrito (Génesis 1:26), "Hagamos al hombre a nuestra imagen" - rico; "a nuestra semejanza" - pobre (Zohar, Introducción p.13b).[81]

Ahora bien, cuando las almas se juntan, entonces ellas están en el aspecto de *adam*; almas grandes y pequeñas, correspondientes a pobre y rico.

Ofanim (ruedas) son los cuerpos.[82] Pues lo esencial del funcionamiento del cuerpo proviene de la fuerza vital en el alma. El alma

---

75. saciará tu alma con claridad. La claridad también indica una unificación del alma, cuando no está dispersa ni fragmentada. El versículo que precede a éste afirma que si uno "saca su alma" y alimenta al hambriento (es decir, da caridad), su luz brillará en la oscuridad. En otras palabras, la persona que quiebra su deseo de dinero al darle al pobre es recompensada con la unidad del alma, la que entonces puede brillar.

En hebreo, claridad es *tzajtzajot*. El Ari explica que *tzajtzajot* también es el término utilizado para designar a las luces celestiales que existieron en el comienzo mismo de la Creación. Estas luces trascendentes son por lo tanto similares a *T-N-T-A*, los elementos de Torá mencionados más arriba (§4). Así, al unir el alma, uno también puede adquirir Torá (como en n.70). Ver más adelante, nota 108.

76. Shor...mirar. Esto es como en el versículo (Números 24:17), "*aShuRenu* (lo contemplé), pero no estaba cerca".

77. del alma. Así, *shor* (toro) en el aspecto del alma alude a la clara luz del alma que predomina cuando el alma misma está unida.

78. Nesher...renovación.... El *Nesher* en la visión de Ezequiel alude al tercer elemento en el aspecto del alma: el concepto conocido como "embarazo". Así como en el embarazo el embrión se desarrolla y crece hasta la madurez, el *ibur* Kabalista se aplica al crecimiento espiritual de algo que comienza siendo pequeño y luego se desarrolla. Más arriba en la lección (§2), el Rebe Najmán trató la unificación del Santo, bendito sea y Su Presencia Divina, que se produce mediante la elevación de las almas judías en el aspecto de las aguas femeninas. Esta elevación del alma es su *ibur*, pues el sabio la eleva para que se renueve.

79. se renueva como la del águila. Rashi explica que existe una especie de águila que se renueva constantemente. También cita el Midrash que dice que hay un águila que vive muchos

וְאֵין לַגּוּף שׁוּם תְּנוּעָה עַצְמִית, וְהַכֹּל עַל־יְדֵי כֹחוֹת הַנֶּפֶשׁ.
וְכִסֵּא שֶׁבִּבְחִינַת נֶפֶשׁ – הוּא נֶפֶשׁ הֶחָכָם שֶׁנִּתְכַּסָּה, בִּבְחִינַת (משלי ג): "יְקָרָה הִיא מִפְּנִינִים" [כְּמוֹ שֶׁדָּרְשׁוּ רַבּוֹתֵינוּ, זִכְרוֹנָם לִבְרָכָה (סוטה ד:) מִכֹּהֵן גָּדוֹל שֶׁנִּכְנָס לִפְנַי וְלִפְנִים], כִּי מֵחֲמַת שֶׁנֶּפֶשׁ הֶחָכָם הוּא יָקָר, הוּא נִתְכַּסֶּה לִפְנַי וְלִפְנִים, וְכָל הַנְּפָשׁוֹת נַעֲשִׂין לְבוּשִׁין אֶצְלָהּ.

וְהָאָדָם הַיּוֹשֵׁב עַל הַכִּסֵּא – הוּא דַּעְתּוֹ שֶׁל הֶחָכָם, כִּי "גַּם בְּלֹא דַעַת נֶפֶשׁ לֹא טוֹב" (משלי י"ט).

וְיֵשׁ אַרְבַּע חַיּוֹת בַּתּוֹרָה: **אַרְיֵה** שֶׁבַּתּוֹרָה, כִּי הַתּוֹרָה נִקְרָא עֹז – "וּמֶה עַז מֵאֲרִי" (שופטים י"ד); **וְשׁוֹר** שֶׁבַּתּוֹרָה – זֶה בְּחִינַת (משלי ח): "בִּי שָׂרִים יָשֹׂרוּ"; **וְנֶשֶׁר** שֶׁבַּתּוֹרָה – זֶה בְּחִינַת חִדּוּשִׁין דְּאוֹרַיְתָא, בִּבְחִינַת "תִּתְחַדֵּשׁ כַּנֶּשֶׁר". **וְאָדָם** שֶׁבַּתּוֹרָה – זֶה בְּחִינַת (במדבר י"ט): "זֹאת הַתּוֹרָה אָדָם", וְיֵשׁ בָּהּ קַלּוֹת וַחֲמוּרוֹת, שֶׁהֵם בְּחִינַת מִסְכְּנֵי וַעֲתִירֵי.

y el deseo es de santidad. Sin embargo, sin *daat*, la voluntad y el deseo no están dirigidos hacia aquello que es bueno y santo, y esto no es bueno para el alma. Por lo tanto, el *adam* se sienta *sobre* el trono -el conocimiento sagrado del sabio debe asentarse *sobre* el alma- para controlarla.

87. cuatro criaturas vivientes en Torá. Habiendo explicado cómo se aplican al alma -la Carroza Inferior- los diferentes elementos en la visión de Ezequiel, el Rebe Najmán se centra ahora en cómo ello se aplica a la Torá - la Carroza Superior.

88. la Torá es llamada fuerte. "Dios le dará fuerza a Su nación" (Salmos 29:11). Rashi explica que esta fuerza es la Torá. Ver también *Shir HaShirim Rabah* 2:3.

89. más fuerte que un león. Ésta fue la respuesta al acertijo que les presentó Shimshon a los filisteos: ¿Qué es aquello que "...de lo fuerte vino dulzura"? Esto se relaciona con suavizar y endulzar los deseos ardientes.

90. sarim iaSoRu. En este versículo de Proverbios, "mí" es la Torá, mediante la cual se establece el gobierno (*Metzudat Tzion, loc. cit.*). Ésta es la implicación del *shor*, como enseña el Talmud (*Jaguigá* 13b): El toro es el rey (gobernante) de los animales domésticos (*Parparaot LeJojmá*).

91. nuevas ideas de Torá. Como en el alma, *nesher* alude al nacimiento de algo nuevo. En términos de la Torá, ésta es la revelación de ideas originales de Torá, como se mencionó arriba en la sección 2.

muestra su funcionamiento a través de los miembros del cuerpo, mientras que el cuerpo no tiene movimientos propios. Todo sucede debido a los poderes del alma.

Kisé (trono) en el aspecto del alma es el alma del sabio, que está *nitKaSé* (oculta).[83] Esto corresponde a (Proverbios 3:15), "[El alma del sabio] es más valiosa que las *PNiNiM* (perlas)", {sobre lo cual expusieron nuestros Sabios: Más valiosa que el Sumo Sacerdote que entraba *liPhNi veliPhNiM* (en el santuario interior) (Sotá 4b)}.[84] Debido a que el alma del sabio es tan valiosa, ella está oculta en el santuario más interno y todas las almas se transforman en su vestimenta.[85]

Y, [finalmente,] el *adam* que se sienta en el trono es el conocimiento del sabio, pues "Tampoco es bueno que el alma esté sin *daat*" (Proverbios 19:2).[86]

También están las cuatro criaturas vivientes en [el aspecto de] Torá.[87] *Arié* [está] en la Torá, pues la Torá es llamada "fuerte",[88] y "¿qué es más fuerte que un león?" (Jueces 14:18).[89] *Shor* en la Torá está aludido en (Proverbios 8:16), "Por mí *sarim iaSoRu* (gobiernan los gobernantes)".[90] *Nesher* en la Torá es el aspecto de las nuevas ideas de Torá,[91] como se alude en, "…se renueva como la del águila". *Adam* en la Torá está aludido en (Números 19:14), "Ésta es la Torá: un hombre". La [Torá] tiene aplicaciones permisivas y estrictas, correspondientes a "pobre" y "rico".

---

83. oculta. El *kisé* de la visión de Ezequiel alude a la naturaleza oculta de la propia alma del Tzadik. El Rebe Najmán está apuntando a la grandeza de los verdaderos Tzadikim (aquéllos que trabajan para rectificar las almas de sus congéneres judíos) y de sus seguidores. ¡El Tzadik se asemeja al trono de la Carroza y las almas cercanas a él son semejantes a sus ruedas! (*Mei HaNajal*).

84. Sumo Sacerdote…. Este pasaje del Talmud (*loc. cit.*) indica la grandeza de aquél que estudia la Torá/el sabio/el Tzadik. Es incluso más grande en estatura que el Sumo Sacerdote, quien es el único que tiene permitido entrar en el Santo de los Santos y esto solamente en Iom Kipur. Esto es una indicación de que el conocimiento de la Torá es en verdad más exaltado incluso que el santuario más interno y santo de este mundo.

85. oculta en el santuario más interno…vestimenta. Así como el Sumo Sacerdote era capaz de generar el perdón del pecado y producir la purificación del alma entrando al Santo de los Santos, *liPhNi veliPhNiM* (לפני ולפנים), el sabio, cuya alma se asemeja a las *PNiNiM* (פנינים, perlas), es capaz de generar el arrepentimiento y la renovación del alma.

86. Tampoco es bueno…. La voluntad y el deseo están directamente conectados con el alma (como arriba, §3 y n.35). Con *daat*, la voluntad está dirigida hacia aquello que es bueno,

וְכִסֵּא שֶׁבִּבְחִינַת תּוֹרָה – הֵם דְּבָרִים שֶׁכִּסָּה עַתִּיק־יוֹמִין (פסחים קיט. ועין זהר בהעלתך קנב.), וְהֵם מְכַסִּים אֶת עַצְמָן בְּסִפּוּרֵי הַתּוֹרָה; וְיוֹשֵׁב עַל הַכִּסֵּא – הוּא עַתִּיק־יוֹמִין, בִּבְחִינַת (דניאל ז): "וְעַתִּיק יוֹמִין יְתִב"; וְאוֹפַנִּים שֶׁבַּתּוֹרָה – הֵן הֵן גּוּפֵי הֲלָכוֹת.

וְזֶה שֶׁמֵּבִיא בְּתַעֲנִית (כג:): מַעֲשֶׂה דְרַבִּי יוֹנָה:

כַּד הֲוָה אִצְטְרִיךְ עָלְמָא לְמִטְרָא, אָמַר: אֲזִיל וְאַיְתִי בְּזוּזָא עֲבוּרָא; וַהֲוֵי קָאֵי בְּאַתְרָא עֲמִיקֵי, בְּאַתְרָא צְנִיעָא מְכַסֵּי שַׂקָּא, וְעַל־יְדֵי־זֶה וְאָתֵי מִטְרָא.

כַּד הֲוָה מִצְטָרִיךְ עָלְמָא לְמִטְרָא – הַיְנוּ לַתּוֹרָה, כְּמוֹ שֶׁכָּתוּב (דברים ל"ב): "יַעֲרֹף כַּמָּטָר לִקְחִי".

אָמַר, אֲזִיל וְאַיְתִי בְּזוּזָא עֲבוּרָא. עֲבוּר – זֶה בְּחִינַת ע"ב רִי"וּ; ע"ב הוּא שְׁכוּךְ, רִי"וּ – זֶה בְּחִינַת חֲמִימוּת. בְּזוּזָא – זֶה בְּחִינַת תַּאֲוַת מָמוֹן, הַיְנוּ דַּאֲזַל לְשַׁכֵּךְ תַּאֲוַת מָמוֹן כַּנַּ"ל.

97. IBuR. La manera de traer la Torá que requiere el mundo es elevando las almas en el concepto de *ibur* (embarazo).

98. EB RaIU. En hebreo, *EB RaIU* (עב ריו) tiene las mismas letras que *ibur* (עיבור). En otras palabras, la manera de traer este embarazo es mediante *eb raiu*. Las letras *EB* (עב) tienen el valor numérico de 72, correspondiente a *JeSeD* (חסד). La *Guematria* de las letras *RaIU* (ריו) es 216, correspondiente a *GueVURá* (גבורה) (*Parparaot LeJojmá*; ver Apéndice: Tabla de Guematria).

99. Eb…aplacar. Debido a que corresponde a *Jesed*, *eb* alude a los *jasadim* (benevolencias) que enfrían el ardor que surge de las severidades (*Parparaot LeJojmá*). Ver arriba, nota 6.

100. raiu…ardiente. Debido a que corresponde a *Guevurá*, *raiu* alude a las *guevurot* (severidades) y a los *dinim* (juicios estrictos) que dan surgimiento al ardor (*Parparaot LeJojmá*). Ver más arriba, nota 6.

101. zuza. El *zuza* (comúnmente conocido como *zuz*), una moneda de plata en arameo, representa el mal deseo de dinero. Como se mencionó más arriba (notas 10, 42), existe un ardor que es puro. (Ver también n.68 concerniente al deseo y al anhelo de acercarse a Dios). Esto es referido aquí como *raiu*. Sin embargo, cuando este ardor se "materializa" como un mal deseo, se llama *zuza* - el deseo de dinero. El Rabí Iona fue a enfriar el ardiente deseo, la idolatría del dinero, para revelar nuevas ideas de Torá.

102. fue a aplacar…. El Rabí Iona fue a combinar *EB* y *RaIU*, *Jesed* y *Guevurá*, para que pudiese haber un *IBUR* para la renovación de las almas. Así era como esperaba traer Torá al mundo (*Parparaot LeJojmá*).

Kisé en el aspecto de Torá son aquellas cosas que el Anciano de Días *kisá* (Pesajim 119a)[92] - ellas se ocultan dentro de las historias de la Torá. Aquél que se sienta en el trono es el [Mismo] Anciano de Días, como en (Daniel 7:9), "El Anciano de Días se sentó".[93] [Finalmente,] *ofanim* en la Torá son los cuerpos de la ley.[94]

Y ésta es la historia que figura en *Taanit* (23b) sobre Rabí Iona:[95]

Cuando el mundo necesitaba lluvia, él decía, "Iré y compraré un *zuz* de *ibura* (grano)". [En lugar de ello,] se quedaba en un lugar profundo, un lugar oculto, cubierto con una bolsa. Esto hacía que llegase la lluvia.

Cuando el mundo necesitaba lluvia - En otras palabras, [en necesidad de] Torá, como en (Deuteronomio 32:2), "Mi enseñanza descenderá como la lluvia".[96]

él decía, iré y compraré un *zuz* de *ibura* (grano) - *IBuR*[97] corresponde a *EB RaIU*.[98] *Eb* alude a aplacar[99]; *raiu* es el aspecto de ardiente[100]; *zuza*[101] corresponde al deseo de dinero. En otras palabras, él fue a aplacar el [ardiente] deseo de dinero.[102]

---

92. Anciano de Días.... Este pasaje de *Pesajim* (*loc. cit.*) define dos categorías de las enseñanzas del Anciano de Días: conceptos que estaban ocultos y que deben permanecer ocultos, y conceptos que estaban ocultos y que deben ser revelados. Los que no deben ser revelados permanecen ocultos. Sin embargo, aquéllos que sí deben ser revelados, se dan a conocer cuando el sabio eleva las almas de sus seguidores y retorna con nuevas ideas de Torá. Estas revelaciones, como nos dice el Rebe Najmán, provienen de la Torá del Futuro - aquello que ocultó el Anciano de Días. Ver nota 26, que estas nuevas ideas ya existen en la Torá, pero que están ocultas dentro de vestimentas, las sagas registradas en la Torá.

93. El Anciano de Días se sentó. Esto corresponde a *daat*, el conocimiento de Torá del sabio que "se sienta" sobre el trono de la Carroza Inferior.

94. cuerpos de la ley. Ver arriba (n.82) que los *ofanim* (ruedas) aluden al cuerpo. Y, así como el cuerpo es una vestimenta para el alma, los cuerpos de la ley de la Torá son vestimentas para el significado interno de la Torá.

95. historia...Rabí Iona. El Rebe Najmán repasará ahora la lección hasta este punto, resumiendo los diferentes temas dentro de esta historia. Esto en sí mismo es un ejemplo de cómo las revelaciones del Anciano de Días están envueltas dentro de historias de la Torá (como en las notas 26, 92).

96. Mi enseñanza...lluvia. "Así como la lluvia trae vida al mundo, lo mismo ocurre con Mi Torá" (*Sifri, loc. cit.*). Ver arriba, sección 4.

וַהֲוָה קָאֵי בְּאַתְרָא עֲמִיקֵי – עַל־יְדֵי שֶׁשָּׁבַךְ תַּאֲוַת מָמוֹן זָכָה לְאַתְרָא עֲמִיקֵי, שֶׁהוּא בְּחִינַת חֶסֶד, כְּמַרְאֵה הַחַמָּה עֲמֻקָּה מִן הַצֵּל (שבועות ו:), וְחֶסֶד הוּא אוֹר יוֹם, כְּמוֹ שֶׁכָּתוּב (תהלים מ״ב): "יוֹמָם יְצַוֶּה ה' חַסְדּוֹ"; וְעַל־יְדֵי הַחֶסֶד זָכָה לְבִנְיַן הַבַּיִת, לִבְחִינַת שֵׂכֶל כַּנַּ״ל. וְזֶה:

אַתְרָא צְנִיעָא, שֶׁהוּא בֵּית־הַמִּקְדָּשׁ, שֶׁהוּא הַשֵּׂכֶל, כְּמוֹ שֶׁכָּתוּב (משלי י״א): "וְאֶת צְנוּעִים חָכְמָה".

וַהֲוָה מִכַּסֵּי שַׂקָּא – זֶה בְּחִינַת לְקִיחַת הַנְּפָשׁוֹת לְהַעֲלוֹת אוֹתָם, כַּנַּ״ל: "וְלָקַח נְפָשׁוֹת חָכָם", וּכְלָלִיּוּת הַנְּפָשׁוֹת הֵם מְכֻנִּים בְּשֵׁם שַׂק, כִּי הֵם מִתְעַדְּנִים מַשְׁקְיָא דְנַחֲלָא, בִּבְחִינַת "וְהִשְׂבִּיעַ בְּצַחְצָחוֹת נַפְשֶׁךָ", וְעַל־יְדֵי־זֶה:

וְאָתֵי מִטְרָא – שֶׁהִמְשִׁיךְ תּוֹרָה, בִּבְחִינַת "וַיֵּרֶד עֹז מִבְטָחָה":

que se unen al Tzadik. El Rabí Iona estaba "cubierto con un *sak*" -las almas que buscó elevar se volvieron las vestimentas de su alma- de modo que pudo elevarlas y luego descender con nuevas ideas de Torá. Y, en virtud de su unión con él, ellas reciben una parte de su recompensa. También ellas beberán del arroyo y saciarán sus almas con las *tzajtzajot* (claridad).

109. trae la fortaleza.... Así como las lluvias son llamadas "fortaleza" (*Taanit* 2a), lo mismo sucede con la Torá (n.88 arriba). El versículo se refiere así a la revelación de nuevas ideas de Torá, como se explicó más arriba en la sección 2.

Resumen: Para traer providencia Divina es necesario dar caridad. Esto quiebra el deseo de dinero y como resultado se experimenta alegría y satisfacción. La caridad es también un aspecto de la revelación de Mashíaj, momento en que se anulará la idolatría del dinero. De este modo se elimina la ira Divina, se revela la bondad, y es como si uno construyera el Santo Templo, sinónimo de *daat* (§1). *Daat*, el conocimiento profundo requerido para comprender los misterios de la Torá, es lo que le permite a la persona recibir ideas de Torá y enseñárselas a los demás. Al hacerlo, atrae sus almas, a las que entonces eleva para crear una unificación. Como resultado (y siempre y cuando se haya liberado totalmente del deseo de dinero), se revelan nuevas ideas de Torá (§2). Cuando la gente trae su voluntad/alma al sabio, el Tzadik purifica sus deseos y "corre"/asciende con ellos. Más tarde, cuando él "retorna" con las almas, también trae al mundo una revelación de Torá (§3). Este traer nuevas ideas de Torá despierta la providencia Divina, el poder-de-visión del Cielo. Aquéllos cercanos a la Torá están plenamente reflejados en Sus ojos, mientras que los gentiles y aquéllos alejados de la Torá sólo reciben una mirada parcial (§4). El sabio que asciende y desciende con las almas también recolecta, sacia, renueva y rejuvenece todas las voluntades/almas caídas. Ésta es una rectificación de la Carroza Superior e Inferior (§5).

se quedaba en un lugar profundo - Habiendo aplacado el deseo de dinero, merecía un "lugar profundo". Éste es el aspecto de bondad, como [en el hecho de] que "los lugares iluminados por el sol parecen más profundos que los lugares en sombra" (Shavuot 6b).[103] Y la bondad es la luz del día, como está escrito (Salmos 42:9), "Dios ordenará Su bondad durante el día".[104] Y a través de la bondad fue digno de construir la Casa, el aspecto del intelecto, como se dijo más arriba.[105] Y esto es:

un lugar oculto - Esto se refiere al Santo Templo, que es el intelecto, como está escrito (Proverbios 11:2), "Con los ocultos (recatados) está la sabiduría".[106]

cubierto con una bolsa - Esto alude a tomar las almas para elevarlas, como se mencionó arriba: "Aquél que toma las almas es sabio".[107] La totalidad de las almas se denomina un "*SaK*" (bolsa), porque "ellas se deleitan en la *ShaKia* (bebida) del arroyo". Esto corresponde a, "Y Él saciará tu alma con claridad".[108] Y mediante esto:

hacía que viniese la lluvia - Él hacía descender Torá, como en, "...trae la fortaleza en la que ella confía".[109]

---

103. iluminados por el sol...lugares en sombra. Esto se refiere a la lepra de *baheret*, en la cual aparece una mancha blanca en el cuerpo (Levítico 13:2). Ésta es la más blanca (brillante) de todas las clases de lepra (*Negaim* 1:1). El Talmud (*loc. cit.*), al explicar la naturaleza de esta blancura, la compara con "los lugares iluminados por el sol que parecen más profundos que los lugares en sombra". Por lo tanto, parece más profunda (más atrás) que la piel que la rodea.

104. durante el día. Para mostrar que el "lugar profundo" que mereció el Rabí Iona es *jesed*, el Rebe Najmán cita el versículo de los Salmos donde *jesed* es sinónimo del día/el área iluminada por el *sol*. Estas áreas brillantes o iluminadas por el sol, como enseña el Talmud (*Shavuot* 6b), parecen ser más *profundas*. Así, al aplacar el deseo de dinero, que proviene de las *guevurot*/el lado izquierdo, el Rabí Iona mereció un "lugar profundo" de bondad, de la derecha.

105. más arriba. Ver final de la sección 1. Cuando los *jasadim* superan a los *dinim*, uno merece *daat* (conocimiento sagrado/intelecto) - el concepto del Santo Templo.

106. Santo Templo...la sabiduría. De este modo, el Rabí Iona alcanzó el nivel del Santo Templo. Primero logró el nivel de *jesed*, un lugar profundo. Con este mérito llegó al lugar oculto, el Templo - *daat*.

107. arpillera...sabio. Pues las almas son su vestimenta, como se dijo más arriba nota 85.

108. ShaKia del arroyo. El Rebe Najmán se está refiriendo al pasaje del *Zohar* (III, 67b) que enseña: Aquéllos que se deleitan en la Torá merecerán beber del arroyo, como está escrito, "Él saciará tu alma con claridad" (ver n.75). El "arroyo" es parte de la recompensa que les será dada a los Tzadikim que estudian Torá. En nuestro contexto, esto se relaciona con las almas

ו אַךְ צָרִיךְ לְבַקֵּשׁ מְאֹד וְלַחֲזֹר אַחַר חָכָם כָּזֶה, וּלְבַקֵּשׁ מֵהַשֵּׁם יִתְבָּרַךְ, שֶׁיִּזְכֶּה לִמְצֹא חָכָם כָּזֶה, שֶׁיְּקַבֵּץ הַנְּפָשׁוֹת, בִּבְחִינַת: "וְלָקַח נְפָשׁוֹת חָכָם", וְיַעֲלֶה אוֹתָם וְיוֹרִיד עִמָּהֶם תּוֹרָה. כִּי גַּם הֶחָכָם בְּעַצְמוֹ אִי אֶפְשָׁר שֶׁיַּעֲשֶׂה זֹאת בְּשֵׂכֶל אֶחָד, כִּי הֵם שְׁנֵי שְׂכָלִים: מַה שֶּׁמְּקַבֵּץ הַנְּפָשׁוֹת הוּא שֵׂכֶל אֶחָד, וּמַה שֶּׁמַּעֲלֶה אוֹתָם וּמוֹרִיד עֹז מִבְטָחָהּ הוּא שֵׂכֶל אַחֵר. וְזֶה בְּחִינַת שִׁי"ן שֶׁל שְׁלֹשָׁה רָאשִׁים וְשִׁי"ן שֶׁל אַרְבָּעָה רָאשִׁים, שֶׁהַשְּׁנֵי שִׁינִין הֵם הַשְּׁנֵי שְׂכָלִים.

וְזֶה פֵּרוּשׁ:

אָמַר רַבָּה בַּר בַּר־חָנָה: אִשְׁתָּעוּ לִי נָחוּתֵי יַמָּא: בֵּין גַּלָּא לְגַלָּא תְּלָת מְאָה פַּרְסֵי, וְרוּמְיָא דְּגַלָּא תְּלָת מְאָה פַּרְסֵי. זִמְנָא חֲדָא הֲוֵי אָזְלִינַן בְּאָרְחָא, וּדְלִינַן גַּלָּא, עַד דַּחֲזֵינַן בֵּי מַרְבַּעְתָּא דְּכוֹכְבָא זוּטָא, דַּהֲוֵי כִּמְבַזַּר אַרְבְּעִין

רַשְׁבַּ"ם:

בֵּין גַּלָּא לְגַלָּא וְכוּ' – מִשּׁוּם דְּקָאָמְרִינַן בִּסְמוּךְ, 'וְרָמָא גַּלָּא קָלָא לְחַבְרֵהּ', אִצְטְרִיךְ לְאַשְׁמְעִינַן דִּמְשַׁלֹּשׁ־מֵאוֹת פַּרְסֵי שָׁמַע קוֹלוֹ שֶׁל חֲבֵרוֹ. דְּלִינַן גַּלָּא – יוֹתֵר מִשִּׁעוּר גָּבְהוֹ הִשְׁלִיכָנוּ לְמַעְלָה עַד לָרָקִיעַ; אִי נַמִּי, הַבְּלָא דְּרָקִיעַ נְפִישׁ עַד

---

fuertes y trae la fortaleza en la cual ella confía". Éstos son dos conceptos separados, primero tomar el alma y luego ascender y descender con ella… (*Parparaot LeJojmá*)."

113. shin de tres cabezas…cuatro cabezas. La *bait* (casa) de los *tefilín* de la cabeza tiene la letra *shin* en relieve de ambos lados. En el lado derecho la *shin* (ש) es normal, con tres líneas que salen de la base. Sin embargo, en el lado izquierdo, la *shin* tiene cuatro líneas que surgen de la base. En la Kabalá, los *tefilín* representan los *mojín* (intelecto). Las dos formas de la *shin* hacen referencia a diferentes *mojín*. La *shin* de tres líneas se refiere al *mojín* que corresponde a las *Sefirot* de *Jojmá*, *Biná* y *Daat*. La *shin* de cuatro líneas hace referencia al *mojín* que corresponde a *Jojmá*, *Biná*, *Jesed* y *Guevurá* (*Mei HaNajal*; ver también *Pri Etz Jaim, Shaar HaTefilín*). Esto está tratado en profundidad en los escritos del Ari. En nuestro contexto, el conjunto de *mojín* aludidos por las dos formas de la *shin* indican las combinaciones de fuerzas mediante las cuales se mitigan los juicios severos - es decir, la combinación de *jasadim* y *guevurot* para formar *daat*.

Además, el *Zohar* (I, 129) relaciona las dos formas de la *shin* con las dos Carrozas, la superior y la inferior. Así, al colocarse diariamente los *tefilín*, con la intención de cumplir apropiadamente con la mitzvá, uno atrae sobre sí la santidad de las dos Carrozas. Como se explicó más arriba en la sección 5, esto eleva nuestros deseos y hace descender nuevas ideas de Torá. Aun así, en esencia, esto también requiere estar unido al Tzadik. Él es el sabio - correspondiente a los *mojín*, las dos *shin* de los *tefilín*, los dos intelectos necesarios para juntar y elevar las almas/los deseos para, de este modo, revelar nuevas ideas de Torá.

6. Sin embargo, la persona siempre debe pedir y buscar un sabio como éste. Y debe pedirle a Dios que tenga el mérito de encontrar un sabio así, que junta las almas[110] -como en, "Aquel que toma almas es sabio"- las eleva y las hace descender con Torá. Porque incluso el sabio mismo no puede hacer esto con un solo intelecto. Pues son dos intelectos [separados]: juntar las almas es un intelecto,[111] <hacer descender Torá> es otro intelecto.[112] Esto corresponde a la *shin* de tres cabezas y a la *shin* de cuatro cabezas.[113] Las dos [formas de la] *shin* son los dos intelectos.

Ésta es la explicación:

Contó Raba bar bar Janá: Los marinos me dijeron que entre una ola y otra hay trescientas *parsei*, y la altura de cada *gal* (ola) es de trescientas *parsei*. Cierta vez, estábamos navegando por el *orja* (camino), cuando nos levantó una ola hasta que vimos el *marvata* (lugar de descanso) de una estrella pequeña. Era equivalente al área necesaria para plantar cuarenta medidas	***Rashbam:*** **entre una ola y otra** - debido a que enseguida se nos dirá que una ola llamó a su vecina, ahora se nos informa que fue desde una distancia de trescientas *parsei* que oyó el llamado de su vecina; **nos levantó una ola** - más alto que su propia altura, nos arrojó hacia los cielos; o, alternativamente, el vapor de los cielos era tan grande que se extendía por casi la totalidad de los quinientos años que separan los cielos de la tierra; **el lugar de descanso** - una

---

110. mérito de encontrar un sabio así.... Tal sabio/Tzadik se encuentra al nivel de Moshé Rabeinu - aquél que asciende y luego trae la Torá. Sin embargo, no es fácil encontrarlo. Estos Tzadikim son pocos y están muy separados entre sí. Dijo el Rabí Shimón bar Iojai: "Yo vi los *bnei aliá* (aquéllos que han alcanzado un plano espiritual excepcionalmente elevado) y son pocos" (*Suká* 45b). Esta afirmación aparece en el Talmud en relación con aquéllos que merecen ver la Presencia Divina. Rashi (*v.i. aspaklaria*) comenta que hay Tzadikim que no pueden ver con claridad, y hay otros que, aunque son rectos, ni siquiera ven en absoluto. *Aliá* tiene la connotación de elevar y ascender. Así, dentro del contexto de la lección, *bnei aliá* se refiere a los Tzadikim que tienen los "intelectos" para juntar las almas, elevarlas y hacer descender la Torá. Si ya en su generación (y para todos los tiempos) el Rabí Shimón bar Iojai dijo que existen muy pocos, ¿cuántos de estos Tzadikim capaces de realizar este *tikún* existen hoy en día? Por lo tanto, el Rebe Najmán nos aconseja buscar un sabio así. Debemos orar constantemente, rogando y pidiendo a Dios que tengamos el mérito de unirnos a un Tzadik semejante. Ver también *Tzadik* #602, con respecto al Rabí Iojanan ben Zakai.

111. juntar las almas es un intelecto. Como en, "Aquél que toma almas es sabio" (*Parparaot LeJojmá*).

112. hacer descender...es otro intelecto. Como en, "El sabio asciende a la ciudad de los

גְּרִינָא בְּזַרְעָא דְּחַרְדְּלָא; וְאִי דְּלֵינַן טְפֵי, הֲוָה מַקְלִינַן מֵהֶבְלָא. וְרַמְיָא לַהּ גַּלָּא קָלָא לַחֲבֶרְתַּהּ וְאָמְרָה לַהּ: חֲבֶרְתִּי מִי שָׁבְקִית מִידֵי בְּעָלְמָא דְּלָא שַׁטְפִית, וְנֵיתִי אֲנָא וְנַחְרְבַהּ. אָמְרָה לַהּ: פּוּק חֲזֵי גְּבוּרְתָּא דְּמָרָךְ, דַּאֲפִלּוּ כְּמְלֹא חוּטָא דְּחָלָא לֵית דְּעָבַר, שֶׁנֶּאֱמַר: "הַאוֹתִי לֹא תִירָאוּ נְאֻם ה'" וְכוּ':

מַהֲלָךְ קָרוֹב לְת"ק שָׁנָה שֶׁיֵּשׁ מִן הָרָקִיעַ לָאָרֶץ. **מַרְבַּעְתָּא** - שְׁכִיבָא. **דְּכוֹכָבָא זוּטָא** - כּוֹכָב קָטָן שֶׁבִּפְקַטְנִים. **בְּזַרְעָא** - בֵּית זֶרַע אַרְבָּעִים כּוֹר שֶׁל חַרְדָּל, דְּנָפִישֵׁי מִכָּל שְׁאָר זְרָעִים. **מַקְלִינַן מֵהֶבְלָא** - נִשְׂרָפִין מֵחֹם הַכּוֹכָב. **וְרַמְיָא לֵהּ גַּלָּא** - נָתַן קוֹלוֹ, כְּלוֹמַר, צָעַק, כְּדֻגְמַת תְּהוֹם אֶל תְּהוֹם קוֹרֵא לְקוֹל וְגוֹ', וְשֶׁמָּא הַמַּלְאָכִים הַמְמֻנִּים עֲלֵיהֶם הֵם. **שָׁבְקִית מִידֵי בְּעָלְמָא וְכוּ'** - מִפְּנֵי שֶׁהִגְבִּיהַּ כָּל כָּךְ, הָיָה סָבוּר שֶׁיָּצָא חוּץ לִשְׂפַת הַיָּם וְשָׁטַף אֶת הָעוֹלָם. **וְנַחְרְבַהּ** - מִפְּנֵי עֲוֹן הַדּוֹר. **אָמַר לַהּ** - גַּלָּא לַחֲבֶרְתַּהּ. **פּוּק חֲזֵי גְּבוּרְתָּא דְּמָרָךְ וְכוּ'** - כְּלוֹמַר, אֵין לִי רְשׁוּת לָצֵאת. **כִּמְלֹא חוּטָא דְּחָלָא** - כִּמְלֹא רֹחַב הַחוּט אֵינִי יָכוֹל לָצֵאת חוּץ מִן הַחוֹל. שֶׁנֶּאֱמַר הַאוֹתִי לֹא תִירָאוּ - תַּלְמוּדָא קָאָמַר לַהּ.

נְחוּתֵי יַמָּא - הַיְנוּ מַמְשִׁיכֵי יַמָּא דְּאוֹרַיְתָא לְזֶה הָעוֹלָם.

בֵּין גַּלָּא לְגַלָּא תְּלַת מְאָה פַּרְסֵי - שֶׁהוּא בְּחִינַת שִׁי"ן הַנַּ"ל.

וְרוּמְיָא דְּגַלָּא תְּלַת מְאָה פַּרְסֵי - שֶׁהוּא בְּחִינַת שִׁי"ן שְׁנִיָּה הַנַּ"ל (הַיְנוּ בְּחִינַת שְׁנֵי הַשְּׂכָלִיִּים הַנַּ"ל, שֶׁהוּא הַשֵּׂכֶל שֶׁל קִבּוּץ הַנְּפָשׁוֹת, וְהַשֵּׂכֶל שֶׁל הַעֲלָאַת הַנְּפָשׁוֹת לְהַמְשִׁיךְ תּוֹרָה, שֶׁאֵלּוּ שְׁנֵי הַשְּׂכָלִיִּים שֶׁל הַצַּדִּיק שֶׁהוּא חָכָם הָאֱמֶת הֵם בְּחִינַת שְׁנֵי שִׁינִין כַּנַּ"ל). וְהַגַּלִּים הֵם הַנְּפָשׁוֹת, בִּבְחִינַת צָהֲלִי קוֹלֵךְ בַּת גַּלִּים, שֶׁהִיא בַּת אָבָהָן (כְּמוֹ שֶׁדָּרְשׁוּ רַבּוֹתֵינוּ ז"ל סַנְהֶדְרִין צ"ד:).

115. shin, trescientas.... La *shin*, con un valor de 300, corresponde a las trescientas *parsei* entre las olas.

116. Bat Galim...bat de los patriarcas. El pueblo judío es la *bat* (hija) y ellos son el *bat ain* (pupila del ojo de Dios), correspondiente a la Comunidad de Israel/*Maljut*, como más arriba (§4 y notas 51, 52). Así, *Bat Galim* (hija de las olas) alude a las almas del pueblo judío que son elevadas.

de *bizra* (semillas) de mostaza. De haber sido elevados más alto, nos habríamos *kalá* (consumido) por el *hevel* (vapor). Una ola llamó a su vecina, diciendo: "¿Has dejado quizás *midei* (algo) en este mundo que no hayas inundado? Iré y lo destruiré". Dijo la otra, "Ve, mira el gran poder de tu Señor. No es posible *ebar* (cruzar) la *jol* (arena) ni en el ancho de un cabello". Como está escrito (Jeremías 5:22), "¿No Me temen? dice Dios..." (*Bava Batra* 73a).[114]

posición acostada; **de una estrella pequeña** - la más pequeña de las estrellas pequeñas; **semillas** - el *bet zerá* (área sembrada) de 40 medidas de mostaza, que es más abundante que todas las otras semillas; **consumido por el vapor** - quemado por el calor de la estrella; **Una ola llamó** - levantó su voz, es decir, gritó; similar a "el abismo llama al abismo, a la voz...". Al parecer esto se refiere a esos ángeles a cargo de [las olas]; **Has dejado quizás algo en este mundo** - pues dado que se había elevado tan alto, parecía como si hubiera pasado la costa e inundado el mundo; **lo destruiré** - debido a los pecados de la generación; **Dijo la otra** - una ola a su vecina; **Ve, mira el gran poder de tu Señor** - en otras palabras, no tengo permiso para ir más allá; **cruzar la arena ni en el ancho de un cabello** - no puedo pasar la línea de la arena ni siquiera en el ancho de un hilo; **Como está escrito, ¿No Me temen?** - el Talmud hizo este comentario [y no Raba bar bar Janá].

Marinos - Esto alude a aquéllos que traen a este mundo el mar de la Torá.

entre una ola y otra hay <*shin*> (trescientas) *parsei* - Esto corresponde a la *shin* mencionada más arriba.[115]

la altura de cada *gal* (ola) es de <*shin*> (trescientas) *parsei* - Ésta es la segunda *shin* mencionada más arriba.

{En otras palabras, los dos intelectos: el intelecto de juntar las almas, y el intelecto de elevar las almas para hacer descender Torá. Estos dos intelectos del Tzadik, siendo él el verdadero sabio, corresponden a las dos [formas de la] *shin*}. Las ***galim*** (olas) son las almas, como está aludido en (Isaías 10:3), "Eleva tu voz, *Bat Galim*" - ella es la ***bat*** (hija) de los patriarcas (*Sanedrín* 94 b).[116]

---

114. ¿No Me temen? dice Dios. El versículo continúa: "¿No temblarán ante Mi presencia? [Pues], Yo fui el que puso la arena como límite al mar... y aunque sus olas se agiten no pueden prevalecer...".

בֵּין גַּלָּא לְגַלָּא – אֵלּוּ הַחֲכָמִים שֶׁהֵם בֵּין גַּלָּא לְגַלָּא, הַיְנוּ מְחַבְּרִים כָּל הַנְּפָשׁוֹת, בִּבְחִינַת "וְלֹקֵחַ נְפָשׁוֹת חָכָם".

תְּלַת מֵאָה פַּרְסֵי – שֶׁהִיא בְּחִינַת שִׁי"ן אַחַת.

וְרוּמְיָא דְגַלָּא תְּלַת מֵאָה פַּרְסֵי – הַיְנוּ לְהַעֲלוֹת הַנְּפָשׁוֹת, זֶה בְּחִינַת שִׁי"ן אַחֶרֶת.

זִמְנָא חֲדָא אַזְלִינַן בְּאָרְחָא – הַיְנוּ שֶׁאֲנַחְנוּ נִכְנַסְנוּ לְעוֹרֵר זִוּוּג, הַנִּקְרָא אֹרַח, כְּמוֹ שֶׁכָּתוּב (תהלים קל"ט): "אָרְחִי וְרִבְעִי".

וּדְלִינַן גַּלָּא – הַיְנוּ שֶׁדָּלִינוּ הַנְּפָשׁוֹת לְמַעְלָה, בִּבְחִינַת עִיר גִּבֹּרִים עָלָה חָכָם.

עַד דַּחֲזֵינַן בֵּי מַרְבַּעְתָּא דְכוֹכָבָא זוּטָא – הַיְנוּ שֶׁגָּרַמְנוּ זִוּוּגָא עִלָּאָה. מַרְבַּעְתָּא, זֶה בְּחִינַת זִוּוּג, כְּמוֹ שֶׁכָּתוּב: "אָרְחִי וְרִבְעִי". שְׁכִינְתָּא נִקְרֵאת בִּשְׁעַת זִוּוּג כּוֹכָבָא זוּטָא, כַּמּוּבָא בַּזֹּהַר (בלק קצא.), 'אִתְעֲבִידַת נְקֻדָּה זְעֵירָא מִגּוֹ רְחִימָתָא, כְּדֵין אִתְחַבְּרָא בְּבַעֲלָהּ', עַיֵּן שָׁם.

וַהֲוָה כִּמְבָזַר אַרְבְּעִין גְּרִיעִין בִּזְרָא דְחַרְדְּלָא – כַּמּוּבָא בַּזֹּהַר (פינחס רמט:): 'הַאי חַיָּה כַּד אִתְעַבְּרָא, אִסְתְּתָמַת וְלָא יָכִילַת לְאוֹלָדָא, עַד דְּאַתְיָא נָחָשׁ וְנָשֵׁיךְ בְּעֶרְיָתָא, כְּדֵין אִתְפַּתְּחַת וְנָפֵק מִנָּהּ דְּמָא, וְהִיא שָׁתֵית לְדָמָא'. וְזֶה בְּחִינַת 'בִּזְרָא דְחַרְדְּלָא', הַיְנוּ בְּחִינַת טִפַּת דָּם

121. Mira allí. El *Zohar* explica que el pequeño punto está reflejado en la letra *iud*, que en esencia no es más que un punto negro. En otras palabras, *Maljut* se reduce y se vuelve un mero punto. Entonces, su "marido", *Zeir Anpin*, la construye y la eleva gradualmente, hasta que ella está dispuesta para la unión. Esto, explica el *Zohar*, es el significado del versículo (Cantar de los Cantares 1:5), "Soy negra, pero hermosa, hijas de Jerusalén". Dentro del contexto de nuestra lección, *Maljut*/la Presencia Divina se refiere al *bat ain*, pues la pupila también es un punto negro. El "encogimiento" de *Maljut* es una señal de recato, como se explicará a continuación. Debido a su recato y humildad, el pueblo judío -la Comunidad de Israel- es amado a los ojos de Dios, y Él trae la pupila de Su ojo más cerca de Él.

122. esa criatura...bebe su sangre. Todo el pasaje del *Zohar* sobre esta criatura es en sí mismo una alusión a *Maljut*/la Presencia Divina que está por "dar a luz" nuevas almas. Así, "queda embarazada" se refiere a la elevación de las almas en el aspecto de *ibur*, y "surja la sangre" indica el nacimiento de nuevas ideas de Torá.

entre una ola y otra - Éstos son los sabios, quienes están **entre una ola y otra**. Es decir, ellos unen todas las almas, como en, "Aquél que toma almas es sabio".

trescientas *parsei* - Esto corresponde a una *shin*.[117]

y la altura de cada ola es de trescientas *parsei* - En otras palabras, para elevar las almas. Esto corresponde a la otra *shin*.[118]

Cierta vez, estábamos navegando por el *orja* **(camino)** – Vale decir, entramos para despertar una unificación, que es llamada *ORaJ*, como en (Salmos 139:3), "…*ORJi* (mi andar por el camino) y mi yacer".[119]

cuando nos levantó una ola - En otras palabras, ellos **elevaron** las almas Arriba, correspondiente a, "El sabio asciende a la ciudad de los fuertes".

hasta que vimos el *marvata* **(lugar de descanso) de una pequeña estrella** - Esto es, hicimos una unificación superior. [La palabra] **maRVata** alude a la unificación, como en, "mi andar por el camino y *RiVi* (mi yacer)".[120] En el momento de la unificación, la Presencia Divina es llamada una **estrella pequeña**. Como dice en el *Zohar* (III, 191a): Por amor, [la Presencia Divina] se transforma en un punto pequeño, y al hacerlo se une con su esposo. Mira allí.[121]

Ello era equivalente al área necesaria para plantar cuarenta medidas de *bizra* **(semillas) de mostaza** - Como dice en el *Zohar* (III, 249b): Esa criatura, cuando queda embarazada, se cierra. Es incapaz de dar a luz, hasta que viene una serpiente y muerde su pudenda. Esto hace que se abra y que surja la sangre. Y [la serpiente] bebe la sangre.[122] Éste es el aspecto de **semillas de mostaza**, es decir, "una gota de sangre

---

117. **entre una ola…una shin.** La reunión de las almas, juntándolas.

118. **altura de cada ola…otra shin.** La elevación, altura, de las almas.

119. **ORJi, mi andar por el camino….** Explica el Talmud que tanto *orji* como *rivi* son referencias a las relaciones maritales (*Nidá* 31a). Aquí, "mi andar por el camino" alude a ir a generar una unificación santa en los mundos trascendentes, como más arriba en la sección 2.

120. **RIVi, mi yacer.** Previamente, el Rebe Najmán enfatizó la palabra *orji*, porque el proceso que lleva a la unión había comenzado pero aún no estaba completo. Pero ahora se centra en la segunda palabra, *rivi* (yacer). Esto se debe a que luego de que la "ola los levantó", se logró la unificación a través de la cual se revelaron nuevas ideas de Torá.

כְּחַרְדָּל, דְּנָפֵק מִנָּהּ מֵחֲמַת הַנְּשִׁיכָה בְּבֵית הַזֶּרַע. 'בְּזַרְעָא' - פֵּרֵשׁ רַבֵּינוּ שְׁמוּאֵל: 'בֵּית זֶרַע'. וְאַחַר-כָּךְ אוֹלִידַת, וְהַתּוֹלָדָה הַזֹּאת הִיא הַתּוֹרָה כַּנַּ"ל, וְהַתּוֹרָה הַזֹּאת הִיא הוֹלֶכֶת דֶּרֶךְ אַרְבָּעִים יוֹם, הַיְנוּ בְּחִינַת שְׁאָר חֵיוָתָא שֶׁהֵם אַרְבָּעִים, עֲשָׂרָה לְכָל סְטָר, כַּמּוּבָא שָׁם (בזהר הנ"ל), וְזֶה בְּחִינַת אַרְבְּעִין גְּרִיוָא, בְּחִינַת אַרְבְּעִין חֵיוָתָא, שֶׁהֵם אַרְבָּעִים יוֹם שֶׁל הַתּוֹרָה:

וְאִי דְּלֵינַן טְפֵי, הֲוָה מַקְלִינַן מֵהַבְלָא - כִּי (קהלת ח): "יֵשׁ הֶבֶל אֲשֶׁר נַעֲשָׂה עַל הָאָרֶץ, אֲשֶׁר יֵשׁ צַדִּיקִים אֲשֶׁר מַגִּיעַ אֲלֵהֶם כְּמַעֲשֵׂה הָרְשָׁעִים" וְכוּ', וְעַל-יְדֵי הַהֶבֶל הַזֶּה רַבִּים נִתְפַּקְּרוּ, שֶׁרוֹאִים "צַדִּיק וְרַע לוֹ, רָשָׁע וְטוֹב לוֹ". וְאִי דְּלֵינַן הַרְבֵּה נְפָשׁוֹת, אֲזַי בְּוַדַּאי הֲוָה

El *Parparaot LeJojmá* muestra la influencia que tienen la providencia Divina y las fuerzas de la naturaleza. Como se mencionó más arriba (n.59), la naturaleza es la providencia Divina encubierta. Citando el *Likutey Moharán* II, 17, explica que el hombre es afortunado de ser influenciado alternativamente por estas dos fuerzas celestiales. Cuando el hombre es como debe ser, su vida y todo lo que recibe está gobernado por la visión directa de Dios - la providencia Divina. Sin embargo, ¿qué sucede si el hombre no se comporta como Dios quiere? Si sólo la providencia Divina gobernara su vida, el hombre no recibiría nada, porque sería considerado indigno de los beneficios del "ojo vidente de Dios". Pero, debido a que la vida de la persona puede ser entregada a las fuerzas de la naturaleza, también tiene la posibilidad de recibir el bien. Aun así, como resultado, "Hay una vanidad que acontece sobre la tierra: que hay justos a quienes les sucede conforme a la obra de los inicuos…". Esta vanidad proviene del permiso para operar que se les ha otorgado a las fuerzas naturales. La persona que peca tiene un "amortiguador". Pese a sus acciones, recibe el bien, aunque ha despertado el juicio estricto sobre sí misma y sobre el mundo.

Aunque el Rebe Najmán ha explicado estos puntos tal como se relacionan con el individuo, la influencia de la providencia Divina y de las fuerzas de la naturaleza se evidencia principalmente en la manera en la cual afecta al mundo en general. Enseñaron nuestros Sabios: El mundo es juzgado de acuerdo con la mayoría (*Kidushin* 40b). Así, si la mayor parte de la humanidad no es como debería ser, la providencia Divina dictaminaría la destrucción del mundo debido a sus acciones, Dios no lo permita. En un momento así, también los Tzadikim estarían en peligro, como cuando Noé fue forzado a refugiarse en el arca debido a los pecados de la generación. Por lo tanto, Dios permite que el mundo sea gobernado por la naturaleza, es decir, Su providencia oculta, para así continuar existiendo. Ésta es una señal de la gran misericordia con la cual Él gobierna Su creación. Sin embargo, al permitirlo, "Hay un *hevel* que acontece": los justos sufren y los malvados prosperan. En cuanto a los Tzadikim mismos, y debido a su verdadera rectitud, ellos desean soportar el sufrimiento para que el mundo en general pueda continuar existiendo (*Parparaot LeJojmá*).

El *Biur HaLikutim* interpreta este *hevel* como los celos de la persona, la envidia vacía y sin sentido que lleva hacia el ardiente deseo de dinero. Esto trae una falta de honestidad en los

del tamaño de una semilla de mostaza" que emerge de ella debido a la mordedura en la *bet zerá* (matriz).[123] Así, Rashbam explica *BiZRa* como *Bet Zerá*. Luego, ella da a luz. Este <nacimiento es un aspecto de hacer descender> la Torá, como se mencionó anteriormente.[124] Esta Torá viaja entonces durante cuarenta días. Esto corresponde a "las otras criaturas que sumaban cuarenta", diez de cada lado, como se explicó allí *(Ibid.)*.[125] Éste es el aspecto de **cuarenta medidas**, correspondientes a las cuarenta criaturas, que son los cuarenta días de la Torá.[126]

De haber sido elevados más alto, nos habríamos *kalá* (consumidos) por el *hevel* (vapor) - Pues, "Hay un *hevel* (vanidad) que acontece sobre la tierra: que hay justos a quienes les sucede conforme a la obra de los inicuos..." (Eclesiastés 8:14).[127] Debido a este *hevel*, muchos han abandonado la religión; ellos ven que "el justo la pasa mal y el malvado la pasa bien" *(Berajot 7a)*.[128] Pero si muchas almas hubieran sido

---

123. semillas de mostaza...bet zerá. "Una gota de sangre del tamaño de una semilla de mostaza" es una expresión que aparece en el Talmud *(Nidá 66a)* en conexión a la sangre que sale del útero.

124. Torá, como se mencionó anteriormente. En la sección 2. Es decir, *Maljut*, al unirse con *Zeir Anpin*, da nacimiento, revela, nuevas ideas de Torá.

125. cuarenta días...criaturas...cuarenta, diez de cada lado.... Las cuatro criaturas en la visión de la Carroza de Ezequiel corresponden a los cuatro rincones del mundo. Cada uno de los cuatro rincones es una estructura completa de diez *Sefirot*. Éstas son las cuarenta criaturas. Así, existe un concepto de cuarenta en la Carroza *(Sulam, Zohar, loc. cit.)*. El hecho de que las cuatro criaturas aparezcan en los cuatro rincones de la tierra es una indicación de que todas las almas, no importa dónde estén -dónde se hayan extraviado- aún pueden recibir un *tikún*.

126. ...cuarenta días de la Torá. Las cuarenta medidas de semilla y las cuarenta criaturas aluden a los cuarenta días que Moshé estuvo en la montaña recibiendo la Torá (Éxodo 24:18).

127. hevel...justos...inicuos. La palabra *hevel* significa vapor, y también connota vanidad, algo que está vacío y no tiene sentido. El Rebe Najmán enseñó que los deseos de la persona son como *hevel*. Si desea aquello que es bueno y santo, los "buenos vapores" creados traen *tikunim* al mundo. Sin embargo, si su deseo es, Dios no lo permita, de lo malo y lo no santo, entonces dominan los "vapores vacíos" *(Likutey Moharán I, 31: apéndice; Ibid., 109)*.

128. el justo la pasa mal y el malvado la pasa bien. Debido al *hevel* vacío que existe, muchos han rechazado la fe y se han alejado de Dios. La religión parece un sinsentido si los justos sufren mientras que los malvados prosperan. En palabras del Midrash *(Vaikrá Rabah 28:1)*: Parece como si no hubiera juicio ni Juez, Dios no lo permita. El *Parparaot LeJojmá* parafrasea esto en el contexto de nuestra lección: Si todo es gobernado por la providencia Divina, el Tzadik sólo debería experimentar el bien, y el malvado sólo el mal. Sin embargo, afirma, es imposible que la mente humana comprenda la grandeza de Dios o entienda Sus juicios.

מַקְלִינָן - לִשׁוֹן קוּלָא, 'מֵהַבְלָא' - מֵהֶבֶל הַזֶּה, וְלֹא הָיָה הֶבֶל הַזֶּה כָּל־כָּךְ קָשֶׁה עַל הָעוֹלָם.

וְרָמְיָא גָּלָא קָלָא לַחֲבֶרְתָּה: חֲבֶרְתִּי, מִי שֶׁבָּקִית מִידֵי בְּעָלְמָא דְּלָא שְׁטָפִיתָהּ, וְנֵיתֵי אֲנָא וְנַחְרְבָהּ - הַיְנוּ, כְּשֶׁאַחַר־כָּךְ, כְּשֶׁכָּל אֵלּוּ הַנְּפָשׁוֹת חוֹזְרִים מֵעֲבוּר הַנַּ"ל, וְעַל־יְדֵי הַכְּלָלִיּוּת נִתּוֹסֵף בָּהֶם אַהֲבָה זֶה לָזֶה, וְאָז מְעוֹרְרִין אֵלּוּ לְאֵלּוּ וְאוֹמְרִים זֶה לָזֶה וּמַזְכִּירִין זֶה אֶת זֶה: אָחִי, שֶׁמָּא שָׁבַקְתָּ אֵיזֶה מִדָּה בָּעוֹלָם הַזֶּה, שֶׁעֲדַיִן הִיא מוֹשֶׁלֶת עָלֶיךָ וְאֵין אַתָּה יָכוֹל לְהִתְגַּבֵּר עָלֶיהָ.

וְנֵיתֵי אֲנָא וְנַחְרְבָהּ - הַיְנוּ אֲסַיַּע לְךָ לְכַלּוֹת אֶת הַמִּדָּה הַזֹּאת מִמְּךָ. וְהֵשִׁיב לוֹ:

פּוּק חֲזֵי גְּבוּרְתָּא דְּמָרָךְ, שֶׁהוּא הֶחָכָם הַנַּ"ל;

רְאֵה כַּמָּה כֹחוֹ גָּדוֹל, דַּאֲפִלּוּ כִּמְלֹא חוּטָא דְּחָלָא לֵית דְּעָבַר - פֵּרֵשׁ רַבֵּנוּ שְׁמוּאֵל: אֲפִלּוּ כִּמְלֹא רֹחַב הַחוּט לֹא יָכֹלְתִּי לָצֵאת חוּץ מִן הַחוֹל; פֵּרוּשׁ: אַתְּ שׁוֹאֶלֶת אוֹתִי, שֶׁמָּא שָׁבַקְתִּי מִדָּה בָּעוֹלָם שֶׁעֲדַיִן לֹא תִּקַּנְתִּי אוֹתָהּ - תֵּדַע חֲבֶרְתִּי, שֶׁעֲדַיִן אֲנִי מֻשְׁקָע בְּכָל

132. amor entre ellas. Como hemos visto, al unir los fragmentos del alma ésta brilla más plenamente (§5). La unión de muchas almas produce un brillo aún mayor (n.70). El brillo es luz, *jesed* (n.104), y *jesed* (bondad) es similar a *ahavá* (amor). Así, cuando las almas son elevadas, automáticamente crece el amor entre ellas.

Ver *Tzadik* #292 y #471 concerniente al amor del Tzadik por sus seguidores y el amor mutuo entre los seguidores mismos.

133. inspiran...dicen...recordar.... Cuando uno siente verdadero amor por su amigo, puede hablar abiertamente de sus falencias. Éste sentirá el amor y sabrá que aquél que lo está aconsejando sólo busca su bienestar. Por el contrario, cuando la persona se siente atraída por los deseos y sentimientos mundanos, entonces todo lo que dice y que tiene una connotación negativa es tomado como una afrenta por aquél que lo escucha. Agrega el *Mei HaNajal*: A partir de esto podemos comprender que debe haber un gran amor entre los seguidores del verdadero Tzadik. Siempre deben hacerse recordar el servicio a Dios e inspirarse unos a otros en ese sentido. Ésta es la medida precisa de sus verdaderas intenciones al visitar al Tzadik y mejorar sus caminos.

Este amor entre amigos también se conecta con Purim. El pueblo judío recibió entonces nuevamente la Torá (arriba, n.45), correspondiente a la unidad de las almas y al hacer descender ideas de Torá. En Purim se requiere que uno envíe alimentos de regalo a un amigo (*Oraj Jaim* 694:1). Esto es sinónimo del amor que existe entre los seguidores del verdadero Tzadik, porque ellos son amigos verdaderos (*Mei HaNajal*).

elevadas, entonces ciertamente nos habríamos *KaLá* -similar a *KuLá* (hacer fácil)[129]- **por el vapor** - por este *hevel*. Entonces esta vanidad no habría sido tan problemática para [la gente] del mundo.[130]

Una ola llamó a su vecina, diciendo: ¿Has dejado quizás *MiDei* (algo) en este mundo que no hayas inundado? Iré y lo destruiré - En otras palabras, más tarde, cuando todas estas almas retornan del "embarazo"[131] -y, debido a que estaban unidas, creció el <abundante> amor entre ellas[132]- ellas se inspiran una a la otra, y se dicen una a la otra, haciéndose recordar mutuamente: "Hermano, **¿has dejado quizás** alguna <mala> *MiDá* (rasgo de carácter) que aún gobierna sobre ti y que no puedes superar?".[133]

Iré y lo destruiré - Es decir, "Te ayudaré a deshacerte de él". Y él le responde:

Ve, mira el gran poder de tu señor - Éste es el sabio, como se mencionó más arriba. **Mira el gran poder** que tiene.

No es posible cruzar la *jol* (arena) ni en el ancho de un cabello - Explica Rashbam: "No puedo pasar la línea de la arena ni siquiera en el ancho de un hilo". Esto quiere decir lo siguiente: "Tú me preguntaste si me había quedado algún rasgo de carácter <malo> de este mundo que aún no hubiera rectificado. Debes saber, amigo mío, que aún estoy

---

negocios, lo que a su vez lleva al abandono de la fe (como se explicó arriba, §1). El *Mabuei HaNajal* explica esto como una misma cosa: El ardiente deseo de dinero es, en efecto, una negación de la providencia Divina.

129. KuLa, hacer fácil. Cuanto mayores son los deseos de santidad traídos al Tzadik, más almas es capaz de elevar y mayor es la unificación producida Arriba. Como resultado, aumentan las ideas de Torá reveladas por el Tzadik, al igual que la providencia Divina que es hecha descender al mundo junto con ellas. Si esto sucediera plenamente, al punto en que el mundo fuera gobernado directamente por el "ojo vidente de Dios", los Tzadikim prosperarían y los malvados recibirían su merecido. Los deseos malos y no santos, el vapor/vanidad, no serían entonces tan problemáticos para el mundo (*Parparaot LeJojmá*).

130. vanidad...tan problemática.... El Rebe Najmán comenzó la lección con, "Es imposible traer una completa providencia Divina...". En la sección 4, el Rebe explica el concepto de la providencia Divina, es decir, una visión completa, a diferencia de una visión parcial. Cuanto más cerca está uno de la Torá, más atrae sobre sí la providencia Divina. Es posible traer Torá elevando las almas. Así, si se elevaran muchas almas, no sería tan difícil... porque entonces más gente se acercaría a la Torá, trayendo providencia Divina al mundo (*Parparaot LeJojmá*).

131. almas retornan.... Luego de haber sido elevadas, retornan renovadas, revelando nuevas ideas de Torá.

הַתַּאֲוֹות, וַעֲדַיִן לֹא יָצָאתִי מִן הַחוֹל אֶל הַקֹּדֶשׁ אֲפִלּוּ כִּמְלֹא חוּט, וּבְוַדַּאי מִי שֶׁהוּא בְּמַדְרֵגָה כָּזֹאת, בְּוַדַּאי

לֵית דְּעָבַר – הַיְנוּ שֶׁאִי אֶפְשָׁר לוֹ לָבוֹא לִבְחִינוֹת עָבוּר הַנַּ"ל. וְאַף־עַל־פִּי־כֵן, **פּוּק חֲזֵי גְבוּרְתָּא דְמָרָךְ** – הַיְנוּ כֹּחַ הֶחָכָם, שֶׁכָּל כָּךְ כֹּחוֹ חָזָק, שֶׁאֲפִלּוּ נֶפֶשׁ שֶׁלִּי הֶעֱלָה בְּעִבּוּר:

וְזֶה פֵּרוּשׁ:

אַשְׁרֵי הָעָם – זֶה בְּחִינַת הַשְׁגָּחָה,

יוֹדְעֵי תְרוּעָה – זֶה בְּחִינַת יַעֲקֹב, שֶׁהוּא בְּחִינַת צְדָקָה, כְּמוֹ שֶׁכָּתוּב (תהלים צ"ט): "מִשְׁפָּט וּצְדָקָה בְּיַעֲקֹב אַתָּה עָשִׂיתָ".

ה' – זֶה בְּחִינַת הֲוָיוֹת, בְּחִינַת חֲסָדִים.

בְּאוֹר פָּנֶיךָ – זֶה בְּחִינַת הַשֵּׂכֶל, כְּמוֹ שֶׁכָּתוּב (קהלת ח): "חָכְמַת אָדָם תָּאִיר פָּנָיו".

יְהַלֵּכוּן – אֵלּוּ הַנְּפָשׁוֹת, בְּחִינַת מְהַלֵּךְ־נֶפֶשׁ.

así, aunque esté hundida en lo físico, puede ser elevada por el Tzadik" (*Mei HaNajal*).

137. Ashrei.... La palabra *ashrei* (אשרי, feliz) es similar a *ashurenu* (אשורנו), que, como se explicó, indica mirar y ver. Así, esto alude a la providencia Divina, el "ojo vidente de Dios" (ver arriba, §4; arriba, n.76).

  Agrega el *Mei HaNajal*: Arriba (§3, n.44), el Rebe Najmán enseñó que la palabra *shejajah* -del versículo "*Ashrei haam shejajah...*"- alude a Moshé. Aquí vemos que "*Ashrei haam iodei...*" alude a la providencia Divina. De esto podemos concluir que para alcanzar la providencia Divina es necesario estar unidos al Tzadik.

138. terúa...Iaacov. Los tres sonidos del shofar son: *tekía*, *shevarim*, *terúa*. Éstos tres corresponden a *Jesed*, *Guevurá* y *Tiferet*, y a Abraham, Itzjak y Iaacov, respectivamente (*Tikuney Zohar* 55).

139. caridad en Iaacov. Iaacov es comparado a la caridad y a *terúa*, de modo que conocer "el sonido del shofar" corresponde a dar caridad. A través de la caridad se alcanza la providencia Divina (arriba, §1).

140. IHVH...benevolencias. Pues el santo nombre *IHVH* siempre denota *jesed* (*Mei HaNajal*). Al dar caridad, uno quiebra la idolatría del dinero y endulza los juicios, el *jarón af*. Este traer *jasadim* (benevolencias) al mundo es, en esencia, la función de *Mashíaj* (arriba, §1).

141. rostro...intelecto.... A través de *jesed* uno merece *daat*, el concepto del Santo Templo.

142. el ir del alma. Ver arriba, sección 5 y nota 72. Adquirir conocimiento sagrado permite traer

inmerso en todos los <malos> deseos y aún no he salido **ni el ancho de un cabello** fuera del *jol* (lo profano) hacia la santidad".[134] Y ciertamente, aquél que se encuentra en un nivel espiritual como éste:

No es posible *EVaR* (cruzar) - En otras palabras, le es imposible alcanzar el mencionado aspecto de *IBuR* (embarazo).[135]

Aun así, pese a esto, **Ve, mira el gran poder de tu señor**. Éste es el poder del sabio. Su poder es tan grande que incluso elevó mi alma en [el aspecto de] embarazo.[136]

7. Y ésta es la explicación [del versículo de apertura]:
{"*Ashrei haam* (Feliz el pueblo) que conoce *terúa* (el sonido del shofar); *IHVH* (Dios), a la luz de Tu rostro andarán"}.

AShRei haam - Esto alude a la providencia Divina, <en que es similar a *AShuRenu*>.[137]

que conoce *terúa* (el sonido del shofar) - Éste [*terúa*] corresponde a Iaacov,[138] quien es un aspecto de caridad, como en (Salmos 99:4), "Tú ejecutas justicia y caridad en Iaacov".[139]

IHVH - Éste es el aspecto del *HaValaH*, el aspecto de las benevolencias.[140]

a la luz de Tu rostro - Éste es el intelecto, como está escrito (Eclesiastés 8:1), "La sabiduría del hombre hace que su rostro brille".[141]

andarán - Éstas son las almas, correspondiente a "el ir del alma".[142]

---

134. **el ancho de un cabello...hacia la santidad.** *Jol* es el término hebreo que significa tanto "arena" (חול) como algo "profano" o "secular" (חל). La persona honesta consigo misma reconocerá cuán inmersa se encuentra en el *jol* y en la materialidad de este mundo. Es precisamente esta honestidad la que le permite admitir sus faltas y buscar al Tzadik que rectificará su alma.

135. ***EVar...IBuR*, embarazo.** *Evar* (עבר) es similar a *ibur* (עיבור; las letras *b* y *v* son intercambiables).
En circunstancias normales, no hay manera en que pueda elevarse el alma de alguien tan hundido en el materialismo.

136. **Ve, mira el gran poder....** Reb Alter de Teplik (m. 1919), autor del *Mabuei HaNajal*, escribe que les oyó decir a algunos jasidim de Breslov que, al dar esta lección, el Rebe Najmán dijo: "Si uno ha quebrado todos los malos deseos y rasgos negativos excepto uno solo, y de éste lo único que queda por corregir, antes de cruzar completamente hacia la santidad, es sólo el espesor de un cabello, incluso un alma así no puede ser elevada en el aspecto de *ibur*. ¿Cuánto más aún aquél que no ha iniciado el camino desde lo físico hacia lo espiritual ni siquiera en el espesor de un cabello? Sin embargo, **Ve, mira el gran poder de tu señor** - el Tzadik grande y verdadero. Incluso un alma

(עוֹד מָצָאתִי כְּתַב־יַד רַבֵּנוּ, זִכְרוֹנוֹ לִבְרָכָה, שֶׁשַּׁיָּךְ לְהַתּוֹרָה הַנַּ"ל, אַךְ מָצָאתִי רַק קְצֵה הַנְּיָר, וְלֹא נִכְתַּב שָׁם רַק סוֹפוֹ שֶׁל עִנְיָן, וְחָסֵר הַתְחָלַת הָעִנְיָן, וְזֶהוּ:)

הַתּוֹרָה, שֶׁהִיא בְּחִינַת רְאִיָּה, טַנְתָּ"א כַּנַּ"ל, "כָּל בָּשָׂר יַחְדָּו" - זֶה בְּחִינַת לְקִיטַת הַנְּפָשׁוֹת כֻּלָּם, בִּבְחִינַת לִקַּח נְפָשׁוֹת חָכָם כַּנַּ"ל; כִּי פִי ה' דִּבֵּר - כָּל זֶה נַעֲשָׂה עַל־יְדֵי רוּחַ נְדִיבָה כַּנַּ"ל, שֶׁהוּא פִּי ה', כְּמוֹ שֶׁאָמְרוּ חֲזַ"ל: בְּפִיךָ זוֹ צְדָקָה (עַד כָּאן לְשׁוֹנוֹ זַ"ל).

וּמוּבָן הַדָּבָר, שֶׁמֵּבִיא הַמִּקְרָא: "וְנִגְלָה כְּבוֹד ה' וְרָאוּ כָל בָּשָׂר יַחְדָּו כִּי פִי ה' דִּבֵּר" וּמְבָאֵר כָּל הַמַּאֲמָר הַנַּ"ל, שֶׁהוּא מְפֹרָשׁ בְּפָסוּק זֶה, אַךְ בַּעֲוֹנוֹתֵינוּ הָרַבִּים חָסֵר פֵּרוּשׁ רֵישֵׁהּ דִּקְרָא.

de todo el versículo que menciona el Rabí Natán. (Sigue su traducción). Existen algunas variantes menores en el texto mismo, ninguna de las cuales cambia los puntos de la lección. Sin embargo, indicar cada variante requeriría muchas notas aclaratorias referidas a estas diferencias y, dado que éstas interrumpirían el flujo de la lección, el texto aquí es el mismo que el de todas las ediciones del *Likutey Moharán*.

El *Parparaot LeJojmá* indica que ambas versiones de esta lección son del Rebe Najmán, es decir, ambas son sus propias versiones escritas (ver Lección 7, n.1). También agrega que el *Likutey Moharán* contiene algunas lecciones escritas por el Rebe mismo (ver *Tzadik* #362) y otras registradas por el Rabí Natán y luego corregidas por el Rebe Najmán antes de ser entregadas para su copia y publicación (ver *Until The Mashiach*, p.287). El Rebe Najmán le entregaba al Rabí Natán sólo la versión que quería difundir. Por motivos que sólo él conocía, en ciertas ocasiones el Rebe consideraba adecuado omitir ciertas secciones del texto aunque estaban en la versión original y habían formado parte de su discurso oral.

Aparentemente, este manuscrito fue encontrado intacto poco tiempo después del fallecimiento del Rebe Najmán, pero no circuló ampliamente, cosa que se evidencia en el hecho de que más de cien años más tarde, Reb Alter de Teplik aún no lo había visto, dado que ofrece su propia interpretación del versículo basada en esta lección, sin hacer referencia alguna a la explicación del Rebe Najmán.

*

145. sabios…gloria. Enseñaron nuestros Sabios: La única gloria es la Torá (*Avot* 6:3).

146. Templo. El Templo, que se construye al traer los *jasadim* de *Jojmá* (Sabiduría), y de adquirir *daat*, se relaciona con el comienzo. Comienzo es *reshit*, que indica sabiduría, como en (Salmos 111:10), "El comienzo es sabiduría".

147. Torá…visión/T-N-T-A, como se dijo más arriba. Desde aquí hasta el final corresponde al segmento de la versión manuscrita que encontró el Rabí Natán y que fue impresa en todas las ediciones subsiguientes. La conexión entre Torá, visión y *T-N-T-A* ya se ha explicado en la sección 4.

148. juntar…mencionado más arriba. Esto aparece en la sección 3. Toda la carne se refiere a las almas, porque ellas son como cuerpos con respecto al sabio (arriba, §5, notas 82, 94).

149. boca…es la caridad. Una vez que la persona se ha comprometido verbalmente a dar

[Escribe el Rabí Natán:]

Además de lo anterior, encontré un manuscrito del Rebe relacionado con esta lección. Sin embargo, lo único que hallé fue un trozo de la página donde aparece la conclusión. Falta el comienzo de la lección. Esto es [lo que se encontró]:

...la Torá, que es un aspecto de visión/T-N-T-A, como se dijo más arriba.[143] "Toda la carne... juntamente" corresponde al juntar de las almas, todas ellas, como en, "Aquél que toma almas es sabio". [Esto ha sido] mencionado arriba. "Pues la boca de Dios ha hablado" - todo esto se logra a través del espíritu generoso. Esto es: "la boca de Dios", como enseñaron nuestros Sabios: "En tu boca" (Deuteronomio 23:34) - ésta es la caridad (Rosh HaShaná 6a). {Fin del fragmento}.

Es claro que él mencionó el versículo (Isaías 40:5), "Y la gloria de Dios será revelada, y toda la carne la verá juntamente, porque la boca de Dios ha hablado", y entonces dio el discurso anterior como una explicación de este versículo. Pero, debido a nuestros muchos pecados, falta la explicación del comienzo del versículo.[144]

*

"Y la gloria de Dios será revelada, y toda la carne la verá conjuntamente, porque la boca de Dios ha hablado" (Isaías 40:5).

Y la gloria de Dios - Ésta es la sabiduría, como en (Proverbios 3:35), "Los sabios heredarán gloria".[145] Esto corresponde al Santo Templo, como está escrito (Jeremías 17:12), "El trono glorioso, exaltado desde el comienzo, es el lugar de nuestro Templo".[146] Y mediante esto:

toda la carne la verá conjuntamente - "La verá" alude a hacer descender la Torá, que es un aspecto de visión/T-N-T-A, como se dijo más arriba.[147] "Toda la carne... conjuntamente" corresponde al juntar de las almas, todas ellas, como en, "Aquél que toma almas es sabio". [Esto ha sido] mencionado más arriba.[148]

pues la boca de Dios ha hablado - Todo esto se logra a través del espíritu generoso. Esto es: "la boca de Dios", como enseñaron nuestros Sabios: "En tu boca" - ésta es la caridad (Rosh HaShaná 6a).[149]

y revelar nuevas ideas de Torá. Esto se logra juntando las almas y elevándolas. Mediante esto, se trae providencia Divina al mundo. Así, toda la lección se resume en este versículo.

143. Torá...visión/T-N-T-A, como más arriba. Ver sección 4.

144. falta la explicación. El manuscrito completo finalmente se encontró y ahora aparece como un agregado en algunas ediciones del *Likutey Moharán*. Esta versión no contiene la explicación

referencia a todas las generaciones futuras. En otras palabras, estos grandes Tzadikim fueron capaces de ascender a alturas tan excelsas, elevando con ellos las almas de sus seguidores, que pudieron hacer descender las ideas más exaltadas de Torá. Estas revelaciones tienen por siempre el poder de rectificar y de elevar a todos aquéllos que estudian sus enseñanzas... aquéllos que estaban allí y aquéllos de las generaciones futuras. Y el principal medio para recibir esta gran luz es ser firmes en la decisión de acercarse a Dios, pues el alma corresponde a la voluntad... (*Likutey Halajot, Avedá uMetziá* 3:5).

Hoy en día, el gran *tikún* explicado en esta lección puede lograrse estudiando las obras del verdadero Tzadik y haciendo la peregrinación a su tumba, orando allí junto con sus otros seguidores, para acercarse a Dios y cumplir con Su voluntad. Esto se aplica en particular a aquéllos que van a la tumba del Rebe Najmán antes de Rosh HaShaná, para el *kibutz* (reunión). Incluso hoy en día, el Rebe Najmán sigue trabajando en aras de las almas caídas. Él las eleva más aún que durante su vida, pues "los Tzadikim son más grandes luego de fallecer que cuando estaban con vida" (*Julín* 7b). Y vemos claramente el amor y el afecto que los jasidim tienen entre sí, cómo buscan renovarse y alentarse mutuamente en el servicio a Dios. Al unir su alma con las de los demás que se reúnen en este *kibutz*, orando y rogando a Dios para que la acerque más y más, la persona puede ahora traer sobre sí misma el poder que tiene el Tzadik para renovar y rectificar su alma (*Parparaot LeJojmá*).

caridad, debe cumplir con su promesa (*Nedarim* 7a). El Talmud dice también que el apoyo emocional dado por la persona que se identifica con la dificultad del pobre es más grande aún que el soporte financiero que recibe (*Bava Batra* 9b).

El versículo ahora se lee así: **Y la gloria de Dios será revelada** - para traer providencia Divina, uno debe primero alcanzar sabiduría o *daat*, el concepto del Santo Templo. **Toda la carne la verá juntamente** - cuando uno alcanza este nivel, él es entonces el sabio que puede hacer descender Torá juntando las almas. Esto trae providencia Divina, el concepto de ver. ¿Cómo puede alcanzarse esto? **Porque la boca de Dios ha hablado** - dando caridad.

* * *

El Rabí Natán escribe que también ahora, incluso luego de que los grandes Tzadikim han fallecido, es mediante su mérito que nuestras almas todavía pueden ser elevadas a través de nuestro estudio de Torá. "…su lámpara no se apaga de noche" (Proverbios 31:18). Es decir, incluso de noche, luego del fallecimiento del Tzadik, la luz que él trajo al mundo aún permanece encendida. Más aún, el versículo nos dice que Dios hizo Su pacto "…tanto con aquéllos de ustedes que están aquí con nosotros hoy en día… como con aquéllos que no están hoy aquí con nosotros" (Deuteronomio 29:14). Como explica Rashi, "aquéllos que no están hoy aquí" hace

ליקוטי מוהר"ן סימן י"ד

תִּקְעוּ בַחֹדֶשׁ שׁוֹפָר בַּכֶּסֶה וְכוּ' (תהלים פ"א).

א לְהַמְשִׁיךְ שָׁלוֹם בָּעוֹלָם, צָרִיךְ לְהַעֲלוֹת כְּבוֹד הַקָּדוֹשׁ־בָּרוּךְ־הוּא לְשָׁרְשׁוֹ, הַיְנוּ לַיִּרְאָה, כְּמוֹ שֶׁכָּתוּב (דברים כ"ח): "לְיִרְאָה אֶת הַשֵּׁם הַנִּכְבָּד".

ב וְאִי אֶפְשָׁר לְהַעֲלוֹת אֶת הַכָּבוֹד אֶלָּא עַל־יְדֵי תּוֹרַת חֶסֶד; "וְתוֹרַת חֶסֶד" – אָמְרוּ חֲכָמֵינוּ, זִכְרוֹנָם לִבְרָכָה (סוכה מט:): 'זֶהוּ הַלּוֹמֵד תּוֹרָה עַל־מְנָת לְלַמְּדָהּ', כִּי זֶה עִקַּר כְּבוֹדוֹ, כַּמּוּבָא בַּזֹּהַר (יתרו סט.): 'בְּשַׁעֲתָא דִּשְׁאַר עַכּוּ"ם אָתְיָן וְאוֹדָן לְקֻדְשָׁא־בְּרִיךְ־הוּא, כְּדֵין אִסְתַּלַּק וְאִתְיַקַּר שְׁמָא דְקֻדְשָׁא־בְּרִיךְ־הוּא עֵלָּא וְתַתָּא, כְּמוֹ גַּבֵּי יִתְרוֹ: בְּשַׁעֲתָא דְּאָמַר יִתְרוֹ: "עַתָּה יָדַעְתִּי כִּי גָדוֹל ה' מִכָּל הָאֱלֹהִים", כְּדֵין אִסְתַּלַּק וְאִתְיַקַּר שְׁמָא דְקֻדְשָׁא־בְּרִיךְ־הוּא'. נִמְצָא, זֶהוּ כְּבוֹדוֹ, כְּשֶׁבְּנֵי־אָדָם שֶׁהֵם מִחוּץ לַקְּדֻשָּׁה מְקָרְבִין אֶת

Dios" (Números 15:13) - éste es el que estudia la palabra de Dios, la Torá, pero no se la enseña a los otros. Al retener de los demás el conocimiento de la Torá denigra la palabra de Dios, especialmente el precepto que indica enseñar las reglas y leyes de la Torá (cf. Deuteronomio 4:24). (Naturalmente, esto se refiere a aquél que es capaz de enseñar pero que no lo hace, y no a una persona que no puede enseñar). Vemos por lo tanto que enseñarles a los demás, compartir con ellos, es un acto de bondad. A la inversa, no enseñarles a los demás es equivalente a despreciar la palabra de Dios - a no elevar la gloria de Dios hacia su raíz.

4. arriba y abajo. Cuando aquéllos que están "fuera" del ámbito de la santidad pasan "dentro", se produce entonces un aumento o mayor revelación de Su gloria. La gloria de Dios se eleva. Así, al enseñarles a los demás acerca de Dios -al dar a conocer Su nombre- uno eleva Su gloria. Comparar con la Lección #11, notas 7 y 17, donde la gloria está conectada con el habla - el medio a través del cual se transmite a los demás la palabra de Dios.

5. Itró…glorificado. Itró fue un sumo sacerdote que se dedicó a todas las formas de idolatría conocidas (*Rashi*, Éxodo 18:11). Luego de enterarse de los asombrosos milagros que habían sido realizados para los judíos, Itró alabó a Dios, diciendo, "Ahora [incluso] *yo sé*…". Cuando alguien que está cerca de Dios Lo reconoce, ello es natural y es algo de esperar. Pero cuando un

LIKUTEY MOHARÁN 14[1]

"Tocad el shofar en el Novilunio, en el tiempo apropiado para el día de nuestra festividad".
(Salmos 81:4)

Lehamshij shalom (Para traer paz) al mundo es necesario elevar la gloria del Santo, bendito sea, a su fuente - es decir, al temor. Como está escrito (Deuteronomio 28:58), "Para temer el nombre glorioso".[2]

2. Pero es imposible elevar la gloria si no es a través de la Torá de bondad. Y sobre la Torá de bondad enseñaron nuestros Sabios: Es aquél que estudia Torá para poder enseñarla (*Suká* 49b).[3] Pues ésta es la esencia de Su gloria, como dice en el *Zohar* (II, 69a): Cuando las otras naciones vienen y reconocen al Santo, bendito sea, entonces el nombre de Dios asciende y es glorificado arriba y abajo.[4] Éste fue el caso con Itró. Cuando Itró dijo (Éxodo 18:11), "Ahora yo sé que Dios es más grande que todos los dioses", el nombre de Dios ascendió y fue glorificado.[5]

Vemos, entonces, que ésta es Su gloria - cuando las personas que están fuera de la santidad se acercan <para estar dentro> del [ámbito de]

---

1. Likutey Moharán 14. Esta lección fue dada en el Shabat Jánuca, 29 de Kislev, 5564 (14 de diciembre de 1803). Fue inmediatamente después del fallecimiento del Rabí Guedalia de Linitz. El Rabí Guedalia, quien fue discípulo del Rabí Iaacov Iosef de Polonoie, el autor del *Toldot Iaacov Iosef*, fue acreditado por el Rebe Najmán como el compilador del *Shivjei Baal Shem Tov*. En la lección, el Rebe Najmán alude al fallecimiento del Rabí Guedalia, citando el *Shuljan Aruj* (*Oraj Jaim* 670:1) sobre el hecho de que está prohibido decir elegías fúnebres en Jánuca (ver §13 del texto). El Rebe dijo también: "Ahora es difícil revelar Torá. Porque cada Tzadik tiene una porción de Torá, y cuando el Tzadik se va de este mundo, su porción de Torá parte junto con él" (*Parparaot LeJojmá*; *Until the Mashiach*, p.102).

2. el nombre glorioso. En el contexto de nuestra lección, el versículo debería leerse, "Para [alcanzar el] temor, glorifica el nombre de Dios". Éste es el tema principal de la enseñanza del Rebe Najmán: Para alcanzar la paz uno tiene que ser capaz de elevar la gloria de Dios/Su nombre a su raíz, que es el temor. El temor mismo está asociado con la sefirá de *Guevurá* (Fuerza) y con las *guevurot* (severidades) (cf. Lección #15 §2).

3. para poder enseñarla. Ésta es la cualidad de *Jesed* (bondad). La persona aprende Torá para compartirla con los otros. Enseña el Talmud (*Sanedrín* 99a): "Porque él denigró la palabra de

עַצְמָן לִפְנִים מֵהַקְּדֻשָּׁה - הֵן גֵּרִים שֶׁמִּתְגַּיְּרִין, הֵן בַּעֲלֵי־תְשׁוּבָה, שֶׁגַּם הֵם הָיוּ מִבַּחוּץ - וּכְשֶׁמְּקָרְבִין וּמַכְנִיסִים אוֹתָם לִפְנִים, זֶהוּ כְּבוֹדוֹ:

וְעַכְשָׁו הַכָּבוֹד בַּגָּלוּת, כִּי עִקַּר הַכָּבוֹד אֵצֶל הָעַכּוּ"ם, וַאֲנַחְנוּ בְּנֵי־יִשְׂרָאֵל שְׁפָלִים וְנִבְזִים. וְלֶעָתִיד לָבוֹא, שֶׁיִּתְגַּלֶּה כְּבוֹדוֹ מִבֵּין הַחֹשֶׁךְ, כְּמוֹ שֶׁכָּתוּב (ישעיהו מ): "וְנִגְלָה כְּבוֹד ה'" וְכוּ', כִּי "אָז יַטּוּ כֻלָּם לְעָבְדוֹ שְׁכֶם אֶחָד", "אָז יֹאמְרוּ בַגּוֹיִם לְכוּ וְנֵלְכָה בְּאוֹר ה'" (שם ב). וְכָבוֹד נִקְרָא אוֹר, כְּמוֹ שֶׁכָּתוּב (יחזקאל מ"ג): "וְהָאָרֶץ הֵאִירָה מִכְּבוֹדוֹ".

ג וְאֵיךְ אֶפְשָׁר לְקָרֵב אֶת הַגֵּרִים עִם בַּעֲלֵי הַתְּשׁוּבָה, אֶלָּא עַל־יְדֵי תוֹרָה, כְּמוֹ שֶׁכָּתוּב (משלי ה): "יָפוּצוּ מַעְיְנוֹתֶיךָ חוּצָה", שֶׁצָּרִיךְ לְהַשְׁקוֹת אוֹתָם שֶׁהֵם מִבַּחוּץ, לְהוֹדִיעַ לָהֶם הַדֶּרֶךְ יֵלְכוּ בָהּ. וְזֶה שֶׁאָמְרוּ חֲכָמֵינוּ, זִכְרוֹנָם לִבְרָכָה (אבות ו): 'אֵין כָּבוֹד אֶלָּא תוֹרָה'. וְזֶהוּ (ירמיה ט"ו): "אִם תּוֹצִיא יָקָר מִזּוֹלֵל", וְאָמְרוּ חֲכָמֵינוּ, זִכְרוֹנָם לִבְרָכָה (בבא מציעא פה.): 'אֵלּוּ שֶׁמְּקָרְבִין בְּנֵי־אָדָם לַעֲבוֹדַת

10. iluminada por Su gloria. Cuando la gloria se revela, reluce con brillo y es reconocida. Más aún, la tierra, la cual es pisada por todos, corresponde al nivel más bajo mencionado previamente en el texto. Así, el versículo puede leerse del modo siguiente: **La tierra...** - hasta los niveles más bajos/oscuridad brillarán con gran fulgor cuando se revele la gloria de Dios. Como se explicó más arriba, esto fue lo que sucedió con Itró (*Mabuei HaNajal*).

Resumen: Para promover la paz en el mundo es necesario elevar la gloria de Dios a su raíz: el temor (§1). Esto sólo puede lograrse mediante la Torá - enseñándola a los otros y haciendo que reconozcan a Dios. De este modo se eleva la gloria de Dios desde la oscuridad y el exilio (§2).

11. afuera...dar de beber.... La Torá es asemejada a una fuente cuyas aguas tienen el poder de sustentar incluso a aquéllos que están afuera. Sin embargo, debe ser la Torá de *jesed*, enseñándola a los demás (*Mei HaNajal*).

12. gloria más que la Torá. Así, para que haya gloria debe haber Torá. No es posible alcanzar la gloria y elevarla si primero no se ha adquirido Torá.

13. separas lo precioso.... Este pasaje del Talmud (*loc. cit.*) explica la frase "si separas lo precioso" como una referencia a separar a los elegidos de Dios "de lo vil" de sus pecados; el tema de esta parte de la lección es el arrepentimiento de aquéllos que están afuera.

santidad. Esto se aplica tanto a los prosélitos que se convierten como a los *baalei teshuvá* (judíos arrepentidos), pues ellos también estaban afuera.[6] Y cuando se los acerca [a los conversos y a los *baalei teshuvá*] y se los trae adentro, ésta es Su gloria.

Pero ahora, la gloria <misma> está en el exilio. Pues lo esencial de la gloria se encuentra [actualmente] con los gentiles, mientras que nosotros, el pueblo judío, estamos caídos y somos denigrados.[7] Pero en el Futuro,[8] cuando Su gloria se revele de entre la oscuridad, como en (Isaías 40:5), "La gloria de Dios será revelada, y toda carne la verá" - porque en ese momento todos se inclinarán "a servirlo unánimemente" (Sefonías 3:9)- entonces las naciones dirán (Isaías 2:5), "Vengan, caminemos a la luz de Dios".[9] Y la gloria es llamada luz, como está escrito (Ezequiel 43:2), "La tierra estaba iluminada por Su gloria".[10]

3. Ahora bien, la única manera de acercar conversos y *baalei teshuvá* es a través de la Torá, como está escrito (Proverbios 5:16), "Tus manantiales brotarán hacia afuera". Pues es necesario darles de beber a aquéllos que están afuera – hay que informarles qué sendero deben tomar.[11]

Esto es lo que enseñaron nuestros Sabios: No hay gloria más que la Torá (Avot 6:3).[12] Y enseñaron nuestros Sabios concerniente a "Si separas lo precioso de lo vil" (Jeremías 15:19): Esto se refiere a aquellos que acercan a la gente al servicio a Dios (Bava Metzía 85a).[13] Pues esto

---

"Itró" -quien está muy lejos de la santidad- viene a alabar a Dios, eso produce una manifestación de la gloria de Dios que es revelada hasta en los niveles más bajos y externos.

6. prosélitos…baalei teshuvá…. El judío que se arrepiente puede asemejarse a un converso; también él ha estado afuera antes de entrar en el ámbito de la santidad.

Ésta es una regla general en las enseñanzas del Rebe Najmán: Cada vez que él habla de los conversos, también está hablando de los *baalei teshuvá* (*Rabí Eliahu Jaim Rosen*).

7. pueblo judío…denigrados. Aquí, el Rebe Najmán indica que la gloria les pertenece a los judíos, mientras que anteriormente afirmó que la gloria es de Dios. Esto, sin embargo, no es una contradicción, porque el alma judía es en sí misma una "porción Divina". Así, la gloria del pueblo judío está unida con la gloria de Dios y cuando Su gloria sea revelada, también se revelará la de ellos (*Mabuei HaNajal*).

8. en el Futuro. Esto se refiere a cuando venga el Mashíaj.

9. servirlo…a la luz de Dios. Cuando las naciones del mundo reconozcan y acepten la necesidad de servir a Dios, dirán, "Venid, caminemos a la luz". Esto, a diferencia de la oscuridad ("afuera") de la idolatría. Entonces la gloria del pueblo judío también será elevada, pues las naciones se volverán a ellos para que los guíen hacia la luz de Dios (*Mabuei HaNajal*).

הַשֵּׁם יִתְבָּרַךְ'; כִּי זֶהוּ נִקְרָא "מוֹצִיא יָקָר", הַיְנוּ כָּבוֹד, "מִזּוֹלֵל" - מְזִילוּתָא דְּגָלוּתָא.

וְזֶה (תהלים קי"ג): "רָם עַל כָּל גּוֹיִם ה'", הַיְנוּ כְּשֶׁהָעַכּוּ"ם מוֹדִין וּמְשַׁבְּחִין לֵהּ, אֲזַי "עַל הַשָּׁמַיִם כְּבוֹדוֹ", אֲזַי נִתְעַלֶּה הַכָּבוֹד מֵהַחֹשֶׁךְ.

וְאִי אֶפְשָׁר לָבוֹא לְהִתְעוֹרְרוּת הַתְּשׁוּבָה - הֵן לִרְשָׁעֵי יִשְׂרָאֵל, הֵן לַגֵּרִים - אֶלָּא עַל-יְדֵי הַתּוֹרָה שֶׁמְּאִירִין לָהֶם אֶל מָקוֹם שֶׁהֵם שָׁם, כְּמוֹ שֶׁכָּתוּב: "יָפוּצוּ וְכוּ' חוּצָה" - 'חוּצָה' דַּיְקָא; כִּי הַתּוֹרָה הֵם שִׁשִּׁים רִבּוֹא אוֹתִיּוֹת, כְּנֶגֶד שִׁשִּׁים רִבּוֹא נְשָׁמוֹת, וְיֵשׁ לְכָל הַנְּשָׁמוֹת שֹׁרֶשׁ לְמַעְלָה בְּמַחֲשָׁבָה דְּקֻדְשָׁא-בְּרִיךְ-הוּא, כִּי 'יִשְׂרָאֵל עָלוּ בַּמַּחֲשָׁבָה תְּחִלָּה' (בראשית רבה א).

וְעַל-יְדֵי זִוּוּג הַנְּשָׁמוֹת נִבְרָאִים נְשָׁמוֹת גֵּרִים, וּכְשֶׁנִּתְעוֹרְרִים הַנְּשָׁמוֹת עַל-יְדֵי אוֹתִיּוֹת הַתּוֹרָה שֶׁהוֹצִיא מִפִּיו וּמִתְנוֹצְצִים זֶה

16. Torá....allí donde estén. Luego de presentar un cuadro general de cómo los conversos y los *baalei teshuvá* están asociados con la Torá, con la luz y con la elevación de la gloria, el Rebe Najmán mostrará ahora, en detalle, el proceso a través del cual se produce esta conexión.

17. seiscientas mil letras. El *Zohar Jadash* (*Shir HaShirim* 91a) enseña que existen 600.000 letras en los Cinco Libros de Moshé. La palabra *Bereshit* (בראשית) es un acróstico para "Hay 600.000 letras en la Torá" (יש ששים רבוא אותיות בתורה). Pero al contarlas, se encuentran unas 304.000 letras. Los comentarios ofrecen diferentes explicaciones para esto (ver *La Hagadá de Breslov*, p.49), aunque todos aceptan que hay 600.000 letras.

18. seiscientas mil almas. Esto hace referencia a las 600.000 almas judías mencionadas en Éxodo 12:37, aquéllos que dejaron Egipto y recibieron la Torá. Ellos corresponden al número equivalente de letras de la Torá (*Zohar Jadash, Ibid.*). Hay veces en que estas 600.000 letras se encuentran englobadas en un alma judía individual; ver más abajo nota 71.

19. Israel se elevó primero.... En el momento de la Creación, "Israel se elevó primero en el pensamiento". Todo lo que Dios creó fue en aras del pueblo judío. También en aras de la Torá (*Bereshit Rabah, loc. cit.*). Esta cualidad compartida por la Torá y por las almas judías indica que ambos tienen su fuente en el pensamiento del Santo, bendito sea.

20. se crean las almas de los conversos. Así como la unión física crea el cuerpo, la unión espiritual entre las almas de los Tzadikim crea el alma. Estas almas son las almas de los conversos, porque las almas judías fueron generadas en el momento de la Creación. Es por eso que el Rebe Najmán trata separadamente las almas de los conversos y las almas de los *baalei teshuvá*. (ver *Zohar* III, 168a).

es llamado "separar lo precioso", es decir, la gloria, "de lo vil", de la bajeza del exilio.[14]

Y esto es (Salmos 113:4): "Dios es enaltecido sobre todas las naciones, [Su gloria está sobre los cielos]". Es decir, cuando los gentiles Lo reconocen y Lo alaban, entonces "Su gloria está sobre los cielos" - <es decir,> la gloria asciende entonces desde la oscuridad.[15]

Pero es imposible que los pecadores judíos o los conversos despierten al arrepentimiento si no es a través de la Torá, que brilla en ellos allí donde estén,[16] como en, "Tus manantiales brotarán hacia afuera". Específicamente "hacia afuera", porque la Torá está compuesta de 600.000 letras,[17] correspondientes a las 600.000 almas [judías].[18] Y cada alma tiene su propia raíz Arriba, en el pensamiento Divino del Santo, bendito sea, pues "Israel se elevó primero en el pensamiento" (*Bereshit Rabah* 1:5).[19]

Y mediante la unión de las almas se crean las almas de los conversos.[20] Cuando las almas despiertan debido a las letras de la Torá

---

14. la bajeza del exilio. Traer a la gente de retorno a Dios se asemeja a la gloria, pues mediante este acto, se revela la gloria de Dios - elevada desde el exilio.

El mismo pasaje Talmúdico (*Bava Metzía* 85a) cita el resto del versículo, "…serás como Mi boca". En otras palabras, todo aquél que trae a la gente de retorno hacia Dios recibe la capacidad de repeler y de anular un decreto severo emitido por el cielo. Tal es el poder que tiene la mitzvá de acercar a la gente de retorno a Dios.

Guiar y ayudar a los demás judíos de retorno a Dios es un tema principal aquí y en todos los escritos del Rebe Najmán. Ver *Tzadik* #304, #310, #325. Concerniente a esta gran mitzvá enseña el *Zohar* (II, 128b): Uno debe correr tras un judío que ha pecado para retirar de él la suciedad y subyugar el Otro Lado…. Al hacerlo, es como si lo hiciera nacer (porque el arrepentido es como una persona recién nacida). Este tributo es muy grande y hace que la gloria de Dios se eleve mucho más que cualquier otra ofrenda. Todo el que se dedica a esto es como Aarón, de quien está escrito (Malaji 2:6), "Él hizo retornar a muchos del pecado". La persona que hace que los pecadores retornen a Dios sobrepasa a todas las otras en tres aspectos: 1) en la manera en que subyuga al Otro Lado; 2) en la manera como eleva la gloria de Dios; 3) en la manera en que hace que se mantenga el mundo entero, arriba y abajo. Sobre esta persona dice el versículo (Malaji 2:5), "Mi pacto está con él, vida y paz… él merecerá ver hijos y nietos, recompensados con este mundo y con el próximo. Sus enemigos serán incapaces de enfrentarlo. Él ascenderá a través de Doce Puertas en el cielo (correspondiente a las Doce Tribus) y nadie podrá interponerse en su camino".

15. la gloria asciende entonces desde la oscuridad. En contraste con la tierra, que es comparada con la oscuridad (arriba n.10), el cielo está asociado con la luz. En el contexto de nuestra lección, este versículo de los Salmos (*loc. cit.*) se lee así: Cuando se reconoce que **Dios es enaltecido sobre todas las naciones**, entonces, **Su gloria está sobre los cielos** - Su gloria es elevada desde la oscuridad del exilio y fulgura con gran brillo (*Mabuei HaNajal*).

לָזֶה – זֶה בְּחִינַת זִוּוּג, שֶׁזֶּה מְקַבֵּל הֶאָרָה מִזֶּה; וְעַל־יְדֵי הַזִּוּוּג שֶׁל הִתְנוֹצְצוּת הַנְּשָׁמוֹת שֶׁבַּמַּחֲשָׁבָה נִבְרָאִים נִשְׁמוֹת גֵּרִים.

גַּם הַפּוֹשְׁעֵי־יִשְׂרָאֵל, כָּל זְמַן שֵׁשֵׁם יִשְׂרָאֵל נִקְרָא עָלָיו (כִּי נִקְרָא 'פּוֹשְׁעֵי־יִשְׂרָאֵל', נִמְצָא שֶׁשֵּׁם יִשְׂרָאֵל נִקְרָא עַל־כָּל־פָּנִים עָלָיו עֲדַיִן, מֵאַחַר שֶׁנִּקְרָא פּוֹשְׁעֵי יִשְׂרָאֵל), 'אַף־עַל־פִּי שֶׁחָטָא, יִשְׂרָאֵל הוּא' (סנהדרין מד.), יֵשׁ לוֹ אֲחִיזָה וְשֹׁרֶשׁ בְּמַחֲשָׁבָה עֶלְיוֹנָה, וְעַל־יְדֵי הַהִתְנוֹצְצוּת הַתְּנוֹצֵץ גַּם שֹׁרֶשׁ נִשְׁמָתוֹ בֵּין שְׁאָר הַשָּׁרָשִׁים, וּמַגִּיעַ הֶאָרָה לָזֶה הַפּוֹשְׁעֵי־יִשְׂרָאֵל מִשֹּׁרֶשׁ נִשְׁמָתוֹ, וְעַל־יְדֵי הֶאָרָה הַזֹּאת חוֹזֵר בִּתְשׁוּבָה.

ד וְזֶה שֶׁאָמְרוּ חֲכָמֵינוּ, זִכְרוֹנָם לִבְרָכָה (נדרים פא.): 'מִפְּנֵי מָה תַּלְמִידֵי־חֲכָמִים אֵין בְּנֵיהֶם תַּלְמִידֵי־חֲכָמִים? מִפְּנֵי שֶׁלֹּא בֵּרְכוּ בַּתּוֹרָה תְּחִלָּה' – שֶׁצָּרִיךְ כָּל אָדָם, וּבִפְרָט תַּלְמִיד־חָכָם, לְבָרֵךְ וּלְהָאִיר בְּלִמּוּד תּוֹרָתוֹ בְּשֹׁרֶשׁ הַנְּשָׁמוֹת, הַיְנוּ בְּמַחֲשָׁבָה תְּחִלָּה, כִּי שָׁם שָׁרְשֵׁנוּ.

en su raíz, su luz se refleja en las otras almas, haciendo que sus luces también comiencen a brillar. Se produce entonces una reacción en cadena. Esto sucede en todas las áreas del estudio de la Torá, tales como la Mishná, el Talmud, etc., pues todas las partes de la Torá tienen su raíz en la Torá Escrita, los Cinco Libros de Moshé (cf. Lección §12, n.15). Vemos por lo tanto que al estudiar Torá, no importa dónde uno se encuentre (material o espiritualmente), puede despertar su alma al arrepentimiento y otras almas también (*Mei HaNajal*).

Resumen: Para promover la paz en el mundo es necesario elevar la gloria de Dios a su raíz: el temor (§1). Esto sólo puede lograrse mediante la Torá - enseñándola a los otros y haciendo que reconozcan a Dios. De este modo se eleva la gloria de Dios desde la oscuridad y el exilio (§2). Específicamente, esto requiere difundir la Torá hacia afuera, para inspirar a *baalei teshuvá* y conversos (§3).

25. la bendición por la Torá primero. El significado simple de este pasaje Talmúdico (*loc. cit.*) es el siguiente: ¿Cómo es posible que un hijo del estudioso de Torá no se vuelva también un erudito? Esto sucede porque, antes de estudiar, el erudito de Torá no recita primero las bendiciones diarias agradeciéndole a Dios por la Torá. Los comentarios explican que su estudio de Torá es como un conocimiento y no como la palabra de Dios a través de la cual el hombre se acerca a Él y conoce Sus caminos. Esto es muy diferente de la interpretación del Rebe Najmán que sigue (ver nota siguiente).

26. primero en el pensamiento...nuestra raíz. El Rebe Najmán explica el pasaje Talmúdico citado como sigue: ¿Qué significa que los estudiosos no bendicen "primero"? Quiere decir que

recitadas por la persona, y ellas brillan entre sí, éste es el concepto de unión - cada una recibe luz de la otra.[21] Y, por medio de la unión del brillo de las almas dentro del pensamiento <del Santo, bendito sea>, se crean las almas de los conversos.

Lo mismo ocurre con el pecador judío. Mientras se lo siga llamando judío {pues nos referimos a él como un "pecador judío", de modo que el nombre "judío" aún se le aplica,[22]} aunque haya pecado, es un judío (*Sanedrín* 44a). <También> él tiene un soporte y una raíz en el pensamiento superior.[23] Como resultado del brillar, la raíz de su alma brilla junto con las otras raíces, de modo que una luz le llega a este pecador judío por medio de la raíz de su alma. Y en virtud de esta iluminación, retorna en arrepentimiento.[24]

4. Esto es lo que enseñaron nuestros Sabios: ¿Por qué los estudiosos de la Torá no tienen hijos que son estudiosos de la Torá? Porque no recitan la bendición por la Torá primero (*Nedarim* 81a).[25] Toda persona, y en especial el estudioso de Torá, debe bendecir <la Torá primero. Es decir,> mediante su estudio de Torá, debe bendecir e iluminar la raíz de las almas - es decir, lo "primero en el pensamiento". Porque allí es donde está nuestra raíz.[26]

21. recibe luz de la otra. La Torá es gloria, luz, como más arriba. Cuando se pronuncian las letras de la Torá, la luz generada de una a la otra forma una palabra. De la misma manera, cuando las almas despiertan, un alma ilumina a la otra. Conceptualmente, esto es una forma de unión. Hablar es importante pues, al igual de lo que sucede en lo mundano cuando uno habla y despierta pensamientos en su mente, al decir palabras de Torá, lo espiritual, despierta el pensamiento Divino/la raíz de las almas.

22. pecador judío.... Aunque esté muy lejos de Dios y de Su Torá, mientras tenga un mínimo de fe aún se lo considera judío (*Mabuei HaNajal*).

23. pensamiento superior. Esto se debe a que el pensamiento Divino ha sido la raíz de su alma desde el momento de la Creación.

24. retorna en arrepentimiento. Este despertar de las letras de la Torá/almas en su raíz inicia una unión que hace que otras letras/almas comiencen a brillar. Es decir, hay 600.000 letras y 600.000 almas correspondientes entre sí. Cada una ocupa un lugar en el "pensamiento de Dios", que es su raíz. Al recitar la Torá, uno ilumina las letras en su raíz. Y esto hace que no sólo brille su alma, sino que también permita que se ilumine el alma de la persona malvada y ésta sea llevada así al arrepentimiento; todo debido a su estudio de la Torá.

La pregunta obvia es: ¿Qué sucede si el alma tiene su raíz en una letra de Génesis y la persona está estudiando la Torá en un capítulo de Números? Ante esto, el Rebe Najmán responde que cuando una letra comienza a brillar, ilumina su raíz. Una vez que la luz comienza a brillar

נִמְצָא, כְּשֶׁמֵּבִיא הֶאָרָה וּבְרָכָה לְתוֹךְ תְּחִלַּת הַמַּחֲשָׁבָה, וְעַל-יָדוֹ מִתְנוֹצְצִין וּמִתְבָּרְכִין הַנְּשָׁמוֹת, נִמְצָא כְּשֶׁמַּמְשִׁיךְ נְשָׁמָה לִבְנוֹ, בְּוַדַּאי הוּא מַמְשִׁיךְ נְשָׁמָה בְּהִירָה וְזַכָּה, וְעַל-יְדֵי-זֶה גַּם בְּנוֹ יִהְיֶה תַּלְמִיד-חָכָם;

אֲבָל כְּשֶׁאֵין מֵאִיר וּמְבָרֵךְ אֶת הַתְחִלָּה עַל-יְדֵי לִמּוּדוֹ, אָז כְּשֶׁמַּמְשִׁיךְ נְשָׁמָה לִבְנוֹ, הַנְּשָׁמָה הִיא בִּבְחִינַת (שיר-השירים ה): "אֲנִי יְשֵׁנָה", וְאֵינָהּ מְאִירָה – מִפְּנֵי זֶה לֹא יִהְיֶה בְּנוֹ תַּלְמִיד-חָכָם, וְזֶה מִפְּנֵי שֶׁלֹּא בֵּרְכוּ בַּתּוֹרָה תְּחִלָּה, הַיְנוּ שֹׁרֶשׁ הַנְּשָׁמוֹת, בִּבְחִינַת יִשְׂרָאֵל עָלָה בְּמַחֲשָׁבָה תְּחִלָּה:

ה וְאֵין אָדָם זוֹכֶה לַתּוֹרָה, אֶלָּא עַל-יְדֵי שִׁפְלוּת, כְּמוֹ שֶׁאָמְרוּ חֲזַ"ל (ערובין נד): "וּמִמִּדְבָּר מַתָּנָה", שֶׁיְּשַׁבֵּר גַּאֲוָתוֹ מֵאַרְבַּע בְּחִינוֹת שִׁפְלוּת. כִּי צָרִיךְ הָאָדָם לְהַקְטִין אֶת עַצְמוֹ לִפְנֵי גְדוֹלִים מִמֶּנּוּ, וְלִפְנֵי בְּנֵי-אָדָם כְּעֶרְכּוֹ, וְלִפְנֵי קְטַנִּים מִמֶּנּוּ, וְלִפְעָמִים, שֶׁהוּא

la persona hace influencia y tiene parte en el "comienzo" y afecta a la raíz. Así, por ejemplo, "cuando un niño es concebido, su concepción se ve afectada por el alimento consumido previamente por sus padres. Ellos deben santificar y bendecir este comienzo, es decir, las cosas que preceden a la concepción, tales como el comer". Así, la persona que es cuidadosa con todo lo que hace en el "comienzo" se asegura un alma luminosa y pura para su hijo. Esto se debe a que se cuida de que todos los "comienzos" sean lo más correctos y puros posible (*Sabiduría y Enseñanzas del Rabí Najmán de Breslov* #132).

28. dormida...en el pensamiento. Esto está en contraste con el alma despierta mencionada arriba. Al no bendecir lo "primero", el alma traída a este mundo está dormida. No brilla y tendrá grandes dificultades en volverse un erudito.

Resumen: Para promover la paz en el mundo es necesario elevar la gloria de Dios a su raíz: el temor (§1). Esto sólo puede lograrse mediante la Torá - enseñándola a los otros y haciendo que reconozcan a Dios. De este modo se eleva la gloria de Dios desde la oscuridad y el exilio (§2). Específicamente, esto requiere difundir la Torá hacia afuera, para inspirar a *baalei teshuvá* y conversos (§3). Esto implica traer iluminación y bendición al "primero" del pensamiento, haciendo que el alma brille (§4).

29. del desierto a Mataná.... Enseñaron nuestros Sabios: Si uno es como el desierto sobre el cual todos caminan (es decir, es humilde), entonces la Torá le es dada de regalo, *mataná* (Eruvin 54). De aquí vemos que uno merece la Torá a través de la humildad.

30. grandes...iguales...más pequeños.... Si la persona es arrogante, se considerará por encima incluso de aquéllos que reconozca, a regañadientes, que son más grandes que ella. Pero no sólo

Vemos por lo tanto que cuando la persona lleva iluminación y bendición hacia el primer pensamiento, y mediante esto las almas brillan y son bendecidas, entonces al traer un alma para su hijo, ciertamente trae un alma pura y clara. Como resultado, también su hijo será un estudioso de Torá.[27]

Sin embargo, si no ilumina y bendice lo "primero" mediante su estudio de Torá, entonces, cuando trae un alma para su hijo, este alma está en el aspecto de "Estoy dormida" (Cantar de los Cantares 5:2). No brilla. Es por ello que su hijo no será un estudioso de Torá. Y esto es: "Porque no recitó la bendición por la Torá primero" - es decir, la raíz de las almas, como en, "Israel se elevó primero en el pensamiento".[28]

5. La persona sólo puede merecer Torá mediante la humildad, como enseñaron nuestros Sabios (*Eruvin* 54a): "Y del desierto a Mataná" (Números 21:18).[29] Debe quebrar su orgullo, [tomando] de los cuatro aspectos de la humildad. Pues la persona debe ser humilde <en cuatro aspectos. El primero es> ante aquéllos más grandes que ella. <El segundo es> ante sus iguales. <El tercero es> ante aquéllos más pequeños que ella.[30]

---

ellos no buscaron despertar el comienzo de la Torá - es decir, su raíz en el pensamiento superior. Al no iluminar la raíz, ésta no brilla desde el comienzo. Sin este comienzo apropiado, sus hijos no se vuelven estudiosos. En verdad, debido a que estos estudiosos de Torá no despiertan la raíz de la cual provienen las almas de sus descendientes, estas almas descienden oscurecidas y embotadas, incapaces de iluminar en Torá.

El *Mei HaNajal* agrega que recitar las bendiciones sobre la Torá, es decir, agradecer a Dios por la Torá y alabarlo por ella, le otorga a nuestro estudio este mismo poder de bendición e ilumina su comienzo, su raíz. Es interesante notar que el *Shulján Aruj* (*Oraj Jaim* 47:1) afirma: "Uno debe ser extremadamente cuidadoso en el recitado de las Bendiciones de la Torá". Tal tono severo con respecto al recitado de una bendición no tiene paralelo en ningún otro lugar de los Códigos. Pero, con lo que ha explicado el Rebe Najmán, es muy comprensible la necesidad de este cuidado.

Encontramos en las Bendiciones de la Torá las siguientes palabras, "Él nos ha elegido de entre todas las naciones y nos ha dado Su Torá...". El *Mabuei HaNajal* explica que esto alude a la fe en Dios y en la Torá. Nosotros confiamos en que Dios ha elegido y preparado nuestras almas para estar en su raíz -el pensamiento de Dios- y creemos que la Torá tiene el poder de despertar nuestras almas y de dirigirnos hacia el arrepentimiento. En éste sentido, la Torá es única. Ningún conocimiento, no importa cuán profundamente sea estudiado, tiene el poder de inspirar o conectarse con el alma superior del hombre. El *Mabuei HaNajal* menciona también que esta bendición y la iluminación de la raíz a través del estudio de la Torá son en esencia el concepto de *lishmá*, el estudio de la Torá por sí misma (cf. Lección §12, n.5, 9).

27. su hijo...Torá. Esto se debe a que iluminó esta alma en particular, en su raíz.
En otro lugar, el Rebe Najmán explica esto con más detalle. Enseña que todo lo que

בְּעַצְמוֹ קָטָן שֶׁבִּקְטַנִּים – וְצָרִיךְ לְהַקְטִין אֶת עַצְמוֹ כְּנֶגֶד מַדְרֵגַת עַצְמוֹ, וִידַמֶּה בְּעֵינָיו שֶׁהוּא לְמַטָּה מִמַּדְרֵגָתוֹ, בִּבְחִינַת (שמות ט"ז): "שְׁבוּ אִישׁ תַּחְתָּיו".

וְזֶה שֶׁאָמַר רַבָּה בַּר בַּר־חָנָה: לְדִידִי חֲזִי לִי הַאי אוּרְזִילָא בַּר־יוֹמָא, דַּהֲוֵי כְּהַר־תָּבוֹר. וְהַר־תָּבוֹר כַּמָּה הֲוֵי? אַרְבָּעָה פַּרְסֵי. וּבֵי מַשְׁכָא דְּצַוָּארֵהּ – תְּלָתָא פַּרְסֵי, וּבֵי מַרְבַּעְתָּא דְּרֵישֵׁהּ – פַּרְסָא וּפַלְגָא. וּרְמָא כּוּפְתָּא, וְסָכְרָא לְיַרְדְּנָא.

רַשְׁבַּ"ם:
אוּרְזִילָא בַּר־יוֹמָא – רְאֵם בֶּן יוֹם אֶחָד, דְּאוֹתוֹ הַיּוֹם נוֹלַד: כְּהַר־תָּבוֹר – כֵּן הָיָה גָּדוֹל. בֵּי מַרְבַּעְתָּא דְּרֵישֵׁהּ – מְקוֹם הַנָּחַת רֹאשׁוֹ כְּשֶׁשּׁוֹכֵב עַל הַקַּרְקַע. רְמָא כּוּפְתָּא – הִטִּיל רְעִי. סַכְרָא הָרְעִי לְיַרְדְּנָא לְפִי שָׁעָה, עַד שֶׁמִּסְמְסוּהוּ הַמַּיִם מְעַט מְעַט.

Este nivel excepcional de humildad fue alcanzado por Moshé y Aarón, quienes se consideraban a sí mismos como una nada (Éxodo 16:7). Así, Moshé recibió la Torá y Aarón trajo al pueblo de retorno a Dios (arriba, n.14) - precisamente debido a su humildad.

32. por debajo de su lugar. Sea cual fuere tu nivel, "siéntate" más abajo - debes ser más humilde aún.

En las Escrituras, este versículo requiere que toda persona debe mantenerse (sentada) "en su lugar designado" y "no salir de su campamento en Shabat" para ir a recolectar la porción diaria de maná (los viernes caía una porción doble). A partir de este precepto nuestros Sabios deducen las leyes del *tejumin* (límites), la distancia límite que uno puede recorrer, durante el Shabat, más allá de los confines habitados (*Eruvin* 17b). Además, a partir de este versículo el Talmud deriva el límite exacto de la distancia en que uno puede cargar algo en un dominio público, durante el Shabat, siendo ésta de cuatro codos (aproximadamente 2 m). Esto está aludido en "cada persona... en su lugar designado" - la altura de una persona es generalmente de tres codos agregándose un cuarto codo para permitir la extensión de los brazos y las piernas (*Ibid.*, 48a). Dentro del contexto de la lección, los tres codos corresponden a los tres aspectos de la humildad: en relación con aquéllos más grandes, con los iguales y con aquéllos más pequeños que uno mismo. El cuarto codo corresponde al nivel del más pequeño de lo pequeño. Estas limitaciones y restricciones relativas a cuán lejos uno puede expandirse, por así decir, aluden a la necesidad de que el hombre limite y restrinja su orgullo e importancia en todas las áreas. Es posible hacer otra conexión más con aquello que enseña el Talmud (*Berajot* 8a): Dios sólo busca los cuatro codos de la Halajá - es decir, el estudio de la Torá (cf. *Likutey Halajot, Betziat HaPat* 5:35). Así, estos cuatro codos, los cuatro bordes o límites, los cuatro aspectos de la humildad, permiten que uno adquiera la Torá. (La relación de esto con el maná será desarrollada más adelante en §9 y n.71).

<El cuarto aspecto es> que ella misma es a veces lo más pequeño de lo pequeño[31] y debe <entonces> ser humilde con respecto a su propio nivel. Debe imaginarse a sí misma más abajo de lo que [realmente] está, correspondiente a (Éxodo 16:19), "Siéntese cada uno por debajo de su lugar".[32]

Esto es lo que contó Raba bar bar Janá: Cierta vez vi una *urzila* (cabra de montaña), de un día de edad, que era tan grande como el Monte Tabor. ¿Y cuán grande era el *Har* (Monte) Tabor? Cuatro *parsei*. El largo de su cuello estirado era de tres *parsei* y el largo del *marvata* (lugar de apoyo) de su cabeza era un *parsa* y medio. Arrojó una bola de estiércol que obstruyó el Río Jordán (Bava Batra 73b).

Rashbam:

una *urzila* de un día de edad - una cabra de montaña recién nacida que había nacido ese mismo día; **como el Monte Tabor** - así era de grande; **el largo del *marvata* de su cabeza** - el lugar sobre el cual apoyaba la cabeza cuando estaba recostada sobre el suelo; **arrojó una bola de estiércol** - excretó; **que obstruyó** - el estiércol bloqueó temporalmente el fluir del Jordán, hasta que el agua lo disolvió gradualmente.

---

esto. Considerarse igual a alguien a su propio nivel también indica un grado de arrogancia que debe ser quebrado. E incluso también considerarse más grande que alguien más pequeño que uno mismo es una señal de arrogancia. Así, la persona que quiera adquirir Torá deberá eliminar todo vestigio de arrogancia. Aunque realmente sea digna, no debe enorgullecerse de ello. Pues cuanto más se disminuye a sí misma y más limita su propia importancia, más lugar existe, por así decirlo, para la revelación de la gloria de Dios en el mundo (cf. *Likutey Moharán* 6:1, 11:2).

31. más pequeño de lo pequeño. Comenta el *Biur HaLikutim*: Este cuarto aspecto de la humildad mencionado por el Rebe Najmán, la humildad requerida por alguien que es el más pequeño de lo pequeño, parece presentar un número de dificultades. Primero, ¿a quién se refiere esto? ¿Quién es el que se encuentra al nivel más bajo de todos los que lo rodean? ¿Acaso esto se aplica sólo a una persona entre cientos de miles? E incluso así, para alguien que está a ese nivel ¿cuáles son los cuatro aspectos de humildad que le corresponden? Dado que ya es menos que todo el resto, sólo existen dos categorías en las cuales podría exhibir arrogancia: en relación con aquéllos más grandes que ella y en relación con aquéllos que son sus iguales. El aspecto tercero y cuarto de la humildad no parecen aplicarse a ella. Sin embargo, la respuesta a estas dos preguntas [que el Rebe Najmán ya ha tratado en profundidad en el *Likutey Moharán* I, 6:3] es que uno debe aumentar constantemente su nivel de humildad. Entonces, dado que continuamente está aumentando su humildad, alcanza niveles cada vez más grandes de humildad, llegando al grado de "lo más pequeño de lo pequeño". E incluso entonces, debe ser mucho más humilde, hasta sentirse como una nada.

אוּרְזִילָא בַּר־יוֹמָא – הַיְנוּ בְּחִינַת כָּבוֹד, שֶׁהוּא בְּעַכּוּ"ם, בִּזְלוּתָא. וְזֶה: **אוּר זִילָא. אוּר** – הַיְנוּ בְּחִינַת כָּבוֹד, כְּמוֹ שֶׁכָּתוּב: "וְהָאָרֶץ הֵאִירָה מִכְּבֹדוֹ". וְלָמָּה נִקְרָא **בַּר־יוֹמָא** – כִּי לֹא יִתְגַּלֶּה הַכָּבוֹד אֶלָּא בְּבִיאַת מְשִׁיחֵנוּ; וּכְתִיב בֵּהּ: אֵימָתַי יָבוֹא מַר? הַיּוֹם – "הַיּוֹם אִם בְּקֹלוֹ תִשְׁמָעוּ" (כמו שאמרו רבותינו, זכרונם לברכה סנהדרין צח.), וּבְכָל יוֹם מוּכָן הַכָּבוֹד לָצֵאת מִזִּלּוּתָא.

וַהֲוָה כְּהַר־תָּבוֹר – שֶׁרָאָה שֶׁהַעֲלָאַת הַכָּבוֹד תָּלוּי בָּזֶה שֶׁאָדָם מְשַׁבֵּר גַּאֲוָתוֹ – כְּפִי הִשְׁתַּבְּרוּת גַּאֲוָתוֹ, כֵּן הוּא הַעֲלָאַת הַכָּבוֹד, כִּי כְּבוֹדוֹ נִתְעַלֶּה עַל־יְדֵי הַתּוֹרָה כַּנַּ"ל, וְאֵין אָדָם זוֹכֶה לַתּוֹרָה אֶלָּא עַל־יְדֵי שִׁפְלוּת, כְּמוֹ שֶׁאָמְרוּ חֲזַ"ל: "וּמִמִּדְבָּר מַתָּנָה". וְזֶה: **הַר תָּבוֹר; הַר** – לְשׁוֹן גַּדְלוּת, כְּמוֹ שֶׁכָּתוּב (תהלים ל): "הֶעֱמַדְתָּה לְהַרְרִי עֹז", **וְתָבוֹר** – לְשׁוֹן שְׁבִירָה.

וְהַר־תָּבוֹר כַּמָּה הֲוָה, אַרְבַּע פַּרְסֵי – הַיְנוּ אַרְבַּע בְּחִינוֹת שִׁפְלוּת הַנַּ"ל שֶׁצָּרִיךְ לְהַקְטִין: לִפְנֵי צַדִּיקִים, בֵּינוֹנִים, רְשָׁעִים, וְלִפְנֵי מַדְרֵגַת עַצְמוֹ, וְשֶׁיְּדַמֶּה בְּעֵינָיו כְּאִלּוּ לֹא בָא עֲדַיִן לִפְנֵי מַדְרֵגָתוֹ שֶׁהוּא בָּהּ. וְזֶה: **הַר־תָּבוֹר אַרְבַּע פַּרְסֵי** – שֶׁשְּׁבִירַת הַגַּדְלוּת הֵם בְּאַרְבַּע בְּחִינוֹת הַנַּ"ל.

gloria acercándose a Dios y acercando a los demás. El día en que todos se vuelvan a Él será el día en que sean elevados todos los componentes de la gloria de Dios, y en ese día vendrá Mashíaj.

35. Monte Tabor…arrogancia. El Monte Tabor y algunas otras montañas Le pidieron a Dios que la entrega de la Torá tuviera lugar sobre una de ellas. Dios se negó, diciendo que ninguna era apta. Todas poseían un grado de arrogancia, pues presumían que debido a su belleza o a su gran altura merecían este honor y esta gloria. Sólo el Monte Sinaí se mantuvo en silencio y no hizo reclamo alguno. Debido a esta muestra de humildad, Dios decidió dar la Torá sobre él (*Sotá* 5a, *Rashi, v.i. kol harim*; ver también *Meguilá* 29a). Así, el Rebe Najmán pronto explicará que el Monte Tabor alude al orgullo.

36. …Mataná. Como hemos visto, a través de la humildad se merece la Torá (§5). A través de la Torá uno merece despertar las almas al arrepentimiento (§3). Y a través del arrepentimiento, ellos reconocen la gloria de Dios (§2).

37. mi har…shevirá, quebrar. El aspecto mismo de una *har* (montaña) sugiere arrogancia y orgullo. En arameo, *tebar* significa quebrar. Así, Har Tabor connota quebrar la arrogancia.

una *urzila* (cabra de montaña) de un día de edad - Esto alude al aspecto de gloria, que está <en el exilio> *beZiLuta* (despreciada). Esto es **ur-ZiLa**. *Ur* (iluminación) corresponde a gloria, como en, "La tierra estaba iluminada por Su gloria".[33] ¿Y por qué es llamada **de un día**? Porque la gloria no será revelada hasta la llegada de nuestro Mashíaj. Sobre él está escrito (Sanedrín 98a): [Cuando se le preguntó,] "¿Cuándo vendrá mi maestro?" <él respondió,> "¡Hoy!". <Y Elías, de bendita memoria, explicó:> "¡Hoy! Si escuchan Su voz".[34] Cada día, la gloria <es capaz> de emerger de su situación de desgracia. <Éste es el significado de **un día**.>

era tan grande como el Monte Tabor - [Raba bar bar Janá] vio que la elevación de la gloria depende de que la persona quiebre su arrogancia.[35] La gloria asciende en proporción a la medida en la cual uno quiebra su arrogancia, porque Su gloria se eleva mediante la Torá, como más arriba. Y la persona sólo puede merecer la Torá a través de la humildad, como enseñaron nuestros Sabios: "Y del desierto a Mataná".[36] Esto es **Har Tabor**. *Har* denota arrogancia, como en (Salmos 30:8), "Tú has hecho que mi *har* se levante orgulloso"; y *taBoR* indica *sheViRá* (quebrar).[37] <De este modo, **Har Tabor** alude a quebrar la arrogancia.>

¿Y cuán grande era el Monte Tabor? Cuatro *parsei* - Esto alude a los cuatro aspectos de la humildad mencionados arriba. La persona debe ser humilde ante los tzadikim, la gente común, los malvados y ante su propio nivel. Debe verse a sí misma como si aún no hubiese alcanzado [ni siquiera] el nivel en el cual se encuentra. Esto es **Monte Tabor, cuatro *parsei***. Quebrar la arrogancia es en cuatro aspectos.

---

33. iluminada por Su gloria. Como se mencionó más arriba en la sección 2 y nota 10.

34. Hoy...Su voz. El Rabí Ioshúa ben Leví le preguntó al Mashíaj cuándo vendría a redimir el mundo. El Mashíaj le respondió, "¡Hoy!". Como no llegó, el Rabí Ioshúa se sintió desilusionado y fue a pedirle una explicación a Eliahu HaNaví. Eliahu le respondió con el versículo (Salmos 95:7), "¡Hoy! ¡Si escuchan Su voz [de Dios]!". En otras palabras, a partir de este pasaje Talmúdico podemos comprender que Mashíaj ya está aquí, esperando revelarse. El hecho de que aún no se ha revelado se debe a que nuestro servicio a Dios no está completo. Sin embargo, si escuchásemos a Dios y Lo sirviésemos, Su gloria se revelaría a través de *nuestras* acciones. La gloria de Dios se elevaría al nivel necesario para traer la redención total - ¡hace falta solamente un día!

Con esto, el *Mabuei HaNajal* responde a una aparente contradicción en el texto. Más adelante (§6), el Rebe Najmán escribe que todos pueden, y deben, elevar la gloria. Pero aquí se dice que la revelación total de la gloria de Dios sólo tendrá lugar con la llegada del Mashíaj. Esto se resuelve del modo siguiente: Cada día es elevado y rectificado en la medida en que uno eleva la

וּמַשְׁכָא דְּצַוָּארֵהּ תְּלָתָא פַּרְסֵי – זֶה בְּחִינַת הַדְּבָרִים שֶׁדֶּרֶךְ בְּנֵי־אָדָם לְהִתְגַּדֵּל בָּהֶם, הֵם שְׁלֹשָׁה דְּבָרִים, וְצָרִיךְ לִשְׁמֹר אֶת עַצְמוֹ מֵהֶם, כְּמוֹ שֶׁכָּתוּב (ירמיה ט): "אַל יִתְהַלֵּל חָכָם בְּחָכְמָתוֹ וְכוּ', וְהֵם שָׁלֹשׁ בְּחִינוֹת: חָכָם, גִּבּוֹר, עָשִׁיר. וְהַגַּדְלוּת נִקְרָא מַשְׁכָא דְצַוָּארָא, בִּבְחִינַת (תהלים ע"ה): "תְּדַבְּרוּ בְצַוָּאר עָתָק".

וּמַרְבַּעְתָּא דְרֵישֵׁהּ פַּרְסָא וּפַלְגָּא – זֶה בְּחִינַת זִוּוּג הַנַּעֲשֶׂה בְּרֵאשִׁית הַמַּחֲשָׁבָה; **מַרְבַּעְתָּא** – לְשׁוֹן זִוּוּג, כְּמוֹ שֶׁכָּתוּב (שם קלט): "אָרְחִי וְרִבְעִי". וְעַל־יְדֵי זִוּוּג הַזֶּה נַעֲשֶׂה פַּרְסָא וּפַלְגָּא: פַּרְסָה, זֶה רֶמֶז עַל הַמְשָׁכַת הַנְּשָׁמוֹת לִבְנֵיהֶם, זֶה מְכֻנֶּה בְּשֵׁם פַּרְסָה שְׁלֵמָה; וְהַתְנוֹצְצוּת שֶׁהַנְּשָׁמוֹת מִתְנוֹצְצִין וּמְאִירִין וּמְעוֹרְרִין אֶת הַפּוֹשְׁעֵי־יִשְׂרָאֵל בִּתְשׁוּבָה וּמוֹלִידִין נִשְׁמוֹת גֵּרִים – זֶה מְכֻנֶּה בְּשֵׁם פַּלְגָּא.

כִּי עֲדַיִן רְחוֹקִים מֵהַקְּדֻשָּׁה מְאֹד וְיָכוֹל לִהְיוֹת לָהֶם מְנִיעוֹת רַבּוֹת, וְצָרִיךְ לָהֶם יְגִיעוֹת רַבּוֹת כְּדֵי לְהַפְשִׁיט מֵהֶם הַבְּגָדִים צוֹאִים שֶׁהִלְבִּישׁוּ, כְּמוֹ שֶׁכָּתוּב (זכריה ג): "הָסִירוּ הַבְּגָדִים הַצֹּאִים", כִּי אֵלּוּ הַבְּגָדִים הַצּוֹאִים הֵם מוֹנְעִים אוֹתָם מִלַּחֲזֹר לַקָּדוֹשׁ־בָּרוּךְ־ הוּא, וְהֵם מַפְסִיקִים כְּמוֹ נָהָר הַמַּפְסִיק, שֶׁאִי אֶפְשָׁר לַהֲלֹךְ דֶּרֶךְ אוֹתוֹ הַנָּהָר, וְצָרִיךְ לְהַשְׁלִיךְ הַבְּגָדִים הַצּוֹאִים. וְזֶה:

primeros años del Segundo Templo. Aunque él mismo era un Tzadik completo, los hijos de Ioshúa se casaron con mujeres no judías. Una condición para ser nombrado jefe del sacerdocio exigía que sus hijos se divorciaran de sus esposas no judías. Ellos, debido a sus pecados, son llamados "ropas sucias". Sólo luego de que accedieron a la condición, Ioshúa estuvo lo suficientemente puro como para entrar al Templo, algo a lo cual hacen referencia los últimos versículos con las palabras "ropas limpias". Dentro del contexto de nuestra lección, esto indica algo más que el hecho de que nuestros pecados son ropas sucias que bloquean nuestra admisión al lado de la santidad. "Ropas sucias" se aplica además a las barreras que se presentan frente a la santidad como resultado del "comienzo", por ser un alma no bendecida y no iluminada en el momento de la concepción. Así, incluso antes de transgredir, la persona comienza su vida con estas "ropas sucias" y debe trabajar muy arduamente para quitárselas.

El concepto de que los deseos y los rasgos negativos están con la persona desde el momento de su nacimiento también se ha explicado más arriba, en la Lección #10 (§4 y n.35). Allí vemos que los pensamientos de los padres durante la concepción juegan un papel muy importante en el desarrollo físico, emocional y espiritual de su hijo.

El largo de su cuello estirado era de tres *parsei* - Esto corresponde a las cosas de las cuales la gente suele sentirse orgullosa, de las que hay tres. La persona debe cuidarse de ellas, como está escrito (Jeremías 9:22), "No se gloríe el sabio en su sabiduría, ni el fuerte en su fortaleza, ni el rico en su riqueza". Éstos son tres aspectos: sabio, fuerte, rico. Y la arrogancia es llamada un **cuello estirado**, correspondiente a (Salmos 75:6), "[Ni] habléis con un cuello altivo".[38]

y el largo del marvata (lugar de apoyo) de su cabeza era un parsa y medio - Esto alude a la unión que tiene lugar en el comienzo del pensamiento Divino.[39] [La palabra] *maRVata* connota unión, como en (Salmos 139:3), "…mi andar por el camino y mi *RiVi* (yacer)".[40] Y mediante esta unión, hay **un *parsa* y medio**. "Un *parsa*" alude a traer las almas de sus hijos, lo que se llama "un *parsa* completo",[41] a la vez que el brillar [mediante] el cual brillan las almas, [y que] ilumina y despierta a los pecadores judíos al arrepentimiento y da nacimiento a las almas de los conversos, se llama "medio".[42]

Esto se debe a que [estos *baalei teshuvá* y conversos] aún están muy alejados de la santidad, y es probable que encuentren muchos obstáculos. Es necesario un gran esfuerzo para retirarles las ropas sucias que se han puesto, como en (Zacarías 3:4), "Quitadle las ropas sucias". Pues son estas ropas sucias las que les impiden retornar al Santo, bendito sea. Ellas son barreras, tal como un río que impide el paso y hace imposible continuar viajando en la dirección de ese río. Estas ropas sucias son barreras que deben ser arrojadas.[43] Y esto es:

---

38. tres aspectos…cuello altivo. Esto se refiere al *urzila*, la gloria (*ur*) en el exilio (*beziluta*). Fundamentalmente, hay tres elementos que promueven la arrogancia en la persona: la sabiduría, la fuerza y la riqueza. Es común observar que cuando alguien habla de manera arrogante o se vanagloria de sus atributos, yergue la cabeza y mantiene el cuello estirado.

39. unión…pensamiento Divino. Como se explicó arriba en sección 3.

40. mi andar…mi RiVi. Este versículo aparece explicado en el Talmud con referencia a las relaciones maritales (*Nidá* 31a). Ver Lección #13, nota 120, donde el Rebe Najmán también aplica esto al despertar de una unificación santa en los mundos trascendentes.

41. un parsa completo. Como se explicó arriba en la sección 4. El alma es traída directamente de su raíz, el pensamiento Divino

42. medio. Pues esta alma sólo es traída a través del despertar que tiene lugar en el pensamiento Divino, iniciado por otra persona. Ver arriba sección 3.

43. ropas sucias…ser arrojadas. Ioshúa ben Iotzadak fue el sacerdote supremo durante los

רְמָא כּוּפְתָּא וְסַכְרָא לְיַרְדְּנָא – עַל-יְדֵי שֶׁמַּפְשִׁיטִין וּמַשְׁלִיכִין מֵעֲלֵיהֶם הַבְּגָדִים הַצּוֹאִים, נִתְבַּטְּלִים כָּל הַמְּנִיעוֹת וְהַמָּסַכִים הַמַּבְדִּילִים בֵּינָם לְבֵין הַקְּדֻשָּׁה. וְזֶה:

וְסַכְרָא לְיַרְדְּנָא – כִּי הַיַּרְדֵּן מַפְסִיק בֵּין קְדֻשַּׁת אֶרֶץ-יִשְׂרָאֵל לְחוּץ-לָאָרֶץ. וּבִשְׁבִיל זֶה נִקְרָאִים בְּשֵׁם פַּלְגָּא, כִּי עֲדַיִן צָרִיךְ לְהַשְׁלִיךְ מֵהֶם הַבְּגָדִים הַצּוֹאִים, כְּדֵי לְהָסִיר הַמַּפְסִיקִים וְהַמּוֹנְעִים וְהַמָּסַכִים הַמַּבְדִּילִים בֵּינָם לְבֵין הַקְּדֻשָּׁה. אֲבָל, אֵלּוּ הַנְּשָׁמוֹת שֶׁתַּלְמִידֵי-חֲכָמִים מַמְשִׁיכִין לִבְנֵיהֶם כַּנַּ"ל – זֶה מְכֻנֶּה בְּשֵׁם פַּרְסָה שְׁלֵמָה, כִּי אֵין לָהֶם מָסַכִים הַמַּבְדִּילִים.

וְזֶה: 'וְכִבַּדְתּוֹ – כַּבְּדֵהוּ בִּכְסוּת נָקִי', (כְּמוֹ שֶׁדָּרְשׁוּ רַבּוֹתֵינוּ, זִכְרוֹנָם לִבְרָכָה עַל פָּסוּק: וְלִקְדוֹשׁ ה' מְכֻבָּד וְכוּ', שַׁבָּת קי"ט). 'כְּסוּת נָקִי' – הַיְנוּ לְהַשְׁלִיךְ הַבְּגָדִים הַצּוֹאִים, כִּי זֶה עִקַּר כְּבוֹד הַשֵּׁם יִתְבָּרַךְ, "אִם תּוֹצִיא יָקָר מִזּוֹלֵל", לְהַחֲזִיר בְּנֵי-אָדָם בִּתְשׁוּבָה וּלְהַמְשִׁיךְ נִשְׁמוֹת הַגֵּרִים.

וְגֵרִים שֶׁמִּתְגַּיְּרִין, הֵם בָּאִים תַּחַת כַּנְפֵי הַשְּׁכִינָה, וּבִשְׁבִיל זֶה

45. lo honrarás…ropas limpias. Esto se refiere a honrar el Shabat. Preguntaron nuestros Sabios sobre este versículo de Isaías: "Y llamarás al Shabat deleite, el santo día de Dios [llamarás] honorable; y lo honrarás…": Si el Shabat ya está mencionado, ¿cuál es el "santo día" que debemos llamar honorable? Respondieron que este santo día es Iom Kipur, en el cual no se puede comer ni beber, y al cual honramos con ropas limpias. En cuanto al Shabat, el Talmud nos dice que "lo honrarás" con buena comida… (*Shabat* 119a). Parece por lo tanto sorprendente que el Rebe Najmán asocie "lo honrarás", una referencia al Shabat, con ropas limpias, que el Talmud asocia con Iom Kipur.

Sin embargo, a la luz de la lección, esto no es inconsistente. En Iom Kipur, que es un día de arrepentimiento, la persona trata de eliminar su apego a lo corpóreo. Es por esto que está prohibido todo placer físico tal como comer, beber, etc. Así, para honrar a Iom Kipur usamos ropas limpias. Esto se aplica a aquellos que deben arrepentirse, los que son llamados "medios". De manera similar, para honrar a Dios -para revelar Su gloria- debemos deshacernos de lo físico y vestir "ropas limpias". Y el Shabat también corresponde al arrepentimiento; es así que *ShaBaT* (שבת) y *TaShuV* (תשב, retornar) tienen las mismas letras. Sin embargo, el nivel del Shabat se refiere generalmente a aquéllos que son llamados "completos" - sus ropas ya están limpias. Aquéllos que están en este nivel no sólo tienen permitido comer, sino que se los invita a deleitarse con buena comida y bebida. El concepto del Shabat tal como se relaciona con la humildad y la Torá se ha explicado arriba en la sección 4 y nota 32.

Arrojó una bola de estiércol que obstruyó el Río Jordán - Al desvestirlos y arrojar las ropas sucias, se eliminan todos los obstáculos y las divisiones que los separan de la santidad.

obstruyó el Río Jordán - Esto se debe a que el Jordán separa entre la santidad de la Tierra de Israel y la Diáspora. Y éste es el motivo por el cual son llamados "medio", porque aún es necesario que arrojen de sí las ropas sucias para poder retirar las barreras, los obstáculos y las particiones que los separan de la santidad.[44] Pero esas almas que los estudiosos de Torá traen para sus hijos son denominadas "un *parsa* completo", pues ellas no tienen particiones que las separen.

Éste es el significado de "y lo honrarás" (Isaías 58:3) - ¡Honrarlo con ropas limpias! (*Shabat* 119a).[45] "Ropas limpias" alude a arrojar las ropas sucias. Pues ésta es la esencia de la gloria de Dios: "Si separas lo precioso de lo vil" - inducir a la gente al arrepentimiento y traer las almas de los conversos.

Y cuando los prosélitos se convierten, entran bajo las alas de la

---

44. **Jordán...los separan de la santidad.** Aunque el Rebe Najmán no ha mencionado previamente y de manera directa a la Tierra Santa, ésta se encuentra aludida en la sección 2, donde dice que la gloria está ahora con los no judíos. La gloria "se fue de la Tierra Santa" cuando los judíos pecaron y fueron al exilio. Aun así, cuando se arrepientan y reconozcan la gloria de Dios, ella retornará con ellos al momento de la redención. Ésta es la función del río Jordán: separar la Tierra de Israel, la revelación de la gloria de Dios, de la Diáspora, el oscurecimiento y el exilio de Su gloria (*Biur HaLikutim*).

En nuestra lección, el Rebe Najmán relaciona este papel del Jordán con los obstáculos que uno enfrenta al tratar de retornar a Dios. En verdad, este "cruzar el Jordán" es necesario a cada nivel. Incluso al entrar al ámbito de lo santo uno encuentra obstáculos y barreras en cada etapa del desarrollo espiritual. En verdad, esto ocurre para nuestro propio beneficio. Así como la escoria se separa del oro al someterlo a temperaturas cada vez más elevadas, de la misma manera, al superar las *meniot* (obstáculos) de cada nuevo nivel, la persona se purifica cada vez más. Este proceso de limpieza es lo que permite que uno experimente verdaderamente la espiritualidad. Sus *MeNIOT* se transforman en *NeIMOT* (grandes placeres). Porque sólo al superar estos obstáculos uno puede participar de los grandes placeres espirituales que les aguardan a aquéllos que se acercan a Dios (*Mabuei HaNajal*).

De manera similar, enseñaron nuestros Sabios: Los judíos sólo fueron exilados entre las naciones para permitir la conversión de los no judíos (*Pesajim* 87b). En verdad, si el exilio hubiera tenido la intención de ser una forma de castigo, Dios también podría haber logrado esto de otras maneras. Por lo tanto, debemos concluir que el hecho de que el pueblo judío fuera expulsado de la Tierra Santa tuvo como propósito revelar a Dios ante las naciones (*Maharsha, v.i. lo*). Así, aunque el pueblo judío pecó y la gloria de Dios se ocultó en el exilio, este ocultamiento es en verdad el medio mismo a través del cual la gloria será revelada en su plenitud.

נִקְרָא גֵּר־צֶדֶק (כמובא בהקדמת הזהר ו). וְזֶה שֶׁמּוּבָא בַּזֹּהַר (יתרו בר"מ צג.): 'כְּסוּת נָקִי, דָּא כַּנְפֵי מִצְוָה' - הַיְנוּ שְׁכִינָה הַנִּקְרֵאת מִצְוָה, בִּבְחִינוֹת (תהלים קיט): "כָּל מִצְוֹתֶיךָ צֶדֶק". וְזֶהוּ: 'וְכִבַּדְתּוֹ', שֶׁזֶּה עִקַּר כְּבוֹדוֹ, שֶׁיַּכְנִיס גֵּרִים תַּחַת כַּנְפֵי הַשְּׁכִינָה כַּנַּ"ל:

ו וְכָל אֶחָד לְפִי בְּחִינָתוֹ יָכוֹל לֵידַע הַעֲלָאַת הַכָּבוֹד לְשֹׁרֶשׁ הַיִּרְאָה; לְפִי הַכָּבוֹד שֶׁמְּכַבֵּד אֶת יִרְאֵי־הַשֵּׁם, כֵּן עָלָה הַכָּבוֹד לְשָׁרְשׁוֹ, כִּי שָׁם שֹׁרֶשׁ הַכָּבוֹד, בִּבְחִינַת (שם טו): "וְאֶת יְרֵאֵי ה' יְכַבֵּד". כִּי כָּל זְמַן שֶׁהַכָּבוֹד הוּא בַּגָּלוּת, כָּל אֶחָד לְפִי בְּחִינָתוֹ הוּא מְזַלְזֵל בְּיִרְאֵי־הַשֵּׁם, וְכָל אֶחָד לְפִי תִּקּוּנוֹ אֶת הַכָּבוֹד, כֵּן הוּא מְכַבֵּד יִרְאֵי־הַשֵּׁם:

(§2). Específicamente, esto requiere difundir la Torá hacia afuera, para inspirar a *baalei teshuvá* y conversos (§3). Esto implica traer iluminación y bendición al "primero" del pensamiento, haciendo que el alma brille (§4). Pero, para adquirir Torá de modo que uno pueda compartirla, es necesario ser humilde. Es posible entonces ayudar a aquéllos que están lejos de la santidad para que abandonen sus "ropas sucias" y entren bajo las alas de la *Shejiná*, que es la elevación más grande de la gloria de Dios (§5).

49. la elevación de la gloria a la raíz del temor. Luego de explicar cómo es posible elevar la gloria de Dios, el Rebe Najmán vuelve a su afirmación del comienzo, "Es necesario elevar… al temor" y explica cómo es posible saber si la gloria está siendo realmente elevada a su fuente en el temor. Muchas veces, uno piensa que está haciendo lo correcto cuando en realidad está equivocado. Por lo tanto el Rebe ofrece un barómetro mediante el cual es posible medir: uno puede observar la manera en la cual honra y respeta a aquéllos que son realmente temerosos de Dios. Con esta prueba, es posible saber si el enseñar a los demás y sus otras acciones aparentemente rectas están teniendo el efecto deseado. ¿Está elevando la gloria de Dios o la suya propia?

50. honra a los…. Si bien el Rebe Najmán comenzó la lección con algo que para la mayoría de la gente es una sugerencia puramente abstracta, elevar la gloria de Dios al temor (ver n.2), ahora ofrece una manera muy práctica de aplicarlo: honrando a aquéllos que son temerosos de Dios. Esta manifestación de honor ante los que temen a Dios es la elevación de la gloria a su fuente, al temor.

51. denigra…honra a aquéllos que temen a Dios. El Rebe Najmán se está refiriendo a la situación prevaleciente en la cual aquéllos que verdaderamente temen a Dios y conducen sus vidas de acuerdo con ello son menospreciados y a veces incluso denigrados. En lugar de respetar y honrar al rabino de la comunidad y a las otras personas eruditas, la gloria y la reverencia están reservadas para aquéllos que tienen riqueza, influencia o poder. El exilio obliga a que la gloria sea humillada. Sin embargo, la misión del hombre es elevarla, eligiendo honrar a las personas rectas.

Shejiná (Presencia Divina) *(Sanedrín 96b)*. Es por esto [que el converso] es llamado *guer tzedek* (converso en rectitud) *(Zohar, Introducción p.13)*.⁴⁶ Como dice el *Zohar* (II, 93a): "Ropas limpias" es *kanfei* (las esquinas de la vestimenta de la) mitzvá. Esto alude a la *Shejiná*, que es conocida como "mitzvá",⁴⁷ como en (Salmos 119:172), "Todas Tus mitzvot son rectitud". Y éste es el significado de "y lo honrarás". Porque ésa es la esencia de Su gloria: traer a los conversos bajo las *kanfei* (alas) de la *Shejiná*.⁴⁸

6. Cada persona, de acuerdo con su nivel, puede darse cuenta de la elevación de la gloria a la raíz del temor.⁴⁹ En la medida en que honra a aquéllos que Le temen a Dios, la gloria [es decir, el honor de Dios,] asciende a su raíz - pues la raíz de la gloria está allí, [en el temor]. Esto corresponde a (Salmos 15:4), "Él honra a los que Le temen a Dios".⁵⁰ Porque mientras la gloria esté en el exilio, cada persona, a su manera, denigra a aquéllos que son temerosos de Dios; pero, en la medida en que rectifica la gloria, de la misma manera honra a aquéllos que temen a Dios.⁵¹

---

46. bajo las alas.... El lugar de los conversos es bajo las alas de la *Shejiná*. El lugar de los judíos es arriba de las alas (*Biur HaLikutim*).

El Rebe Najmán explicará ahora que un converso es llamado recto en virtud del hecho de que es traído bajo las alas de la Presencia Divina.

47. Shejiná... mitzvá. El *Zohar* (II, 93a) explica: "Honra... a tu madre" (Éxodo 20:12) - esto alude a la Presencia Divina, *Maljut*. Hónrala con ropas limpias, *kanfei mitzvá*. Este *kanfei* (esquinas de la) *mitzvá* se refiere a la vestimenta de cuatro esquinas, el *talit* (*Sulam, loc. cit.*). Así, el Talmud relata que para honrar el Shabat, el Rabí Iehudá bar Ilai se bañaba y luego se colocaba una ropa especial con flecos (*Shabat* 25b). También es sabido que los viernes a la tarde, poco antes del atardecer, el santo Ari y sus discípulos se colocaban sus *talitot* (mantos de plegaria) y salían a los prados de Safed a recibir a la Presencia Divina /Shabat.

El Ari (*Shaar HaGuilgulim* 11) enseña que las mitzvot corresponden al nivel del *Nefesh*, el alma inferior que es sinónimo de *Maljut*. Así, tal como indica el Rebe Najmán, la *Shejiná*, que también es *Maljut*, corresponde a la mitzvá.

48. mitzvot son rectitud...alas de la Shejiná. A partir de este versículo de los Salmos vemos que las mitzvot corresponden a *tsedek* (rectitud). Además, hemos visto que *kanfei* es "ropas limpias", y que la mitzvá es sinónimo de la *Shejiná*. En ese caso, la *Shejiná* misma corresponde a *tzedek*. Debido a esto, el converso que abandona sus "ropas sucias" y viste "ropas limpias"/las mitzvot, puede acercarse a la Presencia Divina (*Mabuei HaNajal*). De este modo, usar el *kanfei mitzvá* lo trae bajo las *kanfei* (alas) de la *Shejiná*.

Resumen: Para promover la paz en el mundo es necesario elevar la gloria de Dios a su raíz: el temor (§1). Esto sólo puede lograrse mediante la Torá - enseñándola a los otros y haciendo que reconozcan a Dios. De este modo se eleva la gloria de Dios desde la oscuridad y el exilio

ז וְעִקַּר הַדָּבָר – שֶׁיְּכַבֵּד יִרְאֵי־הַשֵּׁם בְּלֵב שָׁלֵם, כְּמוֹ שֶׁאָמְרוּ חֲכָמֵינוּ, זִכְרוֹנָם לִבְרָכָה (קדושין לב:): 'דָּבָר הַמָּסוּר לַלֵּב, נֶאֱמַר בּוֹ וְיָרֵאתָ מֵאֱלֹקֶיךָ', וְשָׁם עִקַּר הַכָּבוֹד, כְּמוֹ שֶׁכָּתוּב (ישעיהו כ״ט): "בִּשְׂפָתָיו כִּבְּדוּנִי וְלִבּוֹ רִחַק מִמֶּנִּי":

ח כְּשֶׁמַּחֲזִיר הַכָּבוֹד לְשָׁרְשׁוֹ, הַיְנוּ לַיִּרְאָה כַּנַּ״ל, וְאָז נִשְׁלָם פִּגְמֵי הַיִּרְאָה, וְאָז זוֹכֶה לְשָׁלוֹם.

denomina "de la boca para afuera". En realidad, las cosas que dice o hace están muy lejos de sus verdaderos pensamientos y sentimientos. Aun así, por fuera parece como si realmente estuviese honrando o mostrando respeto por alguien o por algo. Esto "de la boca para afuera" es posible porque el honor es esencialmente algo que está "dado al corazón", como se explicó en la nota previa.

Los versículos de Isaías (29:13-14) dicen "...con sus labios Me honran, pero han alejado sus corazones de Mí, su temor a Mí es como un hábito... Por lo tanto, la sabiduría del sabio perecerá...". El honor debe estar en el corazón. Cuando se vuelve algo habitual, hay una falta de respeto, de modo que la gloria no puede ser elevada (*Mabuei HaNajal*).

Al dar esta lección, el Rebe Najmán dijo que cuando el Tzadik fallece es difícil revelar nuevas ideas de Torá. Esto se debe a que cuando el Tzadik deja este mundo su porción de Torá se va con él, haciendo más difícil que los Tzadikim que quedan puedan originar nuevas ideas (ver arriba, n.1). Esto concuerda con lo que sigue del versículo, "la sabiduría del sabio perecerá". Explican nuestros Sabios: Esto se refiere al fallecimiento de los Tzadikim (*Eijá Rabah* 1:39). En la sección 3, el Rebe Najmán explicó que la Torá tiene su raíz en el pensamiento Divino. De acuerdo con esto, cualquier aspecto particular de la Torá que el Tzadik ilumine durante su vida es su "parte" y "porción" del pensamiento Divino. Así, cuando un Tzadik fallece, las letras/almas que son "suyas", ya no brillan. Esto es lo que dificulta que otro Tzadik revele Torá (*Mabuei HaNajal*).

Ahora podemos ampliar esto. El Rebe Najmán nos ha dicho que sin el temor a Dios uno no tiene temor ni verdadero respeto por aquéllos que sí Le temen. El versículo nos dice entonces que como resultado, "la sabiduría del sabio perecerá". Si los temerosos de Dios no son respetados, ello se debe a que no hay temor a Dios en el corazón de la gente. Sus corazones están incapacitados por lo tanto para adquirir Torá, la "sabiduría del sabio", que es un ingrediente indispensable para elevar la gloria hacia el temor. Al no haber temor, no puede haber Torá con la cual elevar la gloria de Dios. ¡Pero no sólo eso! Debido a que carecen de temor y no honran a aquéllos que verdaderamente se lo merecen, estas personas son en última instancia responsables del fallecimiento del Tzadik. Esto podemos verlo a partir de los versículos de Isaías, "...con sus labios Me honran, pero han alejado sus corazones de Mí, su temor a Mí es como un hábito... Por lo tanto, la sabiduría del sabio" aquéllos que pueden traer Torá para elevar la gloria de Dios - "perecerán". Habrá un ocultamiento de la Torá en lugar de una iluminación.

54. paz. En contraste con la falta de paz, que denota fragmentación, la paz es, conceptualmente, una plenitud. Cuando el temor dañado (fragmentado) se completa, la paz es automática. El Rebe Najmán conectará las dos secciones previas (6 y 7) con la frase de apertura: "Para traer paz al mundo...".

7. Y lo esencial es que la persona honre sinceramente a aquéllos que temen a Dios. Como enseñaron nuestros Sabios: De aquellas cosas que son dadas [es decir, ocultas en] el corazón, se dice, "¡Y temerás a tu Señor!" (*Kidushin* 32b).[52] Allí radica la esencia de la gloria, como en (Isaías 29:13), "Con sus labios Me honran, pero han alejado sus corazones de Mí".[53]

8. Cuando la persona retorna la gloria a su raíz, es decir, al temor, y de esta manera completa aquello que faltaba en el temor, merece entonces la paz.[54]

Los versículos (Salmos 15:3-4) dicen, "El que no calumnia…en cuyos ojos el vil es despreciado, mas honra a los que temen a Dios…". Todo esto se une con la afirmación del Rebe al comienzo, "Para traer paz…". Aquéllos que buscan el conflicto calumniarán a los otros y no despreciarán la maldad, pues no quieren la paz. Sin embargo, los que realmente desean la paz son humildes, buscan la gloria de Dios y respetan a aquéllos que merecen ser honrados (*Mei HaNajal*).

52. el corazón…temerás a tu Señor. Hay ciertas mitzvot, tanto preceptos de acción como prohibiciones, que le son "dadas al corazón" - que sólo Dios conoce la verdadera intención de nuestro comportamiento. Los demás no tienen manera alguna de saber si la falta al llevar a cabo un precepto positivo o la transgresión de un precepto negativo fue algo intencional o no. Así, por ejemplo, se le prescribe al judío "no poner un obstáculo [es decir, dar un mal consejo] delante del ciego [conceptual]…", y "ponerse de pie y honrar al sabio…" (Levítico 19:14,32). Dado que esto implica temas que están ocultos en el corazón, uno puede decir que es inocente de todo daño. Luego de haber dado un mal consejo y de haber hecho que su compañero, quien no tenía forma de saberlo, tropezara en algún asunto, la persona puede decir que no era consciente de que hubiera algo malo en su sugerencia. Puede decir, "¡No me di cuenta!" y nadie -aparte de Dios- podrá saberlo. De la misma manera, puede no levantarse ante un sabio que se está aproximando y luego decir, "No lo vi venir". ¿Quién -aparte de Dios- podrá saberlo? Por lo tanto, inmediatamente después de estos preceptos la Torá advierte, "¡Y temerás a tu Señor!". Así, el Talmud enfatiza que todo "lo que es dado al corazón" requiere que temamos a Dios. Debemos recordar que Dios conoce incluso nuestros pensamientos ocultos y aunque podamos engañar a los demás, a Él no podemos engañarlo (*Kidushin* 32a).

Al comienzo de la lección, el Rebe Najmán afirmó que la raíz de la gloria se encuentra en el temor. El *kavod* (gloria) de Dios corresponde a la *sefirá* de *Maljut*, de modo que el Reinado de Dios (el significado literal de *Maljut*) se revela cuando Su gloria es elevada (cf. Lección #11, n.18; Lección #12, n.14, 16). El Ari explica que la construcción, la elevación, de *Maljut* requiere que reciba las *guevurot* (severidades) cuya raíz está en *Biná* (*Parparaot LeJojmá*; cf. Lección #12, n.81). El temor es una cualidad asociada con las *guevurot* y con la *sefirá* de *Guevurá*, a la vez que *Biná*, el asiento de las *guevurot*, está en el corazón. Así, en nuestro contexto, vemos que la elevación de la gloria (*Maljut*) es hacia su raíz en el temor (las *guevurot*). Esta gloria puede elevarse cuando uno teme con un "corazón pleno" (*Biná*).

53. sus labios Me honran…sus corazones de Mí. Uno puede honrar con los labios. Esto se

וְיֵשׁ שְׁנֵי מִינֵי שָׁלוֹם: יֵשׁ שָׁלוֹם בַּעֲצָמָיו, כִּי תְּחִלָּה צָרִיךְ אָדָם לִרְאוֹת שֶׁיִּהְיֶה שָׁלוֹם בַּעֲצָמָיו, כִּי לִפְעָמִים אֵין שָׁלוֹם, כְּמוֹ שֶׁכָּתוּב (תהלים ל"ח): "אֵין שָׁלוֹם בַּעֲצָמַי מִפְּנֵי חַטָּאתִי". וְעַל־יְדֵי הַיִּרְאָה, זוֹכֶה לְשָׁלוֹם בַּעֲצָמָיו, כְּמוֹ שֶׁכָּתוּב בַּזֹּהַר (יתרו עט.): בְּאַתְרָא דְּאִית דְּחִילָא, תַּמָּן תִּשְׁתַּכַּח שְׁלִמְתָּא, כְּמוֹ שֶׁכָּתוּב (שם לד): "כִּי אֵין מַחְסוֹר לִירֵאָיו".

כְּשֶׁיֵּשׁ שָׁלוֹם בַּעֲצָמָיו, אָז יָכוֹל לְהִתְפַּלֵּל. כִּי עִקַּר הַתְּפִלָּה עַל־יְדֵי הַיִּרְאָה, בִּבְחִינַת (משלי ל"א): "אִשָּׁה יִרְאַת ה' הִיא תִתְהַלָּל", כִּי הַתְּפִלָּה בִּמְקוֹם קָרְבָּן, וּבְקָרְבָּן כְּתִיב בֵּהּ (ויקרא כ"א): "כֹּל אֲשֶׁר בּוֹ מוּם לֹא יִקְרָב"; וּכְשֶׁאֵין בּוֹ מוּם, הַיְנוּ בְּאַתְרָא דְּאִית דְּחִילָא, אֲזַי יִקְרַב לַעֲבֹד עֲבוֹדָתוֹ תַּמָּה.

וְזֶה שֶׁכָּתוּב בְּחַנָּה (שמואל־א א): "וְחַנָּה מְדַבֶּרֶת עַל לִבָּהּ" ‑ עַל־יְדֵי הַיִּרְאָה זָכְתָה לִתְפִלָּה, כִּי עִקַּר הַיִּרְאָה הוּא בַּלֵּב כַּנַּ"ל,

de las *Sefirot* y corresponden al principio femenino. Así, ésta es la mujer que teme. Y cuando hay temor, entonces puede haber una elevación, es decir la expresión, de la gloria de Dios - la plegaria.

59. en lugar del sacrificio. Las plegarias fueron ordenadas correspondiendo a los sacrificios diarios (*Berajot* 26b).

60. que tenga un defecto no iKRaV. En este versículo de Levítico, la palabra *ikrav* (יקרב) indica tanto la ofrenda de sacrificio (קרבן) como el "acercarse". Ver también nota 63.

Así como está prohibido ofrendar como sacrificio un animal defectuoso, de la misma manera está prohibido que alguien que tenga un defecto presente la ofrenda a Dios. De manera similar, al ofrendar nuestras plegarias, debemos intentar ser un vehículo apropiado. Esto puede lograrse mediante el temor, que otorga plenitud y la capacidad de orar (*Parparaot LeJojmá*).

61. Janá…. Esto sucedió cuando Janá fue a orar al Tabernáculo para poder tener hijos. Ella "le hablaba a su corazón". Es decir, mediante el temor que estaba embebido en su corazón (como más arriba §§6,7), ella mereció la plegaria.

El Talmud enseña que Janá fue una de las siete profetisas, y su marido Eljanan fue uno de los profetas (*Meguilá* 14a). Antes de cada festividad, Eljanan partía en su peregrinación al Tabernáculo en Shiló. Cada vez viajaba por una ruta diferente con el objetivo de alentar a la mayor cantidad de gente posible a que se le uniese en este viaje. Cada año llevaba más y más gente con él (*Rashi*, Samuel 1, 1:3). Esto se relaciona con la enseñanza de la Torá y la elevación de la gloria de Dios mencionadas en la lección. En cuanto a Janá, ella era notable en su respeto por los temerosos de Dios. Debido a esto no respondió de manera

Hay dos clases de paz. Está la paz en los propios huesos, porque la persona debe ocuparse primero de tener paz interior.⁵⁵ Pues a veces, no hay paz, como en (Salmos 38:4), "No hay paz en mis huesos debido a mi pecado".⁵⁶ Pero, mediante el temor, la persona merece la paz en sus huesos. Como dice el *Zohar* (II, 79a): En el lugar donde hay temor, allí encontrarás plenitud, como en (Salmos 34:10), "Nada les falta a aquéllos que Le temen".⁵⁷

<Y> cuando la persona tiene paz interior, es capaz de orar. Pues la esencia de [alabar a Dios en la] plegaria se logra a través del temor, correspondiente a (Proverbios 31:30), "La mujer que Le teme a Dios es la que será alabada".⁵⁸ Esto se debe a que la plegaria está en lugar del *KoRBan* (sacrificio),⁵⁹ y está escrito sobre el sacrificio (Levítico 21:18), "Todo hombre que tenga un defecto no *iKRaV* (se acercará)".⁶⁰ Pero cuando no tiene un defecto -es decir, "En el lugar donde hay temor"- puede entonces acercarse para realizar un servicio completo.

Y esto es lo que está escrito sobre Janá (Samuel 1, 1:13), "Pues Janá le hablaba a su corazón" - <es decir,> mediante el temor ella mereció orar, pues la esencia del temor está en el corazón.⁶¹

---

55. paz en los propios huesos…paz interior. Esto implica paz entre el alma y el cuerpo. El cuerpo escucha y obedece al alma, mediante lo cual se completa el temor (*Parparaot LeJojmá*).

56. paz en mis huesos…pecado. Esto se debe a que el pecado causa un daño, un concepto de fragmentación.

Esto se conecta con las secciones previas y en particular con los versículos citados en la nota 51: "El que no calumnia…en cuyos ojos el vil es despreciado, mas honra a los que Le temen a Dios…". Así como entre las personas hay calumniadores e individuos que buscan el conflicto, de la misma manera, en lo espiritual, hay ángeles acusadores que utilizan los poderes que les dan los pecados de la persona para oponérsele en su servicio a Dios. Como resultado, el cuerpo crea obstáculos y tropiezos para el alma y la persona no tiene paz interior. Es necesario entonces hacer el esfuerzo de retornar a lo espiritual. Esto en sí mismo es el concepto de hacer retornar a los demás al servicio a Dios - la persona trae su propio cuerpo, que ahora actúa como "los demás", de retorno a los deseos espirituales (*Mei HaNajal*).

57. plenitud…aquéllos que Le temen. Este estado de plenitud en el que no falta nada es sinónimo de paz. El *Zohar* (*loc. cit.*) enfatiza la necesidad del temor para alcanzar este estado. Por el contrario, la persona sólo peca debido a que carece de temor. Como resultado, queda fragmentada, sin paz interior. Sin embargo, cuando se arrepiente -siendo *Biná* la fuente de la *Teshuvá* (cf. n.52)- entonces alcanza el temor.

58. la mujer que Le teme…. Como hemos visto, la gloria y el temor están asociados con *Guevurá* y con *Biná*. Ambas emanaciones Divinas provienen del lado izquierdo de la jerarquía

וְעַל־יְדֵי תְּפִלָּה זוֹכֶה לַשָּׁלוֹם הַכְּלָלִי, הַיְנוּ שְׁלֵמוּת הָעוֹלָמוֹת, כִּי עַל שֵׁם זֶה תְּפִלָּה נִקְרָא קָרְבָּן, עַל שֵׁם קֵרוּב הָעוֹלָמוֹת לִשְׁלֵמוּתָן:

ט וְזֶה שֶׁאָמַר רַבָּה בַּר בַּר־חָנָה: אֲמַר לִי הַהוּא טַיָּעָא: תָּא וְאַחֲוֵי לָךְ הֵיכִי דְּנָשְׁקֵי אַרְעָא וּרְקִיעַ בַּהֲדָדֵי. אָזְלִי וַחֲזַאי, דְּעָבִיד כַּוֵּי כַּוֵּי. שַׁקְלִית לְסַלְתָּאי וְאַנַּחְתֵּיהּ בְּכַוְתָא דִּרְקִיעָא. בַּהֲדֵי דִּמְצַלִּינָא בָּעוּתָא, וְלֹא אַשְׁכַּחְתֵּהּ. אָמְרֵי: אִיכָּא גַּנְּבֵי הָכָא. אֲמַר לִי: גַּלְגְּלָא דִּרְקִיעַ הוּא דְּהָדַר. נְטַר עַד לִמְחָר כִּי הַשְׁתָּא, וּמַשְׁכַּח לָהּ.

רַשְׁבַּ"ם:
הֵיכָא דְּנָשְׁקֵי אַרְעָא וּרְקִיעָא – מָקוֹם גָּבוֹהַּ הָיָה שָׁם, שֶׁנּוֹשְׁקִים יַחַד זֶה לָזֶה. וְלָאו הַיְנוּ סוֹף הָעוֹלָם, דְּהָא מַהֲלַךְ הָעוֹלָם ת"ק שָׁנָה הֲוֵי, וְאֶרֶץ־יִשְׂרָאֵל אֶמְצָעִיתוֹ שֶׁל הָעוֹלָם הִיא, דִּכְתִיב: יֹשְׁבֵי עַל טַבּוּר הָאָרֶץ, וְהַיְנוּ מְקוֹמוֹ שֶׁל רַבָּה בַּר בַּר־חָנָה. סַלְתָּאי – סַל לֶחֶם שֶׁלִּי. דְּהָדַר – חוֹזֵר, כִּדְאָמְרִינַן בִּפְסָחִים: גַּלְגַּל חוֹזֵר וּמַזָּלוֹת קְבוּעִים.

sacrificio, no debemos concluir que nosotros, que carecemos de plenitud, no debemos orar, Dios no lo permita. La enseñanza de que cada sacrificio agrega paz al mundo demuestra que la persona siempre debe tratar de hacer lo mejor posible, aunque todavía no se haya colocado "ropas limpias". Lo poco que trate de corregir en sí misma la acercará hacia el verdadero temor. Lo poco que sacrifique para elevarse, también servirá para elevar la gloria del Santo, bendito sea (*Mabuei HaNajal*).

Resumen: Para promover la paz en el mundo es necesario elevar la gloria de Dios a su raíz: el temor (§1). Esto sólo puede lograrse mediante la Torá - enseñándola a los otros y haciendo que reconozcan a Dios. De este modo se eleva la gloria de Dios desde la oscuridad y el exilio (§2). Específicamente, esto requiere difundir la Torá hacia afuera, para inspirar a *baalei teshuvá* y conversos (§3). Esto implica traer iluminación y bendición al "primero" del pensamiento, haciendo que el alma brille (§4). Pero, para adquirir Torá de modo que uno pueda compartirla, es necesario ser humilde. Es posible entonces ayudar a aquéllos que están lejos de la santidad para que abandonen sus "ropas sucias" y entren bajo las alas de la *Shejiná*, que es la elevación más grande de la gloria de Dios (§5). El grado en el que la persona honra a aquellos que temen a Dios es una indicación de cuánto ha elevado la gloria de Dios a su raíz en el temor (§6). Debido a que este honor/gloria está oculto en el corazón, su sinceridad debe ser gobernada por el temor a Dios (§7). Devolver la gloria a su raíz completa el temor. Con esta plenitud, se elimina el pecado, dando como resultado la paz interior; de este modo se realza la plegaria, generando así la paz universal (§8).

Y mediante la plegaria, la persona merece la paz universal - es decir, la perfección de los mundos.[62] Ése es el motivo por el cual la plegaria es llamada un *KoRBan*, en virtud de que lleva a los mundos *KeRuV* (más cerca) de su perfección.[63]

9. Esto es lo que contó Raba bar bar Janá: Este mercader me dijo, "Ven, te mostraré el lugar donde la tierra y el cielo se besan". Fui y observé que se habían creado muchas ventanas. Tomé mi canasto y lo coloqué en la ventana del cielo. Luego de que terminé de orar, quise tomar [mi canasto] pero no lo pude encontrar. "¿Hay ladrones aquí?" pregunté. El mercader me dijo, "Es la *galgala* (esfera) del cielo que ha girado. Espera hasta mañana a esta misma hora y la encontrarás" (*Bava Batra* 74a)**.**

Rashbam:

donde la tierra y el cielo se besan - había allí un lugar elevado donde uno se encontraba con el otro; aunque éste no era el final del universo, pues el universo se extiende por una distancia de quinientos años. Y la Tierra de Israel, que es donde estaba Raba bar bar Janá, es el centro del universo, como en (Ezequiel 38,12), "Ellos viven en el centro de la tierra"; **mi canasto** - mi canasto de pan; **que ha girado** - gira y vuelve, como se enseñó en *Pesajim* (94b). La esfera del cielo es la que rota mientras que las constelaciones son estacionarias.

---

irrespetuosa cuando Eli, el Sumo Sacerdote, la acusó equivocadamente de haber entrado borracha al Tabernáculo (Samuel 1, 1:14-16). En mérito a sus plegarias fue bendecida con un hijo, Shmuel, cuya grandeza se asemejó a la de Moshé y Aarón (como en Salmos 99:6). Nuestros Sabios hacen notar que muchas de las leyes de la plegaria se aprenden de la manera en que oró Janá (*Berajot* 31a,b).

62. la perfección de los mundos. Esto no sólo connota paz Arriba, en los universos espirituales, sino también paz en el hogar, entre los amigos, entre enemigos y entre fuerzas opuestas tales como entre el ámbito de lo físico y de lo espiritual. Estos también son "mundos" que necesitan armonía y una paz perfecta. En verdad, la paz universal que existirá en este mundo inferior -cuando todos reconozcan y sirvan a Dios "con una sola voluntad"- hará que se junten todos los mundos superiores. Entonces la *shefa* (una gran abundancia y bendición) descenderá desde Arriba y cada mundo, tanto aquél en el cual nos encontramos como los mundos más elevados, obtendrá aquello que necesita para perfeccionar su servicio al Santo, bendito sea.

63. KoRBan...de que lleva a los mundos KeRuV.... El sacrificio (קרבן) corresponde tanto a acercar (קרוב) los mundos a la paz universal como a acercar a la gente (קירוב) a Dios. De este modo (*Sifra* 13), "Cada sacrificio trae paz al mundo" (*Parparaot LeJojmá*).

Aunque vemos que aquél que sufre de alguna imperfección no puede ofrendar un

דְּנָשְׁקֵי אַרְעָא וּרְקִיעָא – זֶה בְּחִינַת שָׁלוֹם בַּעֲצָמָיו. אַרְעָא – זֶה בְּחִינַת גּוּף, רְקִיעָא – זֶה בְּחִינַת נְשָׁמָה, כְּמוֹ שֶׁכָּתוּב (תהלים נ):
"יִקְרָא אֶל הַשָּׁמַיִם מֵעָל" – זֶה הַנְּשָׁמָה, "וְאֶל הָאָרֶץ" – זֶה הַגּוּף (סנהדרין צא:). וּכְשֶׁיֵּשׁ בֵּינֵיהֶם שָׁלוֹם, עַל-יְדֵי-זֶה,

עֲבִידֵי כַוֵּי – עַל-יְדֵי-זֶה נַעֲשָׂה תְפִלָּה, כַּנַּ"ל, בִּבְחִינַת (דניאל ו):
"וְכַוִּין פְּתִיחָן לֵהּ בְּעִלִּיתֵהּ."

וְשָׁקְלִית לְסַלְתָּאִי וְאַנַּחְתֵּיהּ בְּכַוְּתָא דִרְקִיעַ. סַלְתָּא – זֶה פַּרְנָסָה, כְּמוֹ 'מִי שֶׁיֵּשׁ לוֹ פַּת בְּסַלּוֹ' (יומא עד:).

הַיְנוּ שֶׁלֹּא רָצָה לַעֲסֹק בְּשׁוּם עֵסֶק מֵעִסְקֵי עוֹלָם הַזֶּה, רַק בִּשְׁבִיל נִשְׁמָתוֹ. גַּם כָּל תְּפִלּוֹתָיו לֹא הָיוּ אֶלָּא בִּשְׁבִיל לְקַשֵּׁר נִשְׁמָתוֹ; אֲפִלּוּ אֵלּוּ תְּפִלּוֹת הַמְפֹרָשִׁים בַּתְּפִלָּה שֶׁהֵם לְצֹרֶךְ הַגּוּף, כְּגוֹן "רְפָאֵנוּ" וּ"בָרֵךְ עָלֵינוּ" וּשְׁאָר צָרְכֵי הַגּוּף, לֹא הָיָה כַּוָּנָתוֹ שֶׁל רַבָּה בַּר בַּר-חָנָה בִּשְׁבִיל גּוּפוֹ, אֶלָּא בִּשְׁבִיל נִשְׁמָתוֹ, שֶׁהָיָה מְכַוֵּן לְפַרְנָסַת נִשְׁמָתוֹ וְלִרְפוּאָתָהּ.

וְזֶה: וְשָׁקְלִית לְסַלְתָּאִי וְאַנַּחְתֵּיהּ בְּכַוְּתָא דִרְקִיעַ – שֶׁשָּׁקַל לַתְּפִלָּה שֶׁהוּא לְצֹרֶךְ הַגּוּף, וְאַנָּחָהּ בִּתְפִלָּה, הַכֹּל לְצֹרֶךְ נִשְׁמָתוֹ, כִּי מִמֵּילָא כְּשֶׁנִּתְקָן שָׁם בְּרוּחָנִיּוּת, נִתְקָן גַּם בְּגַשְׁמִיּוּת.

---

66. pan en su canasto. El pan es utilizado como un término genérico que denota sustento. El Talmud (*loc. cit.*) afirma que aquél que tiene pan en su canasto no puede compararse con alguien que no lo tiene. Rashi explica que éste último ha comido todo lo que tenía y que ahora debe preocuparse de obtener provisiones para el día siguiente.

67. la ventana del cielo...necesidades de su alma. Esto se traduce en nuestro texto como sigue: Habiendo alcanzado la paz interior entre el cuerpo y el alma, Raba bar bar Janá puso el canasto, lo material, de un lado y sólo oró por lo espiritual, la "ventana del cielo". Una vez que la persona alcanza una paz semejante, todos los mundos se juntan y puede descender la *shefa*. Ya no necesita orar por lo material, pues su sustento descenderá automáticamente (*Parparaot LeJojmá; Mei HaNajal*)

Esto concuerda con el concepto del mana, del sustento (n.32). El maná descendía para cada persona de acuerdo con sus necesidades, sin que tuvieran que pedir/orar por ello. Los judíos que recibieron la Torá en el Monte Sinaí estaban en paz entre ellos y tenían un corazón unificado (*Rashi*, Éxodo 19:2). Habían alcanzado la paz interior que permite orar. Sin embargo, sólo tenían que orar por lo espiritual, el sustento material estaba "garantizado".

donde la tierra y el cielo se besan - Esto alude a la paz interior. "Tierra" corresponde al cuerpo; "cielo" corresponde al alma. <Como enseñaron nuestros sabios:> Está escrito (Salmos 50:4), "Él llama a los cielos arriba…" - ésta es el alma; "…y a la tierra" - éste es el cuerpo (*Sanedrín* 91b). Y cuando hay paz entre ellos,[64] entonces mediante esto,

se habían creado muchas ventanas - <Es decir,> se crea la plegaria, como en (Daniel 6:11), "Las ventanas de su cuarto superior estaban dirigidas [hacia Jerusalén… y él oró]".[65]

Tomé mi canasto y lo coloqué en la ventana del cielo - "Canasto" denota sustento, como en [la expresión]: "Aquél que tiene pan en su canasto…" (*Ioma* 74b).[66]

En otras palabras, [Raba bar bar Janá] no quería dedicarse a ninguna tarea de este mundo, sino sólo a [el crecimiento espiritual de] su alma. Incluso todas sus plegarias tenían el único objetivo de unir su alma <con la raíz>. Hasta aquellas plegarias especificadas en la *Amidá* que son para las necesidades materiales -tales como "Cúranos" y "Bendice para nosotros [por este año y su sustento]," al igual que todos los otros pedidos por las necesidades materiales- la intención de Raba bar bar Janá [al recitarlos] no era para su cuerpo sino para su alma. Lo que él tenía en mente era el sustento y la curación de su alma.

Y esto es: **Tomé mi canasto y lo coloqué en la ventana del cielo.** Él tomó la plegaria que es para las necesidades del cuerpo y la "colocó" enteramente para las necesidades de su alma.[67] Pues se desprende automáticamente que cuando hay una rectificación espiritual, también se rectifica lo físico.

---

64. paz entre ellos. El Talmud (*loc. cit.*) aplica esta enseñanza para explicar cómo se juzgan el alma y el cuerpo luego del fallecimiento. El alma dice que el cuerpo es el culpable, arguyendo que desde que ha sido separada del cuerpo ella, el alma, no ha pecado. De la misma manera, el cuerpo dice que el alma y no él, merece ser juzgada, sustentando su argumento al mostrar que desde el momento en que el alma lo ha dejado, el cuerpo mismo no ha sido más que una piedra, incapaz de todo movimiento. Luego de escuchar sus justificaciones, Dios pone el alma nuevamente en el cuerpo y entonces emite un veredicto castigando a ambos.

A partir de nuestro texto vemos que cuando la tierra y el cielo, el cuerpo y el alma, se besan, hay paz entre dos opuestos. Y cuando existe esta paz, no hay pecado. Entonces es posible orar.

65. ventanas…y el oró. El Talmud (*Berajot* 31a) enseña que la persona debe tratar de orar en una habitación que tenga ventanas. Esto puede aprenderse de Daniel quien, cuando quiso orar a Dios pese al decreto del rey en su contra, eligió una habitación con ventanas. Por lo tanto, las ventanas están asociadas con la plegaria.

וְעַד דִּמְצַלֵּינָא בָּעוּתִי, לָא אַשְׁכְּחָה – הַיְנוּ אַחַר־כָּךְ לֹא מָצָא כְּדֵי פַּרְנָסָתוֹ, אַף־עַל־פִּי שֶׁתִּקֵּן בְּרוּחָנִיּוּת, אַף־עַל־פִּי־כֵן לֹא נִמְשַׁךְ לוֹ שֶׁפַע בְּגַשְׁמִיּוּת.

אָמַר: אִיכָּא גַּנְבָא הָכָא, שֶׁגּוֹנְבִים הַשֶּׁפַע שֶׁלִּי. הֵשִׁיב לוֹ: גַּלְגַּלָּא דִּרְקִיעָא דְּהָדְרָא – הַיְנוּ גִּלְגּוּלִין דְּנִשְׁמָתִין, הִיא הַגּוֹרֶמֶת שֶׁאֵין לַצַּדִּיק כְּדֵי פַּרְנָסָתוֹ, כְּמוֹ שֶׁכָּתוּב גַּבֵּי רַבִּי פְּדָת (תענית כה.): 'אִי בָּעֵית דְּאַחְרוֹב עָלְמָא, וְאֶפְשָׁר דְּאִיבְּרִית בְּשַׁעֲתָא דִּמְזוֹנָא'.

referencia a *Maljut*, la manifestación de Su Reinado en este mundo. Por lo tanto, toda *shefa* (las fuerzas que proveen bendición y prosperidad) que desciende a este mundo debe pasar primero a través de *Maljut*. Como resultado, esta *shefa*, aunque tiene su raíz en el Mazal Superior, debe sin embargo ser "procesada" por las doce *mazalot* (constelaciones) que corresponden a *Maljut*. La alineación particular de estos *mazalot* dicta la prosperidad de cada generación. Si *Maljut* está completo y cada nivel Superior está en el lugar que le corresponde para la transferencia de la *shefa*, entonces uno puede esperar abundancia en el sustento. Pero si los niveles por sobre *Maljut* no están alineados, entonces *Maljut* no recibe toda la *shefa*. Por lo tanto, la *shefa* que recibe el mundo en general es indirecta y carece de plenitud.

En el contexto de nuestra lección, esto se relaciona con lo que mencionó el Rebe Najmán (§3) sobre las 600.000 almas (una generación) que están en el pensamiento Divino. Estas 600.000 almas son la Torá que, cuando está iluminada, eleva la gloria de Dios/*Maljut* (n.52 arriba). Al elevar la gloria de Dios, uno merece paz, mediante la cual es posible orar y traer la paz universal (§8). Su alma, como la de Moshé Rabeinu, tiene el poder de englobar las almas de toda la generación - las 600.000 (cf. *Shaar HaPesukim, BeHaaloteja*). Así, cuando uno puede ascender al pensamiento Divino, que está unido a Keter, es posible unir todos los mundos y traerle una *shefa* plena y directa a cada uno. Como se explicó (n.67), la relación de lo espiritual con lo físico en relación con el sustento fue ejemplificada en el maná. Enseñaron nuestros Sabios: la Torá sólo les fue dada a aquéllos que comieron el maná (*Mejilta, BeShalaj* 17). Es decir, cuando uno merece Torá de la manera en que despierta las almas, merece entonces recibir el sustento de la misma forma en que el pueblo judío recibió el maná en el desierto - de manera directa y con abundancia.

Con estas enseñanzas manifiestas y ocultas, podemos comprender mejor el interrogante que el Rebe Najmán presenta en su lección: ¿Cómo es que el Tzadik que ha alcanzado un exaltado nivel espiritual carece del sustento material que necesita? ¿Qué sucedió con el canasto de Raba bar bar Janá? ¿Dónde estaba la *shefa* que debería haber recibido automáticamente en virtud de su rectitud? El Rabí Pedat (al igual que Raba bar bar Janá) oró sólo por lo espiritual, por las necesidades de su alma. Él elevó la gloria de Dios, alcanzó la plenitud a través del temor, llegó a la paz interior, fue capaz de orar.... Y aunque no tenía interés en lo material ni pidió por ello, debería haber recibido la *shefa* de manera directa. ¿Dónde estaba su maná? ¿Dónde estaba su sustento? El Rebe Najmán contesta que, de hecho, la *shefa* del Mazal Superior sí había descendido. El motivo por el cual ninguno de estos Tzadikim, Raba bar bar Janá y Rabí Pedat, la pudo recibir, estaba relacionado con el misterio de los *guilgulim* del alma. Debido a las

Luego de que terminé de orar, quise tomar [mi canasto] pero no lo pude encontrar - En otras palabras, luego no tuvo suficiente para su sustento. Aunque había rectificado lo espiritual, aun así, no le había llegado una abundante bendición material.[68]

"¿Hay ladrones aquí?" pregunté - [Ladrones] que han robado mi bendición de abundancia.[69] [El mercader] le contestó:

Es la *GaLGaLa* (esfera) del cielo que ha girado - Esto tiene que ver con el *GuiLGuL* (reencarnación) de las almas,[70] que es lo que hace que los rectos no tengan suficiente sustento. <Como enseñaron nuestros Sabios> concerniente al Rabí Pedat: "Si lo deseas, el mundo será destruido y quizás tú seas renacido en una época de prosperidad material" (*Taanit* 25a; *Tikuney Zohar* #69).[71]

---

68. **abundante bendición material....** Habiendo rectificado lo espiritual, estaba seguro de que vería satisfechas sus necesidades materiales. Sin embargo, cuando terminó de orar no pudo encontrar el canasto, su sustento.

69. **robado mi bendición de abundancia.** Cuando se rectifica *Maljut*, la *shefa* desciende directamente al mundo. Cada persona recibe lo que necesita. Raba bar bar Janá se preguntó por lo tanto si alguien había robado la bendición que él debería haber recibido en virtud de haber elevado la gloria de Dios a su raíz. Él había alcanzado la paz interior y había sido capaz de orar. También había rectificado a *Maljut*, que estaba recibiendo de *Biná*, el corazón, el lugar de toda la *shefa* antes de su descenso a este mundo inferior. ¿Dónde estaba entonces la parte que le correspondía? (Para la conexión entre *Maljut*, *Biná* y el flujo de *shefa*, ver Lección #12:4, también n.52 arriba).

70. **reencarnación de las almas.** Aunque uno pueda haber alcanzado la perfección en su encarnación presente, es posible que en vidas anteriores haya cometido diversos actos que aún debe rectificar. Por lo tanto, no puede recibir ahora la medida plena de *shefa*. De manera similar, y en sentido más general, la bendición completa para todos los mundos sólo se alcanzará cuando venga Mashíaj, como se mencionó arriba en la sección 2. Sólo entonces se producirá la rectificación completa.

71. **Rabí Pedat....** Las dos versiones de esta historia, en el Talmud (*Taanit* 25a) y en el *Tikuney Zohar* (#69, p.100a), difieren levemente. El Rabí Pedat era extremadamente pobre y languideció en la mayor miseria durante muchos años. Cierta vez, al desvanecerse, Dios se le apareció en una visión. "Si lo deseas, el mundo será destruido y vuelto a crear. Quizás en el próximo *guilgul* (encarnación) puedas nacer en un momento en el que la constelación de la prosperidad material esté en ascenso". Así, aunque era lo suficientemente grande como para que Dios le hablase de manera directa (en una visión), esto no aseguraba que sus necesidades materiales fuesen cubiertas.

Así dice Kohelet, "Una generación va y una generación viene, pero la tierra permanece" (Eclesiastés 1:4). El *Tikuney Zohar* explica que esto significa que la generación que se va, vuelve en un *guilgul* (una generación está compuesta por 600.000 almas). "La tierra" hace

וְזֶה (בראשית ו): "קִנִּים תַּעֲשֶׂה לַתֵּבָה" – אִיתָא בַּמִּדְרָשׁ (בראשית רבה לא): 'מַה קִּנִּים מְטַהֲרִין אֶת הַמְצֹרָע, אַף תֵּבָתְךָ מְטַהַרְתְּךָ'. 'הַמְצֹרָע' – זֶה נִרְגָּן מַפְרִיד אַלּוּף (משלי טז), וּמַפְרִיד בֵּין אִישׁ וְאִשְׁתּוֹ, וְעַל-יְדֵי-זֶה: בָּדָד יֵשֵׁב (ערכין טז.); וְקִנִּים מְטַהֲרִים אוֹתוֹ, אַף תֵּבָתְךָ, הַיְנוּ תֵּבַת הַתְּפִלָּה, מְתַקְּנִין אֶת הַמַּחֲלֹקֶת וְעוֹשֶׂה שָׁלוֹם הַכְּלָלִי, שָׁלוֹם כָּל הָעוֹלָמוֹת. וְזֶה שֶׁמְּסַיְּמִין הַתְּפִלָּה בְּשָׁלוֹם:

י וְזֶה פֵּרוּשׁ:

תִּקְעוּ – לְשׁוֹן שָׁלוֹם, כְּמוֹ שֶׁכָּתוּב (ישעיהו כב): "וּתְקַעְתִּיו יָתֵד בְּמָקוֹם נֶאֱמָן".

בַּחֹדֶשׁ שׁוֹפָר – בְּהִתְפָּאֲרוּת חָדָשׁ, הַיְנוּ הִתְעַלּוּת כְּבוֹדוֹ עַל-יְדֵי הִתְקָרְבוּת הַגֵּרִים אוֹ בַּעֲלֵי-תְשׁוּבָה.

73. separa al esposo de su esposa. Conceptualmente, esposo y esposa aluden a Dios y a la Comunidad de Israel. Así, al calumniar, uno separa a Dios y al pueblo judío. Éste es el concepto del exilio, la negación de la gloria de Dios.

74. se sienta solo. Esto hace referencia al exilio, como en (Lamentaciones 1:1), "¡Cómo está sentada solitaria la ciudad [Jerusalén] que estaba llena de gente! ¡Ha venido a ser como una viuda!".

75. plegaria rectifica...paz. La paz interior une lo físico con lo espiritual, en contraste con el leproso, que los separa. Esta paz sólo puede alcanzarse haciendo retornar a aquéllos que están lejos de Dios y elevando así Su gloria. Entonces uno alcanza el verdadero temor, un nivel de plenitud. Esta plenitud o paz interior permite orar y mediante la plegaria rectificar el conflicto y promover la paz universal (cf. arriba, §8).

76. Y TeKativ...en un lugar seguro. Rashi lee esto como, "Lo plantaré firmemente en el lugar...". La palabra "firmemente" se refiere a algo que es duradero y completo - la paz permanente que reinará cuando Dios traiga de retorno a los exilados.

El final del versículo dice, "...y será un trono de gloria para la casa de su padre". Esto también alude a nuestro texto en el hecho de que la paz sólo puede llegar acercando a Dios a aquéllos que están afuera y elevando así la gloria del Santo, bendito sea (*Parparaot LeJojmá*).

77. baJoDeSh shoFaR.... La palabra *jadesh* significa renovación. *ShoFaR* (שופר) es similar a la palabra aramea que significa "belleza", *ShuFRa* (שופרא). Ello sugiere por lo tanto *PeeR* (פאר, gloria y magnificencia). Entonces, ¿cuándo es que se logra la paz (*tikú*)? Cuando se manifiesta esta nueva belleza - cuando la gloria de Dios es revelada por los renovados *balei teshuvá* y los nuevos conversos que ahora se han iniciado en el servicio a Dios.

Y esto es "Haz *kinim* (compartimentos) para el arca" (Génesis 6:14). Encontramos en el Midrash: Así como los *kinim* (ofrendas de pájaros) purifican al leproso, de la misma manera tu arca es tu purificación (*Bereshit Rabah* 31:9).[72] El leproso es "el calumniador que separa a los amigos" (Proverbios 16:28). Él separa al esposo de su esposa (*Erjin* 16b),[73] debido a lo cual "se sienta solo" (Levítico 13:46).[74] Aun así, la ofrenda del pájaro lo purifica. "De la misma manera *TeVaTja* (tu arca) …" - es decir, *TeVaT* (la palabra de) plegaria rectifica la contienda y crea la paz universal, la paz de todos los mundos. Y es por eso que la *Amidá* concluye con [la bendición por] la paz.[75]

10. Y ésta es la explicación [del versículo de apertura]:

{"*Tikú* (Tocad) el shofar *bajodesh* (en el Novilunio), *bakése* (en el momento apropiado) para el día de nuestra festividad".}

TiKÚ - Esto connota paz, como en (Isaías 22:23), "Y *TeKativ* (lo fijaré) como una estaca en un lugar seguro".[76]

baJoDeSh sho*FaR* - Con una *hitPaRut JaDaSh* (nueva gloria) - es decir, la elevación de Su gloria mediante el acercamiento de los conversos y los *baalei teshuvá*.[77]

---

diversas encarnaciones que atraviesa el alma, no hay garantías de prosperidad ni siquiera para los verdaderamente rectos. Siempre es posible que esté sufriendo las dificultades de la pobreza para rectificar alguna transgresión cometida durante un *guilgul* previo. También implícito en la lección se encuentra el concepto de los *guilgulim* (rotaciones) y de los *galgalim* (*mazalot*). Estos mundos superiores están en constante movimiento y no siempre se encuentran completamente alineados como para facilitar la transferencia directa de la *shefa* hacia *Maljut*/la tierra. Debido a ello y aunque el Tzadik haya rectificado completamente su nivel personal, también es posible que le toque ser pobre.

El *Mabuei HaNajal* agrega que el verdadero Tzadik puede fácilmente cambiar su porción y con un esfuerzo muy pequeño obtener la *shefa* simplemente orando por ello. Él es el Señor de la Plegaria y puede alinear los mundos como para proveer todas sus necesidades. Sin embargo, el Tzadik coloca su canasto en la ventana del cielo. Cuando va a orar se despoja de toda corporeidad. Por lo tanto, en lugar de orar por su prosperidad material, Le suplica a Dios por las necesidades de su alma.

72. kinim purifican al leproso…. La palabra *kinim* puede significar compartimentos, habitaciones, o nidos. También es el nombre de la ofrenda del pájaro traída por el leproso (Levítico 2). El Rebe Najmán introduce aquí el concepto de los calumniadores y de otros que promueven los conflictos, de los oponentes de la paz, cuyo castigo es la lepra. (En verdad esto está aludido más arriba en §8, y en el versículo, "No hay paz en mis huesos debido mi pecado". Ver nota 51 y 56 para la conexión con los calumniadores).

בַּכֶּסֶה – זֶה בְּחִינַת יִרְאָה, שֶׁהוּא שֹׁרֶשׁ הַכָּבוֹד; וְכֶסֶה – לְשׁוֹן הִתְכַּסְיָא, שֶׁזֶּה בְּחִינַת: 'דָּבָר הַמָּסוּר לַלֵּב, נֶאֱמַר בּוֹ וְיָרֵאתָ מֵאֱלֹקֶיךָ', שֶׁזֶּה הַדָּבָר מְכֻסֶּה מֵעֵין כֹּל.

לְיוֹם – זֶה בְּחִינַת שְׁלוֹם בַּיִת, כִּי יוֹם הוּא בְּחִינַת אוֹר, כְּמוֹ שֶׁכָּתוּב (בראשית א): "וַיִּקְרָא אֱלֹקִים לָאוֹר יוֹם", וְאוֹר הוּא שְׁלוֹם בַּיִת, כְּמוֹ שֶׁאָמְרוּ חֲכָמֵינוּ, זִכְרוֹנָם לִבְרָכָה (שבת כג:): 'נֵר־שַׁבָּת קוֹדֵם לְקִדּוּשׁ הַיּוֹם', כִּי שְׁלוֹם בַּיִת קוֹדֵם.

חַגֵּנוּ – זֶה בְּחִינַת תְּפִלָּה, עֲבוֹדָה, כְּמוֹ שֶׁאָמְרוּ חֲכָמֵינוּ, זִכְרוֹנָם לִבְרָכָה (פסחים קיח.): 'לָמָּה נִסְמְכָה פָּרָשַׁת עכו"ם לְמוֹעֲדִים? לוֹמַר, כָּל הַמְבַזֶּה אֶת הַמּוֹעֲדוֹת, כְּאִלּוּ עוֹבֵד עֲבוֹדַת אֱלִילִים'. נִמְצָא – שְׁמִירַת הַמּוֹעֵד זֶה בְּחִינַת עֲבוֹדָה תַּמָּה, 'וְאֵין עֲבוֹדָה אֶלָּא תְּפִלָּה', וְעַל־יְדֵי תְּפִלָּה יָבוֹא לַשָּׁלוֹם הַכְּלָלִי כַּנַּ"ל. נִמְצָא מִי שֶׁרוֹצֶה לְהַמְשִׁיךְ שָׁלוֹם הַכְּלָלִי, צָרִיךְ לְהַעֲלוֹת הַכָּבוֹד לְשָׁרְשׁוֹ, הַיְנוּ לַיִּרְאָה, וְעַל־יְדֵי הַיִּרְאָה הוּא זוֹכֶה לִשְׁלוֹם־בַּיִת,

también *regalim*: para aludir a la elevación de la gloria hacia el temor, alcanzando la plegaria, la que trae entonces la paz universal. *Reguel* significa pie, una referencia a la peregrinación y, siendo la parte más baja del cuerpo, una referencia a los niveles espirituales más bajos. Así, las festividades tienen por objeto elevar estos bajos niveles, llevándolos hacia la santidad. Vemos entonces que en las festividades se nos ordena "dividir el día", dándole la mitad a Dios (en plegaria, estudio de la Torá, etc.) y guardando la otra mitad para el hombre (deleitándose en los placeres físicos de la festividad) (*Oraj Jaim* 529:1). En otras palabras, se nos indica unir lo físico con lo espiritual, el concepto de la paz en el hogar, algo que se alcanza cuando uno eleva la gloria hacia el temor, acercando a Dios a aquéllos que están afuera.

83. ...paz universal, como arriba. Ver sección 8, arriba y nota 60 para la conexión entre la plegaria y el servicio completo. Aquí vemos que las festividades, en virtud de ser una manifestación de la voluntad de Dios y de los milagros, y por lo tanto una negación de la naturaleza y de las fuerzas de la idolatría, también son un servicio completo.

Ahora alcanzamos una comprensión más profunda del versículo de apertura de la lección: **Tikú** - para alcanzar la paz, **bajodesh shofar** - uno debe producir nuevas revelaciones de la gloria de Dios. Es decir, debe enseñarles Torá a los demás y llevarlos al servicio a Dios. Esto puede lograrse **bakése** - elevando esta gloria a su raíz, al temor, que se encuentra en el corazón. Al hacerlo, entonces: **para el día** - uno merece la paz interior, la paz en el hogar, que es comparada a la luz. Y, habiendo alcanzado esta paz, **de nuestra festividad** - merece la plegaria, el concepto de las festividades, lo que trae entonces la paz universal.

bakése - Éste es el aspecto de temor, que es la fuente de la gloria. *KeSe* es similar a *hitKaSia* (oculto). Esto corresponde a "De aquellas cosas que son dadas a [es decir ocultas en] el corazón, se dice, '¡Y temerás a tu Señor!'" - pues [el temor] es algo que les está oculto a todos los ojos.[78]

para el día de - Esto alude a la paz en el hogar. Pues "día" es un aspecto de luz, como está escrito (Génesis 1:5), "Y Dios llamó a la luz 'Día'".[79] Y la luz denota paz en el hogar, como enseñaron nuestros Sabios: Las velas del Shabat tienen preferencia sobre el *Kidush* del día - porque la paz en el hogar está primero (*Shabat* 23b).[80]

nuestra festividad - Esto corresponde a la plegaria, al servicio Divino. Como enseñaron nuestros Sabios: ¿Por qué en la Torá se encuentra el capítulo sobre la idolatría adyacente al de las festividades?[81] Esto es para enseñar que todo aquél que denigra las festividades, es como si practicara la idolatría (*Pesajim* 118a).[82] Vemos, por lo tanto, que cumplir con la festividad es un aspecto de un servicio completo. ¿Y qué es el "servicio" si no la plegaria? (*Sifri* 102). Y mediante la plegaria se llega a la paz universal, como más arriba.[83]

Vemos, por lo tanto, que aquél que quiere traer paz universal debe elevar la gloria a su raíz - es decir, al temor. Y mediante el temor merece

---

78. ...oculto a todos los ojos. Esto se refiere a los pensamientos, que están ocultos y corresponden así al corazón (ver arriba, §7 y n.52). El asiento de la gloria también está en el corazón, el lugar en donde se oculta el temor.

79. luz, Día. Esto alude a la luz que brilla cuando se revela la gloria (arriba §2, notas 9 y 10).

80. la paz en el hogar está primero. Enseñaron nuestros Sabios (*Shabat* 23b): Si a uno sólo le alcanza el dinero para comprar las velas para el Shabat o el vino para el *Kidush*, que compre las velas para la noche del viernes. Estar sentado con su familia en la oscuridad puede llevar al conflicto. Debe asegurarse por lo tanto de tener velas para el Shabat, pues esto trae paz al hogar. Así, día/luz es sinónimo de paz en el hogar.

81. capítulo sobre la idolatría...festividades. Ambos aparecen en Éxodo 34.

82. denigra las festividades.... Como se mencionó más arriba (n.45), honrar los días sagrados y el Shabat implica llevar vestimentas limpias. En el contexto de la lección, esto implica el vestir "ropas limpias" por parte de aquéllos que retornan a Dios. Esto trae la elevación de Su gloria. Sin embargo, al no deshacerse de sus "ropas sucias", al no arrepentirse, son considerados como si hubiesen denigrado las festividades - ocultando por lo tanto la gloria de Dios y alargando el exilio.

El *Mei HaNajal* hace notar que éste es el motivo por el cual las festividades son llamadas

וְעַל־יְדֵי שָׁלוֹם־בַּיִת הוּא זוֹכֶה לִתְפִלָּה, וְעַל־יְדֵי תְּפִלָּה הוּא זוֹכֶה לְשָׁלוֹם הַכְּלָלִי:

יא   זֹאת הַתּוֹרָה שַׁיָּךְ עַל פְּסוּקִים אֵלּוּ (תהלים קמ"ה): "טוֹב ה' לַכֹּל וְרַחֲמָיו עַל כָּל מַעֲשָׂיו" וְכוּ'.

"טוֹב ה' לַכֹּל" – זֶה בְּחִינַת תְּפִלָּה, שֶׁמַּאֲמִין בַּה', שֶׁהַקָּדוֹשׁ־בָּרוּךְ־הוּא טוֹב לַכֹּל – הֵן לִרְפוּאָה, הֵן לְפַרְנָסָה, הֵן לְכָל הַדְּבָרִים. כְּשֶׁמַּאֲמִין כָּךְ, בְּוַדַּאי יִהְיֶה עִקַּר הִשְׁתַּדְּלוּתוֹ בָּתַר קֻדְשָׁא־בְּרִיךְ־הוּא, וְלֹא יִרְדֹּף אַחַר תַּחְבּוּלוֹת רַבּוֹת; כִּי מִי שֶׁאֵין מַאֲמִין בְּהַקָּדוֹשׁ־בָּרוּךְ־הוּא, צָרִיךְ לְהִשְׁתַּדֵּל אַחַר תַּחְבּוּלוֹת רַבּוֹת. לְמָשָׁל, כְּשֶׁצָּרִיךְ לִרְפוּאָה – צָרִיךְ לְהִשְׁתַּדֵּל אַחַר עֲשָׂבִים רַבִּים, וְלִפְעָמִים אֵלּוּ עֲשָׂבִים הַצְּרִיכִים לוֹ אֵינָם בַּנִּמְצָא בִּמְדִינָתוֹ, וְהָעֲשָׂבִים הַנִּמְצָאִים אֵינָם טוֹבִים לְמַכָּתוֹ. אֲבָל הַקָּדוֹשׁ־בָּרוּךְ־הוּא טוֹב לְכָל הַמַּכּוֹת לְרַפְּאוֹתָם, וְהוּא בַּנִּמְצָא תָּמִיד, כְּמוֹ שֶׁכָּתוּב (דברים ד): "מִי כַה' אֱלֹקֵינוּ בְּכָל קָרְאֵנוּ אֵלָיו".

וְעַל־יְדֵי הַתְּפִלָּה זוֹכֶה לַשָּׁלוֹם הַכְּלָלִי. וְזֶה: "וְרַחֲמָיו עַל כָּל מַעֲשָׂיו" – הַיְנוּ שֶׁרַחֲמֵי הַשֵּׁם יִתְבָּרַךְ יִתְמַשֵּׁךְ עַל כָּל הַבְּרוּאִים, וְכָל הַבְּרוּאִים יְרַחֲמוּ אֶחָד עַל חֲבֵרוֹ וְיִהְיֶה שָׁלוֹם בֵּינֵיהֶם, כְּמוֹ

creados recibirán Su Misericordia, pues todos estarán unidos y existirá una paz general en el mundo entero.

88. misericordia uno del otro. El Rebe Najmán lleva este versículo un paso más adelante, más allá de su significado simple. No sólo Dios será misericordioso con lo que Él creó sino que, como explica el Midrash (*Bereshit Rabah* 33:3), Sus misericordias pasarán a formar parte de las personas. El hombre sentirá compasión y misericordia por sus congéneres. El Rebe Najmán utiliza esto para introducir otro aspecto más de la paz universal. Antes se nos dijo que la paz universal denota la perfección de todos los mundos (§8), pues cada mundo obtiene aquello que requiere para perfeccionar su servicio al Santo, bendito sea (n.62). A partir de esta enseñanza vemos que la paz universal implica no sólo una perfecta coexistencia sino, y más importante aún, un estado perfecto de interacción entre todos los diferentes mundos. Las "misericordias" que Dios pondrá en Sus creaciones se manifestarán entre ellos. Así, por ejemplo, todo lo que la persona tenga lo compartirá gustosamente con el otro. Como enseñó el Rebe Najmán en la sección 2, la Torá necesaria para elevar la gloria hacia el temor debe ser la Torá de bondad.

la paz en el hogar. Mediante la paz en el hogar merece entonces la plegaria. Y a través de la plegaria merece la paz universal.

11. Esta lección se aplica a los siguientes versículos:
"Dios es bueno para todo y Sus misericordias están sobre todas Sus obras. Todas Tus obras Te alabarán, Dios; y Tus piadosos Te bendecirán. Ellos declararán la gloria de Tu Reino y hablarán de Tu fuerza" (Salmos 145:9-11).

"Dios es bueno para todo". Éste es el aspecto de la plegaria; [del hecho de] que la persona cree en Dios, que el Santo, bendito sea, es bueno para todo: para salud, para sustento, para todas las cosas [que uno necesita]. Cuando la persona cree esto, entonces el foco central de sus esfuerzos será ciertamente para el Santo, bendito sea, en lugar de ir tras toda clase de estratagemas. Esto se debe a que cuando alguien no cree en el Santo, bendito sea, debe intentar todo tipo de estrategias. Por ejemplo: Si está enfermo, debe ocuparse de conseguir diferentes remedios. Y hay veces en que el remedio particular que necesita no se consigue en su país, mientras que aquellas medicinas que sí son accesibles no sirven para su enfermedad.[84] Sin embargo, el Santo, bendito sea, "es bueno para todas" las enfermedades - para curarlas. Y además Él está siempre accesible, como está escrito (Deuteronomio 4:7), "Quién es… como Dios nuestro Señor, cada vez que Le oramos".[85]

Y mediante la plegaria, uno merece la paz universal. Éste es el significado de "Sus misericordias están sobre todas Sus obras".[86] En otras palabras, las misericordias de Dios son traídas sobre todos los seres creados.[87] Los seres creados tendrán misericordia uno del otro,[88] y

---

84. no sirven…. Si ése es el caso, la persona hará todo el esfuerzo posible por encontrar aquello que busca (a diferencia, por ejemplo, del maná, que le llegaba a los judíos sin tener que buscarlo).

85. cada vez que Le oramos. Dios está siempre al alcance y no es necesario esforzarse mucho para encontrar lo que uno busca.

86. sobre todas Sus obras. Luego de demostrar cómo "Dios es bueno para todo" y que aquéllos que confían en Él no tienen necesidad de ir a ningún otro lugar en los momentos difíciles, sino sólo hacia Él, el Rebe Najmán retorna ahora al versículo de apertura de esta sección.

87. …todos los seres creados. El versículo entonces se lee así: Cuando se ofrece la plegaria, **Dios es bueno para todo**; y entonces **Sus misericordias están sobre todos** - *todos* los seres

שֶׁכָּתוּב (ישעיהו י"א): "וְגָר זְאֵב עִם כֶּבֶשׂ וְנָמֵר עִם גְּדִי וְכוּ', לֹא יָרֵעוּ וְלֹא יַשְׁחִיתוּ", כִּי יִהְיֶה שָׁלוֹם בֵּינֵיהֶם. וְזֶה: "וְרַחֲמָיו עַל כָּל מַעֲשָׂיו", כְּמוֹ שֶׁאָמְרוּ חֲכָמֵינוּ, זִכְרוֹנָם לִבְרָכָה (שבת קנא:): 'כָּל הַמְרַחֵם עַל הַבְּרִיּוֹת, מְרַחֲמִין עָלָיו מִן הַשָּׁמַיִם', כְּמוֹ שֶׁכָּתוּב: "וְנָתַן לְךָ רַחֲמִים וְרִחֲמֶךָ".

וְאַחַר־כָּךְ מְפָרֵשׁ הַפָּסוּק אֵיךְ יִזְכֶּה לִתְפִלָּה, עַל־יְדֵי שְׁלוֹם־בַּיִת יְהֵא שָׁלוֹם בַּעֲצָמָיו, בֵּין גּוּפוֹ וְנַפְשׁוֹ כַּנַּ"ל. וְזֶה: "יוֹדוּךָ כָּל מַעֲשֶׂיךָ" - "מַעֲשֶׂיךָ" - זֶה בְּחִינַת עֲשִׂיָּה, בְּחִינַת גּוּף. "וַחֲסִידֶיךָ יְבָרְכוּכָה" - "חֲסִידֶיךָ", זֶה בְּחִינַת נֶפֶשׁ, כְּמוֹ שֶׁכָּתוּב (משלי י"א): "גֹּמֵל נַפְשׁוֹ אִישׁ חָסֶד".

וְאַחַר־כָּךְ מְפָרֵשׁ הַפָּסוּק, אֵיךְ יִזְכֶּה לִשְׁלוֹם־בַּיִת - עַל־יְדֵי שֶׁיַּעֲלֶה כְּבוֹד הַשֵּׁם יִתְבָּרַךְ לְשֹׁרֶשׁ הַיִּרְאָה, הַנִּקְרָאִים גְּבוּרוֹת. וְזֶהוּ: "כְּבוֹד מַלְכוּתְךָ יֹאמֵרוּ" - שֶׁיִּתְגַּלֶּה כְּבוֹדוֹ וְיִתְעַלֶּה לְשָׁרְשׁוֹ; וְזֶהוּ: "וּגְבוּרָתְךָ יְדַבֵּרוּ" - 'וּגְבוּרָה' זֶה בְּחִינַת יִרְאָה, כְּמוֹ שֶׁאָמְרוּ חֲכָמֵינוּ, זִכְרוֹנָם לִבְרָכָה (ברכות ל״ט.): "וֵאלֹקִים עָשָׂה שֶׁיִּרְאוּ מִלְּפָנָיו" - 'אֵלּוּ רְעָמִים', וּכְתִיב (איוב כ"ו): "וְרַעַם גְּבוּרֹתָיו מִי יִתְבּוֹנָן".

(מִסִּימָן יב עַד כָּאן - לְשׁוֹנוֹ, זִכְרוֹנוֹ לִבְרָכָה)

Guevurá y las *guevurot* (severidades) que ascienden a la *sefirá* de *Biná*, el corazón (ver n.52; cf. *Likutey Moharán* I, 5:3).

Ahora podemos comprender de la siguiente manera los versículos citados de los Salmos: **Dios es bueno para todo** - cuando se ofrece la plegaria, **Sus misericordias están sobre todas Sus obras** - la misericordia es puesta en todos los mundos y dada a ellos. De este modo se manifiestan y se comparten Sus misericordias, trayendo la paz universal. ¿Y cómo es posible que se llegue a ofrecer una plegaria semejante? Sólo puede producirse cuando **Todas Tus obras** - el cuerpo - **Te alabarán, Dios; y Tus piadosos** - el alma - **Te bendecirán.** Esto es cuando hay paz en el hogar, paz en los propios huesos, entre el cuerpo y el alma. Ésta es la paz interior que resulta de: **Ellos declararán la gloria de Tu Reino y hablarán de Tu fuerza** - la elevación de la gloria/*Maljut* a su fuente, al temor.

La lección hasta este punto es *leshón Rabeinu z'l*. Ver nota 1 en la Lección #7.

habrá paz entre ellos. Como está escrito (Isaías 11:6,9), "Y el lobo habitará con la oveja, y el leopardo yacerá junto al cabrito... ellos no dañarán ni destruirán" - pues habrá paz entre ellos. Esto es: "Sus misericordias están sobre todas Sus obras". Como enseñaron nuestros Sabios: Todo aquél que tiene misericordia de las creaciones [de Dios], el Cielo tiene misericordia de él, como está escrito (Deuteronomio 3:18), "Y Te dará misericordia y tendrá misericordia de ti" (Shabat 151b).[89]

Luego, el versículo explica cómo merecer la plegaria, [en el hecho de que] mediante la paz en el hogar uno alcanza la paz interior - entre su cuerpo y su alma, como arriba. Y esto es "Todas *maaseija* (Tus obras) Te alabarán". [La palabra] *maASeIja* corresponde a *ASIá*, el cuerpo.[90]

"Y *jasideija* (Tus piadosos) Te bendecirán". *JaSiDeija* alude al alma, como en (Proverbios 11:17), "El hombre de *JeSeD* (bondad, piedad) es bueno para con su alma".[91]

Entonces el versículo explica cómo merecer la paz en el hogar: elevando la gloria del Santo, bendito sea, a su raíz en el temor, que es llamado "fuerza". Esto es: "Ellos declararán la gloria de Tu Reino" - Su gloria será revelada y ascenderá a su raíz.[92] Y así, "...y hablarán de Tu fuerza" - "fuerza" corresponde a temor. Como enseñaron nuestros Sabios: "Y el Señor lo hace para que ellos Lo teman" (Proverbios 3:14) - esto se refiere al trueno (Berajot 59a); y está escrito (Job 26:14), "Pero ¿quién puede comprender el trueno de Su fuerza?".[93]

---

89. Te dará misericordia.... Es decir, Su Misericordia te será dada -estará dentro de ti- para que tú la expreses.

90. Asiá, el cuerpo. El mundo denominado Asiá corresponde al mundo más bajo, a lo físico (ver Apéndice: Niveles de Existencia).

91. hombre de bondad, piedad...alma. El hombre piadoso es denominado *JaSiD* (חסיד) pues él es benevolente y demuestra bondad (*JeSeD*, חסד) no a su cuerpo sino a su alma.

92. declararán la gloria.... Es decir, sabemos que la gloria está siendo elevada porque estamos hablando de ella, reconociéndola. Ver más arriba, nota 5.

93. teman...trueno de Su fuerza. El trueno fue creado para generar temor en los corazones de la gente. De este modo, el trueno, que corresponde al temor, está asociado con la *sefirá* de

יב   וְזֶה בְּחִינַת מִצְוַת נֵר־חֲנֻכָּה, שֶׁמִּצְוָתָהּ לְהַדְלִיק סָמוּךְ לְפֶתַח הַבַּיִת. כִּי הַדְלָקַת הַנֵּר הוּא בְּחִינַת הֶאָרַת הַכָּבוֹד, בְּחִינַת "וְהָאָרֶץ הֵאִירָה מִכְּבֹדוֹ", כַּנַּ"ל, וְעַל כֵּן מִצְוָתָהּ לְהַדְלִיק סָמוּךְ לְפֶתַח הַבַּיִת - דָּא פִּתְחָא עִלָּאָה, בְּחִינַת יִרְאָה, הַיְנוּ לְהַחֲזִיר הַכָּבוֹד לְשָׁרְשׁוֹ, דְּהַיְנוּ לַיִּרְאָה כַּנַּ"ל.

וְאֵימָתַי עוֹלֶה הַכָּבוֹד? כְּשֶׁמַּחֲזִירִין בְּנֵי־אָדָם בִּתְשׁוּבָה וְעוֹשִׂין בַּעֲלֵי־תְּשׁוּבָה וְגֵרִים, שֶׁזֶּה עִקַּר כְּבוֹדוֹ כַּנַּ"ל.

וְזֶהוּ שֶׁזְּמַן הַדְלָקַת נֵר־חֲנֻכָּה, שֶׁהוּא הֶאָרַת הַכָּבוֹד, הוּא 'מִשְּׁעַת יְצִיאַת הַכּוֹכָבִים, עַד שֶׁתִּכְלֶה רֶגֶל מִן הַשּׁוּק' (שבת כא; ובשלחן־ערוך ס' תרע"ב). 'יְצִיאַת הַכּוֹכָבִים' - זֶה בְּחִינַת (דניאל יב): "מַצְדִּיקֵי הָרַבִּים כַּכּוֹכָבִים", דְּהַיְנוּ שֶׁהֵם מַצְדִּיקֵי הָרַבִּים, וְעוֹשִׂין בַּעֲלֵי־תְּשׁוּבָה וְגֵרִים, שֶׁעַל־יְדֵי־זֶה מֵאִיר הַכָּבוֹד וְחוֹזֵר לְשָׁרְשׁוֹ שֶׁהוּא הַיִּרְאָה כַּנַּ"ל, וְעַל־יְדֵי־זֶה זוֹכִין לְשָׁלוֹם, וְנִתְבַּטֵּל הַמַּחֲלֹקֶת כַּנַּ"ל.

וְזֶהוּ: 'עַד שֶׁתִּכְלֶה רֶגֶל מִן הַשּׁוּק' (הַשּׁוּק הוּא מְקוֹמוֹת הַחִיצוֹנִים); 'רֶגֶל' - זֶה בְּחִינַת "נִרְגָּן מַפְרִיד אַלּוּף" הַנַּ"ל, דְּהַיְנוּ בַּעֲלֵי לָשׁוֹן הָרָע וּמַחֲלֹקֶת, הַהוֹלְכִים וּמְרַגְּלִים וּמְדַבְּרִים רְכִילוּת וְלָשׁוֹן הָרָע וְעוֹשִׂין מְרִיבָה וּמַחֲלֹקֶת בֵּין אָדָם לַחֲבֵרוֹ וּבֵין אִישׁ לְאִשְׁתּוֹ, בְּחִינַת (תהלים ט"ו): "לֹא רָגַל עַל לְשֹׁנוֹ".

---

97. salen las estrellas…calle. Lo ideal sería que las velas fuesen encendidas en un lugar en donde puedan ser vistas claramente por los transeúntes. Esto es para dar a conocer el gran milagro que conmemora Jánuca. Por éste motivo, el encendido de las velas debe llevarse a cabo a partir del atardecer (cuando la llama de las velas puede comenzar a observarse), y continuar encendidas hasta que la gente deje de caminar por las calles (cuando uno ya no les puede hacer conocer el milagro a los demás). (En cuanto a cómo se lleva a cabo esta mitzvá en nuestra sociedad moderna, con sus calles iluminadas y su movimiento nocturno, ver *The Laws of Chanukah* del Rabí Shimon Eider).

98. la rectitud a muchos…. El Talmud interpreta este versículo en referencia a aquéllos que les enseñan a los demás a ir por la senda correcta (*Bava Batra* 8b; *Rashi, v.i. melamdei tinokot*).

99. …fuerzas externas. Éste es el lugar del Otro Lado. En el contexto de la lección, se relaciona con aquéllos que han caído lejos de Dios o que nunca han estado en el ámbito de la santidad.

100. …que no calumnia con su boca. El pie (רגל) implica a aquéllos que andan espiando (מרגל), difundiendo chismes y calumnias (רוגל).

12. Y esto corresponde a la mitzvá de las velas de Jánuca.⁹⁴ Se requiere que la luz esté ubicada cerca de la entrada de la casa (*Oraj Jaim* 671:5). Esto se debe a que el encender las velas corresponde a la iluminación de la gloria, como en, "La tierra estaba iluminada por Su gloria".⁹⁵ Por lo tanto, la mitzvá es encenderlas cerca de la entrada de la casa: ésta es la entrada superna, correspondiente al temor⁹⁶ - es decir, el retorno de la gloria a su raíz, que es el temor, como se mencionó arriba.

Y ¿cuándo es que asciende la gloria? Cuando hacemos retornar a la gente en arrepentimiento y hacemos *baalei teshuvá* y conversos. Porque ésta es Su gloria principal, como se dijo más arriba.

Es por esto que el lapso para el encendido de las velas de Jánuca, que es la iluminación de la gloria, va desde el momento en que salen las estrellas hasta que la gente deja de caminar por la calle (*Oraj Jaim* 632:1).⁹⁷ "Desde el momento en que salen las estrellas" corresponde a "…y aquellos que hagan retornar hacia la rectitud a muchos, como las estrellas" (Daniel 12:3) - es decir, ellos hacen volver a muchos hacia la rectitud y hacen *baalei teshuvá* y conversos.⁹⁸ Porque es mediante esto que la gloria brilla y retorna a su raíz, que el temor. Como resultado, uno merece la paz y se elimina la contienda, como se explicó.

Y éste es el significado de "hasta que la gente deje de caminar por la calle". {La calle es el lugar de las fuerzas externas (*Pri Etz Jaim, Jánuca*).⁹⁹} *ReGueL* (caminar) alude al "calumniador que separa a los amigos" - es decir, aquéllos que se dedican a las habladurías y a la contienda. Estas personas *meRaGueL* (andan espiando) y diciendo chismes y calumnias, incitando a la disputa y la fricción entre amigos y entre marido y mujer. Esto corresponde a (Salmos 15:2), "Aquél que no *RoGaL* (calumnia) con su boca".¹⁰⁰

---

94. las velas de Jánuca. El Rebe Najmán mostrará cómo los conceptos presentados en esta lección se conectan con las leyes de Jánuca.

95. las velas…la tierra estaba iluminada…. La menorá debe ser colocada a una altura de hasta diez palmos desde el piso (aproximadamente 1 m) (*Oraj Jaim* 671:6). Éste requerimiento de colocar las velas de Jánuca cerca de la tierra es símbolo de la necesidad de traer luz hacia los niveles más bajos. Cuando sucede esto, se revela la gloria de Su Reinado/*Maljut*, la más baja de las diez *sefirot*; por lo tanto, la tierra es "iluminada por Su gloria".

96. la entrada superna…. "El temor a Dios es el primer paso y el fundamento sobre el cual pueden realizarse todos los servicios Divinos. Sin este temor no es posible entrar" (*Zohar Jadash, Ki Tisá, v.i. irat*). Así, elevar la gloria de Dios a su raíz corresponde a colocar la menorá encendida/la gloria "cerca de la entrada"/temor, de modo que se ilumine y se revele la tierra/el Reinado de Dios.

וְזֶהוּ שֶׁצְּרִיכִין לְהָאִיר וּלְהַדְלִיק נֵר־חֲנֻכָּה סָמוּךְ לַפֶּתַח, דְּהַיְנוּ לְהָאִיר הַכָּבוֹד וּלְהַחֲזִירוֹ לְשָׁרְשׁ הַיִּרְאָה כַּנַּ"ל, עַד שֶׁיִּזְכֶּה לְשָׁלוֹם וִיבַטֵּל וִיכַלֶּה הַנִּרְגָּן מַפְרִיד אַלּוּף. וְזֶהוּ: 'עַד שֶׁתִּכְלֶה רֶגֶל מִן הַשּׁוּק' – שֶׁיִּתְבַּטֵּל בַּעֲלֵי לְשׁוֹן הָרָע וּרְכִילוּת אֲשֶׁר רָגַל עַל לְשׁוֹנָם, וְיִתְרַבֶּה הַשָּׁלוֹם בָּעוֹלָם.

וְעַל־יְדֵי הַשָּׁלוֹם זוֹכִין לִתְפִלָּה, וְעַל־יְדֵי־זֶה זוֹכִין לַשָּׁלוֹם הַכְּלָלִי, שָׁלוֹם בְּכָל הָעוֹלָמוֹת. וַאֲזַי כְּשֶׁזּוֹכִין לַשָּׁלוֹם הַכְּלָלִי, אֲזַי יִתְבַּטֵּל כָּל הַמַּשָּׂא וּמַתָּן מִן הָעוֹלָם, כִּי כָּל הַמַּשָּׂא וּמַתָּן שֶׁבָּעוֹלָם הוּא מֵהֶעְדֵּר הַשָּׁלוֹם, כִּי אִי אֶפְשָׁר שֶׁיִּהְיֶה רְצוֹן הַמּוֹכֵר וְהַקּוֹנֶה שָׁוֶה, כִּי זֶה רוֹצֶה לִמְכֹּר וְזֶה רוֹצֶה לִקְנוֹת; וְאִם הָיָה רְצוֹנָם שָׁוֶה – לֹא הָיָה אֶפְשָׁר שֶׁיִּהְיֶה נַעֲשֶׂה שׁוּם מַשָּׂא וּמַתָּן.

נִמְצָא, שֶׁכָּל הַמַּשָּׂא וּמַתָּן וְהַסְחוֹרוֹת הוּא רַק עַל־יְדֵי בְּחִינַת מַחֲלֹקֶת, שֶׁאֵין שָׁלוֹם בֵּין הָרְצוֹנוֹת. וְזֶה בְּחִינַת (בראשית י"ג): "וַיְהִי רִיב בֵּין רֹעֵי מִקְנֵה אַבְרָם וּבֵין רֹעֵי מִקְנֵה לוֹט, וְהַכְּנַעֲנִי אָז בָּאָרֶץ"; 'כְּנַעֲנִי' – זֶה בְּחִינַת סוֹחֵר, כְּמוֹ שֶׁפֵּרֵשׁ רַשִׁ"י עַל פָּסוּק

el nivel del mérito. Éste es el concepto de traer a los demás y a uno mismo hacia el servicio a Dios, (como arriba, n.56). (La Lección #282 ha sido publicada con el nombre de *Azamra* en el libro *Cuatro Lecciones del Rabí Najmán de Breslov*, Breslov Research Institute, 2000).

102. las actividades comerciales. Esto se debe a que todos recibirán la *shefa* de manera directa. Ver arriba, nota 69 y 71.

103. concepto del conflicto. Incluso luego de haber alcanzado el gran nivel de la paz interior y de merecer orar apropiadamente, mientras no exista una paz general en el mundo, aún seguirá existiendo el concepto de controversia y de actividad comercial.

104. las voluntades. Cuando la voluntad de servir a Dios es universal, la *shefa* desciende directamente para todos y con toda potencia. Por el contrario, mientras exista la voluntad y el deseo de dinero, los intereses comerciales continuarán ocupando la vida de la gente y no podrán recibir sus necesidades materiales como los judíos recibieron el maná.

105. Se generó una fricción.... A Abraham se lo llama un *ish jesed* (hombre de bondad). Él compartió su Torá con los demás y convirtió a muchos hacia la fe en Dios. Se nos dice por lo tanto que cuando Dios le ordenó irse de su lugar de nacimiento y de la casa de su padre, se llevó consigo a toda la gente que había juntado (literalmente, todas las almas que él había hecho; Génesis 12:5). Lot, el sobrino de Abraham, se unió a él y también fue convertido a la causa de Dios. Sin embargo, Lot siguió aferrado a su deseo de dinero. Su voluntad de servir a Dios no

Por eso es necesario iluminar y encender las velas de Jánuca cerca de la entrada - es decir, iluminar la gloria y devolverla a la raíz del temor, hasta merecer la paz y eliminar y destruir al "calumniador que separa a los amigos". Y esto es: "hasta que la gente deje de caminar por la calle". Aquéllos que se dedican a la calumnia y a las habladurías, que calumnian con sus bocas, son [detenidos y] eliminados; y la paz aumenta en el mundo.[101]

Y mediante la paz la gente merece la plegaria, a través de la cual se hacen dignos de la paz universal, paz en todos los mundos. Y entonces, al merecer la paz universal, serán eliminadas del mundo todas las actividades comerciales.[102] Esto se debe a que todas las actividades comerciales en el mundo surgen de una falta de paz. Pues es imposible que las voluntades del vendedor y del comprador sean las mismas; éste quiere vender mientras que el otro desea comprar. Si sus voluntades fuesen las mismas, sería imposible la transacción de cualquier negocio.

Vemos, por lo tanto, que todas las actividades comerciales y los negocios sólo surgen debido al concepto del conflicto,[103] cuando no hay paz entre las voluntades.[104] Esto se encuentra aludido en (Génesis 13:7), "Se generó una fricción entre los pastores del ganado de Abram y los pastores del ganado de Lot; y los canaanitas estaban habitando la tierra".[105] "Canaan" alude a un comerciante, como en la explicación de

---

Así, **Uno debe encender las velas** - gloria - **cerca de la puerta** - elevando así la gloria hacia su raíz, el temor. **Debe hacerlo hasta que se acabe el reguel de afuera** - dejen de existir los calumniadores - **de modo que uno pueda hacer conocer el milagro** - traer a los demás hacia el reconocimiento y el servicio a Dios.

Como se explicó arriba (§§3,4), el estudio de la Torá despierta las almas y las almas despiertas permiten que uno haga descender un alma pura para su hijo. Las luces de Jánuca corresponden a la luz de la Torá, de modo que el encendido de las luces de Jánuca también puede generar un despertar de las almas y asegurar por lo tanto un alma pura para el hijo. Esto se encuentra aludido en la enseñanza Talmúdica (*Shabat* 23b): Todo aquél que es meticuloso en el encendido de las velas del Shabat y de Jánuca tendrá hijos que serán estudiosos de la Torá (*Mei HaNajal*).

101. la paz aumenta en el mundo. El Rebe Najmán indica por tanto que al no calumniar ni hablar mal de los otros traemos paz al mundo. En otra parte (*Likutey Moharán* I, 282), el Rebe Najmán desarrolla esta idea en mayor profundidad, agregando que no sólo no debemos hablar mal de los demás, sino que ni siquiera se nos permite "calumniarnos" a nosotros mismos. Más bien, *siempre* debemos mirar los puntos buenos, tanto en nosotros como en los demás. Centrarse en los puntos buenos de una persona tiene el poder de elevar incluso al malvado hacia

(הושע י"ב): "כְּנַעַן בְּיָדוֹ" וְכוּ', הַיְנוּ עַל־יְדֵי בְּחִינַת רִיב וּמַחֲלֹקֶת, בְּחִינַת "וַיְהִי רִיב" וְכוּ', עַל־יְדֵי־זֶה: "וְהִכְנַעֲנִי אָז בָּאָרֶץ", עַל־יְדֵי־זֶה יֵשׁ סוֹחֲרִים וּמַשָּׂא וּמַתָּן בָּעוֹלָם;

אֲבָל, לֶעָתִיד לָבוֹא, שֶׁיִּהְיֶה הַשָּׁלוֹם הַמֻּפְלָא בָּעוֹלָם, כְּמוֹ שֶׁכָּתוּב: "וְגָר זְאֵב עִם כֶּבֶשׂ וְנָמֵר עִם גְּדִי", אֲזַי יִתְבַּטֵּל הַמַשָּׂא וּמַתָּן, כְּמוֹ שֶׁכָּתוּב (זכריה י"ד): "וְלֹא יִהְיֶה כְנַעֲנִי עוֹד" כַּנַּ"ל.

וְזֶהוּ גַּם כֵּן בְּחִינַת 'עַד שֶׁתִּכְלֶה רֶגֶל מִן הַשּׁוּק', הַיְנוּ שֶׁמִּצְוָה לְהַדְלִיק נֵר־חֲנֻכָּה עַד שֶׁתִּכְלֶה רֶגֶל מִן הַשּׁוּק, הַיְנוּ בְּחִינַת שָׁלוֹם, שֶׁנַּעֲשֶׂה עַל־יְדֵי הַחֲזָרַת הַכָּבוֹד כַּנַּ"ל, עַד שֶׁיִּתְבַּטֵּל כָּל הַמַּשָּׂא וּמַתָּן כַּנַּ"ל. וְזֶהוּ: 'עַד שֶׁתִּכְלֶה רֶגֶל מִן הַשּׁוּק' - שֶׁלֹּא יִשָּׁאֵר שׁוּם רֶגֶל בַּשּׁוּק, כִּי יִתְבַּטֵּל כָּל הַמַּשָּׂא־וּמַתָּן עַל־יְדֵי הַשָּׁלוֹם כַּנַּ"ל:

יג (שַׁיָּךְ לְעֵיל) לְפִי הַכָּבוֹד שֶׁמְּכַבֵּד יִרְאֵי־הַשֵּׁם, כֵּן עָלָה הַכָּבוֹד לְשָׁרְשׁוֹ. כִּי כָּל זְמַן שֶׁהַכָּבוֹד הוּא בַּגָּלוּת – כָּל אֶחָד לְפִי בְּחִינָתוֹ, כֵּן הוּא מְזַלְזֵל בְּיִרְאֵי־הַשֵּׁם, וְכָל אֶחָד לְפִי תִּקּוּנוֹ אֶת הַכָּבוֹד, כֵּן הוּא מְכַבֵּד יִרְאֵי־הַשֵּׁם וְכוּ'.

וְעַל־יְדֵי זֶה, הַיְנוּ עַל־יְדֵי הַכָּבוֹד שֶׁמְּכַבֵּד יִרְאֵי־הַשֵּׁם, שֶׁהוּא בְּחִינַת הַחֲזָרַת הַכָּבוֹד לְשָׁרְשׁוֹ, דְּהַיְנוּ לַיִּרְאָה, עַל־יְדֵי־זֶה זוֹכִין לְשָׁלוֹם, כַּמְבֹאָר לְעֵיל הֵיטֵב.

וְזֶהוּ שֶׁאָמְרוּ רַבּוֹתֵינוּ, זִכְרוֹנָם לִבְרָכָה (שבת קיט:): 'הַמְבַזֶּה תַּלְמִיד־חָכָם, אֵין רְפוּאָה לְמַכָּתוֹ', כִּי הַמְבַזֶּה תַּלְמִיד־חָכָם וּמְזַלְזֵל יִרְאֵי־

---

transformarán en una oveja o en un cabrito. Más bien, cada uno mantendrá su propia identidad, sus propios poderes particulares y, pese a esto, existirá una asombrosa paz universal. De manera similar, en la época del Mashíaj, el hombre no va a transformarse en un ser angélico. Más bien, mantendrá su corporeidad e incluso así reconocerá y servirá a Dios, y reinará la paz.

108. las actividades comerciales. La luz de Jánuca iluminará al hombre al punto en que su único deseo y plegaria serán por el mejoramiento espiritual (tal como ocurrió con Rabah bar bar Janá). A través de sus plegarias, el hombre traerá la paz general. El mundo se verá entonces libre del conflicto y los mercados estarán vacíos, libres de todo trajinar y comerciar.

109. se enseñó arriba. Esto ya aparece en la lección como parte de la sección 6.

Rashi sobre el versículo (Hosea 12:8), "En cuanto a Canaán, la balanza del engaño está en su mano".[106] En otras palabras, debido al aspecto de fricción y conflicto - correspondiente a "Se generó una fricción..." - a causa de esto, "los canaanitas estaban habitando la tierra" - existen negociantes y actividades comerciales en el mundo.

En el Futuro, cuando haya una asombrosa paz en el mundo[107] - como en, "Y el lobo habitará con la oveja, y el leopardo yacerá junto al cabrito..." - entonces serán eliminadas todas las actividades comerciales. Como está escrito (Zacarías 14:21), "Y los canaanitas no estarán más".

Y éste es también el aspecto de "hasta que la gente deje de caminar por la calle" [literalmente, "hasta que no haya un *reguel* (pie) en el mercado"]. En otras palabras, la mitzvá de encender las velas de Jánuca hasta que la gente deje de caminar por el mercado corresponde a la paz, que viene al retornar la gloria hasta que todas las actividades comerciales sean eliminadas. Así, "hasta que la gente deje de caminar por la calle" indica que no quedará ningún *reguel* en el mercado; debido a la paz se habrán eliminado todas las actividades comerciales, como se mencionó más arriba.[108]

13. {Lo siguiente se aplica a lo que se enseñó más arriba[109]:}
"En la medida en que honra a aquéllos que temen a Dios, la gloria [es decir, el honor de Dios,] asciende a su raíz... Porque mientras la gloria está en el exilio, cada persona, a su manera, denigra a aquéllos que son temerosos de Dios; pero, en la medida en que rectifica la gloria, de la misma manera honra a aquéllos que temen a Dios".

Ahora bien, a través de esto -es decir, a través del honor mostrado a aquéllos que temen a Dios, que es el concepto de retornar la gloria a su raíz, al temor- merecemos la paz, como se ha explicado en forma extensa.

Y esto es lo que enseñaron nuestros sabios: Todo aquél que denigra a un estudioso de Torá se ve afligido por una enfermedad incurable (*Shabat* 119b). Porque cuando la persona denigra a un estudioso de Torá o

---

era completa y por lo tanto sus pastores, cuyos corazones eran como los de su amo, entraron en conflicto con los pastores de Abraham, cuyos corazones eran como los de su amo.

106. Canaán.... Rashi explica que eran mercaderes, es decir, hombres de negocio.

107. una asombrosa paz en el mundo. El lobo y el leopardo no alterarán su naturaleza ni se

הַשֵּׁם, נִמְצָא שֶׁפּוֹגֵם בַּכָּבוֹד, וְאֵינוֹ מַחֲזִירוֹ לְשֹׁרֶשׁ הַיִּרְאָה, וַאֲזַי אֵין זוֹכֶה לְשָׁלוֹם, וְעַל כֵּן אֵין רְפוּאָה לְמַכָּתוֹ.

כִּי כָל הַחוֹלַאַת בָּאִין עַל־יְדֵי בְּחִינַת מַחֲלֹקֶת, כִּי כָּל הַחוֹלַאַת הֵם בְּחִינַת מַחֲלֹקֶת, שֶׁאֵין שָׁלוֹם בַּעֲצָמָיו, וְהַיְסוֹדוֹת מִתְגַּבְּרִין זֶה עַל זֶה וְאֵין מִתְנַהֲגִים בְּשָׁלוֹם, בַּמֶּזֶג הַשָּׁוֶה, וְעַל־יְדֵי־זֶה בָּא חוֹלַאַת כַּיָּדוּעַ.

וְעַל כֵּן כְּשֶׁמְּבַזֶּה תַּלְמִיד־חָכָם וּפוֹגֵם בַּשָּׁלוֹם, עַל כֵּן אֵין רְפוּאָה לְמַכָּתוֹ כַּנַּ"ל, כִּי עִקַּר הָרְפוּאָה עַל־יְדֵי הַשָּׁלוֹם כַּנַּ"ל, בִּבְחִינַת: "שָׁלוֹם שָׁלוֹם לָרָחוֹק וְלַקָּרוֹב אָמַר ה' וּרְפָאתִיו" (ישעיהו נ"ז).

גַּם בְּעֵת אֲמִירַת הַתּוֹרָה הַנַּ"ל הִזְכִּיר רַבֵּנוּ, זִכְרוֹנוֹ לִבְרָכָה, מַאֲמַר רַבּוֹתֵינוּ, זִכְרוֹנָם לִבְרָכָה: 'אֵין מַסְפִּידִין בַּחֲנֻכָּה' (שבת כא: ובשלחן־ערוך סימן תר"ע), וְאֵינִי זוֹכֵר מַה שֶּׁפֵּרֵשׁ בּוֹ. (וְהַנִּרְאֶה לַעֲנִיּוּת דַּעְתִּי, כִּי הַהֶסְפֵּד הוּא בִּשְׁבִיל לְתַקֵּן הִסְתַּלְּקוּת הַכָּבוֹד, שֶׁנִּפְגַּם עַל־יְדֵי הִסְתַּלְּקוּת הַצַּדִּיק הַזֶּה, שֶׁהָיָה מַצְדִּיק אֶת הָרַבִּים, שֶׁעַל־יְדֵי־זֶה עִקַּר הֶאָרַת הַכָּבוֹד כַּנַּ"ל, וּכְמוֹ שֶׁאָמְרוּ רַבּוֹתֵינוּ, זִכְרוֹנָם לִבְרָכָה: 'הֶסְפֵּדָא יְקָרָא דְחַיֵּי אוֹ יְקָרָא דְשָׁכְבֵי' (סנהדרין מו:). וְעַל כֵּן בַּחֲנֻכָּה אֵין מַסְפִּידִין בּוֹ, כִּי אָז מֵאִיר הַכָּבוֹד עַל־יְדֵי נֵר־חֲנֻכָּה כַּנַּ"ל).

לְעֵיל. וְזֶהוּ: וְלִפְנֵי כָבוֹד עֲנָוָה (משלי טו), כִּי עַל־יְדֵי עֲנָוָה זוֹכִין לְכָבוֹד, כַּמְבֹאָר לְעֵיל, שֶׁעִקַּר הִתְעַלּוּת הַכָּבוֹד הוּא עַל־יְדֵי גֵרִים וּבַעֲלֵי־תְּשׁוּבָה שֶׁעוֹשִׂין, וְזֶה זוֹכִין עַל־יְדֵי תּוֹרַת חֶסֶד וְכוּ'; וְלַתּוֹרָה

Talmud explica esto como una referencia a la persona que estaba lejos, pero que ahora está cerca. Debido a que se arrepintió, Dios dice, "Yo lo curaré" (cf. *Berajot* 34b).

113. No se dicen elegías fúnebres durante Jánuca.... Cf. notas 1 y 53 para la conexión entre el fallecimiento de un Tzadik, Jánuca y las elegías fúnebres. El *TzaDiK* es llamado así debido a que él *maTzDiK* (trae méritos) a los demás. Sin embargo, cuando fallece, su obra se detiene. A la luz de esto, podemos apreciar e incluso comprender más profundamente la cuestión presentada por nuestros Sabios (*loc. cit.*). Al preguntar si la elegía es en honor/gloria de los vivos o de los muertos, la implicación es que la razón de la elegía no es resaltar la gloria *del* muerto sino la gloria que la persona fallecida podría haber elevado -la gloria de Dios- si hubiera seguido con vida. Sin embargo, debido a que Jánuca misma eleva la gloria, dichas elegías no son necesarias.

ridiculiza a aquéllos que Le temen a Dios, está dañando la gloria y no la hace retornar a su fuente en el temor. Como resultado, no merece la paz, por lo que su enfermedad es incurable.

Esto se debe a que toda enfermedad surge del aspecto de la disputa. Pues toda enfermedad corresponde a la disputa en el hecho de que no hay paz en sus huesos. Los *iesodot* (elementos) están en conflicto uno con el otro y no funcionan de manera pacífica y con el equilibrio apropiado.[110] Como resultado, se enferma, como es sabido.

Por lo tanto, cuando denigra a un estudioso de Torá y daña la paz, su enfermedad es incurable.[111] Porque la esencia de la curación proviene de la paz, como se mencionó más arriba. Esto corresponde a (Isaías 57:19), "Paz, paz para aquéllos que están lejos y para aquéllos que están cerca, dice Dios: y Yo lo curaré".[112]

Al dar esta lección, Rabeinu zal también mencionó la enseñanza de nuestros Sabios: No se dicen elegías fúnebres durante Jánuca (Shabat 21b; Oraj Jaim 670). Sin embargo, no recuerdo su explicación de esto. {En base a mi limitado conocimiento, parece ser que la elegía fúnebre tiene como objetivo rectificar la partida de la gloria. La [gloria] fue dañada por el fallecimiento de este Tzadik, cuyo "volver los muchos a la rectitud" produjo la principal iluminación de la gloria. Esto es similar a lo que enseñaron nuestros Sabios: Una elegía fúnebre: ¿Es para honrar a los vivos o para honrar a los muertos? (Sanedrín 46b). Es por eso que durante Jánuca no se dicen elegías fúnebres. Pues entonces la gloria brilla debido a las velas de Jánuca, como se mencionó más arriba.[113]}

Ver [las secciones 2-5] más arriba. Éste es el significado de "Y la humildad precede a la gloria" (Proverbios 15:33) - porque es a través de la humildad que uno merece la gloria. Como se mencionó más arriba, la principal elevación de la gloria proviene de hacer *baalei teshuvá* y conversos,

---

110. no funcionan de manera pacífica.... Ver arriba, sección 8 y nota 55, que no hay paz interior - literalmente, no hay paz en sus huesos. Los elementos a los cuales hace referencia el Rebe Najmán son cuatro: fuego, aire, agua y tierra (cf. Lección #8:5).

111. Incurable. Esta persona nunca puede alcanzar el equilibrio entre el cuerpo y el alma requerido para la paz interior.

112. lo curaré. Es necesario indicar que no importa lo que la persona haya hecho, no importa cuán grave haya sido su pecado, el arrepentimiento siempre ayuda. Así, el Rebe Najmán concluye con el versículo "Paz, paz, para el que está lejos y para el que está cerca...". El

אִי אֶפְשָׁר לִזְכּוֹת, כִּי אִם עַל־יְדֵי עֲנָוָה וְכוּ', כַּמְבֹאָר לְעֵיל. נִמְצָא שֶׁאִי אֶפְשָׁר לִזְכּוֹת לִכְבוֹד דִּקְדֻשָּׁה, כִּי אִם עַל־יְדֵי עֲנָוָה, וְזֶהוּ: "וְלִפְנֵי כָבוֹד עֲנָוָה", כַּנַּ"ל.

יְסוֹד הָעִנְיָן חֲמִשָּׁה דְבָרִים: לְהַחֲזִיר כָּבוֹד לַיִּרְאָה, וְיִרְאָה אֶל הַלֵּב, וְשָׁלוֹם הַכְּלָלִי, וְשָׁלוֹם הַפְּרָטִי. לְהַחֲזִיר בְּנֵי־אָדָם בִּתְשׁוּבָה, שֶׁזֶּה בְּחִינַת אִם תּוֹצִיא יָקָר מִזּוֹלֵל כַּנַּ"ל, הוּא תִּקּוּן קְרִי - אַתְוָן דְּדֵין כְּאַתְוָן דְּדֵין.

de la santidad. Es difícil deshacerse de estas ropas - los judíos debieron sufrir inenarrables horrores durante veinte años. Pero se mantuvieron firmes en su fe y unidos bajo el liderazgo de Matitiau, el Sumo Sacerdote y sus hijos. Los *cohanim* (sacerdotes), y particularmente el *cohen gadol* (sumo sacerdote), son símbolo de los Tzadikim de cada generación hacia los cuales debemos dirigirnos para obtener la guía que nos permita "rechazar" a los invasores y purificarnos. Así como los *cohanim* utilizaban una vestimenta especial para realizar el servicio en el Santo Templo, el lugar de la gloria de Dios, el Tzadik es aquél cuyas "ropas están limpias" y puede por lo tanto elevar plenamente la gloria de Dios.

    Luego de vencer a sus enemigos, expulsándolos de la Tierra Santa, los judíos entraron al Templo para limpiarlo de todo residuo de idolatría. Se deshicieron de las "ropas sucias" y comenzaron a purificar el Santo Templo - a revelar la oculta gloria de Dios. Esto pudo lograrse a través del hallazgo de la pequeña medida de aceite, puro y sin contaminarse, utilizado para la menorá. Encendiendo las luces de la menorá, volvieron a consagrar el Templo. De manera similar, los grandes Tzadikim están revelando constantemente Torá - la luz que despierta a las almas en su raíz.

    Enseña el Talmud que hoy en día, si bien estamos en el exilio, nuestras sinagogas y casas de estudio cumplen la función del Santo Templo (*Meguilá* 29a). Así, la sinagoga debería darle a la persona la oportunidad de participar en grupos diarios de estudio de Torá y de plegaria. La fuerza del grupo facilita ciertamente el despertar de la iluminación del alma en su raíz. Por lo tanto, lo más importante es unirse al Tzadik y a sus seguidores. O al menos, no alejarse de ellos. La batalla para deshacerse de las "ropas sucias" es constante, y también lo es el esfuerzo del Tzadik por revelar Torá. Así, cada año celebramos Jánuca, encendiendo una vela la primera noche y agregando una más cada noche siguiente. Esto es símbolo de nuestra constante lucha y de la siempre creciente conciencia de la Torá, de las enseñanzas del Tzadik y de la gloria de Dios. En última instancia, todo aquél que haga el esfuerzo de unirse al Tzadik será capaz de alcanzar su rectificación (*Likutey Halajot, Betziat HaPat* 5:13-17).

* * *

El Rabí Natán también hace notar las conexiones de esta lección con Iosef y sus hermanos (durante la época de Jánuca se leen las secciones semanales de la Torá que registran los eventos de sus vidas).

que sólo puede lograrse por medio de la Torá de bondad, etc. Y es imposible merecer Torá si no es a través de la humildad, como se explicó anteriormente. Vemos entonces que es imposible merecer la gloria en la santidad si no es por medio de la humildad. Esto es: "Y la humildad precede a la gloria".

<Los principios generales> de la lección son cinco: retornar la gloria al temor; [retornar] el temor al corazón; la paz universal; la paz a nivel personal; y hacer que la gente se arrepienta, que corresponde a "Si separas lo *IaKaR* (precioso) de lo vil". Ésta es la rectificación para el *KeRI* (la emisión en vano de simiente), pues tiene las mismas letras.[114]

---

114. IaKaR…KeRI…. El Rebe Najmán trae estas últimas palabras para demostrar la conexión de esta lección con el cuidado del Pacto. El Talmud (*Eruvin* 18b) enseña que durante los 130 años en que Adán se abstuvo de relaciones maritales luego de su expulsión del Jardín del Edén, experimentó *keri* (emisión en vano de simiente). En lugar de transformarse en hijos de carne y hueso, sus descendientes se volvieron los demonios y las fuerzas del Otro Lado que están siempre dispuestas a castigar a todo aquél que se aleje del sendero apropiado (*Zohar* I, 169; ver también *Rashi*, Samuel 2, 7:14). Arriba (n.56), vimos que las fuerzas opositoras que le dificultan al hombre el servicio a Dios son el resultado de sus propios pecados, similar a lo que se enseñó respecto de Adán. De este modo, la persona que daña el Pacto crea su propia oposición - su propio "Río Jordán", sus propias "ropas sucias" - que interfieren en su devoción a Dios.

Más aún, el Ari enseña que la simiente en vano da como resultado el exilio. Las chispas de las almas se dispersan a través del mundo, quedado cautivas de las fuerzas inferiores y debiendo ser elevadas (*Shaar HaPesukim, Shemot*). Esto corresponde al *urZiLa* de la historia de Raba bar bar Janá (§5), la reducción y disminución de la gloria de Dios (como en n.44).

Por el contrario, al cuidar el Pacto, uno "separa lo precioso de lo vil" (cf. n.13; *Bava Metzía* 85a). Este juntar las chispas del exilio es su elevación, la elevación de la gloria de Dios. Y mientras que la emisión en vano de simiente lleva al exilio y aleja a la persona de Dios, el arrepentimiento la acerca al Santo, bendito sea, y eleva Su gloria.

* * *

En esta lección, el Rebe Najmán ha entrelazado una cantidad de diferentes tópicos que incluyen la gloria de Dios, la negación de la idolatría, el estudio de la Torá, el Shabat y el Pacto. El Rabí Natán demuestra cómo estos y otros puntos mencionados están conectados con la festividad de Jánuca, que también aparece en la enseñanza del Rebe Najmán.

Cuando los griegos invadieron la Tierra Santa, profanaron el Santo Templo y lo llenaron de idolatría. También emitieron decretos severos y dañinos en contra de los judíos, prohibiendo la circuncisión de los niños (el Pacto), la observancia del Shabat y el estudio de la Torá. Hubo también un decreto que forzaba a los judíos a renunciar a su aceptación de Dios (la negación de Su gloria). Como tal, los griegos son el paradigma de la "weltanschauung" y las sabidurías foráneas que invaden la Tierra Santa, el concepto de las "ropas sucias" que separa a la persona

fue capturado y llevado a prisión. Aun así, mientras estaba en la cárcel, su estudio de Torá fue tan puro que iluminó en su raíz incluso a las almas dormidas. Iosef interpretó con precisión los sueños de los demás, indicando su capacidad de encaminar a las almas hacia su sendero correcto. Esto llevó finalmente a su encuentro con el faraón, quien reconoció la grandeza de Iosef y lo elevó a la posición de virrey de Egipto. El hecho de que el faraón reconociera la sabiduría de Iosef y el hecho de que lo vistiera con vestimentas reales significa que en verdad Iosef nunca ensució sus ropas.

Incluso en Egipto, en un profundo y solitario exilio, Iosef fue capaz de mantener su apego a la Torá. Fue puesto a prueba y demostró ser digno de la confianza que le tenía Iaacov. Demostró que aún estaba unido al Tzadik, a Iaacov, y que era digno de las "ropas limpias" que él le había dado. De este modo, el descenso de Iosef a Egipto preparó los medios para la subsistencia de todo Israel durante su posterior estadía allí (*Likutey Halajot, Betziat HaPat* 5:40-41).

Iosef era el hijo favorito de Iaacov, quien apreciaba la rectitud de Iosef y consideraba a su hijo digno de recibir tanto su conocimiento de Torá como la ropa de variados colores que le dio. Sin embargo, enseñaron nuestros Sabios: El hecho de que le diera esa ropa despertó los celos de sus hermanos y llevó al descenso de nuestro patriarca a Egipto (*Shabat* 10b). Los hermanos lo vendieron como esclavo y empaparon su ropa con sangre para engañar a Iaacov haciéndole pensar que los animales salvajes habían devorado a Iosef. Iosef tenía diecisiete años en ese momento y sus hermanos pensaron que no estaba entrenado para guardar las "ropas limpias". Empaparon su ropa con sangre para aludir a este hecho. Iaacov se puso a llorar, sospechando que quizás Iosef había caído presa de los "animales salvajes" - es decir, que había caído en la trampa de las "ropas sucias" de la inmoralidad y del comportamiento no judío.

Sin embargo, Iosef verdaderamente era digno de todo lo que Iaacov le había dado. Fue comprado por Potifar, un ministro egipcio cuya esposa intentó seducirlo. Ella lo asió de la ropa, pero él se deshizo de su vestimenta y huyó, manteniéndose puro tanto él como su ropa. Entonces

לִיקוּטֵי מוֹהֲרַ"ן סִימָן ט"ו

לְשׁוֹן רַבֵּנוּ, זִכְרוֹנוֹ לִבְרָכָה

וְאַתֶּם תִּהְיוּ לִי מַמְלֶכֶת כֹּהֲנִים וְכוּ' (שמות יט):

א   מִי שֶׁרוֹצֶה לִטְעֹם טַעַם אוֹר הַגָּנוּז, הַיְנוּ סוֹדוֹת הַתּוֹרָה שֶׁיִּתְגַּלֶּה לֶעָתִיד, צָרִיךְ לְהַעֲלוֹת מִדַּת הַיִּרְאָה לְשָׁרְשָׁהּ:

ב   וּבַמֶּה מַעֲלִין אֶת הַיִּרְאָה? בִּבְחִינַת מִשְׁפָּט, כְּמוֹ שֶׁכָּתוּב (משלי כט): "מֶלֶךְ בְּמִשְׁפָּט יַעֲמִיד אָרֶץ", וְאֶרֶץ הוּא בְּחִינַת יִרְאָה, כְּמוֹ שֶׁכָּתוּב (תהלים ע"ו): "אֶרֶץ יָרְאָה", הַיְנוּ שֶׁיִּשְׁפֹּט אֶת כָּל

aparece en esta lección también aparece explicada en *Likutey Moharán* I, 3, pero de una manera totalmente diferente).

2. Or HaGanuz, Luz Oculta. Dijo el Rabí Natán: "El Rebe Najmán es el 'Or HaGanuz'. Todo aquél que quiera experimentar su sabor deberá practicar mucho *hitbodedut* (plegaria personal a Dios)" (*Avenea Barzel*, p.69, #47). Esto se hará claro en la sección 2 de la lección.

3. los misterios de la Torá.... La Luz de la Creación era tan brillante que mediante ella era posible contemplar el mundo de un extremo al otro. Pero Dios vio que el hombre, debido a sus pecados, sería indigno de esta poderosa luz, de modo que la ocultó para dársela a los Tzadikim en el Futuro (*Bereshit Rabah* 12:6; *Zohar* I, 30b). ¿Dónde ocultó Dios esta luz? A partir del *Zohar Jadash* (7a) vemos que "el *Or HaGanuz* está oculto en la letra *vav*". Esto alude a la Torá. La letra *vav*, que tiene un valor numérico de seis, corresponde a la Torá, sobre la cual se nos enseña que "las Tablas que Moshé trajo del cielo medían seis codos por seis codos" (*Bava Batra* 14a). Así, la Luz Oculta hace referencia a los misterios de la Torá que sólo serán revelados en Futuro. Sin embargo, el Rebe Najmán nos dice aquí que, incluso hoy, es posible experimentar el sabor de esta Luz Oculta.

4. juicio...tierra...temió. Literalmente el versículo dice, "Mediante el juicio, el rey *afirmará* la tierra". Así, el juicio es el que eleva la tierra, y a partir del versículo de los Salmos citado por el Rebe Najmán podemos ver que la tierra es sinónimo de temor. Por lo tanto, para elevar el temor, para hacer que la tierra sea firme, es necesaria la práctica del juicio.

Esta elevación y aumento del temor debido al juicio también puede ser verificada en forma empírica. Cuando se ejecuta el juicio, aquéllos que son testigos de ello respetan la rectitud de la ley y le temen, no sea que también caigan víctimas de este juicio.

5. todas sus acciones. El Rebe Najmán explica ahora cómo es posible practicar constantemente el juicio y así elevar siempre el temor a su raíz.

LIKUTEY MOHARÁN 15[1]

"Y ustedes serán para Mí un reino de sacerdotes y una nación santa. Éstas son las palabras que les dirás a los Hijos de Israel".

(Éxodo 19:6)

Todo aquél que quiera experimentar el sabor del *Or HaGanuz* (la Luz Oculta)[2] -es decir, los misterios de la Torá que serán revelados en el Futuro[3]- debe elevar el aspecto del temor a su raíz.

2. ¿Y con qué se eleva el temor? Con el aspecto del juicio. Como está escrito (Proverbios 29:4), "Mediante el juicio, el rey establecerá la tierra". Y "tierra" corresponde al temor, como en (Salmos 76:9), "La tierra temió".[4] Es decir, la persona debe juzgar todas sus acciones,[5] como está escrito

---

1. Likutey Moharán 15. Esta lección fue dada en Zlatipolia, probablemente en el Shabat Itró, 20 Shevat, 5562 (23 de enero de 1802).

Uno de los seguidores más cercanos del Rebe Najmán, el Maguid de Terhovitza, tenía un yerno llamado Reb Itzjak Isaac. Este hombre era una persona muy erudita, y seguidor del Rebe Zusia de Anipoli. Al fallecer su mentor, el Maguid de Terhovitza quiso que su yerno se uniese a los seguidores del Rebe Najmán. Al comienzo, Reb Itzjak Isaac se mantuvo muy escéptico. Cuando finalmente visitó al Rebe Najmán, el Rebe habló con él sobre el temor al Cielo y sobre cómo sólo temiendo a Dios es posible experimentar el sabor de la Luz Oculta de la Torá, una luz que sólo será revelada en el Futuro. El Rebe Najmán le dijo entonces: "Yo soy un tesoro de *irat shamaim* (temor al Cielo)". De pronto, Reb Itzjak Isaac cayó presa de un tremendo temor y se desvaneció. Cuando volvió en sí, el Rebe Najmán le dijo, "¡Sólo quería que saborearas un poco de la Luz Oculta!". El Rebe habló entonces con él sobre el Santo Templo, sobre la plegaria intensa y la humildad. Reb Itzjak Isaac quedó tan impresionado que se transformó en un devoto seguidor del Rebe Najmán, exclamando, "¡No comprendo cómo alguien puede estudiar Torá sin la guía del Rebe! Toda mi vida lamentaré haber tardado tanto tiempo en ir a visitar al Rebe Najmán". Poco tiempo después, el Maguid de Terhovitza visitó al Rebe Najmán y escuchó esta lección que trata de todos estos conceptos (*Tovot Zijronot* p.119-121: ver también *Until The Mashiach*, p.69).

Esta lección, que es *leshón Rabeinu z'l* (ver Lección #7, n.1) es la última en la cual el Rebe Najmán expone las fantásticas historias de Raba bar bar Janá (registradas en *Bava Batra* 73b-74b). El Rebe dijo que en verdad estas lecciones las había dado en nombre de Raba bar bar Janá mismo. Al comenzar a dar estas enseñanzas el Rebe Najmán reveló que Raba bar bar Janá había venido a él, diciendo, "¿Por qué no les prestas atención a mis historias? Si lo haces, te revelaré las más tremendas y maravillosas ideas" (*Tzadik* #131). (La asombrosa historia que

עֲסָקָיו, כְּמוֹ שֶׁכָּתוּב (שם קי"ב): "יְכַלְכֵּל דְּבָרָיו בְּמִשְׁפָּט", הַיְנוּ
שֶׁיִּשְׁפֹּט וְיָדִין בְּעַצְמוֹ כָּל עֲסָקָיו,
וּבָזֶה יָסִיר מֵעָלָיו כָּל הַפְּחָדִים, וְיַעֲלֶה בְּחִינַת יִרְאָה בָּרָה וּנְקִיָּה,
וְתִשָּׁאֵר אַךְ יִרְאַת־הַשֵּׁם וְלֹא יִרְאָה אַחֶרֶת. כִּי כְּשֶׁאֵין אָדָם דָּן
וְשׁוֹפֵט אֶת עַצְמוֹ, אֲזַי דָּנִין וְשׁוֹפְטִין אוֹתוֹ לְמַעְלָה, כִּי 'אִם אֵין
דִּין לְמַטָּה - יֵשׁ דִּין לְמַעְלָה' (דברים רבה ה); וּכְשֶׁשּׁוֹפְטִין אֶת הָאָדָם
בְּמִשְׁפָּט דִּלְעֵלָּא, אֲזַי הַדִּין נִתְלַבֵּשׁ בְּכָל הַדְּבָרִים, וְכָל הַדְּבָרִים
נַעֲשִׂים שְׁלוּחִים לַמָּקוֹם לַעֲשׂוֹת בָּזֶה הָאִישׁ מִשְׁפָּט כָּתוּב, כְּמוֹ
שֶׁאָמְרוּ חֲכָמֵינוּ, זִכְרוֹנָם לִבְרָכָה (נדרים מא): "לְמִשְׁפָּטֶיךָ עָמְדוּ",
אֲזַי "הַכֹּל עֲבָדֶיךָ" - לַעֲשׂוֹת דִּין בָּזֶה הָאָדָם.'
אֲבָל כְּשֶׁשּׁוֹפֵט אֶת עַצְמוֹ, וּכְשֶׁיֵּשׁ דִּין לְמַטָּה אֵין דִּין לְמַעְלָה,
וְאֵין הַיִּרְאָה מִתְלַבֵּשׁ בְּשׁוּם דָּבָר לְעוֹרֵר אֶת הָאָדָם, כִּי הוּא בְּעַצְמוֹ

8. no hay juicio abajo.... Cuando la justicia es ejecutada por los jueces de este mundo, no hay necesidad de un juicio celestial. Pero cuando la justicia no es establecida debajo, cuando falta el juicio, entonces debe ser aplicado el juicio celestial (*Devarim Rabah* 5:5). El Rebe Najmán aconseja por lo tanto que la persona se juzgue diariamente, pues esto le permite posponer el juicio Divino que habría podido recibir.

9. mensajeras de Dios...ejecutar justicia sobre esta persona. Cuando el juez emite un veredicto dictaminando ciertas medidas punitivas, este castigo es llevado a cabo de una manera prescrita. Aunque haya variables que afecten la ejecución, las categorías generales de multas, encarcelamiento, pena capital, etcétera, se encuadran dentro de determinados parámetros. Sin embargo, cuando Dios decreta medidas de corrección, el castigo puede presentarse de muchas y diversas formas y combinaciones debido a que "*todos son Sus siervos*" para ejecutar justicia. Así, las pérdidas monetarias (comercio/hogar/automóvil, etc.) son diferentes formas de multas celestiales; las enfermedades y accidentes que mantienen a la persona postrada son otras formas de encarcelamiento. Enseña el Talmud: Aunque la pena capital ha sido abolida, las leyes de la pena capital siguen activas. Así, si alguien comete un pecado cuyo castigo es la lapidación (que implica en parte ser arrojado desde una altura de dos pisos), entonces puede caerse "accidentalmente" de un techo o morir una muerte violenta similar. Si se comete un pecado cuyo castigo es la estrangulación, puede ser castigado ahogándose o mediante otra forma de asfixia (*Ketuvot* 30a,b). Estos son algunos de los "mensajeros" que tiene Dios para ejecutar la justicia.

10. se ha despertado a sí misma. Mediante el constante juicio a sí mismo, se hace descender sobre uno el temor al Cielo. Debido a que el juicio es una extensión del temor, al aplicar el juicio sobre uno mismo, se evita la necesidad de que el Cielo genere temor en uno. Por lo tanto, uno no teme a nada ni a nadie sino a Dios Mismo.

(Salmos 112:5), "Él conduce sus asuntos con juicio" - es decir, debe juzgar y evaluar todas sus acciones.[6]

Y mediante esto, se le quitan todos los miedos, emergiendo así un aspecto de temor claro y puro. Queda solamente el temor a Dios, y ningún otro temor.[7] Porque cuando la persona no se evalúa ni se juzga a sí misma, entonces la evalúan y la juzgan desde Arriba. Pues "cuando no hay juicio abajo, hay juicio Arriba" (*Devarim Rabah* 5:4).[8] Y cuando la persona es juzgada mediante el juicio del cielo, la justicia se enviste en todas las cosas, y todas las cosas se vuelven mensajeras de Dios para ejecutar "el juicio escrito" sobre ella (Salmos 149:9). Como enseñaron nuestros Sabios: "Por Tus juicios persisten...", y así "todos son Tus servidores" (Salmos 119:91) - para ejecutar justicia sobre esta persona (*Nedarim* 41a).[9]

{"Y [al que] ponga en orden el camino, le mostraré la salvación del Señor" (Salmos 50:23).}

Sin embargo, cuando la persona se juzga a sí misma, cuando hay juicio debajo [de modo que] no hay juicio Arriba, entonces el temor no se enviste en ninguna cosa para despertar a la persona. Pues ella se ha despertado a sí misma.[10] Éste es el significado de "Y *sam* (ponga en

---

6. evaluar todas sus acciones. Éste es el consejo del Rebe Najmán sobre *hitbodedut*, la plegaria personal a Dios, que es necesario practicar a diario. A lo largo de los escritos del Rebe es posible observar la importancia del *hitbodedut*. El texto *Expansión del alma* (en el libro *Meditación, Fuerza interior y Fe*, Breslov Research Institute) del Reb Alter de Teplik (autor del *Mei HaNajal*; m.1919) está dedicado enteramente a esta herramienta indispensable para el desarrollo espiritual. Aquí, el Rebe Najmán dice que la persona debe juzgar cada una de sus acciones. Esto incluye evaluar las relaciones con la familia y los amigos, las prácticas comerciales, y especialmente el servicio y dedicación a Dios. Debe examinar sus acciones pasadas para determinar si fueron llevadas a cabo de la manera apropiada, con verdad y sinceridad, o si faltó en ellas algo que necesita corregirse. Es necesario evaluar también nuestros planes e intenciones para verificar si son en verdad apropiados. Al juzgarse a sí misma, la persona eleva su temor al Cielo, como el Rebe Najmán continúa explicando.

7. temor a Dios…ningún otro…. Como el Rebe Najmán explica más adelante (ver §3: final y n.21), todo temor surge del temor más elevado -la verdadera raíz del temor- el temor a Dios Mismo. Cuando la cualidad del temor desciende a este mundo, puede manifestarse de muchas y diferentes maneras. Debido a esto, el ser humano cree que sus sentimientos de miedo y de ansiedad están relacionados con el objeto de su temor, así sea, por ejemplo, el jefe, un pariente dominante, el mostrarse en público, etc. Sin embargo, cuando se eleva el temor a su raíz, entonces lo único que queda es el temor a Dios. Todos los otros temores desaparecen. Enseña el *Zohar* (III, 67b): Todo aquél que se deleita en la Torá no le tendrá miedo a nada. Esto se conecta con lo que el Rebe Najmán trata más adelante en la lección en relación con la Torá revelada y oculta.

נִתְעוֹרֵר. וְזֶהוּ (תהלים נ): "וְשָׂם דֶּרֶךְ" - מִי שָׁשָּׁם אֲרָחוֹתָיו (כמו שדרשו רבותינו, זכרונם לברכה סוטה ה:), הַיְנוּ שֶׁשּׁוֹפֵט אֲרָחוֹתָיו, כְּמוֹ שֶׁכָּתוּב (שמות כ"א): "וְאֵלֶּה הַמִּשְׁפָּטִים אֲשֶׁר תָּשִׂים", עַל־יְדֵי־זֶה "אַרְאֶנּוּ בְּיֵשַׁע אֱלֹקִים" - זֶה בְּחִינַת יִרְאָה, כְּמוֹ שֶׁכָּתוּב (קהלת י"ב): "אֶת הָאֱלֹקִים יְרָא"; הַיְנוּ בְּחִינַת יִרְאָה עוֹלָה מֵהַקְּלִפָּה וּמֵהָאֻמּוֹת עַל־יְדֵי מִשְׁפָּט, כִּי מִתְּחִלָּה הָיְתָה נִתְלַבֵּשׁ בַּקְּלִפָּה. וְזֶהוּ שֶׁהָאָדָם מְפַחֵד אֶת עַצְמוֹ מֵאֵיזֶה דָבָר, מְשֵׂר אוֹ מִגַּנָּבִים וּשְׁאָר פְּחָדִים - זֶה הוּא שֶׁהַיִּרְאָה נִתְלַבֵּשׁ בְּזֶה הַדָּבָר, כִּי אִם לֹא הָיָה נִתְלַבֵּשׁ הַיִּרְאָה בְּזֶה הַדָּבָר, לֹא הָיָה בְּזֶה הַדָּבָר כֹּחַ לְהַפְחִיד אֶת הָאָדָם:

ג **וְשֹׁרֶשׁ** הַיִּרְאָה הוּא דַּעַת, כְּמוֹ שֶׁכָּתוּב בְּעֵץ־הַחַיִּים, שֶׁמַּנְצְפַּ"ךְ הוּא בְּדַעַת דִּזְעֵיר־אַנְפִּין, כְּמוֹ שֶׁכָּתוּב (משלי ב): "אָז תָּבִין יִרְאַת ה' וְדַעַת אֱלֹקִים תִּמְצָא". וְעִקַּר הַדַּעַת הוּא בַּלֵּב,

diferente cuando aparecen al final de una palabra; allí se afirma que ellas son un testimonio de la grandeza de Moshé Rabeinu.

16. Daat de Zeir Anpin. La *sefirá* de *Daat*, que es parte de la persona Divina *Zeir Anpin*, consiste de cinco *jasadim* (benevolencias) y de cinco *guevurot* (severidades) que emanan de *Jojmá* y *Biná*, respectivamente. Los *jasadim* están representados por las letras regulares. Éstas son llamadas "abiertas" porque aparecen al comienzo o a la mitad de una palabra y dejan una apertura para que sigan las otras letras. Esto alude a los *jasadim* expandiéndose hacia afuera, abiertos a traer bondad al mundo. Las cinco *guevurot* están representadas por las letras finales, *MaNTzaPaJ*. Ellas son llamadas letras "cerradas" porque aparecen al final de la palabra y la cierran. Esto alude a las *guevurot*, que permanecen contenidas en el *Daat* de *Zeir Anpin* (cf. *Etz Jaim, Shaar Drushei HaTzelem* 25:2).

Estas *guevurot* (severidades) corresponden al temor, temor en la forma de decretos/juicios que pueden ser decretados en este mundo para aplicar un castigo. De allí que el Rebe Najmán afirme que la raíz del temor es *daat*, refiriéndose a las *guevurot*. Y aunque *daat* también consiste de *jasadim*, el Rebe Najmán está ocupado por el momento en elevar el temor hacia su raíz y, de acuerdo con ello, sólo se centra en las *guevurot*. Más adelante en la lección también incorporará el concepto de los *jasadim*.

Es interesante notar que Moshé Rabeinu fue tan grande que en las profundas enseñanzas del santo Ari es igualado al "*Daat* de *Zeir Anpin*" (*Etz Jaim* 32:1). Esto concuerda con el Midrash mencionado en la nota previa que asocia las cinco letras finales con la grandeza de Moshé. Este tema será desarrollado en el transcurso de la lección.

17. entenderás...daat.... En el contexto de la lección, la segunda parte de este versículo dice:

orden) el camino..." - alguien que evalúa sus caminos (*Sotá* 5b). En otras palabras, él juzga la manera en que actúa,[11] como en (Éxodo 21:1), "Éstos son los juicios que *taSiM* (pondrás)...".[12]

Como resultado, "...le mostraré la salvación del Señor". Esto corresponde al temor, como en (Eclesiastés 12:13), "Al Señor temerás".[13] En otras palabras, por medio del juicio el aspecto de temor asciende desde la *klipá* (la cáscara negativa) y desde las naciones. Pues, originalmente, [el temor] estuvo envestido en la *klipá*. Es por esto que la persona siente miedo de algo -de las autoridades, de los ladrones, o de cualquier otra cosa que la hace temer- porque el temor está envestido en esa cosa. Pues si el temor no se hubiera envestido en esa cosa, la cosa misma no habría tenido la capacidad de asustar a la persona.[14]

3. Y la raíz del temor es *daat* (conocimiento sagrado), como está escrito en *Etz Jaim* (Shaar Rosh HaShaná 2): *MaNTzaPaJ*[15] está ubicado en *Daat* de *Zeir Anpin*.[16] Como está escrito (Proverbios 2:5), "Entonces entenderás el temor a Dios, y encontrarás el *daat* del Señor".[17] Y la esencia del

---

11. juzga la manera en que actúa. Enseñaron nuestros Sabios: "Y *sam* el camino..." - no leas *veSaM*, sino *veShaM* (evalúa). Esto hace referencia a alguien que evalúa y juzga todas sus acciones. De la misma manera, el Maharsha (*Moed Katan* 5a, *v.i. al*) explica que *sham orjotav* (evalúa sus caminos) es el concepto de juzgarse a sí mismo. En el pasaje Talmúdico citado en nuestro texto (*loc. cit.*), el *Iun Iaacov* comenta que esto se refiere a aquél que es "oculto" (modesto y humilde) en sus caminos. Esta persona merecerá ver los tesoros ocultos de Dios. Esto encaja perfectamente con nuestra lección, que se refiere a alguien que, al practicar la plegaria oculta/recluida, merecerá contemplar la Luz Oculta.

12. los juicios que taSiM.... El Rebe Najmán agrega este versículo para demostrar que el "poner/establecer" (תשים) los juicios corresponde a "poner en orden" (שם) y evaluar nuestros caminos. Así, al juzgar sus acciones y caminos la persona evita los otros juicios que provienen de Arriba.

13. Al Señor temerás. En hebreo esto es *Elohim*, el santo nombre que indica fuerza y juicio, correspondiente al temor (ver Apéndice: Las Sefirot y Los Nombres de Dios Asociados a Ellas). En este contexto, el versículo se lee: **Y [al que] ponga en orden** - juzga - **el camino, le mostraré la salvación** - revelación o elevación **del Señor** - temor.

14. no habría tenido la capacidad.... Ver arriba, nota 7.

Resumen: Para experimentar el *Or HaGanuz* (Luz Oculta), los misterios de la Torá, es necesario elevar el temor a su raíz (§1). El temor se eleva a través del juicio. La persona que se juzga a sí misma evita el juicio desde Arriba. Alcanza entonces un temor a Dios que es puro, un temor que no está envuelto en nada externo (§2).

15. MaNTzaPaJ. Éstas son las cinco letras finales מנצפך: *mem* (ם); *nun* (ן); *tzadi* (ץ); *pe* (ף) y *caf* (ך). Ver *Bereshit Rabah* (1:11) sobre por qué estas cinco letras en particular tienen una forma

LIKUTEY MOHARAN #15:3

כְּמוֹ שֶׁכָּתוּב (דברים כ"ט): "וְלֹא נָתַן לָכֶם לֵב לָדַעַת". גַּם שָׁם עִקַּר הַיִּרְאָה, כְּמוֹ שֶׁאָמְרוּ חֲכָמֵינוּ, זִכְרוֹנָם לִבְרָכָה (קדושין לב:): דָּבָר הַמָּסוּר לַלֵּב, נֶאֱמַר בּוֹ: "וְיָרֵאתָ מֵאֱלֹקֶיךָ", הַיְנוּ שֶׁיֵּדַע מִמִּי יִתְיָרֵא, הַיְנוּ לְיִרְאָה אֶת הַשֵּׁם הַנִּכְבָּד יִרְאַת הָרוֹמְמוּת:

siente aterrorizada, es una señal de que el Santo, bendito sea, le ha ocultado Su rostro y que la persona ha sido acosada por juicios severos".

En contraste con el temor y la ansiedad que uno experimenta cuando está lejos de la santidad, se encuentran los dos tipos de temor al Cielo. La forma inferior, el temor al castigo por los pecados, es un prerrequisito fundamental para todo aquél que busca servir a Dios. *Irat haonesh*, como es sabido, indica que uno tiene conciencia de la mano de Dios manifestándose en aquello de lo cual siente temor. Comprende que las autoridades, los ladrones y demás no son nada más que los mensajeros de Dios, enviados para ejecutar el juicio por haber uno transgredido Su voluntad. En verdad, es precisamente a través de *pajadim* e *irá nefulá* que se le hace recordar esto. Éstas, en esencia, son las etapas preliminares para la elevación del temor a su raíz. Al centrarse en la verdadera causa de su temor, en lugar de sus vestimentas externas, eleva el temor y la ansiedad que experimenta hacia *daat* - transformando conscientemente este "temor caído" en el temor al Cielo.

El segundo tipo de temor al Cielo, más elevado, es conocido como *irat haromimut*, el temor que uno siente debido a la grandeza y exaltación de Dios como Gobernante y Señor del Universo. La persona que ha avanzado hasta este nivel no peca, ya no porque tema la retribución Divina, sino debido a que ha alcanzado tal sentimiento de temor del Santo, bendito sea, y consecuentemente, a una percepción tan clara de su propia insignificancia, que se siente demasiado avergonzada, demasiado petrificada, como para hacer algo que vaya en contra de la voluntad del Creador. Éste es el nivel de temor al cual se refiere el versículo citado en el texto, "Para temer el nombre glorioso"; ello agrega plenitud, si así pudiera decirse, al nombre y a la gloria de Dios. Y, mientras que el temor al castigo es de vital importancia, porque sin él no es posible entrar en el ámbito de lo santo, este temor más exaltado, el temor de Su grandeza, es lo que constituye el objetivo final (*Sabiduría y Enseñanzas del Rabí Najmán de Breslov* #5; *Likutey Moharán* I, 185).

El Rebe Najmán deja claro que la clave para avanzar desde los *pajadim* hasta el *irat haonesh* y en última instancia, si se es digno, al *irat haromimut*, es la práctica del *hitbodedut*. Cuando la persona comienza su servicio a Dios, el temor que experimenta es el temor a recibir un juicio. Al avanzar en sus devociones y practicar el *hitbodedut* en forma consistente, elevando el temor, entonces llega a percepciones cada vez más profundas de la naturaleza del temor, reconociendo que todo temor no es más que la manifestación de las *guevurot* en diferentes formas. Finalmente, su *hitbodedut* podrá llevarlo al *irat haromimut*, a la comprensión -la total y honesta comprensión- de que el único que puede ser temido es Dios Mismo.

Resumen: Para experimentar el *Or HaGanuz* (Luz Oculta), los misterios de la Torá, es necesario elevar el temor a su raíz (§1). El temor se eleva a través del juicio. La persona que se juzga a sí misma evita el juicio desde Arriba. Alcanza entonces un temor a Dios que es puro, un temor que no está envuelto en nada externo (§2). *Daat* es la fuente del temor; y la esencia de ambos se encuentra en el corazón. El temor más exaltado es saber a quién se debe temer: el temor a Su grandeza (§3).

conocimiento está en el corazón, como en (Deuteronomio 29:3), "Y Dios no les ha dado un corazón para conocer".[18] La esencia del temor también está [en el corazón], como enseñaron nuestros Sabios: Se dice de las cosas que están dadas al corazón, [es decir, ocultas en él], "¡Y temerás a tu Señor!" (*Kidushin* 32b).[19] Es decir, sabrá a quién temer[20] - es decir, "Para temer el nombre glorioso" (Deuteronomio 28:58), [que es] temor de Su grandeza.[21]

"...y *daat*, allí encontrarás temor" (el nombre *Elohim*, el Señor, es sinónimo de temor; como en n.3).

El Rebe Najmán también ha citado el comienzo del versículo, "Entonces entenderás el temor a Dios...". Entendimiento es la *sefirá* de *Biná* que, como se mencionó, es la raíz de las *guevurot*. Así, el versículo entero puede leerse: Entonces [traerás] las *guevurot* a *Biná*. ¿Cuándo? Cuando veas [que has elevado] este temor a daat.

18. un corazón para conocer. Esto se debe a que *Biná* (entendimiento) corresponde al corazón. Ésta es la continuación del versículo anterior, "Entonces traerás las *guevurot* a *Biná*", pues la raíz de las *guevurot*/temor está en *Biná*/corazón, y allí deben ser sentidas. En otra parte (*Likutey Moharán* I, 154) el Rebe Najmán trata esta misma idea y cita el versículo "Entiende hoy y grábatelo en tu corazón" (Deuteronomio 4:39).

19. al corazón...temerás a tu Señor. Hay ciertas mitzvot, tanto preceptos de acción como prohibiciones, que le fueron "dadas al corazón" - que sólo Dios conoce la verdadera intención de nuestro comportamiento. Los demás no tienen forma de saber si la falta al llevar a cabo un precepto positivo o la transgresión de un precepto negativo fue algo intencional o no. Así, por ejemplo, se le prescribe al judío "no poner un obstáculo [es decir, dar un mal consejo] delante del ciego [conceptual]...", y "ponerse de pie y honrar al sabio..." (Levítico 19:14,32). Dado que esto implica temas que están ocultos en el corazón, uno puede decir que es inocente de todo daño. Luego de haber dado un mal consejo y de haber hecho que su compañero, quien no tenía manera de saberlo, tropezara en algún asunto, la persona puede decir que no era consciente de que hubiera algo malo en su sugerencia. Puede decir, "¡No me di cuenta!" y nadie -aparte de Dios- podrá saberlo. De la misma manera, puede no levantarse ante un sabio que se está aproximando y luego decir, "No lo vi venir". ¿Quién -aparte de Dios- podrá saberlo? Por lo tanto, inmediatamente después de estos preceptos la Torá advierte, "¡Y temerás a tu Señor!". Así, el Talmud enfatiza que todo "lo que es dado al corazón" requiere que Le temamos a Dios. Debemos recordar que Dios conoce incluso nuestros pensamientos ocultos y aunque podamos engañar a los demás, a Él no podemos engañarlo (*Kidushin* 32a).

20. sabrá a quién temer. Uno debe elevar su temor al *daat* (conocimiento sagrado) y cuando sepa esto, sabrá a quién temer.

21. temor de Su grandeza. Hay tres categorías generales de temor: dos dentro del ámbito de la santidad y que ayudan en el servicio a Dios, y una que es necesario evitar para poder desarrollarse en santidad y acercarse a Dios. En la sección anterior el Rebe Najmán hizo referencia a este último tipo de temor denominándolo *pajadim* (miedo; cf. n.7) y que en otro lado denomina *irá jitzonit* (temor externo; *Likutey Moharán* I, 5:4) e *irá nefulá* (temor caído; *Ibid.*, 154). Escribe el Rebe en el libro *Sefer HaMidot* (*Pajad* A, 33), "Cuando la persona se

ד **וּכְשֶׁמַּגִּיעַ** לִבְחִינַת דַּעַת, זוֹכֶה לְהַשָּׂגַת הַתּוֹרָה, כְּמוֹ שֶׁכָּתוּב (משלי ח): "אֲנִי חָכְמָה שָׁכַנְתִּי עָרְמָה", שֶׁשְּׁכוּנַת הַתּוֹרָה אֵצֶל בַּר־דַּעַת, כְּמוֹ שֶׁכָּתוּב (דניאל ב): 'קֻדְשָׁא־בְּרִיךְ־הוּא יָהֵב חָכְמְתָא לְחַכִּימִין'. אֲבָל יֵשׁ שְׁנֵי בְּחִינוֹת תּוֹרָה: יֵשׁ בְּחִינַת נִגְלֶה וּבְחִינַת נִסְתָּר; אֲבָל לִבְחִינַת נִסְתָּר אֵינוֹ זוֹכֶה אֶלָּא לֶעָתִיד לָבוֹא, אֲבָל בְּזֶה הָעוֹלָם זוֹכֶה לִבְחִינַת נִסְתָּר עַל־יְדֵי תְּפִלָּה בִּמְסִירַת־נֶפֶשׁ, וְלִתְפִלָּה זוֹכֶה עַל־יְדֵי תּוֹרָה שֶׁבְּנִגְלֶה, כִּי הַתּוֹרָה שֶׁהִיא בְּנִגְלֶה הִיא בְּחִינַת סִינַי, כְּמוֹ שֶׁאָמְרוּ חֲכָמֵינוּ, זִכְרוֹנָם לִבְרָכָה (ברכות סד.): 'סִינַי וְעוֹקֵר הָרִים, הֵי מִנַּיְהוּ עָדִיף? וְהֵשִׁיבוּ: סִינַי עָדִיף, כִּי הַכֹּל צְרִיכִין לְמָרֵי חִטַּיָּא'; וְהַתּוֹרָה שֶׁבְּנִגְלֶה הַכֹּל צְרִיכִין לָהּ, אֲבָל הַתּוֹרָה שֶׁבְּנִסְתָּר - זְעֵירִין אִנּוּן דִּצְרִיכִין לָהּ.

Esto se relaciona directamente con la enseñanza Talmúdica de que los primeros *jasidim* (hombres de gran piedad) esperaban una hora antes de cada una de las tres plegarias diarias, oraban una hora, y luego esperaban otra hora más después de sus oraciones. Pregunta el Talmud: Si nueve horas del día eran utilizadas en la plegaria, ¿cuándo estudiaban Torá y se ganaban el sustento? La respuesta es que debido a que eran *jasidim*, su conocimiento quedaba guardado en sus corazones y su trabajo era bendecido (*Berajot* 32b). Estos períodos de preparación y plegaria están explicados en el *Shuljan Aruj* (*Oraj Jaim* 98:1) como el logro de un nivel de *hitpashtut hagashmiut* (literalmente, abandono de lo físico). Es por eso que la Torá quedaba en sus corazones. Éste es el concepto del temor siendo elevado a su raíz, mediante lo cual uno merece la Torá oculta.

25. Torá revelada…todos necesitan. Pregunta el Talmud (loc. cit.): ¿A quién necesita más el mundo, a alguien con un amplio conocimiento de la ley de la Torá - "Sinaí", o a alguien cuya penetrante mente le permite deducir la ley - "el que desarraiga montañas"? Nuestros Sabios responden que la persona que posee un amplio conocimiento es como alguien que vende cereales ya cosechados - todos necesitan de un individuo así. La Torá, en general, es llamada Sinaí, porque todas las leyes (un amplio conocimiento) fueron dadas allí.

De manera similar, el Rebe Najmán enfatiza la necesidad de estudiar la ley judía. Dijo que es absolutamente imprescindible que cada individuo estudie en forma diaria los Códigos de la Ley (*Sabiduría y Enseñanzas del Rabí Najmán de Breslov* #29). El *Shuljan Aruj* afirma esto de manera muy clara en *Iore Dea* 246:4; *Shaj, Ibid.*, 5; *Mishne Berura* 155:3. Esto se basa en la enseñanza Talmúdica: Todo aquél que estudie la ley de la Torá diariamente merecerá el Mundo Futuro (*Nidá* 73a). Todo esto se unirá al final de la lección donde el Rebe explica que el Mundo Futuro *es* la Torá oculta.

26. pocos son los que necesitan…. Es decir, dentro del contexto de la lección, nuestra percepción de la Torá no está al nivel en el cual se la necesita - vale decir, aún no hemos elevado el temor a su raíz como para merecer la Torá oculta.

4. Cuando se alcanza el aspecto de *daat*, se merecen percepciones de Torá, como está escrito (Proverbios 8:12), "Yo, la sabiduría, moro con [el] cuerdo" - la morada de la Torá está con aquél que tiene *daat*.[22] Como está escrito, el Santo, bendito sea, "le da sabiduría al sabio" (Daniel 2:21).[23]

Sin embargo, hay dos aspectos de la Torá: el aspecto revelado y el aspecto oculto. Aunque el aspecto oculto sólo será [plenamente] merecido en el Futuro (*Zohar* III, p.152a), aun así, por medio de una plegaria con total sacrificio personal es posible merecer el aspecto oculto [incluso] en este mundo.[24] Y la plegaria se merece a través de la Torá revelada. Esto se debe a que la Torá revelada corresponde al Sinaí, como enseñaron nuestros Sabios: "Sinaí" o "el que desarraiga montañas", ¿cuál es preferible? Y contestaron, "Sinaí" es preferible, pues todos necesitan del mercader de cereales (*Berajot* 4a). La Torá revelada es algo que todos necesitan.[25] Sin embargo, pocos son los que necesitan la Torá oculta (*Zohar* III, p.73a).[26]

22. Torá...aquél que tiene daat. "Sabiduría" en el versículo se refiere a la Torá. Así, "Yo, la Torá, moro con [el] cuerdo" - con aquél que tiene un saber sagrado.

23. sabiduría al sabio. El versículo completo dice, "Él le da sabiduría al sabio y conocimiento a aquéllos que tienen comprensión". La pregunta obvia es: Si uno necesita *daat* para adquirir Torá y sólo se le otorga este saber sagrado cuando tiene Torá -porque el Santo, bendito sea, le da sabiduría/Torá al sabio/a aquéllos que tienen *daat*- entonces, ¿por dónde se comienza? La respuesta es: ¡COMIENZA! Comienza estudiando Torá, incluso sin *daat*. Este estudio de la Torá guiará a la persona hacia los senderos apropiados de la vida de modo que, durante *hitbodedut*, pueda juzgarse a sí misma de acuerdo con ello (§2 arriba). Tal juicio elevará a la persona y a su temor al nivel en el cual pueda alcanzar *daat*.

El versículo que sigue a "[Él] da sabiduría..." dice: "Él revela cosas profundas y secretas". Esto encaja con la próxima afirmación del Rebe Najmán sobre los dos aspectos de la Torá: el revelado y el oculto. Así, luego de que uno obtiene al "sabio", la Torá revelada, ahora está listo para recibir lo "secreto", la Torá oculta.

24. oculto...plegaria y total sacrificio personal. Así como el ángel no puede venir a este mundo a no ser que se envuelva en lo físico (como fue el caso de los ángeles que visitaron a Abraham; Génesis 18:2 y sig.), la Torá, que es mucho más exaltada que el más elevado de los ángeles, no puede ser revelada en este mundo excepto por medio del ocultamiento. La Torá que tenemos hoy en día en este mundo tiene su origen en *Zeir Anpin*, y su esencia es conocida como la *neshamá* de la Torá. Sin embargo, llegará un tiempo, el Futuro, en que serán retiradas las capas de ocultamiento y se nos dará una revelación completamente nueva y una comprensión mucho más profunda de la Palabra de Dios (*Zohar* III, 152a). Sin embargo, en esta lección, el Rebe Najmán revela que "al deshacerse de las propias vestimentas", es posible alcanzar esta revelación espiritual incluso en este mundo. ¿Cómo? Cuando la persona ora con tal sacrificio personal e intensidad que trasciende su corporeidad y ya no está atada por las restricciones de su existencia física, entonces puede saborear la *neshamá* de la *neshamá*, la Torá oculta de *Atik*, el *Or HaGanuz*.

וּבְחִינַת סִינַי הוּא בְּחִינַת שִׁפְלוּת, כְּמוֹ שֶׁאָמְרוּ חֲכָמֵינוּ, זִכְרוֹנָם לִבְרָכָה (סוטה ה.), שֶׁהִנִּיחַ הַקָּדוֹשׁ־בָּרוּךְ־הוּא כָּל הֶהָרִים, וְלֹא נָתַן הַתּוֹרָה אֶלָּא עַל הַר־סִינַי. וַחֲכָמֵינוּ, זִכְרוֹנָם לִבְרָכָה, אָמְרוּ (שם ה:), שֶׁתְּפִלַּת הַשָּׁפֵל אֵין נִמְאֶסֶת, כְּמוֹ שֶׁכָּתוּב (תהלים נ״א): "לֵב נִשְׁבָּר" וְכוּ׳. וְעַל־יְדֵי תְּפִלָּה שֶׁהִיא בִּמְסִירַת־נֶפֶשׁ, שֶׁמְּבַטֵּל כָּל גַּשְׁמִיּוּתוֹ וְאֵין גְּבוּל, וּכְשֶׁאֵין גְּבוּל, אֲזַי יָכוֹל לְהַשִּׂיג הַתּוֹרָה שֶׁלֶּעָתִיד, שֶׁהִיא אֵינָהּ גְּבוּל וְאֵין נִתְפֶּסֶת בִּגְבוּל:

ה וְזֶה שֶׁאָמַר רַבָּה בַּר בַּר־חָנָה: לְדִידִי חֲזִי לִי הַהִיא אַקְרוּקְתָּא, דַּהֲוֵי כִּי אַקְרָא דְהַגְרוֹנְיָא. וְאַקְרָא דְהַגְרוֹנְיָא כַּמָּה הֲוֵי? שִׁתִּין בָּתֵּי. אֲתָא תַּנִּינָא בְּלָעָהּ. אֲתָא פּוּשְׁקַנְצָא וּבְלָעָהּ לְתַנִּינָא, וּסְלִק יָתֵב בְּאִילָנָא. תָּא חֲזִי כַּמָּה נְפִישׁ חֵילָא דְאִילָנָא. אָמַר רַב פַּפָּא בַּר שְׁמוּאֵל: אִי לָאו דַּהֲוֵי הָתָם לֹא הֵימְנֵהּ.

רַשְׁבַּ״ם:
אַקְרוּקְתָּא - צְפַרְדֵּעַ. כְּאַקְרָא דְהַגְרוֹנְיָא - גָּדוֹל הָיָה כְּאוֹתָהּ כְּרַךְ. וְאַקְרָא דְהַגְרוֹנְיָא כַּמָּה הֲוֵי, שִׁתִּין בָּתֵּי - תַּלְמוּדָא קָאָמַר לָהּ. אֲתָא תַּנִּינָא - רַבָּה קָאָמַר לָהּ. פּוּשְׁקַנְצָא - עוֹרֵב נְקֵבָה. בְּאִילָנָא - עַל עָנָף אֶחָד כְּדֶרֶךְ הָעוֹפוֹת. לָא הֵימְנִי - לֹא הֶאֱמַנְתִּי.

humana. Habiendo sido liberada de estas restricciones, la Torá oculta deja de ocultársele.

En otro lado, el Rebe Najmán enseña que al practicar *hitbodedut* uno puede merecer eliminar por completo todos los rasgos negativos (*Likutey Moharán* I, 52). Esto lleva a la cualidad de la humildad, que es vital para trascender la corporeidad, como se menciona en esta lección. Y, si bien anteriormente se explicó el *hitbodedut* como un medio para juzgarse a uno mismo (notas 6 y 23), esto sólo es un aspecto inicial de la plegaria en reclusión. Luego de la práctica constante y dedicada del *hitbodedut*, uno descubre otro nivel, más elevado. Éste es el nivel en el cual el *hitbodedut* se transforma en una plegaria intensa y devota mediante la cual se revelan los misterios de la Torá oculta (*Mabuei HaNajal*).

Resumen: Para experimentar el *Or HaGanuz* (Luz Oculta), los misterios de la Torá, es necesario elevar el temor a su raíz (§1). El temor se eleva a través del juicio. La persona que se juzga a sí misma evita el juicio desde Arriba. Alcanza entonces un temor a Dios que es puro, un temor que no está envuelto en nada externo (§2). *Daat* es la fuente del temor; y la esencia de ambos se encuentra en el corazón. El temor más exaltado es saber a quién se debe temer: el temor a Su grandeza (§3). Habiendo elevado el temor a *daat*, uno merece la Torá revelada -el conocimiento de sus leyes- y la humildad. Entonces puede orar con intensidad y sacrificio personal. Mediante esta trascendencia de lo corpóreo merece la Torá oculta/el *Or HaGanuz* (§4).

Ahora bien, el aspecto de Sinaí corresponde a la humildad, como enseñaron nuestros Sabios: El Santo, bendito sea, ignoró a todas las montañas y sólo entregó la Torá en el Monte Sinaí (Sotá 5a). Y enseñaron nuestros Sabios: Las plegarias de una persona humilde no son rechazadas, como en (Salmos 51:19), "Tú no menosprecias un corazón quebrado y contrito" (Sotá 5b).[27] Al orar con total sacrificio, la persona trasciende toda su corporeidad y no tiene límites.[28] Y cuando no tiene limitaciones, es capaz de percibir la Torá del Futuro, que no tiene límites ni puede ser circunscrita.[29]

5. Relató Raba bar bar Janá: Yo mismo vi esta *akrukta* que era como *akra deHagronia* (la ciudad de Hagronia). Y ¿cuán grande era la ciudad de Hagronia? Sesenta casas. Vino una *tanina* (serpiente) y se la tragó. Vino una *pushkantza* (cuervo) y se tragó a la serpiente. Ésta ascendió y se posó sobre un árbol. ¡Ven y mira cuán grande es la fuerza de ese árbol! Rabí Papa, el hijo de Shmuel dijo: ¡Si yo no hubiera estado allí, nunca le habría creído! (Bava Batra 73b).

Rashbam:

akrukta - [rana en Arameo; en hebreo es:] *tzefardea*; **como la ciudad de Hagronia** - era tan grande como esa ciudad; **Y ¿cuán grande era la ciudad de Hagronia? Sesenta casas** - el Talmud dice esto; **Vino una serpiente** - Rabah dice esto; **pushkantza** - [arameo para] la hembra del cuervo [*orev* en hebreo]; **un árbol** – sobre una rama, como hacen las aves; **nunca le habría creído** – nunca lo habría creído.

27. **humilde...no menosprecias....** Así, cuando la persona estudia Torá y llega a la categoría de Sinaí/humildad, entonces puede orar apropiadamente. Dios desea sus plegarias pues su corazón está quebrantado y contrito. Cuando sucede esto, no hay obstáculos que interrumpan su plegaria y la persona humilde puede orar con gran intensidad y sacrificio personal (*Parparaot LeJojmá*).

28. **no tiene límites.** Como resultado de su humildad, que adquirió estudiando la Torá revelada, la persona es llevada al nivel en el cual se deshace de su vestimenta física. Éste es el avanzado nivel espiritual denominado *bitul* (anulación); en lo que a ella concierne, ella no existe (*Parparaot LeJojmá*).

29. **...ni puede ser circunscrita.** Como se mencionó anteriormente (ver n.24) el *Zohar* enseña que la Torá oculta del Futuro tiene su origen en *Atik*, la más elevada de las personas Divinas. Este elevado aspecto de la Torá no puede ser incluido ni quedar envuelto en ninguna forma física que pudiera permitirle ser traído a este mundo. Debido a que no puede ser contenido ni circunscrito por lo corporal, la mente del hombre es incapaz de percibir sus grandes misterios. Sin embargo, la persona humilde que trasciende su propia corporeidad ya no está, en un sentido, unida o limitada por las formas físicas de este mundo. Su mente es por lo tanto capaz de absorber e incluir aquello que se encuentra normalmente más allá de la percepción y de la comprensión

אַקְרוּקְתָּא – פֵּרֵשׁ רַבֵּנוּ שְׁמוּאֵל: צְפַרְדֵּעַ. וְזֶה בְּחִינַת עֲלִיַּת הַיִּרְאָה לְשָׁרְשָׁהּ, הַיְנוּ דַעַת; כִּי צְפַרְדֵּעַ הִיא מִלָּה מֻרְכֶּבֶת: צִפּוֹר דֵּעָה (תנא דבי אליהו ז' ובכונות ההגדה), וְצִפּוֹר הוּא בְּחִינַת יִרְאָה, בְּחִינַת אֶרֶץ, כְּמוֹ שֶׁכָּתוּב (ישעיהו כ״ד): "מִכְּנַף הָאָרֶץ זְמִירוֹת" וְכוּ׳, וּכְמוֹ שֶׁכָּתוּב (שם ס): "מִי אֵלֶּה" – אוֹתִיּוֹת 'אֱלֹקִים' – כָּעָב תְּעוּפֶינָה" וְכוּ׳, וְדֵעָה הִיא שֹׁרֶשׁ הַיִּרְאָה.

וְדַמְיָא לְאַקְרָא דְהַגְרוֹנְיָא – לָשׁוֹן (שם נ״ח): "קְרָא בְגָרוֹן", שֶׁזֶּה בְּחִינַת תּוֹרָה שֶׁבִּנְגְלָה, כְּמוֹ שֶׁאָמְרוּ חֲכָמֵינוּ, זִכְרוֹנָם לִבְרָכָה (עירובין נד.): 'לְמוֹצִיאֵיהֶם בַּפֶּה', כִּי עַל־יְדֵי עֲלִיַּת הַיִּרְאָה לִבְחִינַת דַּעַת, זוֹכִין לַתּוֹרָה שֶׁבִּנְגְלָה.

וְאַקְרָא דְהַגְרוֹנְיָא כַּמָּה הֲוָה, שִׁתִּין בָּתֵּי – זֶה בְּחִינַת תְּפִלָּה, כִּי כְּשֶׁאָנוּ קוֹרְאִין לְהַקָּדוֹשׁ־בָּרוּךְ־הוּא בִּתְאָרִים שֶׁל בָּשָׂר וָדָם, וְהוּא נִמְצָא לָנוּ בְּכָל קָרְאֵנוּ אֵלָיו – זֶה חֶסֶד הַשֵּׁם יִתְבָּרַךְ, כִּי אִם לֹא הָיָה בְּחַסְדֵי הַשֵּׁם יִתְבָּרַךְ, לֹא הָיָה כְּדַאי לִקְרֹא וּלְכַנּוֹת אֶת הַשֵּׁם יִתְבָּרַךְ בִּתְאָרִים וּשְׁבָחִים וְתֵבוֹת וְאוֹתִיּוֹת, אֲבָל זֶה הַכֹּל חֶסֶד שֶׁל הַשֵּׁם יִתְבָּרַךְ. וְזֶה: 'שִׁתִּין בָּתֵּי' – זֶה בְּחִינַת חֶסֶד, בְּחִינַת אַבְרָהָם,

la fuente de vida para aquellos que la expresan abiertamente - *kra begaron*. Esto corresponde a la Torá revelada, que uno puede y debe siempre expresar y enseñar, a diferencia de la Torá oculta, que debe ser guardada cuidadosamente de aquéllos que no son aptos para estudiarla (cf. *Jaguigá* 11b).

De este modo, el relato de Raba bar bar Janá sobre cómo vio esta *tzefardea* alude al hecho de que había elevado el temor a su raíz, a *daat*. Este *tzipor dea* era como el *kra dehagronia* - es decir, mediante ello mereció la Torá revelada.

34. la bondad de Dios.... La alabanza expresada por el hombre en su intento por relacionarse con Dios, para agradecerle y para describir Su grandeza es solamente eso, un intento. Nuestras palabras, no importa cuán majestuosas sean, nunca pueden ser suficientes; ni como agradecimiento ni como alabanza. Incluso descripciones superlativas tales como "grande", "tremendo" y "exaltado", son meras concepciones físicas y quedan infinitamente lejos de la alabanza que se Le debe. En verdad, todo intento del hombre en esta área siempre parecerá un acto de arrogancia, Dios no lo permita. ¿Qué es lo que le da al hombre el derecho de pensar que puede decir algo sobre Dios, cuando cualquier cosa que diga no será más que una descripción antropomórfica e inadecuada del indescriptible Santo, bendito sea? ¿Qué es, por lo tanto, lo que nos hace pensar que tenemos los medios para alabarlo y orarle? Así, el Rebe Najmán concluye que el derecho del

akrukta - Rashbam explica que ésta es una *tzefardea*. Esto alude a la elevación del temor a su raíz, es decir, a *daat*. Esto se debe a que la palabra *TzeFaRDeA* está compuesta por *TziPoR* (pájaro) y *DeA* (conocimiento) (*Taná deBei Eliahu* 1:7). "Pájaro" corresponde al temor/tierra, como en (Isaías 24:16), "Desde el *knaf* (rincón) de la tierra hemos oído canciones".³⁰ Y, como está escrito (Isaías 60:8), "*MI EiLe* (Quiénes son estos)" -las mismas letras que ELoHIM- "que vuelan como una nube".³¹ Y *dea* es la raíz del temor.³²

que era como *aKRA* (la ciudad) de haGRONia - Esto es fonéticamente similar a "*KRA beGaRON* (clama a voz en cuello)" (Isaías 58:1). Esto es una referencia a la Torá revelada, como enseñaron nuestros Sabios: *lemotzieiem* (aquellos que las expresan) de manera verbal (*Eruvin* 54a). Pues al elevar el temor al aspecto de *daat*, uno merece la Torá revelada.³³

Y ¿cuán grande era la ciudad de Hagronia? Sesenta casas - Esto corresponde a la plegaria. Porque cuando clamamos al Santo, bendito sea, con la imaginería del hombre y Él Se hace accesible a nosotros "cada vez que Lo invocamos" (Deuteronomio 4:7), ésta es la bondad de Dios. Pues si no fuera por la bondad de Dios, no sería apropiado clamar y hacer referencia a Dios con imágenes, alabanzas, palabras y letras. Pero todo esto es la bondad de Dios.³⁴ Y esto es **sesenta casas** - correspondiente

---

30. **pájaro...temor/tierra....** La palabra *knaf*, que significa rincón, como en la traducción literal del versículo, también significa el "ala" de un pájaro. Por lo tanto este versículo, que el Rebe Najmán cita de Isaías, puede también leerse: "Desde el ala de la tierra...". Así, ala/pájaro está asociado con la tierra, que es sinónimo de temor (§2, n.4).

31. **quiénes son estos...vuela....** Enseña el *Tikuney Zohar* (#20, p.42b): "En el comienzo, creó *Elohim*" (Génesis 1:1) - *ELoHIM* (אלהים) es *MI EiLeH* (מי אלה), como en (Isaías 40:26), "Levanta tus ojos al cielo y mira *mi* (quién) creó *eileh* (éstos)". Y, como se explicó anteriormente (§2, n.13), *Elohim* (el Señor) es el santo nombre que indica fortaleza y juicio, correspondiente al temor. De este modo, "¿Quiénes son estos que vuelan?" denota la conexión entre *Elohim*/temor y *tzipor* (pájaro).

32. **raíz del temor.** Por lo tanto, la palabra compuesta *TzeFaRDeA* (צפרדע) - *TziPoR DeA* (צפור דעה) - alude al temor y a *daat*, siendo *daat* la raíz del temor (§3 arriba). Cf. *Likutey Moharán* I, 3.

33. **de manera verbal....** Enseña el Talmud (*loc. cit.*): "Porque ellas son vida *lemotzAeiem* (למוצאיהם, para aquéllos que las encuentran)" (Proverbios 4:22) - lee esto *lemotzIeiem* (למוציאיהם, para aquéllos que las expresan) de manera verbal. Así, enseñan nuestros Sabios que la Torá es

כְּמוֹ שֶׁכָּתוּב (שיר השירים ו): "שִׁשִּׁים הֵמָּה מְלָכוֹת", פֵּרֵשׁ רַשִׁ"י: 'זֶה בְּחִינַת אַבְרָהָם'; 'וּבָתֵּי' – 'לְשׁוֹן בָּתֵּי מַלְכוּת'.

וְזֶה (שם ב): "סַמְּכוּנִי בָּאֲשִׁישׁוֹת", כְּמוֹ שֶׁמְּשִׂימִין אֲשִׁישׁוֹת כְּנֶגֶד אוֹר גָּדוֹל, כְּדֵי לְהִסְתַּכֵּל בָּאוֹר הַגָּדוֹל עַל־יְדֵי אֲשִׁישׁוֹת, כֵּן גָּזַר חַסְדּוֹ לִסְמֹךְ אוֹתָנוּ בַּתֵּאָרִים וְשֶׁבָחִים הָאֵלּוּ. וְזֶה לְשׁוֹן: "סַמְּכוּנִי", שֶׁהוּא בְּחִינַת סָמֶ"ךְ, וּבְחִינַת שִׁשִּׁים הֵמָּה מְלָכוֹת, בְּחִינַת אַבְרָהָם, שֶׁהוּא בְּחִינַת סָמֶ"ךְ בָּתֵּי.

וְאָתָא תִּנְיָנָא וּבְלָעָהּ – תִּנְיָנָא זֶה בְּחִינַת נָחָשׁ, שֶׁמֵּסִית אֶת הָאָדָם שֶׁיִּתְפַּלֵּל לְתוֹעֶלֶת עַצְמוֹ, כְּמוֹ: הַב לָנָא חַיֵּי וּמְזוֹנָא, אוֹ שְׁאָר תּוֹעֶלֶת.

aludidas aquí son las casas de reinado, correspondientes a las sesenta dinastías establecidas por los descendientes de Abraham.

Un estudio más profundo del episodio de las parteras judías en Egipto nos permite establecer conexiones adicionales con nuestra lección. El faraón les ordenó a las parteras (Iojeved y Miriam) que matasen a todos los varones judíos al momento de nacer - un período de juicio había descendido sobre los judíos. Pero las parteras temían a Dios y se negaron a cumplir el decreto del faraón. Debido a esto, Iojeved mereció dar a luz a Moshé, quien es el concepto de *daat* (arriba, n.16). La elevación del temor hacia el conocimiento sagrado por parte de Iojeved llevó finalmente a la revelación de la Torá, a la Torá revelada, a través de Moshé. Habiendo alcanzado este nivel, Iojeved y Miriam fueron capaces de ofrecer plegarias de tal intensidad que hasta lograron resucitar a los niños que habían nacido muertos (*Shemot Rabah* 1:19). Miriam fue recompensada con la profecía. Fue capaz de ver el futuro, correspondiente al *Or HaGanuz*, la Torá oculta.

38. ...apoyarnos en esta imaginería y alabanza. Aunque nuestras palabras de plegaria y de alabanza no son más que *ashashot* -creando una imagen reflejada de la Luz Verdadera, sin describir la Luz Verdadera Misma- gracias a la bondad de Dios tenemos permiso para apoyarnos en nuestras descripciones y representaciones especulares.

39. SaMJuni...SaMeJ...casas. "*Samjuni beashishot...* pues estoy enferma de amor" puede entonces traducirse así: "Es posible apoyarme sobre las imágenes y las alabanzas especulares para orar a Dios debido a la cualidad de las sesenta casas de Abraham, quien es bondad".

Así, Rabah bar bar Janá dijo que *akra deHagronia* era como sesenta casas. La Torá revelada que mereció lo llevó a la plegaria, y debido a la cualidad de *jesed*, fue capaz de orar a Dios con alabanza y agradecimiento.

40. otros beneficios similares. Esto está aludido más arriba (§4) donde el Rebe Najmán enseña que, mediante la humildad, la persona debe anular sus deseos físicos para poder alcanzar el nivel de la plegaria en el que se deshace de sus vestimentas. Porque cuando uno adquiere Torá merece la plegaria, pero durante esta plegaria tiene que liberarse completamente de la corporeidad (*Biur HaLikutim*).

a la bondad, el aspecto de Abraham.³⁵ Como está escrito (Cantar de los Cantares 6:8), "Hay sesenta reinos", que Rashi explica como una referencia a Abraham.³⁶ Y **casas** connota casas de reinado.³⁷

Éste es el significado de "*samjuni baAShiShoT* (susténtame con tortas de pasas)" (Cantar de los Cantares 2:5). Esto es como sostener *AShaShoT* (filtros de cristal) frente a una poderosa luz para poder mirar esa poderosa luz a través de los filtros. De manera similar, Su bondad decretó que fuéramos sustentados [es decir, podamos apoyarnos] en esta imaginería y alabanza.³⁸ Y ésta es la connotación de *SaMJuni*: ello corresponde a *SaMeJ* (sesenta), y a "Hay sesenta reinos". Éste es el aspecto de Abraham, pues él corresponde a las *samej* casas.³⁹

Vino una *tanina* y se la tragó - *Tanina* indica el aspecto de una serpiente. Ella lleva a la persona a orar para su propio beneficio personal, tal como "Danos vida y sustento" (*Tikuney Zohar*, p.22a), u otros beneficios [similares].⁴⁰

---

ser humano para llamar a Dios y para referirse a Él con las imágenes y expresiones diseñadas por el hombre no es otra cosa que un regalo del Mismo Santo, bendito sea. Es un supremo acto de amor que el Creador le ha entregado a Su creación; dándoles a todos los seres creados el beneficio que surge de *suponer* la conexión con Él, Su agradecimiento y Su alabanza.

Por lo tanto, es esencial que la persona se entregue a una oración intensa, con total sacrificio personal, particularmente al mencionar las palabras de alabanza que Le atribuyen cualidades al Santo, bendito sea. Al hacerlo, será digna de unirse a la santidad y de acercarse a Dios. Pues en verdad, la grandeza de Dios se encuentra mucho más allá de nuestra concepción y las palabras que decimos en Su alabanza nunca pueden ser adecuadas; es sólo debido a Su *jesed* (bondad) que al menos podemos mencionarlas (*Mei HaNajal*).

35. bondad, el aspecto de Abraham. Abraham es conocido como *ish jesed* (hombre de bondad). Él es la encarnación del atributo y de la *sefirá* de *Jesed* (ver Apéndice: Los Siete Pastores Superiores).

36. sesenta reinos...Abraham. Rashi (*loc. cit.*) explica que los "sesenta reinos" hacen referencia a Abraham y a sus descendientes (Itzjak, sus hijos y los hijos de ellos, Ishmael y sus hijos, y los hijos de Ketura). Ver también *Likutey Moharán* I, 4:9 que los sesenta reinos son sinónimo de las sesenta ciudades (de otra de las historias de Raba bar bar Janá), y que estas sesenta ciudades corresponden a las sesenta letras de la Bendición Sacerdotal (Números 6:22-26). Esto también es una referencia a Abraham quien, además de ser el paradigma de la bondad, obtuvo la promesa de Dios de que sería "un sacerdote por siempre" (Salmos 110:4). Los sesenta reinos aluden también a los sesenta tratados de la Ley Oral, la Torá revelada.

37. ...casas de reinado. La Torá nos dice que, debido a que las parteras judías temían a Dios y se negaron a seguir las órdenes del faraón, "Él hizo casas para ellas" (Éxodo 1:21). Nuestros Sabios explican que "casas" hace referencia a la Casa del Sacerdocio (Aarón), a la Casa Levítica (Moshé) y a la Casa de los Reyes (el rey David) (*Sotá* 11b). Las "sesenta casas"

וַאֲתִי פּוּשְׁקַנְצָא וּבְלָעָהּ – פֵּרֵשׁ רַבֵּנוּ שְׁמוּאֵל, עוֹרֵב; וְאָמְרוּ חֲכָמֵינוּ, זִכְרוֹנָם לִבְרָכָה (עירובין כב.): 'מִי שֶׁמַּשְׁחִיר פָּנָיו כְּעוֹרֵב וּמִי שֶׁנַּעֲשֶׂה אַכְזָרִי עַל בָּנָיו כְּעוֹרֵב', הַיְנוּ שֶׁמִּתְפַּלֵּל בְּלִי שׁוּם כַּוָּנַת תּוֹעֶלֶת עַצְמוֹ, וְאֵינוֹ חוֹשֵׁב לִכְלוּם אֶת עַצְמוֹ, וְנִתְבַּטֵּל כָּל עַצְמוּתוֹ וְגַשְׁמִיּוּתוֹ, וְנִתְבַּטֵּל כְּאִלּוּ אֵינוֹ בָּעוֹלָם, כְּמוֹ שֶׁכָּתוּב (תהלים מ"ד): "כִּי־עָלֶיךָ הֹרַגְנוּ כָל־הַיּוֹם". וְזֶה בְּחִינַת (שיר-השירים ה): "שְׁחוֹרוֹת כָּעוֹרֵב". וְעַל־יְדֵי זֶה:

סָלֵק וִיתֵב בְּאִילָנָא – שֶׁזּוֹכֶה לִבְחִינוֹת תּוֹרָה שֶׁבְּנִסְתָּר, כְּמוֹ שֶׁכָּתוּב (תהלים י"ח): "יָשֶׁת חֹשֶׁךְ סִתְרוֹ", שֶׁסִּתְרֵי־תּוֹרָה – אָדָם זוֹכֶה לָהֶם עַל־יְדֵי חֹשֶׁךְ, הַיְנוּ מְסִירַת־נֶפֶשׁ, שֶׁמַּשְׁחִיר פָּנָיו כְּעוֹרֵב, כִּי הֵם בְּחִינַת חֹשֶׁךְ עַל שֵׁם עֹמֶק הַמֻּשָּׂג. וְזֶה בְּחִינַת: 'סָלֵק וִיתֵב בְּאִילָנָא', שֶׁשָּׁם מְדוֹר הַנְּשָׁמוֹת, כְּמוֹ שֶׁכָּתוּב (זהר משפטים צט.): 'כָּל נִשְׁמָתִין מֵאִילָנָא רַבְרְבָא נָפְקִין'.

43. negros como el cuervo. Enseña el Talmud sobre la expresión *"shejorot kaorev"* (negro como un cuervo), que la Torá sólo reside en aquél que se levanta temprano y que se queda despierto hasta muy tarde en la noche para poder estudiar, al igual que con aquél que no muestra misericordia ante su bienestar físico de modo que se "ennegrece" con el sacrificio personal dedicándose al estudio de la Torá (*Eruvin* 22a). Esto se deduce de la expresión misma: *SheJoRoT* (שחורות) que denota *ShaJaRiT* (שחרית, mañana), y *OReV* (עורב) que denota *EReV* (ערב, noche) (*Rashi v.i. shemashkim*). La persona que llega a la casa de estudio a la mañana temprano y que permanece allí hasta muy tarde a la noche, soportando dificultades físicas en aras del desarrollo espiritual, verá bendición en sus estudios. Merecerá saborear la Torá oculta, la Luz Oculta, en todas las leyes. Además, *"shejorot kaorev"* alude al sacrificio personal durante la plegaria, pues levantarse a la mañana representa la plegaria de la mañana y quedarse tarde a la noche representa la plegaria de la noche (*Mei HaNajal*).

44. negro...oscuridad...profundos conceptos. Los misterios de la Torá son semejantes a la oscuridad en el hecho de que están ocultos del conocimiento general y que, debido a su gran profundidad, no son fácilmente comprensibles. Esto se relaciona con la persona que ha "ennegrecido su rostro" absteniéndose de lo físico para ser digna de experimentar el *Or HaGanuz* en este mundo.

Debido al *jesed* de Dios, Raba bar bar Janá pudo orar con intensidad y sacrificio personal. Así, relata que el cuervo se tragó el aspecto de la serpiente - Raba bar bar Janá hizo que su rostro fuera negro como un *orev* y no les prestó atención a sus necesidades físicas en absoluto (cf. Lección #14:9). Esto lo hizo digno de saborear de la Torá oculta.

45. del Gran Árbol. Esto hace referencia a *Biná*, desde donde emana la *neshamá* (el alma)

Vino una *pushkantza* y se tragó a la serpiente - Rashbam explica que se trata de un *orev*. Y enseñaron nuestros Sabios: [¿En quién puede encontrarse la Torá?]. En aquél que hace que su rostro sea negro como el de un cuervo, y en aquél que se vuelve cruel hacia sus hijos como el cuervo (*Eruvin* 22a). Es decir, que ora sin ninguna intención de beneficio personal y se considera a sí mismo sin valor alguno, de modo que se eliminan su yo y su corporeidad. Se anula como si no estuviese en este mundo,[41] como está escrito (Salmos 44:23), "Por Ti somos muertos cada día".[42] Esto corresponde a "negros como el cuervo" (Cantar de los Cantares 5:11).[43] Y mediante esto:

Ésta ascendió y se posó sobre un árbol - Esto es merecer el aspecto de la Torá oculta, como está escrito (Salmos 18:12), "Él hizo de la oscuridad *SiTRo* (Su escondite)". La persona merece los *SiTRei* (los misterios ocultos de la) Torá mediante la oscuridad -es decir, el sacrificio personal- pues "hace que su rostro sea negro como el de un cuervo". Porque [la Torá oculta] corresponde a la oscuridad debido a sus profundos conceptos.[44] Y esto es: "ascendió y se posó sobre un árbol." [El árbol] es el lugar en el que habitan las almas, como está escrito (*Zohar* II, 99a): Todas las almas emanan del Gran Árbol.[45]

---

41. ...anula...en este mundo. El cuervo es famoso por ser un pájaro muy cruel, incluso con sus propias crías (*Ketuvot* 49b). Al igual que el cuervo, aquél que se dedica a acercarse a Dios para experimentar el *Or HaGanuz* necesita ser totalmente inmisericorde con su propio yo y corporeidad. Al orar, debe negar todos sus intereses físicos y centrarse sólo en las necesidades espirituales de su alma. Sólo a través de esta "crueldad" es posible merecer una percepción de la Torá oculta.

42. muertos cada día. El Rebe Najmán explica que no hay día en que cada persona no muestre alguna forma de *mesirat nefesh* (sacrificio personal). La gente se sacrifica por alguien o por algo de maneras muy diversas pero, en última instancia, el sacrificio personal perfecto sólo es en aras de Dios. Este *mesirat nefesh* se encuentra aludido en, "Por Ti somos muertos cada día" (*Likutey Moharán* II, 46). Esto puede comprenderse mejor a la luz de esta lección, porque es durante la plegaria -la plegaria intensa- que uno debe "matar" todo rasgo de personalidad y sacrificar el beneficio personal ante Dios (*Mei HaNajal*).

En otra parte, el Rebe Najmán dice: Cuando la gente trata de ser verdaderamente religiosa y servir a Dios, se ve abrumada por la confusión y las frustraciones... Cuanto más desean servir a Dios, más dificultades encuentran. Pero todo el entusiasmo que sienten al tratar de hacer el bien es muy valioso, aunque no alcancen su objetivo. Todos sus esfuerzos son tomados en cuenta como un sacrificio, en la categoría de, "Por Ti somos muertos cada día". Este versículo también se aplica a la persona que quiere orar pero que enfrenta numerosas distracciones. Si se entrega completamente a la tarea poniendo todo su esfuerzo en orar apropiadamente entonces, aunque la plegaria no sea perfecta, el esfuerzo mismo es como traer un sacrificio (*Sabiduría y Enseñanzas del Rabí Najmán de Breslov* #12).

וְהוּא בְּחִינַת עוֹלָם הַבָּא, שֶׁשָּׁם אֲרִיכוּת יָמִים, כְּמוֹ שֶׁכָּתוּב (ישעיהו ס"ה): "כִּימֵי עֵץ יְמֵי עַמִּי". וְזֶה זוֹכֶה עַל-יְדֵי תְּפִלָּה, כִּי 'הַקָּדוֹשׁ-בָּרוּךְ-הוּא מִתְאַוֶּה לִתְפִלָּתָן שֶׁל יִשְׂרָאֵל',

וּכְשֶׁיִּשְׂרָאֵל מִתְפַּלְלִין לְפָנָיו וּמְמַלְאִין תַּאֲוָתוֹ, אֲזַי נַעֲשֶׂה כִּבְיָכוֹל בִּבְחִינַת אִשָּׁה, שֶׁהוּא מְקַבֵּל תַּעֲנוּג מֵעִמָּנוּ, כְּמוֹ שֶׁכָּתוּב (במדבר כ"ח): "אִשֶּׁה רֵיחַ נִיחֹחַ לַה'" – עַל-יְדֵי הָרֵיחַ נִיחוֹחַ שֶׁמְּקַבֵּל נַעֲשֶׂה בִּבְחִינַת אִשָּׁה, "וּנְקֵבָה תְּסוֹבֵב גָּבֶר" (ירמיה ל"א), שֶׁהַקָּדוֹשׁ-בָּרוּךְ-הוּא נַעֲשֶׂה בִּבְחִינַת מַלְבּוּשׁ נִגְלֶה, הַיְנוּ מִבְּחִינַת שֶׁהָיָה מִתְחִלָּה בְּנִסְתָּר, עַכְשָׁו נִתְגַּלֶּה עַל-יְדֵי הַתְּפִלָּה, וְקֻדְשָׁא-בְּרִיךְ-הוּא וְאוֹרַיְתָא כֹּלָּא חַד, וְאָז עַל-יְדֵי הַתְּפִלָּה נִתְגַּלֶּה אוֹרַיְתָא, הַיְנוּ סִתְרֵי אוֹרַיְתָא.

תָּא חֲזִי כַּמָּה נָפִישׁ חֵילָא דְּאִילָנָא – הַיְנוּ, כַּמָּה נָפִישׁ חֵילָא דְּהַאי סִתְרֵי-תּוֹרָה, שֶׁאֵין יְכוֹלִים לְהִתְלַבֵּשׁ בְּשׁוּם דָּבָר מֻגְבָּל, בְּשׁוּם גּוּף, אֶלָּא בְּמִי שֶׁמַּשְׁחִיר פָּנָיו כְּעוֹרֵב וְנַעֲשֶׂה כְּעוֹרֵב עַל בָּנָיו:

48. IShá̈H...IShéH...el aspecto femenino. Toda la creación entra en una de dos categorías: puede ser *mashpiá* (dador), el principio masculino; o *nishpá* (receptor), el principio femenino. Sin embargo, frente al Santo, bendito sea, todos los aspectos de la creación son beneficiarios, mientras que Dios, Quien siempre está proveyéndole *shefa* al mundo, es el benefactor. Sin embargo, cuando el pueblo judío cumple con las mitzvot, Le damos placer a Dios. Entonces nosotros nos volvemos el *mashpiá* y Él, el *nishpá*, si así pudiera decirse. Esto se encuentra aludido en, "Es un *ishéh* (אשה, una ofrenda de fuego)... a Dios". Mediante nuestro dar y Su recibir, Dios, si así pudiera decirse, toma la cualidad de *isháh* (אשה), el aspecto femenino.

49. la mujer cortejará al hombre. Aunque la costumbre actual es que el hombre tome el rol activo en la búsqueda de su pareja matrimonial (*Kidushin* 2b), llegará un tiempo, dice Jeremías, en que esto será invertido y la mujer cortejará al hombre. En nuestro contexto, esto se relaciona a cuando Dios se vuelve el beneficiario. Entonces Él, si así pudiera decirse, corteja al hombre quien -a través del sacrificio personal y de la plegaria intensa- Le da placer a Dios. ¿Cómo es que Dios corteja al hombre? Revelándosele. El Rebe Najmán deduce esto del versículo mismo. La palabra traducida aquí como "cortejar" es *tesovev*, que literalmente significa rodear o envolver. Alude por tanto a la "vestimenta" con la cual se cubre el Santo, bendito sea, para revelarse a aquél que Él está cortejando.

50. Dios y la Torá son uno. De modo que cuando Dios Se revela, también lo hace la Torá oculta.

51. sólo en aquél.... En otra parte, el Rebe Najmán enseñó que cuando uno trasciende los

Y [la Torá oculta] es un aspecto del Mundo que Viene,⁴⁶ en donde existe largura de días, como en (Isaías 65:22), "Como los días de un árbol, así serán los días de Mi pueblo". Esto se merece a través de la plegaria, pues el Santo, bendito sea, desea la plegaria del pueblo judío (cf. *Julín* 60b).⁴⁷

Y cuando los judíos oran delante de Él y satisfacen Su deseo, entonces [Dios], si así pudiera decirse, toma el aspecto de *IShá*H (lo femenino). Esto se debe a que Él recibe placer de nosotros, como está escrito (Números 28:8), "Es un *IShéH* (ofrenda de fuego), una fragancia agradable para Dios". Mediante esta fragancia agradable que recibe, Él toma el aspecto femenino.⁴⁸ Y, [debido a que] "La mujer cortejará al hombre" (Jeremías 31:21),⁴⁹ el Santo, bendito sea, toma el aspecto de una "vestimenta revelada". En otras palabras, ese aspecto que originalmente estaba oculto ahora está revelado a través de la plegaria. Y Dios y la Torá son uno (*Zohar* III, 73a).⁵⁰ Así, mediante la plegaria, se revela la Torá - es decir, los misterios ocultos de la Torá.

¡Ven y mira cuán grande es la fuerza de ese árbol! - Es decir, [ven y mira] cuán grande es la fuerza de esos misterios de la Torá. Ellos no pueden envestirse en nada finito o físico, sino sólo en aquél que "hace que su rostro sea negro como el de un cuervo" y que se comporta como un cuervo con sus hijos.⁵¹

(*Zohar HaRakia*, loc. cit.). El Gran Árbol también es una alusión al Árbol de Vida, del cual enseña el *Zohar*: Esto corresponde a *Biná* y a la Torá oculta (*Zohar* III, 124b).

46. el Mundo que Viene. El Mundo Futuro es conocido como el *Olam HaBa* (el Mundo que Viene). En las enseñanzas del Ari, este nombre se explica como una referencia a la revelación de los *mojín* (mentalidades) que están en un constante estado de "venir". En el Mundo Futuro habrá una continua revelación de estos *mojín*, mientras que actualmente, en este mundo, sólo adquieren estos *mojín* aquéllos a los cuales se les permite saborear la Torá oculta. Por otro lado, de las diez *sefirot*, las siete inferiores están asociadas con los siete días de la semana, mientras que *Biná*, la octava *sefirá* (comenzando desde abajo), está asociada con el *Olam HaBa* (*Etz Jaim* 15:5). *Biná*, como se mencionó más arriba (n.17), es la *sefirá* a la cual debe elevarse el temor, porque es *Biná* la que provee los *MaNTzaPaJ*, las *guevurot* en el *Daat* de *Zeir Anpin* (arriba, n.16). En otras palabras, cuando uno ha adquirido la Torá revelada y ora con intensidad y con *mesirat nefesh*, merece que le sean revelados los misterios de la Torá. Esta Torá oculta es sinónimo del Mundo que Viene, cuando serán eliminados totalmente los lazos con lo corpóreo.

47. la plegaria del pueblo judío. El Talmud (*loc. cit.*) explica esto como el hecho de que Dios desea las plegarias de algunos tzadikim específicos. En nuestro contexto, el Rebe Najmán aplica esto a las plegarias de aquél que ha alcanzado tal grado de humildad que ha anulado por completo su propio ser. Sus plegarias, como las de aquél que tiene un corazón quebrantado y contrito (§4), son las plegarias de los tzadikim.

ו. וְזֶה בְּחִינַת (אבות ו): 'חֲמִשָּׁה קִנְיָנִים שֶׁקָּנָה בְּעוֹלָמוֹ'.

'תּוֹרָה קִנְיָן אֶחָד' – זֶה בְּחִינַת תּוֹרָה שֶׁבְּנִגְלֶה.

'שָׁמַיִם וָאָרֶץ קִנְיָן אֶחָד' – זֶה בְּחִינַת הַעֲלָאַת הַיִּרְאָה לַדַּעַת; 'אֶרֶץ' זֶה בְּחִינַת יִרְאָה כַּנַּ"ל, 'וְשָׁמַיִם' זֶה בְּחִינַת דַּעַת, כִּי דַּעַת הוּא חִבּוּר, כְּמוֹ שֶׁכָּתוּב (בראשית ד): "וְהָאָדָם יָדַע". וְזֶה בְּחִינַת 'שָׁמַיִם' – אֵשׁ וּמַיִם מְחֻבָּרִין יַחַד (חגיגה יב. בראשית רבה ד).

'אַבְרָהָם קִנְיָן אֶחָד' – זֶה בְּחִינַת תְּפִלָּה, בְּחִינַת שִׁתִּין בָּתֵּי, שִׁשִּׁים הֵמָּה מְלָכוֹת כַּנַּ"ל.

'יִשְׂרָאֵל קִנְיָן אֶחָד' – זֶה בְּחִינַת מִשְׁפָּט הַמַּעֲלֶה אֶת הַיִּרְאָה כַּנַּ"ל, כְּמוֹ שֶׁכָּתוּב (תהלים קמ"ז): "חֻקָּיו וּמִשְׁפָּטָיו לְיִשְׂרָאֵל".

'בֵּית־הַמִּקְדָּשׁ קִנְיָן אֶחָד' – זֶה בְּחִינַת סִתְרֵי אוֹרַיְתָא, שֶׁזּוֹכִין לָהֶם עַל־יְדֵי הַתְּפִלָּה, שֶׁהִיא בְּחִינַת אַבְרָהָם.

---

raíz, a *daat*, y alcanzar así la Torá revelada… la capacidad de orar con intensidad… y las revelaciones de la Torá oculta. Todo esto se logró a través del *hitbodedut*, el concepto del juicio (*Mei HaNajal*).

52. cinco posesiones…. El Rebe Najmán conectará ahora los temas de la lección con las cinco adquisiciones mencionadas en *Avot*.

53. se mencionó arriba. Ver sección 2 y nota 4.

54. El hombre conoció…su esposa. Adán cohabitó con Java, el concepto de unión - (ver más adelante, n.73). Así también, la *sefirá* de *Daat* no es una de las Diez *Sefirot*, sino una combinación, una unión, de *Jojmá* y *Biná* (ver Apéndice: La Estructura de las Sefirot).

55. eSh y MaIM unidos entre sí. La palabra *ShaMaIM* (שמים) es una combinación de *esh* (אש) y de *maim* (מים), aludiendo al hecho de que los cielos son una combinación de fuego y de agua. Conceptualmente, esto denota una unión entre los *jasadim* (benevolencias) de *Jojmá* (agua) y las *guevurot* (severidades) de *Biná* (fuego), que juntos forman *Daat/daat* (ver Lección #13, n.6). Así, en el contexto de la lección, *shamaim* simboliza *daat*.

56. sesenta…como más arriba. Ver sección 5, notas 34-39.

57. juicios a Israel. De este modo, Israel es símbolo del juicio, el medio por el cual se eleva el temor hacia su raíz (§2).

58. Abraham…. El Rebe Najmán mostrará ahora la conexión del Santo Templo con la Torá oculta. Como se mencionó, Abraham representa la plegaria. Como el *ish jesed*, corresponde al lado derecho (cf. Lección #12, n.42).

6. {Hay cinco posesiones que el Santo, bendito sea adquirió en Su mundo: La Torá es una posesión; el cielo y la tierra son una posesión; Abraham es una posesión, Israel [el pueblo judío] es una posesión; el Santo Templo es una posesión (*Avot* 6:10)}.

La Torá es una posesión - Esto corresponde a la Torá revelada.[52]

el cielo y la tierra son una posesión - Éste es el aspecto de elevar el temor a *daat*. "Tierra" corresponde al temor, como se mencionó arriba.[53] "Cielo" corresponde a *daat*, porque *daat* (conocimiento) es unión, como en (Génesis 4:1), "El hombre *conoció* a [Java, su esposa]".[54] Y esto corresponde a *ShaMaIM* (cielo): *eSh* (fuego) y *MaIM* (agua) unidos entre sí.[55]

Abraham es una posesión - Esto corresponde a la plegaria, el aspecto de las sesenta casas, "hay sesenta reinos", como más arriba.[56]

Israel es una posesión - Éste es el aspecto del juicio, el cual eleva el temor, como se explicó. Como está escrito (Salmos 147:19), "Sus estatutos y Sus juicios a Israel".[57]

el Santo Templo es una posesión - Esto corresponde a los misterios de la Torá, que son merecidos a través de la plegaria, el aspecto de Abraham.[58]

---

intereses y apegos mundanos, entonces puede captar toda la Torá. No olvidará lo que ha aprendido porque su falta de corporeidad le permite englobar la espiritualidad ilimitada de la Torá. Pero si uno les da corporeidad a las palabras de la Torá y hace que ellas tomen un aspecto físico, sólo será capaz de captar ciertos aspectos de la Torá, y nunca su totalidad. Si trata de absorber nuevas ideas en su mente limitada, verá que ésta responde de la manera en la cual lo hace todo lo físico cuando está lleno: se descarta y se olvida lo viejo a favor de lo nuevo (*Likutey Moharán* I, 110).

Así, Raba bar bar Janá vio el *orev* ascendiendo al árbol - fue capaz de liberarse de su apego a este mundo. Ascendió al nivel de *Biná*, al Mundo que Viene, a los misterios de la Torá. Al trascender su propia corporeidad, su mente fue capaz de absorber y de captar aquello que es normalmente demasiado profundo para la percepción y la comprensión humana. Habiéndose liberado de estas restricciones, la Torá ya no estaba oculta para él (arriba, notas 28, 29).

No encontramos en la lección explicación para la conclusión de la historia de Raba bar bar Janá, en la cual Rabí Papa el hijo de Shmuel dijo: "¡Si yo no hubiera estado allí, nunca le habría creído!". Aunque no hay evidencia de que el Rebe Najmán haya dicho alguna vez algo al respecto, el Rav de Tcherin (autor del *Parparaot LeJojmá*) ofreció una explicación basada en la lección del Rebe. El Talmud nos dice que Rabí Papa era *daian* (juez) en Pumbedita (*Sanedrín* 17b). En nuestro contexto, esto alude a su práctica del *hitbodedut* - él estaba constantemente elevando el temor hacia su raíz al establecer justicia. Él dijo, "Si yo no hubiera estado allí" - practicando la justicia, "nunca le habría creído" - que existe un *akrukta* semejante. Nunca le hubiera creído a Raba bar bar Janá cuando afirmó que es posible elevar el temor hacia su

וְזֶה (שם ע"ח): "הַר זֶה קָנְתָה יְמִינוֹ", שֶׁזֶּה יָמִין, בְּחִינַת תְּפִלָּה, בְּחִינַת אַבְרָהָם. וְנִקְרָא הַר עַל שֵׁם עֹמֶק הַמֻּשָּׂג; וְנִקְרָא בֵּית־הַמִּקְדָּשׁ, בְּחִינוֹת קֹדֶשׁ, בְּחִינוֹת רֵאשִׁית; "וְכָל זָר לֹא יֹאכַל קֹדֶשׁ" (ויקרא כ"ב) - וְלֹא יֹאכַל בּוֹ אֶלָּא מְקֻדָּשָׁיו וּמִקְרָאָיו, וּבֵית־הַמִּקְדָּשׁ הוּא בְּחִינַת סִתְרֵי אוֹרַיְתָא:

ז   וְזֶהוּ פֵּרוּשׁ:
וְאַתֶּם תִּהְיוּ לִי מַמְלֶכֶת כֹּהֲנִים.
מַמְלֶכֶת - זֶה בְּחִינַת תּוֹרָה שֶׁבַּנִּגְלֶה, כִּי "בָּהּ מְלָכִים יִמְלֹכוּ" (משלי ח), וּמַלְכוּת הוּא בְּחִינַת נִגְלֶה, כִּי 'אֵין מֶלֶךְ בְּלֹא עָם', וְהַכֹּל צְרִיכִין לְמֶלֶךְ, כִּי הַכֹּל צְרִיכִין לְמָרֵי חִטַּיָּא.

Las cinco posesiones que el Santo, bendito sea, adquirió son las siguientes: 1) *Israel* es el juicio que eleva el temor hacia su raíz; 2) *el cielo y la tierra* son la raíz, *daat*; 3) *la Torá* es la Torá revelada que uno obtiene cuando eleva el temor a *daat*; 4) *Abraham* es la plegaria que se merece a través de la Torá revelada; 5) *el Santo Templo* es la Torá oculta que uno merece al orar con intensidad.

Cabe destacar que Abraham fue quien llamó al lugar del Santo Templo "*har HaShem ieraeh* (la montaña en la cual Dios será visto)" (Génesis 22:14). Esto se une en nuestro contexto con el hecho de que Abraham simboliza la plegaria, mediante la cual uno merece percibir los misterios de la Torá. Esto se produce a través de *IeRAeH/IRAH* (temor), la elevación del cual permite saborear el *Or HaGanuz* (*Mei HaNajal*). Además, Abraham dijo esto cuando ofreció a su hijo Itzjak como sacrificio a Dios. Esto corresponde a la crueldad que uno debe mostrar hacia sus propios hijos, como se mencionó más arriba (§5: final) (*Biur HaLikutim*).

64. gobiernan los reyes. El versículo dice, "Conmigo gobiernan los reyes". Enseñaron nuestros Sabios: "Conmigo" hace referencia a la Torá (*Guitin* 62a). El versículo afirma que el gobierno de los reyes judíos se sustenta en la ley de la Torá (*Rashi, loc. cit.*).

65. revelado…todos necesitan un rey…. El rey es alguien que gobierna abiertamente; es el soberano sobre sus súbditos. Así, "reinado" alude a la Torá revelada.

El Rebe Najmán indica que todos tienen necesidad de un rey. Tomado en sentido literal, esto puede conectarse con la enseñanza de nuestros Sabios: Ora por el bienestar del reinado/ gobierno. Si no fuera por el temor a la autoridad, los hombres se tragarían vivos los unos a los otros (*Avot* 13:2). Así como la gente que provee de cereales es vital para el funcionamiento de la sociedad, de la misma manera lo son los reyes y las figuras con autoridad. En el contexto de la lección, esto puede comprenderse a un nivel más profundo. Aquí, "reyes" alude a los eruditos de Torá, conocedores de la Torá revelada, como en la enseñanza Talmúdica citada por el Rebe Najmán inmediatamente anterior a ésta: ¿Cómo sabemos que los sabios son llamados reyes? Porque está escrito, "Conmigo gobiernan los reyes" - con la Torá, gobiernan los sabios.

Y esto es: "Esta montaña que adquirió Su diestra" (Salmos 78:54). "Diestra" corresponde a la plegaria, el aspecto de Abraham. Y [la Torá oculta] es llamada "montaña" debido a sus profundos conceptos.[59] También es llamada Santo Templo, el aspecto de santidad/primero,[60] [como en] (Levítico 22:10), "Nadie, fuera de los sacerdotes, podrá comer de aquello que es sagrado"[61] - los únicos que pueden comer de ello son Sus santos y aquéllos a quienes Él llama [para compartir].[62] Y el Santo Templo corresponde a los misterios de la Torá.[63]

7. Y ésta es la explicación [del versículo de apertura]:
"Y ustedes serán para Mí un reino de sacerdotes y una nación santa. {Éstas son las *devarim* (palabras) que les *daber* (dirás) a los Hijos de Israel}".

reino - Esto corresponde a la Torá revelada, porque con ella "gobiernan los reyes" (Proverbios 8:15).[64] El reinado es el aspecto de lo revelado, pues un rey sin una nación no es rey. Y todos necesitan de un rey, porque "todos necesitan del mercader de cereales".[65]

---

59. profundos conceptos. Como más arriba, la Torá oculta corresponde a la oscuridad, dado que sus misterios tienen una gran profundidad y no pueden ser comprendidos fácilmente. El versículo se lee entonces así: **Esta montaña** - la Torá profunda y oculta, **que adquirió Su diestra** - la plegaria.

60. santidad-primero. "Israel es santo para Dios, la primicia de sus frutos…" (Jeremías 2:3). Santidad es sinónimo de primero; primeros frutos, el primogénito, "primero en el pensamiento Divino" (*Bereshit Rabah* 1:5; cf. Lección #14:3).

61. Nadie, fuera de los sacerdotes…. Está prohibido que alguien que no sea *cohen* (sacerdote) coma de los sacrificios del Templo. En el contexto de la lección, el Rebe Najmán enseña que sólo lo santo, el sacerdote/el hombre de *jesed*/Abraham, puede compartir los misterios de la Torá. Sin embargo, la persona que no ha alcanzado el nivel de la plegaria intensa no podrá participar de lo santo, del *Or HaGanuz*.

62. llama para compartir. Ésta es una paráfrasis del versículo de Sefonías (1:7), "Porque el Señor ha preparado una comida festiva (ofrenda), ha invitado (hecho santos) a Sus convidados [para compartir]" (ver *Metzudat David, loc. cit.*). Es decir, Dios llama a todos aquéllos cuyas plegarias Él desea, a la persona humilde que ora con intensidad y con sacrificio personal. Esta persona habrá de saborear la Luz Oculta.

63. Santo Templo…misterios de la Torá. Esto hace referencia al Santo de los Santos en el Templo. Éste estaba oculto, situado en la sección más interior de la Casa de Dios y nadie podía entrar allí, excepto el Sumo Sacerdote en Iom Kipur. Esto corresponde a la Torá oculta (*Zohar* III, 33a).

וְכֹהֲנִים – זוֹ בְּחִינַת תְּפִלָּה, בְּחִינוֹת אַבְרָהָם כַּנַּ"ל, כְּמוֹ שֶׁאָמְרוּ חֲכָמֵינוּ, זִכְרוֹנָם לִבְרָכָה (נדרים לב.), שֶׁאָמַר הַקָּדוֹשׁ־בָּרוּךְ־הוּא לְאַבְרָהָם: אַתָּה כֹהֵן לְעוֹלָם וְכוּ'.

וְגוֹי קָדוֹשׁ – זֶה בְּחִינַת בֵּית־הַמִּקְדָּשׁ, בְּחִינוֹת תּוֹרָה שֶׁבְּנִסְתָּר, הַנִּקְרָא קֹדֶשׁ. וְעַל־יְדֵי מַה זוֹכֶה לְאֵלּוּ הַבְּחִינוֹת? עַל־יְדֵי שֶׁיַּעֲלֶה וִיקַשֵּׁר בְּחִינַת יִרְאָה לִבְחִינַת דַּעַת עַל־יְדֵי בְּחִינַת מִשְׁפָּט כַּנַּ"ל. וְזֶהוּ:

אֵלֶּה הַדְּבָרִים אֲשֶׁר תְּדַבֵּר – זֶה בְּחִינַת יִרְאָה, הַנִּקְרָא דָּבָר, כִּי עִקַּר הַדִּבּוּר שָׁם הוּא, כְּמוֹ שֶׁאָמְרוּ חֲכָמֵינוּ, זִכְרוֹנָם לִבְרָכָה (ברכות ו:): 'מִי שֶׁיֵּשׁ בּוֹ יִרְאַת־שָׁמַיִם, דְּבָרָיו נִשְׁמָעִים'. מֹשֶׁה – הוּא בְּחִינַת דַּעַת, וְזֶה: 'אֲשֶׁר תְּדַבֵּר' דַּיְקָא; וְזֶה (שמות י"ח): "כִּי יִהְיֶה לָהֶם דָּבָר בָּא אֵלַי", שֶׁיִּשְׂרָאֵל שֶׁהֵם בְּחִינַת מִשְׁפָּט כַּנַּ"ל, הֵם מַעֲלִין וּמְקַשְּׁרִין (הַיִּרְאָה) לִבְחִינַת מֹשֶׁה, לִבְחִינַת דַּעַת. וְזֶה:

אֶל בְּנֵי יִשְׂרָאֵל – דַּיְקָא, כִּי הֵם בְּחִינַת מִשְׁפָּט, כְּמוֹ שֶׁכָּתוּב: "חֻקָּיו וּמִשְׁפָּטָיו לְיִשְׂרָאֵל".

נִמְצָא, שֶׁעַל־יְדֵי שֶׁמְּקַשְּׁרִין הַיִּרְאָה עַל־יְדֵי מִשְׁפָּט לִבְחִינַת דַּעַת, זוֹכִין לַתּוֹרָה שֶׁל נִגְלֶה, וְעַל־יְדֵי תּוֹרָה שֶׁבְּנִגְלֶה זוֹכִין לִתְפִלָּה, וְעַל־יְדֵי תְּפִלָּה זוֹכִין לְסִתְרֵי אוֹרַיְתָא.

דָּבָר – זֶה בְּחִינַת יִרְאָה, כְּמוֹ שֶׁכָּתוּב (מלאכי ג): "אָז נִדְבְּרוּ יִרְאֵי ה'":

---

71. Israel...juicio. Arriba, sección 6 y nota 57.

72. hablaron aquéllos que Le temen a Dios. En el contexto de la lección, el versículo se lee: "Entonces hay habla, cuando las palabras (דברים) son dichas (נדברו) por aquéllos que Le temen a Dios".

Ahora tenemos una comprensión más profunda del versículo inicial de la lección: **Y ustedes serán para Mí un reino** - la Torá revelada - **de sacerdotes** - que lleva a la plegaria, **y una nación** - y a compartir la Luz Oculta, la Torá oculta . **Éstas son las palabras** - a través del temor al Cielo - **que [tú Moshé]** - cuando es elevado a *daat*, **les dirás a los Hijos de Israel** - por medio del *hitbodedut*, del juicio a uno mismo, que eleva el temor.

sacerdotes - Esto es sinónimo de la plegaria, el aspecto de Abraham. Como enseñaron nuestros Sabios: El Santo, bendito sea, le dijo a Abraham (Salmos 110:4), "Tú eres un sacerdote para siempre" (Nedarim 32b).[66]

y una nación santa - Éste es el aspecto del Santo Templo - la Torá oculta que es llamada santa.[67] Y ¿cómo es posible merecer alcanzar estos aspectos? A través del aspecto del juicio, elevando el aspecto del temor y uniéndolo al conocimiento, como más arriba.[68] Y esto es:

Éstas son las *devarim* (palabras) que les *daber* (dirás) - Esto corresponde al temor que es llamado "palabra". Esto se debe a que la esencia del habla está allí [en el temor], como enseñaron nuestros Sabios: Cuando la persona tiene temor del Cielo, sus palabras son escuchadas (Berajot 6b).[69] Moshé es el aspecto de *daat*.[70] Esto es, **que les daber** - ["daber"] ¡Precisamente! Y esto es: "Cuando tienen alguna *davar* (palabra), vienen a verme" (Éxodo 18:16) - porque Israel, que es el aspecto del juicio,[71] eleva y une el temor a Moshé, quien es el aspecto de *daat*. Y esto es:

a los Hijos de Israel - ¡Precisamente! Porque ellos son el aspecto de juicio, como en, "Mis estatutos y Mis juicios a Israel".

Así, a través del juicio, uniendo el temor con el aspecto de *daat*, merecemos la Torá revelada. A través de la Torá revelada merecemos la plegaria. Y mediante la plegaria, merecemos los misterios de la Torá.

DaVaR – Esto corresponde al temor, como está escrito (Malaji 3:16), "Entonces *niDBRu* (hablaron) aquéllos que Le temen a Dios ".[72]

---

66. sacerdote para siempre. Ver más arriba nota 36. El "*cohen*" corresponde a la *sefirá* de *Jesed* y por lo tanto a Abraham, el paradigma de *jesed* y el símbolo de la plegaria.

67. nación santa.... La "nación santa" alude al Santo Templo, el concepto de la Torá oculta, como más arriba (§6: final).

68. como más arriba. Ver sección 2. Como se explicó (n.6), este juicio es la práctica de *hitbodedut*.

69. sus palabras son escuchadas. "Las palabras que les dirás" alude al temor, porque cuando uno tiene temor del Cielo, sus palabras son respetadas y aceptadas. En contraste con esto, sin temor, las palabras no son aceptadas. Y, como enseña el Rebe Najmán en otra parte, "Las palabras que no son escuchadas ni aceptadas no son palabras en absoluto" (*Likutey Moharán* I, 29:1). Es como si nunca hubieran sido dichas. Así, el temor es un ingrediente vital del habla.

70. Moshé es el aspecto de daat. Ver arriba, nota 16.

ח **זֹאת** הַתּוֹרָה שַׁיָּךְ עַל פָּסוּק (תהלים ק"א): "עֵינַי בְּנֶאֶמְנֵי אֶרֶץ" וְכוּ'.

עֵינַי – זֶה בְּחִינוֹת דַּעַת, כְּמוֹ שֶׁכָּתוּב (בראשית ג): "וַתִּפָּקַחְנָה עֵינֵי שְׁנֵיהֶם". גַּם דַּעַת הֵם עֶשֶׂר שֵׁמוֹת [הֲוָיָ"ה], גִּימַטְרִיָּא שְׁנֵי פְּעָמִים עַיִן כַּיָּדוּעַ.

בְּנֶאֶמְנֵי – זֶה בְּחִינַת אַהֲרֹן, כַּמּוּבָא בְּמִדְרַשׁ שׁוֹחֵר טוֹב; וְאַהֲרֹן הוּא בְּחִינַת מִשְׁפָּט, כְּמוֹ שֶׁכָּתוּב (שמות כ"ח): "וְנָשָׂא אַהֲרֹן אֶת מִשְׁפַּט בְּנֵי יִשְׂרָאֵל".

אֶרֶץ – זֶה בְּחִינוֹת יִרְאָה כַּנַּ"ל.

לָשֶׁבֶת עִמָּדִי – זֶה בְּחִינוֹת סִינַי, שִׁפְלוּת, "אֶשְׁכֹּן אֶת דַּכָּא" (ישעיהו נ"ז) כַּנַּ"ל.

הֹלֵךְ בְּדֶרֶךְ תָּמִים – זֶה בְּחִינוֹת תְּפִלָּה, בְּחִינַת אַבְרָהָם כַּנַּ"ל, כְּמוֹ שֶׁכָּתוּב (בראשית י"ז): "הִתְהַלֵּךְ לְפָנַי וֶהְיֵה תָמִים".

הוּא יְשָׁרְתֵנִי – זֶה בְּחִינַת סִתְרֵי אוֹרַיְתָא, זֶה בְּחִינַת הוּא, בְּחִינוֹת עוֹלָם הַבָּא (זהר ויצא קנד: קנח:):

77. habito con el humilde, como más arriba. Ver el final de la sección 4. Dios sólo reside con los humildes. Dios dice del arrogante, "Yo y él no podemos habitar en el mismo mundo" (*Sotá* 5a). Él dice de los humildes, "*Ellos* habitarán conmigo".

78. sé íntegro. Esto le fue dicho a Abraham cuando se circuncidó. Por lo tanto, perfección/plenitud se dice con referencia a Abraham, quien representa la plegaria intensa/el servicio completo (cf. Lección #14:8).

79. misterios de la Torá…él…Mundo que Viene. "Tú", como pronombre personal de segunda persona, indica familiaridad y así connota la Torá conocida y revelada. "Él", como pronombre personal de tercera persona, indica lejanía y así connota los misterios de la Torá oculta (*Zohar* I, 154b).

Ahora podemos comprender el versículo del modo siguiente: **Mis ojos -** *daat* **- están sobre los fieles de la tierra -** al cual se eleva el temor mediante el juicio/*hitbodedut*; **para que ellos habiten Conmigo -** le permite a uno adquirir la Torá revelada que corresponde al Sinaí y a la humildad. **Aquél que anda en el camino de la integridad -** Mediante la humildad se llega a la plegaria intensa; **él Me servirá -** y con la plegaria intensa uno merece percibir los misterios de la Torá. Podrá experimentar un sabor del *Or HaGanuz* que será revelado en el Mundo que Viene.

8. Esta lección se aplica al versículo:

"Mis ojos están sobre los fieles de la tierra, para que ellos habiten conmigo. Aquél que anda en el camino de la integridad, él Me servirá" (Salmos 101:6).

Mis ojos - Éste es el aspecto de *daat*, como en (Génesis 3:7), "Y los ojos de ambos se abrieron".[73] *Daat* es también diez [veces] el santo nombre {*IHVH*}, que es numéricamente equivalente a dos veces *ain* (ojo), como es sabido (ver *Etz Jaim, Shaar Drushei HaTzelem* 25:2).[74]

los fieles - Éste es el aspecto de Aarón, tal como dice el Midrash *Sojer Tov* (#101). Y Aarón corresponde al juicio, como en (Éxodo 28:30), "Aarón cargaba con el juicio de los Hijos de Israel".[75]

la tierra - Esto corresponde al temor, como más arriba.[76]

habiten conmigo - Esto alude al Sinaí, a la humildad; "Yo habito con el humilde" (Isaías 57:15), como más arriba.[77]

Aquél que anda en el camino de la integridad - Éste es el aspecto de la plegaria, el aspecto de Abraham, como está escrito (Génesis 17:1), "Anda delante de Mí y sé íntegro".[78]

él Me servirá - Esto alude a los misterios de la Torá, correspondientes a "él", un aspecto del Mundo que Viene (*Zohar* I, 154b).[79]

---

73. **ojos...se abrieron.** "Mis ojos" alude a *daat* (conocimiento sagrado). Ver Rashi sobre Génesis 3:7.

74. **diez veces el santo nombre....** Como se explicó, *Daat* de *Zeir Anpin* contiene cinco *jasadim* y cinco *guevurot* (arriba, n.16). Estos diez corresponden a las 10 variaciones del Tetragrámaton, cada una con un punto vocal diferente. El Tetragrámaton (יהוה) mismo tiene un valor numérico de 26. Así, los 10 nombres sagrados equivalen a 260. El valor numérico de la palabra *ain* (ojo, עין) es la mitad de eso, 130 (ver Apéndice: Tabla de Guematria). Por lo tanto, "Y los ojos... se abrieron..." alude a "dos veces *ain*" (plural, 260), en que los ojos corresponden a *daat*.

75. **fieles...Aarón....** Enseña el Midrash (*loc. cit.*): "Mis ojos están sobre los fieles" (Salmos 101:6) - esto alude a Aarón. Dios le pidió a Moshé que designara un *cohen*, pero Moshé no sabía de qué tribu debía elegir este sacerdote. "Elige de tu propia tribu", le dijo Dios, porque "Mis ojos están sobre los fieles". Como Sumo Sacerdote, Aarón connota el aspecto de juicio. Él llevaba el juicio de Israel sobre su corazón - mediante el juicio elevó el temor hacia su raíz, hacia *daat* que está en *Biná* (n.18 arriba).

76. **arriba.** Ver sección 2 y nota 4.

בָּרוּךְ הַבּוֹחֵר בַּעֲדַת מִי מָנָה, אֲשֶׁר עַד כֹּה עֲזָרָנוּ לִשְׁמֹעַ פְּלָאוֹת כָּאֵלֶּה עַל מַאַמְרֵי רַבָּה בַּר בַּר־חָנָה. תָּא חֲזֵי כַּמָּה נָפִישׁ חֵילֵהּ דְּהַאי אִילָנָא. כְּעַן בִּרְשׁוּתָא דְּמַלְכָּא עִלָּאָה, קָדָמֵיכוֹן יַסִּיק לְתַמִּידָא אָמְרֵי יָאֵי, רַב טוּב הַצָּפוּן וְגָנוּז בְּמַאֲמָרִין קַדִּישִׁין דְּאַרְיְוָתָא דְּבֵי עִלָּאָה, אִנּוּן מְחַצְדֵי חַקְלָא דַּהֲווֹ מִשְׁתָּעֵי, דִּי בְהוֹן גְּנִיזִין עֲטִין קַדִּישִׁין דְּנָפְקִין מֵאוֹרַיְתָא דְעַתִּיקָא סְתִימָאָה. לְכוּ חֲזוּ מִפְעֲלוֹת ה׳, דַּרְכּוּ נִפְלָאָה, רַבָּה אִילָנָא וּתְקִף, וְרוּמֵהּ מָטָא לִצֵית שְׁמַיָּא, וַחֲזוֹתֵהּ לְסוֹף כָּל אַרְעָא, אִנְבֵּהּ סַגִּיא וְחֶזְוֵהּ יָאֵי. שִׁמְעוּ וּתְחִי נַפְשְׁכֶם, וּשְׁאַבְתֶּם מַיִם בְּשָׂשׂוֹן מִמַּעַיְנֵי הַיְשׁוּעָה.

Bendito es quien elige a la congregación del pueblo de Israel, Quien hasta aquí nos ha ayudado a escuchar maravillas como éstas sobre las palabras de Raba bar bar Janá. Ven y observa, cuán poderoso es este árbol, en el dominio del Rey Supremo. Aquí concluyen las palabras apropiadas; grande es el bien escondido y oculto en las palabras santas de la casa suprema; pertenece a los "trabajadores del campo", en quienes están ocultos consejos santos que surgen de la Torá del Anciano Oculto. Contempla las acciones de Hashem, su camino es maravilloso; grande es el árbol y poderoso, su altura llega hasta el cielo y su visión hasta los confines de la tierra, sus frutos son numerosos y su visión adecuada. Escucha y vivirá tu alma, y "recogerán agua con alegría de los manantiales de la salvación".

ליקוטי מוהר״ן סימן ט״ז

רַבִּי יוֹחָנָן מִשְׁתָּעֵי: זִמְנָא חֲדָא הֲוָה קָאזְלִינָן בִּסְפִינְתָּא, וַחֲזֵינָא הַאי כּוּרָא דְּאַפִּיק רֵישֵׁהּ מִמַּיָּא, וְדָמְיָא עֵינֵהּ כִּתְרֵי סִהֲרֵי, וְנָפִיץ מַיָּא מִתַּרְתֵּי אוּסְיָא כִּתְרֵי מַבְרֵי דְסוּרָא (בבא בתרא ע״ד.).

רשב״ם:
וְנָפִיץ – וְשָׁפַךְ:
אוּסְיָא – נְחִירָיו:
מַבְרֵי דְסוּרָא – נְהָרוֹת שֶׁבְּסוּרָא.

וַחֲזֵינָא הַאי כּוּרָא – שֶׁהוּא הַצַּדִּיק, הַמְכֻנֶּה בְּשֵׁם דָּג, כַּיָּדוּעַ,

דְּאַפִּיק רֵישֵׁהּ מִמַּיָּא, וְדָמְיָא עֵינֵהּ כִּתְרֵי סִהֲרֵי, וְנָפִיץ מַיָּא מִתַּרְתֵּי אוּסְיָא כִּתְרֵי מַבְרֵי דְסוּרָא – כִּי אִי אֶפְשָׁר לַצַּדִּיק לִהְיוֹת מַחֲשַׁבְתּוֹ מְשׁוֹטֶטֶת תָּמִיד בְּחָכְמוֹת עֶלְיוֹנוֹת, כִּי לִפְעָמִים צָרִיךְ לָצֵאת לַחוּץ

lo espiritual, es comprensible que no desee retornar a lo físico. Aun así debe hacerlo. Mientras Dios considere adecuado mantener su alma dentro de un cuerpo, el hombre -el Tzadik- nunca debe hacer nada que lo lleve a deshacerse definitivamente de lo corpóreo. Por lo tanto, Dios creó ciertas "obstrucciones", ciertos estorbos físicos que traen de vuelta al Tzadik hacia los niveles inferiores, alejándolo de la total inmersión en lo Divino. Aun así, esto sólo es una etapa temporal, un medio para que pueda llegar más alto todavía, hacia niveles mucho más insondables de espiritualidad. Sin embargo, cuando llegue el Mashíaj, dejarán de existir todos los obstáculos físicos. El Tzadik será entonces capaz de mantenerse permanentemente unido a los niveles superiores, a la sabiduría superior. Y, como explica el Rebe Najmán, este Tzadik que engloba a los dos Mesías atraerá entonces hacia él a todas las naciones y les enseñará la palabra de Dios.

2. tzadik…pez…. El *Mei HaNajal* explica que el mar al cual alude el Rabí Iojanan es el mar de la sabiduría. En verdad, se dice en general que el agua simboliza a la Torá y a la sabiduría, como en (Isaías 11:9), "La tierra estará llena del conocimiento de Dios tal como las aguas cubren el fondo del mar". Así, el Tzadik se asemeja a un pez. Así como el pez se pasa la vida sumergido en el agua, el Tzadik se pasa la vida inmerso en la sabiduría de la Torá y en la unión con Dios.

3. las sabidurías superiores. El Tzadik no está satisfecho con una comprensión de la Torá superficial o simple. Siempre busca una comprensión más profunda de la palabra de Dios, porque sabe que esto lo acercará a Dios Mismo. Aun así, este nivel de unión y de reflexión sobre la sabiduría superior que es un nivel mucho más grande que el que una persona común puede llegar a alcanzar, no es algo que incluso el más grande de los Tzadikim pueda alcanzar de manera permanente. Al menos no por ahora. Como explicará el Rebe Najmán, con el mundo en su actual estado de imperfección, el Tzadik debe volver de esta *devekut* (unión y anhelo por Dios) y dedicarse también a cuestiones mundanas.

LIKUTEY MOHARÁN 16[1]

Contó el Rabí Iojanan: Cierta vez estábamos viajando en barco y vimos este pez que había levantado la cabeza fuera del agua. Sus ojos parecían dos lunas y *nafitz* (arrojaba) agua por los dos orificios de la nariz como los dos ríos de Sura (*Bava Batra* 74a).

Rashbam:

arrojaba - hacia afuera; **nariz** - los orificios de su nariz; **ríos de Sura** - ríos en Siria.

vimos este pez - Éste el Tzadik que es llamado "pez", como es sabido (cf. *MeOrei Or, dag*).[2]

que había levantado la cabeza fuera del agua. Sus ojos parecían dos lunas y arrojaba agua por los dos orificios de la nariz como los dos ríos de Sura - Pues es imposible que el Tzadik reflexione constantemente sobre las sabidurías superiores.[3] Hay veces en que tiene

---

1. **Likutey Moharán 16.** Esta lección fue dada un Shabat a la mañana en algún momento durante el verano de 5563 (1803). Una gran cantidad de seguidores del Rebe Najmán había llegado a Breslov para estar con él. Ésta reunión era algo inesperado, pues ese Shabat no era uno de los momentos establecidos en los cuales solían juntarse los seguidores del Rebe (cf. *Tzadik* #23). Al comienzo, el Rebe expresó un cierto disgusto e hizo notar que sus seguidores estaban organizando reuniones de Shabat por su propia cuenta. En la reunión de la mañana dio esta lección, mencionando el hecho de que existen setenta naciones divididas entre los dominios de Esaú y de Ishmael. También habló sobre el Tzadik que engloba a los dos Mesías. Con tanta gente a su alrededor, presionando y tratando de oír lo que estaba diciendo, la mesa que estaba delante del Rebe se quebró súbitamente. El Rebe Najmán comentó, "¿Es posible que haya gentiles sentados a mi mesa? ¿Son estos los tiempos mesiánicos en que los gentiles deberán acercarse a los Tzadikim para cumplir con las palabras, 'A él afluirán todas las naciones'" (Isaías 2:2)? Así era el Rebe Najmán: siempre relacionaba las conversaciones, hasta las más casuales, con la lección que estaba dando (*Parparaot LeJojmá*; *Tzadik* #132).

La Lección #16 es *leshón Rabeinu* (ver *Likutey Moharán* I, 7, n.1). A diferencia de las lecciones anteriores en que el Rebe Najmán introduce el tema de su enseñanza y luego muestra cómo se encuentra aludido en un relato Talmúdico en particular, aquí presenta el relato al comienzo y recién después desarrolla el tema. A la luz de su brevedad, el siguiente pasaje se ofrece como una introducción a la lección:

El hombre es puesto en este mundo físico para que, al elevarse por sobre lo material, se acerque mucho más a Dios. El Tzadik, paradigma de la espiritualidad, es aquél que asciende hacia los niveles más elevados posibles. Él es la personificación del ser humano completo. Y, una vez que el Tzadik alcanza estos niveles superiores y abandona la corporeidad apegándose a

לַעֲסֹק בְּדִבְרֵי הָעוֹלָם, כְּמוֹ שֶׁאָמְרוּ חֲכָמֵינוּ, זִכְרוֹנָם לִבְרָכָה (מנחות צט.): 'פְּעָמִים בִּטּוּלָהּ שֶׁל תּוֹרָה זוֹ הִיא קִיּוּמָהּ.'

וְכַד אַפִּיק רֵישָׁא מִמַּיָּא – הַיְנוּ כַּד מַפִּיק אֶת עַצְמוֹ מֵחָכְמוֹת עֶלְיוֹנוֹת, אֲזַי:

וְדָמְיָא עֵינֵהּ כִּתְרֵי סִיהֲרֵי – כִּי פְּקִיחַת עֵינַיִם מְכֻנִּים עַל שֵׁם הַחָכְמָה, כְּמוֹ שֶׁכָּתוּב (בראשית ג): "וַתִּפָּקַחְנָה עֵינֵי שְׁנֵיהֶם". וּכְשֶׁעוֹסֵק בְּחָכְמָתוֹ, אֲזַי עֵינָיו בִּבְחִינַת שֶׁמֶשׁ, וּכְשֶׁמְּסַלֵּק אֶת עַצְמוֹ מֵחָכְמָה עֶלְיוֹנָה, הֲוָה זֶה כְּמוֹ בִּיאַת שֶׁמֶשׁ, וּכְשֶׁבָּא הַשֶּׁמֶשׁ אֲזַי נִשְׁתָּאֲרִים עֵינָיו בִּבְחִינַת סִיהֲרָא, כִּי סִיהֲרָא אֵין מְאִירָה אֶלָּא כַּד נִסְתַּלֵּק הַשֶּׁמֶשׁ.

con el consejo que el Rebe Najmán le dio a su hermano, Reb Ijiel, cuando lo alentó a hablar con los demás sobre el servicio a Dios. Reb Ijiel objetó ante esto diciendo que había ocasiones en que uno se veía forzado a entablar conversaciones vanas o a tratar asuntos seculares. El Rebe le respondió que el hecho mismo de que uno llevase algo de Torá a esas conversaciones era el modo de elevarlas. De manera similar, los sabios dijeron: "Ellos quisieron suprimir el libro de Eclesiastés. ¿Por qué no lo hicieron? Porque comienza con palabras de Torá y termina con palabras de Torá" (*Shabat* 30b). Por eso el Rebe Najmán le aconsejó a su hermano que introdujera en forma inteligente palabras de Torá en las conversaciones casuales que tuviera con la gente. De esta manera, no sólo los estaría uniendo a Dios, sino que también él estaría 'suspendiendo la Torá para preservarla' (cf. *Tzadik* #377).

Ver *Likutey Moharán* II, 78 donde el Rebe trata en profundidad este concepto de suspender o dejar de lado la Torá, pues hay veces en que ésta es la manera de cumplirla de un modo mucho más pleno.

6. de las sabidurías superiores. El agua simboliza la sabiduría superior (como más arriba, n.2). Por eso, así como el pez que vio el Rabí Iojanan sacó la cabeza fuera del agua, el Tzadik debe a veces retirarse -retirar su mente- de la reflexión sobre la sabiduría superior y de la unión a Dios.

7. ojos...se abrieron. Esto connota conocimiento (Rashi, Génesis 3:7).

8. sabiduría...al sol. En una lección anterior (*Likutey Moharán* I, 1:2), el Rebe Najmán enseñó, "La sabiduría es una gran luz que brilla para la persona en todos sus caminos... tal como el sol". El Rebe Najmán cita entonces el versículo, "El sendero de los justos es como la luz del sol" (Proverbios 4:18). Al cumplir con sus devociones, el Tzadik se asemeja al sol, brillando fuertemente con la luz celestial de la sabiduría superior (ver Éxodo 34:30, que luego de descender del Monte Sinaí, el rostro de Moshé brillaba con una gran luz).

9. la puesta del sol. Esta frase también es utilizada como un eufemismo para indicar el fallecimiento (cf. *Likutey Moharán* I, 5:2). El santo Ari explica que descender de un nivel espiritual es comparable a la muerte (*Shaar HaHakdamot* p.374). Así, cuando el Tzadik debe descender de la sabiduría superior, esto se asemeja a la puesta del sol - un aspecto de la muerte.

10. la luna sólo brilla cuando el sol se pone. La luna se quejó de haber sido empequeñecida

que salir [de estas sabidurías] y ocuparse de cuestiones mundanas.[4] Como enseñaron nuestros Sabios: Hay veces en que suspender la Torá la preserva (*Menajot* 99b).[5]

que había levantado la cabeza fuera del agua - Es decir, cuando se retira de las sabidurías superiores.[6] Entonces:

Sus ojos parecían dos lunas - Abrir los ojos es una expresión que indica sabiduría, como en (Génesis 3:7), "Y los ojos de ambos se abrieron".[7] Cuando está ocupado con la sabiduría, sus ojos corresponden al sol,[8] pero cuando suspende su reflexión sobre la sabiduría superior, es comparable a la puesta del sol.[9] Y cuando el sol se pone, sus ojos toman una apariencia que corresponde a la luna. Esto se debe a que la luna sólo brilla cuando el sol se pone.[10]

4. cuestiones mundanas. La categoría de actos considerados "cuestiones mundanas" puede ser muy amplia. Determinar qué es llamado mundano depende del nivel espiritual particular que haya alcanzado la persona. Así, aquél que se pasa el día ocupado en satisfacer las necesidades diarias de su familia puede decir, justificadamente, que todo acto religioso o pensamiento de Dios que tiene es una forma de *devekut* a lo espiritual. No así el Tzadik. Su preocupación, la sabiduría superior de la palabra de Dios, es tal que, cuando se dedica a "cuestiones mundanas", el Tzadik está en verdad ocupado con algo que para la mayoría de nosotros sería considerado un verdadero acto de logro espiritual. Así, al tratar las devociones simples del Tzadik, el Rebe Najmán enseña en otra parte: Las conversaciones casuales de los Tzadikim son muy valiosas... porque el verdadero Tzadik eleva la sabiduría inferior y la une con la sabiduría superior. Es por esto que el Tzadik pasa tiempo hablando con judíos no religiosos y con gentiles. Al conversar con estas personas, el Tzadik eleva su propio intelecto y lo une con Dios. De esta manera también eleva el intelecto de la otra persona desde donde ella se encuentre... uniendo todos los mundos con Dios, y llevando a la persona hacia el arrepentimiento (cf. *Likutey Moharán* II, 91). Pero para el verdadero Tzadik, incluso esto es considerado mundano y un dejar de lado la sabiduría superior.

5. ...la preserva. Esta enseñanza rabínica tiene numerosas aplicaciones. Aunque uno puede ser consciente de que la Torá es la fuerza de vida del judío, también se entiende que hay momentos en que debe ausentarse por un tiempo del estudio de la Torá y de la devoción. Esto se hace para poder retornar más tarde al estudio y a la devoción con un renovado compromiso y vigor. Consideremos, por ejemplo, a la persona que no se siente bien. Forzarse a mantener su programa de estudio o sus prácticas devocionales rigurosas es algo que puede parecer digno de elogio. Pero si al hacerlo se enferma aún más y entonces son necesarias medidas mucho más drásticas para lograr su recuperación -medidas que, en última instancia, implican una ausencia más prolongada del estudio y de la devoción que lo que hacía falta en un comienzo- entonces su acto no es tan encomiable como parecía al principio. Si hubiera dejado de lado durante un tiempo su estudio de Torá o sus prácticas rigurosas, a la larga podría haberlas "preservado".

De la misma manera, cuando una persona ve a un miembro de su familia o a un vecino comportándose de manera inapropiada o cerca de cometer un pecado, si, tomándose el tiempo de hablar con él o con ella, los puede ayudar a ser más conscientes y a mantenerse firmes frente al deseo, entonces en verdad habrá ayudado a preservar la Torá. Esto se corresponde

וְזֶה בְּחִינַת: 'וְעֵינֵינוּ מְאִירוֹת כַּשֶּׁמֶשׁ וְכַיָּרֵחַ' – לִפְעָמִים מְאִירוֹת כַּשֶּׁמֶשׁ, כַּד אֲנַחְנוּ דְּבֵקִים בְּחָכְמָה, וְלִפְעָמִים מְאִירוֹת כַּיָּרֵחַ, כַּד מְסַלְּקִין אֶת עַצְמֵנוּ מִלְּשׁוֹטֵט בְּחָכְמָה.

וְנָפִיק מַיָּא מִתְּרֵי אוּסְיָא – הֵם בְּחִינַת תְּרֵין מְשִׁיחִין, שֶׁאֲלֵיהֶם הָעַכּוּ״ם יִדְרְשׁוּ וְיִמְשְׁכוּ אֶת עַצְמָם אֲלֵיהֶם, כְּמוֹ שֶׁכָּתוּב (ישעיהו ב): "וְנָהֲרוּ אֵלָיו כָּל הַגּוֹיִים". וְזֶה:

תְּרֵי נְהָרוֹת דְּסוּרָא. סוּרָא – זֶה בְּחִינַת עַכּוּ״ם, עַל שֵׁם עֲבוֹדָה זָרָה, כְּמוֹ שֶׁכָּתוּב (שמות ל״ב): "סָרוּ מַהֵר מִן הַדֶּרֶךְ", וְהֵם נִכְלָלִים בִּשְׁתֵּי אֻמּוֹת: עֵשָׂו וְיִשְׁמָעֵאל. וְעַל־יְדֵי אֵלּוּ תְּרֵין מְשִׁיחִין, שֶׁהֵם תְּרֵי אוּסְיָא, בְּחִינַת (איכה ד): "רוּחַ אַפֵּינוּ מְשִׁיחַ ה׳", עַל־יָדָם יִגָּאֲלוּ וְיִמְשְׁכוּ כִּנְהָרוֹת אֶצְלָם לִלְמֹד דְּבַר ה׳.

representa la luna, la sabiduría inferior. Es por eso que cuando recitamos la Bendición de la Luna, decimos, "David, el rey de Israel, vive eternamente". Sólo él traerá la redención final, algo que sucederá recién cuando también se rectifique la sabiduría inferior.

13. afluirán todas las naciones. En hebreo "río" es *nahar*, término que en arameo significa "luz". Es decir, las naciones gentiles afluirán y se acercarán al Mashíaj, para que él las ilumine en el servicio a Dios.

14. extraviaron...del sendero. Sura (סורא) es similar a saru (סור, se extraviaron). Los judíos se extraviaron aceptando la idolatría. En esto, se parecen a las naciones. Los Mesías tendrán que venir para rectificar su sabiduría.

15. Esaú e Ishmael. En este exilio final hay 70 naciones (Génesis 10): 35 bajo el dominio de Esaú (la Cristiandad) y 35 bajo el dominio de Ishmael (el Islam). Aunque el exilio es conocido como el exilio de Edom, refiriéndose a Esaú, los ishmaelitas han tenido y siguen teniendo un papel en la dominación del pueblo judío (*Eija Rabah* 1:44; *Zohar* III, 246b). En la Kabalá, estas dos naciones son conocidas como las *klipot* más severas y más duras. Serán necesarios los atributos combinados de estos dos Mesías para derrotarlas (*Tikuney Zohar*, 10 de los 11 últimos capítulos; *Parparaot LeJojmá*).

16. el aliento de nuestras narices.... El Rebe Najmán enseñó que la plegaria será el arma del Mashíaj. Con ella conquistará a las naciones del mundo. El Rebe Najmán relaciona esto con la enseñanza de nuestros Sabios de que el Mashíaj juzgará a través del sentido del olfato. De éste modo Mashíaj está asociado con la nariz, el medio a través del cual se trae el rúaj/la plegaria. Ver también *Likutey Moharán* I, 9:4 y 2:1 donde estas conexiones se encuentran desarrolladas en gran detalle.

17. para aprender la palabra de Dios. Al parecer esto significa que Mashíaj ben Iosef y Mashíaj ben David dominarán a las naciones con la palabra de Dios y no mediante la guerra. Aquéllos

Esto corresponde a *(Plegaria Nishmat del Shabat)*, "Y nuestros ojos brillen como el sol y como la luna". A veces brillan como el sol - cuando estamos unidos a la sabiduría <superior>; y a veces brillan como la luna - cuando suspendemos nuestra reflexión sobre la sabiduría.[11]

***nafitz* (arrojaba) agua por los dos orificios de la nariz** - Esto alude a los dos Mesías,[12] a los que los gentiles buscarán y se sentirán atraídos. Como está escrito (Isaías 2:2), "A él afluirán todas las naciones".[13] Y esto es:

los dos ríos de Sura - *SuRa* alude a los gentiles, debido a [su] idolatría, como en (Éxodo 32:8), "*SaRu* (se extraviaron) rápidamente del sendero".[14] [Los gentiles] están encarnados en dos naciones: Esaú e Ishmael.[15] Y a través de estos dos Mesías -quienes son los dos orificios de la nariz, correspondiente a "El aliento de nuestras narices, el Mashíaj de Dios" (Lamentaciones 4:20)[16]- [los gentiles] serán redimidos, y serán atraídos hacia ellos para aprender la palabra de Dios.[17]

---

durante la Creación y dijo, "¿De qué sirve una vela durante el día?" (*Julín* 60b). La luna objetó diciendo que mientras la luz del sol llenaba el cielo, ella -la luna- era inútil. Eso es lo que significa el concepto del daño de la luna, sinónimo de la sabiduría inferior, la luz pequeña (*Likutey Moharán* I, 1:2; *Ibid.* II, 91). Los judíos, cuyo calendario se rige por el ciclo lunar, son asemejados a la luna. Esta afinidad se manifiesta además en el efecto producido por las acciones de los judíos sobre la luna. Mediante sus pecados, la luna/la sabiduría inferior se ve dañada y, en la terminología de la Kabalá, las naciones del mundo pueden entonces nutrirse de esta sabiduría inferior (cf. *Likutey Moharán* II, 3, donde la luna/la sabiduría inferior está asociada con el *Maljut* de santidad, la *sefirá* más baja; ver Apéndice: Las Personas Divinas, Nombres Alternativos). De esta manera, las naciones pueden transformar la sabiduría inferior en la sabiduría de la herejía, dándoles credibilidad a las falsas creencias y subyugando más aún a los judíos. El Tzadik, quien se encuentra normalmente en el nivel de la sabiduría superior, debe entonces dejar de lado su apego personal a Dios. Para salvar a los judíos, al reinado de la santidad, debe entrar en la sabiduría inferior y así elevar la sabiduría hacia su lugar adecuado en la santidad (*Mabuei HaNajal*).

11. como el sol y como la luna.... De esta manera, el Tzadik debe alternar entre la sabiduría superior y la sabiduría inferior. Sin embargo, debe tener mucho cuidado de no quedar atrapado en las cuestiones mundanas. Más bien, debe cuidar especialmente sus "ojos", su sabiduría, incluso en los niveles inferiores, para no sucumbir al reinado de lo no santo - es decir, a las así llamadas sabidurías de la herejía, la idolatría y los debates filosóficos.

12. dos Mesías. El primer Mashíaj, aquél que preparará la redención futura, descenderá de Iosef. Sin embargo, no vivirá para ver el final de la redención, que será traída por el segundo Mashíaj, descendiente directo del rey David. El *Mei HaNajal* agrega: Mashíaj ben Iosef representa el sol, la sabiduría superior. Esto se debe a que Iosef recibió la sabiduría de su padre, como en, "Iaacov y Iosef eran considerados como uno solo" (*Zohar* I, 176b), y Iaacov mismo corresponde al sol (cf. *Bereshit Rabah* 68:12; cf. *Likutey Moharán* I, 1:2). Mashíaj ben David, por su parte,

וּתְרֵין אָמִין, עֵשָׂו וְיִשְׁמָעֵאל, אִנּוּן תְּרֵין עֲנָנִין דִּמְכַסִּין עַל הָעֵינַיִן, שֶׁאֵין יְכוֹלִין לְהָאִיר תָּמִיד בִּבְחִינַת שֶׁמֶשׁ. וּבִשְׁבִיל זֶה צָרִיךְ הַצַּדִּיק לְבַטֵּל אֶת דְּבֵקוּתוֹ, כְּדֵי שֶׁלֹּא יִתְגַּבְּרוּ הָאֻמִּין עֵשָׂו וְיִשְׁמָעֵאל עַל עֵינָיו, וְיִתְבַּטֵּל, חַס וְשָׁלוֹם, חָכְמָתוֹ לְגַמְרֵי.

אֲבָל עַל־יְדֵי תְּרֵין מְשִׁיחִין, שֶׁיָּפוּצוּ מַעְיְנוֹתֵיהֶם חוּצָה, וְיַהֲפֹךְ לְכֻלָּם שָׂפָה בְרוּרָה, אָז יִתְקַיֵּם (יְשַׁעְיָהוּ ל): "וְהָיָה אוֹר הַלְּבָנָה כְּאוֹר הַחַמָּה", וְאָז לֹא יִצְטָרֵךְ לְבַטֵּל מִדְּבֵקוּתוֹ.

(מִסִּימָן טז עַד כָּאן - לְשׁוֹן רַבֵּנוּ, זִכְרוֹנָם לִבְרָכָה)

21. lengua pura. El versículo completo dice, "Empero volveré a dar a las naciones una lengua pura, para que todos ellos invoquen el nombre del Señor, sirviéndole unánimemente". Ver *Metzudat David* donde indica que esto se refiere a un lenguaje en común -la lengua sagrada- mediante el cual los pueblos de la tierra llegarán a una fe única en el Dios único y así Le orarán a Él con intención y pensamiento unánime.

22. luna...como la luz del sol. Originalmente, la luz de la luna era como la luz del sol. Sin embargo, ahora la luna está disminuida. Pero llegará un momento en que la luna volverá a tomar su lugar y su esplendor original. En ese momento, el Tzadik será capaz de mantenerse permanentemente absorbido en la sabiduría superior; sus ojos brillarán siempre como el sol. Ya no se verá obligado a descender a la sabiduría inferior para rectificarla porque, una vez que la palabra de Dios haya sido aceptada por todos, también ella brillará con fuerza, por sí misma.

Así, el pasaje Talmúdico se lee:
Cierta vez estábamos viajando en barco - en el mar de la sabiduría superior.

vimos este pez - el Tzadik,

que había levantado la cabeza fuera del agua - de la sabiduría superior.

Sus ojos parecían dos lunas - cuando está unido a la sabiduría superior, sus ojos brillan como el sol. Incluso unido a la sabiduría inferior sus ojos pueden brillar y llevar a la gente de retorno a Dios, pero en una escala menor. Entonces sus ojos se asemejan a dos lunas.

arrojaba agua - Se difunden las fuentes de sus enseñanzas,

por los dos orificios de la nariz - de los dos Mesías. El Tzadik, que engloba las cualidades de Mashíaj ben Iosef y de Mashíaj ben David (arriba, n.1), tendrá el poder de anular la sabiduría de las naciones.

como los dos ríos de Sura - es decir, eliminará del mundo la idolatría y la herejía. Entonces este Tzadik será capaz de mantenerse absorbido en los profundos niveles de la sabiduría superior y unirse constantemente a Dios.

El *Mei HaNajal* agrega que este Tzadik singular que engloba a los dos Mesías es una referencia a Moshé-Mashíaj, quien es conocido como Shiló (ver *Likutey Moharán* I, 9:4, n.51).

Y las dos naciones, Esaú e Ishmael, son las dos nubes que cubren los ojos para que no puedan brillar siempre como el sol.[18] Debido a esto, el Tzadik debe dejar de lado su apego [a la sabiduría], para que las naciones de Esaú y de Ishmael no abrumen sus ojos y no anulen por completo su sabiduría, Dios no lo permita.[19]

Pero, mediante los dos Mesías "cuyas dos fuentes *iaFuTz* (arrojarán hacia afuera)" (cf. Proverbios 5:16),[20] todos ellos serán vueltos a una "lengua pura" (cf. Sefonías 3:9).[21] Entonces, "La luz de la luna será como la luz del sol" (Isaías 30:26), y [el Tzadik] ya no tendrá más que dejar de lado su apego [a la sabiduría superior].[22]

---

que han perseguido durante siglos a Su pueblo elegido serán llevados hacia la verdadera palabra de Dios, que, como nos dice el Rebe Najmán, es la plegaria (cf. *Likutey Moharán* II, 1:9).

18. cubren los ojos...el sol. Los "ojos" -sabiduría- deben brillar como el sol. Pero Esaú e Ishmael nublan la verdad con falsas creencias y doctrinas heréticas. Esto es lo que impide que el Tzadik permanezca constantemente Arriba - con la mente apegada a la sabiduría superior y unido a Dios con todo su ser.

19. anulen por completo su sabiduría, Dios no lo permita. Como se explicó (ver n.10), debido a sus pecados, los judíos hacen que partes de la sabiduría inferior desciendan, si así pudiera decirse, hacia el ámbito de lo no santo. Esto se denomina "el daño de la luna", lo cual permite que prosperen las naciones del mundo - simbolizadas por Esaú e Ishmael. La credibilidad que esto les da a sus falsas creencias debe ser contrarrestada por el Tzadik. Pero para que él pueda rectificar esta sabiduría inferior y la mundanalidad del mundo, está obligado a dejar de lado la Torá para preservarla. Porque si él permitiese que la influencia de las naciones no tuviera límites, la sabiduría no santa ascendería e incluso tomaría de la sabiduría superior, Dios no lo permita. Esto podría, en efecto nublar totalmente los ojos del Tzadik. Su capacidad para ascender a la sabiduría superior se vería anulada por completo. Por lo tanto, el Tzadik debe dejar de lado temporalmente las profundas percepciones de su mente y descender a las cuestiones mundanas, para rectificarlas. Porque "Hay veces en que suspender la Torá la preserva".

20. dos fuentes arrojarán hacia afuera. Volviendo a la historia del Rabí Iojanan, el Rebe Najmán cita este versículo de Proverbios (*loc. cit.*), para mostrar que así como los dos orificios de la nariz del pez *naFiTz* (arrojan [agua] hacia afuera), las fuentes de las enseñanzas de los dos Mesías *iaFuTz* (arrojarán hacia fuera), hacia las naciones del mundo.

Así, los esfuerzos del Tzadik por ascender y descender hacia los diferentes niveles de sabiduría sólo son necesarios hoy en día, en este mundo. Sin embargo, cuando vengan Mashíaj ben Iosef y Mashíaj ben David, las "fuentes arrojarán hacia afuera..." y sus enseñanzas difundirán la palabra de Dios incluso a las naciones gentiles, anulando toda herejía e idolatría. Todas las naciones serán atraídas hacia ellos y no habrá necesidad de temer a las nubes/Esaú e Ishmael, pues prevalecerá la sabiduría de Dios (*Mei HaNajal*).

Gráficos-Diagramas

EL ORDEN DE LAS DIEZ SEFIROT

KÉTER
|
JOJMÁ
|
BINÁ
|
JESED
|
GUEVURÁ
|
TIFERET
|
NETZAJ
|
HOD
|
IESOD
|
MALJUT

ESTRUCTURA DE LAS SEFIROT

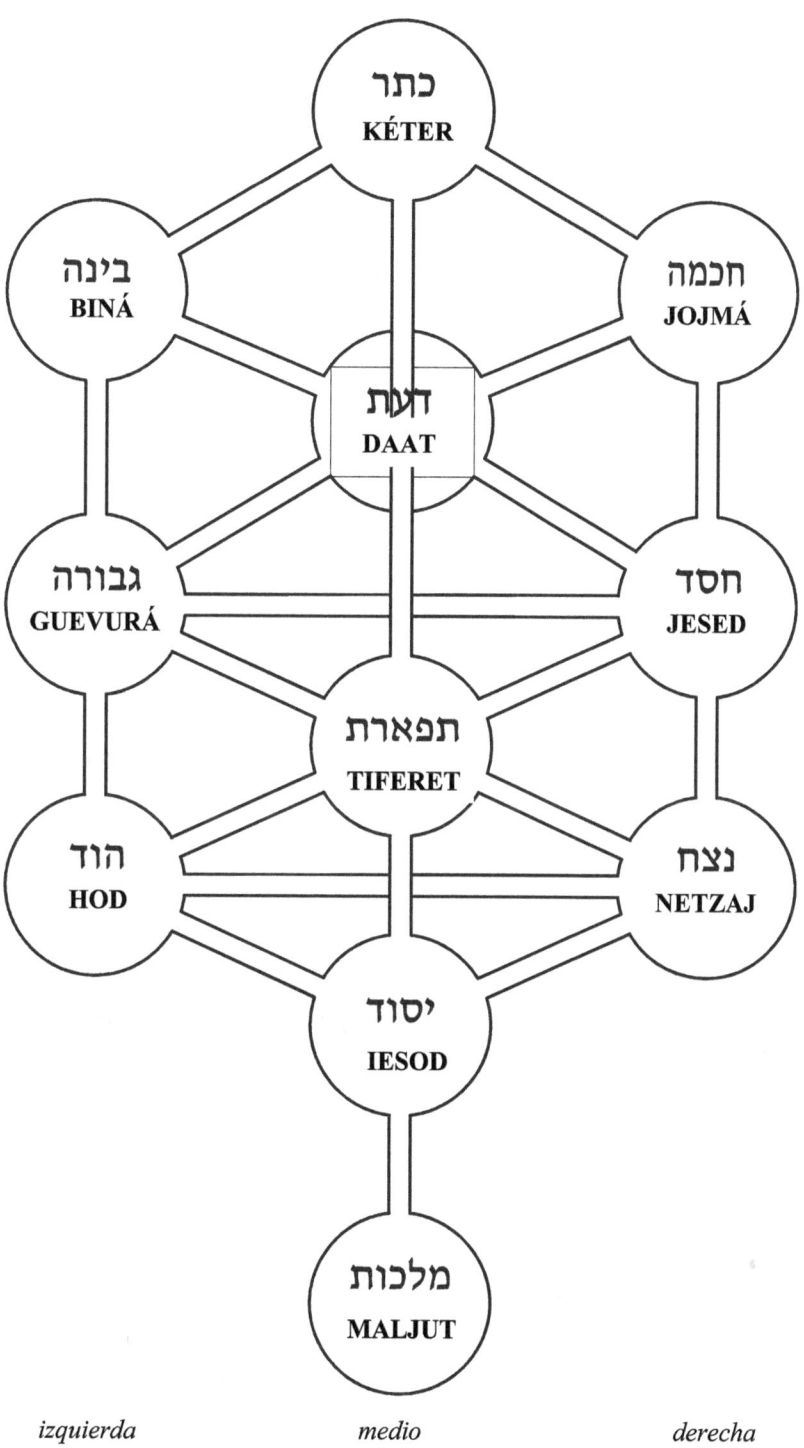

LOS PARTZUFIM - LAS PERSONAS DIVINAS

Sefirá			**Persona**
KÉTER			ATIK IOMIN
			ARIJ ANPIN
JOJMÁ	⎫		ABA
	⎬ Daat		
BINÁ	⎭		IMA
	⎧	Jesed	
	⎪	Guevurá	
TIFERET	⎨	Tiferet	ZEIR ANPIN
	⎪	Netzaj	
	⎪	Hod	
	⎩	Iesod	
MALJUT			NUKVA DE ZEIR ANPIN

Nombres alternativos para *Zeir Anpin* y *Maljut*:
Zeir Anpin: Iaacov, Israel, Israel Sava, Torá, Ley Escrita, Santo Rey, el Sol.
Maljut: Lea, Rajel, Plegaria, Ley Oral, *Shejiná* (Divina Presencia), la Luna.

LAS SEFIROT Y EL HOMBRE

Kéter - Corona, Voluntad	Cráneo
Jojmá - Sabiduría	Cerebro derecho
Biná - Comprensión	Cerebro izquierdo
(*Daat* - Conocimiento)	(Cerebro medio)
Jesed - Amor	Brazo derecho
Guevurá - Fuerza, Restricción	Brazo izquierdo
Tiferet - Belleza, Armonía	Torso
Netzaj - Victoria, Duración	Pierna derecha
Hod - Esplendor	Pierna izquierda
Iesod - Fundamento	Organo Sexual (*Brit*)
Maljut - Reinado	Pies

Alternativamente: *Jojmá* corresponde al cerebro/mente; *Biná* al corazón
Alternativamente: *Maljut* corresponde a la pareja del hombre, o la boca

NIVELES DE EXISTENCIA

Mundo	Manifestación	Sefirá	Alma	Letra
Adam Kadmón		Keter	*Iéjida*	Apice de la Iud
Atzilut	Nada	Jojma	*Jaiá*	*Iud*
Beriá	Pensamiento	Bina	*Neshamá*	*Hei*
Ietzirá	Habla	Tiferet (seis Sefirot)	*Ruaj*	*Vav*
Asiá	Acción	Maljut	*Nefesh*	*Hei*

Mundo	Habitantes	T-N-T-A
Adam Kadmón	Los Santos Nombres	
Atzilut - Cercanía	Sefirot, Partzufim	*Taamim* - Musicalidad
Beriá - Creación	El Trono, Almas	*Nekudot* - Vocales
Ietzirá - Formación	Angeles	*Taguim* - Coronas
Asiá - Acción	Formas	*Otiot* - Letras

GUEMATRIA DEL SANTO NOMBRE DE DIOS

$$IHVH = 26 = יהוה$$

$$EHIÉ = 21 = אהיה$$

$$ELOHIM = 86 = אלהים$$

EXPANSIONES DEL SANTO NOMBRE DE DIOS

IHVH – Expansión del Tetragrámaton – יהוה

Expansión	Partzuf	Nombre	Valor		Expansión
IUD HI VIV HI	Aba - *Jojmá*	AB	72	עב	יוד הי ויו הי
IUD HI VAV HI	Ima - *Biná*	SaG	63	סג	יוד הי ואו הי
IUD HA VAV HA	Zeir Anpin	MaH	45	מה	יוד הא ואו הא
IUD HH VV HH	Nukva - *Maljut*	BaN	52	בן	יוד הה וו הה

EHIH – Expansión del Santo Nombre EHIeH – אהיה

Expansión		Nombre	Valor		Expansión
ALeF HI IUD HI		KSA	161	קסא	אלף הי יוד הי
ALeF HH IUD HH		KNA	151	קנא	אלף הה יוד הה
ALeF HA IUD HA		KMG	143	קמג	אלף הא יוד הא

ELHIM – Expansión del Santo Nombre ELoHIM – אלהים

Expansión		Nombre	Valor		Expansión
ALeF LaMeD HI IUD MeM			300		אלף למד הי יוד ממ
ALeF LaMeD HH IUD MeM			295		אלף למד הה יוד ממ
ALeF LaMeD HA IUD MeM			291		אלף למד הא יוד ממ

LAS SEFIROT Y LOS NOMBRES DE DIOS ASOCIADOS CON ELLAS

Kéter - Corona	*Ehiéh*
Jojmá - Sabiduría	*IaH*
Biná - Comprensión	*IHVH (pronunciado Elohim)*
Jesed - Amor	*El*
Guevurá - Fuerza	*Elohim*
Tiferet - Belleza	*IHVH (pronunciado Adonai)*
Netzaj - Victoria	*Adonai Tzevaot*
Hod - Esplendor	*Elohim Tzevaot*
Iesod - Fundamento	*Shadai, El Jai*
Maljut - Reinado	*Adonai*

LAS SEFIROT Y EL TETRAGRÁMATON

SEFIRÁ	PUNTOS VOCALES	VOCALES DE ACUERDO A LA KABALÁ	PUNTOS VOCALES DEL *IHVH*
Kéter	Kamatz	Kamatz	יָהָוָה
Jojmá	Pataj	Pataj	יַהַוַה
Biná	Tzeyrey	Tzeyrey	יֵהֵוֵה
Jesed	Segol	Segol	יֶהֶוֶה
Guevurá	Shva	Shva	יְהְוְה
Tiferet	Jolem	Jolem	יֹהֹוֹה
Netzaj	Jirik	Jirik	יִהִוִה
Hod	Kubutz	Shuruk	יֻהֻוֻה
Iesod	Shuruk	Mloopum	יו הו וו הו
Maljut	Ninguna vocal	Ninguna vocal	יהוה

LOS COLORES SUPERIORES

Kéter - Corona   blanco cegador
Jojmá - Sabiduría   un color que incluye todos los colores
Biná - Comprensión   amarillo y verde
Jesed - Amor   blanco y plata
Guevurá - Fuerza   rojo y oro
Tiferet - Belleza   amarillo y púrpura
Netzaj - Victoria   rosa claro
Hod - Esplendor   rosa oscuro
Iesod - Fundamento   naranja
Maljut - Reinado   azul

LOS SIETE PASTORES SUPERIORES

Jesed - Amor   Abraham
Guevurá - Fuerza, Restricción   Isaac
Tiferet - Belleza, Armonía   Iaacov
Netzaj - Victoria, Duración   Moisés
Hod - Esplendor   Aharón
Iesod - Fundamento   Iosef
Maljut - Reinado   David

NUMEROLOGIA DE LAS LETRAS HEBREAS - GUEMATRIA

300 = ש	70 = ע	20 = כ,ך	6 = ו	1 = א
400 = ת	80 = פ,ף	30 = ל	7 = ז	2 = ב
	90 = צ,ץ	40 = מ,ם	8 = ח	3 = ג
	100 = ק	50 = נ,ן	9 = ט	4 = ד
	200 = ר	60 = ס	10 = י	5 = ה

valores alternativos para las 5 letras finales, *MaNTzPaJ:*

900 = ץ	800 = ף	700 = ן	600 = ם	500 = ך